波蘭國父

畢蘇斯基

從民主信徒到獨裁領袖，影響二十世紀歐陸政局的關鍵人物

Jozef Pilsudski

Founding Father of Modern Poland

約書亞・齊瑪曼 Joshua D. Zimmerman　　羅亞琪——譯

獻給

我的父親

諾曼・齊瑪曼（Norman A. Zimmerman），

是他教我如何用歷史的角度思考，

並且身體力行教我尊重與善待他人的價值觀。

CONTENTS

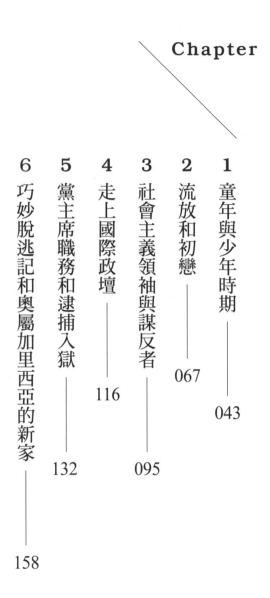

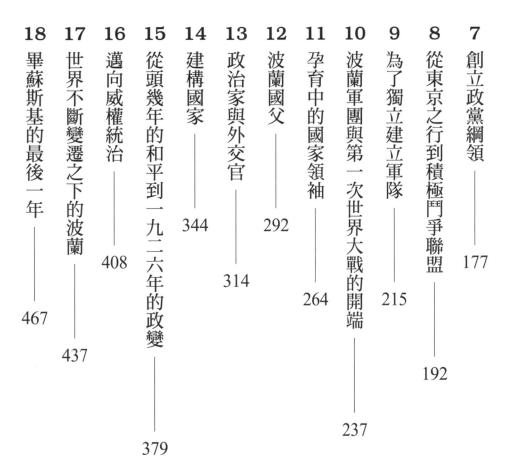

CONTENTS

導讀

畢蘇斯基的民族戰略與歐洲的東方問題

蕭育和／國科會人社中心博士級研究員

他找不到快樂，因為在他的祖國沒有快樂。

——亞當．密茨凱維奇（Adam Mickiewicz）

我們生活其中的世界正在死去；它需要被埋葬，這樣我們的後人也許能更自由的呼吸；但是人們覺得必須治好它，於是他們把死亡延後。

——亞歷山大．赫岑（Alexander Herzen）

一九三九年，在希特勒與史達林簽訂互不侵犯條約後不到一週，德蘇聯袂進軍波蘭，此時距離約瑟夫．畢蘇斯基（Józef Piłsudski）過世僅僅過了四年。二十年前，畢蘇斯基在波蘇戰爭中領導波蘭人民抵禦蘇聯紅軍，這場歷史性勝利是他一生最大的榮耀，更為他與他的波蘭贏得捍衛西方文明界線的美名。二十年後，史達林捲土重來，然而，波蘭卻已再無畢蘇斯基。波蘭詩人切斯瓦夫．米沃什（Czesław Miłosz）曾經這樣回憶一九三九年，波蘭人民被自己的挫敗與震撼嚇呆了，於是轉而指責畢蘇斯基，正是畢蘇斯基的政策導致了被強權瓜分的處境。

如果依據提摩西．史奈德（Timothy Snyder）在《民族重建》（*The Reconstruction of Nations*）一書的說法，後冷戰波蘭對畢蘇斯基民族理念的揚棄，是其民族重建的關鍵環節。表面上看起來，重建十七世紀的波蘭－立陶宛聯邦，確實是畢蘇斯基的民族主義志業，座落在維爾紐斯街頭的詩人密茨凱維奇雕像，是波蘭與立陶宛血脈相連的精神象徵，而密茨凱維奇想望的「像蝴蝶淹沒在金色琥珀中」的民族復興，如此深入畢蘇斯基骨髓，以致於為了「大波蘭」的民族想像，畢蘇斯基的波蘭在復國後四面擴張邊界，與烏克蘭、德國、俄羅斯、立陶宛和捷克都發生武裝衝突。如果今天畢蘇斯基被尊為「波蘭國父」，象徵意涵多過實質，因為就如史奈德所提示，民族主義更深刻的力量在於遺忘而不在記憶，如果東歐民族的重建歷程對於民族主義的教義能有什麼啟發，可能是政治上的讓步並不代表民族尊嚴的折損，一如冷戰後的波蘭接受了耶日．蓋德羅伊（Jerzy Giedroyc）的民族共存構想，放棄了畢蘇斯基的大波蘭聯邦迷夢，承認東歐在蘇聯時期劃下的疆域界線。

若畢蘇斯基是個大波蘭夢想家，他的民族志業無疑是失敗的，而正是大波蘭迷夢夢醒，如今的東歐才擺脫了民族主義衝突的困境。但是，畢蘇斯基是個大波蘭民族夢想家嗎？

畢蘇斯基的民族主義立場在其早年的〈論愛國主義〉就已定調，其兩大基石分別是反俄羅斯與被壓迫民族的團結，這是畢蘇斯基主導的波蘭社會主義戰略。畢蘇斯基堅信，俄羅斯的政治本性並不只是其政體性質，無論是立憲的俄羅斯還是沙皇的俄羅斯，壓迫其他民族的大俄羅斯主義都不會改變，只有受大俄羅斯壓迫的民族都得到獨立自主的地位，才能根本改變俄羅斯的政治本性，對畢蘇斯基來說，社會主義革命必須同時是地緣政治上的革命，而畢蘇斯基定下的反俄政治基調也是波蘭社會黨兩次分裂的緣由。羅莎．盧森堡（Rosa Luxemburg）對畢蘇斯基的戰略深惡痛絕，甚至到了讓人誤以為她全然不在乎波蘭獨立的程度，一方面，盧森堡反對在階級革命到來前，能有任何的民族獨立空間；另一方面，盧森堡批評畢蘇斯基將民族獨立局限於大波蘭區，而忽略了歐洲其他地方的民族壓迫問題。

其實，兩人的根本分歧不在社會主義革命與民族獨立的優先問題，而在於看待俄羅斯的態度，在畢蘇斯基看來，莫斯科對於邊疆民族的壓迫是俄羅斯政權的本質，如果革命的目的是徹底瓦解國家機器，邊疆民族的反抗就會是無產階級革命的第一步，獨派立場與左派立場並不衝突。

帝俄的提前瓦解讓波蘭社會黨免於在路線問題上進一步分裂，在「民族自決」成為一次戰後重建歐陸秩序的規範時，畢蘇斯基成功抓住了這個歷史契機，雖然他因反俄立場而選擇德奧同盟曾引起西歐的疑慮，但畢蘇斯基所堅持的軍事獨立讓他的波蘭無論大戰結果如何，都能保有斡旋各方並維持主動的本錢。畢蘇斯基始終掌握獨立的軍事武力，這也是他晚年發動政變所憑藉者。波蘇戰爭與政變讓畢蘇斯基毀譽參半，似乎又是一個從民族英雄墮落為法西斯獨裁者的套路。

在西方人眼中，波蘇戰爭的勝利為西歐抵禦了紅色革命浪潮，蘇維埃不得不暫退東方，西歐因此爭取到起碼十年的喘息時間，就結果論或許是這樣沒錯。但守護西方文明，抵禦野蠻俄羅斯並不是畢蘇斯基的主要關懷，這純粹是西歐人的角度。正如米沃什所說，東方歐洲人究竟身處怎樣的世界，對於西歐人來說，是猶如生活在火星般難以想像。而對畢蘇斯基來說，歐洲文明的地緣政治問題並不只是誰成守邊界而已，而是能否在東歐大陸重建秩序。什麼樣的政治秩序？一個由民主的民族國家之間所組成的秩序。

在畢蘇斯基看來，只有在東歐大陸重建類似於神聖同盟的政治理念聯合體，才能徹底將俄羅斯阻卻於歐洲之外，西歐與東歐之間也才能夠更進一步結合成新的歐洲。畢蘇斯基並不如史奈德所暗示，是個浪漫的民族夢想家，而是務實的民族戰略家，他的民族志業從來都不是讓兩個世紀前的波蘭－立陶宛聯邦重現，而是構想一個民主的獨立民族之間的聯邦聯合體。

畢蘇斯基是幸運的，帝俄的提前瓦解以及歐洲對於紅色蘇維埃的憂慮，讓他以反俄為基底的民族戰略得到普遍的認可，然而畢蘇斯基也是不幸的，他未能生在一個人們選擇遺忘民族遠古神聖的戰後，以致於他對於「受帝俄壓迫的民族彼此之間可以和平共處」的信念在他那個時代看來全無現實感。對烏克蘭人與白羅斯人來說，波蘭對於他們民族存亡的威脅還勝過俄羅斯，波蘭人眼中的民族光榮傳統對立陶宛人來說卻是歷史恥辱，為了將波蘭文化徹底驅逐，立陶宛人先是不惜讓普魯士人得到波羅的海控制權，後是不顧一切投入蘇維埃的民族自決迷夢。

畢蘇斯基從不是民族夢想家，堅定的反俄立場讓他注定反對訴諸語言與原生文化的民族主義，他主張透過公投解決民族紛爭的辦法恐怕過於現代，在民族自決新一輪「官方民族主義」所席捲的東歐得到正面迴響，就算畢蘇斯基從未有過「強大波蘭」的現代民族想像，立陶宛人也不可能不把他的聯邦美夢解讀為民族兼併，「一個民族是由更多亡者而非生者組成」是他在維爾鈕斯注定得到的失望回應。

畢蘇斯基晚年發動的政變，事實上是其民族戰略的延續。「民主」對畢蘇斯基來說不單純只是一個中立的政治博弈規則，民主機制的運轉要能抑制極端的政治勢力，一次戰後在歐洲新生的民主幾乎未能通過這個考驗，加布列爾·納魯托維奇（Gabriel Narutowicz）的遇刺讓畢蘇斯基下定決心選擇政變重新來過。托洛斯基暗示，畢蘇斯基晚年發動的政變與其民族激情，不過是動員小資產階級打造法西斯暴力的雅各賓民粹手段，即便他口口聲聲捍衛議會民主。

但畢蘇斯基不是墨索里尼或者希特勒，畢蘇斯基在政變後並沒有選擇重訂憲法，也沒有改變國家政體，他僅僅只是讓國家元首的權力正常化，避免過去權力過度向議會傾斜的弊病，人們或許依舊無法接受畢蘇斯基粗暴的政變，確實比起墨索里尼與希特勒，他的手法過於直接也缺乏戲劇張力；但人們也無法否認，比起威瑪共和與義大利王國，波蘭第二共和並沒有名存實亡，就如米沃什所說，那個波蘭還是個「人們能夠發表與當權者願望相悖的觀點，能夠表達自己理想」的地方，畢蘇斯基從來沒有使用過「防衛性民主」這類納粹崛起後學者才猛然意識到的詞彙，他對民主危機的反應是直覺的：波蘭必須首先是一個能起碼運轉，並抑制極端政治勢力的民主政體，民主神聖同盟的民族戰略才有實現的可能。

打造獨立於俄羅斯的民主神聖同盟是畢蘇斯基的波蘭在兩次世界大戰期間堅守的地緣政治戰略，而當獨立國家與反蘇兩個戰略目標衝突時，畢蘇斯基不得不選擇遷就前者，里加協議是他不得不的妥協，波蘭不得不用承認蘇維埃烏克蘭與白羅斯，以及放棄維爾紐斯，換取國際承認其在加利西亞的主權。畢蘇斯基選擇不插手俄羅斯紅軍與白軍的衝突，乃至於晚年尋求與德蘇關係正常化，也都是一貫延續的妥協考量。

波蘭在畢蘇斯基身後的命運表明了畢蘇斯基民族戰略的核心困境。法國寄望波蘭可以牽制德國，歐洲寄望波蘭可以阻卻俄羅斯，但如果德蘇因為地緣政治考量狼狽為奸，波蘭將立即淪為刀俎魚肉，波蘭的「大國等距」外交在後人看來只是苟延殘喘，直到二十一世紀的今天，德俄密謀都依然是波蘭的夢魘。西歐人「守衛西方文明」的美譽對波蘭來說其實是詛咒。

畢蘇斯基始終將他的戰略目光投向東方，他身後的波蘭卻慘痛地發現，在沒有德國支持的狀況下，波蘭並沒有獨力打造東歐民主神聖同盟的能力。

畢蘇斯基打造民主國家神聖同盟的民族戰略是務實的，俄羅斯所悍然發動的侵烏戰爭，足以證明歐洲的「東方問題」並非過往雲煙。而畢蘇斯基的悲劇性是在訴求同文同種的新一波民族主義風起雲湧，以及威瑪共和崩解的時代，他的民族戰略幾無現實感可言，波蘭人民可以怪罪畢蘇斯基被迫妥協的大國等距，讓波蘭後來陷入被瓜分的境地，但實情是在民主神聖同盟成為泡影的狀況下，波蘭並無更好的路徑可以選擇，要麼提前被納粹肢解，要麼提前被蘇維埃赤化，畢蘇斯基幾乎已經奮力為波蘭爭取十年以上的喘息時機。

畢蘇斯基構想的民主神聖同盟要直到一九四五年以後才方見雛形，要在一九九一年以後才在東歐大陸降生。到了在那個時候，波蘭人民會記得華勒沙，會記得若望保祿二世，但很少人想起畢蘇斯基，想起他的民族戰略。這本傳記題為《波蘭國父畢蘇斯基》，但人們、歐洲的人們、全世界愛好自由民主的人們，以及身為帝國邊緣弱勢民族的人們，或許應該謹記，「波蘭國父」這等獨一無二的殊榮，對於畢蘇斯基而言，仍是過於蒼白了，它可能也不是畢蘇斯基最希望被記住的聲名。

畢蘇斯基，歐洲文明秩序的前瞻戰略家。

縮寫

CKN	中央國家委員會，一九一五年十二月在華沙成立
CKR	波蘭社會黨中央勞工委員會，一八九四年成立
KNP	波蘭國家委員會，接連設在華沙（一九一四年到一九一五年）、彼得格勒（一九一五年到一九一七年）、洛桑和巴黎（一九一七年到一九一九年）
KPP	波蘭共產黨，一九一八年十二月成立
LSDP	立陶宛社會民主黨，一八九六年在維爾紐斯成立
MKR	波蘭社會黨的本地勞工委員會
NKN	最高國家委員會，一九一四年八月在克拉科夫成立，一九一七年十月自行解散
ONR	民族激進陣營，一九三四年、一九三七年到一九三九年
OUN	烏克蘭民族主義組織，一九二九年成立
PON	波蘭國家組織，一九一四年九月成立
POW	波蘭軍事組織，一九一四年十月成立
PPS	波蘭社會黨，一八九二年成立
PPS Left	波蘭社會黨左派，一九〇六年成立
PPS Right	波蘭社會黨右派，畢蘇斯基領頭，一九〇六年成立
PPSD	加里西亞波蘭社會民主黨
PSL–Piast	波蘭農民黨皮雅斯特派
SDKP	波蘭王國社會民主黨（一八九三年到一九〇一年）
SDKPiL	波蘭立陶宛王國社會民主黨（一九〇一年到一九一八年）
SPD	德國社會民主黨
TRS	臨時國家委員會，一九一六年十二月到一九一七年九月
ZWC	積極鬥爭聯盟，一九〇八年到一九一四年
ZZSP	倫敦海外波蘭社會主義聯盟，一八九二年到一九〇一年

波蘭文發音指南

本書保留了所有波蘭文變音符，唯一的例外是我們的主角——約瑟夫・畢蘇斯基的波蘭文應該是「Józef Piłsudski」，但是為了方便閱讀寫成了「Jozef Pilsudski」。

下面這份發音指南可以幫助讀者正確唸出波蘭文的詞彙、人名和地名。請注意，波蘭單字的重音固定落在倒數第二個音節。

a	同「father」的a	**ó**	同「boot」的oo
ą	鼻音化的a	**rz**	zh
c	ts	**ś**	sh
ć	ch	**sz**	sh
cz	ch	**u**	同「boot」的oo
ę	鼻音化的e	**w**	v
i	同「meet」的ee	**y**	同「it」的i
j	同「yellow」的y	**ź**	zh
ń	同「onion」的n	**ż**	zh
o	同「go」的o		

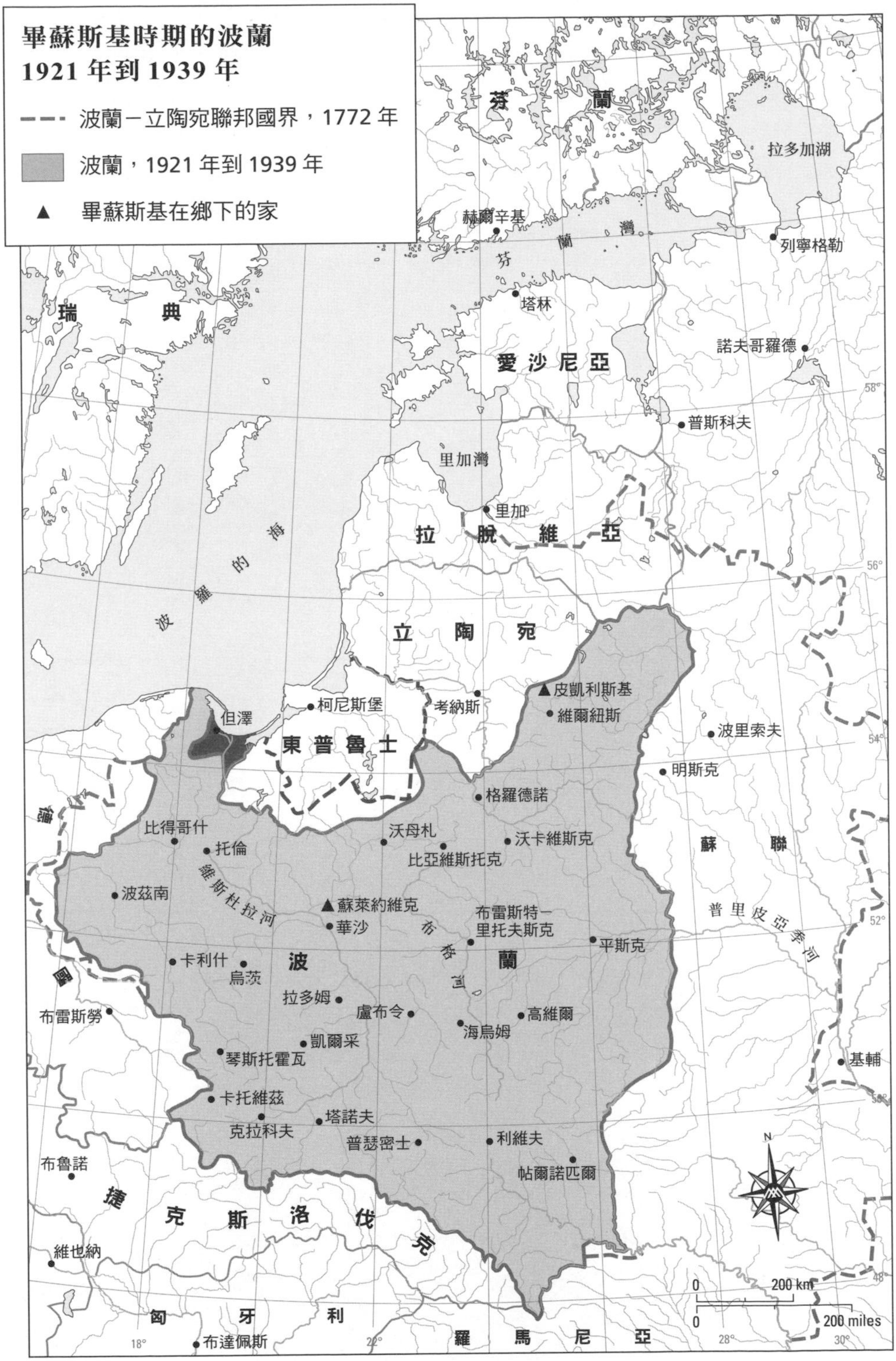

畢蘇斯基時期的波蘭
1921 年到 1939 年
波蘭－立陶宛聯邦國界，1772 年
波蘭，1921 年到 1939 年
畢蘇斯基在鄉下的家
芬蘭
拉多加湖
赫爾辛基
芬蘭灣
列寧格勒
塔林
瑞典
愛沙尼亞
諾夫哥羅德
普斯科夫
里加灣
里加
拉脫維亞
波羅的海
立陶宛
皮凱利斯基
維爾紐斯
考納斯
柯尼斯堡
但澤
東普魯士
波里索夫
明斯克
格羅德諾
比得哥什
托倫
沃母札
比亞維斯托克
沃卡維斯克
蘇聯
波茲南
維斯杜拉河
蘇萊約維克
華沙
布雷斯特－里托夫斯克
普里皮亞季河
布格河
平斯克
卡利什
烏茨
波蘭
德國
布雷斯勞
拉多姆
盧布令
海烏姆
高維爾
凱爾采
琴斯托霍瓦
基輔
卡托維茲
克拉科夫
塔諾夫
普瑟密士
利維夫
帖爾諾匹爾
布魯諾
捷克斯洛伐克
維也納
匈牙利
布達佩斯
羅馬尼亞
N
0
200 km
200 miles
18°
20°
28°
30°
48°
52°
54°
56°
58°

導論

畢蘇斯基把波蘭看成許多民族的祖國，是結合眾多文化的聯邦；他希望不只波蘭人，立陶宛人、烏克蘭人和猶太人也能一起團結地住在這個國家……維爾紐斯（Vilna）的特殊環境造就了他，因為那裡是來自不同民族、文化與宗教的族群共同的家鄉。

——亞當・米奇尼克（Adam Michnik）

畢蘇斯基相信他能塑造歷史的進程，相信波蘭的命運仰賴他的意志，且他應該像過去的那些偉人一樣支配其他人。

——安傑伊・蓋利斯基（Andrzej Garlicki）

波蘭在一九八九年脫離共產統治時，旁人可能會注意到，這個國家的人民一下子回到了過去。伊娃・霍夫曼（Eva Hoffman）在一九九三年寫道：「有時，波蘭似乎想要往後退一大步。人們對畢蘇斯基元帥的崇拜加深了。」[1]霍夫曼所說的「對畢蘇斯基元帥的崇拜」——她指的是第二次世界大戰之前波蘭政壇的重要人物約瑟夫・畢蘇斯基（Jozef Pilsudski）——恰當地預示了後來發生的事。冷戰期間，共產政府曾試圖抹除人們對畢蘇斯基的回憶；冷戰結束後，人們對他的興趣整個爆發出來。結果，相關的學術與通俗出版物、博物館展覽、學術研討會以及政府宣言大幅激增，路名和公園都改用他的名字命名，還興建了許多今天在波蘭城市處處可見的畢蘇斯基紀念碑。

共產主義倒下後，人們馬上開始緬懷起畢蘇斯基。一九九〇年，華沙市中心最大的廣場被重新命名為畢蘇斯基廣場。一九九五年五月，波蘭國會在畢蘇斯基逝世六十週年那天說道：「我們的民族將永遠記得約瑟夫・畢蘇斯基是波蘭獨立的創建者，也是將威脅整個歐洲文明的外國侵犯者給趕走的勝利領袖。約瑟夫・畢蘇斯基全心為國服務，將永遠留存在我們的歷史中。」[2]隔年，在波蘭史上最具影響力的百大人物票選活動中，畢蘇斯基排名第二，第一名是波蘭的第一位統治君主——西元十世紀的皮雅斯特（Piast）。[3]

政府宣布畢蘇斯基將回歸民族記憶之後，全國各地的市政府紛紛興建紀念碑緬懷這位備受尊崇的人物。一九九三年，卡托維茲（Katowice）豎立了一座畢蘇斯基紀念碑。一九九五年的八月，華沙在畢蘇斯基廣場旁為一座約瑟夫・畢蘇斯基紀念碑舉行揭幕儀式，出席者有總統萊赫・華勒沙、華沙市長馬爾欽・史維契斯基（Marcin Święcicki）、畢蘇斯基七十五歲的女兒雅德維加・畢蘇斯卡（Jadwiga Piłsudska）、他的孫女及其夫婿約安娜與雅努什・奧耐斯科維茨（Joanna and Janusz Onyszkiewicz）。[4]一九九八年十一月，華沙在美景宮外又為第二座畢蘇斯基紀念碑舉行揭幕儀式，參加者包括總統亞歷山大・克瓦斯涅夫斯基（Alexander Kwaśniewski）、雅德維加・畢蘇斯卡以及市長史維契斯基。[5]其他城市也隨之跟進，在托倫（Toruń，二〇〇〇年）、盧布令（Lublin，二〇〇一年）、格但斯克（Gdańsk，二〇〇六年）、克拉科夫（Kraków，二〇〇八年）、比亞維斯托克（Białystok，二〇〇八年）、蘇萊約維克（Sulejówek，二〇一〇年），以及國外的布魯塞爾（二〇一八年）和布達佩斯（二〇一八年）等地，皆有豎立畢蘇斯基紀念碑。

在二〇一五年五月畢蘇斯基逝世八十週年時，大眾對他的興趣再一次高漲，首都四處掛著這位家喻戶曉人物的大型海報。波蘭第二大的週刊出了一整期畢蘇斯基主題的內容，收錄著名歷史學家所寫的文章、照片、肖像畫和畢蘇斯基所寫文字創作的摘錄。此外，波蘭最主要的日報為了紀念他，還在週末版收錄了兩本免費的相冊。[6]二〇二〇年的八月十六日，也就是華沙戰役（Battle of Warsaw）滿一百週年時，眾所期待的約瑟夫・畢蘇斯基博物館在華沙郊外的蘇萊約維克開幕了，全國人民對畢蘇斯基的關注達到顛峰。

事實上，旁人在一九九〇年代初期觀察到的畢蘇斯基熱潮，在共產主義統治期間一直都有反覆出現，令當局相當苦惱。一九八五年，一名駐華沙的美國記者報導，畢蘇斯基逝世五十週年的紀念活動「在全國各地的教堂舉行。很多人都想得到他的絕版著作；數以萬計的人家在沙發上方懸掛他的照片。」[7]《紐約客》的寫手在一九八一年十月團結工聯（Solidarity）合法後沒多久寫到，團結工聯全國各地的辦公室「突然開始販售約瑟夫・畢蘇斯基元帥的照片」。不久，團結工聯被禁，戒嚴開始，同一名寫手觀察到，政府對「逐漸擴大的畢蘇斯基崇拜」感到越來越擔憂。[8]揚・庫比克（Jan Kubik）在關於團結工聯運動的研究中寫道：「約瑟夫・畢蘇斯基的名字和傳奇是一九八一年許多團結工聯慶祝活動的焦點。」[9]

畢蘇斯基勇於挑戰布爾什維克的俄羅斯，並在一九二〇年擊敗了它的軍隊，因此一直都是強而有力的象徵。一九七三年，二十七歲的亞當・米奇尼克把一篇文章從共產波蘭偷運出去，使用假名在國外發表。針對畢蘇斯基在一九〇八年所寫的一封有關沙俄羞辱式迫害的信，米奇尼克表示：「畢蘇斯基六十年前的文字是我的救贖。」米奇尼克接著說，畢蘇斯基在一九一四年以前所寫的東西「讓這個被征服俘虜的民族重拾它真正的心聲和尊嚴」。[10]

畢蘇斯基在世時，就已經是創造和捍衛波蘭國家地位的傳奇人物。許多公民都視他為第一次世界大戰波蘭軍團（Polish Legions）的英勇創立者、波蘭獨立後的第一位國家元首和總司令、在一九二〇年帶領波蘭戰勝布爾什維克的天才軍事戰略家，以及堅決保護少數族群和猶太人權利的人民「祖父」。他在一九三五年的五月去世後，跟波蘭王室成員一起葬在克拉科夫的瓦維爾城堡（Wawel Castle），永久奠定了他的偉人地位。

※

今天的英語世界對畢蘇斯基一無所知，跟他在世時人們對他的敬重形成了強烈的對比。這有很大一部分是因為畢蘇斯基的主要成就（創造和捍衛獨立的波蘭民主國家，阻止共產主義和法西斯主義擴張）跟一九三五年他去世後所發生的事件相比，顯得相形見絀。這些事件包括：波蘭在第二次世界大戰遭入侵；蘇聯攻占東歐；介於蘇聯和德國之間、屬於凡爾賽體系的主權民主國家被消滅。波蘭在往後四十五年被關在鐵幕之後，退居世界事務的幕後，人們對其近代歷史的興趣也跟著消退。

從畢蘇斯基在一九一八年的十一月被指名為國家元首兼總司令的那一刻起，他就被認為是歐洲事務的重要人物之一。一九二〇年的二月，英國最具影響力的月刊形容他是「治國天才」，「在那麼多人都擁有毀滅能力的時代，是這個時代最偉大的建造者」。一九二〇年在華沙跟畢蘇斯基碰過面的俄羅斯流亡作家認為，畢蘇斯基擁有的知識、洞見和分析推理能力「比當前的任何政治人物都要強」。曾經在一九一九年到一九二二年跟美國紅十字會一起到波蘭的一位美國聖母大學教授，有幸訪問畢蘇斯基，形容他「話很少，但是說話時你可以感覺他已經仔細研究了你的想法，沒有說出和沒有看見的事情他都明白。」一名美國駐外記者也在一九二八年說，畢蘇斯基是「我們這個時代最了不起的人物之一」。[11]

對許多人來說，畢蘇斯基真正的重要性就是他在一九二〇年阻止布爾什維克征服歐洲。在一九二〇年參加波蘭協約國使節團（Inter-Allied Mission to Poland）的英國政治家達伯農子爵（Lord D'Abernon）對這一點表達的感受最為誇大，認為畢蘇斯基戰勝布爾什維克的俄羅斯是世界史上最關鍵的戰役之一。一九三〇年，達伯農子爵在這場戰役滿十週年時接受訪談，說道：「華沙戰役是當代文明史上最重要的事件。」他還說：「波蘭不曾做出這麼巨大的貢獻，危機不曾那麼急迫。一九二〇年的事件這麼值得我們注意，還有另一個原因：能夠取得勝利，全都多虧了僅僅一人的天才戰略能力，多虧他成功執行了那危險到除了天才、還需要勇氣才能完成的計畫……政治作家應該告訴歐洲人，波蘭在一九二〇年拯救了歐洲，因此我們有必要讓波蘭保持強大，並跟西歐文明維持和諧關係。」[12]

一位知名的美國作家在寫到歐洲事務的主題時，也呼應達伯農子爵的看法，強調波蘭在國際安全和維繫權力平衡上扮演的重要角色。羅伯特・麥奇雷（Robert Machray）在一九三二年寫道：「整體而言，波蘭可以被視為西方文明的屏障，是促成歐洲平衡與世界和平的強大因子。」他還表示：「波蘭有畢蘇斯基元帥這個偉大人物當它的領袖和老師、守護者和引導者。歐洲欠他的並不少於波蘭，因為我們現在很清楚地知道，是靠著元帥的軍事天賦去構思並贏得一九二〇年八月和九月的那場關鍵戰役，打敗、趕跑了蘇聯軍隊。」[13]

畢蘇斯基在一九三五年去世後，他的訃文也強調了這一點。《泰晤士報》稱讚他「打擊了蘇聯唯一一次認真打算使用武力，將布爾什維克主義傳到整個歐洲的野心。為新成立的共和國確立疆界之後，他用盡早已消耗許多的最後一絲力氣來鞏固政府在國內外的地位。」《紐約時報》則表示：「在一九二〇年，畢蘇斯基擊敗了進犯的布爾什維克軍隊，許多人都認為這讓歐洲免於另一場全面戰爭。」有人說畢蘇斯基是「一個偉大的軍人和能幹的治國大師」。有人則覺得畢蘇斯基的重要性是在其他方面。美國傳記作家葛蕾絲・韓福瑞（Grace Humphrey）在一九三六年寫道：「他的偉大現在就已經開始成形，預示了歷史的裁定。他跟歷史上的某些少數人士一樣，是被上帝選來塑造人類命運、為民族規畫道路、引領人們前進的人。」[14]

然而，除了這些讚美，國內外也有許多大聲喧嚷的反對者公開表達相反的看法。批評者認為，畢蘇斯基在一九二〇年的五月占領基輔，是一個挑釁魯莽的舉動。西歐人雖然認為畢蘇斯基的聯邦計畫（最後完全失敗）對俄羅斯很不友善、對歐洲也十分危險，但是他們準確地預測，在未來歐洲各國的架構中，獨立烏克蘭的領土完整性會是西歐和美國政府的主要外交政策目標，以抵禦俄羅斯的侵犯。一名波蘭局勢的觀察家認為，攻占基輔一事「延長了波蘭帝國主義的傳說，在協約國政治家的心中留下對這個新生共和國的偏見，尤其英國人依舊這麼覺得。」[15] 一名法國陸軍少校也批評畢蘇斯基軍事占領基輔是「近年來最越軌的行為」。[16]

在國內，畢蘇斯基的反對者——左翼的社會民主黨和共產黨，以及右翼的民族民主黨（National Democrats）——強烈抨擊他越來越威權的統治作風和議會民主的腐敗。一九二三年，中間偏右的基督教民主（Christian Democratic）運動有一個成員表示，畢蘇斯基的想法既陰暗又無益，其統治作風充滿狂妄與虛榮。[17]另一名社運人士則表達許多左派人士在一九二六年政變後所抱持的觀點，說畢蘇斯基是一個獨裁者，是進步和議會民主的敵人。[18]

雙重遺緒

在這本書，我將描述畢蘇斯基的雙重遺緒：威權主義與多元主義。他是一位會使用法外鐵腕策略來壓制對手的軍事領袖，同時也會捍衛和保護少數族群的權益。一方面，他是一個卓越的人物，起身對抗兩次世界大戰之間在中歐和東歐生根、益發擴散的極權主義和反猶主義思潮。在一九一八年的十一月，畢蘇斯基合法取得絕對的權力，他信奉多元社會，認為所有守法的公民都應得到平等的待遇和保護，不過這個原則在一九二六年之後開始減弱。有一個歷史學家說：「畢蘇斯基比大部分的戰間期歐洲領袖還尊重文化多元主義。」[19]另一方面，畢蘇斯基統治的最後九年，議會民主制明顯遭到削弱，部分原因是，畢蘇斯基無法讓眾議院通過意義重大的憲法改革，好讓政府平順運作。

畢蘇斯基把對寬容和多元的支持連結到他的聯邦計畫，希望以民族、而非帝國來作為組織歐洲各國的方式。烏克蘭的政治主權是這項計畫背後的核心——烏克蘭不是跟波蘭結成聯邦，就是獨立建國。畢蘇斯基在一九一九年說道：「波蘭夾在兩個大國之間不可能真正獨立，只要俄羅斯仍奴役許多民族，我們就無法平靜地展望未來。」[20]

畢蘇斯基最鮮明的政治特徵，就是他對聯邦主義、文化多元主義和少數族群權利的支持。最能看出畢蘇斯基正面遺緒的地方，就是他跟波蘭猶太人之間的關係；在一九三九年以前，波蘭擁有全世界第二多的猶太人口。他過世後，波蘭猶太人表現的哀慟之情絕對不會錯。學術文獻和回憶錄大部分都有提到雙方的特殊關係。[21]兩次世界大戰之間在維爾紐斯長大的迪娜・阿布拉莫維奇（Dina Abramowicz）生動地回憶畢蘇斯基過世的那一天，說：「我們感覺波蘭的猶太人頭上似乎籠罩著烏雲，艱困的日子即將到來。」[22]戰間期在克拉科夫長大的波蘭猶太人拉斐爾・夏夫（Rafael Scharf）也有憶起那一天：「我還記得，我那通常每天都被煩心事完全占據的父親在聽說元帥過世時，竟然哭了。他的反應令我大吃一驚，因為我不常看見父親為了這種事落淚。」夏夫的父親「抱持著波蘭猶太人常有的認知，相信畢蘇斯基……會保護他們……認為他走了以後，歷史會轉到更具威脅性、更危險的方向。這樣的預感很快就成真了。」[23]

另一個來自克拉科夫的波蘭猶太人伊蓮娜・布朗納（Irena Bronner）則記得家人經常討論日益升溫的反猶主義。她寫道：「我們家很崇拜畢蘇斯基。我們這些【猶太】小孩深愛這位『祖父』一點也不奇怪……我的父母完全相信他，聽說他去世的消息之後受到很大的打擊。」[24]亞歷山大・布魯姆斯坦（Alexander Blumstein）當時雖然只有五歲，卻記得這位波蘭領袖：「約瑟夫・畢蘇斯基本人不是反猶主義者。事實上，他努力抑制反猶主義的浪潮，但是這個任務並不容易。【他】在一九三五年去世，我依稀記得當時我們被恐懼和陰鬱所淹沒。」[25]六十歲的猶太銀行家維克托・查傑斯（Wiktor Chajes）曾在第一次世界大戰加入畢蘇斯基的軍團，他在畢蘇斯基死後，於一九三五年五月十三日寫下自己的心情：「對我而言，畢蘇斯基元帥就是一切，他**就是**我們的家園。我很害怕我們會面臨什麼樣的命運。我擔心我的心全然屬於他，我【對波蘭】的信念之中只存在於我對他的信念……他帶我們脫離被俘虜的國家，使我成為波蘭的自由之子。」他接著說：「我的淚水好比一個兒子在父親的墳前流下的眼淚。」[26]

畢蘇斯基在一九一四年以前擔任波蘭社會黨（Polish Socialist Party）領袖時，就已建立起寬容公正的形象，因為他最親近的一些夥伴便是波蘭猶太人，如費利克斯・佩爾（Feliks Perl）和史坦尼斯瓦夫・孟德爾頌（Stanisław Mendelson）。[27]一位歷史學家寫道：「革命時期的元帥不在乎哪一位同志是猶太人、哪一位不是，他對歷史的認知使他相信猶太人是波蘭遺產的一部分。」[28]

第一次世界大戰期間也有很多猶太人加入波蘭軍團。因此，畢蘇斯基在離開公職三年後，於一九二六年掌權時，絕大多數的猶太人不意外地都鬆了一口氣。以斯拉．孟德爾頌（Ezra Mendelsohn）說：「這並不是因為他們反對民主，而是因為他們把畢蘇斯基視為一位溫和的民族主義者、聯邦主義者……【右翼】民族民主黨的勁敵，以及反對將反猶主義當成政治或經濟武器的前社會主義者。從某種程度上來說，畢蘇斯基以波蘭命運的最高裁決者之身分掌權的這十年，的確實現了這些期待。他成功控制住極端的反猶人士，並在眾議院選舉期間歡迎猶太人加入他的政府名單。」[29]

華沙波蘭猶太人歷史博物館（POLIN Museum of the History of Polish Jews）的常設展記錄了畢蘇斯基寬容慈善的遺緒。二〇二〇年的五月十二日，博物館在畢蘇斯基逝世八十五週年的日子，在官網上發表公開聲明：「大多數的波蘭猶太人對畢蘇斯基的看法都相當正面，原因很多……畢蘇斯基象徵了將猶太人視為平等公民的波蘭。」[30]當然，不只有波蘭的猶太人這樣敬愛他。戰爭期間因為替波蘭流亡政府擔任情報員而出名的揚．卡爾斯基（Jan Karski）曾在一九九〇年代接受訪問時，說起小時候住在華沙、家人討論畢蘇斯基的那段回憶：「我的母親非常景仰畢蘇斯基，她從來不叫他畢蘇斯基元帥，而是祖國之父。」[31]

然而，一九二六年強制實行威權統治之後，卻讓畢蘇斯基的遺緒留下黑暗的一面。這段時期出現濫用權力和議會民主逐漸腐敗的情況。畢蘇斯基在一九二六年五月突然發動軍事政變，政府和挺畢蘇斯基的部隊戰鬥三天後，使他重新掌權。這場動亂共造成兩百一十五名士兵和一百六十四名平民死亡、一千五百人受傷，震驚了全國。[32]畢蘇斯基從來就沒有打算在華沙的街頭上濺血，但這卻是他採取法外軍事行動直接造成的後果。[33]那些不必要的軍民死傷現在仍然記錄在某些家庭的家族史中。我曾跟一名生於一九四七年、在共產波蘭長大的波蘭女子通信，她說自己的外祖父在一九二六年擔任波蘭軍隊的上校，政變期間是替政府軍作戰。她回憶母親「常常罵畢蘇斯基攻擊剛誕生的民主」。此外，她的母親「因為我的外祖父對沃伊切霍夫斯基總統忠心耿耿而感到驕傲，雖然這使他丟了軍隊的飯碗。」[34]

新的國會和總統選舉在不久後召開，但畢蘇斯基即使允許國會反對黨和他們的媒體繼續運作，他此時幾乎是在進行絕對的個人統治。一九二六年之後，畢蘇斯基政府壓制那些被認為會對政權造成存亡威脅的政治對手，最惡名昭彰的一個例子就是人稱布熱希奇審判（Brześć Trials）的事件：一九三〇年的八月，二十名前國會反對黨成員遭到逮捕，在沒有正式罪名的情況下，被軟禁在布熱希奇監獄十四個月，後來才在一九三一年十月接受審判。這些人當中包括備受尊敬的政壇老將，例如波蘭社會黨的亞當・喬烏科甚（Adam Ciołkosz）、赫爾曼・列貝爾曼（Herman Lieberman）和亞當・普拉吉耶（Adam Pragier），還有曾經出任總理的溫森蒂・維托斯（Wincenty Witos）和農民黨（Peasant Party）的阿道夫・薩維茨基（Adolf Sawicki）。審判持續了三個月，在一九三二年的一月定罪。[35]

導致畢蘇斯基留下黑暗遺緒（特別是在共產時期）的第二個原因，就是他在一九三四年一月跟納粹德國簽署互不侵犯條約，並在同一年的七月於貝雷薩卡圖爾斯卡（Bereza Kartuska）成立政治犯的拘留營。在畢蘇斯基政府統治期間，曾被關進拘留營的囚犯有共產黨成員、烏克蘭民族主義者，以及因為帶有法西斯主義傾向而被禁止的民族激進陣營（Obóz Narodowo–Radykalny，ONR）成員。[36]畢蘇斯基在一九三四年一月簽署的《德波互不侵犯條約》（German–Polish Non–Aggression Pact）被波蘭批評家、西方民主領袖和蘇聯一致認為是十分危險的外交舉動。[37]可是，畢蘇斯基是在向法國提議聯手對德國發起軍事攻擊遭拒絕之後，才決定跟納粹德國談條約。這並不是畢蘇斯基的外交政策第一次引起外國擔憂。他在一九一八年到一九二〇年發動的數起邊界戰爭，被西方民主國家視為危險且不負責任的冒險舉動，但只有法國例外，大體上都支持畢蘇斯基。第三個原因是，畢蘇斯基在死前一個月同意通過新憲法，嚴重削弱立法機關的權力，進而讓威權統治固定下來。[38]

畢蘇斯基文獻

了解史料如何描述畢蘇斯基會十分有幫助。畢蘇斯基身為現代波蘭的國父、第一位總司令和國家元首，自然有許多文獻以他為主題。其實，他的傳奇事蹟早在一九一八年以前就有人出版，是有關畢蘇斯基的最早著作。有史以來最早出版的畢蘇斯基傳記在一九一五年問世，五十七歲的作者瓦克瓦夫・謝羅謝夫斯基（Wacław Sieroszewski）是波蘭軍團第一騎兵團（1st Cavalry Regiment）的成員，希望透過這本書向大眾述說畢蘇斯基的故事。謝羅謝夫斯基討論了畢蘇斯基手下的士兵對他狂熱的忠誠，以及畢蘇斯基越來越受群眾歡迎的現象，並這樣描述這位國家人物：「對廣大民眾來說，畢蘇斯基象徵了為性靈福祉、為祖國解放、為個人與民族尊嚴，以及更美好、公正……光明的未來所奮鬥的堅毅精神。」[39]

在一九一八年之後出版的第一本畢蘇斯基傳記中，他的其中一位忠心追隨者形容他是正在形成的傳奇。雅努什・延傑耶維奇（Janusz Jędrzejewicz）在一九一九年寫道：「今天，畢蘇斯基是波蘭活生生的象徵，代表了它的良知與對未來的渴望。」[40]

好幾位外國作家將畢蘇斯基描繪成英勇的軍事英雄，牛津大學歷史系畢業的亞歷山大・博斯威爾（Alexander Bruce Boswell）便是其中一人。他在一九一九年波蘭復國後發表一份研究，寫到畢蘇斯基被稱讚是「民族英雄」和「柯斯丘什科（Kościuszko）*的繼承人」。[41]另一位英國作家西斯利・哈德斯頓（Sisley Huddleston）也對畢蘇斯基讚譽有加，在一九二〇年寫到，這位波蘭領袖「不只開創出一個擁有自己領土的波蘭，還賦予波蘭靈魂。」[42]

當時有一部著作提到了畢蘇斯基極受歡迎且非常具有領袖風範。這位作者寫道：「我認為，元首的性格中帶有至關重要的吸引力特質，那是無法分析的，但是所有偉大的領袖多多少少都會具備。」[43]亞捷隆大學

（Jagiellonian University）的一位教授在一九三三年發表的研究中寫道：「一九二六年後，國會無法再阻礙……有建設性的計畫，畢蘇斯基政權帶來了秩序。」[44]這位教授接著說，畢蘇斯基掌權之後，猶太人的處境改善了。他寫道：「自從一九二六年畢蘇斯基元帥展開統治後，波蘭人和猶太人之間的緊張關係才明顯開始緩解。」[45]

從一九三五年畢蘇斯基去世到一九三九年戰爭爆發的這段期間，出現了一些學術性和比較大眾性的傳記在探討畢蘇斯基的生平和遺緒。其中一本由韓福瑞撰寫的傳記便在一九三六年的美國問世。韓福瑞寫到，這位已故波蘭領袖的重要性對波蘭和歐洲人民而言實在太過巨大，因此還無法斷定他真正的影響：「一定要經過兩三個世代，才能看出【畢蘇斯基】跟他的時代、波蘭歷史、歐洲其他地區和整個世界之間的關係。他在一九二〇年是總司令、執政者、財政事務的顧問和外交部政策的發起人，為這個重生的國家付出重大的貢獻。這些個別的角色就讓人覺得很了不起了，全部攬在一人身上簡直叫人欽佩不已。」她最後總結：「光是簡述他的一生，就已總結波蘭的故事。」[46]

在一九三六年的另一本傳記中，麥奇雷強調了畢蘇斯基在波蘭早期歷史的獨特重要性。麥奇雷寫道：「如果沒有跟畢蘇斯基一樣強大勇敢的心靈，任何人可能都會被為了建立波蘭共和國所必須完成的工作給嚇跑和擊垮。他得在混亂之中創造一個新國家。」[47]一九三九年，英國歷史學家威廉·雷德維（William F. Reddaway）也表示：「波蘭復國有很大的程度是一位罕見人物的功勞——畢蘇斯基元帥。」[48]

＊編注：即下文將提及的塔德烏什·柯斯丘什科將軍（Tadeusz Koościuszko），是一七九四年波蘭起義的領袖，率領群眾、組織軍隊來抵抗俄羅斯與普魯士對波蘭的侵略，被視為波蘭的民族英雄。

在第二次世界大戰之前出版的畢蘇斯基相關研究中，瓦迪斯瓦夫・波博格－馬里諾夫斯基（Władysław Pobóg–Malinowski）的開創性著作特別卓越。他的兩大冊巨作在一九三五年出版，共有一千零二十二頁，針對主角的生平只寫到一九〇八年。[49] 這本書的立場相當偏袒（作者是畢蘇斯基的死忠擁護者），但卻是一九三九年以前唯一一本根據廣泛檔案研究所寫成的傳記。波博格－馬里諾夫斯基的指標性著作問世之後，很多人都嘗試推動畢蘇斯基生平與思想的研究。畢蘇斯基死後，華沙的現代史研究所更名為約瑟夫・畢蘇斯基波蘭現代史研究所，致力於蒐集和保存這位波蘭領袖的相關文獻。這個機構最重要的成就，便是在一九三七年到一九三八年出版了畢蘇斯基文集，總共有十冊、兩千七百頁的內容。[50]

一九三九年以前的研究大體上將畢蘇斯基的形象描述得十分正面，而在第二次世界大戰期間的一九四一年出版的《劍橋波蘭史》（*The Cambridge History of Poland*）更加強了這樣的形象。波蘭被毀後，畢蘇斯基被描繪成獨立波蘭的奠基者，不僅協助建立民主制度，還提倡少數族群權益。這本劍橋史把畢蘇斯基在一九二六年發動政變的原因歸諸於掌權的政黨，因為他們不願意修改或修正一九二一年那部削弱總統職位，進而帶來極端分裂、嚴重僵局、不穩情勢和貨幣起伏的憲法，並表示「絕大多數的民眾」都認同畢蘇斯基的行為。[51] 劍橋史說到，他對少數族群權益的支持始終沒有動搖，還說「【畢蘇斯基】特別不能容忍反猶主義，鼓勵受到壓迫的猶太人向他尋求保護。」[52] 劍橋史在最後結語的地方總結：「【畢蘇斯基】擁有的各種特質正是他的國家在那個關鍵時期所需要的：行動時充滿活力、堅忍不拔；提供建議時足智多謀、細膩周全。他強大的智識非常實際……帶有清楚的遠見，讓他可以預示未來發展，在追隨者眼中簡直就像是奇蹟。」[53]

一九四〇年移民美國後成為大學教授的波蘭歷史學家奧斯卡・哈萊茨基（Oscar Halecki）在一九四三年出版了一本英語寫成的波蘭史。這是第一本同時從正反兩面描寫畢蘇斯基的著作。哈萊茨基雖然承認畢蘇斯基在建立國家和保護邊疆上扮演了重要的角色，卻沒放過他做出的法外威權作為。在說到畢蘇斯基於一九三〇年決定逮捕和囚禁國會反對黨成員的事件時，哈萊茨基說畢蘇斯基「再次採取暴力手段，在一九三〇年的秋天將【國會】領袖殘酷地監禁在布熱希奇，引起眾多不滿。」[54]

冷戰期間，出現兩派不同的史學觀點。在共產波蘭的鐵幕之後，黑暗傳說派依循政府的立場，將畢蘇斯基描述成法西斯獨裁者、自由民主的敵人。在外交事務方面，這一派把畢蘇斯基形容成企圖併吞俄羅斯領土的帝國主義者。黑暗傳說派利用畢蘇斯基的政治對手在戰間期所提出的主張，努力粉碎畢蘇斯基的遺緒。我們在一九五三年出版的一部學術著作中可以讀到，畢蘇斯基是「民族主義者和俄羅斯革命的敵人，他跟資產階級聯手，背叛了工人階級。」書中主張，畢蘇斯基在第一次世界大戰期間是奧地利情報單位和德國帝國主義的特務。[55]在一九二六年的政變中，他「背叛波蘭民族的利益」，成為「法西斯國家的創建者」。[56]

同一時間，在波蘭之外的地方，逃離共產波蘭後住在西歐的一些波蘭作家也在政治光譜另一端形成黑暗傳說派。這些人是極右翼民族民主黨的追隨者，受到政黨創始人羅曼・德莫夫斯基（Roman Dmowski）的思想所影響。他們當中最著名的發言人是延傑伊・吉爾蒂赫（Jędrzej Giertych），他在一九七〇年代和一九八〇年代主張畢蘇斯基是布爾什維克，把不懷好意的外國意識形態強加給波蘭。[57]

華沙大學的歷史學家蓋利斯基出版了第一本描述畢蘇斯基完整生平的學術傳記，既延續也脫離了黑暗傳說派。一方面，這部著作無情地攻擊了畢蘇斯基的特質和性格，特別強調他失敗的地方和威權統治作風。由於顧慮到審查制度，這本書的架構很不平均，特別留意某些時期，內容也寫得比較仔細，如畢蘇斯基在一九一四年以前的早年人生和一九二六年到一九三五年的統治時期。相形之下，蓋利斯基針對畢蘇斯基最偉大的成就著墨得不多，如在第一次世界大戰建立波蘭軍團、在一九一八年創建重獲新生的國家、在一九二〇年的波蘇戰爭（Polish–Soviet War）中擔任總司令取得勝利。這本書特別著重在他失敗的地方，花了許多章敘述一九二六年的政變和一九三〇年的布熱希奇事件（畢蘇斯基逮捕、囚禁十二位國會成員，說他們密謀推翻他）。[58]然而，從蓋利斯基對這些具爭議行為的描述中，我們可以看出他脫離了黑暗傳說派。蓋利斯基並沒有將畢蘇斯基在一九二六年之後的統治形容成法西斯主義，而是指出：「他不想炫耀自己的絕對權力；其實，他很願意跟……國會分享權力。但這並沒有改變他所給予的東西，他也能夠收回的事實。」[59]此外，蓋利斯基也強調，即使在一九三〇年的布熱希奇事件之後，畢蘇斯基仍「允許合法反對黨及其媒體繼續存在」。因此，他修正了黑暗傳說派對畢蘇斯基的描寫，主張「他是一個比其他國家溫和許多的獨裁者」。[60]

除了蓋利斯基和黑暗傳說派，有一篇從波蘭偷運出去、在國外發表的文章更準確地反映了波蘭人對畢蘇斯基的態度。在一九七三年，二十七歲的米奇尼克匿名寫了一篇有關畢蘇斯基的文章，刊登在巴黎的月刊《文化》（*Kultura*）。[61]米奇尼克寫道：「畢蘇斯基把波蘭看成許多民族的祖國，是結合眾多文化的聯邦；他希望不只波蘭人，立陶宛人、烏克蘭人和猶太人也能一起團結地住在這個國家。」畢蘇斯基的多元主義構想「完全密封，徹底隔絕了沙文主義妖言惑眾的細菌。」[62]米奇尼克最後說：「如果我們想要重新發掘寬容與和諧的公式，我們只需要在約瑟夫・畢蘇斯基身上就能找到。」[63]

米奇尼克的觀點雖然從來不被允許在共產波蘭內傳播，卻反映了西方歷史書寫主流「白色傳說派」所表達的徹徹底底正面看法。這個時期，白色傳說派最具影響力的歷史學家是瓦克瓦夫・延傑耶維奇（Wacław Jędrzejewicz），他在一九八二年所寫的傳記很受歡迎，多年來只有英文版。[64]延傑耶維奇毫不害臊地將畢蘇斯基形容成民族英雄，其重要成就包括在第一次世界大戰期間組建波蘭軍隊、在一九一八年掌管國家，以及在一九二〇年的波蘇戰爭中守住波蘭邊界。延傑耶維奇寫道：「距離他去世的時間越久，我們越能看出他的形象、生平與事蹟是值得依循的偉大典範，是我們可以仰賴的力量之源。」他點出波蘭百姓仍持續仰慕畢蘇斯基：「人們對約瑟夫・畢蘇斯基的尊敬，可從他那具跟波蘭列王的墳墓放在一起的棺材上面，始終有人擺放鮮花、小孩從袖子拔下學校徽章放在他腳邊的這點看出來。」[65]延傑耶維奇最後寫道：「他給予波蘭……自由、邊界、力量和尊敬。波蘭的歷史將會這樣記載他。」[66]從冷戰一直到現在的知名波蘭歷史學家（包括亞當・扎莫伊斯基〔Adam Zamoyski〕、彼得・萬迪茲〔Piotr Wandycz〕、諾曼・戴維斯〔Norman Davies〕

和安東尼・波隆斯基〔Antony Polonsky〕）都常在著作中評論畢蘇斯基，正向地描繪他在波蘭復國中扮演的角色，同時批評元帥在一九二六年發動的政變及後來發生的民主準則與制度的腐敗。

一九八〇年代晚期，歷史學家開始超脫這兩個互不相容的派別。共產波蘭的審查制度鬆綁之後，好幾位知名學者出版了觀點比較平衡的著作。[67] 一九八九年之後，後共產主義時期的波蘭學術圈開始研究畢蘇斯基的生平與思想，一部分原因是整個國家對這個主題越來越有興趣。大眾傳記和相冊大量出現。[68]

在一九八九年之後出現的幾個重要著作中，畢蘇斯基的形象變得越來越細膩平衡。當中最重要的學術傳記無疑是沃基米日・蘇萊亞（Włodzimierz Suleja）所寫的著作。[69] 蘇萊亞擁有扶羅茨瓦夫大學（Wrocław University）的歷史博士學位，都在紐約的畢蘇斯基學會進行研究。他描繪了畢蘇斯基複雜的樣貌，沒有蓋利斯基尖銳、偏袒的口吻。蘇萊亞的傳記雖然很少有人提到，但是它象徵畢蘇斯基文獻的新走向，同時點出他正面和負面的特質。[70] 儘管學界從一九八九年之後漸漸出現共識，專業歷史學家仍持續爭辯畢蘇斯基留下的遺緒。一九八九年之後關於畢蘇斯基的學術著作雖然絕大多數都比較平衡，偶爾還是會出現黑暗傳說派的殘遺。[71]

⁂

所以，我們該如何理解這位使人們走向兩極、宛如謎一般、被許多人書寫的政治家？畢蘇斯基從民主轉變為威權統治者的過程發生在兩次世界大戰之間，當時他成為波蘭的主導人物。他的統治作風實在變化太大，常被形容為好像是兩個完全不同的人，一個是在一九一八年到一九二二年間開創議會憲政民主的畢蘇斯基；一個是在一九二六年到一九三五年間經由軍事政變重返權力、干涉反對黨媒體、逮捕政治對手、主導政府轉向威權的畢蘇斯基。

可以肯定的是，畢蘇斯基是現代波蘭最偉大的自由獨立擁護者。身為第一次世界大戰第一旅（First Brigade）的旅長、波蘭重生後的第一個總司令、第一個國家元首和第一個元帥，並在一九二〇年的波蘇戰爭中親自率軍上戰場，歷史已經將他封為現代波蘭的國父。在波蘭獨立後的頭幾年，這個國家確立國界、組成自由選舉的國會、採用自由主義的憲法，期間畢蘇斯基代表的是波蘭政壇的民主派。然而，在一九二六年到一九三五年的第二段統治時期，波蘭卻突然轉變成威權國家，就從一九二六年五月畢蘇斯基發動政變開始。畢蘇斯基在一九三五年去世前，將剩下的九年統治期用來主導外交事務，捍衛波蘭的自由，以免遭到德國和蘇聯危害。然而，他對內卻拋棄了民主原則，認為自由受到法治約束。[72]

一九一八年十一月波蘭恢復獨立時，畢蘇斯基雖然取得權力，卻不是用強奪的。在波蘭成為國家的那一天，當時負責執政的攝政委員會（Regency Council）找上了他，希望三天前才從德國的軍事監獄被釋放出來的畢蘇斯基擔任總司令。三天後，攝政委員會在一九一八年的十一月十四日自願解散，指派畢蘇斯基為國家元首，將建立臨時政府的任務交給他。

得到絕對的治國權威之後，畢蘇斯基下令快速將國家過渡到民主政體。一九一八年十一月十八日，他宣布成立臨時政府，並將立法國會選舉訂在一九一九年一月二十八日。在召開選舉前的兩個月期間，畢蘇斯基實質上是以獨裁者的身分進行統治，但他多次向媒體保證自己完全沒有意圖背叛大眾對他的信任。例如，他在一九一八年十二月告訴《紐約時報》駐華沙的記者，自己抱持堅定的民主信念，十分欽佩美國。[73]

選舉如期舉行，自由選出的國會在一九一九年二月十日第一次召開時，畢蘇斯基對與會者發表演說，強調波蘭需要強化與深化跟西方民主國家的關係。他說，波蘭必須採取這些政策，不只是為了要鞏固疆界，也是出於意識形態相近之故。他說：「我們的外交關係有一絲希望，那就是強化我們跟協約國團結起來的友誼紐帶。波蘭跟歐洲和美國的民主社會長久以來都有非常密切的認同感。」——說到「美國」這兩個字，如雷的掌聲和「威爾遜萬歲！」的喊聲打斷了畢蘇斯基。[74]他接著說：「自從協約國的軍隊成功將波蘭從奴役中解放，瓦解迫害者最後一絲力量，這份認同感更為增強。」[75]

演說結束後，畢蘇斯基在戲劇化的一刻提出辭呈，把權力交給國會，讓他們選擇新的國家元首。雖然國會全體一致表決通過，使他在同一天復職，但請辭的舉動反映了畢蘇斯基當時忠於民主合法的權力轉移。兩年後的一九二一年三月，波蘭國會制定了該國有史以來的第一部憲法，規定法律之前人人平等、公民各項自由、少數族群權利、司法獨立、普遍選舉和新聞自由，這些畢蘇斯基全都全心支持。因此，在他的統治引導下，重生的波蘭變成歐洲心臟地帶的自由民主共和國，在他的指揮下先是趕走布爾什維克的侵略，現在又要建立一個永久的屏障，防止東方共產主義的擴張。

畢蘇斯基背離法治思想的開端，可回溯到一九二二年十二月十六日，也就是波蘭第一任總統加布列爾·納魯托維奇（Gabriel Narutowicz）在上任短短五天後就遭到暗殺的那天。暗殺事件前，畢蘇斯基的右翼對手曾發動兇猛的抹黑行動，認為納魯托維奇不是由絕大多數的波蘭裔人民選出，而是在少數民族——尤其是猶太人——的幫助下才獲選。他們不願接受公平自由的選舉所產生的合法結果，這件事改變了畢蘇斯基。殺手遭到處決後的那幾個星期，右翼反對派的報紙稱讚這位殺手是「真正的愛國者」和「民族烈士」，並刊登警方報告，顯示好幾百起案件中的波蘭人將殺手的照片放在窗前以示憑弔，這些更進一步地使畢蘇斯基的憤慨轉為極端的憤世嫉俗。畢蘇斯基發誓，他永遠不會讓那個右翼反對派執政；他相信，他們從來沒有負起暗殺的責任。

對政治深深感到幻滅的畢蘇斯基，在一九二三年退出公眾生活，跟家人一起搬到華沙郊外的鄉村住家。一九二六年的五月十日，一個新政府形成了，第一次完全由右翼的民粹主義者和民族主義者所組成，領導者不是別人，正是當初試圖在納魯托維奇獲選後去除他合法地位的那些人。因此，畢蘇斯基決定採取行動。兩天後，他在忠誠的武裝部隊陪同下前往華沙，命令波蘭總統解散政府，相信自己這麼做是為了波蘭著想，要讓這個在德國和蘇聯剛簽署互助條約（《柏林條約》〔Treaty of Berlin〕）的節骨眼上逐漸陷入混亂的國家恢復秩序。波蘭總統拒絕退讓，於是挺政府和挺畢蘇斯基的士兵在首都打鬥了三天，最後讓畢蘇斯基奪得權力。這場政變顯示，當畢蘇斯基相信這樣做對國家比較好時，他願意採取法外行動。

政變後不久，畢蘇斯基在華沙接受巴黎《晨報》（*Le Matin*）的外交事務特派員的訪問。在他澄清憲法和國會都將完好如初後，這位記者說：「元帥，您說話一點也不像是個獨裁者。」畢蘇斯基答道：「當然！我不支持波蘭出現獨裁者。」被問到他會不會參選總統時，畢蘇斯基批評憲法，說必須修憲把政府變得更有效率他才會參選。他說：「總統有義務發誓他會捍衛這個國家和民族的尊嚴，但是卻沒有得到履行這個義務該有的權力。可以的話，我更希望列出一份候選人名單，而不是一個人，因為我想要跟其他候選人一起主動發起行動，說波蘭憲法限制總統的權力是很不好的。」[76]畢蘇斯基強調，他並不是提倡現任總統要有絕對的權力。恰恰相反，他把美國視為憲法改革的終極指標：

當我回顧我的國家的歷史，我不認為它能透過逼迫的方式統治。我不喜歡逼迫……我對國家元首有不一樣的看法。他必須擁有在關鍵議題上迅速做出決定的權利。我的國家繼承了三個國家的法律和法規，還有新的要加進去。這一切必須藉由恢復總統權力來簡化。我並不是說我們一定要完全模仿美國，把聯邦政府的龐大權力透過各州自治來平衡，但我們必須追尋類似的概念，應用在波蘭身上。[77]

在畢蘇斯基看來，波蘭得經過一個世代才能準備好實踐美國的模式。他在同一次訪談中表示：「我們這一代並不完美，但是也有一些值得尊敬的地方。下一代又會更好。」他在公開場合說過的話，私下也曾說過。政變發生後幾星期，他告訴一位信賴的顧問：「我不想成為墨索里尼，也不想拿著鞭子統治。」[78]

在他統治的最後一段時期，畢蘇斯基毫不猶豫地壓制對他和政府的嚴厲批評。畢蘇斯基在一九二八年的六月卸下總理身分後，用難聽的話公開譴責國會，在波蘭很有影響力的社會黨中央機關報被元帥的語氣冒犯到，決定隔天發表一篇社論。結果，政府在早報出刊前沒收了報紙，讓它在社論原本要出現的版面留白後重新出刊。[79] 一九二九年九月，畢蘇斯基寫了一篇嚴厲的文章批評國會僵局，反對派的農民黨發表一項決議，呼籲解散當時的內閣，同時也終結畢蘇斯基在政壇的支配地位。農民黨把決議印在他們的中央機關報，政府卻沒收那一期，聲稱裡面含有煽動暴力的內容。[80]

畢蘇斯基時不時就違背反對派擁有的新聞自由權利，引起了外交圈的擔憂。例如，在一九三一年十二月，畢蘇斯基提到有一家美國報社刊登了對美國參議院外交委員會（US Senate Foreign Relations Committee）主席的訪談，這位主席認為波蘭為了和平，應把領土歸還德國。畢蘇斯基顯然表達了自己的意見，認為美國政府應該命令報社禁止散布對公眾利益有害、違反美國長久以來支持《凡爾賽條約》之立場的言論。美國在波蘭的代辦約翰・威利（John C. Wiley）表示：「畢蘇斯基元帥無疑沒有完全理解，美國的政治人物和新聞媒體擁有不受政府施壓影響言論的自由。」[81]

意義重大的是，畢蘇斯基的統治作風雖然從民主轉變成威權，他在外交政策方面仍傾向跟西方民主國家維持牢固的關係。最具代表性的例子，莫過於他在生命的最後一年接見兩位外交要人時截然不同的態度。一九三四年四月，路易・巴爾都（Louis Barthou）成為法國第一位前往重生後的波蘭進行正式國是訪問的外交部長。法國駐波蘭大使描述了這次會面的氣氛：「畢蘇斯基元帥非常友好地歡迎巴爾都先生。」他還說，波蘭外交部長約瑟夫・貝克（Józef Beck）先生「告訴我們，元帥從來沒有對任何外國人物展現這麼多友誼。」[82] 反之，德國宣傳部部長約瑟夫・戈培爾（Joseph Goebbels）於一九三四年六月私下造訪波蘭時，畢蘇斯基卻對他很冷淡。畢蘇斯基讓這位德國部長等待一段時間，才回覆對方會面的要求，但是只同意三十分鐘的短暫會晤。英國報紙評論道：「畢蘇斯基元帥讓戈培爾先生等了二十四個小時才同意接見他，這使得納粹的部長首次造訪波蘭首都，最後的結果卻令人相當失望。」[83]

畢蘇斯基的雙重遺緒仍持續定義波蘭這位神祕難解的領導者。對於在他生前和身後大力批評他的人（包括後來共產政府的官員）來說，畢蘇斯基是進步的敵人，是在布熱希奇監禁政治反對派和在貝雷薩卡圖爾斯卡拘留營囚禁政治犯的獨裁者。然而，波蘭處處可見的驚人雕像，以及用他名字命名的公園、街道、橋梁、博物館、學術機構、體育場和火車站，卻讓黑暗遺緒徹底黯然失色。一九一八年十一月波蘭重新復國之際，所有的權力都被交到畢蘇斯基手中，全國上上下下除了將他視為民族驕傲的象徵，也認為他代表了一個開放自由的新社會。一九一八年的十一月十二日，也就是波蘭獨立的隔天，華沙有一群高中生發放一份傳單，呼籲這個新國家要支持畢蘇斯基，不只是因為他們認為他是強大果決的領導者，也是因為他擁護民主制度：「整個民族的眼睛都看向畢蘇斯基，因為他是唯一一個能夠在民主的旗幟下統一波蘭的人。【支持畢蘇斯基，】我們就是在創造自由平等的家園，進而散播民主的信條。」84

Chapter

1

童年與少年時期

我這個弟弟運氣超級好，什麼好事都發生在他身上，他也總是把自己變成一切的中心。他很愛說話（卻做得很少）。每個人都被他騙了，極力誇獎他。

——十六歲的布羅尼斯瓦夫．畢蘇斯基（Bronisław Piłsudski）於一八八三年二月八日在維爾紐斯寫日記時對十五歲的約瑟夫留下的評語

約瑟夫．克萊門斯．畢蘇斯基（Jozef Klemens Pilsudski）於一八六七年十二月五日出生在維爾紐斯東北方六十公里的村莊祖武夫（Zułów），家族是波蘭－立陶宛的有地下層貴族階級。他是父親約瑟夫．溫森蒂．彼得．畢蘇斯基（Józef Wincenty Piotr Piłsudski，一八三三年到一九〇二年）和母親瑪麗亞．比利維奇（Maria Billewicz，一八四二年到一八八四年）的第四個孩子和第二個兒子。他的祖先好幾個世紀以來在這個地區一直都很顯赫。這個家族的姓氏首次出現在一五三九年，原因是當時的地區行政長官（starosta）巴托米耶．基尼亞托維奇（Bartłomiej Giniatowicz）將當地的村莊畢蘇迪（Piłsudy，位於考納斯〔Kaunas〕的東北方）變成了自己的姓氏。畢蘇斯基的父母彼此屬於五等親的關係，兩家人在十八世紀因為聯姻而成為親屬，後來傳下了大筆財產給子孫，包括畢蘇斯基的祖父彼得．卡齊米日（Piotr Kazimierz）。[1]

一八三〇年代初期，畢蘇斯基的祖父認識了蘇格蘭裔的蒂奧朵拉．巴特勒女伯爵（Teodora Butler），兩人在一八三三年成婚。同一年，蒂奧朵拉在考夫諾（Kowno）東北方三十公里的拉普薩尼（Rapszany）生下畢蘇斯基的父親。約瑟夫．溫森蒂從小就展現領導特質以及學術和藝術方面的天分。十幾歲時，

他已經是一位天賦異稟的鋼琴家和作曲家。畢蘇斯基的哥哥布羅尼斯瓦夫將自己的父親形容成「擁有廣博的知識，但是不適合實作」。[2] 畢蘇斯基的妻子亞麗桑德拉．謝爾賓斯卡（Alexandra Szczerbińska）說，自己的公公是一個優雅英俊的男子，「心智天賦高、有文化素養、博覽群書，是優秀的鋼琴家和很有天分的作曲家」。[3]

畢蘇斯基和比利維奇這兩家人在性格和性情上很不一樣。跟畢蘇斯基一家人有私交的知名社會學家盧德維克．克日維茨基（Ludwik Krzywicki）說，比利維奇家的人節儉謹慎，畢蘇斯基家的人用錢卻是衝動魯莽。克日維茨基說，畢蘇斯基家的人「認為撲滿裡的錢就是要拿來花」。[4] 畢蘇斯基的父親在很多方面都體現了這個家族特質。

另一方面，畢蘇斯基的母親十分務實、很有條理。她在一八四二年出生於考納斯省特內涅縣（Tenenie）的村莊阿達莫沃（Adamowo），父母是安東尼與海蓮娜．比利維奇（Antoni and Helena Billewicz）。比利維奇家族是當地最古老也最顯赫的貴族之一。[5] 瑪麗亞的家庭比畢蘇斯基的家庭還富有，她住在祖父卡茨佩爾．比利維奇（Kacper Billewicz）擁有的莊園。弟弟亞當夭折後，她便成為家中唯一的小孩。在一八四六年，瑪麗亞才四歲時，這家人遭遇第二場悲劇：她的母親死於結核病。瑪麗亞的父親後來再娶，把照顧女兒的責任交給她那仁慈慷慨的祖父。卡茨佩爾擔心自己無法好好照顧瑪麗亞，便安排她住在附近的一個家庭，那家人的女兒瑟琳娜．布孔（Celina Bukont）可以扮演重要的玩伴角色。瑟琳娜在瑪麗亞的一生中一直都是她親近忠誠的摯友。[6]

瑪麗亞的祖父曾是一位具有影響力的法官，以維爾紐斯地方法院首席法官的身分退休。他非常關心瑪麗亞的教養，會提供優秀的教師，並確保她受到良好的照顧。然而，他的財富和影響力無法改變瑪麗亞天生體弱多病的事實。六歲時，她的薦骼關節發炎，造成慢性疼痛和生長失衡，導致她一條腿比另一條腿還短。雖然在接受柏林一位專家的治療後改善了她的狀況，但這個缺陷仍伴隨她一輩子。瑪麗亞的健康問題促使卡茨佩爾盡可能給孫女最好的教育。他聘請受到高度讚譽的教師，他們都「非常強硬嚴厲，以克服她生理上的弱點」。[7] 一位歷史學家說，卡茨佩爾的關愛與照顧「跟一種特定的教育方式混合在一起：嚴格、生硬，有時冷酷無情，但是目標都是為了培養和強化【瑪麗亞】在生命中擁有的意志、堅強、自重、正直和勇氣。」[8] 九歲時，瑪麗亞繼承了龐大的財富，包括數十萬盧布的財產和總面積三萬英畝的三座莊園，第一座位於維爾紐斯北邊八十五公里的蘇金提（Suginty，立陶宛語為Suginicai），第二座在阿達莫沃，第三座則在祖武夫，也就是約瑟夫・畢蘇斯基的誕生地。[9]

瑪麗亞・比利維奇和約瑟夫・溫森蒂・畢蘇斯基於一八六三年四月二十三日在阿達莫沃結婚，三個月前才發生的波蘭叛變使婚禮蒙上了陰影。約瑟夫・溫森蒂雖然沒有直接參戰，但是他全心支持這場叛變，在他的出生地立陶宛拉普薩尼替華沙臨時國民政府擔任地方長官。[10] 一八六三年的波蘭叛變是從祕密組織華沙中央民族委員會（Central National Committee）在一八六三年一月二十二日宣布成立臨時國民政府那天開始的，呼籲波蘭、立陶宛和烏克蘭的人民共同支持脫離俄羅斯領土的訴

畢蘇斯基的父母瑪麗亞與約瑟夫・溫森蒂，約一八六三年。

求。集中在波蘭和立陶宛王國的那些訓練裝備都不足的波蘭叛變者發起了武裝反叛，持續超過一年，最後擴散到王國之外，特別是沙俄的西北省分。起義期間，波蘭叛軍的人數始終介於兩萬到三萬人，從頭到尾總共有二十萬名戰士參與。[11]

一八六三年的十二月，羅穆爾德・特勞古特（Romuald Traugutt）廢除了國民政府，開始依法令統治。然而，原本希望法國或英國能夠介入、但卻沒有如願的起義，開始漸漸走下坡。一八六四年四月，特勞古特被抓，叛變瓦解。[12]在計算傷亡人數和大規模逮捕行動發生的同時，可清楚看出波蘭民族損失慘重：一萬名叛變者戰死沙場、六百六十九名叛變領袖遭到圍捕處決，還有兩萬六千五百名的波蘭人被銬上鎖鏈送往西伯利亞，其中有一萬六千人來自波蘭王國、一萬零五百人來自立陶宛，很多人都一去不返。畢蘇斯基一家人居住的立陶宛共爆發兩百場戰鬥，其後有一千八百座波蘭莊園遭到充公。[13]

幼年時期的鄉村生活

在一八六四年的年初，叛變局勢對俄羅斯越來越有利，於是約瑟夫・溫森蒂和瑪麗亞便趁夜逃離住家，以免遭到逮捕。他們往東跋涉三百多公里，前往瑪麗亞位於祖武夫的鄉村莊園，這距離足夠躲避當局的注意。在一八六四年的後半年，瑪麗亞生下了他們的第一個孩子，以她去世的母親命名為海蓮娜。之後，她陸續在一八六五年生下佐菲亞（Zofia）、一八六六年生下布羅尼斯瓦夫、一八六七年生下約瑟夫・克萊門斯。瑪麗亞和約瑟夫・溫森蒂住在祖武夫的其餘時光中，又生下三名子女，分別是一八六九年生的亞當、一八七一年生的卡齊米日和一八七三年生的瑪麗亞。[14]

同一時間，畢蘇斯基的父親把家族的財富跟他宏大的野心和高等教育結合在一起。他先前從白羅斯東部的霍爾基農業學院（Agricultural Academy of Horki）畢業，因此經常會撰文刊登在華沙的農業期刊《農業報》

（*Gazeta Rolnicza*）。在祖武夫，他計畫於當地發展先進的農業和工業。短短幾年內，他就成立了該地區的第一座酵母、松節油和磚頭工廠。[15]但，他缺少管理技能和生意頭腦，因此他的投資沒有一項賺錢。畢蘇斯基的第二任妻子亞麗桑德拉後來曾說，他「有著時常伴隨藝術人格的不負責任態度。」[16]結果，一連串構思不周全的農業計畫導致這家人差點破產。畢蘇斯基的姨婆佐菲亞・比利維奇－祖博沃瓦（Zofia Billewicz–Zubowowa，她曾教導這家人的孩子數學）形容約瑟夫・溫森蒂老愛「謀畫」一些思慮不周全的計畫，又無法在祖武夫的鄉村環境有效實踐之。[17]

儘管如此，約瑟夫・溫森蒂是由衷地夢想把先進的農業和工業帶到祖武夫。畢蘇斯基的父親是一個有很多點子的夢想家，包括成立繁殖場和耕作土地。但，他也幻想把祖武夫轉變成工業中心，從國外購置農業機具。然而，鄉下地方缺少有技術的勞工，使得這些設備根本無人運用。克日維茨基注意到，祖武夫當地的工人「很粗俗，習慣使用犁和木耙子，沒辦法使用任何類型的金屬耙。」[18]因此，約瑟夫・溫森蒂的機械無人使用、年久失修，漸漸變成生鏽的廢鐵。畢蘇斯基的父親為了彌補損失，又成立了釀酒廠，但他連這門生意也做不好，即使祖武夫的土壤很適合種植馬鈴薯。畢蘇斯基的父親出現一個模式：在還沒完成原有的計畫前，就跑去實踐新的點子。約瑟夫・溫森蒂為祖武夫想了很多很棒的計畫，總是在忙莊園的事務，「每次都很熱血地展開新計畫，但很快又把它放在一邊，開始另一個計畫。這些計畫沒有一個成功，因此他漸漸陷入越來越龐大的債務。」[19]畢蘇斯基回想起自己的父親，說他「在農學方面學識淵博……但是不知什麼原因——只有上帝才知道——他就是沒辦法經營龐大的祖武夫莊園。他不是一個管理者。」[20]

父親雖然有很多問題，但是所有文獻都說約瑟夫・畢蘇斯基的幼年時期充滿田園情調。祖武夫莊園位於梅拉河（Mera River）的河畔，四周有著森林、田野和草地。莊園上的宅邸是以落葉松的木頭建成，座落在一條小溪旁，共有十二個房間，住著畢蘇斯基一家人、傭人、瑪麗亞的童年玩伴瑟琳娜和親戚。房子的兩旁種有一排一排高大的栗樹和芳香的椴樹。屋前有一個圓形的草地和玻璃屋頂的露台，兩旁有著紫丁香樹叢，門上則有一尊聖母像。[21]畢蘇斯基後來寫道：「我出生在一個鄉下的下層貴族家庭，成員因為冗長的世系和龐大的家產，所以屬於先前被稱作『出身與財產優越』（bene nati et possessionati）的階級。由於我的家庭人數眾多，父母對我們非常體貼關愛，因此我可以說我的童年充滿幸福快樂與田園風光。」[22]畢蘇斯基的哥哥回想起鄉下的童年時光，同樣認為那時候非常快樂開心，是一個充滿愛的環境，總是有家人親戚在身旁。[23]約瑟夫・溫森蒂和瑪麗亞經常招待需要地方住的親屬，包括兩位姑姨和幾位平輩。

然而，鄉村莊園的美好生活並未完全讓孩子免於民族失敗的集體哀痛。畢蘇斯基的哥哥布羅尼斯瓦夫憶起一八六三年叛變對他們所造成的影響，包括在家中藏匿一名受傷的叛變者。孩子都知道自己的父親曾參與起義，也知道有一些親戚不是戰死、被囚禁或驅逐，就是財產遭到充公。其中，畢蘇斯基的五等親亞歷山大・畢蘇斯基（Aleksander Pilsudski）死於戰鬥過程受的傷時，年僅二十九歲；畢蘇斯基的七等親列昂・比利維奇（Leon Billewicz）因為參加起義被流放到西伯利亞，三十一歲時死在那裡；他的舅公塔德烏什・巴特勒（Tadeusz Butler）也被流放到西伯利亞；好幾位女性親戚也遭到逮捕，包括畢蘇斯基的祖母蒂奧朵拉・巴特勒・比利維奇，因為她被控提供物資給叛變者；此外，位於特內涅的巴特勒莊園遭到充公，迫使他們暫時搬進畢蘇斯基一家人位於祖武夫的家。這讓這些孩子更感受到一八六三年的悲劇。[24]

因此，畢蘇斯基之後會這麼強調一八六三年起義的重要性，並不叫人意外。在一九〇三年的一篇文章中，他說到自己的童年幾近理想，「只有一點令人悲痛，使我父親面露哀傷、我母親流下眼淚、在我們這些小孩子的心裡留下深刻印象。這樣的悲痛源自一八六三年的民族災難，當時人們對這件事仍記憶猶新。」他接著說：「我們的母親是個堅定的愛國者，完全不會在我們面前隱藏起義失敗給她帶來的痛苦和失望，甚至教育我們有必要持續跟祖國的敵人鬥爭。」[25]一位傳記作家發表充滿洞見的評論：「波蘭人的意志消沉了至少一個世代。」[26]布羅尼斯瓦夫承認他們在祖武夫的童年很美好，但他也說：「家裡從來不會舉行喧鬧的派對或舞會。叛變之後，我們的生活一直存在民族悲痛。」[27]他也記得小時候常聽到關於叛變英雄陣亡的故事。

在平靜的鄉村住家中，這些孩子擁有一位溫柔關愛的母親。有一個傳記作家寫到，他們的父親時常外出，「總是忙著莊園和社區的事務，幾乎沒有時間陪伴家人，把養育孩子的任務交給妻子。」[28]約瑟夫和布羅尼斯瓦夫都提到母親極具感染力的愛國情操和民族自豪感。但，更重要的或許是布羅尼斯瓦夫描寫母親時提到的堅強誠實的性格。布羅尼斯瓦夫說，他的母親「受到所有人的喜愛，包括鄰居、家人、當地官員和傭人。她極度謹慎地將我們培養出最崇高的性格。」[29]瑪麗亞也對子女強調獨立思考和犧牲奉獻的重要性。畢蘇斯基後來寫道：

我必須說，我的母親從我們很小的時候就試圖養成我們獨立思考的能力，並鼓勵我們培養對個人尊嚴的感受，在我心中形成這樣的思想：「唯有擁有堅定信念，且不顧後果成功用行動展現信念的人，才配稱作人類。」[30]

瑪麗亞利用民族詩人培養孩子的愛國情操和驕傲，同時灌輸他們對波蘭詩歌的熱愛。布羅尼斯瓦夫說：「我們偉大詩人的作品所傳遞

畢蘇斯基和哥哥布羅尼斯瓦夫，約一八七二年。

的民族概念對我們而言就像聖經一樣。在晚間的祕密聚會中，我們的母親會大聲唸給我們聽。」[31]亞麗桑德拉・畢蘇斯卡（Alexandra Pilsudska）*也描述了瑪麗亞的影響：「晚上，傭人在廚房時，瑪麗亞・畢蘇斯基會用鑰匙打開櫥櫃的一個抽屜，拿出波蘭歷史和文學的禁書唸給小孩子聽。」[32]瑪麗亞也教導子女不分社會階級尊重所有人的原則。布羅尼斯瓦夫說：「她【替我們】塑造出正直、勤奮及手足和睦的性格。她斥責彼此抱怨的行為，宣揚孩子之間的同伴情誼，並禁止我們瞧不起他人。」這也適用在傭人身上。他接著說：「她告訴傭人，孩子要東西時如果不夠禮貌，就不要理他們。」布羅尼斯瓦夫最後表示，瑪麗亞擁有「一顆善良的心和崇高的理想。」

瑪麗亞扛起教育孩子的責任。她聘請了兩位家庭女教師，一位法國人、一位德意志人，但是歷史和文學則是自己教。她在上課時教導民族詩人的詩歌，包括亞當・密茨凱維奇（Adam Mickiewicz）、齊格蒙・克拉辛斯基（Zygmunt Krasiński）和尤利烏什・斯沃瓦茨基（Juliusz Słowacki），還有尤里安・聶姆策維奇（Julian Niemcewicz）所寫的《歷史歌謠》（*Śpiewy historyczne*）。因此，一位歷史學家說，畢蘇斯基的家「充斥著深刻的民族傳統。波蘭元素瀰漫在這個家，少了它，一切都沒有意義。」[33]畢蘇斯基的第二任妻子之後寫道：「【畢蘇斯基】最早便是從瑪麗亞口中聽見波蘭的故事。」[34]

畢蘇斯基夫人也利用睡前時間讀詩，其中包括密茨凱維奇於一八三二年在巴黎出版的〈朝聖者的禱文〉（The Pilgrim's Litany），就收錄在他的彌賽亞宣言著作《波蘭民族與朝聖者之書》（*The Books of the Polish Nation and Pilgrims*）中。這本書出版後嚴重供不應求，因此兩年內就出了四刷。一位學者說：「在波蘭被瓜分給外國的所有地區，這本書四處流通，在接下來的十年變成愛國者和謀反者的必要讀物。」[35]這首詩被視為密茨凱維奇表達波蘭彌賽亞概念最優秀的作品，提到了波蘭將歐洲從暴政中解放出來的獨特普世任務。這本書的最後一首詩〈朝聖者的禱文〉寫道：「主啊，將我們從莫斯科、奧地利和普魯士的奴隸制解救出來。」一記著過去和現在的冤屈，這位詩人的文字在畢蘇斯基的家庭中得到強大的迴響：「主啊，懇求祢為人民的自由發動普世之戰；主啊，懇求祢給我們的民族地帶來武器和老鷹；主啊，懇求祢讓我們葬在自己的土地上；主啊，懇求祢給我們的祖國帶來獨立、統一與自由。」[36]

瑪麗亞總是用她最喜愛的詩人克拉辛斯基的詩詞，結束睡前的祕密朗讀時間，尤其是〈未來詩篇〉（Psalmy przyszłości，一八四七年）。在這首詩的最後一行，主角的離別詞就好似這個民族的精神之聲：「以主之名，波蘭將會存在。」[37]她很可能也朗讀了克拉辛斯基一八三七年的劇作《伊瑞迪恩》（*Irydion*），內容強調的是彌賽亞主義的思想，認為被瓜分的波蘭注定要拯救和復甦這個世界。其中一段幾乎像是引自聖經：「在不公的驕傲、壓迫和訕笑面前，請保持冷靜。這些最後都將消失，但你我的文字不會不見。在漫長的犧牲之後，我將給你帶來曙光。我將給你過去我送給我的天使的幸福，以及我在各各他的山頂上，承諾帶給人們的自由。」[38]一位文學學者說：「在不幸與羞辱的日子裡，這些文字安慰了許多世代的波蘭人。」[39]

畢蘇斯基回憶母親的教誨對他有多麼重要。他寫道：「從我們很小的時候，她就讓我們熟悉我們最偉大詩人的作品，特別是被禁的那些，並教導我們波蘭歷史，而且只買波蘭語的書。」[40]這三位民族詩人的影響力深遠。他憶道：「在這段期間，我的母親會拿出幾本書唸給我們聽，這些書有的藏在祕密的地方。她叫我們把民族詩人的詩詞牢記在心中。那些時光充斥著祕密與情感，在我們心中留下難以抹除的印象。」[41]就像一位傳記作家所說的：「這是他們家持續存在的密謀。」[42]

這些民族詩人並非毫無差別。克拉辛斯基保守的社會和政治思想（他是有地上層貴族的兒子）可以從一八四五年的一首詩看出來，內容譴責革命運動，提倡農民與貴族互相合作。克拉辛斯基相信，後者有權利

＊編注：即畢蘇斯基的第二任妻子亞麗桑德拉・謝爾賓斯卡。

和義務領導民族，這項權利是歷史和上帝授予的。抱持民主思想的斯沃瓦茨基在一八四八年發表的〈回應《未來詩篇》〉（*Response to the Psalms for the Future*）這首詩裡，做出強而有力的回應。斯沃瓦茨基在詩中喚起「永恆革命者」的精神，呼籲不只要從外族統治中解放波蘭，還得要從上層貴族特權中解放波蘭。一位學者認為，斯沃瓦茨基對克拉辛斯基所做出的回應是「波蘭浪漫主義最具革命性的詩作」。[43]另一位學者形容這首詩「大力抨擊了上層貴族家庭的傳統，聲稱革命信念優於膽怯的保守政策」。[44]斯沃瓦茨基變成年幼的畢蘇斯基最喜歡的詩人。畢蘇斯基寫道：「我總是非常著迷於斯沃瓦茨基，他也是第一個教導我民主信念的老師。」[45]

搬到維爾紐斯

畢蘇斯基家的孩子並未察覺父親那些失敗的計畫和債台高築的狀況。一八七四年的七月，他們的田園生活發生驟變。他們的父親外出、母親到維爾紐斯接受治療期間，祖武夫莊園失火了。大火吞噬了宅邸和周圍的一切，很多東西都被燒毀，包括家具、圖書館、馬廄、穀倉和工廠。簡單來說，所有的家產都付之一炬。[46]起初，有鄰居提供畢蘇斯基一家人住的地方。一八七五年的某個時刻，他們全家人打包行李，搬到維爾紐斯的一所公寓。對年幼約瑟夫的雙親來說，損失畢蘇斯基家族的財產給了他們很大的打擊。對七歲的畢蘇斯基而言，失去自己的家以及鄉村莊園舒適優渥的環境是很痛苦的。儘管如此，維爾紐斯後來也漸漸變成畢蘇斯基珍愛的故鄉，他接下來十一年的人生都會住在這裡。

搬到維爾紐斯之後，畢蘇斯基家的孩子開始接觸到現代世界。這座城市人口多元、成長快速。一八七五年，維爾紐斯共有七萬七千一百零二人，其中百分之四十五點九的人信奉猶太教，百分之三十三點六是天主教徒。在接下來的二十五年間，當地人口將成長一倍，在一八九七年的時候達到十五萬四千五百三十二人，居民的母語有百分之四十為意第緒語、百分之三十點八為波蘭語、百分之二十點九為俄語、百分之四點二為白羅斯語、百分之二點一為立陶宛語、百分之一點四為德語。[47]因此，維爾紐斯沒有任何一個族群語言團體屬於多數族群，使這個地方成為一個真正的多民族都會環境。但，維爾紐斯也是波蘭文化的強大象徵。維爾紐斯大學是密茨凱維奇和斯沃瓦茨基等波蘭文學大師的母校，他們在十九世紀初就讀，後來這所大學才在一八三一年被俄羅斯當局關閉。

一開始，畢蘇斯基和他哥哥在家自學，但在一八七七年的秋天，也就是畢蘇斯基十歲生日的兩個月前，他進入了維爾紐斯的俄羅斯國立文科中學（Russian State Gymnasium）就讀第一班。[48]他在入學考試中證實自己是個非常卓越、程度高等的學習者，每一個科目都拿到滿分五分。由於考試分數優異，他被分到跟哥哥布羅尼斯瓦夫同一個班級。這位聰明早慧、精力充沛的男孩在文科中學頭一次接觸俄羅斯國家的代表。然而，他們家瀰漫的反俄情懷早已影響他對俄羅斯和俄羅斯人的看法。母親反覆灌輸愛國詩詞給他，導致年幼的畢蘇斯基注定會跟俄羅斯成立的文科中學有所衝突。畢蘇斯基坦承：「我就是帶著這樣的性情和觀點——假如一個小孩的想法可稱作觀點的話——走進這所學校的。」[49]

畢蘇斯基腦筋轉得快、愛問東問西，再加上俄語流利，使學校課業對他而言相對容易。他謙虛地寫道：「事實上，我是個能力還不錯的孩子，課業一向難不倒我，我總是輕鬆地通過每一個班級。」六十三歲的他被問到學校的事情時，他說自己考試前從來不用讀書。訪談者問他是否真的如此，畢蘇斯基答道：「我真的從來沒有用功念書。」[50]這個從來不用讀書就能在學校表現優異的天賦異稟形象，跟文科中學的評估是一致的。文科中學的一個老師在成績單上面注明：「約瑟夫·畢蘇斯基有時並沒有仔細準備課程，他的手寫作業表現得令人滿意。他在課堂上試著吸引別人的注意力，但沒有對讀書展現特別的興趣。」他的班導師在檔案上加注：「畢蘇斯基能力佳，特別是在數學方面，但對待功課的態度有些隨便。」[51]

兩兄弟在課堂上通常都坐在一起。一位同學回憶，畢蘇斯基在其他學生之間特別突出。這位同學想起來，畢蘇斯基雖然是年紀最小的同學之一，行為舉止卻帶有不尋常的自信、冷靜和堅毅。但，畢蘇斯基也會公然違反校規，例如禁止跟同學說波蘭語或對師長不敬的規定。六十五年後，有另一位同學表達出不一樣的印象：「【畢蘇斯基】這對兄弟在同學之間沒有特別突出，學識——他們不是最頂尖的學生——和行為方面也是。」[52]畢蘇斯基曾因為三件事受到正式斥責：在學校說波蘭語；在街道遊行期間沒有對維爾紐斯總督敬禮；表現對校長的不敬。一八八三年二月，布羅尼斯瓦夫在日記裡寫到，數學老師提醒學生不得在課堂上或校園的任何地方說波蘭語。這名老師甚至還說，文科中學的學生在維爾紐斯的街道上應該只說俄語。學生質疑後面這件事時，老師據說吼道：「你們吃俄羅斯的食物，運用了俄羅斯公民身分的所有權利，卻不想要說俄語！」[53]

俄羅斯教師描繪波蘭和波蘭人的方式，使畢蘇斯基和哥哥備感羞辱。例如，有一天，歷史老師詆毀一八六三年的波蘭叛變，讓畢蘇斯基無法克制自己。一位傳記作家寫道：「畢蘇斯基兄弟坐在前排，久克（*Ziuk*，畢蘇斯基的暱稱）突然站起來，喊了一些什麼。布羅尼斯瓦夫把他拉回椅子上，但是老師聽到了一些隻字片語，把他的行為報告校長。」[54]羞憤難當的畢蘇斯基據說曾經對母親抱怨。布羅尼斯瓦夫當時在場，回想起母親為了安撫畢蘇斯基所說的話：「兒子，你沒辦法做什麼。你一定要忍下來，有一天再報復。但是現在，【你的工作是】好好念書！不要給他們任何一點點嘲笑你的藉口。」[55]

在一八八〇年的年初，十二歲的畢蘇斯基開始偷偷跟布羅尼斯瓦夫一起製作一份手寫期刊《祖武夫之鴿》（*Gołąb Zułowski*）。在一八八〇年的一月十日到二月二十三日，這對兄弟完成了四十六期的內容。[56]這份期刊提供了最早的史料，讓人能一窺即將進入青少年時期的畢蘇斯基所閱讀的東西和擁有的想法，證實了他之後所說自己在童年時期受到的影響。《祖武夫之鴿》收錄了有關一八六三年起義的歌曲和家族故事、民族英雄生平的文章、聶姆策維奇的《歷史歌謠》的節錄，甚至還有關於美洲原住民爭取土地的文章。一位記者表示，這份期刊「顯示在青少年階段初期的畢蘇斯基已經想像自己是一個步槍士兵。【這些文章】不用說，全都蘊含明顯的愛國情操和對祖國的愛。」[57]《祖武夫之鴿》還收錄了關於一匹名叫拉潘的小馬（在這家人搬到維爾紐斯之前，拉潘是畢蘇斯基的馬），以及一隻名叫卡洛的小狗的個人故事，顯示這個小男孩有多懷念鄉下的生活。畢蘇斯基還抄錄了童話寓言。[58]

《祖武夫之鴿》清楚顯示畢蘇斯基在十二歲以前就已經對拿破崙很感興趣。他親手寫下許多有關拿破崙軍事勝利和戰役的故事，反映出畢蘇斯基當時得到的某本書的內容——那是埃米爾．聖－希萊爾（Émile Saint-Hilaire）所寫的拿破崙傳記的波蘭文譯本。[59]畢蘇斯基在一九〇三年談到自己的童年時，說：「我的心送給了拿破崙，跟我的英雄有關的一切都會使我激動不已、激發我的想像力。」從拿破崙的典範中，這個小男孩做出了一個結論，那就是只有武裝鬥爭才可以解放波蘭：「我當時所有的夢想都跟叛變和武裝鬥爭有關。」[60]在一九三一年的一次訪談中，畢蘇斯基最喜歡討論的話題就是拿破崙，他甚至可以背出拿破崙法文原文的書信內容。[61]

短短的時間內，畢蘇斯基進入更認真的密謀階段。一八八二年的秋天，十四歲的他和哥哥一起加入由同樣是文科中學學生的威托德．瑟嘉林斯基（Witold Przegaliński）所成立和領導的自我教育祕密社團「聯合」（Spójnia）。這個社團的社長後來由布羅尼斯瓦夫擔任，在一八八三年的二月共有十六個成員，其中兩位是猶太人，分別是柯南．拉帕波特（Chonan Rappaport）和列奧．約基希斯（Leon Jogiches）。這個組織的宗旨是要透過認識波蘭文學來強化愛國心。前兩年，畢蘇斯基並沒有頻繁參加，而是比較喜歡自己在家看書（他們家有很豐富的藏書）。不過，在一八八四年到一八八五年，這最後一年就讀文科中學期間，他變成一個熱中的社員。這個團體的重要活動之一，就是成立祕密的非法圖書館。社員每個月繳交一筆費用，就有借閱圖書的權利，也讓社團幹部可從聖彼得堡和華沙購置書籍。到了一八八四年的年初，社團藏書已經超過一百本，其中包括非法出版社最新的出版物，這些最終被存放在畢蘇斯基的家中。[62]這個社團雖然會討論英國、法國和德國文學，但其主要關注的焦點是波蘭愛國作品。一位傳記作家寫道：「他們迫切地閱讀波蘭歷史的著作，包括對抗俄羅斯的武裝叛變史。」[63]這些書籍包含波蘭叛變者的回憶錄，但是也有密茨凱維奇、克拉辛斯基和斯沃瓦茨基的詩作。

閱讀和討論這些書，最終使得畢蘇斯基相信民族獨立必須要伴隨社會革命。到了一八八四年的秋天，十六歲的畢蘇斯基開始自認是社會主義者。他把這一點歸因於他加入維爾紐斯學生祕密社團的事情。[64]畢蘇斯基的哥哥注意到，「兒時關於波蘭武裝鬥爭的夢想轉變成……針對社會議題和俄羅斯迫害進行的辯論。」他們深入了解西歐的社會主義運動，認為社會主義「是一個新社會的偉大倫理原則。」[65]畢蘇斯基的妻子之後談到了他擁護社會——不只有民族——革命的重大意涵。她寫道：「這是貴族成員前所未有的先例，象徵好幾百年以來的傳統阻礙和承襲偏見被瓦解了。」[66]因此，對畢蘇斯基兄弟而言，擁護社會主義具有民族主權和民主社會的雙重志向。這兩個概念變得密不可分。

一八六三年的起義是這個非法讀書會時常討論的主題，尤其是在博萊斯瓦夫．利馬諾夫斯基（Bolesław Limanowski）於一八八二年針對這場叛變的歷史，出版的有史以來第一本系統化著作被偷渡到俄羅斯之後。利馬諾夫斯基的歷史著作特別受到波蘭年輕人的歡迎，因為它結合了獨立鬥爭的浪漫傳統和激進的社會主義思想。關於一八六三年的起義，讀書會能夠取得的其他資料還有叛變者的證詞。[67]布羅尼斯瓦夫在一八八三年的十二月寫道：「我們今天朗讀了一八六三年叛變在立陶宛的歷史。」[68]一八六三年的波蘭起義是畢蘇斯基經常提及的話題。政治學家亞當．布朗克（Adam Bromke）表示：「他將持續受到一八六三年的傳奇所吸引。」他還補充道：「畢蘇斯基對一八六三年起義的欽佩形塑了他的政治觀點。」[69]畢蘇斯基在一九二四年談到這個話題時，說：「一八六三年給予我們一個未知的偉大……集體意志的努力所成就的偉大。」[70]在文科中學的最後一年，畢蘇斯基在非法讀書會裡變得更加活躍。

文科中學的最後一年也是他的家庭遭遇悲劇的一年。畢蘇斯基的母親的健康狀況已經衰退好幾年。一八八二年，她生下雙胞胎彼得和蒂奧朵拉，也就是她的第十一和第十二個孩子，但他們都在兩歲以前就夭

十七歲的畢蘇斯基（右二）跟維爾紐斯俄羅斯國立文科中學的祕密讀書會成員合影，一八八五年。

折了。瑪麗亞的身心健康快速惡化，使她臥床不起。一八八四年九月九日，有著介於三歲到十九歲的十名子女的瑪麗亞在四十二歲時去世。她的葬禮在蘇金提的家族莊園舉辦，讓她能在自己的母親身旁長眠。十六歲的畢蘇斯基努力找到讀完文科中學最後一年的力氣和心理能量。瑪麗亞的死留下的巨大空洞有一部分由這些孩子鍾愛的阿姨史黛芬妮雅．利普馬諾沃那（Stefania Lipmanówna）來填補，他們現在轉而依靠她，她也成了他們的主要照顧者。

畢蘇斯基在一八八五年的六月從文科中學畢業，成績優秀，雖然不是全部滿分。他在最後一次大考中，歷史、地理和宗教得到五分；數學、拉丁文和希臘文得到四分；俄文和德文得到三分。[71]文科中學讓這位十七歲的少年留下苦澀的回憶。他憶起當時，承認自己確實學到了知識：

> 但是文科中學的氛圍打垮了我，師長的不公和政治思想令我氣憤，教學方式讓我感到困擾厭倦。一整張的牛皮也寫不下我們老師永無止息的羞辱挑釁，還有我一貫尊敬和熱愛的一切遭到貶低的情形。這樣的學校體制在我腦海裡留下多深的印象，從這一點就能看出來：雖然我後來經歷了……西伯利亞，也跟各式各樣的俄羅斯官員打過交道，維爾紐斯的師長仍會出現在我每一個惡夢裡。[72]

雖然在文科中學遇到的俄羅斯教師和官員激起他的怨懟，但文科中學那幾年並不是他的怨念唯一的源頭。渴望積極反抗俄羅斯的心理，其實更早之前就出現了。「在七到九歲之間的某個時候，」——畢蘇斯基是指他在維爾紐斯在家自學的那兩年——「我決定如果我有活過十五歲……我就要率領一場起義，推翻莫斯科人。」[73]他接著說，自己從很小的時候就渴望為波蘭奮鬥犧牲。他憶道：「自從我有記憶以來，我就想要為波蘭服務，我就夢想做出偉大的事蹟。」[74]

文科中學的最後一年也改變了畢蘇斯基的私人生活。一八八五年，畢蘇斯基夫人過世不到一年，他的姐姐佐菲亞成為他的手足當中第一個結婚的人，跟大她十九歲的博萊斯瓦夫・卡德納西醫生（Bolesław Kadenacy）結為連理。那一年，畢蘇斯基和布羅尼斯瓦夫也從文科中學畢業，準備離家上大學。畢蘇斯基迫不及待要看看這個世界。他之後說：「我總是把文科中學的那幾年視為我一生中最不愉快的時光。」[75]

外向的畢蘇斯基

畢蘇斯基的哥哥十幾歲時所寫的一則日記，為我們提供獨特的視角，認識青少年時期的他具有什麼樣的性格。布羅尼斯瓦夫承認，他很羨慕約瑟夫天生就那麼聰明又有魅力，而且總是人見人愛。安靜、沉穩、內向的布羅尼斯瓦夫對弟弟輕鬆外向的特質感到忿忿不平。例如，在一八八三年的六月收到期末考成績單之後，布羅尼斯瓦夫訝異又生氣地發現，十五歲的弟弟根本沒讀書就在所有科目中得到高分。[76]除此之外，布羅尼斯瓦夫也很嫉妒約瑟夫總是能輕易獲得他人的注意，還表現出開心的樣子。布羅尼斯瓦夫在一八八三年的二月寫道：「我這個弟弟運氣超級好，什麼好事都發生在他身上，他也總是把自己變成一切的中心。他很愛說話（卻做得很少）。每個人都被他騙了，極力誇獎他。」[77]布羅尼斯瓦夫在一八八三年的

畢蘇斯基的姐姐佐菲亞，攝於一八八三年的維爾紐斯。

另一則日記中也表現出自卑感。他寫道：「久克【約瑟夫】總是高人一等……他的表現比我還好上許多……我的內心燃燒著復仇的欲望……現在，我徹底看清自己就像久克的跟屁蟲。」他注意到別人「只把我看作久克的哥哥。」[78]布羅尼斯瓦夫還寫到，約瑟夫非常外向、很會娛樂他人，其中一則日記便說約瑟夫跳舞跳了一整晚，大家都被逗樂了。[79]

布羅尼斯瓦夫說，畢蘇斯基明顯的自信給人傲慢的感覺。布羅尼斯瓦夫評論當時十五歲的弟弟時，說：「【約瑟夫的】性格永遠都會是那樣。他永遠是個土包子，自我中心又自負，好運從未斷過。他常常令人難以忍受。」布羅尼斯瓦夫也很氣憤他們兩個的弟弟——當時十三歲的亞當和十一歲的卡齊米日——都很喜歡約瑟夫。例如，亞當「超級崇拜【約瑟夫】，他走到哪就跟到哪。」[80]布羅尼斯瓦夫也很不滿弟弟有時候會訓他一頓。他在一八八三年的十月寫道：「我今天跟久克講話，他試著說服我，說我是個老氣的少年，不像他是模範少年。他說，年輕人就是要盡情享受、哈哈大笑，但是我太嚴肅，還說就像絨毛會一年一年消失在風中，年輕歲月也是。他很遺憾我一直沒有好好體驗我的年輕歲月。我告訴他，我不想體驗愚蠢的年輕歲月，那是他的理想。」[81]從這些手足競爭的文字中可以看出，布羅尼斯瓦夫將畢蘇斯基描繪成一個很有領袖風範、極為聰明、充滿自信、他人喜歡跟隨、強烈渴望「偉大」成就的人。

之後，畢蘇斯基在六十出頭時思索自己的性格特質，說：「我從父親那裡遺傳到才智，從母親那裡遺傳到個性。」[82]他擁有父親的聰明才智，但卻完全沒有他的藝術天分；他遺傳到母親對正義的熱忱、強大的道德衝動，以及父親所缺少的管理技能。畢蘇斯基變成一個非常能夠獨立思考的人，可以完全靠自己掌握一個複雜問題的各個層面，極少會諮詢他人。「我可以從不同的角度和各種觀點思考每一件事……我天生就擁有這樣的腦袋。大部分的人都會用刻板印象思考，但是我這輩子一直都很反對刻板印象。從我很小的時候，我思考的方式就跟周遭的人不一樣。」[83]畢蘇斯基坦言，他的魅力和別人對他的喜愛經常使他過得很輕鬆。他說：「我這一生都受到喜愛和寵愛，雖然我從不曾試圖獲得這些，但我也沒有加以阻止。」他說，到了一個沒有去過的城鎮，他鮮少需要問路，而總是自己解決問題。「在所有重要議題上，無論事情多大多小，我都從未尋求他人的建議。我一直都是這樣。從我有記憶以來，我都是自己想辦法解決問題，這樣我就不用依賴他人。」[84]

畢蘇斯基的批判思維和道德衝動從小便展現出來。他對二元化、黑白分明的思維似乎天生就抱持懷疑的態度，使他成為一個見微知著、相當早熟的小男孩。後面這些特質從畢蘇斯基對童年的回憶便能看出來。例如，他憶起小時候跟當地的教士有過的一段對話。教士告訴孩子們，說謊是不道德的。畢蘇斯基問他，難道沒有說善意的謊言才符合道德的例子嗎？畢蘇斯基提出一個論點，認為在好幾個例子中，善意的謊言比真相更好。畢蘇斯基憶道：「我還問為什麼全能的上帝會允許人類作惡。教士聽到這個問題很生氣。他完全無法理解我，也不知道該怎麼應付我這種心性的人。他很擔憂，警告我母親我的思考方式很危險。」在同一次訪談中，畢蘇斯基提及他小時候就感覺到的強烈倫理衝動。他說：「某些事情對我來說是完全陌生的，像是任何形式的偏袒。我也向來非常討厭八卦和毀謗，從來沒辦法為了個人利益欺騙或背叛他人。」[85]

哈爾可夫的大學生涯

從文科中學畢業之後，畢蘇斯基申請進入烏克蘭東部哈爾可夫（Kharkov）一間大學的醫學院。[86]他獲准入學，並在一八八五年的秋季開始讀大學，當時還是十七歲。他後來說，自己從來沒有真的對醫學感興趣，會做出這個選擇，只是為了違逆堅持要畢蘇斯基到聖彼得堡攻讀技術學院或工程學校的父親。之後，針對別人問他為什麼要選擇醫學院的問題，他回答：「對醫學有興趣？完全不是，我只是為了氣我爸。」[87]

畢蘇斯基在哈爾可夫的那一年非常關鍵。起初，他全心專注在課業上，表現得很好，輕輕鬆鬆就通過一八八五年十二月的期末考，解剖學、生物學和物理學都拿到四分（滿分五分）。[88]然而，他後來開始積極參與祕密學生政治運動，不小心永遠改變了自己的未來。在一八八五年到一八八六年這個學年，畢蘇斯基兩次被捕。一八八五年的秋季，他被拘留兩天；一八八六年的三月，他因為參加紀念俄羅斯農奴解放二十五週年的學生示威遊行，而被拘留六天，並警告再有行為不檢點的情事就會被退學。[89]在一八八五年的十二月，兩名波蘭學生說服他加入一個俄羅斯社會主義學生團體——這個團體跟一八八一年刺殺沙皇亞歷山大二世（Alexander II）的俄羅斯非法革命組織民意黨（People's Will）有關。畢蘇斯基發現俄羅斯社會主義者的讀物他沒有興趣，因此參加兩次活動後就不再出席，但是剛好在這兩次活動期間發生的事件倒是引起了他對社會主義思想的興趣。在維爾紐斯念中學時，他參加的祕密讀書會之所以會研究社會主義，只是把它當成社會和民族革命的一種運動，但在哈爾可夫，畢蘇斯基第一次對社會主義的意識形態本身產生興趣。[90]

在哈爾可夫以外的地方所發生的事件，引起了畢蘇斯基對社會主義的興趣。在大學的秋季學期期間，俄羅斯當局在華沙逮捕波蘭社會主義組織「無產階級」（Proletariat）的一百九十名成員。審判從一八八五年十一月二十三日一直持續到十二月二十日，最後有二十九人被判長期徒刑、四人被判死刑。一月二十八日，二十五歲的史坦尼斯瓦夫．庫尼茨基（Stanisław Kunicki）、二十一歲的米哈爾．奧索夫斯基（Michał Ossowski）、二十歲的揚．佩特魯辛斯基（Jan Petrusiński）和四十一歲的俄羅斯人彼得．巴朵夫斯基（Piotr Bardovsky）在華沙堡壘（Warsaw Citadel）被處以絞刑。自從一八六三年的波蘭起義以來，他們是第一批在華沙遭到處決的政治犯。[91]這起鬧得沸沸揚揚的事件讓畢蘇斯基對這些波蘭社會主義者如此熱血擁護的意識形態產生了好奇心。為了深入了解波蘭人的社會主義思想，他開始尋找相關主題的文獻，結果找到了波蘭人最早也最具影響力的馬克思理論評述——西蒙．迪克斯坦（Szymon Dickstein）的《誰靠什麼維生？》（*Who Lives from What?*）。[92]

同一時間在私人生活方面，畢蘇斯基對自己的生活條件越來越不滿。寫信給阿姨時，他生氣地說自己沒辦法提供回郵地址，「因為我不確定自己會住在哪裡，今天在這裡，明天又在另一個地方，要給一個確切的地址是不可能的。」聯繫他唯一的方式，就是用他的名義寫信寄到大學。信件是不是真的會送到他手中又是另一個問題。[93]畢蘇斯基的生活條件雖然充滿混亂，但他在春季的期末考試卻表現得相當好。他在化學這一科拿到滿分五分，物理和生物拿到四分，解剖學拿到三分。[94]

回到維爾紐斯及後續遭到逮捕

春季學期結束後，畢蘇斯基在一八八六年的五月回維爾紐斯過暑假，中途在聖彼得堡停留，拜訪哥哥布羅尼斯瓦夫。在回維爾紐斯的路上，他認定自己並不想重返哈爾可夫。他後來憶道：「我討厭哈爾可夫，在那裡的期間得到了非常不愉快的回憶。哈爾可夫的汙泥讓我過得很悲慘，還使我惹上麻煩。」[95]他想出國念書，但是他的父親反對。因此，畢蘇斯基決定轉學到愛沙尼亞多爾帕特（Dorpat，塔爾土〔Tartu〕）的大學，繼續念醫學院。當時的哈爾可夫有超過六成的人口是俄羅斯人，但是位於沙俄西北方的多爾帕特不一樣，有百分之五十五是愛沙尼亞人、百分之三十五是德意志人，俄羅斯人僅占百分之六。此外，這所大學擁有一定的自治權，因為德語仍是那裡的教學語言。維爾紐斯和華沙的波蘭語大學在一八三一年被關閉之後，多爾帕特大學變成俄羅斯帝國境內的波蘭學生很喜歡就讀的學校，因為那裡有著同情波蘭人的環境，並偏向西歐文化。

在一八八六年八月，畢蘇斯基正式向哈爾可夫大學提出把成績單轉到多爾帕特的申請。[96]成績單順利轉到多爾帕特，但畢蘇斯基並不知道裡面夾了一份警方的檔案，上面寫道：「在哈爾可夫大學念書時，畢蘇斯基曾在今年的三月二日和三日參與暴動。他被拘留六天，並警告若是再發生類似的情事，將會遭到退學。」[97]不用說，多爾帕特大學通知畢蘇斯基他的醫學院申請被拒絕了。

那封拒絕信讓畢蘇斯基受到很大的打擊。他最不希望的，就是在大學一年級和二年級之間閒閒沒事十二個月。因此，他趕緊向哈爾可夫大學申請繼續在那裡就讀一八八七年的春季學期，可是申請期限已經過了。[98]預料之外的轉折帶來沉重的打擊，讓畢蘇斯基陷入一段混亂不確定的時期。他同時被多爾帕特和哈爾可夫拒絕，因此陷入深沉的絕望和憂鬱。他在一九三一年的一次訪談中誇張地回想起那個危機時刻：

> 曾有一段時間，我懷疑自己是否能做出偉大的事蹟，那使我馬上對人生失去興趣。我告訴自己，如果我不能做出偉大的事蹟，就沒有理由活下去。那是在我從哈爾可夫大學返回【家裡】之後。我被疲倦淹沒，決定義無反顧結束生命。我甚至想好了要怎麼做。最後，我決定到我最喜歡的河流划船。我要站在船的邊緣，用手槍自盡。我認為我會掉進水裡，這樣如果一槍沒有斃命，也沒有人救得了我。[99]

最後，畢蘇斯基的痛苦被行動的渴望所取代。在一八八六年年底和一八八七年年初，他成立一個社會主義青年團體，成員主要是以前維爾紐斯文科中學的同學。他在就讀大學期間聽聞「無產階級」成員的命運後，便開始出現成立這樣一個團體的想法。畢蘇斯基憶道：「華沙『無產階級』的新聞使我很快產生濃厚的興趣……我得到一個結論，那就是我有必要在家鄉成立一個組織，靠我們自己制定社會主義行動的綱領。」[100]現在他有很多時間，正是實現這項計畫的完美時機。他現在把焦點放在社會主義的理論，而非勞工運動或民族反抗。團體成員會討論社會主義小冊子的波蘭譯文，包括馬克思和威廉·李卜克內西（Wilhelm Liebknecht）最近印製的手冊。在這段期間，畢蘇斯基頭一次讀到馬克思的《資本論》第一卷。[101]

結果，大學教育中斷和心情苦悶都不是最令畢蘇斯基煩惱的事情。他因哥哥布羅尼斯瓦夫而跟聖彼得堡大學的一名學生短暫結識後，命運將永遠改變。一八八六年年底，聖彼得堡大學的學生成立了民意黨的恐怖組織，策畫暗殺沙皇亞歷山大三世（Alexander III）。[102]這個組織的領袖有列寧的哥哥亞歷山大·烏里揚諾夫（Aleksandr Ulyanov）和比畢蘇斯基兄弟早兩年從維爾紐斯文科中學畢業的波蘭人約瑟夫·盧卡舍維奇

（Józef Łukaszewicz）。[103]這場計謀打算由個別小團體執行，其中一個團體選擇在維爾紐斯活動。

在命運的驅使下，聖彼得堡陰謀集團在維爾紐斯找到的安全住所不是別的地方，正是畢蘇斯基的住處，這純粹是因為他們其中一名成員在聖彼得堡認識布羅尼斯瓦夫。一八八七年一月，布羅尼斯瓦夫在維爾紐斯過寒假時，有人敲門找他。這位意料之外的訪客原來是聖彼得堡大學的一個波蘭學生米哈爾．堪茨爾（Michał Kanczer）。民意黨的恐怖組織派堪茨爾送兩封信給布羅尼斯瓦夫，一封是盧卡舍維奇寫的，一封是同樣來自維爾紐斯的波蘭人康士坦提．哈莫雷奇（Konstanty Hamolecki）寫的，希望能夠有個住的地方。布羅尼斯瓦夫聯絡阿姨史黛芬妮雅．利普馬諾沃那，阿姨同意讓堪茨爾住個幾晚。此時，畢蘇斯基跟阿姨住在一起。[104]布羅尼斯瓦夫的這個安排永遠改變了弟弟的一生。

在接下來的兩天，堪茨爾把畢蘇斯基兄弟捲進這場陰謀中。堪茨爾的任務是將硝酸、顛茄鹼和兩把左輪手槍帶回聖彼得堡。布羅尼斯瓦夫完全沒有參與暗殺計畫，也沒有證據顯示他知道這項計畫的存在，但是他同意幫助堪茨爾取得各種化學物質，像是有毒的生物鹼植萃晶體顛茄鹼。布羅尼斯瓦夫雖然也沒有幫這位客人取得槍枝，但確實借了他四十盧比。[105]堪茨爾抵達的隔天，布羅尼斯瓦夫離開維爾紐斯，前往聖彼得堡，把招待堪茨爾的責任交給弟弟。畢蘇斯基帶堪茨爾參觀維爾紐斯，堪茨爾是第一次造訪這座城市。隔天，堪茨爾就回去聖彼得堡。烏里揚諾夫在聖彼得堡車站等他，很高興地得知堪茨爾帶來了硝酸和顛茄鹼。[106]一八八七年三月十一日，也就是預計執行暗殺的前兩天，烏里揚諾夫開始在布羅尼斯瓦夫位於聖彼得堡的公寓草擬恐怖組織的宣言。[107]

然而，刺殺沙皇亞歷山大三世的陰謀被及時發現。一八八七年三月十三日，俄羅斯特務抓到恐怖組織的五名成員。堪茨爾在拷問時屈服了，洩露畢蘇斯基兄弟的名字。布羅尼斯瓦夫三月十四日被捕，畢蘇斯基則是三月二十二日。畢蘇斯基在四月二日被帶到聖彼得堡，謀反者的審判在四月二十七日展開。最後，有五人被判死刑，包括烏里揚諾夫；十人被判長期徒刑。布羅尼斯瓦夫屬於後者，因此必須到西伯利亞接受十五年的苦役。畢蘇斯基沒有被控參與這起罪行的準備工作，在審判第三天以目擊證人的身分出席。然而，他雖然在審判後被釋放，他的案子卻被轉到司法部長那裡。司法部長認為主要謀反者之一的堪茨爾認識畢蘇斯基，就是足以定罪的證據。畢蘇斯基被判流放西伯利亞五年。[108]

Chapter 2

流放和初戀

親愛的，妳問我心理狀態如何，我沒辦法說我的心理狀態超好……我的愛，這樣的心理狀態同時讓我對自己的能力充滿信心，進而讓我相信不凡的命運在等著我。我深刻感受到這樣的信念。

——二十三歲的約瑟夫．畢蘇斯基在西伯利亞流放期間所寫的信，一八九一年三月十一日

對年輕的畢蘇斯基來說，流放時期變成孤獨、沉思和內心混亂的日子。西伯利亞是沙俄境內的偏遠地區，有著廣大的河流與森林。畢蘇斯基從十九歲到二十四歲都待在這裡，跟許多政治流放者建立起友誼，包括先前一八六三年波蘭叛變的領袖（已經五十幾歲）以及三十幾歲的波蘭社會主義運動先驅。畢蘇斯基跟被判苦役的那些人不同，是屬於只有遭到流放的那群人，不需要勞動，而且一開始還有每個月十盧比的微薄津貼，可以在指定的居住範圍內自由走動。因此，他大體上可以隨心所欲做自己想做的事：跟各式各樣的人社交、寫信、閱讀、狩獵或下棋。

畢蘇斯基在一八八七年的五月從聖彼得堡的彼得保羅要塞（Peter and Paul Fortress）轉送到莫斯科的布蒂爾卡監獄（Butyrki Prison），展開前往西伯利亞的旅途。五月二十五日，他跟其他六十人一起搭上裝有鐵窗的火車，沿著窩瓦河往東將近五百公里，前往下諾夫哥羅德（Nizhni Novgorod）。罪犯在那裡坐上一艘駁船，室內空間又擠又悶，窗戶非常小。畢蘇斯基表示，莫斯科之後的旅程相當不舒適。[1] 從下諾夫哥羅德開始，罪犯經由船隻和火車往東跋涉

九百八十五公里，來到歐亞交界的烏拉山脈山腳下。接著，他們進入俄羅斯位於亞洲的領土，繼續往東七百零三公里，來到秋門（Tyumen）這座城市。接著，囚犯徒步走到克拉斯諾雅斯克（Krasnoyarsk），每天行進二十六公里，每三天休息一天。他們在一個月之後抵達，停留時間夠久，讓畢蘇斯基可以寫信回家。他在寫給家裡的信中記錄了這趟艱辛的旅程。他惱火地說：「我們還要走兩個月，才會到一千零八十三公里以外的伊爾庫次克（Irkutsk）。」他們預計在三天後的一八八七年七月二十二日啟程。[2]

年僅十九歲、對這個世界充滿好奇的畢蘇斯基，並沒有忽略生平第一次看見的遼闊景觀和地貌。熱愛大自然的他深受那些景色和山林所感動。他寫道：「這裡的土地蠻有趣的，可以看出它的價值。我從來沒有看過像四周那些巨大的山巒一樣的東西。」大部分都是樺木的森林裡充滿了芳香的松樹。儘管如此，往東走得越久，他越感到跟家鄉和家人分離的感受：

簡言之：大量的新印象和新想法；要是這趟旅程不是跟現實生活脫離，我沒有這麼少收到你們的信，這會是個十分宜人的旅途。親愛的大家，寫信告訴我你們的一切，試著理解我的感受，理解離家如此遙遠、沒有得到任何音訊的我，處境有多艱苦！任何一點消息、不管多麼瑣碎的細節、我平常沒有興趣的東西，現在都能帶給我莫大的喜悅。[3]

畢蘇斯基寫完這封信的三天後，和其他人展開了前往伊爾庫次克的旅程，於一八八七年十月抵達，來到伊爾庫次克總督的管轄範圍。大部分的罪犯在一個星期內就被分派到鄰近各縣。畢蘇斯基是十幾個被分到數百公里外偏遠地區的人之一。他的指定流放地點是北邊一千公里的村莊基倫斯克（Kirensk），交通方式是雪橇。畢蘇斯基和其他十二人必須等待兩個月，勒拿河（Lena River）才會結冰，因此這段期間得在伊爾庫次克的監獄等候。

待在伊爾庫次克兩個月的期間，畢蘇斯基寫了一封長信給維爾紐斯的家人：「自從上次見到你們，已經過了很久——非常久（在我的腦海裡更久）。」分離與距離使他開始思索自己的家庭這幾年所發生的不幸事件，包括母親的死和哥哥布羅尼斯瓦夫的十五年判決。他沮喪地說：「我們家發生了巨大的不幸。」布羅尼斯瓦夫「可能永遠也不會回到我們身邊，在家人最需要他的時候被迫離開他們。」寂寞、孤立、無法得到大學學歷的他，未來充滿不確定性。他寫道：「至於我，我現在是為了未來而活，未來對我來說就是一切，彷彿沒有現在了，當我必須承認現在存在時，現在給我的感覺是負面的。」過去也充斥在他的腦海中。他感性地想著過去：「我能寫什麼呢？過去就像一場夢那樣過去了，沒有給予把它所有的力量傳遍我全身的可能、開始過著充滿害怕、悲觀和喜樂的圓滿人生的可能，就這樣過去了。現在的人生完全不如我的預期！」[4]

畢蘇斯基也有談到物質生活和旅行情況。旅途的單調乏味和身體活動的不足令人痛苦，更別提與外界隔離的挫敗感了。「因為這些狀況，我有時感覺很糟，有時感覺很好。我覺得自己很幸運，因為我只關在獄中兩個月，而有些人在這裡已經三年了，大部分至少都待了一年；我覺得很糟，因為這裡的人幾乎都有認識被關之前就認識的人……但我卻是孤單一人，沒有朋友。」因此，他並沒有融入其他獄友。他說：「我很少說話，只有偶爾跟幾個人聊天。我通常都陷入自己的思緒和夢境。我已經養成保持神祕有好一陣子，現在這個特質變得更明顯。」[5]

十九歲的畢蘇斯基在一八八七年三月被捕後，由俄羅斯警方拍攝的照片。

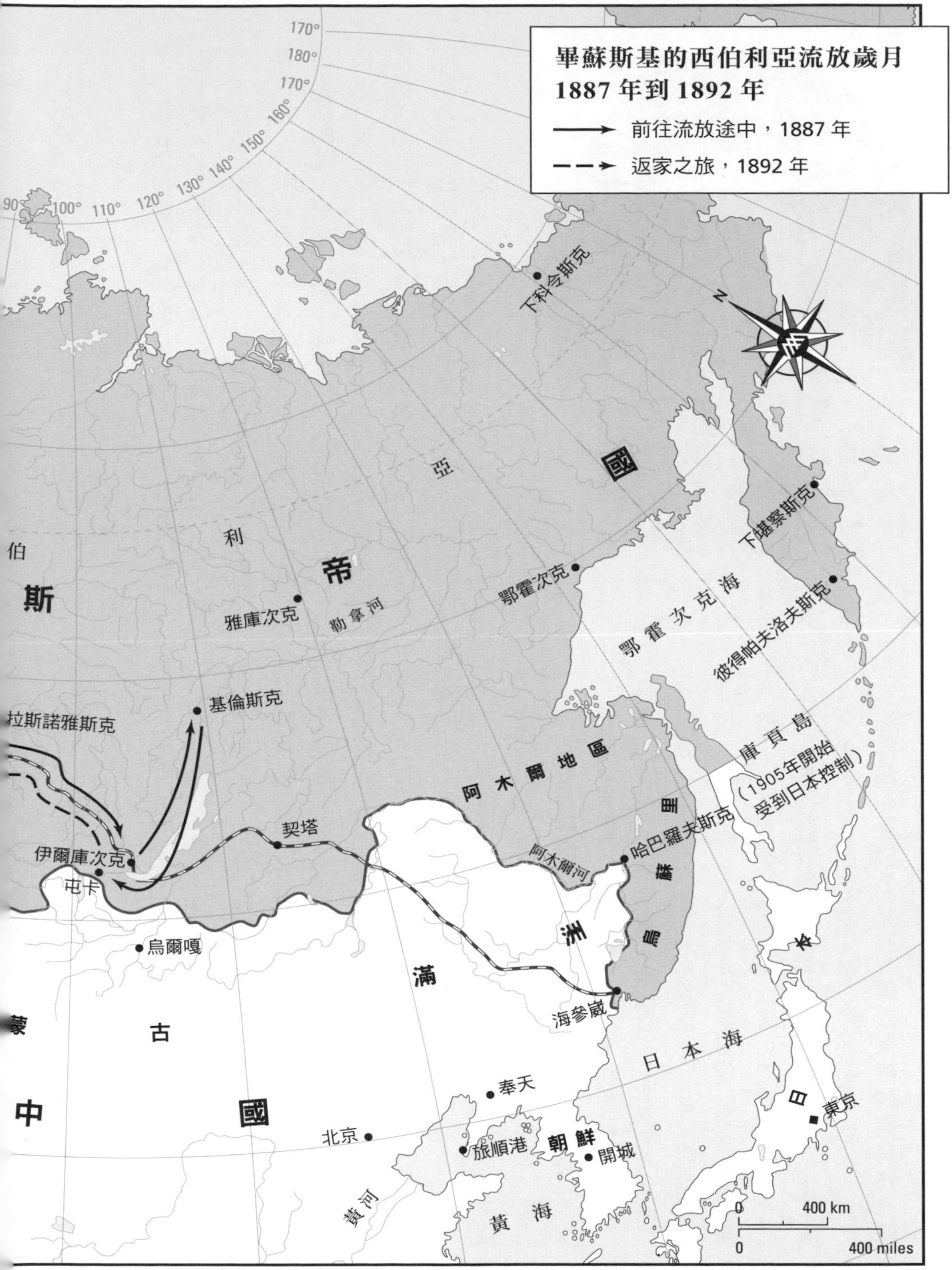
畢蘇斯基的西伯利亞流放歲月
1887 年到 1892 年
前往流放途中，1887 年
返家之旅，1892 年
下科令斯克
N
國
亞
利
伯
斯
帝
雅庫次克
勒拿河
鄂霍次克
下堪察斯克
彼得帕夫洛夫斯克
鄂霍次克海
基倫斯克
拉斯諾雅斯克
阿木爾地區
庫頁島
（1905年開始受到日本控制）
契塔
伊爾庫次克
屯卡
阿木爾河
哈巴羅夫斯克
烏蘇里
烏爾嘎
滿洲
海參崴
日本海
蒙
古
中
國
奉天
北京
旅順港
朝鮮
開城
東京
黃河
黃海
400 km
400 miles

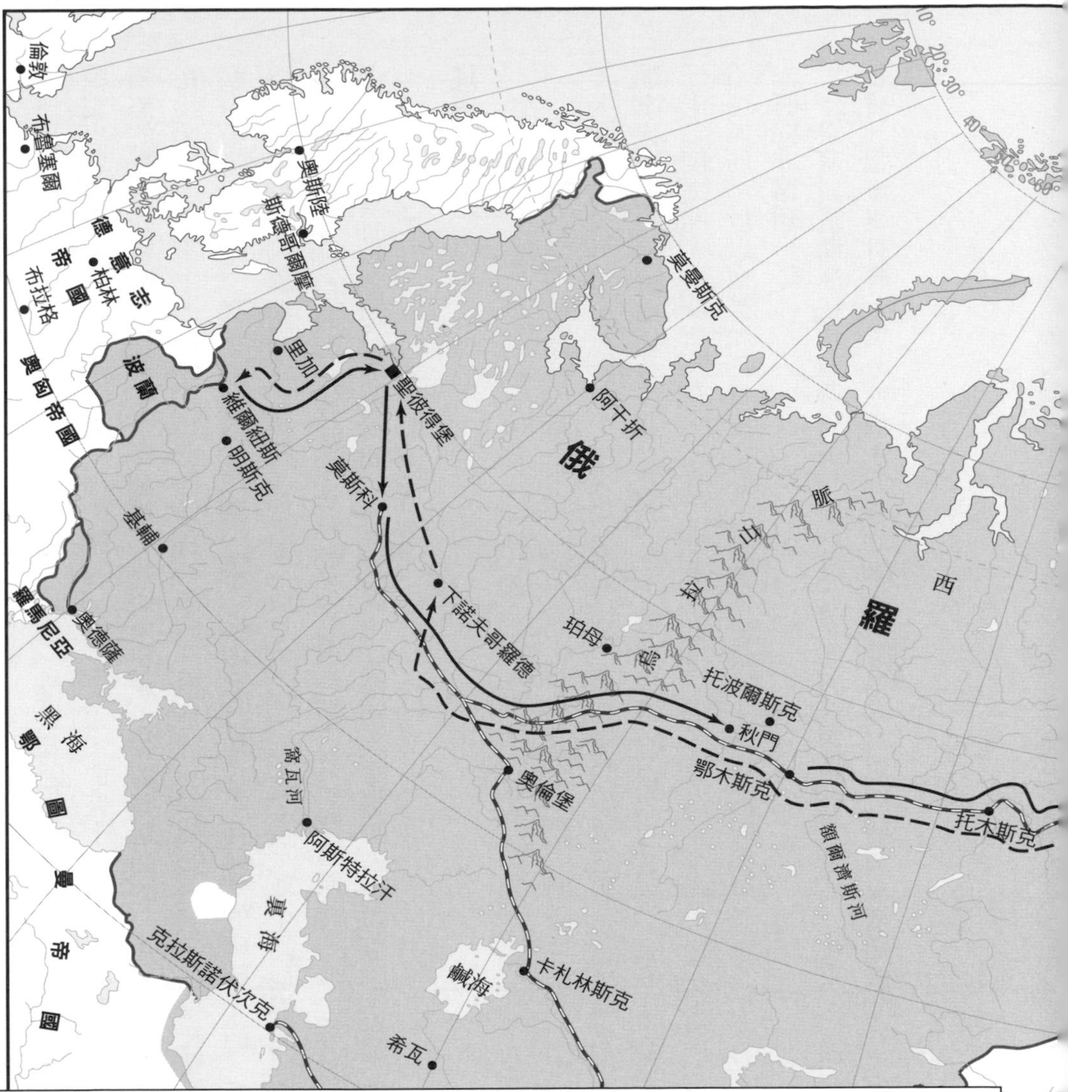

畢蘇斯基的動向

1887 年

3 月 14 日到 22 日：畢蘇斯基和哥哥布羅尼斯瓦夫在維爾紐斯被捕。

4 月 2 日：被帶到聖彼得堡的監獄；畢蘇斯基被判流放五年；布羅尼斯瓦夫被判到太平洋的庫頁島進行十五年苦役。

5 月 25 日：畢蘇斯基被送到下諾夫哥羅德，接著往東經由秋門前往克拉斯諾雅斯克。

7 月：抵達克拉斯諾雅斯克。

10 月：抵達伊爾庫次克；畢蘇斯基請求被調到哥哥布羅尼斯瓦夫所在的庫頁島，但是遭到拒絕。

12 月 25 日：抵達基倫斯克，接下來兩年半都在那裡度過。

1890 年

7 月 1 日：畢蘇斯基被遷到屯卡（Tunka），8 月 5 日抵達。

1892 年

6 月 1 日：畢蘇斯基的流放生活結束。

6 月 30 日：畢蘇斯基返回維爾紐斯。

由於審查員會閱讀每一封寄來和寄出的信件，畢蘇斯基不能寫到他所參與的監獄叛亂事件。一八八七年十一月一日到二日，伊爾庫次克的囚犯拒絕讓一位獄友因為輕微違紀而被單獨監禁。畢蘇斯基回想，囚犯拒絕交出這位獄友時，典獄長下令守衛撤退。但是隔天，武裝士兵強行帶走該囚犯。畢蘇斯基憶道：「士兵像憤怒的野狼一樣衝向我們，手舉著槍。我們擠在爐子和牆壁之間的一角，我站在前排。我抬起頭，看見槍托在我頭上。我用手把它揮開，它劃過我的額頭，但是同一時間又有另一個槍托擊中我的頭部另一側，接著又擊中第二次、第三次。」[6] 幾分鐘後，第二輪毆擊打掉了畢蘇斯基的兩顆牙齒，叛亂才平息。畢蘇斯基被指控煽動，抵達流放地點後必須關在獄中六個月。二十五年之後，他生動地描述伊爾庫次克的監獄意外及其意涵。「【有很長一段時間】我沒辦法冷靜地看著任何士兵或穿著制服的人，我會感覺自己握緊拳頭，如果閉上眼睛就會看見一幅恐怖的畫面，一群武裝士兵瘋狂攻擊那些縮在角落、手無寸鐵的人。」[7]

基倫斯克

伊爾庫次克的夢魘終於結束了。一八八七年十二月十一日，畢蘇斯基滿二十歲的一星期後，勒拿河結冰了。兩天後，畢蘇斯基展開一段往東北方行進一千公里的雪橇之旅。基倫斯克是勒拿河上的一座島，緯度跟加拿大北部和斯堪地那維亞的國家一樣，擁有嚴峻的副北極氣候，冬季氣溫平均介於攝氏零下二十度到三十二度之間。畢蘇斯基在十二月二十三日抵達，接下來兩年半都會住在那裡，生活相對舒適。[8] 要逃跑是不可能的，所以他被允許自由走動。基倫斯克最令人難熬的時期就是漫長的冬季，有時可能持續九個月，日光時間非常短。

畢蘇斯基漸漸在基倫斯克跟一小群流放者展開活躍的社交生活。後來，他們形成邊喝茶邊聊天的習慣，也會一起下棋打牌。但，他也十分想念家人。他得知布羅尼斯瓦夫被送去北太平洋的庫頁島時，向當局提出請求：「沒辦法待在一起對我們來說非常煎熬，因此我希望可以【跟哥哥】住在一起，服完剩下的三年。閣下，基於這個原因，我希望能夠轉到庫頁島。」[9]這個請求被拒絕了。

知道自己會被困在基倫斯克之後，畢蘇斯基開始花更多時間建立友誼。他結交到最重要的朋友，是大他十二歲的史坦尼斯瓦夫．蘭迪（Stanisław Landy）和蘭迪的妻子費莉西亞。畢蘇斯基來到此地時，蘭迪已經被流放九年。他於一八七〇年代在華沙大學念醫學院時，跟其他人成立了最早的波蘭社會主義團體。在一八七八年的八月，他遭到逮捕，拘留在華沙的帕夫亞克監獄（Pawiak Prison）。一八七九年七月二十二日，二十五歲的蘭迪被判到西伯利亞服苦役十二年，這個判決後來改為僅止於流放。[10]在前往西伯利亞的路上，蘭迪結識了同樣身為政治流放者、來自烏克蘭波多里亞（Podolia）的波蘭人費莉西亞．萊萬多夫斯卡（Felicja Lewandowska），兩人於一八八〇年的一月在伊爾庫次克成婚。一八八一年的十月，費莉西亞生下了兒子亞歷山大，當局隔年將蘭迪一家人轉送到基倫斯克。[11]

費莉西亞．蘭迪回憶她跟丈夫是在一八八八年的二月第一次遇見畢蘇斯基，當時他二十歲。雙方一見如故，因為他們對自己國家的過去與未來都很有興趣，也都擁有為國犧牲奉獻的經歷。畢蘇斯基很喜歡蘭迪一家人充滿文化教養的家，充斥著書籍和活力滿滿的對話。[12]費莉西亞和史坦尼斯瓦夫秉持波蘭人的好客天性，十分照顧這位年輕人。畢蘇斯基時常造訪蘭迪一家人，往往一待就是一整天。費莉西亞憶道：「我們在一八八八年的二月認識剛來到基倫斯克的約瑟夫．畢蘇斯基，他常常在我們家待一整天，沒過多久就變得像我們家的一分子。」[13]畢蘇斯基請求跟哥哥同住被拒絕後，蘭迪一家人變得更重要了。跟蘭迪一家人的親近打破了一成不變的流放生活，為這個遠離家人和家鄉的年輕人帶來溫暖與慰藉。

史坦尼斯瓦夫．蘭迪在基倫斯克的波蘭流放者之間是很特殊的人物。他來自華沙一個適應波蘭文化的猶太家庭，屬於熱情支持波蘭自由的猶太愛國者之一。他的叔叔便是在為波蘭奮鬥時犧牲了生命。一八六一年的四月，華沙發生一場沒有武裝的示威運動，但是俄羅斯警方開火，殺死了在遊行最前面領頭的教士。當時只有十六歲的文科中學猶太學生米哈爾・蘭迪（Michał Landy）舉起教士掉到地上的十字架，繼續前進，忤逆俄羅斯人。他馬上就被射死，成為當天遭到殺害的五名示威者之一。[14]

米哈爾・蘭迪的故事充滿象徵意涵，是許多詩人和畫家的靈感來源。當時最有名的詩人之一齊普里安・卡米爾・諾爾維德（Cyprian Kamil Norwid）那時正在巴黎流亡，他便在一八六一年的詩作〈波蘭猶太人〉（Polish Jews）中，描寫了蘭迪的事蹟；畫家亞歷山大・雷瑟（Aleksander Lesser）則在一八六六年完成畫作《一八六一年華沙示威五名受害者的葬禮》（*Funeral of the Five Victims of the Demonstration in Warsaw in 1861*），描繪不同信仰的神職人員站在五具正要入土的棺木旁主持葬禮，包括一位羅馬天主教的總主教和兩位拉比。[15] 以斯拉・孟德爾頌對此做出十分有洞見的評語：「這幅畫以視覺表現出一個概念……那就是為波蘭的自由奮鬥這件事具有普世的性質，可以將不同信仰與族群背景的人團結在它的旗幟之下，包括……猶太人。」[16] 由於畢蘇斯基對一八六三年的起義特別有興趣，又跟史坦尼斯瓦夫・蘭迪如此親近，他很有可能在基倫斯克聽聞米哈爾・蘭迪的事蹟。畢蘇斯基可能在蘭迪家的客廳第一次讀到諾爾維德的那首詩，或者看到雷瑟那幅畫的複製品。來自猶太家庭的波蘭人蘭迪提供了熱情的招待和陪伴，是為波蘭犧牲的榜樣，這肯定在年輕的畢蘇斯基心中留下深刻的印象。米哈爾和史坦尼斯瓦夫・蘭迪這兩個人的故事跟認為波蘭猶太人不愛國、對波蘭事務毫不關心的普遍刻板印象形成強烈對比，更強化了畢蘇斯基對偏見與生俱來的不屑。

跟蘭迪一家人相處的時間很短暫。在一八八八年的十一月，蘭迪一家人獲准遷至伊爾庫次克，讓兒子可以念更好的學校。這對畢蘇斯基來說算是一種打擊，就發生在他必須為了伊爾庫次克叛亂而坐牢六個月的事情之後。在他一八八九年四月八日出獄前，費莉西亞・蘭迪的妹妹莉昂娜達・萊萬多夫斯卡（Leonarda Lewandowska）因據稱參與反政府活動，也被流放到基倫斯克。[17] 在蘭迪一家人的要求下，莉昂娜達前去拜訪畢蘇斯基，介紹自己的身分，希望兩人可一起度過這段時光。二十七歲的莉昂娜達和二十一歲的畢蘇斯基馬上互有好感。沒多久，莉昂娜達便成為畢蘇斯基的初戀。在那之後的十一個月，唯一能夠為畢蘇斯基在基倫斯克單調的流放生活中帶來一些色彩的，就是莉昂娜達。

畢蘇斯基一直都有聯絡蘭迪一家人，會詢問他們在伊爾庫次克的生活細節。其中一封信透露他對於不久的將來產生的懼怕。感覺微恙虛弱的他請求獲准住在較溫暖的氣候，他也告知蘭迪一家人，莉昂娜達肯定在計畫從基倫斯克放出來後要跟他們住在一起。他在一八八九年的十二月三十一日寫道：「至於我，我想要住在這片沼澤以外的其他地方。」他提到，當局因為他的貴族出身和父親的經濟地位，因此已經不再給他每個月十盧比的津貼。因此，他變成要完全依靠打零工過活。所以，儘管他想換個地方，他也不知道搬到工作機會不確定的新地方是否明智。他說：「但我【還是】很想搬到別的地方，因為基倫斯克真的很無聊，而且當每個人都各奔東西後，這裡會很令人不開心。」[18]

猶太家庭出身的波蘭人史坦尼斯瓦夫・蘭迪，他在畢蘇斯基流放西伯利亞期間成為他的良師益友。約一九一〇年。

畢蘇斯基跟莉昂娜達的感情變得更認真後，他開始感到分離焦慮。他們知道彼此相處的時間有限，因為她的刑期在一八九〇年的春天就結束了。因此，畢蘇斯基會想盡各種方法讓他們兩個人可以繼續在一起，並不叫人意外。蘭迪一家人在畢蘇斯基流放第一年為他提供一個溫暖且知識洋溢的家庭環境，莉昂娜達則在他住在基倫斯克的第二年為他帶來戀愛和愛慕之情。在一八八九年這一年，莉昂娜達和畢蘇斯基之間的感情越來越親密，兩人在一八九〇年的年初開始同居。[19]

畢蘇斯基和莉昂娜達之間的戀情在兩人被迫分開時，出現嚴峻的考驗。一八九〇年的三月，也就是兩人相遇的十一個月之後，莉昂娜達服完刑期，必須回家。她在三月十九日啟程前往伊爾庫次克，跟姐姐和姐夫短暫住在一起。[20]同一天，畢蘇斯基寄信給蘭迪一家人，通知他們莉昂娜達已經出發。他寫到，她有太多事要處理、太多人要道別，因此請自己幫她寫這封信。他說，自己十分抱歉沒有及時獲准換到伊爾庫次克，以便陪同莉昂娜達。他寫道：「我本來希望准許通知很快就會來，這樣就能跟你的小姨子一起離開，因此請她再等一等，因為我認為她跟我一起旅行會比較舒適。」可是，他所期盼的准許通知沒有來，莉昂娜達不能再等了。他補充說，請放心，她一個人不會有事的。[21]

畢蘇斯基請求換到伊爾庫次克地區，是他為了跟初戀繼續在一起所想出來的數個計策之一。第二個主意是，在莉昂娜達回到俄羅斯不久後，跟她在維爾紐斯重逢，但是這個計畫很難實現，因為必須指望俄羅斯當局把他的刑期砍半才行。在一八九〇年的三月二十四日，也就是莉昂娜達離開基倫斯克的五天後，他正式請求回到家鄉，在警方的監控下生活，說家裡非常需要他。這項請求遭到拒絕。莉昂娜達離開後，畢蘇斯基在寫給她的第一封信中，難過地表示他希望兩人一起離開的計畫失敗了。然而，他向她保證自己很快就會換到伊爾庫次克，希望她能等他。他對莉昂娜達的思念躍然紙上：「現在，每當我走到街上，我就會想起妳。起風時，我會生氣，因為吹風對妳不好。晚上有亮光，月亮發出耀眼的光芒時，我很開心，因為妳晚上旅行就不會出意外。」[22]

畢蘇斯基不耐煩地等待獲准換到伊爾庫次克地區，擔心當局會一再延後。少了莉昂娜達，基倫斯克的生活乏善可陳。他寫道：「我【晚上工作結束之後】回到家，喝茶，在屋子裡走來走去，想著妳，追憶美好的時光，想了一下未來，讀一點書，然後就倒在床上睡著了。這就是我典型的一天。」畢蘇斯基很想知道莉昂娜達在伊爾庫次克的生活。「寫信告訴我所有的事、妳腦海裡所想的一切……那樣我就滿足了，因為會感覺到彷彿我們就在一起。」[23]

在寫給莉昂娜達的第二封信中，畢蘇斯基分享了家裡的近況。他的阿姨史黛芬妮雅・利普馬諾沃那出現嚴重的財務困難，搬回鄉下了。他的弟弟卡齊米日生病了，哥哥布羅尼斯瓦夫則說自己老得很快。[24] 畢蘇斯基談到自己的健康，抱怨身體顫抖，感覺虛弱，比從前更快覺得疲倦。[25] 第三封信講到了更多家庭近況。他阿姨的財務狀況已經窘迫到無法再招待客人，所以如果他今天回到維爾紐斯，她沒有地方可以讓自己住。這對畢蘇斯基造成了一些打擊，因為他一八八七年被捕之前，都跟阿姨一起住在維爾紐斯。他寫給莉昂娜達：「至於我，基倫斯克無聊透頂，但我已不知道自己能不能擺脫這個地方。」他接著沮喪地說：「想到換地方的請求可能被拒絕，就讓我寒毛直豎。」[26] 因此，沒有在工作時，他盡可能透過社交打發時間。

兩個星期後，畢蘇斯基的心情好轉，因為他聽說自己想離開基倫斯克的請求獲准了，只需要等勒拿河融冰。待在基倫斯克的時間變得有限，他對莉昂娜達憶起「我在妳那裡待一整晚」、談到一起順著勒拿河離開基倫斯克的那段時光。[27] 畢蘇斯基在從基倫斯克寫給莉昂娜達的最後一封信裡，語氣充滿希望和活力：「妳不知道【妳的信】帶給我多大的喜悅，每次讀完我都覺得自己好像在跟妳說話。」[28] 但，家裡的事也占據著他的心思。他的姐姐佐菲亞寫信告訴他關於家族地產和投資的事。蘇金提的莊園和土地被賣掉了。更慘的是，家族剩下的地產在七月一日前也必須全數賣掉。他寫到，佐菲亞「狀況似乎很悲慘」。他也分享了弟弟妹妹的近況。十九歲的卡齊米日身體不好；十四歲的揚課業不好；十七歲

畢蘇斯基的初戀莉昂娜達・萊萬多夫斯卡，約一八九〇年。

的瑪麗亞和十一歲的露德薇卡在學校表現得很好，但是佐菲亞覺得她們在家缺少真正的成年監護人，沒有母親，父親又時常在外。畢蘇斯基對於自己沒有在家指導和照顧弟弟妹妹，覺得充滿罪惡感。[29]

伊爾庫次克

一八九〇年七月，情況好轉。官方宣布勒拿河可以行駛了，因此拿到准許通知的畢蘇斯基搭船離開基倫斯克，往南前進一千公里抵達伊爾庫次克。到了那裡，等待前往新的流放地點時，他跟蘭迪一家人住在一起，及時與莉昂娜達團聚。[30]她即將在一八九〇年的七月二十九日離開，前往俄羅斯本土。[31]他們兩個同意，莉昂娜達應該要到維爾紐斯，而畢蘇斯基也寫了四封信給家人，要她親手轉交。她離開後的幾個星期，畢蘇斯基也有寫信給莉昂娜達，請維爾紐斯的家人轉交。寫給家人、交給莉昂娜達傳遞的那些信，顯示畢蘇斯基由衷希望她能在維爾紐斯永久住下來。畢蘇斯基請叔叔在莉昂娜達拜訪期間好好照顧她。畢蘇斯基寫到，她會是個很好的消息來源，因為她知道他流放生活的一切。畢蘇斯基說：「如果她最終能找到工作，或許就會把維爾紐斯變成自己的家。無論如何，請帶她四處看看，介紹人給她認識，這樣她才不會覺得在我們家像個陌生人。」[32]莉昂娜達要轉交的第二封信是寫給瑟琳娜．布孔，也就是他母親的兒時摯友；她住在畢蘇斯基的家，協助養育孩子。他拜託布孔介紹莉昂娜達給他的弟弟亞當和卡齊米日，這樣她就能認識他們，同時轉交他寫給弟弟們的信。[33]

然而，這幾封信不只是為了介紹莉昂娜達，還是要表達他對家族財產分崩離析的擔憂。畢蘇斯基拜託叔叔確保自己的父親不要把家族的財產揮霍殆盡。他在信中的文字透露了自己有多看不起父親：「您也知道，我爸並沒有管理技能，更重要的是也沒有選擇投資標的的誠實心理。所以，我回去後，想要排除爸爸【控制家族財產的權利】，自己接手經營。我不想要因為我同意讓爸爸管理，結果導致我也要為家裡經濟狀況的後果負上責任。」[34]

同一時間，畢蘇斯基寫了三封信給莉昂娜達，讓她之後要造訪的家人轉交。在第一封信裡，他坦言自己從來不認為他們兩人會分開。畢蘇斯基在莉昂娜達離開伊爾庫次克的兩天後寫了這封信，提到莉昂娜達的姐姐費莉西亞．蘭迪相信莉昂娜達會再回到伊爾庫次克，這使他受到鼓舞。他寫道：「這給我一些希望，使我相信很快就會再見到妳。」[35]在下一封信，畢蘇斯基承認莉昂娜達不會回來了。他寫給她：「親愛的，妳不會像我所希望的那樣回來了，這或許對妳比較好吧。我很高興地認為妳【可能】……在西伯利亞待上一陣子，這種想法是很自私的。」但他也坦承，沒有她真的好無趣。他寫道：「晚上是最糟的時候，我會強烈感到寂寞和對妳的思念。」他沒有工作機會，身上幾乎沒有錢。他寫道：「明天我就要去屯卡了，但我完全不知道那裡的情況會怎麼樣。」[36]

屯卡

一八九〇年八月五日，畢蘇斯基離開伊爾庫次克，往西南方跋涉兩百公里，來到當局指派給他的山中村莊屯卡，位於中俄交界的薩彥嶺。屯卡的氣候比基倫斯克暖和，有湖泊和丘陵點綴，河流沿岸散布著小屋。在屯卡寫的第一封信中，畢蘇斯基說他結識了幾個協助他適應新環境的流放者。政治流放者所組成的小型社區關係很緊密，大約有二十人（包括他們的小孩和配偶），年齡介於三十到五十五歲。[37]畢蘇斯基抵達那天，一名被流放的烏克蘭醫生阿法納西．米哈列維奇（Afanasy Michalewicz）邀請他來家裡，請他喝茶，並讓他住一晚。隔天早上，從一八八七年的十二月就一直待在屯卡的政治流放者斯特凡．尤斯金斯基（Stefan Juszczyński）前來拜訪他。尤斯金斯基先前加入了非法的波蘭社會主義組織「無產階級」，在一八八五年被捕入獄，之後被判流放西伯利亞五年。[38]尤斯金斯基很喜歡畢蘇斯基，主動說要帶他到鎮上逛逛。那天，畢蘇斯基認識了尤斯金斯基的室友米哈爾・曼瑟維奇（Michał Mancewicz），他也曾在一八八〇年代中葉加入華沙的「無產階級」，後來被捕，判處流放。[39]

曼瑟維奇和尤斯金斯基得知畢蘇斯基沒地方住，提議以一個月二點五盧比的租金租一個房間給他。[40]尤斯金斯基記得當時的畢蘇斯基看起來很不健康、身體虛弱。尤斯金斯基憶道：「他是我們之間最年輕的，當時才二十出頭。他非常瘦弱，有點駝背、胸口凹陷，還一直咳嗽。」[41]尤斯金斯基的描述跟畢蘇斯基當時對自己健康的敘述相符。離開基倫斯克前，畢蘇斯基認為自己罹患肺結核，只能活不到兩年。但是，在屯卡住了幾個星期，他的健康便開始改善。[42]

然而，屯卡沒有給他留下很好的第一印象。他寫信給莉昂娜達：「親愛的，屯卡不適合我。這是一個很爛的地方，只適合能夠且想要從事體能活動（狩獵、砍柴、漂木、耕地等）的人。對那些人來說，屯卡或許會是天堂，因為這裡的人基本上很自由，可以移動四十俄里【將近四十二公里】，甚至一次外出十天。」不過，畢蘇斯基很喜歡那裡的社交圈。他接著說：「至於這裡的人，他們沒有給我不好的印象，至少有些是這樣。」他對尤斯金斯基很有好感，說他不像其他人那麼哀怨。尤斯金斯基是個性情中人，性格帶有一些溫暖，他認為他們兩個可以變成朋友。在娛樂方面，他會下棋或是閱讀他能找得到的任何書籍。他補充道：「至於我的健康，我感覺還不差。我幾乎每天都會走路，這裡只有泥巴很討厭，是我在基倫斯克從來沒遇過的。」[43]

畢蘇斯基在屯卡認識的一些人，後來對他有重要的影響，即使流放結束很久之後都還有在聯絡。其中一人是個著名的人物布羅尼斯瓦夫・斯瓦采（Bronisław Szwarce，一八三四年到一九〇四年）。他比畢蘇斯基年長三十三歲，曾經參加一八六二年六月在華沙成立的地下組織，宗旨是要籌備一場民族起義。斯瓦采在一八六二年的十二月被俄羅斯人抓到，判處境內流放，畢蘇斯基來到屯卡時，他已經服刑二十七年。斯瓦采漸漸變成了畢蘇斯基的良師。這兩個人「以前會坐在斯瓦采小木屋的火堆旁，聊天聊好幾個小時。這位年長的愛國者因為流放【超過】二十年而白髮蒼蒼，雖然曾經失敗，但是志氣未滅，心中滿是發動武裝起義解放波蘭的夢想。聆聽他說話的那個年輕人被他的熱忱所鼓舞。」[44] 一位歷史學家表示，斯瓦采「強化了【畢蘇斯基】對民族傳統的延續感。」[45] 畢蘇斯基來到屯卡兩個星期後，描述了他對斯瓦采的印象。畢蘇斯基在一八九〇年八月二十日寫信給莉昂娜達：「斯瓦采人很不錯，當朋友年紀有點大，但我跟他有過幾次非常有趣的對話。他看過、讀過非常多東西，而他性格中些許瘋癲的一面【只是】更添加了對話的趣味。」[46] 雖然他們年紀相差懸殊，但是在接下來的一年間確實成了朋友。一八九一年的八月，斯瓦采在服了二十八年的刑期後獲釋，離開俄羅斯帝國，搬到勒沃夫（Lwów）。兩人一直都有保持聯繫，直到斯瓦采在一九〇四年去世為止。

然而，畢蘇斯基認識的這些人並無法填補莉昂娜達留下的空洞。畢蘇斯基和莉昂娜達雖然把希望寄託在維爾紐斯的重逢計畫，但是畢蘇斯基開始擔憂。因為她已經上路二十二天，卻音信全無。他在一八九〇年八月二十日所寫的信件中，幾乎擔心到快發狂：「我非常擔心，因為上次郵件抵達時我沒有收到妳的信。我的愛，不知道妳過得怎麼樣讓我無所適從，我到現在都沒收到妳的任何消息。」[47]

儘管如此，畢蘇斯基仍繼續提起他的日常生活。他晚上會跟室友曼瑟維奇和尤斯金斯基一起用餐，他們會用俄式茶炊煮茶來喝。他會玩一種俄羅斯卡牌遊戲（wint）、下棋，甚至有兩次出門打獵。至於他的健康，畢蘇斯基向莉昂娜達保證她不用擔心，因為他的新朋友米哈列維奇是醫生，把他照顧得很好。但是，他承認自己在心理方面的狀態並不好：「妳必須明白，我仍未習慣屯卡。我感覺自己是個客人、過路客，在這裡的剩餘時光肯定都會這麼想。」不能確定她有沒有收到自己的信。他問：「親愛的，妳何時才會讀我的信？」他接著說：「我還是夢想著妳會到維爾紐斯，會找到住的地方，在那裡定居。那樣多棒啊，因為我愛維爾紐斯，我也愛妳，難怪我希望我們一起在那裡⋯⋯；這便是為何我夢想妳待在維爾紐斯。」[48]

畢蘇斯基還沒找到工作，因此他回頭討論財務的問題。當局已經不再給他每個月的津貼，而他父親似乎不曾寄錢過去。這艱難的局面讓畢蘇斯基重新思考搬到屯卡的決定。在基倫斯克，他至少從來不用擔心下一餐的麵包從何而來。他在寫給莉昂娜達的信件結尾說：「不過，別再說我了。親愛的，希望妳安好滿足，獻上溫暖的吻，我深深愛妳。」[49]最終，他將找到替流放者的子女當家教的工作。

畢蘇斯基總算收到莉昂娜達的信件時，他懷疑的事情獲得了證實。回郵地址不在維爾紐斯，而是在位於基輔東方五百三十五公里的歐拉（Orla）。莉昂娜達在她長大的地區跟親戚住在一起。[50]不過，他很高興聽到她的消息，在一八九〇年的十月十五日回信：「我終於可以寫信給妳了！」畢蘇斯基收起他對計畫改變感到失望的情緒，馬上聊起他在屯卡的生活。他寫道：「現在我已完全在屯卡安定下來。某種程度上，我已經習慣這裡。」她希望畢蘇斯基描述他的一天，他回答：「白天時，我會用爐子加熱我的房間。偶爾，大概一週一次，我會煮一些難吃的東西。我的飲食只有茶、牛奶和蛋。有很長一段時間，我無法下定決心打掃【住處】，但是這裡實在太髒亂……所以我今天有掃地。」[51]

雖然比較適應屯卡了，畢蘇斯基仍然意志消沉。跟莉昂娜達分開令他痛苦，因此他開始逃避他人。他也很懷念蘭迪一家人溫暖的招待與陪伴。他說：「簡言之，我現在在心靈上是完全孤獨的。有時候我很好，但是有時候……我發現自己非常冷漠或易怒。」然而，他坦承在他們兩個分開前，就感覺心情起伏很大。他寫道：「我常常覺得我們在一起時，我不知道怎麼享受我所擁有的好運。我們在一起的許多時光都浪費了，沒留下任何回憶、任何紀念。我的愛，我無法原諒自己那麼常惹妳生氣和難過。」[52]團聚的甜美希望變得越來越渺茫。他繼續說：「我理所當然地把重心放在未來。我常常夢想未來，想著妳，想著我們在俄羅斯重逢的那天。」

有一點很正面，那就是畢蘇斯基的健康持續改善。在基倫斯克出現的那些症狀已經消失，虛弱和疲累感也是。他說，自己的健康有所改善的一個跡象是，他現在每個星期平均會出門活動三天。他還計畫隔天要去打獵。

重新建立起聯繫後，畢蘇斯基和莉昂娜達每週都會通信。畢蘇斯基晚了一星期寫信時，莉昂娜達很生氣。他在一八九〇年十月以幽默輕快的語氣回覆：「妳的信讓我笑出聲，同時又很開心，因為妳說我不寫信唯一的合理原因，就是我完全忘了妳的存在，但妳的信同時證實妳根本不相信是那樣。」畢蘇斯基為了平息莉昂娜達的情緒，說很感謝她在基倫斯克照顧自己的身體。[53] 信末，他抱怨家裡沒有捎來信息。

畢蘇斯基在一八九〇年的秋天寫給莉昂娜達的信件，透露出新一波的樂觀。他提到的第一件事，就是不再懷疑俄羅斯當局打算任意延長他的五年刑期。他興奮地告訴莉昂娜達：「以前那種認為我永遠回不了家的煩躁感已完全消失。」對未來較為正向的新態度跟身心健康有所改善有關。他寫道：「自從我離開基倫斯克，我的身體無疑改善許多，而這大大影響了我被流放到這裡的心理狀態。」[54] 他寫信寫到很晚，油燈開始閃爍，而他的煤油已經沒了，「所以親愛的，我要道晚安了，獻上溫暖的吻，祝妳有個好夢，我明天再把信寫完。」他隔天早上接著寫道：「早安，愛人，妳睡得如何？我睡得還不錯，妳甚至有出現在我的夢中。」他提到一名友人看見莉昂娜達的照片，說她長得很美，令他非常開心。

畢蘇斯基流放西伯利亞期間的良師益友布羅尼斯瓦夫・斯瓦采，約一九〇〇年。

情況雖然有所好轉，缺乏穩定的工作仍是個問題。問題不只缺少收入這點，還有遊手好閒這件事。冬天快到了，畢蘇斯基沒辦法再跟朋友一起到樹林打獵。無止盡的空閒時間使他再次浮現對未來的恐懼。他在一八九〇年的十一月寫道：「對，我可以把文學當作生涯的志向，但是我還有一些基礎要學。就像我之前說過的，我基本上無法想像回到維爾紐斯後，我實際上該做什麼，那讓我有些害怕。別誤會，我很相信自己的長處和能力，但是另一方面，我也遇過很多相信自己、最後卻變成廢物的人。」[55]畢蘇斯基也讓莉昂娜達知道自己的社交生活，寫到他很喜歡晚上跟朋友喝茶。「我很晚回家——大概在九點或十點睡覺時間快到時。我在深夜時分閱讀、思考和幻想，也就是說，這是我專注在心靈健康的時間。」

重逢的話題越來越常出現在他們的信件中。他在一八九〇年的十一月寫道：「妳說妳很想見我，說妳懷念我們在基倫斯克的美好時光。」想家和與莉昂娜達分離這兩件事對畢蘇斯基來說更難熬，因為他還在流放期間。他寫給莉昂娜達：「對家的渴望在妳離開後大幅提高。每天我都想著、夢著回家和再次看到妳。我每天都在算留在西伯利亞的日子還有多久，這使我易怒焦躁。」他在莉昂娜達的信中讀到，強調希望能在畢蘇斯基一回來就見到他。他說：「當然是這樣。」[56]他在下一封信寫道：「妳收到這封信時，很可能已是一八九一年，所以我由衷祝妳新年快樂。親愛的，希望妳好運連連，但是新的一年不能見到妳，讓我很傷心。還記得去年妳在新年過後不久就搬進新公寓，我們一起在那裡生活的事嗎？那些時光多麼美好，真難過那段時間這麼快就過去了。」[57]

一八九一年即將來臨時，畢蘇斯基記錄了他為獲釋後那幾個月裡安排的計畫。他提醒莉昂娜達，他再過一年又三個月就會被釋放，一八九二年的四月就會來到俄羅斯本土。他寫道：「我會先去找妳，然後再去維爾紐斯度過整個夏天。我希望夏天可以再去拜訪妳。」在一八九二年的夏天後，他要前往庫頁島探視哥哥，然後在十一或十二月返回維爾紐斯。[58]他對莉昂娜達說：「妳看我為一八九二年一整年事先規畫了多少。」回到維爾紐斯後，「我就會有錢，這些事便有可能實現。」為了回覆莉昂娜達的問題，畢蘇斯基又談到屯卡的生活。他說：「我今天出門一整天，因為我不習慣在我住的地方招待客人。」此外，他接著說自己住的地方「亂到了極點。」[59]

畢蘇斯基下一封信的口吻顯示他心性轉變了。他還沒收到莉昂娜達的回信，很替她擔心。同一時間，屯卡的狀況令他沮喪。正如他在三個月前寫過的，畢蘇斯基很後悔聽了莉昂娜達的建議離開基倫斯克，因為他在那裡至少有穩定的工作。他的目標是流放結束後跟她在一起，找到幸福。他寫道：「我們不是過著勉強餬口的日子，就是一起成功發達。」[60] 他明白現實可能阻礙他實現這個目標，但拒絕被悲觀打敗。

另一個造成畢蘇斯基士氣低落的原因，是他仍沒有得到家人的消息，這無疑增加了他的孤立感。至今，他只有得到家人零星的近況。他很擔心二十一歲的弟弟亞當，因為他之前被徵召到俄羅斯軍隊。畢蘇斯基不知道亞當開始當兵了沒。同樣令他不安的是，他已經有一段時間沒有收到布羅尼斯瓦夫的回信。莉昂娜達明白這為畢蘇斯基帶來的憂傷，而且肯定叫他在收到家人的消息後馬上告訴她，因為畢蘇斯基寫到，如果家人的信件在郵局等候，他會在現在這封信中摘要敘述他們最新的近況。畢蘇斯基迫切想要分享家人的消息，顯示他對莉昂娜達的感覺有多麼親近。

畢蘇斯基越來越依賴屯卡的社交圈。他描述自己跟曼瑟維奇相處的時光，兩人白天聊天、晚上玩牌。他告訴莉昂娜達，要他一個人待在家不可能。「書寫的同時，我正在用爐子加熱公寓，思考等一下要去哪裡喝茶。我不想待在這裡。」他對工作的前景感到比較樂觀了。他寫道：「簡言之，我現在感覺比之前好了，因為至少我能想像自己擁有某種工作和有效運用時間的方法。在這之前，必須維持生計的念頭讓我很焦慮，所以我乾脆不談這個話題。」但，金錢的話題十分複雜棘手。他寫道：「真是惱人又丟人啊，但是我們必須明白，金錢和生計大體上對人們的生活有巨大的影響，會影響情緒和性情。」[61] 在一八九〇年的年底，畢蘇斯基喜悅地表示他終於收到布羅尼斯瓦夫的信件，後者似乎過得很好，精神不錯。

畢蘇斯基寫到更多他常一起相處的人，其中兩位是曼瑟維奇和大畢蘇斯基十三歲的莉蒂亞・沃伊科（Lidia Łojko）。畢蘇斯基寫道：「我現在常常拜訪沃伊科，她越來越重視【我們的】友情。」他接著說，友情是流放期間讓他心理健康的必要元素。他已經習慣成為她社交圈的一部分。但，畢蘇斯基向莉昂娜達保證沒有什麼好擔心的，因為曼瑟維奇愛上了莉蒂亞，而且莉蒂亞大他很多歲。他補充道：「我感覺【米哈爾】不太開心我和莉蒂亞變得越來越友好。」[62]

莉昂娜達懷疑，這整件事比畢蘇斯基願意透露的還要多。畢蘇斯基通信的時間一延遲，莉昂娜達便直接問：「你【跟曼瑟維奇】去哪裡了？莉蒂亞家嗎？」莉昂娜達坦承她流了淚，因此畢蘇斯基試著安慰她，回憶兩人在一起的時光，並強調她是多麼占據自己的心思。他說，在基倫斯克「我們在一起時，對我來說是個樂觀的時光。」他還記得那時身體變虛弱了。「我的身體開始惡化，我陷入麻木悲觀的狀態。」[63]

他把心思再度轉回對未來的恐懼。他在屯卡過得雖然比較好，但是流放加深了他對俄羅斯的憎恨。他寫道：「當然，我不知道、甚至無法暗示將來在歐洲會做什麼，最後又會找到什麼工作。妳知道的，屯卡的每個人都等不及明年的到來，因為除了少數例外，我們全都將在一八九二年服完刑期。」姐姐佐菲亞捎來的一封信更加深他的不確定感。她對家族地產的狀態表示悲觀，認為在年底之前失去所有的家族地產也不意外。對未來充滿不確定感，再加上家裡陷入財務困境，使得一八九〇年十二月剛滿二十三歲的畢蘇斯基極為焦慮。他在信中寫道：「所以，親愛的，妳可以看得出來我無法像妳建議我的那樣不去擔憂。」[64]

一八九一年漸漸過去，莉昂娜達和畢蘇斯基之間的通信變得沒那麼頻繁了，這導致他們的關係變得很不確定。開始通信以來，莉昂娜達第一次隔了快一個月才寫信。畢蘇斯基很擔心是不是發生了什麼事，因此當信件抵達時，感到鬆了一口氣。他寫道：「在沉默了這麼久以後，我終於收到了妳的信。哇，妳隔了這麼久才寫信來實在很壞。我有四個星期沒收到妳的消息，真的開始擔心了。我的心中出現一千個念頭，不知道妳是不是被捕，正坐在牢房裡，還是妳生病走了。上個星期，我等信【等到快要瘋了】。我的愛，請常常寫信，不要間隔這麼久。更頻繁地寫信來，這樣至少我不會這麼擔心。」漫長的等待讓畢蘇斯基明白自己有多在乎莉昂娜達。他寫道：「妳知道嗎，我的愛，這段時間……我深信妳發生了某些事，才明白妳對我多麼珍貴。」[65]

畢蘇斯基對日期和數字的精準態度從下一封信就能看出來。他在一八九一年三月四日寫信給莉昂娜達時，回憶起前一年的同一天：「莉昂娜達，今天是三月四日，妳記得嗎？去年的今天，妳為了慶祝我弟弟卡齊米日的命名日，做了起司內餡的餃子。那感覺是很久以前的事了，卻又像昨天發生的一樣。當我想起去年妳在基倫斯克的那段時間，我幾乎無法相信那是真的。」他接著說：「我是如此愛妳，我多想見到妳、抱著妳、凝視妳的眼眸，看看它們是否流露喜悅，看看妳是否愛我。」[66]

畢蘇斯基開始思索他的能力和潛力。莉昂娜達問到他的心理狀態，他直言地回答自己的士氣非常低落。他在一八九一年的三月十一日打趣地說：「親愛的，妳問我心理狀態如何，我沒辦法說我的心理狀態超好。」他接著說，自己沒辦法逃離烏雲罩頂的感覺，這時時提醒他對周遭環境和流放生活有多不滿。但，他的自信沒有受到影響，因為他仍認為自己是個有能力的人，具備不尋常的潛力。他對流放結束後的未來充滿希望，雖然這些想法也帶來恐懼。他接著說：「我的愛，這樣的心理狀態同時讓我對自己的能力充滿信心，進而相信不凡的命運在等著我。我深刻感受到這樣的信念。但是，同一時間，這沒有帶來實現許多目標所需要的堅忍。」他補充道，流放的生活讓他沒有辦法運用這些能力和很確定在等著他的不凡命運。「為了讓我性格的這兩個層面適應【流放】生活，我這樣做。我覺得我必須非常非常努力。感覺到這些與生俱來的能力，我怪自己在這裡浪費時間，沒辦法善加利用之……這帶來深深的不滿和良心的不安，使我一刻不得寧靜。」[67]

跟他人比較之後，畢蘇斯基開始認為自己極為天賦異稟。他覺得自己雖然比其他人平均小了十歲，卻反應更快、頭腦更好。「我時常告訴自己要保持冷靜。我提醒自己……在任何地方，我都認為——別人也這麼認為——我的才智發展得比較好，雖然我年紀比較小。就我所能看出來的，當我來到我認識的這些人現在的年齡時，我會比他們還要進步，這讓我有些滿足。」[68]

同一時間，畢蘇斯基想要談談莉昂娜達對於他士氣低落所表達的擔憂。他問她，她為什麼不能理解自己士氣低落純粹是環境造成的結果。他寫道：「不，親愛的，請不要有不必要的擔憂。當然，我也有很美好的時光，有時也會感覺到某種程度的知足，但是老實說，那種時候很少。」莉昂娜達認為問題在於他缺少正向的觀點，讓畢蘇斯基覺得她不是真正了解自己。他寫道：「我已經對妳描述造成我心理狀態的主因，我真希望我沒有這麼做。」他在信末第一次對兩人的未來表示悲觀：「天啊，妳離開基倫斯克已經一年了，我的愛人已經從我眼前消失一年，或許將永遠消失。」[69]

儘管畢蘇斯基承認他在靜靜沉思的時刻時常感到沮喪，但他的社交生活似乎相當精采。例如，在他的命名日那天，他描述了為他舉行的熱鬧聚會。他寫道：「我必須承認我有喝一點酒，但是沒有到酒醉的程度，只有小酌慶祝。我們吃了一頓大餐，莉蒂亞做了一些餃子，有一些賓客過來。後來，我們去散步，接著到我家喝茶，然後【大家都去】莉蒂亞家，結束這個晚上。」[70]他描述自己從早上九點騎馬打獵到晚上七點，然後從晚上七點打牌到凌晨兩點，接著睡到隔天下午三點。他對莉昂娜達說：「我閱讀和思考的時間更多，感覺比較快活了。」日曆也有助於提振他的精神。他在一八九一年的四月八日寫道：「明年的今天我就會自由了。」[71]

畢蘇斯基預計在一年後回到維爾紐斯，反而有點害怕見到這麼久不見的家人和朋友，因為他不常收到他們的近況，不曉得會看到什麼樣的變化。他寫道：「彷彿出自惡意似的，我在這裡很少收到【家裡的】消息，這讓我更難知道他們發生了什麼事。不過，我很快就能親眼看見了。」莉昂娜達不以為然地回答，顯然建議他試著更正向一點。他回說，會士氣低落完全是因為生活在不自然的狀況下。他認為，貧窮和困苦讓人很難認真思考每天三餐下落以外的事情。他寫道：「我大體上深信，個人的福祉永遠都會影響著一個人，所以他的腦袋不會一直停留在社會關懷上，特別是在我們這種爛透了的處境之中（也就是流放生活）。」[72]

時間過得越久，分離的痛苦越大。畢蘇斯基在一八九一年的四月寫道：「星期六，我收到一封信，妳在信中指責我很久沒有寫信給妳，並聲稱我對妳【的感覺】變了。」他坦承，先前確實曾經質疑自己對她的感覺，但是那些疑慮早已消散。因此，畢蘇斯基說她不需要擔心。消除她的恐懼之後，又回到日常生活的話題。他說，春天來了，表示他可以更常待在戶外。另一個提振精神的因素是，離擺脫囚禁的時間只剩不到一年了。他寫道：「我很開心，每過一天我就【距離自由】更近一點。起初，還有一年以上時，我不像現在這麼興奮。我越靠近離開這裡、回到妳和大家身邊的那一天，心中就越高興。」畢蘇斯基保證，他從維爾紐斯得到消息後，會跟莉昂娜達分享家人的近況。

在一些信件中，他表示有點擔心莉昂娜達的心理健康，像是她不健康的自卑感，以及不相信自己有能力在個人生活中找到職涯或成就的想法。為了安慰她，可以感覺到畢蘇斯基直覺認為莉昂娜達飽受憂鬱之苦。他提到兩人在基倫斯克的時光，說：「我那時候夢想可以激起妳對生命和工作前景的希望，但不幸的是，我沒有成功。」[73] 莉昂娜達的信件內容和他在兩人在一起時觀察到的特質，使得畢蘇斯基更擔心她的憂鬱症狀變嚴重了。他說：「我知道妳完完全全認為，第一，妳做什麼都不適合；第二，妳的運氣很差。【這讓妳相信】妳嘗試的一切都會有不好的結果。但，親愛的莉昂娜達，妳真的會相信這些嗎？」畢蘇斯基試著幫助莉昂娜達，建議她加入某個運動或事業。為一個理念付出會減少自己好像微不足道的感覺。他寫道：「我就是想要讓妳明白……為比自己崇高的東西——一個理念——服務有多重要；出於對這個理念的敬意，人就不會陷入悲觀，而是相信未來屬於我們。只有這時候，我們才會為了這個未來奮鬥。」[74] 畢蘇斯基強調，結果便是感覺自己擁有一個全新的目的。

隨著時間過去，畢蘇斯基開始感到不耐和幽閉恐懼，被局限的感覺使他不知道自己能否再等十一個月。畢蘇斯基寫道：「啊，但願流放的生活很快就結束，但願我很快就能自主，不會該死地感覺一直被警察和官員監視。莉昂娜達，請原諒我寫得這麼零碎，但是要我不這麼做很難。妳只要知道我跟從前一樣愛妳就夠了，我想要見到妳、全心全意抱著妳，找回我們之間的平靜。」[75]

然而，畢蘇斯基和莉昂娜達的遠距離戀情在一八九一年的夏天開始瓦解。在二月的某個時候，畢蘇斯基開始跟另一名女子交往。他不忍心欺騙莉昂娜達，於是寫了一封分手信。這封只有寥寥數語的簡短分手信充滿了情感：

我很久沒有寫信給妳，因為我沒有那個勇氣或心腸告訴妳，我們到目前為止的關係無法再繼續了。莉昂娜達！忘了我吧，我不值得妳的愛。可以的話，請原諒我。我想要……但是不行，紙張容不下我想告訴妳的一切。所以，不管怎樣，親愛的，保重。

別了，這或許是永別。

久克[76]

畢蘇斯基跟另一名女子的關係到頭來只是一時的縱情。收到莉昂娜達的回信之前，那段關係就已經結束。他心中滿是悲痛，對自己的出軌感到愧疚，努力想要解釋一切。「我愛著妳，卻把自己給了別人。我這樣寫……因為我說服自己並不是這樣——我對妳的愛，親愛的莉昂娜達——【我後來明白】這份愛【依然】很強烈。我很明白自己對妳做了很不好的事，這還只是婉轉的說法。」那便是為何，他不可能跟另一名女子繼續下去。他解釋道：「莉昂娜達，妳問我，我為什麼寫那樣的信，卻沒有說明我決定結束我們關係的理由……我不能說是因為自己不愛妳了，因為那樣不正確。」[77]

畢蘇斯基請求莉昂娜達原諒他，希望可以跟她和好。他在一八九一年的九月寫道：「我想拜託妳一件事，仔細考慮能否忘了這回事，對我保持一樣的感覺。妳能不能再次真心信任我？請好好認真思考有沒有這個可能，或是說無論我們多麼深愛彼此，【我的出軌】都會讓我們的生活變得苦澀。」畢蘇斯基提議莉昂娜達用電報傳「寫」或「不寫」給他，讓他知道是否有獲得原諒。[78]由於莉昂娜達的信件都沒有保留下來，我們不知道莉昂娜達多久才回覆。只知道畢蘇斯基在流放期間寫給莉昂娜達的下一封信、也是最後一封信，是在將近三個月後寫的。他在一八九一年的十二月寫道：「噢，莉昂娜達，想起過去的時光和我們的結局，有時我只想哭。我要等到回家時再去想我們的事，因為那時候我們就能見到彼此，親自把一切說明白。我現在要寫下一切，【即使】筆聽不見情感或心思，也無法表達我想到和感覺的一切，尤其是像這封這麼匆忙寫成的信。我想告訴妳好多事，但我不會寫在紙上。因此，就讓我們推遲一切，等我回去再說。很快了，再一百二十天。」[79]

畢蘇斯基不知道要怎麼賺到回家的旅費。他仍然在當家教賺錢，但是沒有足夠的錢購買前往維爾紐斯的車票。要賺到旅費，肯定需要在被釋放前收到錢。但，他的家人至今都沒有承諾可以幫他。他只知道，利普馬諾沃那阿姨在上一封信件中寫到，家族財產的狀況非常嚴峻。阿姨說，很有可能在畢蘇斯基回來之前就失去一切了。

極其漫長的一八九一年終於過去了。一八九二年的四月二十日，二十四歲的畢蘇斯基結束了流放生活。處理正式釋放的時間耽誤了一些，因此他在一八九二年五月二十四日才得到最終的准許。當局進一步延遲他在俄羅斯接受大學教育的任何可能，殘忍地在他的獲釋文件加入一條規定，禁止畢蘇斯基五年內住在任何有大學的俄羅斯城市。[80]那一天，畢蘇斯基展開返回維爾紐斯的漫長旅程。基於一些從未公諸於世的原因，他並沒有選擇前往莉昂娜達當時居住的奧德薩（Odessa），而是直接到維爾紐斯，於一八九二年六月三十日抵達。這兩個人分道揚鑣，從此再也沒有見面。我們對莉昂娜達後來的生活所知甚少。她在一八九七年的七月跟畢蘇斯基的一名友人見面，把畢蘇斯基在流放西伯利亞期間寄給她的三十封信交給那個人，請求代為將信還給畢蘇斯基。在一九〇〇年前後，三十多歲的莉昂娜達悲劇地結束自己的生命，可能是因為聽說畢蘇斯基結婚了。[81]

⁂

在流放西伯利亞期間，年輕的畢蘇斯基結識了兩代的波蘭民族和社會領袖，其中包括啟發畢蘇斯基、使他走上領袖之路的男男女女，如布羅尼斯瓦夫．斯瓦采、史坦尼斯瓦夫．蘭迪和米哈爾．曼瑟維奇。同一時間，畢蘇斯基寫給政治流放者和愛人莉昂娜達．萊萬多夫斯卡的信件，也讓我們一窺他在這段思想形成期都在想什麼。這些信透露出家人對他有多重要，特別是他跟姐姐佐菲亞和哥哥布羅尼斯瓦夫之間的親近，還有他對六個弟弟妹妹的關心。他怪父親不但沒有好好管理家族財產，也沒有好好照顧仍住在家中的六名子女。缺少值得信賴的父親角色，再加上母親早逝和哥哥布羅尼斯瓦夫被判流放十五年這兩件悲劇，導致畢蘇斯基良心非常不安，因為他認為自己必須為家人的福祉負起責任。

畢蘇斯基的信件顯示他在這段期間跟父親變得有多疏遠。畢蘇斯基總是一絲不苟地提及他從家裡得到的消息，明確說出他跟哪些人通信。然而，畢蘇斯基從來沒有從他父親那裡收過任何一封信，顯示兩人關係疏離。他跟父親之間的問題某方面跟當局評估畢蘇斯基的父親有錢可以寄給他，於是停止給付每月津貼之後，畢蘇斯基不斷出現的財務困難有關。在寫給莉昂娜達的信件中，他會談到家裡的近況和財務，但卻隻字未提畢蘇斯基的父親在這段時期曾經寄給他任何一毛錢。

從社交和知識的角度來看，西伯利亞時期對年輕的畢蘇斯基而言是非常豐富的養分。畢蘇斯基在西伯利亞認識的朋友讓我們知道別人在當時是怎麼看他的。例如，莉蒂亞．沃伊科記得畢蘇斯基有著友善陽光的個性和聰明的才智。但是，沒有大學學歷和年紀很輕這兩件事有時特別突出。她寫道：「畢蘇斯基沒有受過正當的教育⋯⋯但是他無疑非常聰明有天分。他有堅強的意志和鮮明的腦袋，是一個堅定的社會主義者。」在民族議題上，畢蘇斯基的看法十分明確，也被公開表達出來。她說，畢蘇斯基是「熱血的波蘭愛國者【和】長久的民族主義者。」他「很愛密茨凱維奇，會背出他的作品，尤其是《塔德烏什先生》（*Pan Tadeusz*）這部史詩。他以前常說：『我痛恨俄羅斯，但我很愛俄羅斯人。』」他認為俄羅斯人是對抗沙皇的同袍。[82]

畢蘇斯基在屯卡經常跟尤斯金斯基一起吃飯，他憶起畢蘇斯基經常顯露自己的年紀。尤斯金斯基說：「他完全不會照顧自己。例如，他從來不煮給自己吃，如果我們沒有人給他吃的，他就只吃麵包和牛奶。」有趣的是，尤斯金斯基認為畢蘇斯基在流放者之間沒有特別突出的地方，「無論能力或智識都是」。畢蘇斯基在屯卡最要好的兄弟是曼瑟維奇。尤斯金斯基回憶，畢蘇斯基和曼瑟維奇「在秋天和春天常常因為獵鴨下到深及腰部的水裡，或者會去山裡砍柴做燃料，放在木筏順流而下帶回來。」[83]

畢蘇斯基跟曼瑟維奇的友誼後來確實帶來很大的影響。一八八〇年代初期，曼瑟維奇在華沙大學就讀自然科學時，在波蘭社會主義團體中變得很活躍，最後成為「無產階級」中央委員會的成員之一。他在一八八五年被捕，關進華沙的帕夫亞克監獄，接著在一八八七年被判流放五年。[84]因此，對畢蘇斯基來說，曼瑟維奇代表了新的社會主義運動。另一方面，斯瓦采象徵他父母那一代舊的愛國民族主義運動。在討論政治的聚會中，話題通常都圍繞在社會主義的理論。尤斯金斯基說，畢蘇斯基在這些聚會中通常都很安靜。確實，畢蘇斯基自己也承認他對理論沒興趣。畢蘇斯基後來曾寫道：「馬克思的抽象邏輯和商品支配人類的概念跟我的腦袋不合。」[85]最後，談到畢蘇斯基的西伯利亞時期，不能不提到史坦尼斯瓦夫・蘭迪。蘭迪是波蘭社會主義運動的老將，成為畢蘇斯基的良師益友。蘭迪的妻子憶道：「畢蘇斯基是我們的常客，他後來在一八九〇年轉到屯卡，曾經以生病為由獲准來到伊爾庫次克，期間跟我們住了一整個星期。」[86]

關於這幾個人在畢蘇斯基流放西伯利亞期間所發揮的相對影響力，歷史學家有不同的意見。蓋利斯基認為斯瓦采的影響很小，因為在跟莉昂娜達通信時，畢蘇斯基只有提過他一次。波丹・厄本科夫斯基（Bohdan Urbankowski）則主張斯瓦采的影響力很重要。他指出，畢蘇斯基是斯瓦采的小孩的拉丁文和法文家教，這讓他每個月都有薪水，而且經常跟斯瓦采接觸。[87]相關證據比較支持厄本科夫斯基的論點，因為在西伯利亞時期之後，畢蘇斯基除了跟曼瑟維奇保持聯繫，還有跟斯瓦采聯絡。此外，斯瓦采於一九〇四年二月在勒沃夫去世後，畢蘇斯基從帝俄前往奧匈帝國參加他的葬禮。一九二四年，在發表有關一八六三年波蘭起義的演講時，畢蘇斯基也說斯瓦采是「親愛的老朋友」，跟他有「非常真摯的友情」。[88]因此，斯瓦采和曼瑟維奇是畢蘇斯基流放西伯利亞期間的重要影響人物，一八六三年起義的民族英雄斯瓦采和早期波蘭社會主義運動的先驅曼瑟維奇都成為年輕的畢蘇斯基的良師和教育者。蘭迪也扮演類似的角色，是猶太人為波蘭爭取自由的典範。

從西伯利亞獲釋十一年後，畢蘇斯基說出這段流放時期之所以重要的原因：「因為在西伯利亞得以靜靜思考過去經歷過及未來想做的一切，才造就了今天的我。」[89]生命快到盡頭時，畢蘇斯基再次反思這段時期：「即使在西伯利亞，我也不曾停止思考偉大。我會思考什麼樣的途徑才會通往偉大，一個人又要擁有什麼樣的特質才能成就偉大。」[90]

Chapter
3

社會主義領袖與謀反者

每一個反對運動都必須用來拉動我們的戰車。我們不只得在自己的家園當家，在整個沙皇的國度也是。一言以蔽之，「波蘭陰謀」必須纏住整個巨人。

——約瑟夫．畢蘇斯基，一八九五年

在西伯利亞流放五年之後，畢蘇斯基跋涉了幾個星期，才在一八九二年六月三十日抵達維爾紐斯。從車站走進城裡時，他在路上撞見了親戚齊格蒙．納格羅茨基（Zygmunt Nagrodzki）。但是畢蘇斯基的外貌變了很多，因此納格羅茨基沒有認出他，跟自己打招呼的這個人長滿鬍鬚，「臉頰的膚色像骯髒的銅」，還少了兩顆門牙。納格羅茨基說：「不好意思，先生，你確定你沒有把我誤認成別人？」畢蘇斯基答道：「不，沒有誤認。看來我必須自我介紹：我是約瑟夫．畢蘇斯基。」[1] 納格羅茨基尷尬地擁抱他的老友，兩人一起散步，聊著過去五年來發生的事。既興奮又害怕的畢蘇斯基走到了姐姐佐菲亞的家。佐菲亞聽到腳步聲靠近房子，來到前門，看見站在面前的男子，卻沒有馬上認出他。幾秒鐘後，她痛哭失聲，緊緊擁抱親愛寶貝的弟弟。[2]

一踏入佐菲亞的家，畢蘇斯基馬上就看出他不在的這五年間一切變了多少。畢蘇斯基第一次見到了三個外甥和外甥女，分別是四歲、兩歲和一歲。[3] 佐菲亞接著告訴畢蘇斯基家人最新的近況。他的弟弟——二十三歲的亞當和二十一歲的卡齊米日——從文科中學畢業後就開始工作，父親則在處理各種小生意。[4] 畢蘇斯基很想見見另外四個弟弟妹妹，分別是十九歲的瑪麗亞、十六歲的揚、十三歲的露德薇卡和十一歲的卡茨佩爾。佐菲亞遲疑地說，他們都很好，只是她擔心他們沒有大人照料。他們長大時沒有母親在，父親又經常出差。佐菲亞也談到家族越來越少的財富：祖武夫和蘇金提的莊園都已經賣了。[5]僅剩的地產只有位於考夫諾的阿達莫沃莊園。[6]阿達莫沃莊園也意義重大，將提供不多但穩定的收入，讓畢蘇斯基之後可以完全專注在反政府的謀反活動上。[7]

重獲自由、回到維爾紐斯的畢蘇斯基對未來非常不確定。在警方的監視下，他一開始離麻煩遠遠的。他決定去念法學院，於是開始為入學考試讀書。瘦高、聰明、受過一些大學教育、現在擔起家中長子角色的畢蘇斯基，被家人認為前途無量。佐菲亞的丈夫大他二十一歲，是一位有名的醫生，承諾會給畢蘇斯基一份工作。畢蘇斯基的姑姨、姐姐和同輩親戚開始做媒人，介紹他認識富裕上層貴族家庭的結婚對象，但是他對結婚沒興趣。

畢蘇斯基禮貌地婉拒姐夫提供的機會，決定回到謀反事業。這一部分是因為俄羅斯政府給他的限制，讓他可以讀書，卻又不得住在有大學的城鎮長達五年。[8]這殘酷的手段加深了他的怨念，同時強化他對歷史正義的渴望和成為民族領袖的心願。在西伯利亞時，畢蘇斯基相信有個不凡的偉大命運在等著他。回到維爾紐斯後，他更加成熟、見聞更廣、更有知識了。畢蘇斯基的第一個傳記作者寫道：「在政治方面，他於一八九二年回到維爾紐斯時就已經非常成熟了。」[9]他把統合各種觀點和歷史事實的卓越能力放進他的政治頭腦中。

畢蘇斯基在一八九二年的秋天發現維爾紐斯有一個社會主義者組成的地下團體，因此決定從事祕密的反政府活動。他開始出席聚會，並發現這些人大部分都是波蘭的革命民粹組織「第二無產階級」（Second Proletariat）的追隨者。這並不是非常適合畢蘇斯基，因為他的民族獨立夢想超越了對社會主義思想的興趣。畢蘇斯基在一九〇三年憶道：「流放回來後，我最後決定加入一個『無產階級』追隨者的團體，試圖說服他們改變理念，往今天我們所說的波蘭社會黨的方向邁進。」[10]這個團體大約有十來人，不只有維爾紐斯的本地人，還有一些來自華沙和聖彼得堡，其中一個是二十六歲的瑪麗亞．尤什凱維奇（Maria Juszkiewicz），來自維爾紐斯一個受人尊敬的富有家庭。畢蘇斯基還結識未來右翼的民族民主黨創始人羅曼・德莫夫斯基，他不時會出現在聚會上。德莫夫斯基對瑪麗亞有好感，但後者拒絕了他的追求，把感情放在畢蘇斯基身上。離過婚的瑪麗亞有一個三歲的女兒汪妲（Wanda），她後來跟畢蘇斯基交往，兩人之後將會結婚。

這個祕密團體沒有從事政治活動，而是討論激進、民主和社會主義的思想。畢蘇斯基想要到維爾紐斯以外的地方發展人脈，於是在一八九二年的十二月前往華沙。他第一次來到這座波蘭大城市，認識了抱持各種意識形態思潮的人，包括漸漸興起的保守民族主義陣營人物。[11]

畢蘇斯基的第一任妻子瑪麗亞・尤什凱維奇，約一八八八年 。

一八九三年的一月回到維爾紐斯後，畢蘇斯基遇到來自倫敦的訪客史坦尼斯瓦夫・孟德爾頌，是近期成立的海外波蘭社會主義聯盟（Związek Zagraniczny Socjalistów Polskich，ZZSP）派來的。這個新的組織在一八九二年十一月成立，並創立了波蘭社會黨，頒布了一系列政治和經濟目標的黨綱：普遍選舉、無論宗教或民族在法律之前人人皆平等、工作日八小時的工時、最低薪資、女性薪資平等、罷工權和組成工會權等等。[12]這個新組織獨特的地方是，它要求脫離帝俄，成立獨立的波蘭共和國。綱領中明確指出，未來這個國家的疆界要以十八世紀的歷史邊界為基礎，而非族群界線。這個國家會跟立陶宛和烏克蘭擁有統一的政治力量，對抗他們共同的壓迫者。新組織把立陶宛和烏克蘭西部歸為「我們國家」的一部分，希望建立多民族的大型聯邦，東部邊界跟瓜分前的波蘭相當。談到俄羅斯革命人士，黨綱希望採取合作的態度，前提是承認波蘭社會黨為波蘭地區（nasz kraj）勞工的唯一代表。根據參與者史坦尼斯瓦夫・沃伊切霍夫斯基（Stanisław Wojciechowski）所說，把立陶宛和烏克蘭放進未來國家疆界之內的這項決議受到一致通過。[13]

這個簡要的綱領也有談到複雜的猶太人問題；猶太人在波蘭地區的都會人口中占了很大的比例。綱領表示：「大會同意吾黨應盡快散播聲明到立陶宛和烏克蘭的俄羅斯猶太人社群，宣布他們的俄羅斯化活動背離了俄羅斯境內自由的政治利益及解放的利益。」[14]我們之後就會看到，畢蘇斯基被找來寫下那份聲明。

在維爾紐斯，孟德爾頌向當地的波蘭社會主義團體傳遞這份簡要綱領。畢蘇斯基很喜歡這個新的綱領。他來自立陶宛邊疆地區，因此十分認同以歷史邊界為依據建立多民族國家。跟孟德爾頌見面不到兩個星期，畢蘇斯基便寄了一篇文章到倫敦的海外波蘭社會主義聯盟月刊《破曉》（*Przedświt*），日期標為一八九三年二月一日。他討論了聖彼得堡的帝國思維和心理環境是什麼樣子，才讓這個國家的領袖合理化其對波蘭土地的征服。[15]在接下來兩年，畢蘇斯基成為這份倫敦報紙的立陶宛特派員。他在西伯利亞曾經提過的志向——文學生涯——正式展開。

在一八九三年二月十五日寫給《破曉》編輯的私人信件中，畢蘇斯基回報，維爾紐斯的同志反對其中一篇文章的內容，因為那對幾個波蘭社會主義黨派做出了不利的評斷。畢蘇斯基認為這樣的爭執只會適得其反。他說，點出波蘭社會主義者之間的意識形態差異，會把焦點從社會主義更廣大的目的轉移到其他地方。他主張在波蘭地區，社會主義本身不是目標，而是實現獨立的起點。他寫道：「我認為當下有必要拋棄跟『愛國者』的過時爭執。我們有這麼多滿是民主元素的共同目標，沒有必要點燃不同思潮之間的陳年分歧。我不懷疑有必要點出社會主義者和社會主義黨派在原則上的差異，同時也要強調，純粹的愛國訴求會結合社會主義只是因為它的口號很受歡迎。」但，這些差異不用公開表明。畢蘇斯基政治思想的種子在這裡開始萌芽：應避免目光狹隘、具排他性的黨派政治，永遠不要忘記更大的長遠目標。關於這份月刊，畢蘇斯基建議應多報導波蘭地區勞工運動的新聞，他可以定期提供文章。[16]

畢蘇斯基下一篇刊登在《破曉》的文章日期標示為二月十七日，討論的主題是在維爾紐斯俄羅斯國立文科中學禁止說波蘭語的議題。他注意到，在沒有這項禁令的明斯克省，波蘭學生申請入學的比例比較高。[17]從三月四日的第三篇文章開始，畢蘇斯基使用筆名「羅姆」（Rom，「浪漫主義」〔Romantic〕的縮寫）書寫。他談到維爾紐斯新上任的總督，描述這個人在一八九三年三月一日在維爾紐斯受到群眾歡呼歡迎。他說出心中的疑問：這個在一八六三年公開反叛俄羅斯的省是怎麼了？[18]

這個時期，猶太人是畢蘇斯基在這份報紙上談論的主題之一。孟德爾頌說服畢蘇斯基，贏得立陶宛那些說俄語的猶太知識分子是關鍵目標之一，使他對這個主題產生興趣。為了這個目的，兩人接觸了剛成立的維爾紐斯集團（Vilna Group）的領袖阿爾卡迪・克雷默（Arkadi Kremer）和齊瑪赫・寇佩宗（Tsemakh Kopelzon），這個組織是由曾經念過俄羅斯大學、現在在維爾紐斯的猶太工人之間進行鼓動的猶太社會民主主義者所組成。克雷默的地緣和教育背景跟畢蘇斯基很相似，他出身自畢蘇斯基出生地附近的什文喬尼斯（Svencionys），十二歲搬到維爾紐斯就讀文科中學，跟畢蘇斯基一樣在那裡加入非法讀書會，開始自認為社會主義者。之後就讀俄羅斯大學時，他因為涉及非法的學生團體而遭到退學。[19]無法獲得大學學歷的克雷默在一八九一年回到維爾紐斯，加入由寇佩宗和列奧・約基希斯所率領的維爾紐斯集團。畢蘇斯基和約基希斯在文科中學參加非法的學生讀書會「聯合」時就已經認識。

在一八九三年一月見過面後，畢蘇斯基和孟德爾頌向克雷默和寇佩宗表示，他們對維爾紐斯集團的俄羅斯傾向感到擔憂。據說，他們展開激烈的討論，畢蘇斯基批評維爾紐斯集團用俄語舉辦聚會。畢蘇斯基問，為什麼不改成立陶宛猶太人所說的意第緒語？此外，畢蘇斯基和孟德爾頌也強調，維爾紐斯集團應該在波蘭社會黨的旗幟下進行鼓動。[20]討論到波蘭獨立的議題時，雙方意見不合。克雷默和寇佩宗跟當時的社會民主主義者普遍支持的意見一致，認為沒有自己國家的民族應該暫緩獨立，先等到現有的國家轉變成法律之前人人平等的民主憲政體制再說。也就是說，沙俄境內的社會主義者應該把目標放在推翻沙皇、成立民主國家，而不是讓波蘭分離出來。

私下沒有成功說服維爾紐斯集團，畢蘇斯基決定在黨報的版面中說出雙方的差異。畢蘇斯基在一八九三年三月四日的文章中提醒讀者，猶太人不僅占了近半數的維爾紐斯人口，也占了整個立陶宛－白羅斯省分絕大多數的城市人口。畢蘇斯基寫道：「假使俄羅斯化從一八六三年以來在我們的國家取得了進展，那完全是猶太人的作為。」他說，維爾紐斯集團的俄羅斯化特質讓猶太人和基督教勞工很難合作。「我不反對學習俄羅斯文化和語言這件事。這跟我們國家的去民族化和俄羅斯化有關。照目前的情勢來看，厭惡任何迫害形式的社會主義者……都沒有權利在這個問題上保持中立，完全不能。」他最後說，猶太社會主義者針對民族問題保持中立，將阻礙群眾運動的建立。[21]

波蘭社會黨在沙俄成立

跟畢蘇斯基見過面後，孟德爾頌前往里加（Riga）、華沙和聖彼得堡，在沙俄尋求支持者來成立新的黨。他的努力有了成果：一八九三年的三月，波蘭社會黨正式在華沙成立。這個新的黨統一了關係鬆散的社會主義團體，包括「第二無產階級」先前在華沙和聖彼得堡的追隨者，還有畢蘇斯基在維爾紐斯的團體（重新命名為波蘭社會黨立陶宛黨部）。[22] 現在，畢蘇斯基成為這個黨在立陶宛黨部的公認領袖。

畢蘇斯基當上了立陶宛黨部的領袖，仍持續發表文章探討說俄語的猶太社會主義者的問題。一八九三年的五月，他寫下孟德爾頌請他寫的聲明，標題是〈致被侵占之波蘭領土內的猶太社會主義同志〉。畢蘇斯基警告，當地人漸漸對猶太人產生負面的態度，因為「有些猶太人對【我們】國家的政治懷有敵意」。年輕一輩說俄語的猶太人在俄語學校學到了很多對波蘭的「錯誤觀念和原則」。「在我們的國土……沙皇專制統治的兇殘暴力在『統一』的政治理念中找到表達的出口，猶太社會主義者開始在猶太無產階級之中活動，目標是強行推動俄語，把這視為通往文化的途徑。」畢蘇斯基認為，俄羅斯政府正在利用說俄語的猶太人來稀釋波蘭的文化遺產。他寫道：「可以越來越清楚地看到，俄羅斯政府正在利用……俄羅斯化的猶太人，作為對付波蘭人政治抱負的武器。」[23] 他最後提出兩點訴求。第一，猶太社會主義者要在波蘭獨立的議題上採取「明確不模糊」的立場；第二個訴求其實是一種威嚇，說猶太社會主義者的綱領如果沒有呼應波蘭和立陶宛工人的綱領，他們就會被視為沙皇政權的支持者。

畢蘇斯基針對猶太人所寫的聲明有兩個預設立場。第一，波蘭人和立陶宛人對他們的土地有相同的願景（跟波蘭形成聯邦）。可是，當時族群上的立陶宛人尚未組成自己的黨派，因此還沒有出現一份描繪未來國家輪廓、屬於立陶宛的綱領。第二個預設立場是，在民族問題和跟俄羅斯革命人士的關係這個議題上，波蘭社會黨所列出的綱領跟所有成員的看法相符。我們在後面就會看到，這兩個預設立場都是錯的。短短幾個月內，黨內便出現一個激進的派系，公然挑戰畢蘇斯基，認為獨立訴求言之過早、造成不必要的分裂，也在俄羅斯革命分子之中引起不和。[24] 這些人擔心，黨偏離階級和革命的目標太遠了。這個分離出來的派系所形成的裂痕，導致波蘭社會黨未來產生分裂，他們認為黨的反俄羅斯傾向沒有幫助，還會造成疏離。日漸形成的衝突使海外波蘭社會主義聯盟的沃伊切霍夫斯基在一八九三年的六月從倫敦來到華沙，以阻止黨的分裂。沃伊切霍夫斯基無法促成妥協，便前往維爾紐斯。他在那裡第一次親眼見到二十五歲的畢蘇斯基。沃伊切霍夫斯基回憶，因為畢蘇斯基先前在《破曉》發表的幾篇文章，「我在倫敦時就對他很有好感。」[25]

畢蘇斯基和立陶宛黨部全心支持沃伊切霍夫斯基。他發現，維爾紐斯是最適合召開第一屆黨大會的環境。[26] 一八九三年的六月，這場會議在維爾紐斯郊外的貝蒙特森林（Belmont Forest）舉行，大部分時間都由畢蘇斯基主導，針對黨與俄羅斯革命分子的關係上該採取什麼立場提出了修正，並為與會者所接受。他對俄羅斯革命分子的觀感透露出，他的家庭在獨裁的俄羅斯治下的經歷是多麼影響他的政治理念。一位親近的同志後來說道：「【畢蘇斯基】對俄羅斯深刻的厭惡是他政治世界觀的主要元素之一。」[27]

黨大會結束後，畢蘇斯基寄了三篇文章給黨在倫敦的報紙。第一篇報導了立陶宛一般勞工遭遇的苛刻處境——一天工作十四個小時，還很丟臉地持續使用童工。第二篇報導了維爾紐斯俄羅斯國立文科中學前負責人的死。幾十年來，這位校長嚴格執行在教室不能說波蘭語的禁令。畢蘇斯基寫道：「在他的領導下，整體來說這所學校壓迫波蘭語和波蘭文化表達的狀況變得更加嚴重。」因此，畢蘇斯基說，維爾紐斯有很多人因為他走了，感到十分開心且鬆了口氣。[28]

當上領袖

第三篇文章的標題是〈與俄羅斯革命分子的關係〉，在一八九三年的八月刊登，文中表達了黨對俄羅斯異議分子的新立場。這篇文章象徵畢蘇斯基竄升黨主席的開端。《破曉》的編輯認為這篇文章很重要，因此放了一段前言，說這篇文章應該被視為黨的官方立場。畢蘇斯基列出新政策，主張黨應該避免跟俄羅斯的革命團體在社會主義意識形態上作辯論。反之，討論應聚焦在對政治權利的共同訴求。他強調：「對波蘭社會黨而言，對抗沙皇體制只是針對俄羅斯統治波蘭其中一種形式的鬥爭，絕對不是我們政治訴求的總和。在我們的綱領中，波蘭社會黨也要求建立獨立的民主共和國。」因此，黨的綱領必須明確譴責政府的「俄羅斯化的政策以及對住在俄羅斯帝國境內【非俄羅斯】民族的迫害」。[29]

畢蘇斯基提醒讀者，俄羅斯革命團體既沒有譴責少數民族的待遇，也沒有表示支持他們的理想。而正是因為波蘭社會黨要求領土獨立，跟俄羅斯革命分子之間的關係才必須以互相認可為基礎。他寫道：「毀謗和謊言被灌輸到學子的腦袋裡」，同時審查員查禁了跟政府立場不同的所有出版物。在畢蘇斯基看來，俄羅斯革命運動在這個議題上沒有出聲。「可以看出他們不是對這個局勢一無所知，要不就是更慘的——默認俄羅斯化的政策。」他最後說：

這一切都證實，我們目前連在俄羅斯革命分子之間都沒有真誠的朋友。獨立議題對我們而言太過重要，俄羅斯政府的迫害太過野蠻，因此我們無法在面對俄羅斯革命分子的漠然時保持消極。基於這個理由，波蘭社會黨可以也必須要求俄羅斯革命團體拋下消極的立場。現在，要跟我們建立關係有一個前提，那就是認可我們的政治抱負。[30]

歷史學家安傑伊・諾瓦克（Andrzej Nowak）認為，這篇文章標誌著畢蘇斯基成為波蘭獨立運動政治框架其中一位發起人的起點。[31]

同一時間，黨內意識形態的差異導致其中一個派系分離出去。這場分裂發生在一八九三年八月於蘇黎世舉辦的國際社會主義大會，二十三歲脾氣火爆的羅莎・盧森堡（Rosa Luxemburg）對黨的獨立綱領表示反對。盧森堡沒辦法逼黨的領袖讓步，便宣布成立一個新的政黨——波蘭王國社會民主黨（Social Democracy of the Kingdom of Poland，SDKP）。波蘭王國社會民主黨堅決採取國際主義的立場，贊成無條件與俄羅斯革命團體合作。黨的分裂導致波蘭社會黨加強招募。為了這個目的，畢蘇斯基在一八九三年的九月到華沙會見沃伊切霍夫斯基。結果，沃伊切霍夫斯基在一八九三年的十月成立波蘭社會黨的第一個執行單位「工人委員會」（Komitet Robotniczy，KR），由畢蘇斯基擔任立陶宛黨部的代表。[32]

晉升到高層後，畢蘇斯基寄了好幾篇文章到倫敦，內容談到立陶宛越來越壯大的工人運動。在其中一篇文章，他報導了維爾紐斯當地的成衣製造商雇用的一百六十名猶太裁縫發動罷工的事件。這群人要求工作時數改為十二個小時，並將薪水調升百分之二十五。五個星期後，老闆同意十二小時的工時，並調高百分之十的薪水。對畢蘇斯基而言，這場罷工大大鼓舞眾人的士氣，是工人運動影響力越來越大的例子。他最後說，這起事件證明罷工是工人運動的主要武器。這場罷工發生在工人運動剛起步的維爾紐斯，顯得意義重大。他說道：「因此我們需要由衷感謝我們的工人同志，他們堅持到……訴求實現為止，這在這裡【立陶宛】是從未發生過的。」[33]

在一八九三年的十二月，畢蘇斯基概述了住在被瓜分之波蘭地區的人們應該如何合作的方針。為了拉攏東部邊疆地區過去屬於波蘭立陶宛聯邦（Polish–Lithuanian Commonwealth）的人群，他在一封私人信件中表示，很重要的是去反覆強調這個地區是波蘭過去的一部分、這裡的民族擁有相同的政治歷史。黨報需要針對立陶宛和烏克蘭的議題另外寫一篇文章，「點出我們擁有共同的利益。根據這些共同的利益，我們必須擬定共同的黨綱」。[34]

畢蘇斯基在一八九四年的二月有了正式提出民族黨綱的機會。當時，第二次黨大會在華沙舉行，黨正式採納畢蘇斯基在與俄羅斯革命分子的關係上的立場。協議表明：「《破曉》第八期的內容界定了我們與俄羅斯革命分子之間的關係。」這指的便是畢蘇斯基的文章〈與俄羅斯革命分子的關係〉。[35]這項決議意義重大，顯示黨對畢蘇斯基的敬意。

大會上，工人委員會重組為中央工人委員會（Centralny Komitet Robotniczy，CKR），成員有二十六歲的畢蘇斯基、二十四歲的法學院畢業生揚·斯特羅澤茨基（Jan Strożecki）、醫學院的學生尤利烏什·格拉博夫斯基（Juliusz Grabowski）以及二十五歲的排字工人寶林·克里莫維奇（Paulin Klimowicz）。[36]中央工人委員會的職責是要組織和指導波蘭地區各地的工人委員會，而各地的委員會則負責組織和指導黨的最小單位「鼓動圈」（Circles of Agitators），讓底下的成員去散播文宣。根據協議，鼓動圈是黨的首要組織單位，要將最有精力、最聰明的人帶進來從事日後的政黨工作。[37]

畢蘇斯基在一八九四年的春天回到維爾紐斯。為了籌募資金，他前往里加、多爾帕特、聖彼得堡、莫斯科和基輔。他在莫斯科跟亞歷山大·蘇奇維茨（Aleksander Sulkiewicz）碰面，兩人在那裡招募到波蘭醫學院學生拿破列昂·恰爾諾茨基（Napoleon Czarnocki）入黨。恰爾諾茨基回憶他第一次遇見黨的領袖的情形，說畢蘇斯基和蘇奇維茨待在莫斯科期間「於波蘭年輕人之間走動」。對恰爾諾茨基而言，那些會面帶給他很大的轉變，他跟妻子都在那時候加入波蘭社會黨。恰爾諾茨基想起他跟畢蘇斯基一起造訪克里姆林宮的過往：「畢蘇斯基跟我、我太太和她妹妹參觀克林姆林宮與那裡的博物館時，說了一個笑話。經過對外展示的『波蘭王冠』時，畢蘇斯基轉向女士們，露出他典型的輕佻神情，說：『我很樂意把它偷走。』」[38]

回到維爾紐斯後，畢蘇斯基又重回跟當地猶太社會主義領袖之間的關係這個議題，也就是畢蘇斯基前一年接觸的那些人。第一次見過克雷默和寇佩宗之後，畢蘇斯基便開始從加里西亞、紐約和倫敦運送意第緒語的社會主義出版物到維爾紐斯，希望讓維爾紐斯集體不要使用俄語進行鼓動。波蘭社會黨一八九三年總共為維爾紐斯集團偷渡了一百六十七份意第緒語小冊子到俄羅斯帝國，這個數量逐年增加，一八九六年多達一千六百七十六份。[39]畢蘇斯基提供這些協助反映了他剛萌芽的聯邦策略，在鼓勵邊疆地區文化自治的同時，也意圖使這些地區的居民相信，成立屬於波蘭的國家是獲得政治權利的唯一希望。

由於維爾紐斯每十個居民當中就有四人說意第緒語，畢蘇斯基因此特別積極在這個社群中進行推廣。此外，在一八九四年的四月，他主張黨必須要有自己的意第緒語文宣。[40]同時，他繼續向倫敦的同志索取更多意第緒語文宣，包括總部在勒沃夫的加里西亞社會民主黨新發行的意第緒語報紙《工人》（*Der arbeter*）。在畢蘇斯基眼裡，拉攏維爾紐斯集團是相當關鍵的目標。他在一八九四年的五月表示，如果他們最終願意入黨，「那將是我所能想像的最偉大勝利」。[41]他為維爾紐斯集團付出的努力十分顯著。在一八九四年一整年，波蘭社會黨共偷渡了七百八十八份的意第緒語社會主義文宣到俄羅斯帝國，其中包括五十份勒沃夫的報紙《工人》。畢蘇斯基希望維爾紐斯集團有一天能成為波蘭社會黨的猶太黨部，因此安排將一台希伯來語的油印機偷渡到俄羅斯，提供給維爾紐斯集團使用。[42]

在一篇為《破曉》所寫的文章，畢蘇斯基寫到跟俄羅斯帝國猶太工人之間的關係。他談到立陶宛猶太社群的鮮明特色，說「立陶宛的猶太工匠由於人數眾多，因此是社會主義宣傳的核心主題」。猶太工匠罷工的次數越來越多，造成對階級鬥爭越來越大的認同感。畢蘇斯基說，當前的任務是提高對更廣大、擴及整個世界的工人運動的意識。為了這個目標，黨必須印製自己的意第緒語機關報，使它成為一個工具，讓猶太工人明白將訴求從經濟層面延伸到政治層面（包括終結威權）的重要性。[43]

畢蘇斯基寫到，維爾紐斯集團的領袖之所以對波蘭人關注的議題沒有興趣，原因十分明顯。他們「幾乎徹底受到俄羅斯革命文宣的影響」，而那些文宣沒有提及生活在猶太人之間的非俄羅斯人民所擁有的民族抱負。這類俄羅斯出版物「幾乎毫無例外地充斥著有關波蘭人的無恥謊言，將波蘭人視為落後的教權主義貴族」。維爾紐斯集團的領袖受過俄羅斯文科中學和大學的教育，似乎毫無察覺到波蘭人關注的這些事情。畢蘇斯基寫道：「因此他們才會出現這樣的邏輯：唯有俄羅斯革命分子獲得勝利之後，才會扭轉猶太人的命運。他們沒有人相信波蘭會獨立，視之為妄想……純粹是波蘭同志天生豐富的想像力所造就的產物。」[44]

畢蘇斯基的意圖是要對克雷默和他的維爾紐斯集團施壓，限制只能使用意第緒語和波蘭語寫成的鼓動文宣，要散發一份有考慮到跟維爾紐斯集團及其追隨者生活在一起的當地居民，他們的語言、文化與抱負的文宣。畢蘇斯基寫道：「我們的猶太同志沒有吸收……我們的出版物創造的性靈糧食，而是持續運用九〇年代、八〇年代、甚至七〇年代俄羅斯革命分子的著作。更怪的是，就連意第緒語的出版物也被某些人貶低，認為這些東西帶有『民族』觀點……儘管意第緒語寫成的社會主義文宣數量現在已經相當於、甚至可能超過了俄語寫成的文宣。」[45]

畢蘇斯基提出讓猶太人支持黨綱的論點：「問題不只是猶太社會主義者應該仿效波蘭人還是俄羅斯人，更重要的是猶太人最重視哪一件事——立陶宛和波蘭獨立或者沙俄立憲。堅守黨綱的我們一直試圖說服猶太同志，前者對他們最有利，但我們卻時常遭遇頑強的抵抗。」[46]他指出，俄羅斯「數百年來一直都是明顯的反猶國家」，原因在於「宗教狂熱主義。在一個民主的波蘭共和國，猶太無產階級將會在關注階級的波蘭工人之中找到明確、強大的盟友，他們會持續進行殊死的鬥爭，對抗民族、經濟或政治方面的不公。」畢蘇斯基最後說：「當猶太同志浪費精力在毫無成效的【以俄語進行的】工人圈時，波蘭勞工運動的人數和影響力則不斷增加……面對【我們】不斷成長的運動，猶太無產階級如果只能當個沉默的旁觀者，那就太遺憾了。」他很有自信「猶太工人加入我們的行列之後，階級鬥爭將會展開。我們這邊正盡全力加速這個過程。」[47]

黨的招募成果不佳令畢蘇斯基很擔心，不只是猶太人的部分，而是整個黨都是如此。他在一八九五年的五月說到黨的領導階層沒有人被捕時，補充道：「假如【招募人數這麼少的】情況繼續下去，那麼我們很有可能會是波蘭社會黨第一批、也是最後一批成員。」他主張，改正這個問題的第一步就是在俄羅斯帝國境內發行一份黨報。他表示：「我認為在家鄉印製黨報會給人帶來很深的印象。」[48]

畢蘇斯基知道，有些社會主義者對於該黨強調國家地位這點感到不舒服，因此他向讀者保證，支持獨立這件事並不會削弱黨對階級鬥爭的付出。他強調，這個黨對抗的不只是外來統治和專制獨裁，還有波蘭的特權精英。他寫道：「跟其他各地的情況一樣，我們的特權階級在意識形態方面身無分文、陷入自私的泥沼。」畢蘇斯基表明，這個特權階級做的事不是為了整個國家好，而是單純為了金錢上的獲益。這便是為何領導民族的擔子正漸漸落到「無特權的工人階級」的身上。他把維爾紐斯猶太裁縫成功罷工的案例視為這個趨勢的典範，並提到有另一場相似的罷工正在進行中——女性工廠工人要求一天只工作十二個小時和更高的薪資。他最後說：「無論如何，我們可以肯定維爾紐斯的工人運動雖然還在初期階段，但是很快就會變得跟波蘭其他城市的運動一樣強大。」[49]

畢蘇斯基隨後報導了比亞維斯托克的大規模罷工，認為那是俄羅斯西部罷工運動越來越擴大的證據。他稱讚這些工人，並說溫順的態度只會讓奴役現象持續下去。畢蘇斯基寫道：「比亞維斯托克有超過兩萬名弟兄正在跟政府鬥爭，以維護受到侵犯的權利。」在他們準備放手一搏的同時，「我們不能消極旁觀、漠然忍受政府的政策。我們必須永遠以尊嚴為指引。俘虜的枷鎖並未綁在大船上，用侮辱貶低我們充滿耐心的精神。【我們必須】擊退政府對我們發動的攻擊。永遠都要讓政府感受到我們是它的敵人，絕不會毫無抵抗就讓自己遭受羞辱。」[50]

為了持續參與反政府工作，畢蘇斯基得想出複雜的策略以避免被警方發現。為了保護家人，他限制自己跟他們的所有聯繫、極少探望他們，並避免任何書面通訊。他還使用各種假名來躲避警方，因此要追蹤他的行蹤根本不可能。在報章雜誌上，他署名「羅姆」（Rom，浪漫主義之意）或「查索維」（Czasowy，時間之意）；在私人信件中，他署名「Z」（代表約瑟夫的暱稱「Ziuk」）、「維克多」（Wiktor）或是「米奇斯瓦夫」（Mieczysław）。畢蘇斯基從來不洩露自己的姓氏，變成了一個沒有名字的人，常常也無家可歸，為了躲避當局而頻繁更換住處。他只有短暫出現在警方的紀錄中。在一八九四年的七月，維爾紐斯警局的線民看見了他，形容畢蘇斯基二十六歲、身高一百七十三公分、留有鬍子、褐色的一字眉、金色的鬢角和灰色的眼睛。警察局長下令暗中監視畢蘇斯基就好，不要逮捕他。然而，不到幾天的時間，警察就完全失去他的蹤跡。[51]

創立第一份黨報

畢蘇斯基跟倫敦的組織攜手合作，準備在俄羅斯境內發行黨報。沃伊切霍夫斯基從倫敦前往萊比錫，在那裡買了一台印刷機。這項計畫的關鍵人物之一，是該黨中央工人委員會的成員蘇奇維茨，他在德俄邊界的城鎮維茲博武夫（Wierzbołów）的俄羅斯海關工作。畢蘇斯基安排沃伊切霍夫斯基在蘇奇維茨的協助下，將印刷機從維茲博武夫偷渡到俄羅斯——蘇奇維茨會確保機器安全通關。接著，機器來到維爾紐斯東南方五十五公里的偏遠小鎮利普尼什基（Lipniszki）。[52]畢蘇斯基籌畫這件事已經好幾個月。他在莫斯科招募到的黨員恰爾諾茨基先前已安排波蘭藥師朋友在利普尼什基開一間藥局，作為放置和操作印刷機的掩護。印刷機在一八九四年的六月抵達之後，畢蘇斯基花了兩個星期的時間學習操作，準備發行報紙。畢蘇斯基向倫敦回報：「機器在運作時會發出一些聲響，但我們會想辦法解決。無論如何，我由衷感謝你送來這個機器，它在這裡安全無虞。」[53]

一八九四年七月十二日，《工人》（*Robotnik*）的創刊號問世了。然而，為了混淆當局，刊物的最上方寫的是「華沙，一八九四年六月」。在蘇奇維茨的幫忙下，畢蘇斯基同時擔任總編輯和排字員。畢蘇斯基在頭版的社論中寫道：「這份報紙的宗旨是要捍衛工人階級的利益。為了不要脫離我們國家的生活，我們要在家鄉發行《工人》。」這份當地印製的黨報將直接切入對於住在波蘭地區的工人而言最重要的議題。畢蘇斯基接著說：「我們的首要任務是告知讀者在地和外地勞工運動的各個層面；揭發不正常的政治和社會關係；檢視意圖傷害工人的政府法令；揭露政府各種形式的欺侮；撕碎我們自己的有產階級的虛偽面具。」[54]在一八九四年剩下的時間裡，畢蘇斯基每個月都會有一半的時間待在利普尼什基，為這份月刊產出前六期的內容。[55]協助畢蘇斯基的蘇奇維茨描述了在利普尼什基跟他一起共事的情況，寫道：「跟他一起工作非常愉快。他從來不會失去耐性，從來不曾發脾氣、拉高音量或陷入絕望。」[56]

根據當時在海外波蘭社會主義聯盟十分活躍的費利克斯．佩爾所說：「這個黨最偉大的榮光就是在畢蘇斯基謹慎監督下持續發行的祕密刊物《工人》。」[57]事實上，波蘭社會黨的影響力在這個時候越來越大，很大一部分就要歸功於《工人》。畢蘇斯基大部分的時間都在尋找故事、蒐集報導和寫作。他經常會到維爾紐斯以外的地方蒐集一手新聞，並將這些報導跟德國、英國、義大利、比利時、法國和美國的勞工新聞結合起來。[58]同一時間，警方的鎮壓行動對黨造成嚴重的打擊，有超過一百位地下社運人士在一八九四年的八月二十九日和三十日在華沙被捕。遭到掃蕩的還有波蘭王國社會民主黨幾乎所有的成員，以及保守派祕密週刊《聲音》（*Glos*）的編輯。警方也抓到波蘭社會黨的成員，如中央工人委員會四位成員中的三位：斯特羅澤茨基、格拉博夫斯基和克里莫維奇；只有畢蘇斯基逃過一劫。[59]中央工人委員會兩名代理成員的其中一人卡齊米日．皮特凱維奇（Kazimierz Pietkiewicz）也逃過追捕，加入了畢蘇斯基，兩人到一八九五年的年中為止一直都承擔著黨執行單位的角色。[60]逮捕行動後，畢蘇斯基突然升格為實質上的黨主席，不過他對於人力不足顯得很惱怒。儘管如此，他仍帶著輕鬆的態度和卓越的能力填補空缺。這在他政治生涯的初期是非常了不起的一刻：不到兩年，二十七歲的畢蘇斯基就成為這個祕密政黨的領袖。

畢蘇斯基在當上領袖之後，先是檢視了黨的弱點，對於黨內缺乏凝聚力表示擔憂。他寫給倫敦的同志：「我們在組織方面非常弱，因此有必要想方設法和虛張聲勢，避免讓不恰當的人看穿黨的弱點。」他接著說：「黨的活動現在只有幾個精力充沛的人在做。」而且，經費幾乎已經見底。[61]為了協助建黨，他專心招募黨員、籌募資金、發行《工人》和寫作。在一八九四年十月的一篇文章中，畢蘇斯基點出波蘭地區的勞工運動與西歐的差別，那就是西方的階級意識很普及。他說：「我們認為，我們的勞工運動第一個障礙、第一個阻礙就是沙皇制──缺乏政治自由。因此，我們的第一步必須是廢除沙皇制。」[62]

針對一八九四年十一月一日沙皇亞歷山大三世去世的消息，畢蘇斯基書寫了一份毫不諱言的政黨通告。他宣布：「沙皇已死！十四年的統治……在歷史上留下了不斷迫害自由思想的紀錄，漸漸剝奪走自由的最後一點殘遺。【他】是個懦弱的暴君，染上絕對專制和民族沙文主義的瘋病。」畢蘇斯基最後寫道：「歷史會怎麼評斷【沙皇亞歷山大三世】？俄羅斯人經濟破產；課稅過重造成悲慘生活；對於不幸住在俄羅斯這個國家內形形色色的人們抱持惡意──已故的沙皇生前實行強迫支配的體制，使間諜和憲兵變成英雄、卑鄙變成美德、美德被視為叛國。」[63]

首次出國

畢蘇斯基在一八九四年十二月首次出國，要參加海外波蘭社會主義聯盟的大會。在穿越歐洲的火車上，他提到自己聽見各種語言，多到令他頭暈目眩。他寫道：「許多不同的人說著波蘭語之外的各種語言，我難以適應。」[64] 畢蘇斯基在倫敦第一次見到許多重要的黨員，包括佩爾、史坦尼斯瓦夫・格拉布斯基（Stanisław Grabski）、亞歷山大・鄧布斯基（Aleksander Dębski）和未來當上波蘭總統的伊格納齊・莫希奇茨基（Ignacy Mościcki）。莫希奇茨基跟畢蘇斯基一樣，剛滿二十七歲。他是一名理髮師，後來還回憶畢蘇斯基在倫敦時剪掉了鬍子、修剪了眉毛。[65] 畢蘇斯基在倫敦時，還做了其他個人保健的事項：亞歷山大・鄧布斯基向他介紹自己的妻子、身為牙醫的蘿莎莉亞・鄧布斯卡（Rozalia Dębska）。畢蘇斯基很開心地接受她的提議，把在西伯利亞弄斷的兩顆門牙換成假牙。[66]

回到維爾紐斯之後，畢蘇斯基發現黨的印刷機先前突然被搬離利普尼什基，暫時不能使用。這帶來了不小的打擊。原來，在畢蘇斯基出國期間，藥局的一名女性員工得到印刷機的風聲，開始做出令人可疑的舉動，因此蘇奇維茨安排搬離印刷機。[67] 印刷機無法使用，畢蘇斯基便專心維持通訊往來，同時為黨在倫敦的刊物撰寫許多文章。畢蘇斯基甚至在這個時期所寫的一封信中提到他的父親，說跟他的「老頭」聊過，父親提議可以寄一些便宜的波蘭火腿給海外聯盟，讓組織賣掉賺錢。畢蘇斯基勸他別這麼做：「我懷疑這不會有什麼成效。」這反映了他對父親的商業頭腦長久以來都沒有信心。[68]

由於《工人》的出版暫時中止，畢蘇斯基便用海外波蘭社會主義聯盟位於倫敦的印刷設備製作了一次特刊，在一八九五年四月問世。畢蘇斯基在頭版探討了俄羅斯和各民族。他一開始便說：「波蘭工人階級最大的敵人是俄羅斯沙皇體制。」波蘭工人「現在明白自己有需要爭取廣大的政治自由，越來越往黨綱裡有觸及工人階級利益（包括成立獨立民主波蘭共和國的訴求）的政黨靠攏。」[69] 接著，畢蘇斯基暗示他的聯邦想法，說到波蘭人、立陶宛人、拉脫維亞人和烏克蘭人「都被強行套上枷鎖和迫害」。這些住在過去波蘭立陶宛聯邦領土的居民「有著截然不同的歷史和傳統」。畢蘇斯基認為，帝俄最致命的弱點就在這個民族與宗教遭受奴役的地區。「這些條件全都顯示，粉碎沙皇體制的力量正是會從這裡出現。」[70]

黨為一八九五年的勞動節所發行的通告，是由畢蘇斯基撰寫，文中大力呼籲政治和民族權利。他提醒讀者，住在西歐和中歐憲政國家的社會主義同志都擁有集會結社的自由。他寫道：「但在我們之間，抗議者的聲音……卻被掩蓋。我們被狠狠懲罰，懲罰得比法律允許的還要嚴苛。」他補充道：「政治奴役和主權侵害的枷鎖……盤旋在我們的頭上。」他接著說：「我們鄙視這點，在公正的新體制出現以前不會停止鬥爭。唯有那時，才不會存在剝削和迫害。」他抱持堅定的樂觀：「我們的力量持續成長，勝利就在不遠處。」[71]

畢蘇斯基對於維爾紐斯集團從他自己的黨手中吸引走支持者，持續感到擔心。他很希望他的黨可以在猶太工人之間活動，因此決定接洽加里西亞的意第緒語報紙《工人》的編輯。畢蘇斯基致信倫敦：「從他們那裡找出他們跟我們的猶太人【維爾紐斯集團】有什麼樣的連結，難道他們不能對【維爾紐斯集團的】出版物施加影響，帶來對我們有利的結果？」[72]

從畢蘇斯基的信件中，偶爾可以找到關於他私生活的描述。例如，在一八九五年的六月，他提到六個月前在倫敦裝的假牙很痛，必須移除。他難過地寫道：「請告訴斯卡夫人【蘿莎莉亞．鄧布斯卡】，很遺憾，她給我裝的假牙沒有用。幾個星期前，我必須花三盧比把它們拔掉。怎麼辦哪！我想我命中注定就是沒有牙齒。」[73]

同一時間，畢蘇斯基準備重新發行黨報。他請倫敦總部提供用具，包括六百張油印紙、一根擀壓棍、數瓶墨水以及操作他手上擁有的新式轉動複印機（這是世界上第一種這個類型的複印機，在一八八八年發明）所需要的材料。印刷機放在沃伊切霍夫斯基位於維爾紐斯的公寓，地點非常完美，就在俄羅斯警方的眼皮底下。[74] 一八九五年六月七日，第七期的《工人》出刊了，前五頁都是畢蘇斯基的文章。他在頭版的社論中寫道：「中斷很長一段時間後，嶄新的《工人》回來了。」他接著說，在各地「都能感覺到人們對工人專屬報紙的需求」。偶爾出現的小冊子和口述內容「無法滿足這場運動所有的需求……今天，它已經變成國內第一流的政治力量。」他表示，《工人》會「在波蘭工人之間散播階級意識，說服他們廢除當下的政治和社會秩序是有必要的……並終結政治迫害，以及政府以經濟和社會剝削為基礎的掠奪行為。」[75]

在第二篇文章，畢蘇斯基徹底展現了他的歷史思維。他的文章將歐洲的革命潮流回溯到法國大革命，說這起歷史事件「廢除王位、終結貴族和教會的特權、引進法律之前人人平等的概念，並對所有的專制政府宣戰。」他點出波蘭在法國大革命戰爭（French Revolutionary Wars）期間所扮演的角色，提到在一七九四年，波蘭武裝叛變在塔德烏什・柯斯丘什科將軍的率領之下，將一部分的中歐軍隊從跟法國的戰事中轉移到他處。他認為，柯斯丘什科起義保全了「法國的革命之火」。[76]畢蘇斯基引用了奧古斯特・貝貝爾（August Bebel）、馬克思、恩格斯和李卜克內西的著作，以支持他認為俄羅斯體制會阻礙進步的論點。他寫到，如今在波蘭地區，波蘭社會黨正在領導革命鬥爭。畢蘇斯基這麼寫：「波蘭社會主義在歷史上扮演的角色，是保衛西方不受到併吞主義和反動主義的俄羅斯所侵害。」[77]

在一八九五年六月二十九日的第三次黨大會，畢蘇斯基針對立陶宛和烏克蘭的未來提出決議。波蘭社會黨從今以後將跟俄羅斯境內「被征服的民族」結盟，以實現「被沙皇政府所征服的民族之獨立」。這項決議最後寫道：「第三次黨大會決議，波蘭社會黨應在其他民族的反對團體中散播分離主義的訴求。我們應強調透過共同行動推翻沙皇之必要。」[78]這項決議受到採納，成為黨綱的核心。

剛通過的決議賦予畢蘇斯基勇氣，促使他寫了一系列的文章，形容俄羅斯是各民族的監獄。他首先討論了俄羅斯化政策是如何削弱各民族。他寫道：「民族壓迫阻礙了我們國家的自然發展」，並且「是永久的現象，在沙皇亞歷山大三世的統治下特別顯著」。他指出，帝俄有一半的臣民都是非俄羅斯人，包括族群上屬於波蘭人、立陶宛人、烏克蘭人、拉脫維亞人和喬治亞人的公民。[79]這個事實幫助人們「了解俄羅斯化政策的規模有多大，是整個國家機器的軸心」。畢蘇斯基最後說，俄羅斯將昔日波蘭的人民當成殖民事業在統治。[80]

在一八九五年的八月發表的〈我們的座右銘〉中，畢蘇斯基點出民族與階級壓迫之間的連結。他寫道：

「民族主義的壓迫滲入了我們生活的每一個層面。」他警告人們勿假定俄羅斯立憲就能解決民族奴役的問題。他回應批評黨綱的人，寫道：「歷史經驗教會我們，想建立對工人階級的利益負責的民主立憲制，只有在具有政治意識的無產階級數量眾多，進而成為政治機器的……重要力量，能夠將民主烙印【在社會】的地區，才有可能發生。」[81]

畢蘇斯基認為，俄羅斯西部的人民建立民主政府的時機雖已成熟，但俄羅斯本土的居民卻還沒。俄羅斯立憲無法終止爭取政治權利的鬥爭。畢蘇斯基寫道：「為了回應工人的需求，仔細分析俄羅斯與波蘭之間的社會關係後，可得知唯有創造一個獨立的波蘭共和國，才有可能獲得政治權利。」[82]在後續的一篇文章，他也同樣強調，「獨立的民主波蘭共和國是今天……爭取自由和政治權利的座右銘。」[83]

私底下，畢蘇斯基提倡應齊心協力，長期在立陶宛人、烏克蘭人和猶太人之間宣傳波蘭建國的理念。他在一封一八九五年九月寫的信件中討論了跟這些邊疆人群的關係。散布在波蘭王國、立陶宛和烏克蘭各地的猶太人，扮演了特殊的角色。畢蘇斯基寫到，要在他們之間活動，黨必須發行自己的意第緒語報紙。他於一八九五年的九月在維爾紐斯這麼寫：「我跟這裡的不少人討論過幾次【出版】意第緒語黨報的想法，但是細節還要再確認。」同一時間，他打算要親自跟奧地利屬加里西亞的《工人》編輯約阿希姆．法蘭科（Joachim Fraenkel）見面，討論合作事宜。[84]

十二月時，一群說波蘭語的猶太人寫信向黨的領導階層請願，讓畢蘇斯基更深信有需要得到猶太人的支持。這些猶太人在開頭便對六月的第三次黨大會表示失望：「無論是上一場大會的決議，抑或是《工人》的文章，都沒有提及這個黨跟波蘭猶太工人之間的關係。」這封信建議，黨應該要多加散播推廣黨綱的意第緒語文宣。信件內容強調，最需要的就是用意第緒語寫成的黨報。這封信最後說：「由於猶太民眾一無所知，要用波蘭語出版物拉攏他們是不可能的。」[85]

在畢蘇斯基看來，黨對猶太人的吸引力不大，反映出黨在跟非波蘭人的人們之間的關係上有更大的問題。在一八九五年九月的一封信中，他總結自己與立陶宛人、拉脫維亞人、烏克蘭人和猶太人交流的成果。關於將這些人群吸引入黨的方法，畢蘇斯基提倡聯邦概念。他寫給位於倫敦的同志：「在我看來，我們有兩張很大的王牌，分別是【容易滲透的】邊界和印刷機，這讓我們得到了想要的優勢。」他接著說：

> 關於俄羅斯各個民族之間的關係，我好像看得比其他議題重要。我堅持一個原則，那就是俄羅斯國內政策的中心必須果決地從【聖彼得堡的】涅瓦河（Newa River）轉移到【華沙的】維斯杜拉河（Vistula River），並用最清楚的方式向全世界展現這點。每一個反對【運動】都必須用來拉動我們的戰車（很抱歉我用了如此誇飾的譬喻）。我們不只得在自己的家園當家，在整個沙皇的國度也是。一言以蔽之，「波蘭陰謀」必須纏住整個巨人。[86]

在接下來十年，一直到一九〇四年的日俄戰爭及其後續餘波為止，畢蘇斯基都堅守這個原則。在這個時期，他認為只有透過群眾起義，波蘭才能獲得獨立、組成民主共和國。畢蘇斯基孜孜不倦地謀反，成為俄羅斯政權長期的肉中刺，他透過非法媒體散播一個概念：波蘭、立陶宛和烏克蘭脫離俄羅斯是實現公民社會和民主體制的先決條件。

Chapter

4

走上國際政壇

將反動的俄羅斯趕出中歐的唯一希望就是重建強大的波蘭。

——一八九六年國際社會主義大會的主席亨利．海德門（Henry Hyndman）

一八九六年的三月，畢蘇斯基前往倫敦參加即將展開的第四屆第二社會主義國際大會。待在英國首都五個月的期間，他第一次親眼見到了許多海外波蘭社會主義聯盟的同志。他住在海外波蘭社會主義聯盟執行委員會的成員博萊斯瓦夫．安東尼．延傑尤夫斯基（Bolesław Antoni Jędrzejowski）位於倫敦東區雷頓斯通（Leytonstone）的家。[1]畢蘇斯基在那裡仍持續管理黨務，從他跟黨的中央工人委員會之間大量的書信往來就能看得出來。此外，他也利用這段時間編輯兩本冊子、為倫敦的社會主義刊物《破曉》撰寫文章，並且跟英國、俄羅斯、德國、猶太、立陶宛和烏克蘭的社會主義領袖建立重要的人脈。

待在倫敦的初期，畢蘇斯基為一八九六年的勞動節製作了一本冊子，目標是要印出波蘭社會黨來自三個瓜分地區的黨員所寫的文章，並收錄認可黨綱的歐洲社會主義者所寫的問候。他說，這樣的冊子「作為勞動節和其他時機的鼓動文宣是非常有用的。」[2]到了三月底，畢蘇斯基已經收到奧屬加里西亞的波蘭社會主義領袖伊格納齊．達中斯基（Ignacy Daszyński）和勞工運動中提倡婦女權利的領袖蘿莎．艾騰貝格（Rosa Altenberg）貢獻的文章，延傑尤夫斯基也寫了一篇關於俄羅斯瓜分的文章。畢蘇斯基在三月二十三日的一封信件中表示，他還需要一篇關於整個波蘭被瓜分的文章。於是，他找上了當時住在瑞士的海外波蘭社會主義聯盟創始成員之一維托德．約德科–納克耶維奇（Witold

Jodko–Narkiewicz）。約德科－納克耶維奇先前曾公開支持畢蘇斯基在民族問題和跟俄羅斯革命分子之關係的立場，所以是撰寫這篇文章的理想人選。

一八九六年的四月底，畢蘇斯基的計畫開花結果，波蘭與歐洲社會主義者所貢獻的文章及時在勞動節之前問世。這本冊子在倫敦出版，名稱為《紀念五月》（*Pamiątka majowa*），副標題則是「由三個瓜分地區的波蘭社會黨所發行」，強調黨不分國界團結一致。畢蘇斯基在出版公告中寫道：「三個瓜分地區的波蘭社會主義者頭一次共同完成一個出版物，紀念勞動節。儘管被人工劃分的國界區隔，他們仍想以同一個大家庭——社會主義波蘭——的成員身分擁有共同的目標。」[3]這本冊子收錄了法國、英國、比利時、德國、義大利和俄羅斯社會主義者的文章。

其中一人是大力支持黨綱的義大利社會主義理論家安東尼奧·拉布里奧拉（Antonio Labriola）。拉布里奧拉在一封刊登在《紀念五月》的信件中寫道：「今天我們喊出『波蘭萬歲！』的口號時，顯然是在強調將波蘭從俄羅斯、普魯士和奧地利的枷鎖中解放出來的必要性，因為唯有【在自由的波蘭中】才能創造適當的條件，實現『無產階級萬歲！社會主義萬歲！』的口號。」[4]在《工人》的版面上，畢蘇斯基提到拉布里奧拉的文字，說他表達了「那整個出版物的核心思想」。[5]如同已故的波蘭歷史學家揚·坎切維奇（Jan Kancewicz）所說，拉布里奧拉的文字之所以意義重大，是因為他將波蘭的獨立和社會主義的勝利這兩件事連結起來。[6]然而，從歐洲社會主義者貢獻的十六篇文章中，只有兩篇（拉布里奧拉和威廉·李卜克內西寫的文章）明確支持波蘭獨立的這一點來看，可知要爭取外國人士對黨綱的支持將是一段漫長艱辛的旅程。

畢蘇斯基為《紀念五月》所寫的文章，講的是黨報《工人》的重要性。這篇文章強調這份報紙在波蘭工人階級的生活中所扮演的角色，並提醒讀者，從一八八四年華沙的沙皇警察解散社會主義政黨「無產階級」及其祕密印刷機以來，《工人》是俄羅斯帝國境內發行的第一份波蘭社會主義報紙。畢蘇斯基說，只有地下報紙能躲避帝俄充滿壓迫又令人窒息的審查制度。畢蘇斯基寫道：「在這裡，在不對的人面前說了一句無心的話，就可能入獄或流放好幾年，小小的集會就可能判處嚴厲的刑罰，達摩克利斯之劍懸在每一個住家上方……因此印刷文字是最容易、最簡單……有時也是唯一影響群眾的方法。」[7]他承認，在充滿壓迫的環境產出黨報的風險很高，很多人都曾經勸阻他。他接著說：「沒錯，困難很大、阻礙很多，因此很多人都對這件事抱持懷疑的態度。」他補充說，有些同志覺得發行地下刊物所需要的資源太昂貴了。

畢蘇斯基說，《工人》「現在對黨而言不可或缺，就像一個備受寵愛的孩子，是黨的驕傲和喜悅。事實上，我們對《工人》的態度最好的比喻就是母親對孩子那般，而且這個母親甚至還有許多孩子，卻最喜歡、最關愛這一個。」因為這份報紙是黨跟民眾之間的連結，能自由表達沙皇政權意圖壓迫的思想。[8]

在管理黨的各個出版計畫的同時，畢蘇斯基自己也寫了很多文章。他為倫敦的報紙寫了一個關於勞動節的專欄，強調黨的影響力越來越大，在華沙、拉多姆（Radom）、盧布令、凱爾采（Kielce）、烏茨（Łódź）、琴斯托霍瓦（Częstochowa）、比亞維斯托克和維爾紐斯都有散發勞動節的文宣。考量到波蘭地區族群的多元性，黨也有用其他語言撰寫勞動節的通告。畢蘇斯基在《破曉》的一八九六年五月號宣布：「黨的中央工人委員會第一次以意第緒語發行通告，散發給作坊和工廠的猶太勞工。」使用意第緒語發行通告是希望除了傳遞階級意識之外，也能表示波蘭社會黨對猶太工人的需求有所回應。畢蘇斯基說：「【華沙的】整個【猶太】區都有注意到這份通告，閱讀並加以評論之。」[9]另一篇文章也證實：「這份通告在猶太區留下了深刻的印象。」[10]讀者被告知，勞動節通告不只有波蘭語（五千份）和意第緒語（六百份）的版本，還為烏茨的眾多德意志工廠勞工印製了德語版（五百份）。

畢蘇斯基在倫敦寫的信件透露，他跟歐洲主要社會主義領袖的私下接觸越來越多。一八九六年的六月，他跟身兼德國社會民主黨（Die Sozialdemokratische Partei Deutschlands，SPD）共同黨主席以及該黨中央黨報《前進報》（*Vorwärts*）總編輯的李卜克內西見了面，兩人討論到畢蘇斯基針對波蘭獨立的主題協助準備的決議內容，要在即將召開的國際社會主義大會上公布。李卜克內西表示支持，對畢蘇斯基說：「俄羅斯是個野蠻的國家，你的人民無力抵抗。」[11]

接觸立陶宛人和猶太人

勞動節的冊子發行之後，畢蘇斯基開始專心跟新興的猶太和立陶宛社會主義運動建立關係，目標是要說服他們接受在獨立的民主共和國成立聯邦的想法。在猶太人這方面，當時正在參訪紐約的海外波蘭社會主義聯盟成員博萊斯瓦夫·米克拉塞維斯基（Bolesław Miklaszewski）寄到倫敦的一封信，讓畢蘇斯基特別有興趣。米克拉塞維斯基認識了一些猶太移民，他們願意以波蘭社會黨的名義用意第緒語撰寫文宣給沙俄境內的猶太人。該團體的領袖班雅明·費根鮑姆（Benjamin Feigenbaum）是華沙人，一八九一年移民紐約。米克拉塞維斯基在紐約這麼寫：「在費根鮑姆的倡議下，華沙最優秀、最活躍的一些猶太同志在這裡落地生根，扛起籌募資金製作意第緒語文宣以協助我們推廣理念的任務。」[12]米克拉塞維斯基後來回憶，他和費根鮑姆很自然地就相處融洽，獲得彼此的信任。[13]

畢蘇斯基很感興趣地讀完米克拉塞維斯基的信，並詳細地回覆。首先，他問這些住在紐約的波蘭猶太人有沒有跟維爾紐斯的猶太社會主義者聯繫。為了建立正式的關係，畢蘇斯基請米克拉塞維斯基去了解這些波蘭猶太人，是否跟立陶宛的猶太人一樣「有強烈的親俄傾向」。他接著說：「無論如何，我們都得試試看，甚至要更努力嘗試，因為我們在猶太人這方面嚴重不足，缺少文宣和人力。」[14]確定費根鮑姆的圈子是由認同黨綱的華沙猶太人組成之後，畢蘇斯基和海外波蘭社會主義聯盟樂意展開合作。在費根鮑姆的指導下，以紐約為總部的波蘭猶太人組織開始用意第緒語製作政黨文宣，自稱「美國致波蘭的猶太社會主義郵報」。[15]

畢蘇斯基寄了一份指導方針過去，以控管費根鮑姆出版的內容，並興奮地告知中央工人委員會，這份美國猶太社會主義郵報的成立。畢蘇斯基在一八九六年的五月寫道：「在米克拉塞維斯基的影響下，猶太同志成立了一個組織，希望秉持著波蘭社會黨的精神奮鬥。他們亟欲提供新的出版物。我已經寄了幾封信詢問細節。」[16]跟紐約組織之間的聯繫帶來了很多成果。在很短的時間內，畢蘇斯基便收到兩千份第一次出版的意第緒語冊子，上面印有黨的名稱，供他在波蘭傳播。[17]畢蘇斯基樂觀地寫道：「我們相信，透過這種方式——在波蘭猶太同志的幫助下——將在很短的時間內學會如何拉攏廣大的猶太追隨者到我們的運動中。」[18]

畢蘇斯基持續強調讓意第緒語出版物迎合黨綱的重要性。畢蘇斯基吩咐米克拉塞維斯基：「提醒他們一定要有波蘭整個無產階級的一套共同**政治**目標，一定要在猶太無產階級之間傳播波蘭獨立的想法。」要是猶太社會主義郵報只有根據社會主義的大原則來製作冊子，「那這就跟立陶宛猶太人【維爾紐斯集團】發行的出版物沒有兩樣，無法產生任何不同的結果。」他接著說，經濟目標不應受到排除或輕視，只是「沒有完全符合【我們的政治綱領】」，這個出版計畫就不會有效果。[19]在給意第緒語政黨文宣的方針中，畢蘇斯基只是應用了前一年在第三次黨大會上所通過關於民族的決議。由於在六個立陶宛－白羅斯的省分裡，猶太人在城市人口中占了約半數，畢蘇斯基無疑會認為，讓猶太人支持黨綱是很重要的目標。

在這個時期，畢蘇斯基還處理了另一個議題，那就是立陶宛人近期組成了一個獨立的社會主義政黨。一八九六年的五月，立陶宛社會民主黨（Lithuanian Social Democratic Party，LSDP）成立了。該黨於五月一日在維爾紐斯公布黨綱，呼籲建立「一個由立陶宛、波蘭等國以鬆散的聯邦形式組成的獨立民主共和國」。[20]這份黨綱明確地說，這個聯邦會包含波蘭、拉脫維亞、白羅斯和烏克蘭，也就是沒有俄羅斯的聯邦。

畢蘇斯基在一八九六年六月拿到該黨的創始黨綱副本，並宣告他與黨的外交委員會完全贊同。畢蘇斯基說，這個新的立陶宛政黨代表的是「真正的立陶宛人」，而不是住在昔日立陶宛國界裡的所有人口。畢蘇斯基寫道：「我要恭喜立陶宛人創立自己的黨綱。我認為，我們應該感謝他們帶領立陶宛人走上這條路。」畢蘇斯基很高興這個新的立陶宛政黨的黨綱「完全避開了立陶宛未來邊界的問題」，並聲明「只要這個黨構想的是以族群為基礎的立陶宛，我們便絕對讚揚它。」[21]畢蘇斯基對於俄羅斯帝國和俄羅斯族群這兩者的疆界有很清楚的區分，在提到他接觸的某個地下團體時，便說他們位於里加，「因此不是在俄羅斯內」。[22]

一八九六年的夏天，畢蘇斯基不斷討論新成立的立陶宛社會主義政黨。寫信給維爾紐斯的同志時，畢蘇斯基附上一份法國報紙，上面印有寫給報社編輯的信函，宣布立陶宛社會民主黨的成立。這封信描述了該黨的創始黨綱，但卻漏掉了支持成立聯邦共和國的部分。畢蘇斯基要蘇奇維茨跟該黨領袖碰面，詢問他們知不知道這封信。畢蘇斯基公開質疑或許是羅莎·盧森堡的黨安插這封信的？畢蘇斯基接著強調立陶宛社會民主黨和波蘭社會黨兩黨黨綱相呼應的重要性。[23]

國際社會主義大會

在國際社會主義大會召開前的幾個月，畢蘇斯基開始跟倫敦的同僚合力準備相關資料。整個過程從接洽大會主辦人開始。早在一八九六年的一月，延傑尤夫斯基便寫信給英國社會民主聯盟（Social Democratic Federation）的創始人、也就是將在國際社會主義大會擔任主席的亨利·海德門，詢問波蘭代表團是否能得到他的支持。海德門回覆：「我通常不太在乎民族……本身，但是在波蘭的情況下，我認為將反動的俄羅斯趕回中歐的唯一希望就是重建強大的波蘭，而除了社會主義者之外，我在其他運動上看不見實現這件事情的希望。」[24]

受到海德門的支持所鼓舞，延傑尤夫斯基和畢蘇斯基在一八九六年四月草擬一項決議，準備在即將召開的大會上通過：

> 在倫敦的國際社會主義大會上，波蘭社會黨（來自俄羅斯、奧地利和普魯士瓜分的地區）認為，考量到

一個民族受到另一個民族的征服只對專制君主和資本主義者有利，卻對兩個民族的無產階級都有害，並考量到俄羅斯沙皇體制……將永久威脅國際無產階級的進步；因此大會宣布，波蘭獨立自治是一個必不可少的政治訴求，能夠同時滿足波蘭無產階級和國際勞工運動的利益。[25]

延傑尤夫斯基在一八九六年的春天將決議寄給歐洲主要的社會主義分子。畢蘇斯基希望這份草案可以說服拉布里奧拉在他的同胞之間宣傳這項決議。畢蘇斯基說，拉布里奧拉「對波蘭文有一些了解，我們希望他分享我們所有的出版物。」畢蘇斯基接著說，拉布里奧拉是義大利人，他的國家近期才統一成單一的民主國家，因此他比較有可能認同波蘭的情況。[26]在寫給拉布里奧拉的信件中，延傑尤夫斯基建議他提醒義大利同志，馬克思本人也支持波蘭獨立。延傑尤夫斯基寫道：「您很清楚，在一八六六年的日內瓦第一國際大會上，執行委員會也通過了類似的決議。」[27]延傑尤夫斯基也把決議草稿寄給德國、比利時、英國和保加利亞的社會主義領袖。

延傑尤夫斯基在英國社會民主聯盟的報紙《正義報》（*Justice*）上推廣這項決議，試圖反駁盧森堡。他寫道：「波蘭的人民向來只有接受一個政治訴求，無論是在華沙或者我們國家的偏遠角落，共有數以百萬計的人民理解並感受到這點——這個訴求便是建立一個民主的波蘭共和國。」波蘭獨立建國後，將能夠提供建立民主制度的空間。延傑尤夫斯基問，為什麼不要加入俄羅斯革命分子，把俄羅斯轉型成民主立憲的國家就好？延傑尤夫斯基寫道：「就連希望在目前這個……由野蠻的卡爾梅克人（Kalmucks）所組成的俄羅斯帝國獲得成人選舉權，都是在癡人說夢。」延傑尤夫斯基接著說，基於這個理由，即將召開的國際社會主義大會必須公開支持波蘭獨立。他引述海德門的話，主張民族獨立是在波蘭獲得社會民主的先決條件。[28]

這份決議的草案後來落入那位不屈不撓的羅莎．盧森堡，也就是敵對波蘭王國社會民主黨黨主席的手中。一些讀者應該還記得，她在一八九三年的第三次第二國際大會上反對波蘭獨立，還針對這個主題發表了火爆的演說。在一八九六年的四月到七月間，盧森堡利用德國和義大利的社會主義媒體，堅決表示反對波蘭社會黨的決議。結果，波蘭獨立的爭議被搬到國際政壇上。她尖銳的批評文章出現在義大利社會黨的《社會批評報》（*Critica Sociale*）和德國社會民主黨的《新時代報》（*Die Neue Zeit*），完整引用波蘭社會黨的決議並說明自己的論點，呼籲所有的社會主義者加以反對。[29]

許多知名的社會主義者都回覆了盧森堡的觀點，支持波蘭社會黨的決議。這其中包括格奧爾基・普列漢諾夫（Georgi Plekhanov），他於一八九六年的六月在德國社會民主黨的核心黨報《前進報》回應了盧森堡。《新時代報》的知名編輯卡爾・考茨基（Karl Kautsky）也用文字回應盧森堡，認為積極反對波蘭爭取獨立等同於支持俄羅斯威權統治。[30]李卜克內西也能算是波蘭社會黨決議的支持者之一，他甚至私底下懷疑盧森堡是俄羅斯祕密警察的探員。[31]這些領袖也知道盧森堡在德國和義大利媒體精心論據的主張有動搖民意的潛力。

盧森堡的文章引起軒然大波。一些著名的歐洲社會主義者站在她那邊，包括身為一八九二年義大利社會黨成立的幕後關鍵人物暨《社會批評報》總編輯菲利波・圖拉蒂（Filippo Turati）。在社會主義大會召開前幾個星期，拉布里奧拉承認他說服義大利社會主義者的努力至今並未成功。在一八九六年五月三日的信件裡，他同意在義大利的同志之間宣傳這項決議，但是表示義大利社會黨的領袖很可能不會支持。延傑尤夫斯基試著進一步將拉布里奧拉牽扯進來，請他接洽西班牙的社會主義者和奧地利社會主義者維克多・阿德勒（Victor Adler），請求他們也幫忙宣傳這項決議。[32]

畢蘇斯基當時住在延傑尤夫斯基位於倫敦的家，讓波蘭的同志了解最新的情況。一八九六年的五月十三日，他寄信告知他們一個令人失望的消息，那就是義大利社會黨和他們的黨主席圖拉蒂將會投票反對這項決議。他寫道：「我越來越擔心這項決議的命運。拉布里奧拉的努力徒勞無功。」[33]雖然拉布里奧拉在《社會批評報》上針對這個主題寫了一篇文章，「但是即使如此，該死的圖拉蒂卻添加一條編輯注釋，指引讀者去閱讀羅莎・盧森堡刊登在《新時代報》的文章。」此外，法國社會主義者喬治・索雷爾（Georges Sorel）告訴拉布里奧拉，大部分的法國社會主義者完全不了解波蘭的民族問題，因此打算保持中立。畢蘇斯基原本很有信心能通過這項決議，現在卻感覺希望渺茫。他寫給同志：「對於這項決議的命運，我感到越來越不安。」他又接著說：「要是決議遭到強行修改或大力反對，那會多麼叫人不悅。」[34]畢蘇斯基認為，問題不在於法國或義大利社會主義者，而在於「盧森堡率領的波蘭社會民主人士毀了我們跟法國人【之間的機會】。此外，這也證實了法國人很愚昧的說法完全正確。」[35]

在一八九六年的六月和七月，盧森堡的影響力變得更加廣大。畢蘇斯基在一八九六年的六月九日告知波蘭同志，決議如果沒有大幅度地修正，「有可能」不會通過。然而，他堅持自己會繼續努力改變人們的想法。他提到在海外波蘭社會主義聯盟的倫敦總部跟李卜克內西會面的情形，說：「在波蒙廣場（Beaumont Square）時，我們跟李卜克內西討論了這項決議，他回答：『我會在大會上驕傲地捍衛你們的決議。』」李卜克內西承諾，他會在即將動身的法國之旅期間嘗試拉攏法國社會主義者，並在《前進報》上針對這個主題寫一篇文章。畢蘇斯基寫到，李卜克內西是個重要的盟友，「贊成根據歷史疆界——而非族群界線——重建波蘭，國界盡可能越往東推越好。【我們見面時，】他舉起酒杯說：『我們還沒失去波蘭。』」[36]

在六月和七月，畢蘇斯基越來越擔心盧森堡。六月時，他收到消息，聽說盧森堡和她的波蘭王國社會民主黨同志阿道夫・華斯基（Adolf Warski）正在為即將召開的國際社會主義大會準備一項反對的決議，「跟我們的決議相反，主張在社會革命發生前重建獨立的波蘭是一場空想。」[37]同一時間，他很高興考茨基大力反對盧森堡的觀點，支持波蘭社會黨的決議。

令畢蘇斯基大為懊惱的是，盧森堡在國際大會前兩個星期在《社會批評報》發表了她最具說服力的一篇文章。她的文章〈倫敦國際大會的波蘭問題〉說波蘭代表團的決議違背了國際勞工運動的利益。[38]盧森堡堅稱，波蘭社會黨的決議有兩個缺陷。第一，它主張俄羅斯威權統治仰賴對波蘭的征服，因此只要波蘭脫離俄羅斯，這個體制就會瓦解。她說，俄羅斯沙皇體制的「內在力量和外在意義都不是源自波蘭的臣服。」因此，她接著說：「希望藉由重建波蘭來打破俄羅斯無所不能的掌控是過時的想法，源自一個已經過去的時期；在那個時期，俄羅斯內部的力量似乎沒有毀滅沙皇制的希望。」[39]

第二個缺陷是，這項決議並沒有提到歐洲其他沒有自己國家的人們所擁有的民族抱負。盧森堡問，為什麼大會應該通過這項把民族問題局限在波蘭獨立的決議呢？為什麼不提捷克人、愛爾蘭人和阿爾薩斯－洛林的居民？她銳利地駁斥波蘭代表團：「解放亞爾薩斯－洛林對國際無產階級來說更重要，也更有可能實現。如果三個瓜分地區的波蘭人要以民族為依據，為了解放波蘭而動員自己，那為什麼奧地利境內的其他民族不能這麼做，為什麼亞爾薩斯人不能跟法國人一起動員自己？」[40] 總而言之，波蘭社會黨的決議因為沒考慮到其他沒有國家的人們的冤屈，會分裂歐洲的工人階級。

盧森堡的文章發表之後，畢蘇斯基和他的同志極為不安。畢蘇斯基在一八九六年的七月十五日寫道：「羅莎又再次出手攻擊我們。」他接著說，盧森堡的文章立論很好。此外，這將會是大會召開前關於這個議題的最後一篇文章，因為要用出版物回應她已經來不及了。[41]

國際社會主義大會於一八九六年七月二十六日在倫敦召開時，畢蘇斯基的十人代表團跟另外七百五十五人一起出席。[42] 代表團之中有一個三人組成的少數派波蘭代表團，代表的是波蘭王國社會民主黨。這三個人分別是盧森堡、華斯基和尤利安・馬爾赫萊夫斯基（Julian Marchlewski）。大會聽了兩個波蘭代表團的說法，兩邊的支持者非常平均。起初，波蘭社會黨試圖讓盧森堡的團體被逐出大會，聲稱他們是俄羅斯祕密警察的探員。大會允許少數派的波蘭代表團為自己辯護，最後判定波蘭社會黨的指控沒有依據。替少數派代表團辯護的代表「認為一個政黨帶著人數優勢來到大會，試圖打壓另一個政黨，實在是很令人遺憾的事情。」[43]

聽完兩邊的論點之後，大會對波蘭社會黨的決議進行辯論。大會主席海德門指派英國代表喬治・蘭斯伯里（George Lansbury）率領一支委員會，起草修正後的決議。委員會通過以下的修正版本：

大會宣布支持所有民族的完全自治權，同情目前在任何國家深受軍事、民族或其他專制所苦的工人，並呼籲所有住在這類國家的工人團結一致，並肩支持世界各地對階級問題有意識的工人，共同組織起來推翻國際資本主義、建立國際社會民主（International Social Democracy）。[44]

這項決議沒有譴責俄羅斯，也沒有支持波蘭復國。畢蘇斯基相當失望，但也不是那麼意外。他在五天後寫道：「我們的決議沒有通過。大會……把決議適用於所有受到征服的民族，向他們表達同情。但是關於波蘭？隻字未提。」[45]跟馬克思本人在一八六六年第一國際大會上所提出的波蘭獨立決議相比，畢蘇斯基的代表團自然認為，目前的結果顯示波蘭事業往後退了一步。

然而，波蘭議題也進入了其他主題的討論中。例如，一項關於勞工和教育的決議便直接提及波蘭人的臣屬。決議表示：「以前的波蘭王國現在分成俄羅斯、普魯士和奧地利的波蘭……【學校】教導的語言是統治政權的語言，統治者利用國內的學校，讓一個愛國聞名的民族產生內部不和……波蘭人最大的怨念就是，一千八百萬人所說的語言在這個國家的初級學校裡沒有一所有教授。」[46]

儘管大會結果令人失望，畢蘇斯基待在倫敦五個月的期間，建立了很多重要的新人脈，其中不只包括德國的李卜克內西和俄羅斯的普列漢諾夫等大人物，還有法國社會主義者亞歷山大・米勒蘭（Alexandre Millerand）和阿里斯蒂德・白里安（Aristide Briand），更不用提美國的猶太社會主義者和立陶宛的社會主義者。

造訪克拉科夫和勒沃夫

一八九六年八月二十日，畢蘇斯基啟程返回維爾紐斯。為了不被人認出來，他請在倫敦當理髮師的朋友兼同志莫希奇茨基將他改造一番。莫希奇茨基剃掉畢蘇斯基下巴的鬍子，並修剪了他的眉毛和八字鬍。儀容整齊、剪了新髮型的畢蘇斯基走進一間照相館，那天拍攝的照片變成畢蘇斯基年輕時的代表照。[47]返家途中，畢蘇斯基在奧屬加里西亞停留，要取得入境俄羅斯的假造文件。在克拉科夫待了幾天後，他又來到勒沃夫，擔心尚未拿到必要的假護照，可能得暫時待在當地。[48]

在勒沃夫等待時，畢蘇斯基拜訪了他在流放期間認識的良師益友——六十一歲的民族英雄布羅尼斯瓦夫．斯瓦采。畢蘇斯基對一八六三年波蘭叛變的歷史很感興趣，因此拜訪期間大部分都在聆聽斯瓦采的親身經歷，因為後者在一八六二年成立的非法華沙臨時國民政府中扮演了關鍵的角色。除了聽他說故事，畢蘇斯基還第一次看見斯瓦采收藏的文件和一八九四年出版的一八六三年起義文獻。[49]畢蘇斯基在這一生將不斷回顧這個話題，能夠跟祖國近代史如此著名的人物待在一起，顯然使他受到很大的啟發。

二十八歲的畢蘇斯基，攝於一八九六年的倫敦。

畢蘇斯基人在勒沃夫時也有處理黨務。他跟加里西亞社會民主黨的意第緒語報紙《工人》編輯約阿希姆．法蘭科見面，對方同意為波蘭社會黨出版一本意第緒語冊子。這份報紙反映了法蘭科的立場，認為猶太社會主義者應該讓自己的政治訴求呼應當地最大的社會民主黨訴求。[50]

日子一天一天過去，畢蘇斯基不曉得他還要在勒沃夫待多久。他在抵達奧屬加里西亞三個星期後寫道：「從我上次寫信以來，我一直沒辦法離開這裡，只得耐心等待。」[51]他盡可能讓這樣的處境發揮最大的價值，主動接觸了勒沃夫的烏克蘭人。他寫到，就像波蘭人一樣，加里西亞的烏克蘭人對沙俄的烏克蘭人感到很親近。跟畢蘇斯基聊過的其中一個烏克蘭社會主義者，把統一烏克蘭的希望寄託於在俄羅斯發動革命和推翻沙皇這兩件事情上。畢蘇斯基說：「我哈哈大笑，告訴他就算有波蘭人幫忙這也不會成功。那個人點點頭，難過地回答：『對，波蘭人或猶太人都一樣。我們不知道要怎麼靠自己辦到這點。』」畢蘇斯基說，到最後，黨一定會跟烏克蘭人和猶太人合作。[52]

除了聯絡猶太和烏克蘭社會主義者之外，畢蘇斯基也有機會觀察黨在右派的主要對手——民族主義的民族聯盟（National League）。民族聯盟在一八九三年的四月由羅曼・德莫夫斯基、齊格蒙・巴利茨基（Zygmunt Balicki）和揚・路德維克・波普拉夫斯基（Jan Ludwik Popławski）共同創立。畢蘇斯基從他在奧匈帝國觀察到的情勢來看，認為民族聯盟在奧屬加里西亞的影響力非常小。畢蘇斯基發現，克拉科夫和勒沃夫的咖啡館都找不到他們的黨報《全波蘭評論》（*Przegląd Wszechpolski*）。[53]於是建議黨可以利用民族聯盟在加里西亞的弱點，大幅增加那裡的活動。派更多社運人士到加里西亞、增加《破曉》的流通，是很好的開始。

回到維爾紐斯

一八九六年的九月十五日，畢蘇斯基終於拿到假造文件。他急著回家，當天便啟程前往俄羅斯。跨越邊境後，他用假名在俄羅斯境內寄了一封信。他寫給倫敦的海外波蘭社會主義聯盟：「親愛的叔叔，好運總算降臨在我身上。」他寫「叔叔」是為了蒙騙當局。「閒閒無事等待已久之後，我終於有辦法啟程。我身上的錢恐怕不夠，因此得跟人借很多錢。」[54]他已經跟亞歷山大・蘇奇維茨和史坦尼斯瓦夫・沃伊切霍夫斯基見過面，並說他們兩人身體都很好。他最後寫道：「請不要忘了我，記得常常寫信。」並告知對方，自己正在沃伊切霍夫斯基的家中喝茶。

畢蘇斯基回到維爾紐斯後處理的第一件事情，就是猶太人的黨員身分。中央工人委員會剛收到一封署名「波蘭社會黨位於華沙的猶太黨員」的信件，突顯出寄件者認為波蘭社會黨忽視猶太工人的主張。信件上寫道：「黨沒有給我們任何協助：沒有物資、沒有充足的意第緒語文宣、沒有我們的人。你們也沒有給我們任何建議、意見或心靈支持，沒有在黨報中提出跟我們有關的議題。」[55]這個人警告，由於華沙新成立的猶太工人聯盟（Union of Jewish Workers，他們跟維爾紐斯集團有所關聯）所進行的活動，黨正逐漸失去猶太工人的支持。這封信建議黨採取實際的行動來對抗猶太工人聯盟的影響力，包括穩定供應意第緒語文宣、成立猶太黨部，並且在中央工人委員會內部要有猶太代表，此外也要增加猶太議題在黨報中所占的篇幅。這封信警告，猶太工人聯盟正在散播謠言，說波蘭社會黨的行為顯示他們對猶太工人漠不關心。

畢蘇斯基同意這封信的評估。他把這件事告訴倫敦的同志，哀嘆黨至今無法發行意第緒語黨報。他說，很遺憾黨缺乏有足夠經驗的人才。因此，畢蘇斯基建議，可以跟勒沃夫《工人》的編輯合作，共同製作一份出版物，留一些文章版面給俄羅斯帝國境內波蘭社會黨的猶太黨員。[56]他寫道：「我們的黨員絕大多數（我屬於少數分子）都認為我們在波蘭王國不需要意第緒語文宣，但是我知道我們無法拉攏只讀意第緒語的那些人。」[57]

比猶太人的問題急迫許多的是黨的財務困境。畢蘇斯基在一八九六年的十月告訴倫敦同志，他一直在借錢。他寫道：「天氣很冷、泥濘很多，但是阿達斯（Adaś，指的是沃伊切霍夫斯基）現在還穿著夏天的外套，我則沒有橡膠靴子。我們簡直是債台高築。」[58]他解釋，十月的收入目前為止非常微薄（「一百三十盧比和一些零錢」），一部分原因是他到聖彼得堡籌募的資金少得可憐。

同一時間，畢蘇斯基每個月都有發行《工人》。他從倫敦回來後發行的第一期，便是報告國際社會主義大會，其中收錄了四頁大會決議的翻印內容，頭版則是畢蘇斯基的一手報導。畢蘇斯基說，波蘭決議沒通過並不令人意外。他寫道：「首先，社會主義在西歐分裂成不同的派系，那裡——除了愛爾蘭之外——沒有國家遭到侵占或瓜分。德意志人、法國人和英國人並沒有要求自己的國家獨立，他們無法控訴自己的人民遭到征服。基於這個簡單的理由，也就是他們已經享受主權很久很久了，不知道什麼是【民族】迫害。」因此，波蘭社會黨提出的決議「表示波蘭獨立這個政治訴求對國際勞工運動和波蘭無產階級來說都是必要的。」結果，一個委員會卻把這項決議重塑成關於民族問題的籠統決議。[59]

在畢蘇斯基的編輯下，《工人》出現明顯的反教會干預色彩。在一八九六年十一月的那一期，有一篇文章〈神職人員對上人民〉認為，神職人員堅決反對「我們的鬥爭」。《工人》哀嘆於波蘭神職人員自一八六三年起義後發生的轉變，他們當時明明還站在獨立鬥士這一邊。這份報紙也責備波蘭的有地精英（szlachta）。畢蘇斯基寫到沙皇尼古拉二世（Nicholas II）有一次到華沙短暫參訪的事件，嘲弄波蘭有地上層貴族想跟沙皇建立密切關係的行為：「在這短短的時間裡，波蘭大亨和富有的大貴族再次成功拍了他的馬屁。」[60]

從一八九六年十二月的一封信，可以看出畢蘇斯基越來越擔心波蘭民間的政治勢力對波蘭社會黨懷有敵意。他注意到，在維爾紐斯常常可以看到右翼民粹主義的民族聯盟地下報紙，還有一個隸屬於這份報紙的人來到維爾紐斯，打算籌措資金和招募人才。這份報紙的印量比《工人》多，畢蘇斯基也說到它的讀者都是「極端的反動人士」。他也有看到來自政治光譜另一端的地下報紙《立陶宛工人》（*Robotnik Litewski*），發行者是新成立的立陶宛社會民主黨。根據畢蘇斯基所說，這份報紙沒什麼影響力，討論度不高。但，他對於跟這個新的立陶宛政黨之間的關係有不好的預感。畢蘇斯基聯繫的唯一一個黨員，對建立正式關係不感興趣。[61]他警告波蘭社會黨跟立陶宛社會民主黨之間「完全沒有私人連結」。「他們真的很反對我們……我感覺他們已經準備好一連串對我們的指控。」[62]由於該黨的領導階層是波蘭語的母語者，因此這樣的敵對態度令畢蘇斯基感到十分困惑，畢竟他最終會需要這樣的政黨，以實現跟立陶宛和烏克蘭建立聯邦國家的計畫。

畢蘇斯基在一八九六年的最後一篇文章談到受奴役的民族，討論了以較高額稅金為形式的經濟剝削、對語言權利的攻擊和宗教迫害。但對畢蘇斯基而言，最過分的行為就是試圖查禁一國人民的民族文學。他強調，俄羅斯對受奴役民族的剝削導致貧窮和大規模移民。他寫道：「在所有的國家，文學是今天一國人民的社會發展最強大的動力來源。在沙皇的統治下，這裡是多麼貧乏和窮苦。」[63]

Chapter 5

黨主席職務和逮捕入獄

我們的同志之間若出現任何反猶主義的跡象，都將被堅決反對，無論在什麼情況下都不允許我們的運動歷程出現反猶主義。

——約瑟夫．畢蘇斯基寫於一八九八年二月十三日的《工人》

在倫敦待了五個月、造訪了奧屬加里西亞之後，畢蘇斯基在養精蓄銳後回到俄羅斯。現在，他碰到新的挑戰。在倫敦時，他沒有成功讓黨的決議在國際社會主義大會上通過。同一時間，波蘭民間出現了新的競爭勢力，包括左翼（立陶宛人、猶太人、拉脫維亞人、烏克蘭人和羅莎．盧森堡的波蘭王國社會民主黨）和右翼（羅曼．德莫夫斯基的民族聯盟）的政黨。作為因應，畢蘇斯基撰寫了一系列具有說服力的文章，希望吸引更多人入黨。回到家鄉，畢蘇斯基不斷受到逮捕、囚禁和流放的威脅。沙俄不像中歐和西歐的立憲國家那樣保障言論自由和新聞自由，禁止人民宣傳波蘭獨立，也禁止在波蘭王國以外的公共場合說波蘭語，包括維爾紐斯和格羅德諾（Grodno）等波蘭文化重鎮。在那些地區，要跟民眾交流幾乎完全只能靠非法印製和散播的出版物。因此，畢蘇斯基特色鮮明且具影響力的文學口吻便成了獲取支持的強大工具。不意外地，如安傑伊．蓋利斯基所說的，沒有公開演說經驗的畢蘇斯基並不是個出名的公共演說家。他能夠透過文字煽動數以千計的人做出行動，卻缺少擄獲現場聽眾的能力。[1]

文獻顯示，畢蘇斯基這時候已經獲得近似傳奇的地位。他不僅漸漸成為令人敬畏的寫手，還是一個天賦異稟的組織者和領袖，擁有激發忠誠心的卓越能力。一名新進黨員在一八九六年年底寫下的敘述便是證據。這名新進黨員列昂・瓦西萊夫斯基（Leon Wasilewski）在一八九六年的秋天前往聖彼得堡參加波蘭社會黨黨部舉行的聚會，他在那裡認識的其中一人，說自己是「維克多同志」。這位同志讓瓦西萊夫斯基印象深刻，他形容那個人有著「深褐色的頭髮、短鬍子、蓋住嘴唇的濃密八字鬍、溫和的灰色眼睛和茂密的眉毛，給人十分迷人的印象。」[2]

聚會結束之後，瓦西萊夫斯基問起這位神祕的人物，驚訝地發現維克多同志原來竟是黨主席約瑟夫・畢蘇斯基。瓦西萊夫斯基的東道主非常景仰畢蘇斯基。畢蘇斯基身為亡命之徒，不斷遭到俄羅斯祕密警察的追查，生活過得很糟。日日夜夜無時無刻都暴露在危險之中的他，在同一個地方頂多只住幾天，而且從來不會說出自己的真名。其後，當時正在瑞士讀書的瓦西萊夫斯基回到蘇黎世的住家。他的一個同學博萊斯瓦夫・米克拉塞維斯基在之前的倫敦國際社會主義大會上，是波蘭代表團的成員之一，他「說到『維克多』是黨內一位優秀且具有影響力的人物，非常受人尊敬和支持。」[3]

紀念民族烈士

畢蘇斯基最傳奇的事蹟之一，就是他在極度危險的情況下還能夠定期發行黨報。畢蘇斯基在《工人》發表的文章總是可以觸動人心，說出受到征服的民族內心的渴望與抱負。他經常利用歷史事件滿週年的時機，讓讀者重溫民族英雄的故事，不管是十九世紀的叛變，或者是波蘭第一個社會主義黨「無產階級」創始人遭到處決的事件。讀者若打開一八九七年一月份的《工人》，很可能會被那期的封面故事所震懾。這篇文章講的是社會主義在波蘭地區所扮演的角色，畢蘇斯基在開頭寫道：「經過一八六三年的血洗事件後，波蘭變得一片沉默。」但，失敗一開始帶來的震驚消退後不久，「復仇的風暴蔓延整個地區：極端的法律和迫害如大雨般落下，目無法紀的野蠻行為卻越來越常見。沙皇政府在任何地方都毫無阻礙地迫害和剝削蒙受恥辱的人民。沙皇碰見的第一波抵抗、在路上遇到的第一批石頭攻擊（這些都跟他的受害者的鮮血和軀體相連）便是社會主義者。」[4]

畢蘇斯基指的是第一個波蘭社會主義政黨在一八七〇年代晚期興起的過程。這個政黨成立後，對抗沙皇專制的鬥爭得以持續。沒多久，前往華沙堡壘的路上再次擠滿了人。一八六三年的波蘭叛變領袖曾被帶到那裡處決，只是這次，走在這條路上的是「無產階級」黨的領袖。畢蘇斯基在「無產階級」的四位領袖被吊死的十一週年寫下這篇文章。畢蘇斯基說，政府處死「無產階級」的這四個領袖，「希望消滅鬥爭和自由的想法。【政府】將堡壘的棺木連同我們同志的屍首一起埋葬時，意圖把受剝削的無產階級能夠擁有更美好未來的希望也一併埋葬……或者在西伯利亞把工人的意識和不公感受禁錮起來。」[5]

接著，畢蘇斯基摘錄了波蘭詩人的作品。他第一次在文章中引用詩詞，討論的便是他母親最喜愛的齊格蒙・克拉辛斯基。克拉辛斯基在一八四三年的〈黎明〉（Dawn）這首詩說到，人類會分成不同的民族是世界自然秩序的一部分。因此，瓜分波蘭是違反人性的罪行，驟然破壞了事物的自然秩序。民族重生的意涵被喚起，在讀者心中揮之不去，因為這首詩傳遞了一個概念，那就是波蘭的不幸注定是會獲得補償的犧牲。畢蘇斯基引用了這五句詩：

犧牲自我死去【的人】，
流入他人生命，
偷偷住在人心：
每一個小時刻，
在墳塚成長著。[6]

就像畢蘇斯基說的，不只有一八六三年波蘭叛變的烈士活在各地波蘭人的心裡，這個國家的第一個社會主義政黨殉難的領袖也是。畢蘇斯基寫到，保留民族已故英雄的記憶，是爭取波蘭的自由和主權相當重要的一部分。「無產階級」黨是第一個認真想要組織波蘭工人一起為勞工權利奮鬥的團體。因此，該黨領袖在一八八六年遭處決「對波蘭社會主義是烈火般的洗禮。從那之後，我們經歷了許多。我們的運動在戰鬥的熾熱中變得如鋼鐵般堅硬，已經成長強化了。」這便是為何畢蘇斯基會告知讀者，一八九六年的倫敦國際社會主義大會同意，從此之後將每年一月的第三個星期天定為紀念「無產階級」領袖被處決的日子。他們是波蘭社會主義的「第一批烈士，這個紀念日會成為團結波蘭所有無產階級的節日。」[7]

畢蘇斯基在私人信件中討論了各式各樣的黨務事宜。這些信件透露出，他的思想不曾遠離黨的宏大聯邦目標，所以才會不斷向倫敦報告他跟烏克蘭人、猶太人、立陶宛人、拉脫維亞人和白羅斯人聯繫的狀況。他提到自己協助加里西亞的烏克蘭人印製他們的報紙；他講到紐約的猶太社會主義郵報組織寄給他的信；他表示跟華沙猶太人之間的關係恐怕會被那個跟維爾紐斯有關的團體——波蘭猶太工人聯盟——破壞。畢蘇斯基寫道：「在這之前，我們跟華沙【的猶太工人】本來有建立起關係，但就連在那裡，那些可惡的維爾紐斯猶太人（żydki wileńskie）也有辦法發揮影響。」[8] 畢蘇斯基想將少數族群納入他們的運動，顯示地緣對畢蘇斯基的願景具有一定的影響。跟在華沙的同志不同，人在維爾紐斯的畢蘇斯基每天都會接觸邊疆地區的不同族群群體。他漸漸成形的聯邦原則在很大的程度上是源自這樣的地理環境。

已故的波蘭學者揚．坎切維奇注意到，畢蘇斯基會使用「小猶太人」（Żydkowie, Żydki, Żydy）這樣的貶義詞。他寫到，要承認畢蘇斯基使用這樣的詞彙「並不容易，但是對歷史事實來說卻是必要的，這就是畢蘇斯基提到猶太人的時候會使用的風格和語氣。」[9] 畢蘇斯基在私人信件中提到敵對政黨的猶太人時，確實使用了當時波蘭貴族常用的輕蔑字眼來指涉猶太人，但是我們也要知道，畢蘇斯基在描述俄羅斯人的時候用了更極端的貶義詞，像是「莫斯科的憲兵賊」（mochy）和「俄國佬」（kacapy）。

波蘭社會主義在奧屬加里西亞的進展

畢蘇斯基也有談到奧屬加里西亞的情勢。伊格納齊・達申斯基是加里西亞社會民主黨的領袖，同時也是其黨報《前進報》（*Naprzód*）的編輯。在一八九七年的一月，亞歷山大・鄧布斯基跟達申斯基見面，兩人前一年都有跟畢蘇斯基一起參加一八九六年的倫敦國際社會主義大會。[10]鄧布斯基認為，達申斯基「行為舉止很差勁」，顯露出克拉科夫當地人才有的心態。鄧布斯基寫信給畢蘇斯基：「對他而言，加里西亞位於波蘭，加里西亞只有克拉科夫，而克拉科夫只有他。」[11]畢蘇斯基贊同地回覆：「伊格納齊老說一堆沒意義的話……那個傢伙有太多小野心、太自戀了。」[12]

在公開場合，畢蘇斯基對這位奧屬加里西亞的波蘭社會主義領袖只有讚美。在一八九七年三月十一日的奧地利國會選舉中，達申斯基參與了克拉科夫區的選戰。他得到百分之七十四點六的選票，因此在維也納的奧地利國會中擁有一個席次。[13]這歷史上的勝利使達申斯基成為第一個坐在國會裡的波蘭社會主義者。根據歷史學家約書亞・沙尼斯（Joshua Shanes），達申斯基之所以獲得壓倒性的勝利，有一部分原因是他在克拉科夫的猶太人之間有眾多追隨者，「他們在上一個安息日到讀經所和猶太會堂……呼籲大家投給『親愛的猶太支持者』達申斯基一票。」[14]

受到這次勝利所鼓舞，達申斯基說服他的政黨增添一些波蘭——而非地區性——的色彩。在一八九七年的九月，加里西亞社會民主黨更名為加里西亞與西利西亞波蘭社會民主黨（Polish Social Democratic Party of Galicia and Silesia，PPSD）。達申斯基勝選並強調黨的波蘭色彩，象徵波蘭社會主義的歷史進入了新的階段。畢蘇斯基在《工人》的版面上讚揚達申斯基，寫到他在奧地利國會選舉中的勝利「傳到很遠的地方，擴大了【波蘭工人階級的】鬥爭」。畢蘇斯基以波蘭社會黨之名由衷恭賀達申斯基。[15]就像俄羅斯的波蘭社會黨，加里西亞與西利西亞波蘭社會民主黨的黨員也包含猶太人和其他少數族群。達申斯基在自己的回憶錄中對猶太選民的支持表示感恩。[16]

同一時間，人在家鄉的畢蘇斯基持續擔憂黨與猶太社會主義者之間的關係。美國致波蘭猶太社會主義郵報很活躍，畢蘇斯基很高興從他們那裡收到意第緒語文宣，但是跟維爾紐斯集團及其華沙分支波蘭猶太工人聯盟之間的發展，卻使他徹夜難眠。他聽說，這兩個團體跟俄羅斯革命運動的關係越來越密切。畢蘇斯基在一八九七年的五月說到，他們的領袖「打算加入俄羅斯政黨。你能想像這有多丟臉嗎──華沙猶太人加入俄羅斯黨派！」他將這些猶太社會主義者形容成「我們的不幸」，最後做出結論，認為波蘭社會黨得組織自己的猶太黨部，「因為這些混帳會試圖反對我們。」[17]

同一時間，畢蘇斯基在下一期的《工人》討論了俄羅斯帝國的法律。畢蘇斯基寫道：「沙皇使用侵略者的法律統治波蘭。不像在俄羅斯本土，沙皇的統治在我們的國家沒有任何自然的基礎。為了控制被征服的民族，便有必要給予政府越來越大的權力。因為這個原因，俄羅斯帝國裡沒有其他地方像波蘭一樣那麼嚴重墮落和目無法紀。」他接著說，想要除去不公不義的起因，「就必須將法治歸還到這些人民的手中，確保他們【對自己的人生】有最大的控制權。」他最後說：「要實現這個目標，只能透過人民的革命來推翻沙皇的統治，並實行最受贊同的政府形式，以普選和完全的言論集會自由為基礎來組建國會……我們會根據民主原則要求爭取獨立的波蘭共和國。」[18]

在接下來的幾個星期，畢蘇斯基對於可能會成立一個全俄羅斯的猶太工人聯盟的擔憂緩解了。前面提過，波蘭社會黨的猶太黨員在一八九六年抱怨猶太工人的需求沒有被滿足，這個團體後來在一八九七年的一月更名為波蘭猶太工人聯盟，正式撤回對波蘭社會黨的支持。然而，他們在波蘭未來領土的問題上跟維爾紐斯集團意見不合，因此與他們切斷關係，重新效忠波蘭社會黨。聽到這個消息，畢蘇斯基非常開心。他於一八九七年七月在維爾紐斯寫道：「華沙【和維爾紐斯】的猶太人之間的同盟最後沒有結果！這下，我希望我們可以認真進行拉攏猶太人的活動。」他提到，當地有一個猶太友人認為波蘭與立陶宛猶太人對彼此的反感太大，無法形成任何同盟。對畢蘇斯基而言，這些發展顯示黨距離獲得可觀的猶太追隨者「大大靠近了一步」。[19]

畢蘇斯基在這個時期也討論到跟拉脫維亞人的關係。里加先前發生一起攻堅拉脫維亞社會主義團體的事件，俄羅斯警方搜查一百三十八個拉脫維亞住家，逮捕了八十七人。此外，他們還關閉新成立的拉脫維亞社會主義組織出版物《日報》（*Dienas Lapa*）。[20]畢蘇斯基希望盡可能提供任何協助。里加理工大學（Riga Polytechnic University）有一些波蘭學生是波蘭社會黨的活躍黨員，因此畢蘇斯基透過他們跟當地的拉脫維亞社會主義者建立起關係。[21]畢蘇斯基在一八九七年的七月寫道：「我認為，【這些拉脫維亞工人】是我們的，即使他們沒有加入我們的黨。他們非常受到我們的吸引，因為他們很多事情都依賴我們。」里加的拉脫維亞語勞動節傳單由波蘭社會黨印製，「在工人之間留下深刻的印象」。最後，畢蘇斯基談到跟立陶宛社會主義者之間的緊張關係。他決定不跟立陶宛社會民主黨合作發行他們的波蘭語報紙《工人生活之聲》（*Echo życia robotniczego*）。他像過去一樣對這個立陶宛政黨的定位感到很不安。畢蘇斯基寫道：「我們不能保證任何協議會實現。」[22]

沙皇尼古拉二世首次造訪華沙時，給了畢蘇斯基討論帝國統治的完美藉口。齊格蒙・維羅波斯基（Zygmunt Wielopolski）等當地的波蘭保守人士認為自己跟沙皇有共同的利益，都想抑制激進主義，因此熱情歡迎沙皇，使畢蘇斯基非常憤怒。[23]這次訪問吸引了國際媒體的關注。《紐約時報》表示，沙皇出現在華沙，有可能為俄波關係破冰，因為這「明理地消除了反感，為和解鋪路」。結果是，有些波蘭人「對沙皇表現出友好的態度」。[24]事實上，自從喬治亞裔的亞歷山大・伊梅列廷斯基親王（Alexander Imeretinsky）在一八九七年開始擔任波蘭王國的總督之後，華沙的情況就已經改善。他放寬了在行政機關和學校使用波蘭語的嚴苛限制。[25]

對畢蘇斯基來說，伊梅列廷斯基的政令只是作秀，沙皇拜訪華沙是很可恥的事。他以波蘭社會黨的名義發表的通告用字毫不留情。畢蘇斯基寫道：「俄羅斯沙皇的腳踏在華沙的人行道上，彷彿想要展現自己對我們的統治，這已經不是第一次了。可是，華沙見到沙皇時，沒有晃動叛變的枷鎖，而是像受奴役的民族般卑躬屈膝地跪在主人的腳邊，這卻是第一次。」[26]他警告讀者，千萬別被總督和波蘭有地貴族的妥協派成員給騙了，以為波蘭王國的生活條件出現改善。「工人們，你們要知道，他們用你們的名義宣稱在沙皇照料之下的每件事有多好，但同時……警察和憲兵卻欺負你們、竊密者追蹤你們的每一步和監聽你們的每一句話、你們數以千計的同胞被囚禁在【華沙】堡壘或送去西伯利亞。」畢蘇斯基主張，只有社會主義運動能夠推翻沙皇，並說：「今天的社會主義和工人運動有力量擊碎侵略者的腳鐐，為我們的社會帶來解放……沒有任何東西可以阻止工人群眾逐漸高漲的不滿和他們對自由平等的訴求。我們面對敵人毫不懈怠，一邊帶著極大的精力戰鬥，一邊準備和聚集力量。此時此刻，站起來的人民發出的巨大呼喊將在華沙的街道上迴盪：專制主義去死！奴隸體制垮台！自由的波蘭人民萬歲！」[27]

在一八九七年的十月，畢蘇斯基造訪帝國境內的大學重鎮，跟學生黨員收取黨費，同時會見不同民族團體的領袖。[28]里加是他造訪的其中一座大學城，他在那裡跟學生黨員見面。他也利用這個機會跟拉脫維亞社會主義者碰面，了解他們對波蘭社會黨散發的通告有什麼回饋。[29]回到維爾紐斯後，他表示很擔心猶太和俄羅斯的社會主義政黨即將合併在一起。他勉強地說：「我已做好失望的準備。立陶宛猶太人若加入未來的某個俄羅斯黨派，會是個難解的問題。」他寫到，再過一年左右，黨會做好更萬全的準備來認真處理這個議題。「目前為止，我們在猶太人的事務上做得很差……我們有明確的計畫，但是缺乏執行計畫的人力。」[30]

猶太工人崩得與俄羅斯社會民主工黨

一八九七年十月七日，維爾紐斯集團和波蘭猶太工人聯盟的領袖齊聚維爾紐斯，宣布成立一個猶太社會主義政黨。聲稱代表俄羅斯帝國所有猶太工人的俄羅斯與波蘭猶太工人總崩得（General Jewish Labor Bund in Russia and Poland）誕生了。黨主席阿爾卡迪・克雷默在開場致詞中表示，創立這個政黨的主要動力是他們相信涵蓋帝國全境的俄羅斯社會民主黨即將成立，崩得有意加入他們，成為猶太工人階級的正式代表。[31]

對於猶太工黨成立一事，畢蘇斯基的反應有一部分受到立陶宛人勞工運動的興起和他們對波蘭社會黨的態度所影響。前面說過，在一八九六年五月的第一次黨大會上，立陶宛社會民主黨傾向跟波蘭一起成立聯邦共和國。然而，在一八九七年一月二十五日的第二次黨大會上，該黨突然更改黨綱，將俄羅斯也納進來。[32]畢蘇斯基的聯邦計畫似乎漸漸開始瓦解，只剩下拉脫維亞人願意支持。

因此，波蘭社會黨的領袖在一八九七年十一月七日到華沙召開第四次黨大會時，有很多議題要處理。大會一開始，畢蘇斯基發下一份跟俄羅斯人、拉脫維亞人、立陶宛人和猶太人之間關係有關的決議草案。這項決議確認了三個瓜分地區的波蘭無產階級會團結起來，為了達成共同的目標而齊心行動。關於猶太人的議題，決議認同黨在紐約的姐妹組織，也就是美國致波蘭猶太社會主義郵報所發行的意第緒語出版物非常重要且有用，祝他們繼續取得成功。關於其他社會主義團體的議題，畢蘇斯基恭喜里加成立一個新的拉脫維亞社會民主團體：「大會聽聞拉脫維亞工人發起新的社會主義運動，感到十分喜悅，以波蘭無產階級之名歡迎拉脫維亞同志在俄羅斯境內創立新的革命無產階級軍隊，並為里加工人委員會送上由衷祝福，祝他們的辛苦會有成果。」[33]

然而，友善的祝福只有獻給拉脫維亞人。針對俄羅斯人、猶太人和立陶宛人的社會主義者，畢蘇斯基的決議內容十分尖銳。首先，決議談到被認為即將成立的俄羅斯社會民主黨，要求這個未來的政黨「完全認可波蘭獨立的理念，並且向俄羅斯的同志們轉達，承認這項要求的必要性和合理性。」這個未來的俄羅斯政黨「不得在沒有經過波蘭社會黨明確允許的情況下，跟波蘭或立陶宛的革命組織建立任何正式關係」。大會「認可立陶宛革命團體的組織獨立性——這裡指的是在鼓動宣傳中只使用立陶宛語的團體。」然而，由於立陶宛社會民主黨的領導階層大部分是用波蘭語進行鼓動，畢蘇斯基拒絕承認這是真正的立陶宛團體。決議表示：「絕大多數的立陶宛無產階級都不會立陶宛語，在語言和歷史傳統上跟波蘭無產階級有所關聯。因此我們決議，在政治或經濟的條件之下都不需要另一個獨立的無產階級黨派組織……以立陶宛社會民主黨之名存在。」這項決議的結論是，大會不認可立陶宛社會民主黨存在的理由。

畢蘇斯基的決議針對新成立的猶太工人崩得做了另一個聲明。大會決議：

> 由於猶太無產階級只能跟和他們生活在一起的民族之無產階級有共同的宗旨，且截至目前為止，猶太團體以俄羅斯與波蘭猶太工人總崩得之名進行的活動，基於其組織和黨綱的獨立特性對本運動有害，而且其立場與我們相左，故大會認定崩得的政治方向是不正確的。因為他們的立基點在於拒絕跟波蘭與立陶宛無產階級一起努力，從俄羅斯侵略者的統治中解放。[34]

為了與崩得競爭，畢蘇斯基更加努力尋找具備流利意第緒語和新聞報導經驗的猶太黨員。

一八九七年十二月的最後一個星期，畢蘇斯基前往蘇黎世參加海外波蘭社會主義聯盟的會議。啟程之前，他發行了第二十五期的《工人》。頭版社論說出了這份報紙的重要意義：「這三年裡，我們製作了兩百九十八頁的內容，使用七百七十公斤的紙張印出三萬兩千份，發送到整個波蘭地區。」他補充道：「光是想辦法不讓印刷機被數以千計迫害人民的沙皇祕密警察發現，是不夠的。我們還得透過全國各地人數充足的合作者提供紙張，才能好好進行生產。考量到這層因素，每一期《工人》都證實了【我們接觸的】人脈有多少。」他說，這些數以千計的讀者「顯示，雖然《工人》是非法的，它仍是散布最廣的工人報紙，是所有工人階級渴望、能暢所欲言的發聲筒，能夠展現為了其利益和理念所做出的奮鬥。」他寫道：「這就是為什麼《工人》成為我們深愛的孩子、我們的驕傲與喜悅，它為曾經充滿憂鬱和不確定性的地方帶來勇氣與信念。」[35]畢蘇斯基代表了黨的中央工人委員會。對畢蘇斯基來說，跟重要的黨員一起共事十分令人振奮，他們有許多人之後會在戰間期的波蘭成為他的下屬，包括莫希奇茨基、瓦西萊夫斯基、費利克斯・佩爾、卡齊米日・凱勒斯－克勞茨（Kazimierz Kelles-Krauz）、維托德・約德科－納克耶維奇，以及延傑尤夫斯基。畢蘇斯基也結識了較年輕的新進黨員，像是之後負責黨的第一份意第緒語機關報的馬克斯・霍維茨（Max Horwitz）。[36]

一八九八年的二月，畢蘇斯基在《工人》發表了第一篇以猶太人議題為主題的文章。〈論猶太問題〉是黨的官方立場，聲稱社會主義運動正在削弱固有偏見和仇恨的根基。社會主義提供了一個環境，讓波蘭人和猶太人可以為共同的理念一起奮鬥。但，社會主義者之間仍存在反猶偏見的問題：「歐洲部分地區——波蘭也不例外——存在一股對猶太人懷有敵意的思潮，稱作反猶主義。」畢蘇斯基提出一個理論，認為反猶主義有三個成因。第一個成因是種族偏見，「是個遙遠過去的殘遺，那時候只要分屬不同宗教或民族就會被視為敵人」。第二個和第三個成因分別是資本主義和反動政治。他表示，波蘭社會黨將抱持明確的態度，持續打擊反猶主義：「我們的同志之間若出現任何反猶主義的跡象，都將被堅決反對，無論在什麼情況下都不允許我們的運動歷程出現反猶主義。」[37]

同一時間，這篇文章也嘲弄立陶宛猶太人的俄羅斯文化定位。「立陶宛的猶太人不管整個國家的利益，完全不去抵抗俄羅斯化，甚至在某種程度上支持這件事。」團結一致才能實現這個地區的猶太人和非猶太人的利益。畢蘇斯基總結：「我們因身為無產階級而被剝削，受到野蠻行徑壓迫，因身為波蘭人和猶太人而遭迫害。我們只有在同一面旗幟下共同奮鬥，才能獲得救贖。」[38]

畢蘇斯基謹慎地思考過這篇文章的語調。在寫信給倫敦《破曉》的編輯時，他說自己很清楚這篇文章的主題十分敏感，不想疏離猶太讀者，也不想引發反猶情緒。他寫道：「在第二十六期那篇關於猶太人的文章裡，我們基於可以理解的原因，無法提及這個議題的所有觀點。因此，我們避開所有尖銳的主題，因為這些主題必須準確廣博地說明【而不是大略總結】。」只是點出猶太議題的所有層面很容易造成誤解。他說：「因為如此，除了『反猶的政治思想』之外，『立陶宛猶太人的俄羅斯化』也絕對值得注意，可以證明崩得充斥著只會強化反猶主義的觀點。」[39]他說，但是寧願別去觸及這個主題，也不要替大眾讀者過度簡化一個複雜的議題。

討論完《工人》的文章後，畢蘇斯基談起奧屬加里西亞的情況。前面曾經提過，畢蘇斯基對達申斯基的評價不高。然而，他知道對波蘭社會主義而言，達申斯基勝選這件事是歷史性的一刻，這使加里西亞的波蘭領袖成為重要人物。畢蘇斯基表示，不可否認的是被選進奧地利國會的兩位波蘭社會主義者——克拉科夫的達申斯基與勒沃夫的揚．科扎凱維奇（Jan Kozakiewicz）「被全波蘭視為波蘭社會主義的代表，因此他們犯下的錯誤會被歸咎到整個運動上，包括我們自己的運動。」畢蘇斯基懷疑他們沒有全心支持獨立的黨綱：「達申斯基和科扎凱維奇沒有令人信服地證明他們很重視波蘭運動【即波蘭獨立的訴求】。他們主要是被看作奧地利運動的代表。」因此，畢蘇斯基認為選入國會的波蘭社會主義成員所展現的行為舉止，沒想到如此漠視黨的目標。他說：「一開始就沒人期待『加里西亞』的議員能夠代表『波蘭』社會主義，但是我們沒料到他們這麼忽視我們的需求。」[40]

畢蘇斯基如此在意崩得，是因為他希望擴大立陶宛和烏克蘭對黨的聯邦黨綱的支持。同一時間，畢蘇斯基寄了黨要在里加發放的拉脫維亞語和德語傳單到倫敦。他聯繫了帝俄之外的歐洲重要社會民主人士。歐洲領頭的社會主義思想家之一卡爾．考茨基在一篇文章中表示支持黨綱，波蘭社會黨將它翻譯並出版。[41]

畢蘇斯基繼續推動希伯來文鉛字的引進，以便使用意第緒語製作宣傳文宣，然而不斷出現阻礙。一八九八年的五月，他向倫敦組織抱怨自己收到的希伯來文鉛字不完整，剩下的部分必須盡快寄來。[42] 這封信也詳細列出黨的財務狀況，透露畢蘇斯基身為領袖在許多方面的擔憂。

此外，畢蘇斯基也持續努力招募更多猶太人入黨。他依賴紐約的波蘭猶太人出版意第緒語文宣。紐約那邊有一個關鍵人物是莫里斯・蒙特拉克（Maurycy Montlak），他是波蘭社會黨華沙黨部的雙語社運人士，精通波蘭語和意第緒語，後來定居紐約。他的職業是一名鎖匠，在俄羅斯帝國成立了猶太工人運動互助聯盟（Aid Alliance of the Jewish Workers' Movement），為波蘭社會黨提供意第緒語文宣。但是，他對於波蘭社會黨的影響力表示擔憂。畢蘇斯基在一八九八年的三月寫道：「我不知道【蒙特拉克】認為猶太人在疏離我們的想法是從哪裡來的，但是請放心，我們【針對猶太人】所做的一切有越來越多進展。我們很快就能發動對抗崩得的堅決行動，甚至能夠打擊他們的核心。」[43]

畢蘇斯基這時候在意第緒語政黨文宣這件事上感到這麼急迫，是因為有越來越多新的工黨在爭取猶太人的支持。一八九八年三月一日出現一個重要的發展，那就是有一些代表來到明斯克，宣布成立涵蓋整個帝國的俄羅斯社會民主工人黨（Rossiiskaia Sotsialno–Demokraticheskaia Robochaia Partiia，RSDP）。出席這場聚會的九名代表當中，有三人是崩得成員——亞歷山大・克雷默（Alexander Kremer）、阿弗羅姆・穆特尼克（Avrom Mutnik）和什繆爾・卡茨（Shmuel Katz），其中克雷默被選為新政黨中央委員會的成員。這個新政黨賦予崩得有限的自主權，作為「猶太無產階級的唯一代表」。崩得代表考量到畢蘇斯基和波蘭社會黨，故堅持在黨名中使用「rossiiskaia」（位於俄羅斯的）、而非「russkaia」（具俄羅斯性質的）這個詞，該黨同意了。於是，「Rossiiskaia Sotsialno–Demokraticheskaia Robochaia Partiia」（位於俄羅斯的社會民主工人黨）誕生了。

畢蘇斯基認為這個位於俄羅斯、而非具俄羅斯性質的新黨派（表示該黨意圖代表整個帝俄）是公然冒犯。他寫給倫敦：「崩得跟『位於俄羅斯』的那個黨結合，使我們對這個新政黨不表支持、懷有敵意。」雖然這個黨有著相同的政治目標，但關鍵將在於他們對西部省分受壓迫民族的俄羅斯化的立場。謠傳新政黨希望波蘭社會黨以跟崩得同樣的基礎加入他們。一八九八年的六月，畢蘇斯基寫道：「但是，該黨創建之初就已經出現阻礙，用『位於俄羅斯』這個名稱呼籲『統一』，卻併入崩得這個名稱中含有『位於波蘭』這幾個字的黨。」[44]

對畢蘇斯基來說，瓜分這個不公不義的歷史事件一定要改正，而少數民族——立陶宛人、拉脫維亞人、猶太人、烏克蘭人、白羅斯人——對這件事的支持是關鍵。他認為，這些人們所建立的社會主義政黨（崩得、俄羅斯社會民主工人黨、立陶宛社會民主黨）證實了他們想要保持目前國界的完整，是令人憂心的發展。

倫敦之旅

一八九八年的六月，畢蘇斯基在前往倫敦的途中跨越邊界進入奧匈帝國。他的行李中藏著使他踏上這趟旅程的原因——俄羅斯政府的祕密文件，內容透露出政府對波蘭省分的改革和勞工運動抱持的敵意態度。五月時，伊梅列廷斯基親王寫給沙皇的一份嚴厲批評的備忘錄，落入聖彼得堡的波蘭社會黨手中。[45]這份備忘錄原本在一八九八年一月上呈給沙皇，波蘭社會黨拿到的文件還附有大臣會議評論這份備忘錄的紀錄。文件顯示，政府意圖打壓工人運動、限制改革。沙皇尼古拉二世的看法就寫在會議記錄中，他不理會伊梅列廷斯基讓波蘭王國擁有更多自由的建議。[46]

畢蘇斯基在一八九八年七月抵達倫敦後，馬上將這份祕密備忘錄交給海外波蘭社會主義聯盟。該黨的對外部門連同畢蘇斯基的十九頁導論一起印製影本，導論概述了歷史上俄羅斯政府充滿敵意與壓迫的政策。大部分頁面的空白處都有編輯附加的注解，幫助讀者解讀文件內容。這份文件的出版大大丟了俄羅斯當局的臉。[47]

畢蘇斯基向家鄉的《工人》讀者宣布這份文件即將出版，並警告他們不要被伊梅列廷斯基的改革提議給騙了，那些提議對工人運動不懷好意，揭露這位總督其實是勞工的敵人。畢蘇斯基說，伊梅列廷斯基使用刺刀和子彈鎮壓最近的一次罷工，並不令人意外。他寫道：「沒有任何對沙皇忠心的僕人可以前進，因為不管人們對工人的訴求有什麼看法，【每一場罷工】都帶有反抗沙皇本人的意味。因此，沙皇的威權和工人的訴求兩者是互相矛盾、無法並容的。這也解釋了莫斯科侵略者絕對的殘暴、歷來沙皇政府對人民高漲的意識抱持的野蠻態度。」[48]歷史學家同意，出版伊梅列廷斯基的備忘錄是波蘭社會黨在這之前做過最成功的舉動，提高了該黨受歡迎的程度。[49]甚至在備忘錄還沒有出版前，《泰晤士報》的讀者就已聽說這份祕密文件。報紙上的文章寫道：「戰爭部長同意內政部長所說的，認為波蘭今天對俄羅斯的感受就跟一八六三年的時候一樣不友善……波蘭無疑是俄羅斯的肉中刺，那些被允許研究伊梅列廷斯基親王報告的五十份副本的官員，都承認這個事實。」《泰晤士報》最後總結：「這份祕密報告落入了一個波蘭革命組織的手中，或許是證實俄羅斯政府統治波蘭不善的眾多症狀之一。」[50]巴黎的《時報》主張，即將出版的文件是「無法反駁的證據」，證實各界對於沙皇在一八九七年九月造訪華沙後俄波關係將會破冰的任何希望，現在已完全破滅。[51]

畢蘇斯基待在倫敦時趁機見了許多同志，也聯繫其他西歐城市的同志。他安排預計在法國停留時到巴黎跟凱勒斯－克勞茨碰面。他也提醒人在勒沃夫的佩爾完成波蘭詩人亞當·密茨凱維奇的傳記，好趕在他即將到來的百歲冥誕前成書。[52]同一時間，《工人》發行滿四週年，畢蘇斯基在頭版文章裡寫道：「經歷四年被追著跑、數千間公寓裡裡外外被搜查、數百人遭到盤問的日子之後，新一期的《工人》再次問世。」[53]他還進一步地對俄羅斯政府表示輕蔑，說一八九八年的勞動節活動第一次在華沙的主要大道上朗誦工人的詩歌。

在同一期的《工人》裡，畢蘇斯基宣布波蘭備受讚譽的詩人密茨凱維奇的百年冥誕即將到來。在一八九八年的十二月，俄羅斯瓜分地區的第一座密茨凱維奇雕像將在華沙舉行揭幕儀式。畢蘇斯基說，那場儀式的安排很丟臉，沒有代表、花圈或聚會，唯一的邀請函只寄給密茨凱維奇住在海外的孩子。除此之外，演說之前還得演奏〈天祐沙皇〉這首歌。不意外地，波蘭公眾人物沒有人同意出席。[54] 畢蘇斯基在一八九八年七月寫道：「揭幕儀式當天，雕像會被軍隊滴水不漏的封鎖線所包圍，只有事先分到票的人可以進到裡面。華沙所有的工人都會走上克拉科夫郊區街（Krakowskie Przedmieście Street），沒有封鎖線可以阻擋我們。」他最後說：「我們這些小心呵護詩人記憶的民眾，不能把這託付給沙皇的僕人或沙皇親自挑選的紀念委員會。我們全部的人應該一起守護他的記憶，因為只有波蘭人能好好紀念自己的詩人。」[55]

畢蘇斯基在倫敦跟許多同志都有交流。例如，瓦西萊夫斯基和他的妻子曾多次在他們位於倫敦的家招待畢蘇斯基。有一次，雙方因為瓦西萊夫斯基寫給勒沃夫某個波蘭社會主義團體的信件，氣氛變得激動起來。信件內容顯然讓畢蘇斯基很不開心。瓦西萊夫斯基憶道：「我被他訓斥了一番，他的語氣很嚴厲，腳不斷跺地板。」瓦西萊夫斯基接著說：「『維克多』同志身為無止盡為國付出的波蘭代表，聲譽非常卓越，使我將這番訓斥當作自己犯錯應該受到的『懲罰』。」然後說道：「維克多同志跺腳的樣子將永遠留存在我心中，尤其是因為我之後再也沒有看過他那樣發脾氣。」不過，他後來到瓦西萊夫斯基家中作客的氣氛都很溫暖友好。畢蘇斯基跟瓦西萊夫斯基和他的妻子一起坐著喝茶，「愉快地聊著波蘭發生的各種事。」[56]

回到維爾紐斯的家

在倫敦待了兩個月之後，畢蘇斯基在一八九八年的八月二日出發返回維爾紐斯。旅程之初，他到比利時的奧斯坦德（Ostend）借住同志霍維茨（黨名亨里克・瓦列茨基〔Henryk Walecki〕）的家。當時，霍維茨正在根特大學攻讀數學和物理學的博士學位。畢蘇斯基預期自己會前去造訪，先前便叫霍維茨為《工人》準備一個關於國際勞工運動大事的專欄，要在他到之前完成。[57] 為了畢蘇斯基的造訪，霍維茨安排當地黨員跟他會面，也邀請了妹妹亞妮娜（Janina）。亞妮娜生動地回憶她對維克多同志的第一印象：「我……聆聽幾名出席者熱烈的對話，其中一人因為外表和才智特別引起我的注意。回到家後，我哥哥才偷偷跟我說：『妳知道那是誰嗎？約瑟夫．畢蘇斯基，最近剛脫離流亡生活的那個人。』」她還記得對畢蘇斯基的第一印象，形容他「年輕、白皙、纖瘦，有著小鬍子、明亮銳利的藍眼睛和極為沉著簡樸的生活方式。」[58]

畢蘇斯基離開比利時，前往勒沃夫，在那裡注意到伊梅列廷斯基報告的出版在當地波蘭媒體，以及德國與英國報紙中獲得不小的關注。[59] 出國將近三個月後，畢蘇斯基回到家感覺鬆了口氣。抵達從德國進入俄羅斯的交會點卡托維茲幾天後，他寫信到倫敦：「終於，我來到俄屬波蘭寫信給你們了。我不知道你們在那裡過得如何，但是我很高興【回到家】。在這裡感覺很好。」回到維爾紐斯後，他發現人們都在討論伊梅列廷斯基報告的出版。他寫到，那份備忘錄「在這裡非常暢銷」，他只後悔沒有多印一些。[60]

畢蘇斯基跟維爾紐斯的立陶宛社會主義者有所來往。立陶宛社會民主黨的領袖之一阿爾馮薩斯．莫拉夫斯基（Alfonsas Moravskis）聯繫畢蘇斯基，說自己對波蘭社會黨第四次黨大會在立陶宛社會主義者的議題上所做出的決議感到失望。俄羅斯社會民主黨在對莫拉夫斯基和立陶宛社會民主黨施壓，希望他們跟自己合併，但是莫拉夫斯基決定不要加入新成立的俄羅斯社會民主黨。畢蘇斯基寫道：「某種程度來說，這完全是很自然的事情。」畢蘇斯基推論：「這源自立陶宛社會民主黨和波蘭社會黨之間的血脈關係，是任何想要撕裂盧布令聯盟（Union of Lublin）的分離主義鬼怪都無法拆散的。」他指的是波蘭和立陶宛在一五六九年成立的政治聯盟，後來催生了波蘭立陶宛聯邦。[61]

畢蘇斯基力促立陶宛政黨領袖明確提倡波蘭社會黨的黨綱。畢蘇斯基在一八九八年的十月寫道：「我已經跟他們的領袖聊過幾次，但當我要求他們說出自己的『聯邦』綱領時，我不確定他們想跟誰組成聯邦。這就是為什麼我無法跟他們達成共識，他們連想跟波蘭組成聯邦也說不出口。」他的語氣十分沮喪。[62] 接著，畢蘇斯基為這兩個黨草擬了統一協議。然而，他把草案拿給立陶宛同志時，「這個話題已經鬧得不可開交」，導致協議最終成了泡影。但是，畢蘇斯基沒有失去信心。他寫道：「我沒有感到絕望，相信總有一天一切都會按照我們的希望來安排。」[63]

在一八九八年的年底，畢蘇斯基把焦點從跟當地立陶宛人和猶太人的事務轉移到兩座雕像上面。第一座雕像在一八九八年的十一月八日在維爾紐斯揭幕，紀念的是西北地區（Northwest Territories）前任總督米哈伊爾・穆拉維約夫（Mikhail Muraviev），他因殘暴鎮壓一八六三年的波蘭起義，所以有「劊子手」的暱稱。在這座雕像的揭幕儀式中，穆拉維約夫被讚譽為祖國的救星。在《工人》的頭版文章中，畢蘇斯基大罵政府不在其他地方豎立這座雕像，偏偏選擇維爾紐斯。他在〈劊子手的紀念雕像〉中寫道：「被莫斯科俘虜跟被其他許多【專制政體】俘虜不一樣，因為遭到征服的民族除了遭受不公與迫害，還得不斷忍受羞辱……【沙皇】鞭打被征服的民族不夠，還希望他們親吻斷掉的棍子；沙皇擊敗他的對手不夠，還必須賞戰敗者一巴掌。」[64]

穆拉維約夫雕像真的讓畢蘇斯基非常憤怒。他利用這起事件探討了一八六三年起義的重大意義。他解釋，華沙臨時國民政府在一八六四年解放波蘭農民後，俄羅斯政府變得非常憂心。波蘭農民被解放後，俄羅斯擔心整個波蘭民族都會支持華沙的分離主義政府，「想要跟俄羅斯打仗的歐洲人也會支持波蘭人，進而提高徹底打敗沙皇的希望。」

畢蘇斯基說，俄羅斯曾有一小段時間相信自己會失去波蘭王國。然而，起義分子武裝欠佳的部隊、數量過少的武器，以及英法兩國沒有帶來任何武力威脅的事實，最後造成決定性的結果。他寫道：「法國、英國和奧地利的政府只有靠文字聲明表達抗議。跟民意以為的不同，他們不想透過武力支持自己的言論。」這等於放行俄羅斯政府鎮壓起義。俄羅斯軍隊的勝利目標「不只是要擊敗波蘭和立陶宛這兩個想要脫離俄羅斯的俘虜民族，也是為了懲罰他們，摧毀任何想在未來發動叛變的欲望……在立陶宛，負責這項任務的人就是穆拉維約夫。」穆拉維約夫開始領導維爾紐斯之後，「殺人、恐嚇、劫掠吞噬了立陶宛。我無法在這篇短文列出穆拉維約夫所有的惡行，只能說他擔任總督時是如此令人憎惡又駭人……沙皇在【一八六三年】起義瓦解後不得不馬上開除他。」[65]

畢蘇斯基寫下極具渲染力的結尾：「現在，政府竟然要為那個沾染了背叛和鮮血的男人豎立一座雕像，地點還選在土壤吸滿他受害者的鮮血、受盡折磨的軀體尚未腐敗、淚水尚未乾涸的維爾紐斯。這樣一座雕像……非常符合沙皇的性格。」他說：「這是野蠻和羞辱的最高點。像這樣厚顏無恥地嘲弄人類情感的行為，只會出現在這個踐踏人民尊嚴多年的政府體制中。」[66] 畢蘇斯基為揭幕儀式寫了一頁宣言，署名波蘭社會黨，在舉行儀式當天的早上發放到維爾紐斯街頭。他寫到，這座城市的居民會看見東正教的教士和沙皇的官員——「一群吸血蟲。」這份宣言表示：「對我們來說，這些石塊與銅塊、這座雕像，是奴役的象徵，由沙皇強加給維爾紐斯。」它的目的是要嘲笑當地居民的悲慘。畢蘇斯基承諾：「當波蘭和立陶宛沐浴在自由的陽光下，這座象徵奴隸制的雕像將粉碎一地。」[67]

畢蘇斯基意識到這兩座雕像——一座是波蘭鍾愛的詩人密茨凱維奇，另一座是鎮壓一八六三年起義的俄羅斯官員——的豎立地點帶有殘酷的諷刺意味。如同帕特里斯·達布羅夫斯基（Patrice M. Dabrowski）所說的：「由於這位詩人跟維爾紐斯關係密切，曾在這裡居住讀書（不像他從來沒去過的華沙），穆拉維約夫雕像的地點選擇因此讓人特別痛苦。」[68] 畢蘇斯基說：「他們授權豎立密茨凱維奇的雕像，卻又同時在維爾紐斯豎立將這座城市淹沒在波蘭人鮮血之中的穆拉維約夫的雕像。」[69]

畢蘇斯基在接下來的一系列社論中強調後面這一點。《工人》將一八九八年十二月的那一期獻給密茨凱維奇和他的遺緒，頭版還印了這位詩人的精美圖像。這期報紙收錄了一份以波蘭社會黨的名義發布的宣言，說：「密茨凱維奇已變成每一位真正的波蘭人靈魂的一部分。」從字裡行間可看出對揭幕儀式的極端負面感受：「在波蘭的腳上仍銬有枷鎖、臣服的陰鬱旋律仍不斷迴盪的這個時期，我們的民族渴望好好紀念他們的詩人。」[70]

同一時間，畢蘇斯基長久以來為了發行意第緒語黨報所付出的努力，終於有了成果。會議結束後返回維爾紐斯的畢蘇斯基寫信到倫敦，信中透露倫敦先前已經同意寄出希伯來文鉛字，讓維爾紐斯的黨可以印製意第緒語文宣。他說：「在不久的將來，我們即將為猶太工人設立一個新的意第緒語小型印刷廠。」[71]畢蘇斯基找到霍維茨這個能幹的人選來編輯這份報紙。霍維茨雖然是在華沙長大，但他的父親來自維也納，因此霍維茨在家都說德語和波蘭語。所以，他為了編輯這份報紙，必須要學意第緒語。有了說意第緒語的猶太黨員協助，《工人》（*Der arbeter*）的第一期於一八九八年的十二月在倫敦印製問世。

畢蘇斯基聽到這個消息很開心，要求把報紙偷運到維爾紐斯，數量越多越好。[72]但，他為意第緒語黨報設定的目標有些差強人意，因為他本來希望這個出版物能在俄羅斯帝國**境內**印製。真正的阻礙在於，他們缺少能完成意第緒語報紙的黨員人才，而這個問題很快就變得非常明顯。霍維茨於一八九九年在華沙被逮捕之後，這份意第緒語報紙的第二期要一直到兩年後的一九〇〇年十二月才出刊。同一時間，畢蘇斯基正在準備拉脫維亞語的傳單，要拿到里加發放，顯示他持續努力吸收邊疆地區的非波蘭民族入黨（最終要讓他們加入未來將脫離俄羅斯的國家）。[73]

結婚與遷居

一八九九年這年為三十一歲的畢蘇斯基帶來三大轉變。第一個是維爾紐斯的人事變化。該年年初，史坦尼斯瓦夫・沃伊切霍夫斯基想要結婚成家了。沃伊切霍夫斯基是黨中央工人委員會的成員之一，一直是畢蘇斯基發行黨報的主要合作者，並在他的維爾紐斯公寓偷偷放置黨的印刷機。因此，當沃伊切霍夫斯基說他已經訂婚，要移民到英國時，畢蘇斯基內心五味雜陳。他是真心替沃伊切霍夫斯基和他的未婚妻瑪麗亞．基爾斯諾夫斯卡（Maria Kiersnowska）感到開心；畢蘇斯基認識基爾斯諾夫斯卡很多年了，因為他們兩人在維爾紐斯的俄羅斯國立文科中學是同學。但是同一時間，畢蘇斯基不想看見自己的同志和朋友離開。沃伊切霍夫斯基承諾會待到下一期報紙完成，之後便跟畢蘇斯基道別，把公寓鑰匙交給他，然後永遠離開這個國家，同一年在倫敦跟未婚妻瑪麗亞成婚。[74]

畢蘇斯基也有結婚的打算。他感覺到時光的流逝，在一八九八年的八月說：「我越來越感覺自己年紀大了。」[75]因此，畢蘇斯基住在維爾紐斯的弟弟揚，會說這段時期最容易找到畢蘇斯基的地方是瑪麗亞．尤什凱維奇的家，並不讓人意外。[76]畢蘇斯基已經認識瑪麗亞六年了，他們是一八九二年在維爾紐斯的某一次波蘭社會主義聚會上認識的。一八九九年的春天，他向瑪麗亞求婚。從很多方面來說，他們是天作之合。瑪麗亞不但聰明有教養、擁有大學學歷，還積極參與黨的謀反活動。瑪麗亞離過婚，因此不能在基督教教堂結婚，所以兩人在一八九九年的五月改信新教。七月十五日，畢蘇斯基在沃姆札區（Łomża district）的帕普羅奇杜札（Paproć Duża）村裡的奧格斯堡福音派教會（Evangelical–Augsburg Confessional Church）娶了瑪麗亞，成為瑪麗亞十一歲的女兒汪妲的繼父。畢蘇斯基的弟弟亞當和揚是見證人。結婚證書上寫出這對新婚夫婦是約瑟夫．東布羅夫斯基（Jozef Dąbrowski）和原姓卡爾切夫斯卡（Karczewska）的瑪麗亞．東布羅夫斯卡。這對夫妻使用新的假身分定居在維爾紐斯，搬進沃伊切霍夫斯基的舊公寓。[77]

畢蘇斯基再次回到繁忙的黨務，連續發行兩期《工人》。在第一期，他談到在沙俄這個國家，「沒有得到當局的明確准許，幾乎無法自由呼吸。」[78]在下一期，《工人》在一八九九年的七月慶祝出刊五週年。畢蘇斯基在頭版社論中寫道：「我們的五週年慶是一場在沙俄境內達成的重要勝利。【這份報紙】會有源源不絕的力量都要感謝不斷成長、自我意識明確的波蘭工人階級。」[79]畢蘇斯基也一邊處理黨務、寫信給倫敦，還動員黨的公關人員撰寫更多政治宣傳文宣。為了這個目的，他非常仰賴佩爾，請倫敦總部叫佩爾撰寫一篇有關波蘭詩人尤利烏什・斯沃瓦茨基的文章、編輯一本民族詩集、完成一本關於國際社會主義運動的冊子。畢蘇斯基寫給倫敦：「整體來說，如果倫敦組織的你們可以發行更多歷史性質的冊子就太好了。不多出版這類文宣真的很可惜。」[80]畢蘇斯基和他的同志都覺得他所率領的運動具有歷史意義。為了加以記錄，倫敦總部開始設立黨的檔案庫，畢蘇斯基時常貢獻資料到裡面。例如，在一八九九年的一封信中，他為檔案庫附上兩個東西，分別是一張史坦尼斯瓦夫・蘭迪（他在西伯利亞流放期間的好友）的照片，還有波蘭社會黨和立陶宛社會民主黨在一八九九年八月提出的協議草案。[81]

在下一期的《工人》，畢蘇斯基抨擊壓迫的沙皇體制。他寫道：「我們跟沙皇制的鬥爭是兩個完全相異的世界之間的鬥爭。一方面，瘋狂野蠻的亞洲憑著無情、殘酷和奴性硬是侵入我們的生活。另一方面，一個完全體現歐洲意涵的運動為了抵抗它而興起。這場運動要打破限制人民發展的枷鎖、移除一個人對另一個人的俘虜和控制所留下的每一個痕跡。這兩個勢力展開了生死鬥爭。」[82]

畢蘇斯基的人生在一八九九年發生的第三個轉變，就是他決定搬到烏茨。在一八九九年的秋天，他判斷俄羅斯當局快要發現他的行蹤和他們一直想要找到的印刷機。十月時，他聽說俄羅斯祕密警察正要圍捕他。畢蘇斯基一家人幾乎馬上安排搬到烏茨，相信在那裡可以躲過警方的注意。遷走印刷機之後，畢蘇斯基和瑪麗亞帶著十一歲的女兒在一八九九年的十月二十八日突然離開維爾紐斯，搬到烏茨，住進一間現在放置黨的印刷機的公寓。對畢蘇斯基和瑪麗亞來說，搬家不是理想的轉變。瑪麗亞在維爾紐斯出生長大，畢蘇斯基七歲之後就住在維爾紐斯，現在卻被迫離開心愛的家鄉。

開始準備下一期的《工人》時，畢蘇斯基回到邊疆民族在沙皇體制下的命運這個複雜的主題。這是從倫敦寄來的一封信開始的，瓦西萊夫斯基在信中寫到一本冊子的提案，畢蘇斯基針對內容給瓦西萊夫斯基詳盡的建議。他認為，其中一個必須強調的重點是，非俄羅斯人民的受到奴役狀況比在其他多民族帝國還糟，「原因是俄羅斯的政治體制和瘋狂特性」。[83]說出一些整體的評論後，畢蘇斯基敦促瓦西萊夫斯基要去提倡一個由立陶宛和白羅斯信奉天主教的西部地區組成的聯盟，因為只有「那個地區【的白羅斯】有可能支持未來【的聯邦國家】。」他接著說：「必須強調和提出立陶宛在很大程度上屬於波蘭的延續這個概念。立陶宛有比例很高的波蘭人、城鎮人口說波蘭語的比例很高，波蘭文化的影響力也很大。簡言之，波蘭人對這個國家做出很大的貢獻，造成的結果就是擁有共同的歷史傳統——參與叛變、波蘭革命和社會主義運動。」[84]

畢蘇斯基也建議瓦西萊夫斯基要強調立陶宛的未來跟波蘭的未來密不可分。他說，立陶宛獨立的未來雖然不明朗，「但跟波蘭最好的計畫就是確保波蘭人、立陶宛人、白羅斯人和猶太人的自由發展，停止將某一群人的巨大優勢壓在另一群人身上——這在面對錯綜複雜的民族關係是有必要做到的。立陶宛的社會主義者一定要提出這樣的立場，而波蘭社會黨應該在立陶宛人之間提倡這點。」面對像帝俄這樣強大的敵人，波蘭和立陶宛必須在每一場波蘭鬥爭中聯合起來，帶著波蘭社會黨的力量「及立陶宛全部民族的所有社會主義者進行共同奮鬥。」[85]

這份冊子的提案還有一節要來討論猶太人。瓦西萊夫斯基說，猶太人的議題非常棘手。畢蘇斯基建議瓦西萊夫斯基不要把這個主題獨立成一個節，而是只寫幾行字就好。他寫道：「我們認為最好【把這幾句話】放進立陶宛的章節，像這樣寫：猶太人可能比任何人都還受到壓迫，但是就跟其他受到迫害的人們一樣，他們應該跟基督徒一起在共同的奮鬥中為**自己**的國家自由尋求救贖。」這封冗長的信件寫到最後，畢蘇斯基累壞了。他坦承：「現在非常晚了，我有點累，所以很抱歉這封信有點混亂。給你大大的擁抱，替我向你的妻子問好。」[86]瓦西萊夫斯基後來說，畢蘇斯基的信件成為兩年後出版的一本冊子的基礎。這封信實在太重要，所以瓦西萊夫斯基在撰寫有關畢蘇斯基的著作時，完整收錄了信件內容。[87]這個在一九〇一年問世的出版物《在共同的壓迫者之下》（*We wspólnym jarzmie*）處處可見畢蘇斯基的影子，裡面有很多點子都是來自他的信。瓦西萊夫斯基在冊子裡寫道：「說立陶宛的知識分子是波蘭人一點也沒錯。」他補充道：「因此，我們把立陶宛視為幾乎是波蘭的一部分，是完全合理的，特別是因為波蘭文化和波蘭政治潮流（無論是叛變或

三十二歲的畢蘇斯基跟他的第一任妻子瑪麗亞和繼女汪妲，攝於一九〇〇年的烏茨。

社會主義）的影響力是如此巨大。」[88]

一八九九年的年底，畢蘇斯基和他的新助手發行兩期《工人》。在強而有力的社論文章〈新階段〉中，畢蘇斯基討論了洞布羅瓦古尼恰（Dąbrowa Górnicza）的工廠工人為了抗議兩名工人被逮捕後離奇死在獄中的事件所發起的示威遊行。他寫道：「無產階級所有的革命活動都有一個共同的連結，那就是其非法以及跟沙俄法律無法相容的特性。然而……根據威權政體，光是想要改變無產階級當前局勢的想法本身就是犯罪。」他補充道：「在歷史上為了反對專制而發動的革命中，示威遊行扮演了很重要的角色。也就是說，示威遊行的數量增加象徵革命爆發前夕的一個階段。換句話說，我們現在正處於革命前的階段。」[89]

畢蘇斯基總是會思考對當下情勢具有意義的歷史事件，因此特別點出了波蘭第一個社會主義政黨「無產階級」的領袖遭處決十四週年的日子。在一九〇〇年一月的頭版文章中，便收錄一張這個組織的領袖引人注目的照片，還有一幅遭處決者的素描。對畢蘇斯基來說，這個紀念日具有非常個人意義。「無產階級」的領袖及其追隨者於一八八六年被判處漫長的徒刑和四項死刑時，他正在哈爾可夫念大一。「勞工運動跟沙皇制的第一次衝突就是『無產階級』黨的出現。我們都知道，這場戰鬥會認真延續下去。我們確信我們的階級……最後會贏過他們。」[90]

沃伊切霍夫斯基移民英國六個月後，畢蘇斯基感覺自己工作過度、好像被困在烏茨。他為了發行黨報多做很多工作，懇求倫敦把沃伊切霍夫斯基送回烏茨。如果不可能辦到，那他希望改派延傑尤夫斯基來代替自己編輯《工人》。畢蘇斯基也因為下一期他邀稿的文章沒有一篇寄來而感到惱怒。結果，他必須寫出比平常多一倍的文章。他接著說，麻煩寄報紙要用的墨水印章過來，上面能印出「幫助政治犯」的標語。[91]畢蘇斯基展現出顯而易見的惱怒和不滿。他在一九〇〇年二月七日寫道：「過去這幾個星期，我有比較多空閒時間的時候，總是感到精疲力盡、愚蠢焦慮。過去這幾天我都沒睡好，因此我什麼工作也沒辦法完成。」[92]

讓畢蘇斯基非常不自在的其中一個原因，就是政府的間諜越來越常出現。他在一九〇〇年的一月七日就寫道：「我從來沒看過這麼多間諜，到處都是。」[93]要繼續出版《工人》，畢蘇斯基需要印刷機的一個備用零件，但是他擔心那會很難找。一個月後，他說：「在過去的兩個半星期，我都沒有踏出公寓。我想等到間諜的數量減少再說。」[94]

一九〇〇年二月二十日，黨中央委員會的成員之一亞歷山大・馬里諾夫斯基（Alexander Malinowski）從華沙來拜訪畢蘇斯基。然而，馬里諾夫斯基不知道自己被警察跟蹤了。警方看見他進入畢蘇斯基的公寓之後，在二月二十一日的晚上，馬里諾夫斯基等待回華沙的火車時將他逮捕。幾小時後，警方在二月二十二日凌晨三點闖入畢蘇斯基和瑪麗亞位於烏茨的公寓。他們不但抓到了長久以來一直想抓的非法波蘭社會黨領袖及其妻子，還沒收黨的印刷機。從畢蘇斯基在一九〇〇年四月偷渡出監獄的一封信中，我們得知他當時正在準備第三十六期的《工人》。遭到逮捕的那天晚上他去睡覺時，那一期的十二頁內容已經完成九頁，畢蘇斯基才剛寫完頭版文章。[95]畢蘇斯基和瑪麗亞被拘留在烏茨，並在四月十七日轉到華沙的監獄。

畢蘇斯基被逮和印刷機被沒收這兩件事，造成了重大的打擊。當時人在倫敦的瓦西萊夫斯基憶道：「這個消息對我們所有人的打擊都非常大。我們全在想，這場災難之後黨的命運會變得如何。俄羅斯憲兵【這麼長的】一段時間以來一直沒有成功找到的印刷機沒了，但這對我造成的影響卻比不上波蘭社會黨最傑出的領袖被抓了還要大。黨裡沒有任何人質疑『維克多』同志是波蘭社會黨當時最卓越的領袖。」沒錯，畢蘇斯基已經獲得傳奇的地位。瓦西萊夫斯基憶道：「連在那個時候，就已經有某種傳奇在散發著光芒，黨內對他的個人忠誠心更散播並強化了那個傳奇。」[96]現在，每個人都很擔心畢蘇斯基的命運。他們害怕他是否有走出沙皇監獄的一天。

Chapter 6

巧妙脫逃記
和奧屬加里西亞的新家

我們的社會主義黨將盡全力對抗反猶主義這個有害落後的思潮。我們認為，限制任何團體權利的【俄羅斯】政策非常可惡。

——約瑟夫．畢蘇斯基，一九〇二年黨決議

畢蘇斯基領導波蘭社會黨八年，期間出版編輯了黨報、擴大了黨員的數量、在國內外提高了黨的聲望，現在卻跟妻子一起被關進監牢。俄羅斯祕密警察不僅讓下一期的《工人》無法出刊，還找到大量設備，包括希伯來文鉛字和各種印刷工具。警方也查獲許多寫給史坦尼斯瓦夫．沃伊切霍夫斯基和博萊斯瓦夫．延傑尤夫斯基等社運人士的信件，以及畢蘇斯基的哥哥布羅尼斯瓦夫寄來的私人信件。此外，憲兵也找到寫滿畢蘇斯基寫作靈感的筆記本，還有俄語、烏克蘭語、德語、拉脫維亞語和意第緒語寫成的剪報。[1]

沙皇政府逮捕畢蘇斯基、拿走印刷設備，為黨帶來重大的打擊。亞歷山大．馬里諾夫斯基也被逮捕，導致三名黨中央委員會的成員有兩名被關。雖然遭突發事件重創，亞歷山大．蘇奇維茨等沙俄境內的黨員仍誓言會盡全力解救畢蘇斯基，同時繼續黨的活動。

逮捕事件發生後不到幾天，蘇奇維茨便成立一個新的臨時中央委員會，領導階層包括蘇奇維茨、費利克斯．薩克斯（Feliks Sachs）以及卡齊米日．羅茲諾夫斯基（Kazimierz Rożnowski）——他就是畢蘇斯基的助手，逮捕當晚逃到了維爾紐斯。[2] 新的中央委員會決議，恢復士氣的方法就是找一台新的印刷機發行下一期的《工人》。然而，一九〇〇年的二月二十六日，黨又遭受另一次打擊，沙皇警察搜查畢蘇斯基一家人以前在維爾紐斯的公寓，拘留羅茲諾夫斯基和薩克斯。這次逮捕行動不僅讓新的臨時中央委員會成員砍半，還暴露替代印刷機預計放置的地點。[3]

同一時間，家鄉的危機促使沃伊切霍夫斯基離開倫敦，前往俄羅斯進行黨的重組。他在一九〇〇年的三月二十日跨越邊界，接著到比亞維斯托克跟蘇奇維茨碰面，討論重組計畫。兩人都同意在新的印刷機進到俄羅斯之前，《工人》要在倫敦製作。在沃伊切霍夫斯基抵達俄羅斯的第一個星期，他跟蘇奇維茨一起組成新的中央委員會，成員包括他們兩人和博萊斯瓦夫・查爾科夫斯基（Bolesław Czarkowski）。[4]

沃伊切霍夫斯基帶著下一期《工人》的資料回到倫敦。新的一期完成之後，他在一九〇〇年四月二十日回到俄羅斯，到東普魯士的邊境小鎮埃特庫尼（Ejtkuny，今天俄羅斯的車爾尼雪夫斯科耶〔Chernyshevskoye〕）跟蘇奇維茨碰面，把報紙交給他。[5]新一期的報紙在黨的印刷機於烏茨被帶走兩個月後發行，帶有對抗的意味，主要社論就在告知讀者二月時在烏茨發生的戲劇化逮捕事件。《工人》表示：「憲兵這次僥倖贏過我們的組織，卻沒有擊垮我們。經過兩個月，讀者手中又拿到第三十六期的《工人》。」[6]

畢蘇斯基將烏茨的監獄形容得很糟。他憶道：「牢房很小，沒有任何家具，我被禁止抽菸——這裡的一切都讓這個骯髒的洞穴令人厭惡。」[7]畢蘇斯基夫婦從烏茨轉到惡名昭彰的華沙堡壘，畢蘇斯基以政治犯的身分被關在第十館。畢蘇斯基表示，轉到華沙後有很大的改善：「他們帶我到華沙，我非常滿意。但事實上，讓我心情這麼好的真正原因是，進入這個跟我們國家的烈士曾經有過如此密切關聯的建築，使我非常興喜。」他在這裡可以抽菸，牢房也有可移動的家具。畢蘇斯基後來說道：「所以回顧我在華沙堡壘第十館的監禁生活時，我的心情很愉悅。在其他監獄，你沒有自己的東西，但在這裡，所有的東西都屬於你，因為你有權利移動它們。我被帶到華沙堡壘第十館的二十六號牢房時，那裡感覺具備一間飯店房間所有的迷人之處，雖然是個非常二流的飯店。我的行李躺在那裡，我可以自由地把自己的東西從一個角落移到另一個角落，踢桌子時，桌子就會乖乖移動。」[8]

波蘭社會黨的線民已經滲透第十館好幾年了。透過這些管道，畢蘇斯基得以在一九〇〇年的四月將詳細描述逮捕過程的報告偷運出去。這份報告寫在從雪茄盒取出的紅色薄紙上，先是送到華沙黨員的手中，接著抵達倫敦。畢蘇斯基附上了烏茨公寓的平面圖，提供有關他遭到逮捕和設備被拿走的第一手記述。[9]他接著又偷渡一封信給繼女汪妲，她當時很可能還在烏茨。他滿懷情感地寫道：「當妳回到維爾紐斯，請替我向整座城市、那四個字——維爾紐斯——所蘊含的一切美妙事物打招呼。」[10]

一九〇〇年的五月，黨的局勢開始好轉，薩克斯保釋出獄，中央委員會也在基輔替新的印刷機找到放置地點。這份新一期的《工人》是印刷機在二月被奪走後，於沙俄境內印製的第一期報紙，顯示黨的運作完全沒有問題。這一期的主題是紀念剛以七十三歲高齡去世的前德意志社會主義者威廉·李卜克內西，感念他對波蘭社會黨獨立黨綱的支持。

逃離精神病院

同一時間，蘇奇維茨也忙著籌備畢蘇斯基逃獄的計畫。首先，他聯絡上祕密組織「幫助囚犯協會」（Kasa Pomocy Więziennej）一位支持該黨的活躍成員瑪麗亞·帕斯科夫斯卡（Maria Paszkowska）。她誓言會安排讓畢蘇斯基被轉送出華沙堡壘，因為要直接從那裡逃走是不可能的。畢蘇斯基要離開那裡唯一的方法，就是假裝自己得到了那裡沒得醫治的病——精神病。[11]

帕斯科夫斯卡找上當時在華沙堡壘監獄擔任副主管的俄羅斯舊識阿列克謝·謝德爾尼科夫（Alexei Sedelnikov）。他的妻子是波蘭人，因此對波蘭人的議題有一定的同情。事實上，他已經跟帕斯科夫斯卡合作了六年，同意傳訊息給畢蘇斯基。[12]帕斯科夫斯卡和蘇奇維茨找了一位波蘭精神科醫生拉法爾·拉齊維洛維奇（Rafał Radziwiłłowicz），向他請教要怎麼佯裝精神病。接著，帕斯科夫斯卡聯繫畢蘇斯基，「這都多虧好心的謝德爾尼科夫。用這個方法，我們便能相當充分地【讓畢蘇斯基】了解【整個計畫】。」她說：「沒有【謝德爾尼科夫的】幫忙，畢蘇斯基絕不可能逃獄。」由於畢蘇斯基至少會被流放西伯利亞八年，她寫道：「波蘭社會黨不能讓這件事發生，除了計畫逃獄別無選擇。」[13]

在接下來的幾個月，畢蘇斯基裝出精神病的症狀，包括拒絕監獄守衛給的食物，導致他體重大幅下降，健康狀況一落千丈。帕斯科夫斯卡叫畢蘇斯基的阿姨史黛芬妮雅・利普馬諾沃那寫信給監獄，急切要求進行精神狀況評估。帕斯科夫斯卡得到華沙聖者約翰瘋人院（Insane Asylum of St. John the Divine）的院長伊萬・薩巴什尼科夫（Ivan Sabashnikov）的信任，告訴這位院長畢蘇斯基是自己的親戚，家人非常關心他的心理狀態。帕斯科夫斯卡說服薩巴什尼科夫，畢蘇斯基需要受到專業精神疾病醫護人員的照顧，並要他親自拜訪這位囚犯，看看是不是如此。[14]

這場會晤非常順利。畢蘇斯基顯然用流放西伯利亞期間的故事，深深吸引了在那裡長大的薩巴什尼科夫。帕斯科夫斯卡寫道：「薩巴什尼科夫衷心感謝我，讓他有機會認識這麼不凡、心胸寬大的人。他不只一次告訴我，跟畢蘇斯基相處的那一個小時是他一生中最棒的時刻之一。」[15] 儘管薩巴什尼科夫知道這整件事是假的，他仍呈交一份報告，說畢蘇斯基的心理狀態十分嚴重危險。不久之後，俄羅斯憲兵隊接到命令，將畢蘇斯基轉到聖彼得堡的行奇蹟者聖尼古拉精神病院（St. Nicholas the Miracle Worker Hospital for the Insane）。他在一九〇〇年十二月十五日抵達，被單獨監禁。

蘇奇維茨馬上展開脫逃計畫的下一步，涉及到聖彼得堡當地由大學生組成的波蘭社會黨組織。他認為聖彼得堡精神病院的院長歐通・切丘特（Otton Czeczot）為波蘭人是個好兆頭。同一時間，蘇奇維茨聯繫了剛在一九〇一年一月完成聖彼得堡軍事醫學院學位的黨員瓦迪斯瓦夫・馬祖凱維奇（Władysław Mazurkiewicz）。馬祖凱維奇的第一個任務，就是到畢蘇斯基被監禁的精神病院找工作。三月，院長給了他一份醫院員工的工作。切丘特在馬祖凱維奇上班第一天帶他認識環境時停在一間病房外，小聲說《工人》的編輯約瑟夫·畢蘇斯基就在裡面受到監控。然而，切丘特透露他知道畢蘇斯基在各方面都很健康。[16]

為了準備脫逃計畫，馬祖凱維奇偷偷帶了員工穿戴的衣物、大衣、鞋子和特殊帽子到他的辦公室。一九〇一年的五月十四日，切丘特出外參加會議，讓馬祖凱維奇代理自己的職務，行動的機會來了。那天晚上，城裡舉辦了園遊會，因此馬祖凱維奇讓絕大多數的員工晚上放假。晚間八點左右，他下令把畢蘇斯基帶到辦公室進行醫療檢查。帶畢蘇斯基過去的員工遲疑著不想離開辦公室，直到馬祖凱維奇命令他關上門、一小時後再回來，這才離開。門一關上，畢蘇斯基立刻開始動作，換上新衣服，十分鐘後便準備好離開。[17]兩人靜悄悄地離開辦公室，確定走廊上沒有人，接著走出醫院後門。馬祖凱維奇發現醫院外側大門被從裡面上鎖時就慌了。但，晚上值班的打雜工人認出這位醫生，幫他開門，讓兩人離開。馬祖凱維奇招呼一輛馬車，兩人快速奔向蘇奇維茨等候著的祕密公寓。

馬祖凱維奇還記得馬車速度非常慢，讓他緊張得不得了。馬祖凱維奇對馬伕大喊：「你應該去運送屍體，而不是載活人！」然而，畢蘇斯基沉著的態度令他震驚：「維克多【畢蘇斯基】試著讓我冷靜下來，說：『看看四周多麼翠綠，聞起來多香啊！』」馬祖凱維奇記得他對這位逃跑的亡命之徒感到憐憫，說：「我看著他，忍不住打冷顫：他的鬍子茂密蓬亂、頭髮亂七八糟、頭上戴了一頂倒楣的帽子。」[18]終於抵達碰面地點之後，畢蘇斯基長久以來的同志和黨的共同創辦人蘇奇維茨溫暖感性地迎接他。蘇奇維茨和畢蘇斯基換上海關官員的服裝，搭上前往塔林（Tallinn）的火車，那是在沙俄境內位於芬蘭灣的愛沙尼亞城市。

到了塔林後，蘇奇維茨安排讓畢蘇斯基跟妻子重逢。瑪麗亞在一九〇一年的一月二十一日被釋放，跟汪妲一起住在維爾紐斯。聽說丈夫脫逃的消息後，她違反出獄的條件離開維爾紐斯，在五月二十四日前往事先安排好的碰面地點。他們計畫到偏遠的波列西耶（Polesie）地區的切斯塔武薩村（Czysta Łuża），在萊萬多夫斯基夫婦的莊園見面。蘇奇維茨和畢蘇斯基在五月底到達時，瑪麗亞已經在那裡等他們。這對夫妻分離

聖彼得堡的行奇蹟者聖尼古拉精神病院。畢蘇斯基在裝瘋後被帶到這裡，並於一九〇一年的五月逃出來。

十五個月之後，再度團聚。

基於安全考量，畢蘇斯基和瑪麗亞沒有一起逃離俄羅斯。一九〇一年六月，蘇奇維茨陪同畢蘇斯基到基輔短暫停留，最新一期的《工人》正在那裡籌備。當時佩爾人在基輔，他在一九〇一年的五月從國外前來擔任黨報的新編輯。跟他在一起的還有來自聖彼得堡的波蘭社會黨學生黨員克薩韋里・普勞斯（Ksawery Prauss），公寓是以他的名義租的。普勞斯憶起兩位客人抵達的情景：「門打開後，我看到畢蘇斯基，他身後的蘇奇維茨露出狡詐的笑容，彷彿在說：『除了約瑟夫脫逃的好消息，他本人也來到這裡！』」眾人接著互相擁抱、大力握手、興奮交談，「但這些只是雞毛蒜皮的言語。大家都很振奮，因為畢蘇斯基真的跟我們在一起，而且重獲自由、健健康康，甚至心情愉快。」[19]那天晚上，普勞斯或佩爾其中一人記下畢蘇斯基描述的脫逃細節。他們決定在下一期報紙中詳細描寫這驚心動魄的脫逃記，並寫出畢蘇斯基的本名。[20]

隔天，畢蘇斯基和蘇奇維茨離開基輔，前往奧地利。在札摩希奇（Zamość）跟瑪麗亞會合後，聖彼得堡大學的學生揚・米克拉塞維斯基（Jan Miklaszewski）歡迎這對夫婦，他被指派帶領他們跨越邊界。他陪畢蘇斯基夫婦往南

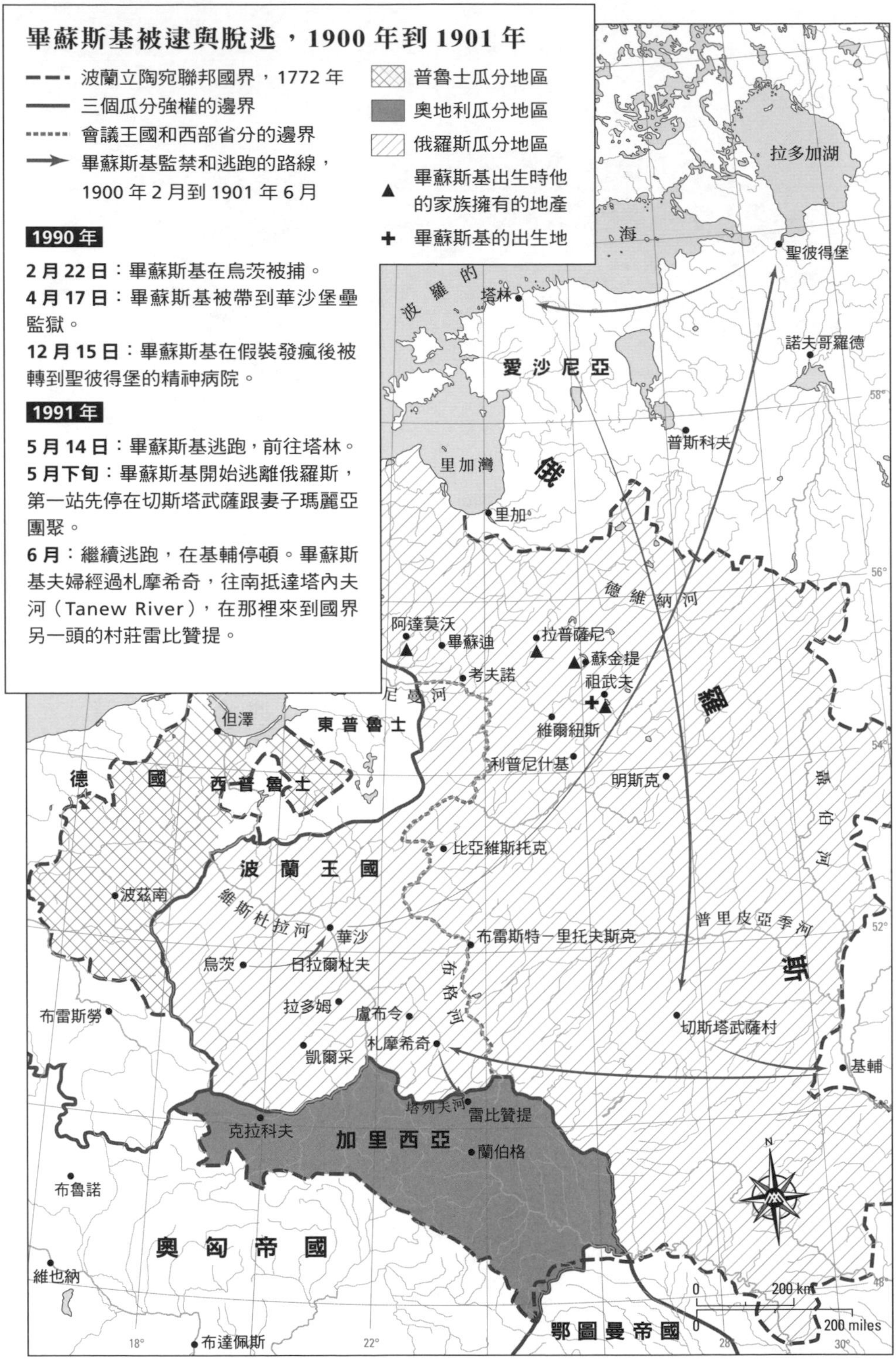
畢蘇斯基被逮與脫逃，1900 年到 1901 年
波蘭立陶宛聯邦國界，1772 年
三個瓜分強權的邊界
會議王國和西部省分的邊界
畢蘇斯基監禁和逃跑的路線，1900 年 2 月到 1901 年 6 月
普魯士瓜分地區
奧地利瓜分地區
俄羅斯瓜分地區
畢蘇斯基出生時他的家族擁有的地產
畢蘇斯基的出生地
1990 年
2 月 22 日：畢蘇斯基在烏茨被捕。
4 月 17 日：畢蘇斯基被帶到華沙堡壘監獄。
12 月 15 日：畢蘇斯基在假裝發瘋後被轉到聖彼得堡的精神病院。
1991 年
5 月 14 日：畢蘇斯基逃跑，前往塔林。
5 月下旬：畢蘇斯基開始逃離俄羅斯，第一站先停在切斯塔武薩跟妻子瑪麗亞團聚。
6 月：繼續逃跑，在基輔停頓。畢蘇斯基夫婦經過札摩希奇，往南抵達塔內夫河（Tanew River），在那裡來到國界另一頭的村莊雷比贊提。
拉多加湖
聖彼得堡
波羅的海
塔林
諾夫哥羅德
愛沙尼亞
58°
普斯科夫
里加灣
里加
俄
56°
德維納河
阿達莫沃
畢蘇迪
拉普薩尼
蘇金提
考夫諾
祖武夫
尼曼河
維爾紐斯
但澤
東普魯士
羅
54°
利普尼什基
德
國
西普魯士
明斯克
聶伯河
比亞維斯托克
波蘭王國
波茲南
維斯杜拉河
華沙
普里皮亞季河
52°
烏茨
日拉爾杜夫
布雷斯特－里托夫斯克
斯
布格河
拉多姆
盧布令
布雷斯勞
切斯塔武薩村
札摩希奇
凱爾采
基輔
塔列夫河
雷比贊提
克拉科夫
加里西亞
蘭伯格
N
布魯諾
奧匈帝國
維也納
48°
0
200 km
0
200 miles
鄂圖曼帝國
18°
布達佩斯
22°
28°
30°

來到塔內夫河（Tanew River）的一個彎處，距離邊界約兩公里，「找到一座藏匿在茂密森林裡的人行橋」，接著他們便跨越邊境，進入雷比贊提村（Rebizanty）的自由土地。[21]

重獲自由

跟沙俄相比，奧匈帝國就像自由的燈塔。奧匈帝國自從一八六七年成立雙元帝國之後就是一個君主立憲制的國家，有國會體系，保障了言論、新聞和集會自由。除此之外，維也納已正式承認波蘭人是加里西亞的主要族群。在一八六八年採行的加里西亞自治體系下，加里西亞總督的職務只有波蘭人可以擔任，各級學校和大學的教學語言也是波蘭語。因此，奧屬加里西亞為畢蘇斯基提供了本質上截然不同的政治與社會環境，是他接下來十二年的家。在波蘭中世紀的首都克拉科夫，波蘭人在一九〇〇年占了人口的三分之二，猶太人則占了百分之二十八。[22]跟最大的族群語言團體是猶太人的維爾紐斯相比，波蘭人在克拉科夫組成了堅強的多數族群。在這裡，波蘭文化是主流，從估計有百分之八十二點五的克拉科夫猶太人都說波蘭語這點就能證實。[23]東加里西亞的首府勒沃夫就比較多元，一九一〇年之前，波蘭人占了人口的百分之五十一點二，其餘人口有烏克蘭人（百分之十九點二）和猶太人（百分之二十七點八）。[24]

在勒沃夫，畢蘇斯基夫婦起初住在他們人脈關係較好的地方，也就是資深黨員維托德・約德科－納克耶維奇和他妻子的家。[25]協助畢蘇斯基脫逃聖彼得堡醫院的馬祖凱維奇也在勒沃夫，他住在約瑟夫・烏辛波（Jozef Uziembło）的家；烏辛波自從一九〇〇年跟妻小離開沙俄後就一直住在當地。[26]烏辛波的兒子亞當表示，自從一八九〇年代初期自己的父親成為波蘭社會黨熱情的支持者之後，畢蘇斯基就一直是他們家的傳奇人物。亞當鮮明地回憶一八九四年他還很小時，看見父親在讀《工人》最早發行的其中一期。他寫道：「我在八歲或九歲時第一次看到《工人》。」當時，他走進客廳，父親對他招手。「他拿出一份報紙，然後非常緩慢地用嚴厲的語氣說，不能告訴任何人我們家有這份報紙，任何人都不行！這必須保密，因為一個人光是持有這份報紙就會被送去西伯利亞。」[27]他的父親非常看重這份報紙，再加上那種機密和危險的氛圍，給這位小男孩留下很深的印象。

七年以後，《工人》的創辦人造訪他們家，十六歲的亞當很開心能見到這位傳奇人物。三十三歲的畢蘇斯基還在復原初期，感覺很累，看得出來精疲力盡。烏辛波憶道：「有好幾次，約瑟夫在漫長的對話中沒了力氣，眼睛快睜不開，面露哀傷，突然感到沮喪，【在房裡】步伐不穩地走來走去。」[28]

在寫給倫敦的延傑尤夫斯基的信件中，畢蘇斯基提到他的身體狀況不佳，但也無法掩飾重獲自由的欣喜。他在一九〇一年的六月二十日寫道：「我只能說，非常開心自己竟然奇蹟似地成功來到這裡，能跟你們在一起。」[29]為了幫助他復原，畢蘇斯基夫婦離開勒沃夫，前往附近的村莊布留霍維茨（Brzuchowice），借住亞當和奧爾嘉・托沃茨科（Adam and Olga Tołłoczko）的別墅。這對夫婦的女兒海蓮娜想起畢蘇斯基當時「看起來病得很重，雖然因為他得到完善的照顧，很快就好轉了。」海蓮娜繼續說，他雖然健康狀況不佳，「但總是有幽默感，常常開玩笑。他最喜歡在屋子或花園裡朗誦【詩人】斯沃瓦茨基的作品。」他當時最喜歡的活動是下棋。[30]

畢蘇斯基待在布留霍維茨的時候見了好幾位訪客，大部分是勒沃夫大學生之中的黨員社運人士。其中一位訪客史坦尼斯瓦夫・謝德列茨基（Stanisław Siedlecki）最近剛在理工學院完成化學工程的學位。他跟所有黨員一樣，得知畢蘇斯基被逮和黨的印刷機被奪走的事情。謝德列茨基寫道：「我們非常重視《工人》，因為它在工人生活這方面寫得十分大膽直接。」他說：「畢蘇斯基逃出聖彼得堡、順利逃到國外的好消息像野火一樣傳播開來。」加里西亞的媒體報導說畢蘇斯基人在英國。[31]

一九〇一年的八月，謝德列茨基和其他幾位黨員受邀參加布留霍維茨的一場聚會。謝德列茨基回憶，他們進入別墅大門，「遇見一個身高中等的纖瘦男子，他穿著寬鬆的咖啡色方格西裝，有一撮深金色、尖尖的小山羊鬍。」幾十步遠的地方站著年邁的政治家、畢蘇斯基在西伯利亞流放期間認識的良師益友布羅尼斯瓦夫・斯瓦采，「他長得很高……有著莊嚴的白鬍子，為這個場面增添特殊的氛圍。」他們走進庭院，「那不知名的男子禮貌但嚴肅地伸出手說：『畢蘇斯基。』用本名向每一位賓客自我介紹。」學生們不可置信地看了看彼此，因為大家都聽說畢蘇斯基人在英國。謝德列茨基寫道：「我們需要一點時間弄懂發生了什麼事，但是經過一段時間才明白在我們面前的正是波蘭社會黨的領袖，他抹滅了自己的所有蹤跡，讓俄羅斯情報員找錯地方。」[32]

聚會結束後不久，畢蘇斯基回到勒沃夫。他仍感覺十分虛弱，在一九〇一年的七月十五日寫道：「最近，我的健康狀況讓我覺得很蠢，什麼東西都讓我受盡折磨，就連輕微的生理和心理活動也令我精疲力盡。」畢蘇斯基的心神完全被黨務占據，他很急切地想要恢復地下活動。身為一位非法的黨派領袖「說真的比較符合我的天性。我完全不反對這個主意，很希望繼續我的【地下】生涯。」他補充道：「其實，我擔心的一點是，目前的中央委員會無法善盡他們的義務，在黨員之間沒什麼權威。」[33]但，畢蘇斯基認為他擔任《工人》編輯的時刻已經結束了，未來的任務是在家鄉進行有組織的政黨活動。

⁂

自從來到奧屬加里西亞後，畢蘇斯基夫婦便將克拉科夫視為他們將來永久的家。在勒沃夫待了五個星期後，這對夫妻搬到了克拉科夫。到達當地沒有幾天，畢蘇斯基就已經見了好幾個人。他在一九〇一年七月二十五日寫道：「我的生活非常混亂繁忙，讓我沒有時間思考寫作。」[34]他繼續注意自己尚未完全康復的健康問題。醫生判定畢蘇斯基高度疲憊勞累，但是沒有生病，因此沒有開藥，而是叫他休息放鬆。一九〇一年的八月，畢蘇斯基夫婦前往塔特拉山脈（Tatra Mountains）山腳下的度假小鎮札可潘那（Zakopane）。[35]同一時間，畢蘇斯基收到家鄉傳來的壞消息：俄羅斯警方搜查了畢蘇斯基位於維爾紐斯的家，帶走許多文件。他的弟弟揚被抓去審問。畢蘇斯基特別擔心其中一樣從揚的家裡拿走的東西，那就是畢蘇斯基唯一一張沒有留鬍子的照片，這揭穿了畢蘇斯基使用假冒文件入境俄羅斯的裝扮。[36]

維爾紐斯警方的搜查行動給畢蘇斯基很大的打擊，他似乎十分不安怠惰。他在一九〇一年九月三日寫信到倫敦：「你不知道我最近變得多懶散，沒有閱讀、沒有寫作，甚至沒有心情聊天。我告訴自己這是在進行治療……並安慰自己治療進行得很順利。」他的健康狀況還有一些令人擔憂的地方。例如，畢蘇斯基提到他只有六十四公斤重。不過，他在山中休養的期間還是見了幾名訪客，包括蘇奇維茨和帕斯科夫斯卡，以及維爾紐斯的幾個親戚。他開始意會到跟故鄉的家人和政黨生活脫節的事實。從畢蘇斯基在札可潘那所寫的一封信，可看出他越來越火爆的脾氣。他抱怨：「我尚未收到俄屬波蘭寄來的任何一封信，因為這個原因，我完全不知家鄉的近況。也沒有收到《工人》最新一期第四十期的報紙。」[37]隔天，新一期的《工人》出現在信箱中，畢蘇斯基感覺好了一些。他非常讚賞這一期，說比上一期進步。他寫到，這一期收錄國內外不同特派員所寫的報導，效果很不錯。[38]

一九〇一年十一月，約瑟夫與瑪麗亞・畢蘇斯基離開克拉科夫，前往倫敦。他們在十一月二十六日抵達英國首都時，畢蘇斯基最親近的同志在維多利亞車站迎接他們，包括延傑尤夫斯基和瓦西萊夫斯基。早在一九〇一年以前，原來的海外波蘭社會主義聯盟已經更名為波蘭社會黨外國委員會（Foreign Committee of the Polish Socialist Party）。火車進站時，這個黨部的領袖瓦西萊夫斯基和延傑尤夫斯基滿心期盼地等待，即將在畢蘇斯基被逮捕又驚險脫逃後第一次見到他。瓦西萊夫斯基憶道：「我們終於親眼看到『維克多』同志時，全都注意到他看起來比被逮捕之前還要好多了，臉上再也沒有疲憊的神情。簡而言之，他重回自由的生活後，健康狀況比監禁之前要好。」[39]

這時，沃伊切霍夫斯基跟他的妻子住在倫敦西南方約莫一百七十公里的南布溫（Southbourne）。畢蘇斯基夫婦在那裡過聖誕節。畢蘇斯基每天都仔細閱讀總部位於倫敦的《每日新聞》（*Daily News*），以了解外國事務。[40]畢蘇斯基夫婦和沃伊切霍夫斯基夫婦處得很好，前面說過，畢蘇斯基自從一八八〇年代初期就認識沃伊切霍夫斯基的妻子瑪麗亞。沃伊切霍夫斯基回憶畢蘇斯基待在他家的那段時光：「我們討論了有關家鄉組織和未來計畫的各個議題。」[41]這兩個人都同意，家鄉最急迫的問題是缺少政黨密探的經費。由於畢蘇斯基現在回俄羅斯還太早，沃伊切霍夫斯基同意自行前往，到大學城鎮收取黨費。沃伊切霍夫斯基造訪了聖彼得堡、莫斯科和克拉科夫，然後在二月十四日回到英國。[42]

重新思考黨對猶太人的立場

畢蘇斯基夫婦在一九〇二年的一月七日離開南布溫。在倫敦，畢蘇斯基的老對手出乎意料前來拜訪他：瓦西萊夫斯基陪同猶太工人崩得的領袖阿爾卡迪．克雷默順路造訪。雖然這兩個人在一八九〇年代曾經激烈爭辯過，但是據說畢蘇斯基還蠻熱情地迎接克雷默。瓦西萊夫斯基回憶兩人似乎由衷享受這次的會面。瓦西萊夫斯基寫道：「我親眼看到畢蘇斯基和崩得著名的領袖【阿爾卡迪．】克雷默之間非常友好的對話，後者詢問了畢蘇斯基在倫敦過得如何。」[43]克雷默邀請畢蘇斯基到倫敦崩得流亡者的聚會上演說，並問他是否能用俄語發表。畢蘇斯基說他不喜歡俄語，但還是答應了。畢蘇斯基在倫敦期間的公開演講只有這一次跟另外一次而已。

克雷默的造訪以及後續在崩得聚會上進行的對話，讓畢蘇斯基開始重新思考黨對猶太人的立場。克雷默先前便告知畢蘇斯基，崩得的黨綱做了重大的改變。在一九〇一年五月的第四次黨大會上，崩得決議猶太人是個民族，不只擁有個人的公民權，還擁有民族權利。[44]

除了跟克雷默的對話，畢蘇斯基還收到一封蘇黎世黨員寫來的信，詢問黨對崩得新黨綱的官方立場為何。畢蘇斯基表示，他們的目標是要達到「在我們的領土上所有無產階級擁有統一的黨派和黨綱」。因此，崩得若加入波蘭社會黨，黨應該給與崩得在猶太事務方面完全的內部自主權。在畢蘇斯基看來，以前的爭辯方式完全沒有效。「由於未來波蘭最糟的情況就是反猶政治思想的興起，至少在這裡【波蘭】我們可以做得比俄羅斯人好。」此外，畢蘇斯基坦承先前黨對崩得的公開批評帶有「某種程度的反猶口吻」，疏離了猶太人。[45]

畢蘇斯基總結，目前的黨綱沒有妥善處理猶太人的議題。他認為，在一個民主共和國提出公民權平等的通泛訴求是不夠的，沒有為猶太人做出明確的保障。一九〇二年的二月，勒沃夫的加里西亞波蘭社會民主黨意第緒語報紙的前任編輯馬克斯・澤特鮑姆（Max Zetterbaum）建議畢蘇斯基在文字上要怎麼修改關於猶太人的政策，才能改善與崩得的關係。澤特鮑姆寫道：「波蘭社會黨應該承認崩得的組織獨立性以及猶太人將自己視為一個民族的權利（即使他們並不是）。」[46]畢蘇斯基把這些建議納入考量，說：「黨綱應特別針對猶太人表明一個重點，那就是在未來建立的波蘭，他們如果希望繼續當猶太人，就有權利繼續當，我們會捍衛他們身為一個民族的權利。」[47]

儘管如此，畢蘇斯基認為光是承認猶太人是一個民族還不夠。他覺得有必要讓崩得相信，在未來的波蘭國家中，「猶太人會被賦予自己內部事務的獨立性，因為這是『少數民族的權利』……波蘭將會……給予猶太人。」他接著說：「我們的黨綱缺少對整個猶太人族群的權利保障。」他說，黨綱保障了立陶宛人和魯塞尼亞人（Ruthenian），「但是在猶太人這方面卻沒提出明確的保障，只有所有民族與信仰皆平等的通泛說詞。」[48]

同一時間，畢蘇斯基抱怨位於沙俄的黨中央委員會反應遲鈍。他詢問了黨跟立陶宛猶太人之間的關係，卻都沒有收到回覆。他寫道：「這個議題對我們來說非常重要，因為我們一直聽說崩得對我們抱持友善的態度。」他們必須要把握機會，努力讓崩得入黨，所以頻繁且詳盡的近況更新是關鍵。[49]畢蘇斯基向剛從俄羅斯回來的沃伊切霍夫斯基詢問意第緒語黨報《工人》的近況。他不知道在這些情況下怎麼有可能從國外率領政黨：「簡而言之，我們在這裡做事就像矇著眼在黑暗中走路。」[50]

回到沙俄

畢蘇斯基不斷對於沙俄故鄉緩慢又沒效率的通訊往來表達不滿。他跟那裡的領導階層通信時，語氣變得更嚴厲。他在一九〇二年的二月二十日寫給中央委員會：「記住，從波蘭收到關於黨的活動的一切消息都很重要，不只可以留給未來的歷史學家，對於讓我們了解最新資訊也很必要。」需要定期回報的資訊包括黨的內部日常，以及跟崩得和立陶宛社會民主黨等當地組織之間的關係。這些通訊往來也應該報告黨在猶太工人之間的活動和意第緒語出版物的現況。畢蘇斯基還寄了一連串改善意第緒語《工人》的訣竅。[51]

發生一連串使畢蘇斯基心神不寧的事件後，他決定回到俄羅斯，雖然自己才剛順利脫逃沒多久。一九〇二年的三月十六日，揚．米克拉塞維斯基和普勞斯這兩位協助畢蘇斯基逃離俄羅斯的同志被逮捕了。畢蘇斯基擔心拷問之後得到的口供將會危害基輔的佩爾和印刷機的安全。[52] 四月五日，畢蘇斯基通知人在勒沃夫的約德科－納克耶維奇，自己和妻子很快就會在前往俄羅斯的途中抵達那裡，要他提前準備好必要的假文件。接著，他告知沃伊切霍夫斯基自己的計畫，補充道：「我比較希望在【俄羅斯】現場安排黨務和決定職務。」[53]

畢蘇斯基和瑪麗亞在四月十日出發前往奧屬加里西亞。在克拉科夫短暫停留的期間，熱情支持黨的一名俄羅斯流亡者塔德烏什．戈維茨基（Tadeusz Gołęcki）邀請他們到他家。同樣在場的有支持社會主義的女演員安東妮亞．多曼斯卡（Antonia Domańska）。她回憶，畢蘇斯基「有著端正的五官，鋼鐵般的眼睛帶有深邃洞穿的神情。他漂亮的雙手握手握得很有力，走起路充滿活力，額頭渾圓，嘴唇很美。」她補充說，這令人印象深刻的外表還伴隨著知性優雅的言談舉止。她寫道：「但是他說到自由的波蘭時說得多美呀。天啊，這真是瘋狂的白日夢，但是聽著他說的話會讓人相信以後沒有加里西亞，只有自由的波蘭。他非常執著於【替他的人民】擺脫枷鎖的願景。」[54]

畢蘇斯基的妻子留在克拉科夫，而他自己則前往勒沃夫，在等待假文件準備好的同時住在約德科－納克耶維奇的家中。在勒沃夫寫的一封信中，畢蘇斯基腦中充滿新點子，並對於即將回到一八九九年之後就不曾回去過的維爾紐斯感到興奮。其中一個點子是在家鄉恢復強大的領導階層，他、沃伊切霍夫斯基和約德科－納克耶維奇每年將個別前往俄羅斯兩次。這樣一來，他們三人隨時都有其中一人會待在祖國。畢蘇斯基也提議重整黨的結構，把波蘭地區分成六區（第五和第六區分別是立陶宛與烏克蘭），每一區指派一個領袖，同時擔任黨中央委員會的成員。[55]

畢蘇斯基在一九〇二年的四月二十一日跨過邊境進入俄羅斯，展開前往維爾紐斯的旅程。威廉．雷德維在一九三九年所寫的傳記中評論：「在聲名大噪的脫逃行動發生不到一年就重返俄羅斯，這連在畢蘇斯基本人的一生中，都絕對算得上是極其勇敢的舉動。」[56]的確，畢蘇斯基很清楚俄羅斯當局已經將兩張他的照片和相關描述，傳達給各地所有的官員和海關人員。除了邊界，武裝警衛也日夜駐守在交通運輸沿線上。

畢蘇斯基毫髮無傷地抵達維爾紐斯，在那裡收到一個壞消息，那就是他當時在聖彼得堡負責一間利口酒工廠的六十九歲父親因為肺炎已於四月十五日去世。畢蘇斯基在自己面臨的處境中盡可能協助處理父親的後事。他也找到時間見見老同志，並結交新同志，包括當時二十一歲的瓦萊雷．斯瓦韋克（Walery Sławek）——他後來會成為畢蘇斯基最親近的助手之一，在一九三〇年代當上總理。畢蘇斯基會認識斯瓦韋克，最初是在一九〇二年的五月由他早慧的繼女汪妲介紹的。斯瓦韋克鮮明地憶起他們第一次見面的情景，說道：「我們就像認識多年的朋友那樣迎接彼此，好像只是在更新彼此的近況。」[57]當時跟親戚一起住在維爾紐斯的汪妲之後會跟斯瓦韋克談戀愛。

跟維爾紐斯的同志交談時，畢蘇斯基有機會討論他對於重組政黨的新點子。他修改先前的計畫，提議黨可以分管五個區：華沙、立陶宛、烏茨、洞布羅瓦和拉多姆。每一區都會有一個領袖，畢蘇斯基推薦以下人選：亞當・布諾（Adam Buyno，華沙）、薩克斯（立陶宛）、查爾科夫斯基（烏茨）、斯瓦韋克（洞布羅瓦）和揚・魯特凱維奇（Jan Rutkiewicz，拉多姆）。黨中央委員會將由各區領袖、《工人》編輯（佩爾）以及外國委員會的三名代表（畢蘇斯基、約德科－納克耶維奇和沃伊切霍夫斯基）組成。[58]

私底下，畢蘇斯基很確定他要永久住在加里西亞。他很遺憾自己必須住在國外，但承認住在俄羅斯對他和他的妻子來說太危險了。瑪麗亞人在克拉科夫，畢蘇斯基發誓要存到足夠的錢，把汪妲一起帶去加里西亞跟母親團圓。[59]

在盧布令舉行的第六次黨大會

畢蘇斯基的主要任務是要召開一次黨大會，把新生命注入黨內，並提供新的組織架構。一九〇二年的六月，他把各個代表找來盧布令召開波蘭社會黨的第六次黨大會。代表們接受他根據地區重組政黨以及組成新中央委員會的提議。畢蘇斯基的目標是將黨的影響力從城市擴張到小鎮，甚至到鄉村。大會也同意在中央委員會內部成立一個執行委員會，畢蘇斯基是成員之一。[60]

大會在跟立陶宛人和猶太人的關係這個主題上出現分歧。針對用字進行一番辯論後，大會通過畢蘇斯基的決議，只有少數人反對。「立陶宛社會主義運動」的決議開頭如下：

由於波蘭人在立陶宛的人口中占了重要的比例，立陶宛跟波蘭擁有共同的歷史和文化，因此波蘭革命運動基於這個理由在過去與未來跟立陶宛擁有共同的行動；由於我們為了工人群眾的利益必須將波蘭和立陶宛從沙皇的迫害中解放，建立獨立的存在，因此兩個國家跟俄羅斯政權鬥爭的目標是一樣的；大會認同有必要將兩個國家所有的社會主義力量結合為同一個組織，以便在鬥爭以及未來勝利後建立關係的道路上，強化波蘭和立陶宛的無產階級影響。[61]

這項有關立陶宛的決議反映出畢蘇斯基更廣泛的聯邦原則，雖然承認立陶宛有一天可能獨立建國，卻也認為這個國家多元混雜的特性讓獨立不太可能實現。大會因此決議：

由於今天的立陶宛不只住著一個民族，而是住著不同起源、語言和宗教的人們；由於住在立陶宛的這些民族不是各自住在單一完整的地區，而是住在人口混雜的地區；由於今天立陶宛大部分地區的人民大多缺乏清楚的民族意識……由於波蘭社會黨沒有意圖將其他民族波蘭化……

大會決議立陶宛未來是否會跟波蘭組成聯邦或者完全獨立的這個問題，只能在從沙皇的迫害中解放之後，讓立陶宛人自由決定自己跟住在立陶宛的其他人們的命運，才能獲得解決。[62]

除了立陶宛決議，畢蘇斯基也得到足夠的票數通過「猶太人社會主義運動」這項決議，主張「猶太工人應跟波蘭和立陶宛的基督徒在同一面旗幟下參與共同的鬥爭」。立陶宛和波蘭的猶太無產階級必須讓自己的政治目標跟和他們住在一起的本地居民保持一致。畢蘇斯基的決議總結：「獨立和民主共和國的訴求可以照顧猶太無產階級身為工人以及猶太人的利益。民主共和國能保障猶太公民的平等，賦予他們在公共事務上自由發展與施展龐大影響力的可能。」[63]

有關猶太人的決議也譴責了反猶主義。「我們的社會跟其他的國家一樣，反猶主義已經在中產與上流階級普及，展現對猶太人抱有惡意的態度。我們的社會主義黨將盡全力對抗反猶主義這個有害落後的思潮。」

沙皇的反猶主義特別苛刻，實行了特殊的法律限制猶太人的權利。決議聲明：「我們認為，這種限制任何團體權利的政策非常可惡。」[64]決議最後有一段提到，必須用意第緒語來實行在猶太人之間的鼓動，為了這個目的將設立一個特別的猶太委員會，而這個委員會在中央委員會將有自己的代表。

斯瓦韋克記得：「一種喜悅的友愛之情產生了。這一刻，多年來一直為了相同的鬥爭而合作的人聚集在一起。」有人引用畢蘇斯基在會議最後的餐會上說的話：「我們是一個無法忍受奴役的團體，將為了獨立而奮鬥，因為我們自己想要自由。」[65]

回到奧屬加里西亞

畢蘇斯基在一九〇二年的六月二十五日回到奧屬加里西亞，接著前往克拉科夫。沒多久，他住進勒沃夫郊外的布留霍維茨別墅，將在那裡待到十月。在詳細描述黨大會情況的一封信中，他談到針對自己所提出的立陶宛和猶太人決議所發生的激烈對話。薩克斯是反對立陶宛和猶太人決議的人士之一，畢蘇斯基說他「諷刺地嘲笑我們的『新策略』和『征服精神』。」[66]薩克斯後來在寫給倫敦的一封信中釐清他的立場。薩克斯在維爾紐斯寫道：「這裡的人認為立陶宛的立足點跟波蘭一樣，並認可所有民族的完全平等，包括波蘭人、立陶宛人、白羅斯人和猶太人。」這個新的堅定信念反映了「『時代的精神』，如果你在這裡，你就會明白、甚至感受到這種『精神』。」薩克斯接著說：「我越了解【這裡的】情況，越覺得【第六次】黨大會有關立陶宛的決議十分不宜。我們必須清楚強調我們將立陶宛視為波蘭的姐妹，而不是女兒。」[67]大會上有少數人支持薩克斯的觀點，看得出黨內年長成員與年輕成員之間開始出現分歧，後者對於他們認定的民族主義傾向感到不安。

畢蘇斯基知道立陶宛人對大會決議的疑慮。他告知倫敦，自己會在一篇社論中談到這些疑慮。一些跟崩得有關的猶太社會主義者也對決議的語氣表示不自在。畢蘇斯基認為，真正的問題在於立陶宛是一個民族混雜的地區，這使社會主義者的鼓動作業變得非常複雜，因為「那裡存在許多不同的群體，他們不知道如何從民族和積習已深的社會狀況這兩者糾葛的關係中脫身」。[68]

⁂

奧屬加里西亞是波蘭文化的重鎮之一，位於自由的憲政國家。可是，畢蘇斯基的生活條件卻近乎貧困。他短暫留在維爾紐斯主持第六次黨大會時，對於金錢問題大發牢騷。他在一九〇二年的五月寫道：「目前為止最迫切的問題就是財務。」他一直在等待倫敦給予資金，卻始終沒有下文。「由於缺錢的關係，我和列昂【博萊斯瓦夫．查爾科夫斯基】已經不只一次為了區區十五盧比的小錢等待好幾個星期。在寫下這段話的當下，我的口袋裡——我沒有誇大！——總共只有八盧比和一些零錢。這些就是我全部的經費來源。」他懇求倫敦馬上寄錢過來，自己只有靠寫作賺取微薄又不穩定的收入，而困苦的生活水準讓寫作難上加難。[69] 畢蘇斯基在布留霍維茨寫道：「我現在完成任何工作的環境極其悲慘，總是把字寫得很難看，因為我不知道要在哪裡書寫，我沒有任何家具——我現在是站著寫信給你，所以請原諒我字寫得這麼潦草。」[70]

Chapter 7

創立政黨綱領

改變政治體制的鬥爭跟爭取獨立的鬥爭是一樣的事情。

——約瑟夫．畢蘇斯基，一九〇二年十月

畢蘇斯基於一九〇二年和一九〇三年住在克拉科夫期間，寫作產量逐漸提升。黨的外國委員會和印刷設備從倫敦調到克拉科夫，包括列昂．瓦西萊夫斯基和外國委員會的報紙《破曉》。克拉科夫是可以自由表達波蘭文化的主要中心，現在也是黨的姐妹組織加里西亞波蘭社會民主黨的所在地，其主要的報紙《前進報》自從一九〇一年以來就以日報的形式出刊。加里西亞波蘭社會民主黨的日報在克拉科夫有另外三家競爭的波蘭日報：保守派的《時報》（*Czas*）、自由民主黨的《新改革》（*Nowa Reforma*）以及天主教會的《民族之聲》（*Glos Narodu*）。

一九〇二年的年初，畢蘇斯基身體復原了，決定使用文字的力量從海外抨擊沙皇體制。他把逃獄後撰寫的第一篇文章寄到一家流亡在外的俄羅斯出版社。這篇冗長的文章向俄羅斯讀者說明波蘭人對近期歷史的詮釋，並且以他的本名署名，表示他正過著公開合法的流亡生活。這篇文章先是討論瓜分波蘭的事件。他說，在十八世紀的尾聲，波蘭從歐洲版圖上消失，驟然中止了歐洲的一段民主進程：「【波蘭】受到法國大革命的影響，當時正在經歷一場立憲實驗，將權利擴張給社會上的其他階級，讓他們也能參與政府，同時減輕農民的負擔。從俄羅斯併吞波蘭以來，這些實驗就遭到粗魯中斷，被征服的地區不再擁有政治生活。」畢蘇斯基補充道：「波蘭人的感受就如同自家被強盜入侵的人一樣。」[1]

因此，畢蘇斯基認為，俄羅斯讓波蘭地區的居民除了反叛之外別無選擇。他寫道：「過去一百年以來，整個波蘭民族的歷史一方面是極為瘋狂的目無法紀和迫害，另一方面是英雄般的鬥爭。每一代都用盡力氣，希望從沉重可恥的枷鎖中解放。」頻繁的叛亂就是這殘酷現實的證明。畢蘇斯基接著說：「每一次叛亂被極其殘酷地鎮壓之後，波蘭人就受到更嚴厲的迫害，一八六三年後迫害更猛烈。歷任沙皇毫不留情地運用所有的力量，只為消除波蘭的波蘭精神，把它變成『俄羅斯』精神。」[2]

畢蘇斯基描述波蘭文化是如何被有計畫地壓抑。「每一個地方的波蘭語都不見了，車站建築、火車車廂和公告上所寫的文字都是以絕大多數人不認識的語言寫成。」學童接受的是俄語教學，「很多孩子第一次聽見這個語言都是在學校……請試著想像，」畢蘇斯基寫給俄羅斯讀者，「假如莫斯科地區所有的學校都用德語教學會怎麼樣。」俄羅斯學童肯定會像波蘭學童那樣課業落後。他認為，俄羅斯化和威權的雙重暴力使得波蘭地區的人民除了反抗別無選擇。他強調，波蘭社會黨也在波蘭社會內部進行階級鬥爭，以爭取工人的權利和社會主義的理念。他在結尾寫下這段文字給俄羅斯人：「我們認為俄羅斯不需要靠征服以及使其他國家與民族臣服才能變得偉大。」[3]

同一時間，畢蘇斯基為了發行一份專為立陶宛出版的黨報所做的努力，終於有了成果。他在一九〇二年的七月決定將這份報紙命名為《奮鬥報》（*Walka*），副標題是「波蘭社會黨的立陶宛報紙」。由於它可以在奧匈帝國合法發行，畢蘇斯基便在克拉科夫編輯這份新的報紙，前三期大部分的內容都是他寫的。[4]

畢蘇斯基撰寫這些文章的對象是故鄉立陶宛的居民，他認為立陶宛是個受到忽視、發展不足的邊緣地區。創刊號用來自維爾紐斯的一封信的口吻寫成，開頭便是這段很有渲染力的文字：

> 俄羅斯政府目前的政策正在摧毀沙皇國家的邊疆地區。我們指的是政府實施俄羅斯化政策最喜歡的測試

地點立陶宛。由於這裡的居民毫無抵抗能力，政策實施得最堅定無情……俄羅斯化滲透到生活的各個層面，從學校到教會、從劇院到圖書館、從公共到私人生活，都看得到這項政策的痕跡。住在立陶宛的人民沒有任何一個逃過迫害。俄羅斯化的矛頭主要是對著波蘭人，但是立陶宛人、白羅斯人和猶太人也有感受到，不過在猶太人身上施加的特殊限制卻是無法比擬。[5]

畢蘇斯基將立陶宛的落後直接歸咎在俄羅斯的統治。他寫道：「立陶宛的工業被局限於小規模生產。人民的教育和知識非常粗淺，沒有好的學校，也很少聽說有好的圖書館、好的博物館、像樣的醫院或甚至良好的道路。」他使用一個絕妙的譬喻，把立陶宛的人民比作地下室的植物：「就像沒有陽光和新鮮空氣的植物會失去鮮豔的色彩和生長的力量，龐大重壓下的社會也會垮掉。任何一絲快速進步的能力都被削弱。」[6]

在被帝國忽視的背景下，畢蘇斯基主張立陶宛真正的進步要仰賴把這個國家從俄羅斯的統治下搶過來的能力。要實現這個目標，在立陶宛看法相同的人首先必須完全團結起來。因此，立陶宛所有的社會主義政黨得團結在同一面旗幟下。畢蘇斯基主張：「要在工人之間創造一股令人畏懼的政治力量，第一步就是將所有的社會主義組織結合成單一團體，秉持單一的精神與單一的目標為動力。」面對立陶宛各運動缺乏團結的問題，他說：「我們前進得越遠、越靠近跟惡夢般的沙皇侵略者強硬攤牌的時刻，共同的行動就越有必要。唯有這樣一個團結起來的社會主義組織能實現我們的任務。受到人民的支持，我們應能對國家的命運發揮正確的影響。」[7]

畢蘇斯基敦促立陶宛各個社會主義組織的領袖們放下彼此的分歧，一起對付共同的敵人——沙皇政權。他強調，帝國政體「不是在這裡【立陶宛】形成，而是在俄羅斯。這個政體被硬是強加在我們身上，現在藉由征服與併吞的法律統治我們……跟沙皇制的偉大鬥爭最直接的意義就是跟侵略者的鬥爭。戰勝沙皇制最重要的意義就是把侵略者趕出我們的土地。」把俄羅斯統治者趕走，才能夠建立民主制度與自由。他補充道：

「改變政治體制的鬥爭跟爭取獨立的鬥爭是一樣的事情。」[8]

因此，畢蘇斯基堅稱，立陶宛的未來取決於它用本地統治者取代俄羅斯統治者的能力。在同樣受到俄羅斯統治的鄰近波蘭省分，社會主義者也抱持著同樣的目標。他寫道：「立陶宛在未來必須進行的鬥爭也在等著波蘭。使立陶宛的工人們活躍起來的目標，也是波蘭社會主義者的目標。立陶宛和波蘭擁有無數共通的歷史與文化連結，畢竟立陶宛的工人群眾有一部分在身分認同、出身或語言上屬於波蘭人。」[9]

畢蘇斯基希望透過這篇冗長的社論，證明波蘭和立陶宛**所有**的社會主義組織需要團結起來。「我們面前有沙皇這個如此強大的敵人，如果不秉持單一的目標行動，而是要分散我們的力量，那就太不理智了。」他補充道：「我們有必要將兩個國家的社會主義力量全部統一成單一的組織，這個信念絕對不能動搖。」[10]

同一時間，畢蘇斯基也知道這個團結立陶宛社會主義組織的願景，在社會主義內部的民族思潮之中會很難推廣。他的目標是說服猶太和立陶宛的社會主義者，對抗帝俄的共同奮鬥超越了個別黨派的特定綱領。他寫道：「我們知道猶太與立陶宛同志之間一直都對彼此有著猜疑、甚至是敵意，【但是】我們依然深信，在工人們之間培養政治意識……重大的誤解和不信任將會消失。」[11] 在創刊號的另一篇文章〈論愛國主義〉，畢蘇斯基強調愛國主義不應與沙文主義混淆。在俄羅斯，沙文主義源自官方管道，「野蠻的沙皇政府為了支持搖搖欲墜的政治體制，像丟骨頭給攻擊的野狗那樣，把被征服的國家丟給它的人民啃咬。」[12] 俄羅斯的沙文主義「違背了最基本對正義的渴望，毒害征服者與被征服者的道德氛圍。任何正派的人都必須加以反對……社會主義者在這件事上不能意見不一致。由於這正在侵蝕著他們，社會主義者必須進行生死鬥爭，撕開面具，揭露人類的不公。」

畢蘇斯基認為，立陶宛人和波蘭人要想成功反抗俄羅斯的統治，這兩個民族必須克服彼此的分歧：「這種大規模的爭執會削弱我們，使沙皇體制得以繼續對我們施加壓迫性的統治。打倒它！讓我們消弭不同出身、信仰或語言的同志之間的敵意。讓我們對抗暴風雨般的部落仇恨，不管民族或信仰，都能維持和諧與友愛！」

畢蘇斯基繼續強調黨綱一致的絕對必要性。要提高立陶宛的社會經濟標準，前提是跟俄羅斯分開。畢蘇斯基在一九〇二年十月寫道：「在立陶宛的學校裡，沒有任何一個孩子聽過母語。」他提醒讀者，在立陶宛這個國家，當地的人們「沒有屬於自己的圖書館或報紙。立陶宛人……被禁止用他們自己的語言出版書籍。當地的另一個族群猶太人則受到移動自由方面的限制。」捍衛基本的民主權利是「每個人亟欲說出的議題」。[13]

這場鬥爭要對抗的不只有俄羅斯的統治，還有波蘭社會內部的保守分子，因為波蘭沙文主義也是道德敗壞的原因之一。根據畢蘇斯基的說法，波蘭統治階級依然相信自己擁有過去的權利，應該成為獨立鬥爭的領袖。波蘭的有地貴族「認為工人應該讓開，盲目地相信他們的『老大哥』。」波蘭社會最上層的階級（包括工廠主人）願意為了利益就出賣自己人。波蘭詩人尤利烏什．斯沃瓦茨基在一八四六年就曾經提醒讀者要反抗外來的迫害和內部的剝削。畢蘇斯基引用斯沃瓦茨基的詩，說那是在呼籲人們發動社會革命：

當世界充斥著苦難
當行動的精神出現
他變成無法挪動的沉重石塊
他不允許任何群眾運動
他想回到那張舊床
新的浪潮、上帝的河流
沒有穿透疼痛的心
沒有把眾人關在墳墓裡……[14]

斯沃瓦茨基的詩詞結合了社會革命與獨立，是個強而有力的呼籲。畢蘇斯基總結：「我們的土地孕育出柯斯丘什科和密茨凱維奇，看過許多偉大的愛國者，他們不只對抗征服者，也對抗我們那些黑暗地主對平民實行的奴隸制。」在今天的局勢下，「我們必須在社會主義的紅色旗幟下，讓我們的階級之間充滿最高貴的愛國形式。」[15]

《奮鬥報》的創刊號問世不久，畢蘇斯基便偷偷溜回沙俄，參加一九〇二年十一月六日到七日召開的黨中央委員會會議。他坦承，動員邊疆地區非波蘭民族的行動目前為止並未成功。一九〇二年六月呼籲立陶宛社會民主黨和猶太工人崩得加入波蘭社會黨的決議必須暫時擱置。令畢蘇斯基懊惱的是，跟崩得之間的關係也沒有進展。不過，至少他能夠欣慰地報告，黨自己的猶太委員會有在發行意第緒語報紙，在吸引猶太人方面有所進步。[16]

畢蘇斯基在一九〇二年的最後兩個月一直都待在俄羅斯，並在俄羅斯跟妻子一起過冬。為了不被警方發現，夫妻倆離開維爾紐斯，到里加度過一九〇三年的前三個月。[17]在里加寫的一封信中，畢蘇斯基對自己沒有收入這件事表達嚴重的擔憂，懇求倫敦給他微薄的津貼，讓他可以應付基本的開銷。頻繁的移動和旅行加上沒有穩定的收入，已經開始使他心煩不已。他在一九〇二年的十二月寫道：「至於我，我已經開始渴望休息。我極為疲憊、身體虛弱。」[18]

儘管如此，畢蘇斯基仍繼續在一份克拉科夫的年刊上大力推廣開放的社會。〈俄羅斯化〉這篇文章的開頭引用了密茨凱維奇一八三六年的劇作《巴爾聯盟》（*Les confédérés de Bar*）裡的兩行內容：「莫斯科人是土匪、是小偷——是生來殘忍的野獸。」自從一八五〇年代以來，非俄羅斯人居住的邊疆地區越來越常要求自治。「如果考量到俄羅斯帝國的一億兩千五百萬名居民有大約一半不是俄羅斯人，就能馬上看出帝國的團結和內部力量喪失了多少。」[19]

畢蘇斯基永遠都無法離開維爾紐斯太久。一九〇三年的六月，他到這座立陶宛城市參加黨中央委員會的一場會議。[20]會議成員表示，黨跟立陶宛社會主義者的聯繫當時「不太熱絡」。新發行的黨報《奮鬥報》沒什麼讀者，黨並沒有在立陶宛人之間取得進展。這場會議也討論了跟猶太人與白羅斯人之間的關係。關於猶太工人崩得的議題，費利克斯．薩克斯支持成立一個獨立的猶太政黨組織，跟波蘭社會黨並存。畢蘇斯基反駁，認為這樣的認可跟黨的立場相左，並堅稱實現黨綱統一的唯一方法就是崩得以自治組織的形態跟波蘭社會黨合併。然而，跟薩克斯一樣屬於黨內較新進、較年輕領導階層的亞當．布諾認為，以前那種堅決反對立陶宛有其他獨立社會主義政黨存在的策略，已經行不通。從前的政策正在破壞工人的團結。會議要畢蘇斯基負責回應立陶宛和猶太媒體批判其綱領的那些文章。[21]

回到加里西亞

一九〇三年六月的會議結束後，畢蘇斯基跟妻子一起跨越奧匈帝國的邊境，前往克拉科夫。他盡責地回報會議內容給外國委員會的同志，對其中兩名中央委員會的成員薩克斯和布諾表示擔憂。他寫到，薩克斯的意識形態理念比較接近羅莎．盧森堡的波蘭與立陶宛王國社會民主黨，亦即波蘭王國社會民主黨和立陶宛工人聯盟在一八九九年合併形成的黨派。薩克斯似乎反對黨綱，他因為支持猶太人和立陶宛人擁有各自黨派的權利，被一些人認為對黨綱不利。至於布諾則是跟畢蘇斯基個性不合，畢蘇斯基聲稱「【布諾】認為自己說的每一句話都是事實」，而且「不相信別人說的任何一句話」。布諾「不明白或不想明白我們的組織及其原則、優先順序和需求。」畢蘇斯基強調，他並不是說中央委員會內部有謀反者或任何近似謀反的狀況，但是這兩個人似乎的確想要改變黨的方向。[22]

在一九〇三年的七月把彙報寄給倫敦之後，畢蘇斯基跟妻子和繼女一起離開克拉科夫，前往南邊約一百公里的山區小鎮里托（Rytro）。他在那裡見了達申斯基，兩人有非常好的私交，好到他是達申斯基兒子的教父。[23]其實，畢蘇斯基在克拉科夫定居下來後，達申斯基就常常跟他見面。畢蘇斯基從這段時間開始經常碰面的另一個人是米哈爾·索科尼斯基（Michał Sokolnicki），兩人最初是在一九〇一年的勒沃夫認識的，當時索科尼斯基非常崇拜他。索科尼斯基說道：「在一九〇一年見到畢蘇斯基本人感覺很奇特，他好像被光環圍繞，對我和其他許多人來說已經是個傳奇人物。相較於這種傳奇的色彩，我記憶中的他是個年輕纖瘦的金髮男子，有著小鬍子和敏銳的藍眼睛。他的舉止極為冷靜克制，跟約德科－納克耶維奇相反，他不愛出風頭，話很少，說話時有些遲疑。馬上就能看出他帶著不信任的眼神看人，只會勉強進行社交活動。」[24]

畢蘇斯基雖然很享受奧匈帝國帶給他的人身自由，卻也非常思鄉。他在一九〇三年的九月寫給同志：「你們根本不知道我有多孤單——無論是在思緒或腦袋方面。我有無數個構想和計畫，卻沒有人可以討論（除了我那迷人的妻子）。」要做出真正的進展，他覺得自己得在俄羅斯以外的地方行動。同一時間，他也不禁納悶自己的本性是不是問題之一。「我對每個構想的可行性都缺乏信心，一部分是因為我不信任新的人，一部分是因為我早年在波蘭社會黨養成的壞習慣。」[25]

改變對邊疆地區民族問題的立場

這段時期，畢蘇斯基重新評估了黨綱裡提到跟烏克蘭、白羅斯和立陶宛等邊疆民族的關係。他思考什麼是可行的，而非什麼是理想的，認為將所有社會主義黨派統一在同一面旗幟下的做法，一直以來都沒有收到成效。猶太工人崩得在立陶宛和波蘭王國都有活動中心，力量已經變大。他發現烏克蘭人、立陶宛人和芬蘭人「開始出現能見度」，認為「我們現在必須準備妥協，而非控制或征服」。[26]由於社會主義運動在邊疆民族之間興起，「我們必須開始採取針對烏克蘭人、俄羅斯人、高加索的人群、立陶宛人、拉脫維亞人、甚至是德意志人的外交政策。」[27]

重新評估一般群眾的情況後，畢蘇斯基贊成修改黨綱。新方向將以四個原則為基礎。首先，波蘭社會黨要強調它的全波蘭特性，從現在開始將德國、俄羅斯和奧地利的瓜分地區當成「一個單一整體」。第二，為了跟民族民主黨競爭，黨需要特別聚焦在文化上，因為這個對手便是以這種方式成功吸引到社會基層。因此，畢蘇斯基建議在三個瓜分地區成立屬於波蘭的圖書館、管弦樂團和唱詩班。第三，他呼籲要有更開放的政黨生活。最後，從此以後黨會容忍其他的社會主義組織。[28]

在一九〇三年的下半年，畢蘇斯基把注意力放在一系列的出版物。其中兩個因為含有自傳內容，所以特別重要。第一個出版物以連載的形式出現在克拉科夫的《前進報》，描述了波蘭社會黨地下報紙的歷史。畢蘇斯基在一九〇三年八月十五日如釋重負地說：「他們會為我的專欄支付稿費，是我生活所需的收入。」[29]《前進報》在八月二十七日那期預告接下來會出現的連載作品，形容那「寫得多采多姿，資訊豐富」。[30] 連載的第一集在一九〇三年的九月八日問世之後，畢蘇斯基收到五十奧地利克朗（在當時相當於二十美元）的第一筆稿費。他說：「我非常開心！」[31] 一九〇三年十二月五日他三十六歲生日那天，第五十六集、也就是最後一集的內容出刊了。

那個月，《前進報》同時也將這部連載作品印刷成冊。這本著作以畢蘇斯基的本名呈現，按年分敘述了波蘭社會黨前十年的歷史，是他認真踏上作家生涯的處女作。畢蘇斯基表示，波蘭地區最重大的發展就是波蘭社會黨及其黨報《工人》的出現。他鉅細靡遺地描述自己在一八九四年到一九〇〇年之間擔任黨報編輯的可怕歷程；當時，光是持有這份報紙就很危險。在書中，畢蘇斯基記錄了一九〇〇年二月俄羅斯祕密警察攻堅他在烏茨的公寓並帶走印刷機的一手記述。他說：「我站在一旁心碎不已，彷彿跟我非常親近的某個人躺在棺材裡似的。這個鐵塊包含了這麼多希望、這麼多愛、這麼多付出，現在卻被迫沉默、不能運作。」[32]

第二個含有自傳性質的出版物出現在勒沃夫的月刊《光芒》（*Promień*）。在〈我如何變成一個社會主義者〉這篇文章中，畢蘇斯基描述自己的童年充滿民族挫敗的回憶。他憶起母親睡前總會朗讀波蘭那些被禁詩人的作品（克拉辛斯基、斯沃瓦茨基和密茨凱維奇）。瀰漫著愛國情操的家庭生活跟畢蘇斯基在維爾紐斯的俄羅斯國立文科中學所體會到的窒息氛圍，形成強烈的對比。他參加的非法讀書會會閱讀愛國和社會主義的文獻，因此更加深化這些感受。他在一九〇三年這樣描述自己的童年：

> 我因為得默默忍受自尊遭到踐踏，聽著老師對波蘭、波蘭人與波蘭歷史的謊言和辱罵而羞紅了臉。受到迫害、跟奴隸一樣隨時可以像蝨子般被蹂躪的感受，宛如一顆巨石重重壓在我的心上。我總是認為在文科中學的那幾年是我一生中最不開心的時光。[33]

接著，畢蘇斯基談到大學經歷的重要性，因為他在那時首次接觸波蘭的社會主義文獻。在他大一時，波蘭社會主義領袖遭到逮捕與處決，更加堅定他的社會主義信念。[34]在西伯利亞流放五年後，他回到維爾紐斯，深信唯有結合社會主義和民族主義的理念才能激勵群眾。他寫道：「我得出一個結論，那就是我童年的夢想和希望應該跟我年輕時期的世界觀結合。**波蘭的社會主義者必須要求國家獨立，因為獨立是波蘭的社會主義獲勝的唯一條件**。」[35]

〈我如何變成一個社會主義者〉號召了奧屬加里西亞的波蘭年輕人。但是在另一方面，這篇文章也招來右翼民族民主黨領袖的嘲弄。[36]在總部位於克拉科夫的《全波蘭評論》中，民族民主黨的領袖羅曼・德莫夫斯基認為畢蘇斯基的文章「完全沒展現社會主義的價值。反之，畢蘇斯基使我們相信他在偏僻的西伯利亞形塑的社會主義思想已經過時了。他依然是那個勇敢的男孩、愛國母親的兒子，夢想解放家園。」德莫夫斯基總結說，畢蘇斯基不是一個社會主義者，只是想要利用社會主義達成愛國目標。[37]

＊

畢蘇斯基在第一次世界大戰為止住在克拉科夫的那段期間，由於非常需要收入，使他有動力發表更多文章。他在一九〇三年的十月發表一篇文章討論立陶宛文化受到法律壓迫的議題，可以看出他這個時候在想些什麼。他說，特別野蠻的一點是，帝俄禁止人們使用拉丁字母印刷立陶宛文。畢蘇斯基提到俄羅斯西北省分的總督斯塔波克－米爾斯基親王（Prince Sviatopolk-Mirsky），因為他提倡對各族群採取較開放的政策。畢蘇斯基說，就連他也坦承要阻止立陶宛語書籍非法進口是不可能的，但是儘管如此，這些行為並不會傷害到帝國。因此，畢蘇斯基表示，米爾斯基不反對在維爾紐斯和考夫諾印製這類出版物。「在國外印刷後偷渡進來、違反沙皇法律的書籍散布到立陶宛各地，幾乎家家戶戶都有。」[38] 被抓到進行禁書交易的人會受到嚴厲的懲罰，很多人都被送到西伯利亞。

畢蘇斯基接著說，為了反抗政府的高壓，在俄羅斯興起了親民主運動。這在俄羅斯帝國全境都觀察得到，包括波蘭、高加索地區、俄羅斯本土和烏克蘭。他最後說到，要小心政府煽動反猶情緒和反猶暴力的政策，因為這些是政府為了轉移人們對整個沙皇壓迫的注意力所使用的伎倆。那正是一九〇三年春天的基希訥烏（Kishinev）屠殺事件背後的陰謀：「我們在今年四月目睹了這個可惡殘暴的手段。」[39]

在同一期的《奮鬥報》，畢蘇斯基試圖減輕立陶宛社會主義者的擔憂。他說，波蘭社會黨沒有意圖破壞立陶宛人建國的抱負。他宣布：「這不是要把立陶宛的社會主義組織納入波蘭社會黨的控制下，而是要在過往的立陶宛疆域內，形成一個強大的社會主義政黨聯盟。沒有統一的陣線，就無法獲得勝利。」[40]

畢蘇斯基關鍵的原則宣言出現在他為同一期《奮鬥報》所寫的第三篇文章。俄羅斯的力量撤離波蘭、立陶宛和烏克蘭之後，在這些地區土生土長的人民必須要能夠在不被外界逼迫的情況下決定自己的命運。關於東部邊疆地區非波蘭民族的命運，下面這幾行文字或許可以準確地稱作畢蘇斯基主義：

社會主義陣營的其中一部分——俄羅斯和猶太人的黨派——把訴求局限於將帝俄轉變為民主立憲共和國，不願解決民族問題或甚至明確支持目前的國界，社會主義陣營的另外一部分——大體上由波蘭社會黨為代表——則要求完全瓦解這個使各個人群和民族窒息的俘虜之家。我們力圖徹底破壞折磨被臣服民族的枷鎖，不讓沙皇繼續阻礙他們的自由發展。41

同樣的原則也適用於立陶宛廣大的猶太人口。畢蘇斯基總結：「我們一定要努力改善這些關係。」42

日俄戰爭

一九〇四年二月八日，日本對旅順港的一支俄羅斯艦隊發動攻擊。兩天後，俄羅斯宣戰。對畢蘇斯基而言，日俄戰爭的爆發標誌了一條新道路。從他在戰爭爆發後所寫的一封信，可看出他認為這場戰爭有多重要，可能對波蘭的事業有所助益。畢蘇斯基在俄羅斯寫道：「這裡的氛圍非常嚴肅，感覺我們身上背負一份特殊的責任。我們必須盡快動員參謀人員和士官，我們必須擺出戰鬥的姿態，因為這是好好利用這場戰爭引起的氛圍的唯一辦法。」畢蘇斯基表示，有好多機會出現，多到令人疲憊。他在寫給倫敦同志的信件中說：「所以，希望你們安好，我感覺好倉促，難以寫出連貫的文字。我一刻也不能浪費。我現在有很多新的人要見，像螞蟻一樣勤奮，每天晚上都累壞了。我就先寫到這裡。」43

畢蘇斯基也察覺到當地人的心情有所轉變。他於一九〇四年二月在華沙寫道：「民眾出現革命的性格。戰爭剛爆發，情勢馬上改變了。對不少人來說，這一刻給人獨一無二的感覺，需要我們採取不同凡響的手段和行動。這一刻帶來的感覺已經擴及到許多地方……我們這邊必須採取某些行動。」他補充說：「我們如果採取漠不關心的被動立場就太可惜了。經過一段時間後，我們如果不行動，就會喪失我們的影響力和重要性。」[44]

畢蘇斯基認為，日俄戰爭的爆發意味著，黨不能再只是組織工人和發放政治文宣，而是應該拿起武器了。他告知克拉科夫的黨員，立陶宛、拉脫維亞和白羅斯的社會主義者已經同意發表這樣的共同宣言。宣言說道：「同志們！我們是俄羅斯最大的內敵，代表了波蘭、立陶宛、白羅斯和拉脫維亞的工人……我們是被沙皇征服的土地的子民，利益和需求被完全忽視。因此，我們注定會被殲滅，最終遭到毀滅。」這份一九〇四年二月的共同宣言在結尾呼籲帝國內的非俄羅斯人民「在同一個絕不妥協的陣營裡攜手合作，對抗壓迫和剝削！」[45]

一九〇四年二月十七日，畢蘇斯基在西伯利亞流放期間結識的良師益友布羅尼斯瓦夫．斯瓦采去世了，享年七十歲，因此畢蘇斯基回到奧匈帝國參加他的葬禮。同一時間，波蘭社會黨位於倫敦的外國委員會接洽了日本官員。約德科－納克耶維奇聯繫維也納的日本代表，表示在跟俄羅斯的戰爭中，波蘭人應被視為日本最親近的盟友。他寫道：「在俄羅斯西部，你可以發現一個強大、被征服的波蘭民族，他們不只一次為了家園的獨立發動武裝叛變，從來不曾放下武器。」他補充道：「波蘭人生來就是俄羅斯的敵人，日本人在我們之間只會找到支持者。波蘭的民族利益絕對不會跟日本政策牴觸。」[46]

一九〇四年的三月十六日，約德科－納克耶維奇在倫敦跟日本代表林董（Hayashi Tadasu）碰面。會面過後，他寄給林董一封由畢蘇斯基所寫的備忘錄，建議成立一支波蘭軍團協助日本。[47]林董向上級報告，自己完全相信約德科－納克耶維奇的真誠，也相信他的合作提議是真心的，但是在寫給約德科－納克耶維奇的信中解釋，要在日本軍隊成立一支波蘭軍團是「不可能的，日本政府絕對不會在自己的軍團裡雇用外國人。」[48]

畢蘇斯基收到了跟日本官員聯繫的回報。在一九〇四年三月十九日的一封信中，他討論了黨內事務。他認為「我們需要思考的主要議題為黨內事務，因為永遠都有時間去思考外交政策，但是除非黨內有力量，否則我們在國外什麼也做不到。」[49] 這段評論顯示，畢蘇斯基這個時候不像外國委員會的同志那麼強調日俄戰爭，而是比較專注在俄羅斯境內的黨內事務。在寫給人在勒沃夫的約德科－納克耶維奇的信件中，他再次對於黨中央委員會較年輕新進的成員表示憂心。他寫道：「跟亞當・布諾的關係很不愉快，我不知道事情會怎麼發展，但我感覺他會繼續不動聲色地阻撓。以後就知道了。」[50]

同一時間，俄羅斯境內的黨中央委員會發覺外國委員會與日本之間的往來。中央委員會詢問畢蘇斯基：「以我們軍事部門目前的狀況來看，我們能不能得到對日本很重要、對俄羅斯不利的情報呢？」[51] 畢蘇斯基回覆，波蘭社會黨內部的特務可以即時觀察到俄羅斯部隊的動向，把情報轉交給日本。雖然日本堅決反對波蘭軍團的點子，卻對分享俄羅斯和西伯利亞的情報很有興趣。畢蘇斯基的提議被翻譯成英文，轉交給倫敦的日本駐外武官宇都宮太郎（Utsunomiya Taro）。[52]

⁂

畢蘇斯基在一九〇四年的四月回到克拉科夫。回去不久，他便寄了一封詳盡的信到倫敦，感謝他們寄給他幾期的《泰晤士報》。他對這份英國日報的重視，顯示他認為隨時了解國際事務是很重要的。[53] 剛從俄羅斯回來的他再次對黨中央委員會表達保留的態度。在他看來，黨的幹部——他自己、沃伊切霍夫斯基、亞歷山大・馬里諾夫斯基和約德科－納克耶維奇——都在流亡中。住在國內的領導階層「被交付比較嚴肅的任務時會感到不自在」，同時對外國事務的知識與敏銳程度不足。畢蘇斯基認為：「中央委員會較年輕的新進成員仍需要導師指引他們。」[54]

畢蘇斯基描述了他認為真正的領導者必須具備的特質。「列昂【博萊斯瓦夫・查爾科夫斯基】缺少勇氣和主動；耶日【Jerzy，亞當·布諾】缺少教育和對人發揮重大影響的能力。」其他一些人則缺乏領袖風範，沒有辦法激發信心。畢蘇斯基寫道：「其餘的無法成就大事，或是像揚【費利克斯·薩克斯】那樣少了精力和大膽的願景。有時候，我悲傷地看著目前的處境。很清楚，我們【在俄羅斯境內】擁有的合適人才實在太少了。【沙俄境內】必須無時無刻要有人能夠提高黨的水準，不允許它墮落成社會主義高中生或革命技工的水準。」[55]

這種悲觀的口吻也顯示，畢蘇斯基對於俄羅斯西部省分會有群眾起義的希望已經破滅了。到目前為止，只有發生幾次小型的抗議事件。「我回到克拉科夫時意志消沉，幾乎快要病了。《歷史歌謠》描述的那些波蘭人到哪裡去了？」——他指的是尤里安·聶姆策維奇在十九世紀所寫的愛國詩詞——抑或是「密茨凱維奇、斯沃瓦茨基和克拉辛斯基的詩作描述的波蘭人？這些犧牲自我的騎士、他們母親的夢想、隨時準備在自由之戰發出第一聲就拿起武器的炙熱精神【到哪裡去了】？我從來沒有這麼失望過。」[56]畢蘇斯基悲觀的情緒在一九〇四年五月五日收到倫敦寄來的驚人電報後突然起了變化：日本參謀本部邀他到東京參加高層會議。[57]

Chapter 8

從東京之行到積極鬥爭聯盟

我們的夢想是訓練一群戰士，以便在未來的武裝革命中站在最前頭，成就大事。

——約瑟夫．畢蘇斯基一九〇六年七月在克拉科夫的第一次戰鬥組織會議上發表的演說

在一九〇四年五月十三日，提圖斯．菲力普維奇（Tytus Filipowicz）通知畢蘇斯基，他要到瑞士跟日本的駐外武官宇都宮太郎見面，討論造訪日本的細節。[1] 畢蘇斯基跟妻子瑪麗亞一起前往伯恩，在五月二十一日和二十二日跟這位日本駐外武官開會。他驚訝地從宇都宮太郎口中得知，也有別的波蘭人在跟日本人交流，包括從五月十五日就待在東京的羅曼．德莫夫斯基。[2]

在伯恩開完會後，畢蘇斯基啟程前往日本，中途停了幾個地方。在倫敦時，他在六月三日跟日本駐英國的大臣林董碰面。他寫道：「我今天遇見林董伯爵，我坦言，他讓我留下了非常棒的印象，好到我現在對於我們的任務是否成功比較沒那麼擔心，而是更有希望了。」[3] 畢蘇斯基帶著要交給東京的日本領袖的引介信離開了倫敦。林董告知日本的外務大臣他會派菲力普維奇跟著畢蘇斯基一起去，他是一個值得信任的同志以及波蘭語和英語翻譯員。[4]

這兩人搭乘「坎帕尼亞」號（SS Campania）從利物浦前往紐約，於一九〇四年六月十一日抵達，接著前往曼哈頓蘇活區拉法葉街的飯店。菲力普維奇寫到他對紐約的第一印象：「一座很棒的城市，怪的是令人有一種熟悉感。」[5] 暈船的畢蘇斯基則沒有心情欣賞風景。畢蘇斯基在六月十三日寫道：「我已經

抵達紐約兩天了，因為在船上感冒，所以這幾天頭痛和牙痛得很厲害。」[6]

六月十五日，畢蘇斯基和菲力普維奇離開紐約前往舊金山，六月二十二日搭船前往日本。在美國的十一天是畢蘇斯基第一次、也是最後一次造訪這個國家。菲力普維奇在舊金山寫的一封信中描述了穿越美國全境的六天旅程。從紐約出發的火車先是往北抵達水牛城，接著從尼加拉瀑布開始橫跨美國，途經科羅拉多州的馬尼圖斯普陵（Manitou Springs）、猶他州的沙漠和洛磯山脈等地。菲力普維奇寫道：「我們之字形地穿梭在被雪覆蓋的山巒，前往內華達山脈。接著，我們從白雪靄靄的山頂下到沙加緬度，往舊金山前進，在那裡看見棕櫚樹和柑橘園。」[7] 菲力普維奇的信件裡夾了一張畢蘇斯基寫給待在克拉科夫的妻子的紙條。畢蘇斯基寫道：「把裡面這封信轉交給我妻子，告訴她我們的動向，這樣她才知道我們在哪裡。請不要忘了！。」[8]

畢蘇斯基在從舊金山到日本的旅程中整理了一份報告。菲力普維奇將報告翻成英文，因為這是寫給日本官員的，要向他們介紹波蘭社會黨的黨綱。報告一開始說到，對於像日本這樣不在歐洲的國家來說，烏拉山脈以西的俄羅斯看起來好像只有一個民族。他說：「然而，這樣的同質性事實上並不存在。」畢蘇斯基說，俄羅斯人其實占不到人口的一半。那裡不只有不同的民族，還有迥異的文化。他寫道：「在這個國家的西部地區有波蘭、立陶宛、拉脫維亞和芬蘭，這些地方從根本上來說屬於歐洲，社會結構跟俄羅斯完全不同……此外還有西伯利亞和中亞的無數人群。」他接著說：

請允許我補充，這個國家有很大一部分是被俄羅斯用武力併吞的，那裡的居民以前獨立於俄羅斯之外，因此感覺自己現在被囚禁了。因此，不同的歷史傳統以及對今昔暴力事件的不同記憶進一步加深了這個沙皇國家的異質性。這種缺乏統一的特性是帝俄的主要弱點、它的致命傷。[9]

畢蘇斯基認為，波蘭與日本應該要結盟的邏輯是很清楚的。首先，波蘭人在追求獨立時「非常大膽」。

畢蘇斯基強調，許多人都十分渴望「**將俄羅斯分裂成各個主要組成，讓被強制併入帝國的國家獲得獨立**」。他補充道：「對於非俄羅斯民族而言，日本勝利帶來的興奮之情和積極對抗敵人的意願比從前都要高。」戰爭的爆發「因此自然而然讓日本和波蘭建立起同盟關係」。[10]

一九〇四年七月十一日，畢蘇斯基和菲力普維奇抵達日本的橫濱。日軍參謀本部的稻垣少校（Major Inagaki）護送他們到東京，他們在那裡入住當地最古老的西式飯店精養軒飯店。[11]隔天，畢蘇斯基和菲力普維奇會見村田惇將軍（Murata Atsushi）和川上俊彥（Kawakami Toshitsune），後者之後將成為日本的第一位駐美國大使，擔任英日翻譯員。在這初次認識的會面中，畢蘇斯基把他的報告和林董的引介信交給了川上俊彥。

當時畢蘇斯基不知道，他的政治對手羅曼·德莫夫斯基也有呈交了一份提議給日本政府。菲力普維奇說到他對德莫夫斯基有不好的預感，懷疑會對他們不利。[12]德莫夫斯基提交的報告呼籲日本拒絕畢蘇斯基的提議。畢蘇斯基的報告代表的是「對俄羅斯當前統治有所不滿的機會主義者和革命分子」，不應被視為這個議題的定奪者。德莫夫斯基代表了民族聯盟（民族民主黨）的聲音，堅稱絕大多數的波蘭人都反對武裝叛變。德莫夫斯基接著說，畢蘇斯基的武裝革命將為這個地區帶來災難，只會造成血腥和迫害。[13]

德莫夫斯基的備忘錄達到了預期的效果。一九〇四年的七月二十三日，川上俊彥通知畢蘇斯基，日本決定不跟他正式合作。川上俊彥在一九〇四年七月二十三日寫道：「我的政府不能跟你建立關係，以免造成非常嚴重複雜的國際問題。」[14]據說川上俊彥個人對政府的決定感到很失望。日本政府會對畢蘇斯基做出負面回應，德莫夫斯基的反對提議無疑是主要因素。歷史學家安傑伊·菲斯克（Andrzej Fiszke）說：「德莫夫斯基去日本是為了阻撓畢蘇斯基取得日本的協助，在波蘭籌備反俄叛變的計畫。」[15]

畢蘇斯基和菲力普維奇空手離開日本，在一九〇四年的九月返回倫敦。但，日本之行並非完全沒有成果：日本同意提供波蘭社會黨武器和彈藥的經費，交換俄軍動向的相關情報。[16]作為協議的一部分，菲力普維奇替日本將情報報告翻成英文。同一時間，人在倫敦的沃伊切霍夫斯基從宇都宮太郎那裡拿到資金，用來購買武器，非法運到俄羅斯。[17] 整場戰爭期間，日本提供波蘭社會黨約兩萬英鎊添購武器。沃伊切霍夫斯基從波蘭裔美國人的組織額外募得三千零一十四美元。[18]

波蘭社會黨的戰鬥組織

親自跟日本軍官見過面後，畢蘇斯基決定改變對群眾起義的支持。他做出另一個結論，那就是只有專業的常備軍能夠將俄羅斯逐出波蘭地區。跟他最親近的朋友注意到，畢蘇斯基從日本回來後那幾個星期一直把心力放在這個新的概念。當時住在克拉科夫、跟畢蘇斯基密切共事的瓦西萊夫斯基憶起這位黨派領袖的變化：「久克開始花很多時間鑽研軍事。我注意到他家有越來越多軍事主題的出版物。這段時期，約瑟夫在交談中會一直談到軍事話題……他會花好幾個小時研究日俄戰爭戰場的地圖，並閱讀俄羅斯的軍事期刊，因此很快就讓我們感覺到他對軍事主題有非常豐富的認識。」[19]

黨中央委員會一九〇四年十月在克拉科夫召開的會議上，畢蘇斯基徹底展現了自己對軍事的最新關注。其中一名出席者表示，畢蘇斯基在演說一開始詳細描述了他的東京之行，接著提議成立戰鬥組織（Organizacja Bojowa）。他主張，黨絕對不能只用文字回應波蘭省分的動員令，而是要採取「行動策略」。[20] 這項決議通過了。中央委員會的八名成員全數在場，使這項歷史性的決定變得更加意義重大。在場人士還包括外國委員會的延傑尤夫斯基和瓦西萊夫斯基，以及加里西亞與西利西亞波蘭社會民主黨的領袖伊格納齊・達申斯基。[21]

行動刻不容緩，畢蘇斯基指定華沙為戰鬥組織的指揮總部，並且呼籲每一座城鎮成立各地分部。針對黨的第一個武裝行動任務，畢蘇斯基找了華沙分部的領袖約瑟夫・庫亞特克（Józef Kwiatek）到克拉科夫跟他會面。會面前，畢蘇斯基得知動員已擴及到波蘭王國。畢蘇斯基後來說：「我不記得我度過多少無眠的夜晚，不斷來回踱步，菸一根一根地抽，茶毫無節制地喝，一直在思考我們的抗爭形式和應該採取的立場。」[22]庫亞特克一九〇四年的十月抵達克拉科夫後，畢蘇斯基便向他提出在華沙發動武裝抗爭的計畫。

庫亞特克對自己的任務感到很興奮，隨後回到華沙進行準備。他給瓦萊雷·斯瓦韋克六百盧比添購槍枝和彈藥。一九〇四年的十一月十一日，斯瓦韋克送來三十八把左輪手槍。武器到手後，華沙分部開始發放傳單宣傳示威活動。[23]抗爭前夕，倫敦《泰晤士報》從華沙報導「波蘭人民對俄羅斯戰敗其實感到很開心」，並認為俄羅斯的動員令是極大的挑釁。[24]

在一九〇四年十一月十三日星期日清爽的早晨，群眾聚集在華沙的格日博夫斯基廣場（Grzybowski Square）抗議動員令。根據目擊者的描述，抗爭者開始高喊：「我們不要當沙皇的士兵！」接著唱起愛國歌曲。聚集超過三百人之後，十七歲的斯特凡·奧克熱亞（Stefan Okrzeja）展開一面紅色的旗幟，上面寫：「波蘭社會黨：不要戰爭和沙皇，自由的波蘭人民萬歲！」[25]警察和哥薩克騎兵穿越人群要逮捕奧克熱亞，戰鬥組織的成員開槍，引起一陣混亂。共有超過四百人被捕，六人死亡，二十七人受傷，其中警方一死五傷。[26]

其中一名示威者是畢蘇斯基後來的第二任妻子、當時二十一歲的亞麗桑德拉·謝爾賓斯卡。她注意到，格日博夫斯基廣場抗爭事件這起自從一八六三年起義之後，波蘭街頭第一次出現的武裝示威行動，確實大幅減緩了俄羅斯在波蘭省分的動員。[27]另一名參與示威者斯瓦韋克後來回顧這起事件：「我永遠不會忘記幾名警察逃離現場時，我在我們的戰士臉上看見的極大喜悅。」那象徵性的一刻「是一個巨大的心理轉捩點，警察慌張逃跑的景象讓人印象深刻。」[28]

格日博夫斯基廣場示威是波蘭社會黨第一次訴諸武力。這起事件背後的主謀畢蘇斯基第一次得知相關消息，很可能在讀到克拉科夫日報《前進報》十一月十五日那一期的時候。他讀到這份報紙的華沙特派員所寫的這行文字時，無疑是欣喜萬分：「這裡的每一個人都認為一八六三年之後就不曾出現過這樣的示威活動。」他很有可能也有拿到外國媒體的報導，例如《紐約時報》在一九〇四年十一月十七日所寫的文章：「自一八六三年的大叛變之後，華沙就不曾出現過人民與軍警之間如此意志堅定的面對面鬥爭。」[29]畢蘇斯基當時跟家人正在札可潘那度假，他寫信給倫敦的同志，拜託他們：「請針對華沙事件在英國媒體製造一些聲浪。歐洲針對【格日博夫斯基廣場】事件製造的聲浪越大，【俄羅斯】政府就會越不想要進一步動員。」[30]在畢蘇斯基眼裡，這場示威行動顯然對民族心理具有決定性的影響，為波蘭社會黨和他的國家翻開歷史新頁。

一九〇五年俄羅斯革命爆發

一九〇五年一月九日，俄羅斯東正教的加邦神父（Father Gapon）率領估計十萬人在聖彼得堡進行和平遊行，向沙皇提出請願，要求召開制憲議會選舉、馬上實現公民自由以及赦免政治犯。加邦還要求獲得最低薪資、一天八小時的工時和集體協商權。然而，示威者靠近冬宮時，皇家護衛卻開火殺死一百三十人、射傷兩百九十九人。[31]這起事件後來稱作「血腥星期天」（Bloody Sunday），引發全帝國的革命動亂。一場規模龐大的自發罷工運動隨即展開，隔天有十六萬名工人為了抗議而待在家不去上班。到了一九〇五年一月底，估計有四十一萬名工人罷工，讓俄羅斯陷入一片混亂，帝國的勞工運動也進入新時代。

同一時間，波蘭社會黨的華沙分部領袖發布一項呼籲，標題是〈我們的政治宣言〉。這份宣言在一九〇五年一月二十八日公告，要求個人公民權、無論宗教或民族在法律之前人人皆平等，以及工人罷工和組成工會的權利，希望得到「獨立的民族生活」、在學校使用波蘭語，並且透過普選選出華沙的制憲議會。除此之外，這份宣言還要求「保障猶太人與其他少數民族的自由文化發展」。[32]華沙組織發表的宣言跟社會主義者領導的大罷工恰好發生在同一個時間。到了一月底，有四萬七千名罷工工人把華沙變成帝國的革命重鎮之一；那年一月的四十一萬名罷工工人之中，有三分之一的人是身處在波蘭王國。[33]

畢蘇斯基在札可潘那聽說了俄羅斯這些戲劇化的事件。他在一九〇五年二月接待的其中一位訪客是二十五歲的米哈爾・索科尼斯基，他很訝異畢蘇斯基對俄羅斯的事件不感興趣。反之，畢蘇斯基談到為日後的軍隊準備一群戰士，以及如何籌募必要的資金等事。[34]同一時間，「年輕派」在一九〇五年三月的華沙召開了帝俄境內黨領導階層的會議。在畢蘇斯基缺席的情況下，他們宣布這是第七次黨大會，並在眾人預料之外通過一項決議，從根本上改變了黨綱。決議宣稱，從此以後，獨立的訴求將由在民主立憲的俄羅斯內爭取波蘭王國自治的訴求所取代。新的中央委員會只保留兩位「保守派」的成員——畢蘇斯基和亞歷山大・馬里諾夫斯基。這場大會也成立了謀反戰鬥部（Wydział Spiskowo-Bojowy），負責監督和指揮戰鬥單位，任命斯瓦韋克和亞歷山大・普里斯托（Alexander Prystor）為部門負責人，畢蘇斯基則是部長。[35]

畢蘇斯基認為黨綱是因為他不在才遭到更改。他在一九〇五年的三月二十九日寫道：「我相信如果我或甚至是列昂【瓦西萊夫斯基】有出席會議的話，很多事情不會發生。」[36]對瓦西萊夫斯基來說，第七次黨大會象徵權力從保守派轉移到黨的年輕派。他說：「此刻，對我們這些保守派——我、約德科－納克耶維奇、延傑尤夫斯基、蘇奇維茨等人——來說最重要的就是久克的反應。我們是要遵守第七次黨大會的決議，還是公開反對他們並接受這個決定會帶來的任何後果？」[37]

畢蘇斯基看出黨內剛產生的分裂，決定回到俄羅斯重申自己的權威。在一九〇五年的六月十六日和十七日，他到華沙郊外的約瑟夫烏（Józefów）跟中央委員會開了兩天的會議。在他的演說中，畢蘇斯基表示自己理論上傾向跟所有革命團體結盟。畢蘇斯基提到在他之前發表演說的一位年輕派代表：「根據【馬利安・比列基（Marian Bielecki）】的說法，波蘭要獨立是不可能的。他提議跟俄羅斯組成聯邦，因為這屬於可能的範疇。假如【比列基】認為跟俄羅斯組成聯邦比較容易實現，那我會說他很樂觀。因為，共同的奮鬥必須包含共同的目標。為什麼為了建立聯邦共同奮鬥有可能，為了獨立共同奮鬥就不可能呢？」他接著說：「我基本上支持【比列基的】決議，但是預期要實現這些決議會有困難。」[38]

畢蘇斯基慎重的言論再加上他個人的影響力暫時阻止了黨派分裂。黨內會議投票贊成組織新的中央委員會。畢蘇斯基仍是成員之一，但是年輕派的人數增加了，加入如馬克斯・霍維茨等新成員。瓦西萊夫斯基說道：「第七次黨大會後，黨內保守派的處境變得相當薄弱。我們被有計畫地逐出領導階層，連報導和鼓動工作也是。」[39]最後這一點指的很可能是《工人》編輯監督團隊的變化。費利克斯・佩爾在一九〇四年八月被捕之後，印刷機和印刷員工都轉移到華沙，黨報的編輯工作便落入年輕派的掌控之下。

年輕派掌權之後，畢蘇斯基退出黨的政治，把精力放在戰鬥組織上。他先前已經廣泛閱讀拿破崙戰爭的書籍，這個時期又開始研究更通泛的戰爭主題，閱讀卡爾・克勞塞維茲（Carl von Clausewitz）的《戰爭論》（*On War*，一八三二年），同時取得有關南非波耳戰爭（Boer War，一八九九年到一九〇二年）最新出版的研究。得知近期有英文的相關出版物之後，他便寫信給倫敦的菲力普維奇，請求把書寄給他。[40]不久後，畢蘇斯基收到兩部關於波耳戰爭的重要英文著作——柯南・道爾的《大波耳戰爭》（*The Great Boer War*，一九〇二年）和三冊的《泰晤士報南非戰爭史，一八九九年到一九〇二年》（*The Times History of the War in South Africa, 1899–1902*，一九〇〇年到一九〇四年）。

在黨務和戰鬥組織之外，俄羅斯境內也發生了巨大的改變。日本和俄羅斯在九月五日簽署休戰協議，正式結束日俄戰爭。隨後，社會變得動盪不安，莫斯科的鐵路工人在十月四日發起全面罷工，使俄羅斯的勞工動盪達到高峰。六天後，莫斯科的鐵路服務完全中止，並波及到聖彼得堡。十月十一日，鐵路罷工擴散到波蘭省分，也就是帝俄的第三大工業重鎮。[41]

沙皇尼古拉二世別無選擇，只得順從勞工的要求。十月十七日，他頒布《十月詔書》（October Manifesto），實行言論自由、媒體自由、集會自由和宗教自由。這歷史性的宣言表示會在一九〇六年四月舉行立法議會（稱作「杜馬」〔Duma〕）的選舉。一夕之間，祕密組織和他們的報刊全都重見天日。

波蘭社會黨的華沙分部非常熱烈地歡迎《十月詔書》，領導階層請求畢蘇斯基從流亡地點回來，因為他的非法身分現在已經正式解除。但對畢蘇斯基來說，這是不可能的事。他在《十月詔書》頒布後寫道：「哇，我們活在一個非常不凡的時代！人們的印象和他們的感受很有趣。」如果以為《十月詔書》意味著地下鬥爭的結束，那就太天真了。畢蘇斯基表示：「我對未來發展的預測是，這一切最後將會陷入可怕的混亂，導致俄羅斯衰弱耗竭。接著，俄羅斯會衰亡瓦解。」[42]

瓦西萊夫斯基鮮明回憶起畢蘇斯基對《十月詔書》的反應。他寫道：「畢蘇斯基完全不相信《十月詔書》能維持下去，他非常懷疑地看待這件事。」畢蘇斯基認為俄羅斯政府「受挫於革命的動盪，一定會做出嚴酷的回應，並……收回所有的『自由』。」畢蘇斯基在一九〇五年的十一月對索科尼斯基基表示，俄羅斯的動盪並不算是革命：「沒有戰鬥怎麼稱得上是革命？雙手抱胸怎麼稱得上是戰鬥？」[43]畢蘇斯基對俄羅斯的態度顯然完全沒有改變。

畢蘇斯基對俄羅斯的戲劇化事件不為所動，仍繼續努力為戰鬥組織成立指導團隊。他於一九〇五年的十一月在克拉科夫建立了第一所訓練學校。到了一九〇六年的年初，他已經在克拉科夫開辦另外兩門軍事訓練課程，指導員包括斯瓦韋克、卡齊米日・索斯科夫斯基（Kazimierz Sosnkowski）和普里斯托。畢蘇斯基則負責組織和戰略方面的課程。這三所學校在一九〇六年四月前共有約一百名戰士畢業。[44]接著，這些受訓完畢的指導員跨越邊境進入俄羅斯，到各地成立黨戰鬥組織的分部。

在一九〇六年二月於勒沃夫舉行的第八次黨大會上，許多年輕派代表對畢蘇斯基掌控戰鬥組織的情形表示不自在。大會為期十二天，共有一百六十人參加，其中一百四十五人擁有投票權。出席者不顧中央委員會多數人的意見，投票支持繼續讓畢蘇斯基擔任戰鬥組織的領導人。有人試圖剝奪他的權力，使畢蘇斯基堅持戰鬥組織應該獨立出來。絕大多數的出席代表都投下贊成票，因此畢蘇斯基的動議通過了。然而，他提出動議反對黨綱在民族問題上做出的改變，卻沒有通過。[45]

瓦西萊夫斯基是除了畢蘇斯基以外，唯一一個在場的保守派成員。他憶道：「我們非常保守地參與勒沃夫的大會。我們的領袖是久克【畢蘇斯基】，他給了一段很精采的演講……捍衛自己對於戰鬥組織的立場，形容那是『公共清潔員的團體，不斷清理沙皇殘骸』。」畢蘇斯基「也捍衛戰鬥組織的獨立性。他說話非常有說服力，連黨內偏左的那些成員也接受他的權威，包括第一次看見他的人。」[46]烏茨的其中一位代表亞歷克斯．列夫斯基（Aleksy Rzewski）還記得掌聲如雷。他憶道：「不只因為戰鬥組織的領袖強而有力的論述能力，也因為談到波蘭和武裝鬥爭時，米奇斯瓦夫【畢蘇斯基】整個人流露出極為迷人的說服能力。」[47]

一九〇六年的四月，第一次杜馬選舉讓俄羅斯政府大敗。在杜馬的四百九十七位成員當中，非正式的社會革命黨（Socialist Revolutionaries）的勞工團體占了九十四席（百分之十八點九），社會民主黨占了十八席（百分之三點六）。占最多席次的是自由主義的立憲民主黨（Constitutional Democrats，又稱Cadets），總共得到一百七十九席（百分之三十六），至於親政府的黨派加起來只占了三十二席（百分之六點四）。在波蘭王國，所有社會主義黨派都抵制選舉，因此右翼民粹主義的民族民主黨勝出，在代表波蘭省分的三十七個席次中占了三十四席。

畢蘇斯基認為沙皇政權會妨礙民主進程的直覺是正確的。在一九〇六年五月六日，也就是俄羅斯史上第一場杜馬預定召開的五天前，沙皇尼古拉二世頒布了一部憲法。這份文件被稱作《基本法》（Fundamental Laws），讓沙皇保留「至高專制君主」的頭銜，賦予他否決杜馬通過的所有立法的權利。杜馬沒有權利推翻否決，使它等於是個無法起到任何作用的機關。這部憲法還賦予沙皇解散杜馬的權利。儘管有這些嚴重缺陷，杜馬和各種公民自由的出現仍標誌了俄羅斯歷史的新走向。彼得・肯尼茲（Peter Kenez）說：「這是俄羅斯史上第一次允許政治人物制定並向選民提出政綱。」[48]

畢蘇斯基持續悲觀地認為，這些重大的改變只不過是沙皇阻止革命的把戲。在他看來，只要權力的槓桿——軍隊和警察——握在沙皇一人手中，這些新賦予的自由隨時都有可能被奪走。因此，俄羅斯雖然轉變為立憲君主制，卻完全沒有動搖畢蘇斯基一心一意培養武裝部隊的意志。在一九〇六年的春天，戰鬥組織的領導階層挑選一群男男女女保護祕密的武器軍火庫。在一九〇六年一整年，這些人打造了一連串的軍械庫和彈藥庫。

當時二十三歲的亞麗桑德拉・謝爾賓斯卡負責監管戰鬥組織位於華沙的中央武器庫，供應所有的武器給各地組織。她記下每一筆交易，將數以千計的步槍、左輪手槍和彈藥分發下去。畢蘇斯基在一九〇六年的五月前來視察。謝爾賓斯卡之後回憶：「我還記得我被告知他要來的時候，很好奇地想見見這個在波蘭快速變成傳奇的男子。」[49]她說：

> 我還記得自己對他的第一個想法是，這是一個沒有被西伯利亞擊垮的男人。不像我遇過的其他回鄉的流放者，西伯利亞在他的身心都沒有留下印記。他的臉上沒有怨懟，也沒有屈服。接著，我意識到他性格的強大力量、無法定義的吸引力，那是使他終其一生能夠影響他人想法、甚至使他人違背自我意願的主因。我原本以為他很魁梧，身材強壯無比。因此，我很訝異他身高中等、肩膀寬闊、腰身纖細、走路輕盈得像女生。他有一種像貓一樣優雅的動作，即使到了老年依舊不變。[50]

畢蘇斯基對戰鬥組織的掌控再次受到檢視。在一九〇六年六月的一場會議，年輕派的領袖通過決議要直接控制戰鬥組織。[51]畢蘇斯基為了反擊，於一九〇六年七月五日在克拉科夫召開戰鬥組織的第一場會議。畢

波蘭社會黨戰鬥組織的成員、同時也是畢蘇斯基未來第二任妻子的亞麗桑德拉・謝爾賓斯卡，一九〇一年。

蘇斯基在開場演說中表示：「成立戰士的團體後，我們的夢想是訓練一群戰士，以便在未來的武裝革命中站在最前頭，成就大事。」[52]

畢蘇斯基反對小規模的街頭行動，主張黨的武裝力量要有紀律，行動要目標明確。戰鬥組織具有更高尚的目的，而不是針對政府官員隨意做出無差別的暴力行為。畢蘇斯基擴充戰鬥組織的計畫需要財務支持。因此，他下令對政府的火車發動一連串的搶劫行動，將搶到的錢財用來養戰鬥小組。在一九〇六年七月二十九日的搶劫行動中，戰鬥組織獲得的現金以當時的匯率來算，相當於三萬七千五百美元。俄羅斯軍方死了兩名官員。[53]

畢蘇斯基認為替戰鬥組織搶奪經費而造成傷亡是合理的，卻反對政治暗殺。這導致他跟黨中央委員會有所衝突。畢蘇斯基反對一九〇六年八月刺殺華沙總督格奧爾基．斯卡隆（Georgii Skalon）的計畫。他也反對所謂的血腥星期三（Bloody Wednesday）計畫，也就是戰鬥組織單位於八月十五日在二十個地點對俄羅斯警察、憲兵、官員和士兵發動協同攻擊。無辜旁觀者的死亡人數估計約為八十人。[54] 畢蘇斯基顯然很生氣中央委員會下令做出這種行動。畢蘇斯基澄清：「我沒有籌畫一九〇六年的『血腥星期三』。我反對對個人發動恐怖攻擊，從來沒有組織過這種暗殺行動。」[55]

戰鬥組織的土匪小偷形象令畢蘇斯基感到困擾。血腥星期三的事件給了他靈感，促使他在克拉科夫的保守派期刊《論壇》（*Trybuna*）的創刊號上發表一篇冗長的文章。畢蘇斯基認為，武裝起義的條件尚未充足，當前的任務是要有條理地逐步籌備未來的起義。籌備過程包括「大規模把戰鬥組織分散成小型軍事小組，散布到俄羅斯波蘭地區的各個角落。」[56]

在國際政壇上，畢蘇斯基觀察到歐洲同盟體系正漸漸產生變化，導致俄羅斯疏離德國和奧匈帝國。為了善加利用這些逐漸產生的分歧，畢蘇斯基開始跟奧地利軍隊協商。奧地利並不是完全不曉得畢蘇斯基這號人物。一九〇五年，畢蘇斯基的名字曾出現在奧地利的安全報告中：「在克拉科夫，畢蘇斯基開始透過言行散播一個概念：如果希望波蘭獨立不只是個夢想，就必須建立軍隊，好在適當時機跟俄羅斯進行武裝鬥爭，實現波蘭獨立。」[57] 一九〇六年的九月二十九日，畢蘇斯基跟加里西亞的奧匈帝國第十軍參謀長法蘭茲・卡尼克上校（Franz Kanik）以及艾德蒙・豪瑟上尉（Edmund Hauser）和勒沃夫稅務長約瑟夫・切爾內茨基（Joseph Czernecki）碰面。畢蘇斯基要求獲得武器和在加里西亞建立武器儲藏庫的准許，交換條件是波蘭社會黨的戰鬥組織可以分享俄羅斯軍隊動向的相關情報。假設跟帝俄發生戰爭，畢蘇斯基在俄羅斯境內的戰士可以從敵人的前線後方發動攻擊。[58]

與此同時，在黨務方面，畢蘇斯基和中央委員會之間的分歧越來越大。在沒有徵詢中央委員會的情況下，他下達幾次搶劫指令，因此他的戰鬥小組在十月二十日和二十三日搶劫了政府的火車。黨中央委員會非常不滿他擅自行動，表達出他們的擔憂。畢蘇斯基用行動作為答覆，下令十一月八日在華沙郊外的羅古夫（Rogów）車站搶劫郵務火車。畢蘇斯基的戰鬥小組搶到目前為止最大筆的現金，總共六萬三千八百四十六盧比（為當時的三萬一千兩百八十四美元）；有十六名俄羅斯士兵受傷。搶劫過程所使用的其中一個爆炸裝置炸斷了一位俄羅斯鐵路員工的手臂，《紐約時報》稱攻擊者是「一幫恐怖分子」。[59] 中央委員會很憤怒，下令立即停止戰鬥組織所有的行動。畢蘇斯基無視命令，在札可潘那舉行一場戰士會議。畢蘇斯基要捍衛自己在羅古夫的行動，擬定一項決議反對中央委員會欲跟俄羅斯建立聯邦的黨綱。[60]

政黨分裂

一九〇六年十一月，波蘭社會黨在維也納召開第九次黨大會，畢蘇斯基與年輕派之間的衝突帶來一場嚴重的危機。年輕派公然抨擊代表戰鬥組織的畢蘇斯基和幾個保守派成員。畢蘇斯基在這場有四十六人參與的大會上說道：「我當初就反對『血腥星期三』，因為這個行動不明智也不必要，更沒有在這個國家的眼中提升我們的形象。」[61]中央委員會回答，畢蘇斯基運用的策略和通過的決議都「極度背離」黨，「目標是讓波蘭的革命運動跟整個俄羅斯帝國的整體運動分離開來」。中央委員會提出一項決議，聲明戰鬥組織近期在札可潘那舉行的戰士會議上接受的黨綱，讓畢蘇斯基和他的戰士被撇除在「黨的領域之外」。[62]

開票結果顯示，決議經過多數人投票通過，畢蘇斯基和他的支持者走出會場以示抗議。隔天，他發布一份書面反駁，說「能夠回應這個國家經濟和階級利益的政治體制……只能在獨立的波蘭民主共和國之中建立起來。」[63]畢蘇斯基和他的支持者在一九〇六年十一月二十二日離開維也納，隔天聚集在克拉科夫，宣布成立新的政黨——波蘭社會黨革命派（PPS Revolutionary Faction），政黨正式分裂。革命派動作很快，一九〇六年十一月三十日就由瓦西萊夫斯基編輯發行他們的第一期《工人》。從此之後，年輕派統帥的黨被稱作波蘭社會黨左派（PPS Left）。

為協助發行新政黨的報紙，畢蘇斯基前往華沙。他借住在索科尼斯基的家，後者回憶畢蘇斯基對政黨分裂一事感到相當心煩意亂。索科尼斯基寫道：「他跟每次為了謀反活動奔波各地時一樣，冷靜沉著且極度小心，檢查公寓的每一個角落，根據周遭環境做出相對應的行為。他仔細檢查造訪的公寓所在區域和狀況。他話說的不多，看起來很嚴肅。茶擺在他面前，他卻不間斷地抽菸。他的心思因為跟難以置信的低能人士吵架而被占據。」[64]一九〇六年十二月，剛滿三十九歲的畢蘇斯基回到克拉科夫，現在是波蘭社會黨革命派中央委員會的核心人物。

在一九〇七年的前三個月，畢蘇斯基的戰鬥組織完成三十三次行動，在某次華沙搶劫行動中得到了六千五百盧比（三千一百八十五美元）。除了軍事事務，畢蘇斯基也活躍於政黨政治，出席波蘭社會黨革命派為期九天的第一次黨大會。大會於一九〇七年三月在維也納召開，黨綱支持建立獨立的波蘭共和國，主張那是促進真正社會民主的唯一方式。針對未來建國後非波蘭居民的問題，黨綱保證「少數民族在行政機關、學校和法院的權益」。[65]

代表黨戰鬥組織的畢蘇斯基在大會上演說關於戰略、資金和物資方面的話題。他強調了戰鬥組織對國家的未來有多重要。他說：「我們一直在鼴鼠丘、在地底下活動。在這種活動中，我們往往會覺得謀反者承受的一切折磨最後都不會有成果，覺得我們只是在沙子上蓋房子。但，當戰鬥的時刻來臨，工人階級開始尋求指引時，他們一定會找上我們！……今天，革命的浪潮正在退去，大家漸漸放下對戰鬥的渴望，可是如果我們不好好把握現在這個時期，如果我們不善加利用整體沮喪造成的緊張氣氛，那麼當【革命】浪潮回來時，人們會怎麼說我們？」他最後說：「我們今天要戰鬥，是為了在未來領導。」[66]

畢蘇斯基討論了發動武裝行動的目標。戰鬥組織「必須攻擊政府機構，以阻止和阻撓沙皇當局的活動。攻擊行動越多，政府越難施政，相信有可能跟政府進行武裝鬥爭的人越多。」他接著說，戰士「應該受命攻擊對革命不利的機構單位（警察和憲兵等），還有政府存放現金的地方。這些地方的防衛應該會變得越來越繁重花錢，成功拿下將會成為繼續對抗沙皇的手段之一。」[67]戰鬥組織也是自衛單位，不只會用來保衛波蘭人，也會用來保護少數族群，特別是用於抵抗屠殺行動。

畢蘇斯基當然有意識到一九〇五年到一九〇六年間橫掃俄羅斯西部的反猶暴力浪潮，這股浪潮估計共引發六百五十七起屠殺事件，造成三千一百零三名猶太人死亡、一萬七千人受傷。[68]他談到一九〇六年九月在波蘭王國發生的屠殺事件。謝德爾采（Siedlce）會爆發反猶太暴力事件，是從當地的俄羅斯軍事將領下令攻擊猶太商店開始的。濺血行為緊接著發生，遭到殺害的猶太人估計介於二十三到一百人之間。新聞報導堅稱，俄羅斯人向當地的波蘭人保證他們不用擔心，因為「我們的指令只有殺猶太人」。[69]畢蘇斯基對於他的戰鬥組織無法干預表示羞恥。他認為這起事件的起因是俄羅斯政府想要報復官員在八月被殺害的事情。畢蘇斯基在一份一九一〇年的出版物中說道：「謝德爾采屠殺是在回應血腥星期三，但戰鬥組織卻沒有做出回應。這是士氣上的失敗，接著造成實質上的失敗。謝德爾采屠殺讓整個黨都很驚愕，因為人們認為在軍隊的幫助下，政府隨時都可以在【波蘭】王國發動這種屠殺。戰鬥組織沒有足夠的資源與之對抗。」[70]畢蘇斯基相信自己有義務保護住在他認為屬於波蘭地區的所有居民，無論他們信奉的宗教或出身的民族。

畢蘇斯基越來越將精力放在軍事事務上，甚至決定不參選黨中央委員會的席次。在一九〇七年的春夏兩季，他下令在烏茨（四月二十二日和五月十七日）、華沙（五月十七日）、盧布令（五月二十六日）和凱爾采搶劫俄羅斯政府的火車。當時，戰鬥組織在波蘭王國共有七百五十人，分成一百五十個五人小隊。[71]

畢蘇斯基私生活的轉變

在一九〇六年的秋天，畢蘇斯基、瑪麗亞和汪妲搬到一間更大的公寓，位於克拉科夫的托波洛瓦街（Topolowa Street）十六號。瑪麗亞開始定期招待重要的政黨人物還有知名作家、演員與劇作家來家裡作客。其中一位常客是卡齊梅拉．伊烏娃卡維茨夫納（Kazimiera Iłłakowiczówna），她後來成為波蘭最受讚揚的詩人之一。伊烏娃卡維茨夫納憶道：「【畢蘇斯基】這個家總是有很多人，我在那裡認識了斯瓦韋克、約德科－納克耶維奇、索科尼斯基、普里斯托和菲力普維奇等人。」[72]瓦西萊夫斯基也有類似的回憶：「瑪麗亞夫人無疑是一位傑出的人物，聰明、見多識廣、能言善道、對議題有很深的認識，並且知道如何影響周遭的人，特別是考量到她宜人的外表、社交的優雅和愉快的態度的話。」[73]波蘭社會黨革命派的活躍人物博古斯瓦夫．米津斯基（Bogusław Miedziński）在這個時期也經常造訪畢蘇斯基一家人。他說，瑪麗亞「非常活潑健談，她並非一味毫無批評地附和丈夫的觀點。」[74]

一九〇六年的秋天也是畢蘇斯基家族生活的里程碑，他的哥哥布羅尼斯瓦夫終於在流放西伯利亞將近二十年後回家了。他抵達克拉科夫後，便搬進弟弟隔壁的公寓。對這兩位年近四十歲的兄弟而言，這肯定是充滿感性的重逢時刻。在被強制流放到俄羅斯位於北太平洋的庫頁島的十九年間，布羅尼斯瓦夫對島上原住民阿伊努人的語言文化產生了濃厚的興趣。現在，成為民族誌學者的布羅尼斯瓦夫正在研究阿伊努人的語言

從西伯利亞流放生涯結束後回來的布羅尼斯瓦夫・畢蘇斯基，攝於一九〇七年的克拉科夫。一九〇五年，布羅尼斯瓦夫被迫離開自己三歲的兒子和當時懷有第二個孩子的日籍妻子。今天，他有十三個曾孫住在日本。由於畢蘇斯基家族在波蘭的男性香火已經中斷，這個姓氏今天只能在日本找到。

和風俗，之後將在一九一二年用英文出版。他的研究至今仍被視為這個主題的經典著作。[75]

這個時期，畢蘇斯基的私生活還有另一項發展，那就是他的婚姻快瓦解了。在一九〇七年，他越來越不常待在家，經常跟小他十五歲的亞麗桑德拉在一起。在一九〇七年七月的凱爾采，兩人合作發放武器給波蘭王國各地的戰鬥單位。亞麗桑德拉憶起他們在花園散步的情景，寫道：「我們的關係在那裡超越了友情。我們以前常會一起散很久的步。」某次散步時，「他告訴我他愛我，自從我們在札可潘那剛開始共事時就已經愛上我了。」[76]

瓦西萊夫斯基記得畢蘇斯基這個時候開始疏遠妻子。瓦西萊夫斯基注意到：「起初，久克會陪瑪麗亞到咖啡館。但是漸漸地，他開始發牢騷。她想要在『分離』咖啡廳或亞瑪・米哈利卡咖啡館（Jama Michalika）待晚一點時，他便開始會自己一個人回家。在這個背景下，可以觀察到畢蘇斯基跟妻子的關係變得有些冷淡。雖然他很小心，連最親近的朋友也不說，但是他要隱瞞這件事是不可能的。」[77]

同一時間，一九〇七年的十一月，第三屆杜馬選舉把立法機關換成親沙皇的成員。反對黨被迫再次潛伏，他們的印刷機被沒收，領袖遭到逮捕。[78]畢蘇斯基認為，俄羅斯的自由權利會被完全收回一點也不令人意外。他當時寫道：「革命的勝利來自精神力量，革命的失敗則是因為缺少實體力量。」現在革命失敗了，「我們有義務好好利用今天的短暫平靜時期替未來做準備。【這可以確保】未來的戰鬥不會再次出現近期所展現的同一個弱點。」[79]

差不多也是在這個時候，一九〇七年十二月，畢蘇斯基開始計畫一場重大的搶劫行動，他相信一次可以搶到三十萬盧比這麼龐大的金額。為了籌畫這場行動，他於一九〇八年的冬天和春天都在維爾紐斯。不意外地，亞麗桑德拉是其中一個過去協助他的戰鬥組織成員，她在一九〇八年二月十四日抵達。[80]

畢蘇斯基回到克拉科夫後，明顯看出革命在俄羅斯的敗退已經削減了士氣。他在一九〇八年五月寫道：「一方面，我們感覺大家對戰鬥組織的未來都缺乏信心；另一方面，我開始替未來做打算，計算【我們需要的】人數，卻感到非常絕望。我現在覺得自己好像從一條寬廣的道路走向狹窄的小徑，最後走投無路。就在走投無路的同時，夜晚趁我沒有防備時降臨。」[81]這樣的轉變使得畢蘇斯基重新思索戰鬥組織的未來，他希望諮詢一個值得信任的軍事顧問，於是便前往東加里西亞跟卡齊米日・索斯科夫斯基見面。他們在勒沃夫的美國咖啡館喝茶時，畢蘇斯基坦言自己非常擔心人們對美好的未來喪失了信心。接著，畢蘇斯基表示戰鬥組織的歷史已經走到了尾聲。[82]

索斯科夫斯基認為，組成新的軍事組織的時機已經成熟了，這個組織將代表整個波蘭，而不是只有一個政黨。一九〇八年的六月，包括畢蘇斯基在內的幾位重要人物齊聚在索斯科夫斯基位於勒沃夫的公寓，成立了積極鬥爭聯盟（Związek Walki Czynnej，ZWC），由索斯科夫斯基擔任指揮官。歷史學家安傑伊・赫瓦爾巴（Andrzej Chwalba）曾經說過：「假如積極鬥爭聯盟……沒有在一九〇八年成立，就不可能會有波蘭軍

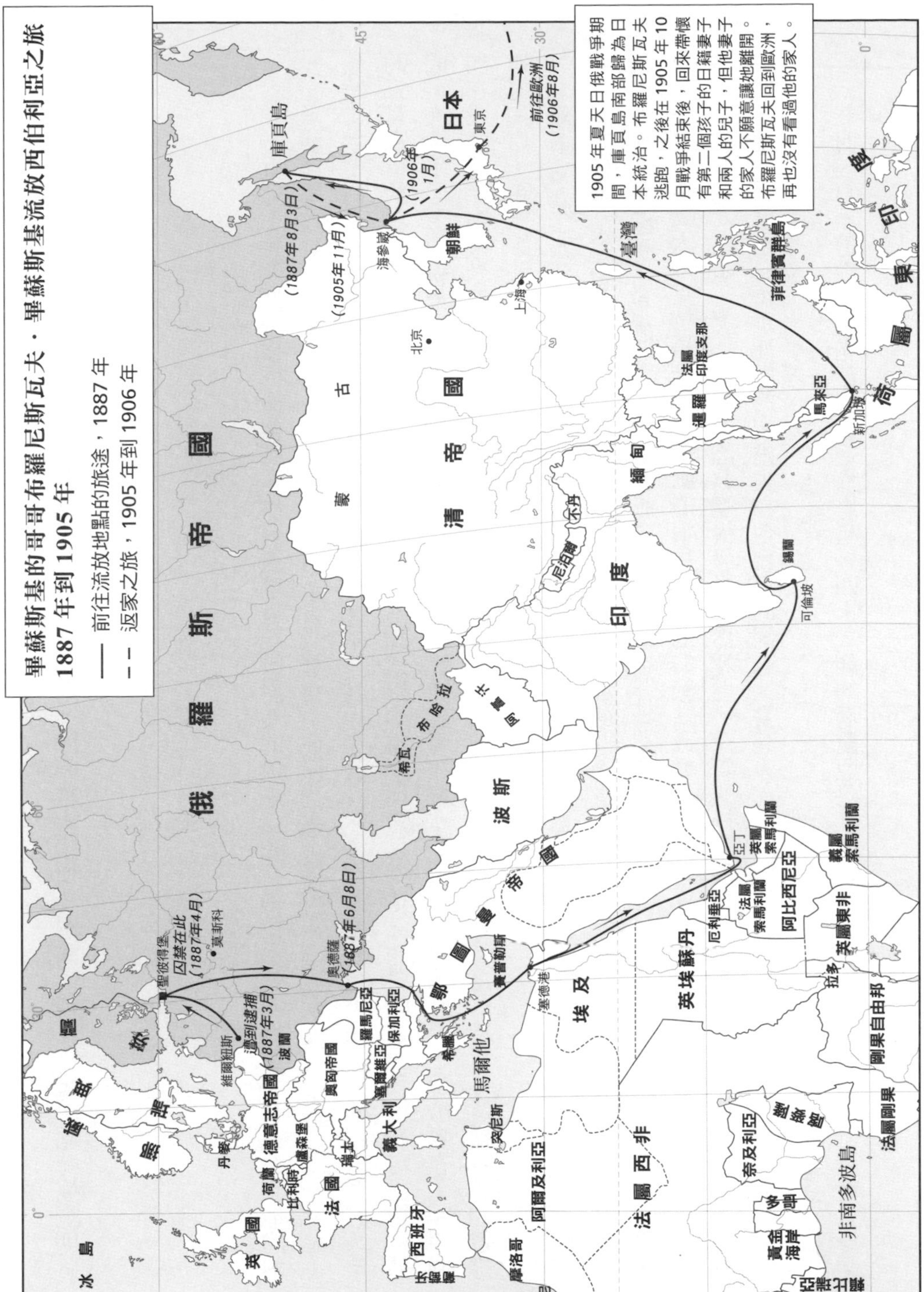
畢蘇斯基的哥哥布羅尼斯瓦夫・畢蘇斯基流放西伯利亞之旅
1887年到1905年
前往流放地點的旅途，1887年
返家之旅，1905年到1906年
1905年夏天日俄戰爭期間，庫頁島南部歸為日本統治。布羅尼斯瓦夫逃跑，之後在1905年10月戰爭結束後，回來帶懷有第二個孩子的日籍妻子和兩人的兒子，但他妻子的家人不願意讓她離開。布羅尼斯瓦夫回到歐洲，再也沒有看過他的家人。
俄羅斯帝國
清帝國
日本
庫頁島
海參崴
朝鮮
北京
上海
東京
前往歐洲（1906年8月）
（1906年1月）
（1887年8月3日）
（1905年11月）
蒙古
印度
尼泊爾
不丹
緬甸
暹羅
法屬印度支那
馬來亞
新加坡
荷屬東印度
菲律賓群島
臺灣
可倫坡
錫蘭
波斯
阿富汗
布哈拉
希瓦
鄂圖曼帝國
亞丁
塞德港
奧德薩
（1887年6月8日）
聖彼得堡
囚禁在此（1887年4月）
莫斯科
維爾紐斯
遭到逮捕（1887年3月）
波蘭
挪威
瑞典
丹麥
英國
冰島
荷蘭
比利時
德意志帝國
盧森堡
法國
瑞士
奧匈帝國
義大利
羅馬尼亞
保加利亞
塞爾維亞
希臘
西班牙
葡萄牙
摩洛哥
阿爾及利亞
突尼斯
馬爾他
埃及
英埃蘇丹
厄利垂亞
法屬索馬利蘭
英屬索馬利蘭
義屬索馬利蘭
阿比西尼亞
英屬東非
剛果自由邦
法屬剛果
法屬西非
奈及利亞
多哥
黃金海岸
賴比瑞亞
獅子山
非南多波島
伊夫尼

團。」[83]聚會結束後不久，畢蘇斯基跨越邊境進入俄羅斯，回到維爾紐斯，跟家人待在一起，同時協調即將展開的行動。

✳

在一九〇七年年底快要四十歲時，畢蘇斯基就已經對他的情婦亞麗桑德拉示愛。瑪麗亞有注意到他的轉變。畢蘇斯基在維爾紐斯寫了一封信給她，坦承自己外遇。他在信中表達悔意，要瑪麗亞別擔心，「歐拉小姐」（Miss Ola，他用來指涉謝爾賓斯卡的筆名）並不是其中一個人在維爾紐斯的政黨同志。他在一九〇八年的三月寫信給瑪麗亞時說道：「我仍然很掙扎，不知道對妳這麼坦然是不是一件對的事。我擔心自己對妳造成了許多不必要的擔憂。如果這些擔憂無法避免，晚到總比早來好；如果不是無法避免，那麼實在不需要施加在我已經給妳帶來的痛苦之上。」他在信末充滿關愛地說：「親愛的，請不時寫信給我，這樣我才知道妳過得如何。希望妳健康知足，想著快樂的事情。」[84]

隨著一九〇八年夏天的到來，畢蘇斯基怨嘆自己士氣低迷。他在一九〇八年七月或八月初寫信給瑪麗亞，開頭便說：「親愛的！我仍深陷在對事物毫無興趣的狀態之中，光是能夠提筆寫信就讓自己嚇了一跳。」他似乎感覺所有的計畫都被擱置。「該死，沒有任何東西——真的沒有任何東西——有任何一點進展。」[85]那年夏天，克拉科夫傳來悲劇的消息，使他的絕望感變得更深。一九〇八年的八月十四日，畢蘇斯基十九歲的繼女汪妲．尤什凱維奇因為膽囊發炎突然死亡。汪妲的死讓瑪麗亞深陷憂鬱。畢蘇斯基有一個艱難的任務，那就是必須跟汪妲的未婚夫和他親近的同志、當時人在維爾紐斯的戰鬥組織成員斯瓦韋克說這個壞消息。

然而，有一道微弱的光芒刺穿這片黑暗。四十二歲的瑪麗亞已臥床好幾天，出現讓她相信自己懷有身孕的症狀——很可能是噁心和嘔吐。瑪麗亞告知畢蘇斯基，要他回家。但她不知道的是，畢蘇斯基正在離家數天之外的地方，跟另外十九人執行一場規模龐大的搶劫行動。畢蘇斯基在一九〇八年的九月寫道：「請不要因為我沒回家而生氣，老天知道我實在沒辦法。我要是回家，會造成士氣低落，我不希望任何人這樣。我知道也明白妳懷孕了，可是我不能回去。」[86]

關於瑪麗亞在這段期間的生理和心理狀態，史料十分含糊。汪妲死後，情感和心理變得脆弱是難免的，但是起因顯然不只如此，因為瑪麗亞後來病到住院，原因不明。[87] 汪妲的死使這段婚姻原本就存在的裂痕變得更大。汪妲的死和瑪麗亞的病讓畢蘇斯基不想回到克拉科夫那個充滿悲痛的家。在一九〇八年的年底，畢蘇斯基要求離婚。亞麗桑德拉後來說：「瑪麗亞的回覆是，她這樣的女子不能被拋下。」[88]

在女兒過世的同一年被要求離婚，無疑重創了瑪麗亞。她決定把自己的想法寫在紙上寄給當時人在維爾紐斯的丈夫：「我本來決定不寫的，心想：『這有什麼意義？』畢竟信件要過十天才會寄到你手中，你也不是很想收到我的信。我並不意外，因為我的信沒什麼令人愉快的內容。但，你也知道這是沒辦法的。」沮喪、孤獨、挫敗的瑪麗亞接著寫道：

> 我並不是一個沒有感情、焦慮或甚至適度期盼的人，特別是因為曾經被挑動的情緒只需要一點點努力【就能喚醒】。我們之間那種心滿意足的感受已經不復存在。紙上的承諾連我最卑微的期盼也滿足不了，因為某個人的感受顯然很重要，而我的並不重要，儘管你說

畢蘇斯基十八歲的繼女汪妲・尤什凱維奇，攝於一九〇七年左右的克拉科夫。

你對她沒有感覺。那個人……的生活肯定過得比我開心，因為我的過去是由無止盡的崩潰、焦慮和感覺陷阱所組成。我必須跟別人一起分享你，所以除了這樣想沒有其他方式。

你為了別人跟我斷了關係，卻沒有一絲痛苦或愧疚，她也是。[89]

瑪麗亞要求畢蘇斯基回家，在做出最後的決定前徹底思考一下。她的絕望之情躍然紙上：「大體上，我看不見我的未來有任何明亮之處。事情一年比一年還糟。」她的憂鬱和絕望非常明顯：「以往情緒嚴重崩潰時，我還有認為一切或許會船到橋頭自然直的希望，但是現在就連這樣的希望也消失了。接下來會發生什麼事？我不知道。」[90]

瑪麗亞拒絕離婚之後，畢蘇斯基和亞麗桑德拉決定把兩人的關係嚴加保密。亞麗桑德拉後來說：「在後來的近十年裡，我和久克都沒有告訴朋友我們的事，認為瑪麗亞最後會改變的。可是，一年接著一年過去，畢蘇斯基漸漸老了，想要有自己的孩子，瑪麗亞還是不同意。我們即使有了孩子後，她也不願讓他離婚，就這樣跟他保持婚姻關係到她過世為止。」[91]因此，畢蘇斯基繼續跟瑪麗亞一起住在克拉科夫，以維持門面。在一九〇九年，他對亞麗桑德拉解釋當下沒有其他選擇，並保證事情會好轉。他在一九〇九年的上旬寫信給亞麗桑德拉：「我感覺我們走在對的路上，很多事都已好轉，獲得共同的理解。我認為危機已經過去，現在正邁向較不吵鬧的解決之道。」[92]

Chapter

9

為了獨立建立軍隊

指引我的不是絕望，也不是犧牲，而是征服和取得勝利的渴望。

——約瑟夫．畢蘇斯基，一九〇八年

從一九〇七年開始，畢蘇斯基就在策畫一場大規模的政府郵務列車搶案，是該黨歷史上最大宗的搶劫行動。他知道這輛火車會受到嚴密看守，因此很清楚雙方都有可能死傷，所以撰寫了自己在政治方面的遺囑，寄給他在黨內最親近的夥伴之一費利克斯．佩爾，佩爾同意萬一他真的走了，會用這份遺囑作為訃文的參考依據。從畢蘇斯基在四十歲寫下的遺囑，可看出他是怎麼看待自己。畢蘇斯基寫信給佩爾：「當然，我不想要規定人們怎麼評價我的志業與生平，絕對不要！我只拜託你不要把我寫成『一個好官員』或『一個夢想家和多愁善感的人』，也就是犧牲自我到超過人性界線的那種人之類的。我在得意朦朧的年輕歲月某種程度上是如此，但是現在那個時期已經過去，再也不會回來。」[1]

畢蘇斯基說他畢生所要奮鬥的，就是解決家園被瓜分這個難以為繼的處境。他堅稱：「這不是多愁善感、不是做白日夢，而是純粹在做人。」因為「假如都不反擊、甚至是強硬地反擊，我連空口說白話的人也不是，而是一頭甘願被棍棒鞭子毆打的野獸了。」他的首要目標是戰鬥和為勝利做準備。他繼續談到即將來臨的搶劫行動：

我的第一個想法——這我未曾解釋過——就是在這樣的局勢下有必要把每

一個黨、尤其是社會主義黨變成單一的武力組織……在這幾年來，我想透過我的行動實現這個想法，還承諾自己不是去實現它，就是在實現的過程中死亡。我已經朝這個方向實現了很多，但是仍少到無法令我滿足，認真地忙著進行戰鬥的最後一刻準備，所以現在我賭上了一切。有人說我是個高貴的社會主義者，我是個連敵人也不會公開辱罵的人，是個對民族的整體文化做出些許貢獻的人。我希望用我本人的經歷強調一個非常痛苦的事實，那就是在一個不知道怎麼為自己奮戰、每次被人毆打就退縮的民族，即使是不高尚、不美麗或不偉大的行動，人們也必須去做，犧牲自己的性命。[2]

畢蘇斯基的計畫在一九〇八年的九月二十六日付諸實行。那天，十九名戰士前往位於維爾紐斯北邊二十四公里的貝茲多尼（Bezdany）火車站，參與搶案的女性有四人，其中之一是亞麗桑德拉・謝爾賓斯卡。這場搶案實在太過意義重大，乃至於歷史學家波博格－馬里諾夫斯基在一九三三年為這起事件寫了一本兩百一十四頁的專著。政府的火車深夜進站後，這群戰士將它團團包圍。武裝守衛以武力回應，緊接著雙方交火。亞麗桑德拉後來憶道：「畢蘇斯基和普里斯托衝進郵務列車，炸毀鐵製的保險櫃，拿走裡面的鈔票。他們把鈔票塞進郵務袋和麻布袋，盡可能裝越多越好，直到聽見其他火車從遠方靠近的聲音、警告他們就快要沒有時間逃跑才罷手。」[3]四十五分鐘後，搶劫結束，他們這邊無人傷亡，但有一名當地官員被殺、五名守衛受傷。

這群戰士逃到森林裡的一座小木屋，是亞麗桑德拉事先租來當作安全避難所的地方。[4]「在黑暗中經歷漫長危險的旅途，走過森林中人煙罕至的小徑和岔道之後」，全部人都在凌晨抵達。[5]他們把袋子裡的錢倒出來，開心地發現裡面總共有二十萬零八百一十二盧比，在當時相當於十萬一千三百二十七美元，是他們目前為止最大的收穫。[6]一九〇八年九月三十日，《泰晤士報》報導有一群年輕人帶著左輪手槍和炸彈「在星期六晚間攻擊了維爾紐斯附近的小站貝茲多尼，殺死一名憲兵，將官員綑綁塞住嘴巴，並切斷所有的電線，目的是要劫掠從華沙到聖彼得堡的一輛郵務列車。」[7]貝茲多尼搶案是畢蘇斯基第一次直接參與的行動，但卻只是近年來執行的數以百計場搶案之一：一九〇六年他們發動六百七十八次；一九〇七年四百六十九次；一九〇八年年底前兩百零八次。[8]

隔天早上，這群人拆成更小的小隊，分道揚鑣。畢蘇斯基、亞麗桑德拉以及另外一人把裝有鈔票和銀幣的郵務袋埋在小木屋附近的森林裡，之後前往當地的火車站，要到基輔。車站到處都是警察。亞麗桑德拉憶道：「走進車站時，我幾乎可以聽見自己的心跳聲，但是我看向約瑟夫・畢蘇斯基，卻看到他非常冷靜。我們通過剪票口時，他的臉上不帶任何一絲情緒。我們聽見周遭的人都在談論貝茲多尼，站內到處都是士兵和警察……我們完全認為自己會被攔下，但所幸沒有人注意到我們，所以順利抵達目的地。」[9]

在基輔待了兩個月後，亞麗桑德拉回去挖出埋藏的戰利品，中途在她的故鄉蘇瓦烏基（Suwałki）停留，探訪家人。在一位幫手的協助下，她把錢運到維爾紐斯。接著，這筆錢成功偷渡通過奧匈帝國邊界，送到克拉科夫。[10]貝茲多尼搶案籌備了將近一年的時間，是畢蘇斯基策畫的，目的是要帶來收入，讓積極鬥爭聯盟能夠吸引來自各行各業的戰士，無論他們是不是黨員、是不是社會主義者。

貝茲多尼搶案之後

畢蘇斯基在一九〇八年的十月回到奧屬加里西亞，後來要到一九一四年八月戰爭爆發後才會回到沙俄。米哈爾・索科尼斯基是他回到克拉科夫之後首先見到的黨員之一。索科尼斯基憶道：「【畢蘇斯基】健康狀況不佳，看起來不太好，我被他陰沉的眼神給嚇了一跳。當他說到戰鬥組織時，我也察覺到他有變得更加嚴厲的徵兆：『就武裝戰士而言，我已經累慘他們了。』」[11]畢蘇斯基自己也提到他的身體狀況不佳，寫信給亞麗桑德拉的時候說到醫生建議他離開城市，休養兩到三個月。[12]

儘管身體微恙，畢蘇斯基仍繼續實踐建立新軍事組織的目標。一九〇九年的一月，他叫約德科－納克耶維奇來克拉科夫參加黨領導高層的會議。畢蘇斯基寫道：「我想提幾個對我來說很重要的議題，以便判斷其他人的看法。」他提議以不分黨派的戰士聯盟來取代戰鬥組織。[13] 這場會議在博萊斯瓦夫．延傑尤夫斯基的公寓舉行，出席者有約德科－納克耶維奇、佩爾、瓦萊雷．斯瓦韋克、列昂．瓦西萊夫斯基、亞歷山大．蘇奇維茨和提圖斯．菲力普維奇。最近一項占據每個人心思的政治情勢，就是奧匈帝國在一九〇八年十月吞併波士尼亞－赫塞哥維納的事件。大家都同意這個無恥挑釁的舉動，將在可預見的未來使奧匈帝國和俄羅斯之間的緊張局面升溫，因為俄羅斯傳統上保護信奉東正教的塞爾維亞人。雖然遇到一些反彈，畢蘇斯基的計畫仍被認可了。[14]

二月時，畢蘇斯基跟妻子瑪麗亞一起前往度假小鎮阿巴西亞（Abbazia），這是位於奧匈帝國境內的克羅埃西亞濱海勝地，在亞得里亞海沿岸散布了許多別墅。畢蘇斯基夫婦利用這個機會到維也納停留，進行社交活動。畢蘇斯基在一九〇九年的二月二十一日從維也納當地寫道：「現在，我的身體比之前好很多了。我已連續兩天輕鬆地散步，這對我非常好。只是我很快就累了，常常需要休息一下。」五天後，畢蘇斯基從阿巴西亞寄了一封信，那裡溫暖的天氣和新鮮的空氣對他相當有益。[15]

在亞得里亞海的海邊度假，讓畢蘇斯基恢復了健康，因此他在一九〇九年的春天回到克拉科夫時，心情十分振奮。他首先開始著手準備一系列的演講，主題是「我們的革命任務」。這些演講透露出畢蘇斯基現在把焦點放在建立民族軍隊這件事情上。他在第一場演講中說道：「大家都很清楚，我們必須戰鬥才能實現所有的政治與社會目標，而這不只要靠語言或祕密文宣的傳播，也要靠手上拿的槍枝。我們必須靠波蘭民眾組成的軍隊……來反抗入侵者有組織的力量。我們在籌備的革命是一場人民的武裝鬥爭，要對抗強行統治我們的沙皇所擁有的軍隊。這種戰鬥是我們的目標，因為唯有這類鬥爭才可以帶來勝利。」他接著說：「但光是知道要靠軍事上的解決辦法帶來勝利的這個結論是不夠的……我們也有必要察覺其特性，知道我們的革命有哪些可以運用的手段，而我們的敵人和我們自己的長短處又是什麼。唯有這樣，我們才能實行革命計畫。」[16]

除了建立一支民族軍隊，畢蘇斯基也認為必須要有政治代表，才能在未來成立臨時政府。這個機構要由那些提倡獨立的政黨領袖組成，代表整個社會。但，沒有軍隊和武器，他們不會得到真正的權威。這個政治機構的任務是「建立一支革命軍，並提供他們充足的武器。兩者都不容易做到，但是沒有這些東西就無法跟侵略者打仗。」畢蘇斯基引用先前積極閱讀的現代戰爭相關歷史文獻，以大英帝國與殖民地（荷蘭裔）居民阿非利卡人之間發起的第二次波耳戰爭（一九〇〇年到一九〇二年）為例，指出後者在交戰前也必須先獲得適當的武器。[17]

同一時間，奧匈帝國軍隊軍事情報處的職業軍官馬克斯・翁格（Max Ronge）在一九〇九年五月聯繫上畢蘇斯基。翁格的目的是要蒐集對付俄羅斯的軍事情報，他派約瑟夫・雷巴克上尉（Józef Rybak）跟畢蘇斯基見面。畢蘇斯基跟翁格見面之後，前往雷巴克位於克拉科夫的公寓，由斯瓦韋克陪同。一開始，他們聊起彼此的背景，雷巴克問畢蘇斯基是做什麼行業的，畢蘇斯基說他是克拉科夫日報《前進報》的記者。[18]

接著，兩人開始談正事，畢蘇斯基同意提供跟俄羅斯有關的情報，交換條件是對方要協助他在加里西亞建立一支準軍事志願兵部隊，在奧匈帝國跟俄羅斯發生軍事衝突時和奧匈帝國一起並肩作戰。雷巴克憶道：「畢蘇斯基離開公寓之後，我仔細思考了成立步槍士兵協會的點子，但是我沒有想很久，因為我當時就明白合法化的準軍事組織能為我們帶來的好處，跟積極鬥爭聯盟所能帶來的一樣多，甚至更多……我決定為克拉科夫的俄羅斯公民合法化他們的步槍士兵協會……我也說服當地的軍事指揮官為這個步槍士兵組織提供武器和指導員。」[19]後續跟畢蘇斯基又見過幾次面之後，這項提議擴展到加里西亞的其他地方。雷巴克說：「從這時候開始，我們之間就建立起緊密的連結。」[20]跟奧匈帝國軍隊裡的代表建立密切的合作關係，對畢蘇斯基來說是一種低調的外交勝利。瑪格札塔・維斯涅夫斯卡（Małgorzata Wiśniewska）在描述這段關係時，說畢蘇斯基「積極把握這個能夠實現他建立民族軍隊的願景……的機會，只有他構思出這個計畫。」另一位歷史學家則說：「畢蘇斯基在這次會面中【討論了】最重要的事：建立一支波蘭軍隊，以便成為未來推動波蘭獨立的重要資產。」[21]

在一九〇九年的夏天，畢蘇斯基前往勒沃夫參加積極鬥爭聯盟執行委員會的第一次會議。委員會起草了一份原則宣言，接著由不同的人發表演說致詞。由於積極鬥爭聯盟只有少少兩百二十名成員，招募新成員自然是議程中的重要話題。[22]同一時間，黨的領導階層在維也納召開了波蘭社會黨革命派的第二次黨大會，選出中央委員會新的三名成員，分別是畢蘇斯基、約德科－納克耶維奇和菲力普維奇。大會通過一項關於波士尼亞危機的決議，認為這場衝突很可能引發戰爭。大會認為黨必須為這個可能發生的結果做好準備。[23]

⁂

在第一次世界大戰前的這段時期，畢蘇斯基的寫作產量提高了。他不僅天生有寫作的衝動，還有經濟方面的因素刺激他這麼做，因為他大部分的收入都來自寫作。亞麗桑德拉說道：「這是一段收入微薄的時期，【畢蘇斯基】只靠報導和替克拉科夫的報社寫文章所得到的收入維生，這些報社的編輯很願意刊登他的作品，因為奧地利和俄羅斯之間互相厭惡，他們要攻擊俄羅斯的體制。」[24]從他家的環境就能看出他有多麼瘋於寫作，還經常有公開演講需要準備。在一九〇九年九月的一封信，畢蘇斯基寫到他的書桌很凌亂：「桌上散落著地圖、書籍和紙片，有些寫滿了字，有些是空白的。事實上，這跟平常一樣處於完美的秩序。如果熱愛秩序的你一定要知道，我非常喜歡我的桌子這樣亂七八糟。」亂歸亂，他卻總是能找到自己需要的東西。對畢蘇斯基而言，井井有條的書桌反而適得其反。「或許我混亂的四周是我混亂腦袋的外在表現。例如，我熱愛零碎片斷地工作，做事沒有任何條理，只專注在令我心靈產生興趣的事物。」[25]

因為需要穩定的收入，畢蘇斯基經常同時進行好幾份寫作工作。他在一九〇九年寫信給亞麗桑德拉：「妳就知道我工作有多忙碌，有尚未完成的工作，還有些才剛剛展開。而且，還要加上我為了組織必須進行的所有工作，以及假期後要對步槍士兵進行的演講。妳能想像我的時間完全被占滿了。」[26]

畢蘇斯基也會把出版計畫分派給值得信賴的同志，通常是擁有高等大學學歷的人。例如，他在一九〇九年請最近剛拿到伯恩大學博士學位的索科尼斯基撰寫一份宣傳手冊，主題是成立波蘭軍隊的必要性。索科尼斯基盡責地開始寫作，在一九一〇年的上半年經常到畢蘇斯基位於克拉科夫斯拉克街（Szlak Street）三十一號的新公寓跟他碰面。畢蘇斯基強調，討論軍事事務時不要顧及政黨派系，還有這支軍隊必須由一個波蘭統治機構來統領。[27]

濃茶下肚之後，畢蘇斯基開始坦然談論他對未來的計畫，是他之前不曾有過的。索科尼斯基憶道：「我當時感覺到，他正在構思越來越有軍事性質的計畫，而他跟黨的關係也開始緊繃，好像社會主義變成了一種負擔。」因此，索科尼斯基感覺畢蘇斯基在思想上越來越孤獨。「此外，他大部分的時候都很陰鬱寡言，似乎受到周遭的許多事物折磨。只有跟他少數親近的夥伴在一起時，他才會開朗一些、心情輕鬆。否則，我們在一九〇九年的年底談論這本冊子時……我感覺到他的心裡有著巨大的哀傷……不只是因為波蘭喪失了主權，也是因為國家集體靈魂的緣故。這就是我在一九一〇年頭幾個月撰寫《波蘭軍隊的問題》（*Sprawa Armii Polskiej*）這本書的背景。」[28] 索科尼斯基的書在同一年出版之後，他送給畢蘇斯基一本，上面寫：「給畢蘇斯基：新波蘭的第一軍人。」[29]

索科尼斯基觀察到的情緒波動很有可能跟畢蘇斯基當時出現的陣陣發燒與失眠有關。畢蘇斯基在一九一〇年的五月一日寫信給亞麗桑德拉：「今天，我還是有發燒，整晚都沒有睡。我覺得累壞了，很疲倦，什麼也不想做，就連閱讀軍事書籍也是。悲觀的想法竄過我的腦中。」他「越來越失去希望了。」[30] 唯一讓他表達出希望的，就是亞麗桑德拉決定申請大學的事：「我很高興妳申請大學就讀，這是很好的事情。」畢蘇斯基身體開始好轉後，變得比較正向。他後來寫信給亞麗桑德拉時說道：「我不再沮喪易怒了，因為我的身體已經恢復，鎮定和冷靜也跟著回來。」[31]

步槍士兵協會

積極鬥爭聯盟的歷史中最重要的發展就是在一九一〇年創立了合法的準軍事組織。在這之前，畢蘇斯基已經當上積極鬥爭聯盟的司令官，索斯科夫斯基則被指名為參謀長。在成立後的兩年間，雖然非法卻受到容忍的積極鬥爭聯盟擁有的追隨者很少，在一九〇八年的十一月只有六十四名成員，一九一〇年則增加到兩百一十九名。[32] 步槍士兵協會（Związek Strzelecki）在勒沃夫成立後，聯盟成員數量在一九一〇年的春天才出現一次高峰；該協會是一個合法的準軍事組織，由三十歲的勒沃夫理工大學工程學系畢業生瓦迪斯瓦夫．西科爾斯基（Władysław Sikorski）指揮。奧匈帝國政府在一九一〇年的四月二十三日正式承認步槍士兵協會，一九一〇年十二月一日承認其位於克拉科夫的姐妹組織「步槍士兵」（Strzelec）。[33]

由於是合法組織，步槍士兵和步槍士兵協會可以公開進行訓練。亞麗桑德拉憶道：「我對我的丈夫最鮮明的記憶，就是他在勒沃夫議會大廈外面，主持步槍士兵第一次閱兵的樣子。他站在通往大廈的階梯上，在數百名士兵走過他身旁時接受他們的敬禮。」她描述了軍官的制服，是一套簡單的藍色束腰外衣和長褲，後來在第一次世界大戰時為波蘭軍團沿用。她接著說：「後來當波蘭自由後，我看過許多波蘭軍隊閱兵的場面，但是我永遠記得那第一次的閱兵，還有約瑟夫．畢蘇斯基觀看閱兵時眼中的驕傲與喜悅。」[34]

步槍士兵的組織成立後，畢蘇斯基更加重視軍事事務。在一九一〇年七月的一場黨會議上，他表示新成立的這些準軍事組織「現在組成了革命軍，他們的長遠任務就是為戰鬥做準備」。畢蘇斯基分析了一九〇五年革命失敗的原因，認為問題不在缺少民眾的支持。他說：「要確保革命成功，在內部【俄羅斯境內】活動的人士必須散播好戰的觀念。」[35]

步槍士兵運動的興起，啟發畢蘇斯基針對軍事史發表了一系列的演講。他先在一九一〇年七月的克拉科夫發表第一場演說〈波蘭社會黨戰鬥組織的歷史〉，十一月時在勒沃夫發表第二場有關一八六三年波蘭起義的演說，之後又陸陸續續發表關於帝俄波蘭省分的軍事形態，以及俄羅斯軍事改革的演說。此外，畢蘇斯基還在一九一〇年的秋天發表一篇自傳性質的文章，主題是他在一八八七年流放西伯利亞期間參與的伊爾庫次克監獄叛亂事件。[36]

一九一〇年剛滿四十三歲後，畢蘇斯基在一九一一年的年初跟妻子一起前往熱那亞南邊的義大利漁村奈爾維（Nervi）。他在奈爾維寫的信透露出他的心情十分平靜和放鬆。[37]春天回到克拉科夫後，畢蘇斯基造訪勒沃夫，在五月十三日對步槍士兵協會發表了一場演說。他會進行這趟次要旅程其實還有另一個原因，就是為了見到自從離開俄羅斯之後就一直住在勒沃夫的亞麗桑德拉。在演講中，他討論了歷史上戰爭的演變，提到在古代時期，戰役只會持續幾個小時。然而，到了拿破崙戰爭，一場仗卻可以持續一整天，從早打到晚。進入新的世紀之後，戰事發生極大的變化，波耳戰爭和日俄戰爭就是證明。他接著說，現在的戰爭不是一次持續好幾天，而是好幾個星期。畢蘇斯基說：「在今天的長時間戰役中，心理症狀會帶來很大的影響。」他總結：「勝利的規模取決於一個人的內心、意志、性格和耐力。在危機中，技術方面的本領也比不上性格。」[38]

✳

畢蘇斯基在這個時期發表的許多公開演講，都是以屈服在外族統治下的人民反叛為主題。一九一二年的二月二日，他對克拉科夫的大學生講到一九〇五年革命的起因和結果。畢蘇斯基尖銳批評在俄羅斯境內拿走領導權的波蘭社會黨年輕派，將革命的失敗歸咎於缺少果決行動這一點。日本戰勝俄羅斯之後，黨做了什麼？「我們只會發抖，害怕在【波蘭】王國動員，害怕承擔喪命的風險。我們沒有去做任何發起行動的準備。」他最後說：「我們當時沒通過考驗，或許你們通過考驗。年輕人，你們親眼看見了破曉的第一道光，你們相信有破曉的時候，或許你們會替我們通過考驗，或許你們的世代不會害怕行動。」[39]

畢蘇斯基認為，一九〇五年的革命是為了俄羅斯的統治類型所發起的戰爭。革命的結果，是士氣和技術層面的因素互相交織的產物。革命軍雖然有士氣上的優勢，政府卻擁有技術上的優勢，如軍隊、警察和遍布全國的行政機關。但是畢蘇斯基堅稱，長期來看，士氣因素才會帶來成功。在一九〇六年到一九〇七年的杜馬選舉後，革命失敗了，原因在於人們沒有能力挑戰政府的力量。畢蘇斯基接著說，一九〇五年的革命之後，一切都變得很清楚：如果不訴諸有意義的武力、有效的武裝回應，就不可能勝利。少了軍隊支撐，革命理想只是空談。[40]

在這一系列的演說當中，最具深遠影響的莫過於有關一八六三年波蘭起義的那一場；畢蘇斯基從十五歲就對這個主題有著濃烈興趣。他在一九一二年的一月寫信給亞麗桑德拉：「我有一個計畫，但是我需要先蒐集資料、事實、數字、人名、日期和引文等，才能針對一八六三年發表算得上學術的演講。這耗費我很多的時間，因為我的腦中雖然已經有很多內容，但這些資訊非常沒有組織和系統。」[41]進行研究和寫作雖然讓他很興奮，但對於即將要公開發表這件事卻絕對稱不上自信滿滿，覺得自己缺少學術經歷。在一九一二年五月七日系列演講即將展開的六天前，他說：「我沒有做任何練習，我的本性也不習慣使用任何尋常的方法。」畢蘇斯基所寫的一段話透露出端倪，他說當自己同時有這麼多事要處理——演講、出版計畫、黨務等——時，常常必須休息幾天安定心神，才有辦法繼續寫作。[42]

在一九一二年的三月十三日到五月十七日之間，畢蘇斯基在克拉科夫的社會與政治科學學院發表了十場關於一八六三年波蘭起義的演講。[43]這些演說等於是在對一八六三年的遺緒進行了一次歷史清算，也正好迎接即將到來的起義五十週年紀念。畢蘇斯基完全沒有要將這段歷史營造成令人催淚的民族烈士與英雄故事，而是希望這些演講成為未來的實用指南及當下的警語。對畢蘇斯基來說，研究歷史的目的是要找出過去的錯誤，以免重蹈覆轍。因此，他對一八六三年歷史的總結是一種不帶感情的檢視。在似乎讀了跟這個主題有關的所有文獻之後，畢蘇斯基在第一場演說的開頭，先以批判的眼光檢視了現有的已出版和未出版文獻，包括官方紀錄和回憶錄文獻。他對聽眾說：「任何研究一八六三年歷史的人都會驚訝地發現相關史料極為不足，這段歷史的軍事層面更是如此。」[44]

在接下來的演說中，他聚焦在起義的軍事史，探討了起義失敗的原因。畢蘇斯基總結，這場起義發生得太早了，從軍事的角度來看，民族武裝起義應在有可能勝利的局勢下發動。過早發動起義並無法實現民族利益。畢蘇斯基評論：「一支還在組織的軍隊不適合打仗。【一八六三年起義的】爆發不但令俄羅斯政府嚇了一跳，也讓波蘭人嚇了一跳。這個民族沒辦法馬上從臣服的狀態轉變到公開戰鬥的狀態，一定要有一段心理準備的時期、建立信心和希望的時期、【為了跟敵人作戰】創造組織框架的時期。」[45]

在一九一二年五月十七日的第十場、也就是最後一場演講中，畢蘇斯基談到準備這些演講相當耗損他的心神和腦力。他說：「但我安慰自己，你們這些紳士會想理解我的意圖，會想理解我是多麼真摯地希望為現在這一代和一八六三年的那一代建立起橋梁。假如那個時候的人來到我面前，我相信他們會告訴我，我常對自己說的那句話：『我們沒有白死，願我們的死給你們帶來教訓。』」[46]帕特里斯・達布羅夫斯基指出，畢蘇斯基點出了叛變運動中助長這次起義的兩個元素：軍官的訓練學校以及為武裝單位提供政治代表的祕密政府。[47]

畢蘇斯基發現，俄羅斯向奧地利當局抱怨他的準軍事組織和軍官訓練學校所從事的活動。一九一二年三月九日，俄羅斯在維也納的代辦照會奧地利外交部長利奧波德・貝希托德伯爵（Leopold Berchtold），說斯瓦韋克在教步槍士兵如何製作和使用炸彈，以便在俄羅斯境內進行破壞和搶劫行動。這位俄羅斯官員聲稱，斯瓦韋克和畢蘇斯基在克拉科夫指導軍官如何進行反俄羅斯恐攻。俄羅斯建議奧地利政府解散積極鬥爭聯盟及其步槍士兵組織。奧地利在一九一二年的七月三十一日回覆，表示積極鬥爭聯盟和步槍士兵組織雖然受到監控，「但是約瑟夫．畢蘇斯基……並沒有令【奧地利】當局不滿。」[48]讓維也納的俄羅斯代表惱火的是，步槍士兵組織依然得到大眾的支持。一九一二年六月，畢蘇斯基被任命為總司令，索斯科夫斯基則是參謀長。[49]

同一時間，畢蘇斯基出席一場克拉科夫的黨會議，約德科－納克耶維茲報告俄羅斯和奧匈帝國之間的關係越來越緊張。這兩個超級強權為了爭奪巴爾幹半島而發動戰爭的可能性感覺越來越高了。[50]在一個世紀以前共同瓜分波蘭的其中兩個國家可能發生戰爭，促使畢蘇斯基開始擬定萬一衝突真的發生之後，要在波蘭王國發動武裝起義的計畫。這份寫給奧匈軍隊的報告在札可潘那完成，呼籲所有波蘭革命團體統一在積極鬥爭聯盟的指揮下——也就是在畢蘇斯基的控制下。這場起義的計畫將跟奧匈帝國軍隊參謀本部駐克拉科夫的軍官雷巴克密切合作完成。[51]

畢蘇斯基對國際事務具有敏銳的觀察力，總是把目光放得很遠，因此他採取實際的步驟，要組成民族武裝力量的核心。首先，他把所有傾向獨立的波蘭黨派找來開一個會。這場會議在一九一二年八月二十五日到二十六日的札可潘那召開，與會者有波蘭社會黨革命派、加里西亞與西利西亞波蘭社會民主黨、波蘭激進黨（Polska Stronnictwa Postępowego）、波蘭農民黨（Polskei Stronnictwo Ludowe）等政黨的領袖，共有三十三名代表參加，包括畢蘇斯基、約德科－納克耶維奇、蘇奇維茨、克薩韋里．普勞斯、西科爾斯基和伊格納齊．達申斯基。[52]畢蘇斯基在會議一開始提議成立一個波蘭軍事財政部，以獲取財務支持。

畢蘇斯基對於波蘭人在軍事行動方面的態度表現出極大的擔憂，說他們的態度是「勉強、遲疑、甚至嘲弄」。他能理解有些人不希望再次像一八六三年起義那樣失敗，但是在他看來，很少人明白那次起義為什麼最後會失敗。畢蘇斯基在極度悲觀時曾說：「不僅軍事行動的理念在波蘭瓦解了，就連波蘭獨立的想法也消失在波蘭精神的地平線上。這個民族已經病入膏肓，徹底放棄了。」[53]

另一方面，畢蘇斯基說到，因為積極鬥爭聯盟和步槍士兵組織的活動，加里西亞有著相反的趨勢。然而，這些軍事組織成員少，年度預算也少得可憐，預估只有兩萬奧地利克朗（在一九一二年相當於四千美元左右）。畢蘇斯基說道：「如果除了這些不足之外，再加上帝俄境內的波蘭省分缺乏物資、設備、訓練能力和軍事學校，就會得出相當悲觀的結論。」[54] 其中一名與會者瓦迪斯瓦夫．斯圖德尼基（Władysław Studnicki）描述一段在畢蘇斯基演說逐字稿中沒有記錄到的話。他談到畢蘇斯基這麼說：「波蘭人想要獨立，但卻希望只會花他們零用錢的兩分錢就好。」[55]

巴爾幹半島危機

畢蘇斯基對於波蘭社會聽天由命與消極的態度表達悲觀看法後不久，巴爾幹半島便爆發了戰爭。在一九一二年的十月十八日這天，塞爾維亞、保加利亞、希臘和蒙特內哥羅聯手對鄂圖曼帝國宣戰，發動所謂的第一次巴爾幹戰爭（First Balkan War）。由於俄羅斯支持巴爾幹半島諸國，而奧匈帝國則支持鄂圖曼帝國，因此當地的衝突震驚了歐洲各大首都。與此同時，在一九一二年十月三十一日，畢蘇斯基到維也納一場德意志和奧地利社會民主主義者的會議上發表演說。大家心中都在想著巴爾幹戰爭。畢蘇斯基說：「在我跟你們說話的這個時候，一記轟雷正響徹整個歐洲，你們和我們的國家受到這場可怕戰爭的威脅。今天的波蘭因為革命鬥爭而筋疲力盡，因此難以承受戰爭帶來的悲慘。想到等待著我們的危險時，我們並非毫不畏懼。但，沒有任何事情可以阻擋我們履行義務。有你們的幫助，我們可以把自由擴張到我們的土地上。」[56]

巴爾幹戰爭提高了奧地利和俄羅斯發生軍事衝突的可能性，使畢蘇斯基決定組成跟準軍事組織相對應的政治組織。一九一二年十一月十日，七個支持獨立的波蘭黨派組成了共同的代表機關，宣布成立聯合獨立政黨臨時委員會（Komisja Tymczasowa Skonfederowanych Stronnictw Niepodległościowych，KTTSN）。

一九一二年的十二月一日，畢蘇斯基被指名為軍事指揮官。成立這個新組織的「目標是要讓積極爭取獨立的波蘭政黨能夠充滿活力地共同行動，必要時領導對抗俄羅斯的武裝鬥爭」。[57]

隨著巴爾幹半島的緊張局勢逐步升溫，畢蘇斯基常常受邀發表公開評論。在一九一二年十一月的十一月起義——波蘭一八三〇年的叛變——週年紀念協會上，他談到古今為了武裝叛變進行群眾動員的話題。畢蘇斯基表示，在他看來，步槍士兵組織是民族軍隊的核心。克拉科夫的一間日報報導，畢蘇斯基講述這個主題時帶有「不尋常的說服力和坦率表達的態度」。[58]

一九一三年來臨了，畢蘇斯基強調公開紀念一八六三年一月起義五十週年的重要性。一月二十二日，畢蘇斯基和索斯科夫斯基跟穿著制服的步槍士兵在勒沃夫的利察基夫墓園（Lychakiv Cemetery）碰面，將花圈放在墓園裡的一座小丘上。這座小丘是保留給老兵的，被稱作一八六三年一月叛變者之丘。對畢蘇斯基意義特別重大的是布羅尼斯瓦夫．斯瓦采的墓碑，因為這是他在流放西伯利亞期間結交的老友，曾在一九〇四年出席斯瓦采的葬禮。畢蘇斯基和索斯科夫斯基率領穿著制服的步槍士兵，從墓園一路穿越勒沃夫市中心。那天有參與遊行的其中一名步槍士兵成員表示：「在米奇斯瓦夫【約瑟夫．畢蘇斯基】的指揮下參加這些紀念一九一三年一月二十二日的一月起義五十週年的活動，在我心中留下深刻的印象。」[59]

在第一次世界大戰前夕，加里西亞的準軍事組織不斷擴充。除了積極鬥爭聯盟率領的步槍士兵與步槍士兵協會之外，這段時期還誕生了波蘭步槍小組（Polskie Drużyna Strzeleckie）這個組織，是由波蘭王國民族民主黨以前的黨員在一九一一年所成立；他們因為要求波蘭脫離俄羅斯，而跟自己的政黨切割。一九〇五年的俄羅斯革命失敗後，這個分裂出來的團體便遷到加里西亞。在一九一三年的二月，身為步槍士兵總司令和臨時委員會軍事指揮官的畢蘇斯基，下令三個準軍事組織聚在一起進行共同的軍事演習。[60]

畢蘇斯基待在勒沃夫期間，在公寓接受一名波蘭記者的訪問。這名記者同時也是維爾紐斯民族民主黨的活躍成員，他形容畢蘇斯基的居住空間很簡樸，像個學生公寓，到處都是跟軍事事務有關的地圖和研究。記者寫道：「中年的他臉上帶有活力充沛的神情，給人真誠、明理的感覺……知道怎麼表現出一副完全理所當然的樣子。」問到他對軍事史的研究時，畢蘇斯基流露出很大的自信。「我研究了一些戰爭，對波耳戰爭和日俄戰爭的認識詳盡到肯定只有幾個人擁有相似的程度。」[61] 畢蘇斯基說自己從來沒當過兵、從來沒打過仗，也從來沒接受過任何正式的軍事訓練，但是這樣的背景有其優勢。他說：「我沒有任何偏見，我能更清楚地看待許多事物。」顯然，他認為沒有受過正式的軍事訓練是一個優點。

這名記者邀請畢蘇斯基聊聊新成立的聯合獨立政黨臨時委員會，提到有些人認為這個臨時委員會其實是被奧地利掌握在手中的工具。畢蘇斯基回答，這個新的政治組織和其他準軍事組織都是完全獨立的，當時正在訓練數百名軍官。[62] 訪談當下也在場的斯瓦韋克想起畢蘇斯基當時說的一段話，但是基於政治因素沒有被刊登出來。被問到有沒有可能發生全歐洲的戰爭時，據說畢蘇斯基回答：「我感覺德國人會擊敗俄羅斯，因為他們有技術方面的優勢。然而，英國和法國的財富和物質資源將戰勝德國的兵力。這對我們來說是最好的結局，但是要預測戰爭的結果很難。」[63]

一九一三年五月，臨時委員會在克拉科夫碰面商討戰略。這場會面的出席者包括畢蘇斯基、達申斯基、西科爾斯基、約德科－納克耶維奇和斯瓦韋克等人，顯示這個組織存在無論是在戰時或平時都很重要。為了替最終會發生的衝突做好準備，委員會呼籲所有的準軍事組織統一成單一的團體。[64] 他們成立了軍事部門，作為過渡階段的機關。步槍士兵協會的中央委員會在一九一三年的六月表示：「我們認為波蘭步槍小組是個友善友愛的準軍事組織。我們之間存在的差異絕不是這些組織個別存在的合理藉口。」[65] 然而，波蘭步槍小組拒絕了統一的提議，維持自己的獨立。

畢蘇斯基持續擴充步槍士兵協會。在一九一三年的八月，他在札可潘那開辦一間有超過兩百名年輕人參加的軍官訓練學校。此外，他也協助籌募資金，包括呼籲波蘭裔美國人捐款。波蘭軍事財政部（成員除了畢蘇斯基，還有斯瓦韋克和瓦西萊夫斯基等人）從波蘭裔美國人身上募到的資金比其他任何地方都還要多。[66]

在一九一三年的夏天，畢蘇斯基也公開談論了國際事務。第一次巴爾幹戰爭在一九一三年五月三十日結束後，畢蘇斯基在分析波蘭人反抗帝國統治的演說中提到巴爾幹半島。在一九一三年的六月，他說加里西亞是波蘭社會最活躍的政治中心，因為在一九〇七年以後，俄羅斯境內在政治上活躍的波蘭人不是被關起來，就是移民了。畢蘇斯基堅持主張由一位指揮官率領一個統一的準軍事組織是非常迫切的需要：「一支軍隊最致命的缺點就是集體領導。」[67]

畢蘇斯基認為統一準軍事組織是很急迫的需求，相當具有先見之明。在一九一三年六月二十九日，保加利亞因為領土糾紛攻擊希臘和塞爾維亞。羅馬尼亞、土耳其和蒙特內哥羅的軍隊也加入戰局攻打保加利亞，發動第二次巴爾幹戰爭（Second Balkan War）。在一九一三年七月三十一日，這場長達一個月的衝突以保加利亞戰敗作結之前，臨時委員會就已先行在七月二十一日於克拉科夫碰面，參與者有畢蘇斯基、達中斯基、西科爾斯基、約德科－納克耶維奇、斯瓦韋克以及其他五個黨派的領袖。[68]會議通過一項決議，聲明臨時委員會「是自從一八六三年一月起義失敗之後，第一個也是唯一一個全波蘭統治機構」。決議接著寫到，歐洲緊張情勢的升溫，「喚醒了我們民族收復故土的抱負。我們希望在整個以重建波蘭為目標所從事的軍事與民間活動中，保持統一的領導。」[69]

在一九一三年最後的幾個月，畢蘇斯基以步槍士兵協會總司令的身分發布了幾道命令。其中一道命令聲明：「這個軍事運動從五年前的奧地利【波蘭】瓜分地區開始，今天已經是波蘭人生活最重要的元素之一。近期的轉捩點使我們一直害怕自己的土地可能發生一場歐洲戰爭，而我們正在進行的軍事活動可以協助抵禦絕望，為我們的同胞帶來希望。」[70]

畢蘇斯基還對聯合獨立政黨委員會（在一九一三年的十一月，「臨時」兩個字已從該組織的名稱中拿掉）七個政黨之一的加里西亞農民黨發布了一道命令。畢蘇斯基寫道：「我們的軍旗應高高舉起，號召那些英勇的人，成為奮鬥、勇氣與犧牲的象徵，讓沙場士兵拼死一搏帶來的振奮去激勵人心。」[71]他持續呼籲各

畢蘇斯基和卡齊米日・索斯科夫斯基在一九一三年八月率領軍官訓練學校的學員在札可潘那行軍。

個準軍事組織要結合成單一的整體，甚至在一九一三年十二月的聯合獨立政黨委員會會議上通過相關決議。經過深思熟慮後，畢蘇斯基強調積極鬥爭聯盟和步槍士兵協會雖然是由波蘭社會黨的黨員領頭，但是這兩個組織都是不分黨派的。[72]

一八六三年起義週年

為了紀念一八六三年起義滿五十週年，畢蘇斯基決定除了慶祝活動之外，還要出版一本重要著作。這本書花了三個月的時間寫成，描述了一八六三年一月二十二日這天發生的事件，並在一九一三年十二月使用畢蘇斯基的本名問世。這部作品證實了他相信不久的過去可以作為現在的指引，也相信利用歷史知識動員群眾的重要性。可以肯定的是，畢蘇斯基因為有研究助理索科尼斯基的協助才能這麼快完成書稿。[73]

在一九一三年以前，一八六三年起義這個主題在某些保守的波蘭圈子裡是個禁忌話題。加里西亞地區普遍排斥叛變傳統，尤其是在所謂的克拉科夫保守分子之間，因為他們自從一八六〇年代晚期就受益於加里西亞的自治權。準軍事組織在一九一〇年興起後，加里西亞人開始出現心態上的轉變，重啟對波蘭軍事過往的興趣。達布羅夫斯基寫道：「波蘭準軍事組織在這個時候出現，跟慶祝一月叛變五十週年一股過早但重大的衝動有關……畢蘇斯基【一九一二年】的演說雖然不如紀念遊行那麼公開，但在某種程度上也開啟了一九一三年的週年紀念。」所以，慶祝一八六三年起義五十週年的活動在加里西亞造成「洶湧的轉變」。[74] 一九一三年到了尾聲時，畢蘇斯基對準軍事組織發布一道指令。正式的軍演將在一九一四年一月二十二日公開舉行，以紀念一八六三年起義的週年。[75]

法國、比利時和瑞士紛紛成立步槍士兵協會，證實準軍事運動正不斷成長。在一九一四年的二月，畢蘇斯基出國巡視，第一站來到瑞士，造訪的是日內瓦的步槍士兵協會。[76] 瑞士分會的其中一個成員耶日·希米吉爾斯基（Jerzy Śmigielski）回憶畢蘇斯基在一九一四年二月十三日前來訪視時的氣氛有多興奮：「我原以為他一定很高大魁梧，但是現身的這位紳士身高中等、輕微駝背，有著黑色的鬍鬚和尖尖的大鬍子。」跟日內瓦步槍士兵協會的每一個成員見過面之後，畢蘇斯基公開發表了有關一八六三年起義的演說。希米吉爾斯基說會場很大、擠滿了人，觀眾比座位還多，氣氛相當熱絡。他憶道：「我們站在門廳，很驕傲我們的司令官獲得這些備受尊敬的表現。」希米吉爾斯基提到演講尾聲出現一幅令人動容的場面，一個曾經參與一八六三年叛變的老人走到畢蘇斯基面前，「真誠地跟他握手握了很久，以表達感激之情。那時候我就知道，這個男人若因為任何理由召喚我，我必將永遠跟隨他到天涯海角。」[77]

畢蘇斯基當天晚上離開日內瓦，前往法國。一九一四年二月二十一日，他在巴黎的地理學會發表一場演說〈波蘭的步槍士兵運動〉，其中一位出席者是俄羅斯祕密警察。根據這位探員的報告，畢蘇斯基吸引了很大一批熱情的聽眾。[78] 畢蘇斯基在開場白說道：「一八六三年是我們歷史的轉捩點，在波蘭人的心中留下深遠的轉變。在那之前，住在我們這個被瓜分國家的居民，世世代代都相信要透過武裝運動來作為重獲獨立的手段，但是這場起義被成河的鮮血所淹沒，因此開啟一個以謹慎和理性為特色的新時代。」起義瓦解後，「獨立的想法埋在餘燼底下悶燒」。但，最近成立的準軍事組織讓獨立運動重新復甦。畢蘇斯基告訴聽眾，波蘭獨立運動的中心今天就位於加里西亞。[79]

另一個有出席畢蘇斯基巴黎演講的聽眾——俄羅斯流亡者維克托・切爾諾夫（Viktor Chernov）——後來聲稱這場演說的出版版本並不完整。切爾諾夫回憶：「畢蘇斯基堅定地預測，奧地利和俄羅斯在不久的將來會因為巴爾幹半島而爆發戰爭。他毫不懷疑德國會支持奧匈帝國。接著，他表示相信法國在那場衝突中將無法繼續當個被動的旁觀者，因為德國支持奧地利之後，法國就必須遵守既有的條約支持俄羅斯。最後，畢蘇斯基認為英國不會眼睜睜看著法國被命運操弄，假如英法兩國加起來還不夠，美國遲早也會被捲入戰爭，支持他們。」這段卓越的洞見完全預示即將發生的戰爭的整個過程，是畢蘇斯基強大的智識、分析邏輯能力，以及判定軍事準備程度和軍事強弱的能力綜合起來的結果。[80]

第一次世界大戰前夕，一八六三年起義的領袖之一去世了。在一九一四年的六月二十六日，畢蘇斯基到勒沃夫參加八十二歲的約瑟夫・雅諾夫斯基（Józef K. Janowski）的葬禮，他曾擔任當年國民政府的國務卿。在這位英雄人物的家屬面前，畢蘇斯基發表一篇激昂的悼詞，感念前一個世代的自由鬥士。[81]

⁂

畢蘇斯基在勒沃夫發表悼詞的兩天之後，一名十九歲的塞爾維亞民族主義者做出一件暴力行為，永遠改變了世界。一九一四年的六月二十八日，加夫里洛・普林西普（Gavrilo Princip）在塞拉耶佛刺殺了奧匈帝國的王位繼承人法蘭茲・斐迪南大公（Franz Ferdinand）和他的妻子。這個戲劇化的政治暴力行為堪稱世界史上後果最嚴重的刺殺事件之一，讓歐洲陷入混亂。奧地利威脅要對塞爾維亞宣戰，發布了它知道這個巴爾幹小國無法接受的最後通牒。在接下來的一個月，俄羅斯承諾奧地利若發動進攻，就會協助塞爾維亞。德國緊接著發誓，俄羅斯如果出手干預，就會為了奧匈帝國進行干涉。這三個強國知道，他們之間如果出現戰爭，當時既有的同盟體系將會迫使英法兩國插手。儘管如此，奧匈帝國、俄羅斯和德國仍持續以驚人的速度走向戰爭。這起刺殺事件釋出極其強大的力量，沒有任何國家的領袖能夠或願意推翻現有的同盟關係，倡導和平。

同一時間，畢蘇斯基在克拉科夫指示步槍士兵組織準備應戰。步槍士兵已經成長到七千兩百三十九名戰士，而波蘭步槍小組則預計有四千名成員。[82] 自一九一〇年以來，俄羅斯駐維也納的大使就一直抱怨波蘭準軍事組織的活動，並明確提到畢蘇斯基的名字。俄羅斯的內政部長在一九一三年寫道：「目前，波蘭問題的中心不在【波蘭】王國，而是在加里西亞。一切都在那裡翻攪沸騰，步槍士兵組織在約瑟夫・畢蘇斯基的領導下半公開和公開地活動，都是我們太愚蠢才讓他逃獄。」[83]

在第一次世界大戰的前夕，畢蘇斯基已經在他國家的歷史中占有一席之地。畢蘇斯基同時是步槍士兵組織的總司令、波蘭軍事財政部的成員、聯合獨立政黨委員會的軍事指揮官，以及波蘭社會黨革命派中央委員會的一員，他作為波蘭民族忠心子民的傳奇早已奠定。但是面對不確定的未來和全歐洲戰爭可能出現的數種結局，他的內心仍然非常懼怕。

畢蘇斯基當時的一個合作者形容他非常專注，時常躲進自己的世界裡。索科尼斯基回憶畢蘇斯基如何度過一天：白天處理步槍士兵組織的事務，晚上開會，深夜跟親近的同志長時間交談。索科尼斯基說，可以察覺到畢蘇斯基認為整個民族的重量都壓在他的肩上。索科尼斯基想起他在一九一四年春天的某個晚上拜訪人在克拉科夫的畢蘇斯基夫婦。陰鬱的畢蘇斯基看起來「憂鬱、默不作聲、被沉重的想法占據心思、額頭上出現擔憂的線條、厭惡任何因為不必要的閒聊打擾到他的人。」[84]

沒錯，一九一四年的前半年是畢蘇斯基人生中很關鍵的時期。他現在四十六歲了，自從一九〇四年的東京之行開始，看法在這十年來已經逐漸改變。他從日本回來後，同志便發現有新的事物占據他的心思。一位親近的朋友說，他在交談時不斷回到軍事這個主題。[85]他的跨國之旅——橫越大西洋、北美大陸和太平洋到達日本，然後又回來——對他造成的影響非常迅速。一九〇四年十月的時候，他回國才一個月，就宣布成立戰鬥組織。一九〇四年的十一月，他下令在華沙對俄羅斯憲兵發動武裝行動。國際和波蘭媒體都有報導華沙格日博夫斯基廣場發生的事件，說這是自從一八六三年以來第一起波蘭武裝行動。[86]

從華沙的武裝示威事件可以看出，畢蘇斯基越來越相信，要把俄羅斯的軍隊驅離波蘭領土不能靠叛變，而是要趁他們跟強大的鄰國打仗的時候。從畢蘇斯基對一九〇五年俄羅斯革命的態度，就能清楚看出他有多麼強調軍事的解決之道。在一九〇五年的二月，俄羅斯史上最大規模的罷工運動如火如荼展開時，畢蘇斯基從克拉科夫搭上火車，準備到札可潘那參加一場黨派會議。年輕的索科尼斯基跟他一起坐車，開始聊起俄羅斯境內發生的戲劇化事件。畢蘇斯基靜靜地聽，什麼也沒說，然後突然改變話題。在接下來的車程中，畢蘇斯基只有聊一件事：他剛成立的戰鬥組織是未來民族軍隊的核心。[87]

從一九〇五年俄羅斯革命到一九一四年大戰爆發期間，畢蘇斯基把大部分的精力用來培育和訓練一支波蘭軍隊，以便為將來跟俄羅斯作戰做準備。一九〇八年，他在距離俄羅斯邊界很近的奧屬加里西亞共同創立了積極鬥爭聯盟，兩年後以克拉科夫和勒沃夫的步槍士兵組織取代。畢蘇斯基還跟奧匈帝國軍隊建立起正式的關係。同一時間，他在一九一〇年到一九一四年之間大量閱讀，以準備寫書和發表引人注目的系列演說。其中最出名的就是在一九一二年的克拉科夫，針對即將到來的一八六三年起義五十週年的那十場有許多人參加的演講。[88]

在克拉科夫完成系列演講後不久，第二次巴爾幹戰爭在一九一三年六月爆發了。這場自相殘殺的血腥衝突讓畢蘇斯基和許多旁觀者相信，俄羅斯和奧匈帝國之間的戰爭是不可避免的。他在一九一四年前半年發表了一篇關於巴爾幹戰爭、共有四個章節的文章，讓我們可以一窺他的思想。畢蘇斯基認為俄羅斯和奧匈帝國之間的戰爭會像是一根避雷針，讓人們的注意力轉移到再次覺醒的波蘭理念上。[89]波蘭從來不曾如此靠近能恢復主權與尊嚴的可能性。

Chapter 10

波蘭軍團與第一次世界大戰的開端

今天，所有人都認為畢蘇斯基再怎麼樣也至少具備一位歷史人物的條件。他跟波蘭軍團共患難，是他們的化身與象徵。

——魯道夫．斯塔澤夫斯基（Rudolf Starzewski）一九一四年十二月二十四日的日記內容

一百多年以來，恢復國家主權是許多波蘭人心中唯一的夢想。在十九世紀的波蘭藝術、文學、甚至音樂中，改正波蘭被瓜分的歷史不公是一個常見的主題。[1]然而，透過武裝叛變把侵略者趕走的集體行動最後都是以失敗收場，包括一七九四年的柯斯丘什科起義和一八六三年的一月叛變。雖然從武裝叛亂過渡成務實作風的時期，波蘭政壇開始把焦點轉移到如何促進波蘭地區的經濟、社會與教育水準，但波蘭問題依舊是歐洲政治家的肉中刺。一八六二年，英國政治家阿克頓男爵（Lord Acton）說波蘭在十八世紀末消失，「是恣意妄為的暴力行為導致的結果，公然違抗的不只是民眾的感受，還有公法……這知名的手段是舊專制主義最具革命性的行為，在歐洲喚醒了民族性的理論，把沉睡的權利變成一種理想，把一種情感變成政治宣言。」[2]

在阿克頓男爵公開表示波蘭毀滅是歐洲良知的道德汙點的五十年之後，畢蘇斯基成為使波蘭政壇獨立陣營重新復甦的領導人物。畢蘇斯基廣泛閱讀軍事史，認為十九世紀的武裝叛變模式在一九一四年會帶來災難。他主張，想要爭取波蘭地區的獨立，只能趁德國和奧匈帝國跟俄羅斯打仗時與他們合作。畢蘇斯基過去十二年來一直住在奧屬加里西亞，因此決定跟奧匈帝國結盟，希望在

這些瓜分波蘭的強權攻打彼此時，最後能讓波蘭地區脫離俄羅斯。對畢蘇斯基而言，跟奧匈帝國合作完全是一種戰略，一旦認為波蘭的利益遭到損害，他就會變卦。

一九一四年七月二十八日，奧匈帝國對塞爾維亞宣戰，畢蘇斯基實現夢想的機會來了。過去六年來，他已經跟憲政體制的奧地利建立穩固的交情，可以自由行動，不必害怕遭到壓迫。他相信這些交情可以助他擊敗俄羅斯。好戰的德國皇帝威廉二世（Wilhelm II）先前給了奧匈帝國一張知名的「空白支票」，承諾俄羅斯如果干涉就會給予支持，因此他採取大膽挑釁的動作，在八月一日和三日之間向俄羅斯和法國宣戰，接著入侵比利時。八月四日，英國向德國宣戰；兩天後，奧匈帝國對俄羅斯宣戰。短短一個星期內，歐洲各大強權都捲入了橫跨整個歐陸的戰爭。

戰爭爆發後，畢蘇斯基發現他先前在軍事和外交方面所做的一切努力都有了回報。現在，他得小心地在維護波蘭的利益和在奧地利的贊助下行動之間，達成巧妙的平衡。身為一個早就仔細想過如何能讓這場衝突對波蘭有利的戰略家，他已經為這一刻準備了好一段時間。

根據一個跟他很親近的同志所說，畢蘇斯基早已想好歐洲發生戰爭時的行動計畫。一九一三年，史塔尼斯瓦夫．沃伊切霍夫斯基曾跟畢蘇斯基碰面，那是他們在第一次世界大戰之前最後一次見到彼此。回憶起那場對話，沃伊切霍夫斯基描述了畢蘇斯基為了歐洲爆發全面戰爭的可能所擬定的計畫。據說，畢蘇斯基說奧匈帝國和俄羅斯之間一爆發戰爭，他就會指揮一支波蘭軍隊，入侵波蘭王國的南部，宣布成立臨時國民政府。[3]因此，不意外地，一九一四年八月戰爭爆發不到一個星期，畢蘇斯基便完全按照這個計畫行動。

八月二日，畢蘇斯基跟奧地利軍隊的情報官約瑟夫．雷巴克上尉見面，協調波蘭軍隊的動員事宜。雷巴克支持他的想法，但是規定他只能在奧匈帝國和俄羅斯之間正式宣戰後才能做這件事。[4]雷巴克還告訴畢蘇斯基，波蘭軍隊應從梅胡夫縣（Miechów）進入波蘭王國，接著經由延傑由夫縣（Jędrzejów）前進到凱爾采。這讓畢蘇斯基很意外，因為他已經派遣偵察隊到彼得庫夫省（Piotrków）的洞布羅瓦盆地（Dąbrowa

Basin）；這個工業化地區很早以前出現過工人動亂並支持波蘭社會黨。[5]

同一時間，畢蘇斯基於八月三日在克拉科夫宣布成立第一精銳連（Pierwsza Kompania Kadrowa），也就是步槍士兵和步槍小組最優秀的士兵挑選出來的精英團隊。第一精銳連的一百四十四名士兵從十四到三十九歲都有，絕大多數都是波蘭天主教徒，但是也有猶太戰士（像是二十三歲的布羅尼斯瓦夫．曼斯佩爾〔Bronisław Mansperl〕）以及福音教派和希臘禮天主教徒（烏克蘭人）。畢蘇斯基任命塔德烏什．卡斯普茨基（Tadeusz Kasprzycki）為指揮官。[6]

在一場感人的致詞中，畢蘇斯基說道：「從這一刻起，我們不是步槍士兵，也不是步槍小組。聚集在這裡的所有人都是同一種人：波蘭士兵。」從這一天開始，精銳連的象徵標誌是一隻白頭鷹。「士兵們！你們將擁有至高無上的榮幸，成為最早前往波蘭王國、跨越俄羅斯邊界的波蘭軍隊前線，為了解放我們的祖國而戰。」[7]亞麗桑德拉．畢蘇斯卡後來說道：「這是他這輩子最美妙的時刻之一。四十六歲的他終於看見自己兒時的夢想成真，創立一支波蘭軍隊對抗俄羅斯。」她寫道：「他快樂極了，因為他實踐了主導他一生的兩個理想：對波蘭的愛和對軍隊的愛。很久很久以來，他只是在荒原喊叫的聲音、只有紙上談兵、只會書寫軍事戰略；現在，他的手裡終於握著一把劍。」[8]

同樣在八月三日這一天，出現了兩份傳單。第一份傳單署名「國民政府，一九一四年八月三日的華沙」，宣布在華沙創建國民政府，並指派畢蘇斯基為波蘭軍隊的司令官。通告上寫到，所有波蘭人都有義務支持準備進入帝俄境內波蘭領土的波蘭軍隊。他們也應該服從畢蘇斯基的權威。第二份傳單署名「波蘭軍隊總司令約瑟夫．畢蘇斯基」，是要寫給帝俄境內十個波蘭省分——即波蘭王國——的居民：「決定性的時刻來臨了！波蘭不再受到奴役，現在希望成為自己命運的仲裁者，建造自己的未來……波蘭軍隊的精銳已經進入波蘭王國的領土，將自己和**波蘭人民**視為這裡唯一真正的所有者，辛勤地讓這片土地變得肥沃豐饒。波蘭軍隊已經以國民政府元首之名接管權力。」[9]

其實，畢蘇斯基聲稱的國民政府是一個虛構的機關，這份宣言只是為了鼓勵剛解放的人民支持和加入波蘭軍隊所使用的手段。這個政府會在適當時機成立，但為了讓畢蘇斯基的軍隊擁有正當性，因此必須提早宣布國民政府的成立。八月四日，畢蘇斯基派信差帶一封信到勒沃夫給亞麗桑德拉，吩咐她和瓦西萊夫斯基一起到華沙跟羅曼・德莫夫斯基碰面，商討成立國民政府。[10]同一天，畢蘇斯基組成第二精銳連，任命米奇斯瓦夫・諾爾維德－諾伊格鮑爾（Mieczysław Norwid–Neugebauer）為指揮官。

⁂

一九一四年八月六日的清晨時分，畢蘇斯基下令駐紮在克拉科夫夾竹桃林的第一精銳連往北行軍，進入帝俄。這一連的指揮官卡斯普茨基告訴士兵：「多年來，我們即將進入的這片土地一直都受到了囚禁。且讓我們解放它，成為數十年以來第一個踏上這片土地的波蘭正規軍分隊。」[11]早上九點四十五分，該連跨越俄羅斯的邊界，停在他們遇到的第一座城鎮米哈洛維采（Michałowice）。[12]他們得知入侵俄羅斯波蘭省分西南方的奧匈帝國軍隊擊潰了俄羅斯，這是一八一五年以來的第一次。

同一時間，畢蘇斯基待在克拉科夫參加聯合獨立政黨委員會的會議，告知成員第一批士兵已在前往俄羅斯邊界的路上，他也宣布在華沙成立了國民政府。被問到為什麼要這麼匆忙，畢蘇斯基回答：「要趕在普魯士人之前抵達華沙。」[13]委員會批准了畢蘇斯基的行動。

開完會後，畢蘇斯基跟參謀長索斯科夫斯基一起離開克拉科夫，前往距離俄羅斯邊界只有幾步之遙的奧地利邊界小鎮克熱紹維采（Krzeszowice）。諾爾維德－諾伊格鮑爾和他的五百三十五名第二精銳連士兵在那裡等著他們。畢蘇斯基向軍官報告目前的形勢，並確認他們擁有足夠的武器和彈藥。諾爾維德－諾伊格鮑爾憶起畢蘇斯基「提醒我們這一刻的重要性，說這是波蘭遭受囚禁的歷史的轉捩點，因為數量少少的步槍士兵為了獨立，代表整個波蘭民族在這一天走上戰場。」[14]畢蘇斯基在克熱紹維采寄出一封信給雷巴克，通知對方他們即將入侵俄羅斯，同時抱怨拿到的武器品質並不好。[15]

奧匈帝國也在一九一四年八月六日這天向俄羅斯宣戰，並非巧合。奧匈帝國的軍隊從勒沃夫前進到俄羅斯西南部的盧布令省（在畢蘇斯基東邊三百二十公里左右），目標是要阻斷通往華沙的鐵路，並同時掌握東加里西亞的寶貴油井。同一時間，德國成功擊敗俄羅斯入侵東普魯士的行動。奧匈帝國和德國的軍隊一開始取得的勝利，讓畢蘇斯基的士兵可以在不引人注意的情況下進入帝俄。八月七日，第一連經由梅胡夫前往該省首府凱爾采。同時，第二連在畢蘇斯基的指揮下跨越邊境。隔天，畢蘇斯基命令瓦迪斯瓦夫．西科爾斯基負責加里西亞所有的軍事編隊。[16]

俄羅斯從波蘭王國南部撤退，讓畢蘇斯基可以順利行軍八十公里到凱爾采。他在凱爾采南邊四十公里的延傑由夫過夜。在八月十日的一份通告〈國民政府致凱爾采省人民〉中，畢蘇斯基介紹自己是波蘭軍隊的總司

畢蘇斯基第一旅的猶太軍官——二十四歲的布羅尼斯瓦夫．曼斯佩爾，他於一九一五年戰死沙場。

令。通告寫道：「俄羅斯軍隊已經離開我們的國家，沙皇當局——無秩序與無政府最糟糕的提倡者——帶著他們軍隊可恥的暴力行徑撤退了，永遠不會再回來。」現在，權力握在新成立的國民政府手中，他們是「俄羅斯侵略者先前所占領的一切的合法管理者」。[17]通告表示，新政府將帶來法律和秩序、和平與安穩，並嚴厲對待叛徒和間諜。

一九一四年的八月十二日，畢蘇斯基帶著一師四百名士兵進入凱爾采，占領原先由俄羅斯當局進駐、現在遭棄置的總督府。奧地利和德國軍隊之後會駐紮在別的地方。對畢蘇斯基來說，他占據了「原本的首長居住的總督府，德國和奧地利的指揮官卻住在城鎮的其他地方……使他感到一股自豪和對未來的樂觀。」[18]

然而，拿下凱爾采帶來的喜悅卻被當地的現實所澆熄。波蘭軍隊抵達之後，當地波蘭人的反應一點也不熱情，這他完全沒意料到。此外，畢蘇斯基還得面對因為他獨自的軍事和政治行動而明顯不悅的奧地利。畢蘇斯基占領凱爾采那天，收到了奧地利當局叫他到克拉科夫聊聊的消息。[19]八月十三日，他在克拉科夫跟奧地利軍隊參謀部的揚．諾瓦克中校（Jan Nowak）見面。諾瓦克告訴畢蘇斯基，獨立志願師出現在敵軍領土內是不可接受的事情。波蘭士兵必須正式加入奧地利軍隊，不然就得解除武裝。[20]畢蘇斯基別無選擇，只好遵從。

同一時間，同盟國與波蘭軍隊挺進波蘭王國，促使俄羅斯當局對波蘭人提出正式的訴求，而且對象不只是俄羅斯的波蘭人，還有奧屬加里西亞和德意志的波蘭人。一九一四年的八月十四日，帝俄總司令尼古拉．米哈伊洛維奇大公（Nikolai Mikhailovich）發布一份宣言，在開頭就用上了波蘭人的集體渴望：「波蘭人哪！實現你們先父珍惜的夢想的時刻即將來臨。一百五十年前，波蘭活生生被撕裂成好幾個部分，但她的靈魂並未死亡。她繼續活著，希望波蘭民族復甦、跟大俄羅斯友好和解的時刻能夠到來。」

這場戰爭讓俄羅斯有可能統一奧地利和德國的波蘭領土，在俄羅斯的保護下讓波蘭實施自治。這份宣言祭出重新統一的承諾：「就讓那些把波蘭民族切割成好幾塊的邊界界線消失吧；就讓波蘭人在俄羅斯沙皇的

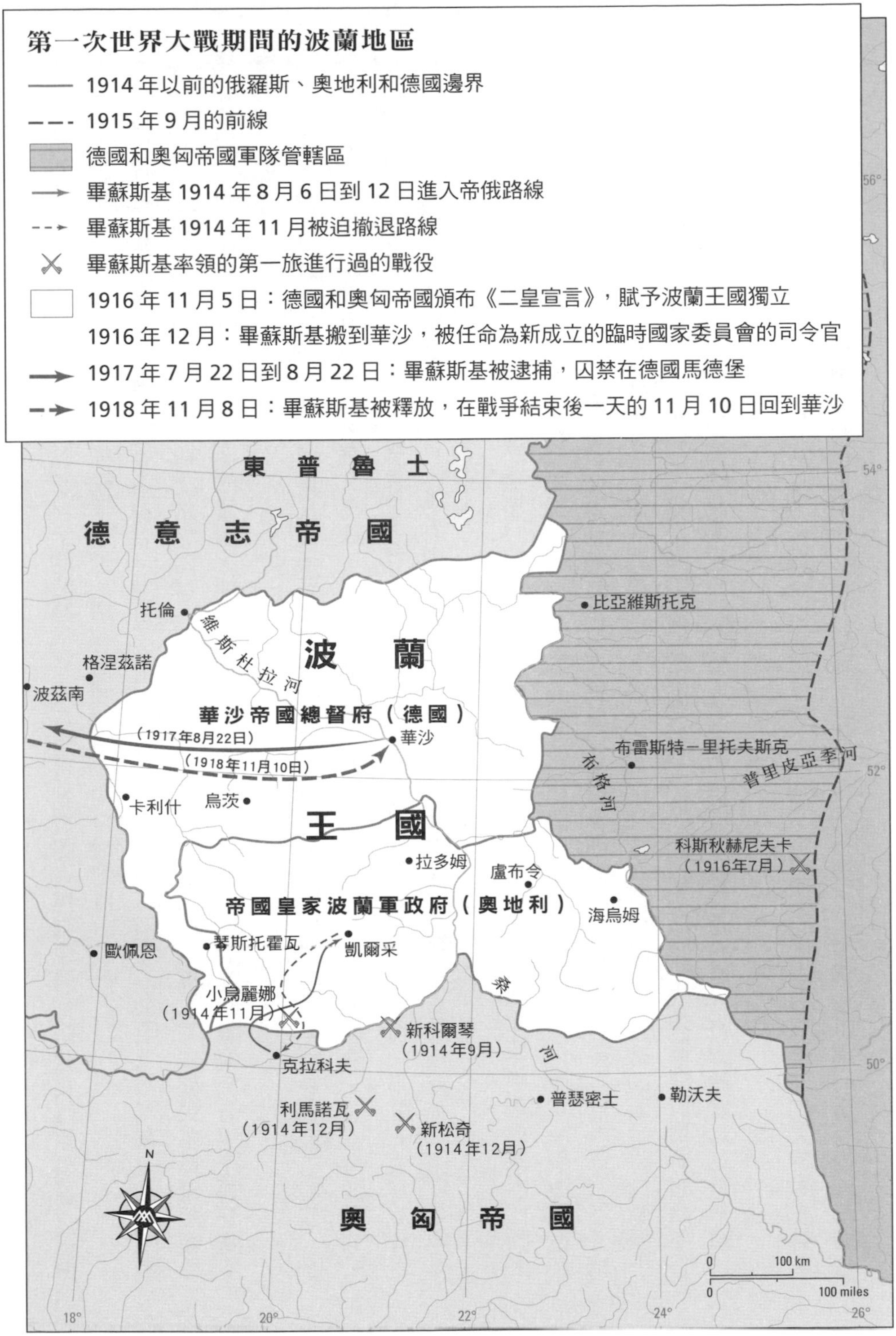
第一次世界大戰期間的波蘭地區
1914年以前的俄羅斯、奧地利和德國邊界
1915年9月的前線
德國和奧匈帝國軍隊管轄區
畢蘇斯基1914年8月6日到12日進入帝俄路線
畢蘇斯基1914年11月被迫撤退路線
畢蘇斯基率領的第一旅進行過的戰役
1916年11月5日：德國和奧匈帝國頒布《二皇宣言》，賦予波蘭王國獨立
1916年12月：畢蘇斯基搬到華沙，被任命為新成立的臨時國家委員會的司令官
1917年7月22日到8月22日：畢蘇斯基被逮捕，囚禁在德國馬德堡
1918年11月8日：畢蘇斯基被釋放，在戰爭結束後一天的11月10日回到華沙
東普魯士
德意志帝國
托倫
比亞維斯托克
維斯杜拉河
波蘭
格涅茲諾
波茲南
華沙帝國總督府（德國）
(1917年8月22日)
華沙
(1918年11月10日)
布雷斯特－里托夫斯克
布格河
普里皮亞季河
卡利什
烏茨
王國
科斯秋赫尼夫卡
(1916年7月)
拉多姆
盧布令
帝國皇家波蘭軍政府（奧地利）
海烏姆
琴斯托霍瓦
凱爾采
歐佩恩
小烏麗娜
(1914年11月)
新科爾琴
(1914年9月)
桑河
克拉科夫
普瑟密士
勒沃夫
利馬諾瓦
(1914年12月)
新松奇
(1914年12月)
奧匈帝國
N
0
100 km
0
100 miles
56°
54°
52°
50°
18°
20°
22°
24°
26°

權杖下重新統一吧。」俄羅斯願意賦予自治的波蘭全新的自由，讓波蘭人控制學校、宗教和行政事務。這份宣言最後總結：「波蘭將會在這把權杖下重生，擁有信仰、語言和自治的自由。」[21]

這份宣言雖然沒提出要讓波蘭領土獨立，卻也從根本上改變俄羅斯的政策。《泰晤士報》在一九一四年八月十七日評論：「我們不需要浪費文字點出這一步的重要意涵。」[22] 波蘭的右翼政黨民族民主黨雖然在杜馬替宣言背書，畢蘇斯基和加里西亞的波蘭人卻無動於衷，認為這只是為了讓俄羅斯繼續無情地控制波蘭所耍的另一個花招。

與此同時，畢蘇斯基在一九一四年八月十五日把他的連重組成第一步槍兵團（First Rifle Regiment），分為五個營。他選的指揮官包括愛德華・雷茲–希米格維（Edward Rydz–Śmigły）和米哈爾・卡拉舍維奇–托卡澤維斯基（Michał Karaszewicz–Tokarzewski），前者後來在畢蘇斯基死後擔任波蘭元帥，並在一九三九年九月征戰期間擔任波蘭軍隊指揮官，後者則在一九三九年九月波蘭遭入侵後擔任波蘭地下國（Polish Underground）軍隊的總司令。

奧地利對畢蘇斯基的斥責及俄羅斯對波蘭人發表的宣言，促使奧屬加里西亞的波蘭議員做出行動。一九一四年八月十六日，親奧的維也納議員跟奧地利官員會談，提議在奧匈帝國的軍隊內成立一個波蘭武裝師。同一時間，聯合獨立政黨委員會的領袖在克拉科夫會見波蘭國會團體（Polish Parliamentary Circle）。結果，最高國家委員會（Naczelny Komitet Narodowy，NKN）成立了，宣布目標是跟奧匈帝國聯手將波蘭領土從俄羅斯解放出來，並在奧匈帝國的支持下成立波蘭軍團。[23] 由於同盟國一開始成功挺進俄羅斯的西部省分，最高國家委員會期望可以將帝俄的波蘭省分跟奧屬加里西亞合併，將雙元的奧匈帝國轉變為三元帝國，由波蘭各省組成第三個國家。[24]

波蘭國會團體在一九一四年的八月十六日發表一份聲明：「為了將波蘭的民族力量合併成武裝的波蘭軍團，國會團體和所有波蘭政黨決定創造單一的合法組織。在波蘭人的指揮下，與奧匈軍隊的最高指揮密切合作的波蘭軍團將投入戰場。」新成立的最高國家委員會將成為波蘭軍團的政治機構。[25]身為克拉科夫市長和波蘭國會團體主席的尤利烏什・雷歐（Juliusz Leo）被任命為最高國家委員會的主席。波蘭軍團被分成兩個地區分隊，一是總部在克拉科夫的西部師，由保守的哈布斯堡保皇派瓦迪斯瓦夫・雅沃爾斯基（Władysław L. Jaworski）率領，二是總部在勒沃夫的東部師，由民族民主黨的一個黨員率領。波蘭國會團體通過一項決議，宣布這兩個分隊「會跟奧匈帝國合作，被派去波蘭地區跟俄羅斯作戰」。[26]西科爾斯基被任命為最高國家委員會軍事部的部長。最高國家委員會對哈布斯堡皇室宣誓效忠後，奧地利軍隊授權他們提供波蘭軍團專屬波蘭的制服，使用波蘭語為指揮語言。既然成立了最高國家委員會，聯合獨立政黨委員會便在八月十七日自行解散。[27]

雷歐、雅沃爾斯基和西科爾斯基共同簽署了一份致波蘭軍團的通告：「行動的時刻已經來了！我們的詩人曾經祈禱發生、許多代波蘭人曾經等待的歐洲戰爭已經爆發。這場戰爭的東部戰場就在波蘭地區，奧匈帝國的軍隊已經出發攻打俄羅斯這個暴力的侵略者和我們民族的加害者。波蘭步槍士兵組成的師已經加入對抗莫斯科的英雄鬥爭。」通告接著提到：「加里西亞所有的波蘭人都因為最高國家委員會的成立而統一。」這個委員會的目的是要替「為了祖國、為了解放波蘭而戰的」波蘭軍團爭取支持。[28]畢蘇斯基沒有參與波蘭軍團和最高國家委員會的創立，是刻意安排的。奧地利當局不但對他的獨立活動表達極大的不自在，也注意到他的精銳連在俄羅斯境內沒有受到民眾支持。

＊

畢蘇斯基轄下的一名軍官索科尼斯基，描述了帝俄的波蘭居民對波蘭士兵做出的冷淡反應。他回憶，當他的士兵來到奧俄邊界和凱爾采兩地中間的城鎮延傑由夫時，沒有任何人從家裡出來迎接他們。索科尼斯基憶道：「我們隨意經過的房子都大門緊閉，裡面的住戶躲著我們，假裝屋裡空無一人。」當地居民表現出「極大的恐懼」，並沒有響應獨立綱領或起身對抗俄羅斯的號召。[29]

畢蘇斯基在一九一四年的八月二十二日回到凱爾采時，他的軍隊缺乏當地人支持的這點非常明顯。索科尼斯基憶起，畢蘇斯基下的第一道命令就是去拜訪當地的天主教權威。索科尼斯基陪同畢蘇斯基到當地天主教主教的住處，但是那次會面卻十分尷尬緊張，兩人受到「冰冷拘謹」的對待。畢蘇斯基說明來意，表示他身為第一支進入波蘭王國的波蘭軍隊指揮官，認為自己有義務向教會的高層致意。索科尼斯基記得：「主教答覆時表情很不友善、語氣充滿敵意。」還暗示除非畢蘇斯基的軍隊是由會上教堂的虔誠天主教徒組成，否則自己沒有意願為他們祝福。[30]

跟主教見過面後，畢蘇斯基通知諾瓦克他正式接受跟波蘭軍團合併的命令。第一步槍兵團不再能夠獨立行動，此後成為波蘭軍團底下正式的師。奧匈帝國軍隊的最高司令官弗里德里希・卡洛・哈布斯堡大公（Friedrich Karol Habsburg）將畢蘇斯基的單位重新命名為波蘭軍團第一兵團。[31]大公發表宣言後過了三天，最高國家委員會在一九一四年的八月三十日公開聲明，畢蘇斯基的讓步使得波蘭兵力的統一——由最高國家委員會統帥所有波蘭軍事組織——又跨出正面的一步。[32]

畢蘇斯基和他的士兵於一九一四日九月五日在凱爾采完成宣誓效忠，波蘭軍團第一兵團正式納入奧匈帝國的軍隊。畢蘇斯基在那天下午說道：「對我的軍隊而言，今天早上九點進行的儀式很不愉快。」[33]被迫加入奧匈帝國軍隊並臣服於最高國家委員會，感覺就像放棄獨立一樣。這顯而易見的緊張關係是爭取波蘭武裝編隊獨立的一部分。就像安傑伊・赫瓦爾巴證實的，畢蘇斯基的步槍士兵起初對波蘭軍團的看法不太正面。當最高國家委員會在一九一四年八月十六日宣布成立波蘭軍團時，畢蘇斯基的步槍士兵「對於這個新成立的組織一點也不高興，也不喜歡『軍團』這個詞，比較偏好說自己是『步槍士兵』。」[34]畢蘇斯基並沒有隱藏自己對於加入軍團的疑慮，在一九一四年九月五日寫到在加入之前，「我們的兵力被視為自主的波蘭軍隊，雖然跟奧地利結盟，但卻不是奧地利軍隊的一分子。」[35]一九一四年十一月，他形容這段自主時期是「戰爭最初的浪漫時期，我完全獨立地指揮我的士兵，不像今天是要在一支大部隊中行動，我所有的獨立自主都被剝奪。」[36]

創設獨立的軍事和政治代表

畢蘇斯基的回應方式是，在波蘭王國剛解放的地區成立與軍團和最高國家委員會相對的組織，由來自當地的波蘭人運作。在他宣誓效忠的九月五日這一天，畢蘇斯基跟索科尼斯基和約德科－納克耶維奇在凱爾采見面，提議這兩個人建立一個新的組織，稱為波蘭國家組織（Polska Organizacja Narodowa，PON）。這個組織將完全在波蘭王國境內運作，獨立於奧地利和最高國家委員會之外。組織這個新機關的責任全權交給索科尼斯基和約德科－納克耶維奇。索科尼斯基記得畢蘇斯基說：「我會把你們丟進水裡，你們就按照自己所知的方式游泳。」[37]就在那天，一份以波蘭國家組織的名義散播的通告宣布，這個新組織會為在波蘭王國境內作戰的軍隊提供支援，跟最高國家委員會平等互動，並作為王國內波蘭統治架構的核心。當時在凱爾采擔任波蘭軍隊（後來在最高國家委員會的施壓下解散）長官的索科尼斯基，現在成了波蘭國家組織的首腦。[38]

畢蘇斯基希望波蘭國家組織發揮的另一個功能，就是在政治上跟德國交涉。在諮詢過畢蘇斯基之後，索科尼斯基提議派遣代表團到柏林跟德國軍方談話。[39]同一時間，畢蘇斯基寄信給波蘭軍團在西加里西亞的司令官拉伊蒙德．巴欽斯基將軍（Rajmund Baczyński，由奧地利任命），埋怨他無法為自己統率的軍團士兵好好提供武器與彈藥。雖然他們士氣高昂，裝備卻非常不佳。不像加里西亞的軍隊，凱爾采的波蘭軍團第一兵團尚未拿到任何經費。[40]

前線的消息讓畢蘇斯基的要求顯得更急迫。在一九一四年九月二日，俄羅斯的反攻軍隊突破奧地利陣線，進入東加里西亞，拿下勒沃夫。到了九月十三日，奧地利人已撤退到桑河（San River），將東加里西亞留給俄羅斯人。畢蘇斯基拒絕冷眼旁觀，率領波蘭軍團第一兵團的一個師在九月十日離開凱爾采，幫忙支援加里西亞陣線。他帶領部隊往西南方行進七十二公里到新科爾琴（Nowy Korczyn），在那裡跟奧匈帝國軍隊並肩作戰。最高國家委員會公開表揚畢蘇斯基的行為：「我們以最高國家委員會之名，熱烈感謝波蘭軍團第一兵團的指揮和士兵，承認他們在跟我們永遠的敵人戰鬥時所展現的英勇，並真心為此感到驕傲。」[41]

為了更進一步維持波蘭軍事單位的民族特性，畢蘇斯基在一九一四年的十月派塔德烏什·祖林斯基中尉（Tadeusz Żuliński）前往被俄羅斯控制的華沙，組了一個祕密的地下軍事組織。在戰前，祖林斯基是波蘭社會黨革命派和積極鬥爭聯盟的黨員，也是步槍士兵協會的軍官，現在已變成畢蘇斯基最得力的軍官之一。十月二十二日，祖林斯基在華沙宣布成立波蘭軍事組織（Polska Organizacja Wojskowa，POW），呼籲要創造一個由波蘭武裝力量開闢出來的獨立波蘭國家。波蘭軍事組織的士兵將被用來「對抗最重要的敵人——俄羅斯」。波蘭軍事組織說俄羅斯是其中一個、而非**唯一**一個敵人，表示它最後有可能將武力用來對付其他瓜分波蘭的強權。該組織的功能包括蒐集情報、政治宣傳和經營地下軍事訓練學校。[42]

在同一時間的前線，俄羅斯成功進犯，使奧地利更往西撤退。俄羅斯重新奪回在戰爭頭幾個星期喪失的凱爾采省，畢蘇斯基的波蘭軍團第一兵團被命令要跟奧匈帝國的軍隊一起撤退。除了畢蘇斯基，波蘭軍事組織也全員撤出該地區。一九一四年十一月八日，幾天下來行軍大約一百公里之後，他們來到凱爾采省西南方的小鎮沃爾布羅母（Wolbrom）。畢蘇斯基命令手下停在這裡。

他看著全面撤退的奧地利軍隊經過他們身邊，發覺那些人正朝德國邊界的方向前進，距離只有六十公里。他命令三個營和一個騎兵旅調頭，跟著他朝反方向前進到克拉科夫。畢蘇斯基後來說明他為何要做出這麼匆忙、甚至可能致命的決定。「第一軍【指維克多·丹克爾將軍（Viktor Dankl）率領的奧匈帝國第一軍】能夠保衛布拉格和維也納、布雷斯勞（Breslau）和柏林，但是我們這些自由的波蘭步槍士兵不要這麼做。我們會試著光榮戰死，但要死在我們自己的土地上。」[43]

他計畫利用不斷推進的俄軍陣線中間的一條狹窄通道，偷偷溜進奧地利控制的克拉科夫。一九一四年的十一月九日，畢蘇斯基和手下走過十五公里的田野、溝壑和丘陵。那天晚上派出偵察士兵後，畢蘇斯基在小烏麗娜村（Ulina Mała）停下來休息，兩邊的道路都是行進中的俄軍。敵軍包圍了村莊。畢蘇斯基的偵察士兵告訴他，往南的通道已被俄軍阻斷。畢蘇斯基慌了，認為他給自己和手下判了死刑。「那一刻，我只聽得到耳裡的嗡嗡聲；我看不見；血液猛烈撞擊我的太陽穴。從記憶深處傳來一句話：『喬治・唐丹（Georges Dandin），這是你自己造成的。』」他指的是莫里哀（Molière）所寫的某齣喜劇中的台詞。[44]

在花了好幾個小時思索安全抵達克拉科夫的每一種可能辦法的優缺點之後，畢蘇斯基總算做了決定：他會利用偵察士兵判斷剛剛好的安全時機，然後走一條被森林遮蔽的狹小路徑。在下達命令之前，他找了兩個人徵詢意見：參謀長索斯科夫斯基和參謀本部的成員卡斯普茨基。這兩人都認為這個計畫風險太高，不建議這麼做。畢蘇斯基後來說道：「這又是一次打擊。我辛辛苦苦想到的決定被他們的看法給反駁。我陷入沉默，在房間裡走來走去，思索我的主張，最後決定堅持我最初的決定。」[45]

一九一四年十一月十一日的凌晨三點三十分，畢蘇斯基派出偵察士兵。一個小時後，他收到周遭地區全數淨空的通知，便命令手下往南行進。這個計畫最後成功了，沒有一兵一卒傷亡。同一天，畢蘇斯基和手下抵達克拉科夫。畢蘇斯基已經好幾天沒睡什麼覺，於是回到斯拉克街的公寓休息，之後針對這次脫逃行動撰寫詳盡的報告。畢蘇斯基後來回想：「我坦承，我是在【小】烏麗娜之後才開始對自己有信心，相信自己的能力。或許也是因為這件事，我時常聽見手下說：『現在我們可以跟隨指揮官到天涯海角了，如果他都能帶領我們逃出烏麗娜，我們什麼都不用擔心！』我彷彿在自己和手下面前通過了一場測驗。」[46]

畢蘇斯基勇敢逃出敵軍的地盤，自然受到關注。十一月十五日，奧匈帝國的最高司令官哈布斯堡大公將畢蘇斯基升為准將。[47]從小烏麗娜行軍到克拉科夫的這段險惡旅程，必須通過維斯杜拉河的低地和沼澤，導致畢蘇斯基染上一場嚴重的感冒。就像過去感染病毒的時候一樣，畢蘇斯基前往比較溫暖的地方，這次去的是西利西亞的夫來斯塔特（Freistadt，位於今天的捷克共和國）。在一封信裡，畢蘇斯基提到在外國人的指揮下做事讓他很不自在，寫道：「我們在精神和社會方面完全不同，我的兵團在龐大的哈布斯堡軍隊中感覺就像異物，像一顆腫瘤。」[48]

到夫來斯塔特探望畢蘇斯基的索科尼斯基發現他處於絕望狀態。索科尼斯基說道：「就跟在其他艱難時刻一樣，畢蘇斯基變得內向冷漠，好像被烏雲籠罩似的。」[49]要知道畢蘇斯基的心裡在想什麼很難，「因為畢蘇斯基不會用文字說出一切。他的許多表達想法的方式，包括長時間有意義的沉默、眼神閃過的怒火、不滿的喃喃自語和手勢，還有別人不理解他時無法訴說的輕蔑或氣餒。」[50]

導致畢蘇斯基絕望的因素之一，就是毫無預期地從波蘭王國遭受征服的領土中撤退。波蘭國家組織及其成員如今位於西加里西亞，使它存在的目的蕩然無存。現在，波蘭國家組織歸最高國家委員會管轄。此外，這也是重新思考軍團架構的時期。在一九一四年十二月十九日，畢蘇斯基的波蘭軍團第一兵團重組為波蘭軍團第一旅，他的部隊從此就以這個名稱為人所知。第一旅又細分成三個步兵團、六個營、一個騎兵隊和兩個砲兵隊。[51]

⁂

俄軍在東加里西亞取得的勝利使波蘭政壇的親俄陣營大膽起來。在一九一四年的十二月俄軍距離克拉科夫只有五十公里的時候，德莫夫斯基已經獲得希望藉由跟俄羅斯結盟促進波蘭目標的保守派人士支持，創立跟加里西亞的最高國家委員會敵對的組織。十一月二十五日，他們在華沙宣布成立波蘭國家委員會（Komitet Narodowy Polski，KNP），是民族民主黨跟與現實政治黨（Stronnictwo Polityki Realnej）有關的保守派波蘭地主、實業家、教士和有影響力的知識分子共同組成的狹隘聯盟。這個新組織正式認可尼古拉大公的波蘭宣言。波蘭國家委員會在第一次宣告中，呼籲解放被同盟國控制的波蘭地區，將波蘭統一在俄羅斯君主的權杖之下。德莫夫斯基主掌該組織的執行委員會，保守派的有地貴族齊格蒙·維羅波斯基伯爵則被任命為主席。[52]

在邊界另一頭的奧匈帝國，波蘭領袖把希望放在同盟國戰勝的那一天，畢蘇斯基則繼續構想政策，目標是為波蘭帶來最理想的結果。在一九一四年的十一月二十四日，他得知波蘭國家組織已經正式解散，因為最高國家委員會將管轄範圍擴張到波蘭王國境內那一小塊仍被奧地利統治的地區。[53]由於俄軍攻進了東加里西亞，最高國家委員會已經轉移到維也納，因為擔心克拉科夫會接著淪陷。

畢蘇斯基在第一旅擔任指揮官的時候，攝於一九一四年十二月的克拉科夫。

畢蘇斯基離開戰場，前去維也納跟最高國家委員會的成員和波蘭政治家一起開會，抵達時間是十二月十八日。維也納的波蘭日報宣布「畢蘇斯基准將、軍團第一旅的英勇指揮官」來到了維也納。[54]到車站迎接畢蘇斯基的那群軍團士兵、記者和政治人物之中，有一位是克拉科夫保守派日報《時報》的總編輯魯道夫·斯塔澤夫斯基（Rudolf Starzewski）。斯塔澤夫斯基跟保守的親哈布斯堡陣營理念相同，所以不是畢蘇斯基的支持者，但他是懂得捕捉重要時刻的專業記者老手。斯塔澤夫斯基在一九一四年十二月十九日的日記寫道：「在車站，畢蘇斯基受到軍團士兵組成的榮譽團體迎接，他們主要是沒有攜帶武器的傷病人員。」他寫道，聚集在那裡的人群自動唱起愛國歌曲。[55]

在維也納，畢蘇斯基先是會見了最高國家委員會的主席雅沃爾斯基，兩人討論了軍事方面遭遇的重大挫折。畢蘇斯基似乎對於俄羅斯在戰場上取得的勝利絲毫不感氣餒，令雅沃爾斯基相當驚訝。根據雅沃爾斯基所言，畢蘇斯基很有信心地回覆，俄羅斯在不久的將來會遭受「災難性」的挫敗，只是時間的問題而已。[56]

十二月二十一日，最高國家委員會在維也納為畢蘇斯基辦了一場晚宴，出席的有最高國家委員會的活躍人士、波蘭軍團的軍官和奧地利國會的議員。[57]雅沃爾斯基看見達申斯基、畢蘇斯基和索科尼斯基等波蘭社會主義運動的領袖跟親哈布斯堡的保守派波蘭人同桌，不禁表示：「真是難得的畫面。」[58]雅沃爾斯基在晚宴的開場白說道：「讓我們的祖國自由獨立的想法已經轉化成波蘭軍團的形式。波蘭軍團的創造者畢蘇斯基准將今天跟我們一起在這裡，使我們感到莫大的喜悅。准將先生，您和您的軍團正創造傳說，聲名遠播。」雅沃爾斯基接著說，波蘭軍團「正在捍衛波蘭民族的榮光。您將因為這點留名波蘭的青史。」雅沃爾斯基的致詞讓索科尼斯基印象特別深刻的地方，是他提到畢蘇斯基和第一旅所創造的傳說。[59]

舉行這場維也納晚宴的前幾個星期是一段戲劇化的時期。從小烏麗娜逃到克拉科夫之後，畢蘇斯基率領了兩場攻打俄軍的戰役，一場是十二月五日到六日在利馬諾瓦（Limanowa），另一場則是十二月十三日於新松奇（Nowy Sącz）。據說他帶領士兵進入新松奇時，第一次受到當地居民熱情的支持，人們在街道兩旁獻上鮮花和音樂。[60]

因此，畢蘇斯基會被雅沃爾斯基的致詞所打動，起身說了幾句話，並不令人意外。他舉起酒杯說：「各位顯赫的紳士，我來自一個人們不習慣公開表達自我情感的國家——也就是一個不自由的國家。因此，要回應這些友好的讚美、接受這些榮耀，對我來說不容易。這裡有人提到了一個跟波蘭的雄心壯志更加相關的話題，一些人認為我代表這個話題。多年來，波蘭社會普遍缺乏動力，一直讓我痛心。生命和理想的渺小打擊著我，那是一個不自由的社會所產生的結果。」然而，畢蘇斯基這時候第一次看見波蘭社會開始出現轉變。他說：「騎士出征了，我們除了強大的武器，也一定要有強大的心智在背後支持他們。我們的人民只要在最高國家委員會的背後團結起來，便能做到這點。這樣的心理狀態可實現戰場上的勝利，讓我們的犧牲變得合理。」[61]

那天晚上，雅沃爾斯基注意到畢蘇斯基的一番話「令人印象深刻」。[62] 他的看法反映在媒體報導上。斯塔澤夫斯基形容這場晚宴是維也納最多波蘭人談論的事件：「在這之前，人們對畢蘇斯基的看法不一，有的把他看成傳奇英雄，有的對他漠不關心，有的則認為他是激進的社會主義者或革命分子。在那些沒有深入了解的人眼中，他只是一九〇五年革命催生的土匪、亡命之徒。今天，所有人都認為畢蘇斯基再怎麼樣也至少具備一位歷史人物的條件。他跟波蘭軍團共患難，是他們的化身與象徵。」[63]

斯塔澤夫斯基認為雅沃爾斯基的致詞雖然很美好，但卻過度滿溢讚美之詞，把畢蘇斯基當成國王或皇帝對待。但，波蘭軍團第一旅及其指揮官確實將根深蒂固的悲觀轉為希望與驕傲。斯塔澤夫斯基寫道：「軍團捍衛的不只是波蘭的榮光，還是委員會的雙手和頭腦。」他指的是最高國家委員會。斯塔澤夫斯基認為畢蘇斯基現在已經「不是社會主義者，而是民族英雄」，因此是唯一可以代表整個波蘭的人物。斯塔澤夫斯基說：「畢蘇斯基是這個歷史進程唯一的黏著劑，還是鮮血的黏著劑，將民主元素跟波蘭貴族的傳統結合在一起。」[64]

一九一四年的十二月二十二日，第一旅的士兵離開新松奇，到塔諾夫南方的村莊沃夫楚維克（Łowczówek）保衛鐵路陣地。在畢蘇斯基的參謀長索斯科夫斯基的指揮下，軍團士兵跟俄軍直接交戰，在截至目前為止波蘭士兵參與過最血腥的戰役中成功擋下俄軍。據說，第一旅抓到了六百名俄羅斯戰俘。雖然畢蘇斯基沒有參與這場戰役，而是在處理奧俄前線的其他戰區，但是這場勝利仍強化了他日漸傳奇的地位。[65]

在一九一五年的年初，畢蘇斯基對陣亡和受傷的軍團士兵表達了感謝之情。在向第一旅致詞時，他對參與沃夫楚維克之戰（十二月二十二日到二十五日）的英勇士兵表示敬意，特別讚揚索斯科夫斯基和其他幾個人。他估計第一旅約有五千名士兵，自一九一四年八月以來死傷人數約一千人。畢蘇斯基思索一九一四年的重要意義時這麼說：

在一九一四年，我不在意是否確立波蘭軍事問題的細節，而是只在意一件事：波蘭士兵會繼續當一個沒有血肉的神祕實體嗎？在一場於波蘭的土地上進行的世界大戰中，拿著刺刀、穿著軍服的士兵會深入我們鄉村的每一座農舍與農場，因此我希望波蘭士兵不僅僅是一幅漂亮的圖畫……我希望自一八六三年以來完全忘了刀劍的波蘭，能看見自己的士兵手持的刀劍在空中閃耀。相信我，主席先生，要是我能親口問問在墳墓中沉睡的那些年輕士兵，他們對波蘭真誠的感受是什麼，他們會跟我——他們的領袖——說的一樣（死者不會說謊），那就是如果這個長年的夢想可以實現，我們不後悔流血犧牲。波蘭的努力所打造的波蘭士兵已經賦予他的國家新的價值，這是先前不曾擁有過的。[66]

五十七歲加入畢蘇斯基第一旅第一騎兵隊的瓦克瓦夫·謝羅謝夫斯基在一九一五年寫了有史以來的第一部畢蘇斯基傳記。這本書由最高國家委員會的軍事部出版，更進一步增色了這個時期漸漸形成的畢蘇斯基傳奇。謝羅謝夫斯基寫道：「士兵對畢蘇斯基的領導能力、軍事本領、先見之明和照顧下屬的能力所抱持的信任」是幾乎絕對的。這進而使他們相信「他的正直和他對自己國家真摯的情感」。謝羅謝夫斯基總結：「對廣大民眾來說，畢蘇斯基象徵了為性靈福祉、為祖國自由、為個人與民族尊嚴，以及更美好、公正……光明的未來奮鬥的堅毅精神。」[67]

戰爭局勢大逆轉

一九一五年，同盟國在東部戰線的局勢出現了正面大逆轉。奧匈帝國不但奪回整個東加里西亞，德奧聯手進攻還會將俄羅斯趕出波蘭立陶宛王國，一百年來首度解放這些地區。畢蘇斯基預測俄羅斯會遭受重大的軍事慘敗，結果成真了。

一九一五年的一月，畢蘇斯基寫信給奧地利軍隊的高層，堅持波蘭軍團必須維持波蘭的特質，才能招募新兵。他也要求增加武器，尤其是機關槍的部分，因為他認為傷亡率是跟俄軍作戰時缺少尖端武器所造成的。[68] 隨著波蘭軍團吸引來的成員越來越多，畢蘇斯基繼續努力在同盟國之中維持完全自主權。到了一九一五年的春天，波蘭軍團的宣傳品在被俄羅斯控制的波蘭王國領土內增加了。三月時，波蘭軍事組織在華沙散播一份非法傳單，告知民眾波蘭軍團準備進攻波蘭省分。波蘭軍事組織的宣傳部向敵軍陣線後方的波蘭民眾介紹波蘭軍團和它的領袖，說這個軍團是一支為了解放波蘭地區朝帝俄前進的「波蘭軍隊」。文宣講述了波蘭軍隊總司令畢蘇斯基從兒時、讀書、流放到回鄉的故事。現在他以波蘭軍隊領袖的身分完全踏上了歷史舞台，努力爭取波蘭獨立，是率領革命運動的人物，「目標是為波蘭人民的自由而奮鬥。他的一生滿是跟俄羅斯這個波蘭最強大、可怕的敵人鬥爭的理念。」[69]

到了一九一五年的春天，波蘭軍團在加里西亞和奧地利統治的波蘭王國已有超過一萬一千名成員。他們之中有猶太志願兵，因為這個組織在紙上許下承諾，會在未來的波蘭實踐法律之前無論宗教，人人皆自由平等的原則。招募猶太人加入波蘭軍團的行動可回溯到一九一四年的九月，當時索科尼斯基在剛被解放的地區透過一份通告〈致摩西信仰的公民〉，號召猶太人加入波蘭軍團，表示波蘭王國的波蘭軍隊「為了更光明的未來對你們伸出友愛的手」。波蘭人正在對抗俄羅斯人，「那群人同時也是摩西信仰的公民最可怕的敵人。

波蘭人與猶太人之間的關係存在的所有問題和敵意，都比不上折磨猶太人——以及波蘭人——的莫斯科夢魘。所以，快來加入我們，一起對抗那可憎的束縛。如果你想要在自由的波蘭當個擁有完全平等權的自由公民，跟我們一起來。如果你……不想要野蠻的莫斯科士兵和哥薩克騎兵折磨我們國家的居民，如果你想要在自由的光芒下住在繁榮的國家，跟我們一起來！」[70]

一九一五年三月，波蘭軍團的猶太成員發放一份傳單給「猶太青年」，並署名「波蘭王國的猶太軍團士兵」。這份傳單是由二十一歲的雅各・沙茨基（Jacob Shatzky）所寫，他是畢蘇斯基第一旅的上尉，後來將成為最重要的波蘭猶太人歷史學家之一。傳單呼籲波蘭猶太人信任和支持畢蘇斯基：

當波蘭民族歷史性的一刻到來時，當黎明的光芒為波蘭地區所有的居民（無論宗教信仰為何）帶來自由時，我們便會明白，我們的公民義務就是用盡全力跟波蘭人一起為了更美好、更有前途的未來奮鬥。我們必須起身反抗俄羅斯和俄羅斯的處決者，不要像舔主人雙腳的奴隸那樣，因為他們是我們最大的敵人和迫害者，對手無寸鐵的猶太人民做了數以百計的屠殺行為。

在戰場上灑過熱血之後，我們發現我們擁有人類的尊嚴，我們這些猶太年輕人應該手持武器回應對我們民族的壓迫與殘害。今天，我們在波蘭軍團的旗幟下行軍，要一起為了波蘭的自由而戰——那個收留我們八百年、不知道什麼是暴力與屠殺的波蘭。

然而，跟整個猶太人口相比，猶太軍團士兵的數量實在是非常少。在俄屬波蘭逃避徵召【進入俄羅斯軍隊】的猶太青年應該加入波蘭軍團的行列。記住，波蘭只屬於為她而戰的那些人。熱愛自由、渴望成為自由國家公民的人；不想活在沙皇的囚禁之下的人；不想在莫斯科的束縛下腐敗和過著枯燥生活的人；想在自由的光芒下生活興旺的人——跟我們一起來。猶太青年！每天為了生存而奮鬥，並沒有澆熄你們對自由的渴望，在這樣一個具有歷史意義的時刻，我們將區分正義與目無法紀。我們希望我們的聲音能被聽見，而你們手中的武器發出的鏗鏘聲，連你們的敵人也會對你們肅然起敬。

巴雷克·約瑟萊維奇的精神在呼喚你們！拿起武器！為了波蘭的自由！為了它所有公民的自由！跟軍團一起拿起武器！跟我們團結一心。[71]

文中提及的歷史人物巴雷克·約瑟萊維奇（Berek Joselewicz）是一七九四年柯斯丘什科起義中波蘭軍隊的上校和猶太士兵排長，沙茨基希望能夠藉此激發猶太人對波蘭的愛國心。

在一九一四年的十一月從小烏麗娜逃到克拉科夫，後來又在一九一四年十二月的維也納晚宴上獲得盛讚，似乎讓畢蘇斯基更加相信自己的能力和重要性。一九一五年二月十七日，雅沃爾斯基說道：「【畢蘇斯基】擁有這支軍隊，看不出這點的人實在太沒有眼光了。親近他、有可能的話影響他，是很重要的。他最重要的構想是這樣：最高國家委員會是國民政府，而他——畢蘇斯基——**則是**波蘭軍隊本身。」[72]斯塔澤夫斯基在這個時期也發表了相似的言論，說很多人都承認畢蘇斯基在軍團中「身為發起人與創立者，占據核心地位」。[73]

畢蘇斯基之所以越來越受歡迎，最根本的原因是他始終堅持波蘭軍隊要保持自己的民族特性。一九一五年的四月和五月，畢蘇斯基把這個核心思想傳達給最高國家委員會軍事部的部長西科爾斯基。畢蘇斯基擔心西科爾斯基太過妥協，因此更加堅持波蘭軍團必須完全自主，獨立於最高國家委員會之外。索科尼斯基先前在跟畢蘇斯基通訊時，表示他對西科爾斯基和最高國家委員會感到擔憂，因此畢蘇斯基才寄了這封信。[74]

畢蘇斯基也讓好幾個人知道自己的看法。在寫給三個合作者——他們預計在俄羅斯撤退後替華沙的波蘭軍事組織做事——的信件中，他指示波蘭王國應該獨立於最高國家委員會及其軍事部之外。「波蘭王國的訴求如下：王國不應被當作一個可以被征服的國家，只獲得跟加里西亞相同的權益，例如公家機關和學校使用波蘭語、波蘭擁有內部自治權等。」畢蘇斯基表示，絕不能接受這樣的安排。[75]

在寫給西科爾斯基的信裡，畢蘇斯基強調，當同盟國把俄羅斯趕出波蘭領土時（他相信這件事很快就會發生），最高國家委員會必須在華沙解放的那一刻發生前，確立他們對波蘭主權的訴求。[76]這便是為什麼波蘭軍事組織在波蘭地區從俄羅斯解放出來後會變得如此必要。在一九一五年的五月，他派伊格納齊·伯納（Ignacy Boerner）以特使的身分到華沙替波蘭軍事組織做事，吩咐他做好準備，要建立一個國民政府，同時評論戰爭之後的轉折：「現在幾乎已經完全明朗，俄羅斯會戰敗，但同盟國也會落敗。俄羅斯遲早會爆發革命，接著義大利、奧地利和德國也會接連發生革命。波蘭地區一從俄羅斯的束縛中解放出來，波蘭軍團的使命就會完成，因為驅逐俄羅斯的鬥爭已經實現。到時，我們就要為軍團歷史的第二階段累積力量，對付奧地利和德國。」[77]

畢蘇斯基在奧地利軍方不知情的情況下派遣特使到華沙，成為衝突的來源。斯塔澤夫斯基在一九一五年的二月察覺西科爾斯基和畢蘇斯基之間明顯的緊張關係。他說：「西科爾斯基周遭的人抱怨，畢蘇斯基在玩自己的『政治』，也就是他自己有負責在波蘭王國進行招募的代表；畢蘇斯基的追隨者指出，西科爾斯基在此之前都『沒有到前線過』。」六月時，雅沃爾斯基覺得自己必須告訴畢蘇斯基他走錯路了，強調「只要有機會就必須強化軍團和最高國家委員會之間的和諧。」[78]

俄羅斯退出波蘭地區

一九一五年春天，德國和奧匈帝國的軍隊對俄羅斯發動攻勢。五月十五日，德國軍隊跨過桑河，進入東加里西亞。戰勝俄羅斯人之後，他們在六月三日攻下普瑟密士（Przemyśl）、六月二十二日攻下勒沃夫，接著在六月二十七日橫跨聶斯特河（Dniester River），進入俄羅斯在一九一四年以前占有的領土。七月十三日，德軍突破俄羅斯防線，朝維爾紐斯、華沙和盧布令的方向前進。[79]

俄羅斯人被趕出東加里西亞和波蘭王國西部的大部分地區後，最高國家委員會從維也納返回克拉科夫。令畢蘇斯基擔憂的是，最高國家委員會決定在剛解放的前帝俄領土彼得庫夫開設辦事處。畢蘇斯基寫信給最高國家委員會的軍事部，嚴厲表示反對：「我在最高國家委員會之外忙著自行組織王國，你們卻一時衝動在波蘭王國成立最高國家委員會的辦事處。」畢蘇斯基試圖利用剛獲得自由的領土，「作為論據來反對奧地利及最高國家委員會不公愚蠢的政策」。[80]雅沃爾斯基對畢蘇斯基的立場表示擔憂，在日記中寫到畢蘇斯基的目標是統領王國、廢除最高國家委員會及其底下的軍事部。[81]

一九一五年的八月初，畢蘇斯基跟斯瓦韋克碰面。當時，德軍準備攻下華沙。斯瓦韋克回憶畢蘇斯基說：「同盟國不可以將當地人民徵召到他們的兵力之中。同盟國可以接受當地的幫助，但是作為交換條件，他們必須正式將波蘭政治權威合法化，給予特定的保障。」[82]在一九一五年的八月六日，也就是波蘭軍隊從克拉科夫進入帝俄滿一週年的日子，畢蘇斯基在盧布令北邊剛解放的城鎮盧貝圖（Lubertów）向士兵發表了紀念演說：

一年前，我帶著裝備不良的少數士兵加入戰爭。當時，全世界都拿起武器，我不希望人們用刀劍在我們國家活生生的軀體上砍出一個個國家和民族的新邊界時，唯獨波蘭人袖手旁觀。我也不希望刀劍被扔在命運的天平上並在我們的上方晃動時，波蘭人的軍刀沒有在那裡面。

現在，戰爭經過了一年，我們跟當初一樣是波蘭唯一的軍事先鋒，同時也是其道德先鋒，知道在有必要承擔風險時擔起所有風險。士兵們！今天，經過了一年的戰爭與辛勞，我很難過我不能恭喜你們獲得了巨大的勝利，但是我很驕傲，今天我可以比一年前更肯定地對你們說：「前進吧，男孩！無論生死、無論成敗，去吧，透過戰爭喚醒波蘭，讓她重生。」[83]

※

一九一五年的八月五日，德軍攻下華沙，一百年來第一次從俄羅斯的統治下解放波蘭昔日的首都。解放後，波蘭軍事組織公開露面，第一件事就是占領一棟前俄羅斯政府大樓。[84]在一九一五年的八月和九月，德國部隊跨越布格河（Bug River），攻下布雷斯特－里托夫斯克（Brest–Litovsk）、格羅德諾和維爾紐斯，向戰前屬於俄羅斯的領土挺進四百八十公里以後，才被俄軍攔下來。德國對俄羅斯的進犯是他們在第一次世界大戰期間最大的勝利，同時也為局勢帶來驚人的轉折。[85]

在沒有預先通知的情況下，畢蘇斯基於八月十五日來到華沙，生平第一次走進不受俄羅斯統治的華沙。他沒有預料到的是，民眾對他的反應不一。這位有爭議的人物對同盟國的疑心是眾所皆知，導致傾向與德國和解的政治領袖跟他有所衝突。他們擔心畢蘇斯基來的時機不湊巧，只會帶來麻煩。

姑且不論政治，畢蘇斯基來到華沙的消息依然掀起一陣騷動。八月十六日，一份傳單表示法蘭蘇斯基飯店（Hotel Francuski）前面將有人潮聚集，「向我們的軍隊領袖、偉大的獨立戰士約瑟夫．畢蘇斯基致敬」。[86]當年十八歲的塔德烏什．凱特巴赫（Tadeusz Katelbach）看見這份傳單。他憶道：「我瘋了似地跟我的一群朋友跑到飯店。要說所有的華沙人都去了那就太誇張了，但是確實有好幾千人到場。」凱特巴赫抵達時，看見飯店前面有一大群人在喊畢蘇斯基的名字。[87]但，有個人出現在陽台上，宣布畢蘇斯基身體不舒服，無法出來迎接他們。凱特巴赫說，人群中有很多人都罵起德國人，說是他們阻止畢蘇斯基露面。

這群人的直覺似乎很準確。人們支持畢蘇斯基的舉動嚇到德國人，因此他們下令要畢蘇斯基離開華沙，而他隔天便照做了。離開前，他會見幾位波蘭人士，指示擴編波蘭軍事組織的規模，並暫停從王國招募士兵到軍團。這項政策令索科尼斯基感到擔憂，他不確定同時疏離最高國家委員會的軍事部和奧匈軍隊的高層是否明智。[88]然而，畢蘇斯基相信這樣做是替波蘭的民族利益著想，因此沒有任何事情可以撼動他的堅持。雅沃爾斯基在一九一五年八月十九日說道：「畢蘇斯基認為他國家的人民支持他，而同盟國的高層卻在阻撓他。」[89]在一九一五年十一月寫給達申斯基的信件中，畢蘇斯基寫道：「以機構的身分跟奧匈帝國並肩作戰，證實了波蘭的軍事行動並不獨立。」[90]

同一時間，畢蘇斯基的第一旅被調到前線，在跟俄軍戰鬥時死傷慘重。在陣亡的軍官中，畢蘇斯基特別點出四個人，其中兩人是猶太人。十月二十六日，當時在第一旅擔任連長的曼斯佩爾在比亞維斯托克北邊的庫克勒戰役（Battle of Kukle）中陣亡。[91]在阿爾圖・謝克（Arthur Szyk）於一九三二年以波蘭猶太生活歷史為主題所完成的四十五幅畫作系列《卡利什法》（*Statute of Kalisz*）中，可以明顯看出畢蘇斯基軍團裡的猶太軍官為了波蘭犧牲性命所具備的象徵意涵。謝克將這本畫冊獻給畢蘇斯基，[92]並在畫作中納入曼斯佩爾的事蹟。

畢蘇斯基還有提到另外兩位在庫克勒戰役身亡的猶太士兵，分別是二十歲的約瑟夫・布勞爾上尉（Józef Blauer）和四十一歲的阿道夫・斯特恩舒斯（Adolf Sternschuss）。軍團的週報刊登了這三位為波蘭失去生命的猶太軍人的訃文。[93]在畢蘇斯基指揮下的波蘭軍團，猶太軍官和士兵是這支軍隊很重要的組成，在奧屬加里西亞占了百分之十，波蘭王國占了百分之四。[94]華沙猶太歷史研究所（Jewish Historical Institute）的前所長馬利安・福克斯（Marian Fuks）表示：「猶太人在波蘭軍團中扮演的角色提供了歷史證據，證明這些參與者對波蘭有深厚的愛國情操，他們自願為了波蘭理念奉獻犧牲。」[95]

※

戰爭戲劇化地轉向對同盟國有利的局勢，也影響了親俄和親協約國的波蘭陣營。俄羅斯退出波蘭地區之後，迫使德莫夫斯基和波蘭國家委員會離開華沙，在一九一五年六月遷移到聖彼得堡。[96]尼古拉大公在一九一四年的八月承諾會讓波蘭王國跟奧地利與德國控制下的波蘭地區統一，但如今因為新的局勢已經沒有辦法實現。在俄羅斯政壇獲得一席之地的德莫夫斯基於一九一五年的十一月離開這個國家，到巴黎定居，在西方的外交圈推廣波蘭理念。97

從此之後，波蘭政壇分成兩大中心，一個位於中歐，分成親哈布斯堡的陣營（最高國家委員會）與獨立派的陣營（畢蘇斯基），另一個位於西歐，由德莫夫斯基和伊格納齊・帕德雷夫斯基（Ignacy Paderewski）所領導的波蘭國家委員會為首的親協約國陣營，將波蘭的希望寄託在西方協約國與俄羅斯的勝利。

阿爾圖・謝克的《卡利什法》（巴黎，一九二八年）在題獻頁將這本書獻給了約瑟夫・畢蘇斯基。J和P兩個首字母有精美的裝飾插圖，中間畫了波蘭國徽——戴王冠的白鷹。最下方有一名手持步槍的士兵在保護播種的農夫，以及一個年輕的母親和她的寶寶。在字母P的上半部有一個穿著民俗服飾的農夫手拿軍刀攻擊一條雙頭龍，也就是邪惡的象徵。

Chapter 11

孕育中的國家領袖

畢蘇斯基便背著德國率領革命運動。

——瓦迪斯瓦夫．雅沃爾斯基一九一七年七月八日的日記內容

戰爭局勢的轉變讓畢蘇斯基證實了自己的基本判斷是明智的。廣泛閱讀和書寫軍事史的題材，使他習得了謹慎評估交戰各方強弱的能力。他在一九一五年的五月主張同盟國將大敗俄羅斯，把俄羅斯從波蘭地區趕走，而這項發展會讓波蘭軍團的歷史進入第二階段。將波蘭立陶宛王國從俄羅斯的控制中解放出來後，他們要轉移注意力，改成透過費盡心思的外交和軍事手腕保衛國土。在那之前，保留軍團的民族特性是必要的。

為了提高戰爭出現理想結果的可能性，畢蘇斯基毫不妥協地堅持自己的原則。為了避免重繪瓜分的版圖，不讓俄羅斯的波蘭地區納入同盟國的領土之中，畢蘇斯基要在他們面前祭出最寶貴的一張王牌——波蘭士兵。這便是為什麼他主張在解放華沙和維爾紐斯之後，原本在奧匈帝國軍隊內為了對抗俄羅斯而以傭兵形式成立的波蘭軍團，已經失去了存在的目的。畢蘇斯基在一九一五年的九月告訴一群支持者：「我想要證明我們也能組成一支素質跟專業軍隊相當、甚至更好的軍隊，這我做到了。我想要證實波蘭士兵很卓越，這我做到了。我想要證明波蘭人願意為了獨立而死，這我也做到了。」但，想要繼續前進，軍事和政治的思維就得改變方向，脫離同盟國的掌握：「波蘭軍隊只能由波蘭政府成立。」[1]

然而，同盟國有自己的計畫。他們在一九一五年十二月十四日簽署的協議

中將波蘭王國分割成兩個占領區。德國將軍漢斯・哈特維格・畢思樂（Hans Hartwig von Beseler）被指定為北部占領區的華沙總督，奧地利將軍埃里希・迪勒男爵（Erich Diller）被指定為南部占領區的盧布令總督。

同盟國做出每一個舉動，畢蘇斯基都會從中斡旋，不讓自己眼中認定的民族利益受到損害。沒有任何事可以削弱他的決心，就算德國賦予華沙特許權（畢思樂允許華沙大學和華沙技職高中以波蘭教育機構的身分重新開放，並開始推動市政自治）也一樣。畢蘇斯基關心的不是波蘭王國的德國占領區有沒有獲得這些波蘭人在奧屬加里西亞早已享受很久的權利。畢蘇斯基假如知道畢思樂在華沙就職之後，私底下透露他的其中一個目標是「遏止【支持波蘭獨立的】政治宣傳活動」，肯定不會意外。[2]

如同前面曾說過的，德國在一九一五年八月進入華沙的前夕，畢蘇斯基表示要在戰爭中投入波蘭士兵來對抗俄羅斯，必須以特定訴求為交換條件。其中一項訴求便是受到合法認可的波蘭政治權威。波蘭王國被分成兩區後，畢蘇斯基斷定他能從同盟國那裡得到的最好結果，就是如果能說服德國的話，在奧匈帝國的統治下獲得內部自治權。

雖然有一些畢蘇斯基的支持者聲稱，他從未針對自己國家的完全獨立地位做出妥協，但他在那個時期做出了實際的評估，認為波蘭不太可能會在戰後實現獨立。他在一九一五年的秋天下了結論，自己所能希望得到的最好結果是所謂的奧波方案。畢蘇斯基在一九一五年的九月一日寫道：「讓我一開始就強調一點：我打從戰爭之初就設下的政治目標，一直都是在奧匈帝國的框架中合併加里西亞和波蘭王國。無論是在當時或現在，我都不認為這場戰爭能為波蘭帶來比上述這件事更好的結果。」但，畢蘇斯基警告，要實現這個目標「在很大的程度上必須仰賴同一個奧地利及其目標。很可惜，奧地利為波蘭設定的目標相當不清楚、不明確且不肯定，很難把這些目標當成任何事情的依據。」[3]然而，我們可以把這番話視為他最低限度的計畫，早在一九一四年的二月清楚表明。但是目前看來，他似乎認為要到戰爭後期才有可能實現完全的獨立。

確實，德國和奧匈帝國都沒有表示自己有意願做出明確的承諾。在一九一五年八月，畢蘇斯基已經主張如果要波蘭人跟同盟國一起攻打俄羅斯，波蘭領袖得先獲得軍團自治，也就是針對波蘭未來的地位做出合法協議。[4]然而，還不到年底，他對波蘭王國和加里西亞統一之後完全自治的波蘭所抱持的期望，變得更加有野心了。畢蘇斯基下定決心，必須成立一個由波蘭王國土生土長的領袖組成的政治實體。在一九一五年的十二月十八日，提倡獨立的政黨在華沙創立了中央國家委員會（Centralny Komitet Narodowy，CKN）。畢蘇斯基任命他長期的支持者阿圖爾·斯利溫斯基（Artur Śliwiński）為領導人，其他成員則包括波蘭社會黨革命派、波蘭農民黨和全國工人聯盟的活躍人士。該組織在一九一六年二月發表其目標宣言，將主要目標定義為「成立一個由自己的軍隊保護的獨立波蘭國家」。[5]在一九一五年的五月十六日，畢蘇斯基說明自己對中央國家委員會作為政治中心的願景，認為其主要功能是透過宣傳來動員民眾和募集資金。[6]

在一九一六年的上半年，畢蘇斯基的私人和公眾生活出現了幾個發展。在二月生了一場重病之後，畢蘇斯基決定重新皈依羅馬天主教。在政治方面，他跟最高國家委員會的軍事部唱反調，認為那是奧地利占領體系的一部分。他在一九一六年的五月寫信給瓦萊雷·斯瓦韋克：「我們的政策沒有改變。這也就是說，我們會繼續抨擊軍事部和最高國家委員會在波蘭王國的活動；我們會繼續抗議王國的分裂【分成德國和奧地利兩個占領區】；我們會繼續阻止最高國家委員會成為波蘭王國內部整合的工具。」[7]

在一九一六年的年初，波蘭軍團的領導階層發生了變化。畢蘇斯基對於奧地利高層挑選的人選抱持極度懷疑的態度。二月時，高層任命史塔尼斯瓦夫·普哈爾斯基將軍（Stanisław Puchalski）為軍團指揮官，取代拉伊蒙德·巴欽斯基。這兩人都是奧匈帝國軍隊裡的職業軍官，畢蘇斯基認為他們極為忠心和容易妥協。一九一六年的三月，他提出從奧地利的掌控中奪回軍團控制權的方針。畢蘇斯基寫道：「核心訴求必須是【從軍團中】排除奧地利軍官；我應該是軍團的總司令；應該禁止最高國家委員會的軍事部在波蘭王國內活動。」[8]

三月二十五日，華沙中央國家委員會把畢蘇斯基的訴求轉換為最後通牒，寫成一封信寄給最高國家委員

第一旅指揮官畢蘇斯基參加一九一六年於克拉科夫舉辦的藝術展覽「軍團藝術」的開幕儀式。

會。信中寫道：「波蘭軍隊的創建者約瑟夫．畢蘇斯基享有最高的敬意，被我們社會上的所有階層認可。他是波蘭王國裡最受歡迎的人物，是今天整個民族的財產和驕傲。」然而，「儘管他的歷史地位如此崇高，儘管他擁有與眾不同、受人認可的美德，畢蘇斯基卻在戰爭之初被甩到一旁，降為次要角色。在總司令的職位握在他的手中之前，無法保證波蘭軍團能在波蘭王國獲得廣泛支持。」[9]

雅沃爾斯基率領的最高國家委員會很清楚雙方日益升溫的衝突。但，最高國家委員會是奧地利政府的下屬，因此只能勸說、無法強迫奧地利選擇由誰擔任軍團司令。雅沃爾斯基在日記中提到，跟畢蘇斯基有關的討論已擬出一個計畫：假如奧地利公開承諾協助波蘭獨立，畢蘇斯基很可能會同意下令，允許在波蘭王國募兵。屆時，他會被任命為軍團領導人。雅沃爾斯基在一九一六年的三月表示：「鞏固畢蘇斯基和最高國家委員會之間的關係是很重要的一步。」[10]

畢蘇斯基，一九一六年的克拉科夫。

在一九一六年四月於盧布令舉行的一場筵席上，畢蘇斯基說：「有必要做一件在此之前祖國沒做過的事，那就是不帶一絲遲疑或猶豫，建立對我們自己的信心。」因為，「每個民族最珍貴的東西就是自己的主權。唯有靠自己的雙手做到的事物才具有偉大的意義，包括重新打造波蘭人的軍事精神。」[11] 同一個月，畢蘇斯基參與了上校委員會的組建。這是由波蘭軍團的兵團指揮官組成的非官方機構，主要成員是第一旅的軍官。上校委員會的創立，象徵畢蘇斯基不信任奧地利指派的波蘭軍團總司令普哈爾斯基，還有西科爾斯基領導的最高國家委員會軍事部。[12]

一九一六年五月，畢蘇斯基在克拉科夫的薩斯克飯店（Saski Hotel）參加一場晚宴，在最高國家委員會主席雅沃爾斯基的面前提到恢復波蘭尊嚴的集體意志。畢蘇斯基強而有力地強調，波蘭人民不會讓自己的民族理念遭到摧毀、人民遭到羞辱，再次成為歷史談論的對象。畢蘇斯基說：「我們心中存在一個瘋狂的野心，要透過自己的力量創造新的波蘭價值」，這將會帶來理想的戰爭結果。[13]

晚宴過後，畢蘇斯基離開克拉科夫，前往東部戰線指揮第一旅。第一波戰事發生在盧布令東方兩百二十公里的史提勒河（Styr River）沿岸，位於盧茨克（Lutsk）的北邊，一連串的戰役延續到一九一六年的夏天。俄羅斯第八軍的司令官阿列克謝·布魯西洛夫（Aleksei Brusilov）沿著西南戰線發動所謂的「布魯西洛夫攻勢」（六月四日到九月二十日）時，戰鬥變得更加血腥。由於哈布斯堡軍隊受到出其不意的攻擊，俄軍人數又比他們多了十三萬兩千人，奧匈帝國的第四和第七軍只好撤退。到了一九一六年的六月底，奧匈軍隊已經傷亡慘重，估計損失三十一萬九千五百人，其中有十八萬六千人被抓，成為戰俘。俄羅斯在加里西亞的戰果普普通通，僅前進了二十一到二十九公里。[14]

為拖延俄軍的攻勢，奧地利高層下令波蘭軍團的三個旅全數參戰。畢蘇斯基帶領第一旅跟軍團的其他部隊和奧地利軍隊並肩作戰。一九一六年七月四日，畢蘇斯基率領第一旅攻擊俄羅斯的兩支步兵師和四支騎兵師，開啟了科斯秋赫尼夫卡戰役（Battle of Kostiuchnówka，位於今天的烏克蘭）。當時，畢蘇斯基的第一旅有五千五百人，第二旅有五千兩百人，第三旅有六千人。在科斯秋赫尼夫卡戰役中，軍團派出五千三百五十名步兵和八百名騎兵，擋下人數比他們多一倍的俄軍。三天以來，軍團在跟俄軍激烈作戰時勇敢地守住自己的陣地，讓奧地利軍隊能夠有秩序地撤退，建立新的防線。[15]打完第三天後，軍團收到撤退命令，畢蘇斯基率領手下沿著斯托希德河（Stochód，位於今天的烏克蘭）往西前進四十八公里，第一旅的參謀本部在那裡設立新陣地並鞏固戰線。

在一九一六年七月十一日對士兵所做的呼籲中，畢蘇斯基稱讚了自己的手下。他寫道：「儘管我們做出血腥慘重的犧牲，卻只有在幾乎完全被包圍的時候才撤退。我們是最後離開前線的人，盡己所能抵擋敵軍【越久越好】。」其中一位畢蘇斯基在致詞中特別致敬的陣亡士兵，是二十六歲的塔德烏什．弗加爾斯基少校（Tadeusz Furgalski），他在戰役第一天就陣亡，「為我們贏得許多名聲。他訓練了許多士兵，並透過他的幽默和活力提振他們的士氣。他是我們最優秀的軍官之一。」在正式報告中，畢蘇斯基記錄下第一旅的死傷人數有三十五名軍官和六百零四名士兵。[16]若加上第二旅和第三旅的人數，死傷者共有約兩千人，是軍團史上最重大的戰役。

由於軍團死亡率高，再加上不確定波蘭人流的血有沒有為波蘭帶來任何好處，畢蘇斯基決定這會是他最後一場帶領軍團打的仗。同盟國始終不願意做出任何跟波蘭有關的協議，讓他覺得波蘭軍團就只是同盟國的傭兵。畢蘇斯基在一九一六年七月二十九日辭去軍團職務，因為他的良知使他再也無法接受為波蘭奮鬥的同時，得對奧地利宣誓忠誠。畢蘇斯基認為，若繼續留在軍團，他對奧地利和波蘭都不忠。[17]波蘭王國沒有成立波蘭政府和獨立的波蘭軍隊，使他無法繼續真誠服務。他寫信給伊格納齊．達申斯基，說：「在這種兩難的情形下，我必須確立我的良知，只忠於波蘭。」[18]雅沃爾斯基是聽見畢蘇斯基請辭的消息後鬆了口氣的人之一。他在日記寫道：「畢蘇斯基要求辭職是一個轉捩點……普哈爾斯基將軍曾說，畢蘇斯基如果準備煽動，『我會對付他。』」[19]最後，奧地利高層在畢蘇斯基要求辭職兩個月後的一九一六年九月二十七日，接受了他的請辭。

畢蘇斯基思索了波蘭軍團和最高國家委員會創始緣由的好壞影響。在寫給雅沃爾斯基的信件中，他對於軍團當初成立的狀況表示不滿：「【一九一四年】八月十六日的宣言對加里西亞和整個波蘭固然很好，但很不幸地，協議的模式從長遠來看對於達成我們的目標，卻是再糟糕不過。」更糟的是，當他在波蘭王國剛解放的地區指揮部隊時，「加里西亞背著我成立最高國家委員會，與奧地利進行協議，完全沒有跟我達成共識。」[20]

一九一六年的八月六日，畢蘇斯基向士兵發表演說，以紀念從克拉科夫行軍到俄羅斯境內被解放的波蘭地區兩週年。這發生在他決定辭去軍團職務後不久，因此讓他感慨萬千：

一九一四年八月六日這個在我們心中充滿紀念意義的日子，已經過了兩年。那一天，我們在波蘭的土地上舉起了保衛祖國的波蘭士兵久被遺忘的軍旗。當我在你們的前頭走上戰場時，我很清楚我們前方有著龐大的阻礙。當我帶領你們走出不相信你們力量的克拉科夫時，當我跟你們一起進入【波蘭】王國的大小城鎮時，我都會看見前方有一個鬼魂，他從我們先祖的墳墓之中升起，是一個沒有國家的士兵魂魄……但是今天，當我們進入戰場時，我們有一個珍寶要守護，那無庸置疑是我們自己征服得來的……

為了這個目標，犧牲是必須的，無論是會流血或不流血的犧牲。兩年已經過去了，我們國家的命運仍懸而未決。容我祝福你們和我自己，下次週年到來時，我的致詞會是在自由的波蘭土地上念給自由的波蘭士兵聽。[21]

同一時間，畢蘇斯基召開一場上校委員會的會議。委員會向最高國家委員會起草一份請願，表明自己一致的立場，要求將波蘭軍團轉變成「為了波蘭獨立而奮戰犧牲的波蘭軍隊」。此外，軍團的指揮官「必須是波蘭人，只對自己的人民和政府負責」。[22]

在遞交辭呈和收到回覆的這兩個月期間，畢蘇斯基返回第一旅的總部。費利西安・斯瓦沃伊・斯克瓦德科夫斯基（Felicjan Sławoj Składkowski）為畢蘇斯基這個時候起伏不定的情緒提供了一些觀察。他在一九一六年九月二日的日記中寫道：「司令今天精神很好，會跟大家開玩笑。」到了晚上，畢蘇斯基的心情已經變了：「然而，晚上他睡不著，而是在房裡來回踱步。他又有一道要為我們所有人解決和思索的難題。」[23]

奧地利接受畢蘇斯基的請辭後，他跟最高國家委員會的主席雅沃爾斯基有所聯繫。雅沃爾斯基在一九一六年十月五日寫信給他：「『畢蘇斯基』這個名字無法跟波蘭軍團和波蘭軍隊的理念分開。我們的祖國不能失去你所擁有和提供的力量。」接著懇求他創造「往後在歷史上跟你的名字密不可分的某個東西……每個人都應該體會到自己有義務幫忙建立一個讓自由的白鷹飛翔的國家。」[24]儘管雅沃爾斯基有著跟畢蘇斯基一樣的抱負，但他仍告誡畢蘇斯基不可衝動行事。畢蘇斯基隔天答覆：

我希望波蘭士兵不僅僅是一幅漂亮的圖畫……我希望自一八六三年以來完全忘了刀劍的波蘭，能看見自己的士兵手持的刀劍在空中閃耀。相信我，主席先生，要是我能親口問問在墳墓中沉睡的那些年輕士兵，他們對波蘭真誠的感受是什麼，他們會跟我——他們的領袖——說的一樣（死者不會說謊），那就是如果這個長年的夢想可以實現，我們不後悔流血犧牲。波蘭的努力所打造的波蘭士兵已經賦予他的國家新的價值，這是先前不曾擁有過的。[25]

從下一句話可以看出，畢蘇斯基漸漸認為自己是波蘭民族無可取代的象徵：「主席先生，我很驕傲我是這些士兵所做一切的靈魂人物。」

華沙的中央國家委員會發表了一段跟畢蘇斯基和波蘭軍團有關的聲明，宣布「軍團的歷史已經走到盡頭」。他在華沙成立國民政府和自治波蘭軍隊的請求都沒有獲准。中央國家委員會承諾會繼續努力：「我們從此之後會跟波蘭士兵攜手前進。我們已經證明自己的戰鬥能力並隨時準備跟俄羅斯作戰。」[26] 一九一六年的十月七日，中央國家委員會發表這項聲明的隔天，波蘭軍團的三個旅退到後方休整。在奧地利的命令下，波蘭軍團於十月二十日重組為波蘭附屬軍（Polski Korpus Posiłkowy）。

《二皇宣言》

畢蘇斯基辭職後，無疑造成了剛重組的波蘭附屬軍內部不和。在一九一六年的春天到秋天之間，歐洲軍隊傷亡極為慘重。在西部戰線的凡爾登（Verdun）和索穆河（Somme）的戰役以及東邊戰線的布魯西洛夫攻勢中，同盟國和協約國雙方總共在東部損失超過兩百萬人、西部損失一百六十萬人。同盟國失去的人力讓他們元氣大傷。在凡爾登之役（一九一六年二月二十一日到九月九日），德軍折損的士兵為二十八萬一千到三十一萬五千人之間；在索穆河之役（一九一六年七月四日到十一月十八日），他們折損了將近五十萬人，包括死亡、受傷、失蹤和被俘的士兵。在一九一六年三月到九月間的東部戰線，奧匈帝國軍隊折損了多達六十萬人，絕大多數被抓走成為戰俘。慘重的損失讓其派往前線與俄羅斯交戰的士兵減少了將近一半。[27]

迫切需要新兵的同盟國，把注意力轉向東部邊疆地區，想從當地募兵。一九一六年六月，畢思樂總督指出，若不針對波蘭獨立議題做出決定，很難招募波蘭士兵。德國總理提奧鮑德・貝特曼－霍爾韋格（Theobald von Bethmann-Hollweg）和奧匈帝國外交部長斯蒂芬・布里安（Stephan Burian）被說服了，於是在八月時提出一份獨立建國方案，範圍局限在原本隸屬於俄羅斯的波蘭省分，軍隊由德國指揮。然而，這個新生的波蘭不能獨自施行外交政策。[28]

一九一六年十月，畢思樂請華沙大學的校長約瑟夫・布魯津斯基（Józef Brudziński）起草一份備忘錄，表達波蘭人的抱負。在前俄羅斯波蘭省分屬於保守派的布魯津斯基在志氣相投的同僚協助下，完成這份備忘錄。備忘錄在一九一六年十月二十八日送交柏林，接著轉給維也納的官員，內容寫道：「雖然我們不是公認的波蘭代表，但我們仍覺得自己有權利以波蘭之名，表達重建獨立波蘭國家這個止不住的願望。戰爭造就的局勢要求同盟國立即發表聲明，承認波蘭獨立，並全面加以支持。」[29]波蘭保守人士竟會對兩個占領國的領袖作出如此大膽的聲明，顯示輿論自戰爭爆發後改變了多少。有關波蘭即將宣布獨立的謠言四起，因此畢蘇斯基在十一月三日寄了應對方針給中央國家委員會，若真的有人發布這樣的宣言，應該如何回應。[30]

一九一六年的十一月五日，威廉二世和法蘭茲．約瑟夫（Franz Joseph）兩位皇帝共同發表了所謂的《二皇宣言》（Two Emperors' Manifesto），宣布建立獨立的波蘭王國。這個新的自治國家將由從俄羅斯那裡征服得來的波蘭地區組成，並且是一個立憲君主國。確切的國界將待歐洲戰事平息後才會確立。安傑伊．諾瓦克認為：「雖然這道法令創立了一個完全臣屬於同盟國的刪減版國家，它仍對波蘭獨立的問題帶來重大的正面意涵，因為這是第一次世界大戰第一個專門針對波蘭的國際法律相關法令，由實際統治波蘭領土的政府共同頒布。」[31]亞當．扎莫伊斯基對這個宣言則有不同的詮釋，認為那是一個不祥的計謀。他寫道：「德國和奧地利都不是真的要放棄他們的波蘭領土，所以他們提議的是一個非常怪異的波蘭。關於波蘭未來的憲法，他們刻意定義得不清不楚，顯然這個國家只會是個魁儡。」[32]列昂．瓦西萊夫斯基在一九三五年的著作中，認為這份宣言拒絕了將波蘭王國和奧屬加里西亞統一為單一自治波蘭地區的奧波提議。他寫道：「十一月五日的宣言明確證實了奧地利針對波蘭問題提出的解決方案破局了。」[33]

雖然這道法令有明顯的缺陷，畢蘇斯基仍利用這個機會思考它的重要性。他在宣言發布當天說到，這份聲明其實代表了一個分水嶺，設立了先例，會帶來影響深遠的結果：

這場世界大戰發生以來，在波蘭以外的地方早已被人遺忘的文字，頭一次有人公開說出來。今天可以在我們的城市從各個強大軍隊和國家的代表口中聽見：「波蘭獨立」、「波蘭政府」、「波蘭軍隊」。許多年前，我們的祖先因為說了這些話而戰死沙場。我們帶著這些文字悄悄往前走，不時犧牲我們的自由，甚至性命，以創造這些文字的實體基礎。在一九一四年八月六日這個值得紀念的日子，我們也試著以波蘭的名義說出這些文字。[34]

畢蘇斯基第一旅當中有一個二十三歲的士兵瓦克瓦夫．延傑耶維奇，他也跟畢蘇斯基一樣充滿興奮之情。延傑耶維奇回憶，《二皇宣言》「是跟波蘭有關的文件中最重要的一份，第一次把波蘭問題提升到國際層次……我們這些當時住在華沙的人在那一刻都非常激動，對未來滿懷希望。」[35]

雖然畢蘇斯基認為這份宣言在國際事務上設立了重要的先例，但是他直覺上也知道，那只是為了得到波蘭兵力所做出的舉動。的確，德國和奧地利位於華沙和盧布令的總督在一九一六年十一月九日又頒布第二份聲明，呼籲波蘭王國的居民加入新的波蘭軍隊。[36] 在畢蘇斯基的敦促下，中央國家委員會隔天做出了回應：「波蘭軍隊只能由波蘭政府來組織——那是唯一能犧牲波蘭鮮血的合法人選。」[37] 另外，為了表明是波蘭人——而不是同盟國——要選擇自己的軍事領袖，這份通告告知同盟國：「我們的指揮官是波蘭軍事運動堅定的創始者約瑟夫．畢蘇斯基，波蘭人會以絕對的信心將刀劍放在他的手中。」畢蘇斯基先前寫信給華沙大學的校長時，就已經清楚表明自己的立場：「士兵……的背後一定要有設立目標和指派軍事將領的政府。」[38]

畢思樂總督察覺自己的權威受到挑戰，因此在一九一六年十一月十日跟中央國家委員會的領袖見面。在討論過程中，中央國家委員會的主席斯利溫斯基提出兩個訴求：建立波蘭臨時政府與成立由畢蘇斯基率領的軍事部。畢思樂回答：「我知道畢蘇斯基是誰，他是那個熱忱的愛國者和偉大的組織者。但是，你希望由他率領軍隊的要求太超過了。這個職位需要許多年的經驗和專業訓練。然而，跟他一起合作建立一支軍隊會非常理想。」[39]

沒多久，畢蘇斯基在十二月十三日首次見到畢思樂。兩人道別後相互厭惡著對方。畢蘇斯基說畢思樂教訓他整整一個半小時，每當畢蘇斯基試著打斷或說話就顯得惱怒。畢蘇斯基說，畢思樂「似乎認為自己比我更懂波蘭的利益。他告訴我：『你得在華沙重新學習一些事物。』我則回答：『我已經詳盡研究波蘭問題的各個層面二十五年了，已經沒有什麼需要學的。』」[40]

畢蘇斯基跟畢思樂見第二次見面，討論成立波蘭軍隊時自己所扮演的角色。但，畢思樂清楚表明跟波蘭軍隊有關的所有決定權都握在德國手中。第二次會面後，畢蘇斯基跟當時在波蘭軍事組織很活躍的士兵博古斯瓦夫．米津斯基談起兩人的對話。畢蘇斯基告訴他：「畢思樂是個怪人，就像普魯士將軍和德國教授的怪異混合體。他結合了一個將軍的自信、教授的自大和多嘴，因此要跟他達成共識是不可能的。」畢思樂「像一隻聒噪的鵝自鳴得意，不了解自己這樣針對什麼才對波蘭最好向我訓話有多可笑。」[41]畢思樂則認為畢蘇斯基是個軍事半吊子和煽動家。

畢蘇斯基於一九一五年三月在延傑由夫會見奧匈帝國王位繼承者及其軍隊指揮官弗里德里希大公。

在針對新波蘭國家所擬定的計畫洩露出來後，畢蘇斯基證實了自己對德國和奧地利動機的疑心。一九一六年十二月十三日，同盟國選擇奧匈帝國總司令弗里德里希大公的弟弟奧地利大公查爾斯・斯蒂芬（Charles Stephen）為波蘭攝政王。媒體報導：「查爾斯・斯蒂芬大公跟波蘭唯一的關聯就是，他的女兒芮內女大公（Renée）嫁給了華沙的傑羅姆・拉齊維烏親王（Jerome Radziwill）。」[42]事實上，這篇報導資訊有誤，因為斯蒂芬大公其實跟波蘭與波蘭文化擁有真切的連結，他不僅會說波蘭語，還有不只有一個波蘭人女婿，而是兩個：他的二女兒麥希狄絲女大公（Mechthildis）在一九一三年嫁給了奧爾吉德・查爾托雷斯基親王（Olgierd Czartoryski）。[43]

畢蘇斯基繼續用成立波蘭軍隊的問題向畢思樂施壓。他在一九一六年十二月二十六日寫給這位華沙總督一封冗長詳盡的備忘錄，表示新國家的軍隊不僅要由波蘭人領導，總司令還得是人民完全信任的人。[44]在畢蘇斯基的指示下，中央國家委員會發布通告強化自己的立場：「只有波蘭政府可以……成立波蘭軍隊。士兵應該在波蘭當局面前宣誓效忠。打從他們一開始存在，這些士兵就應該認為自己是自由國家的一分子。」畢蘇斯基「是率領這支軍隊的唯一人選。這些是必要的先決條件，才能確保不會重蹈由奧匈當局所成立的波蘭軍團歷史。」[45]在接受一家華沙報社的訪問時，畢蘇斯基表示，波蘭人「已經很久沒有擁有自己的國家，因此已經培養出一個缺少國家的文化。」[46]

同一時間，同盟國遵守承諾，建立波蘭國家機構。一九一六年十二月六日，德國和奧地利總督在華沙宣布成立臨時國家委員會（Tymczasowa Rada Stanu，TRS），這個新的政府機關會由二十五名占領國挑選的成員所組成。這次聲明實質上將同盟國主導的波蘭政壇中心從克拉科夫移到了華沙。這便是為何畢蘇斯基會在一九一六年十二月十二日搬到華沙，住進米哈爾・索科尼斯基位於斯武熱夫斯卡街（Służewska Street）的家。[47]

搬家對畢蘇斯基的私生活造成重要的影響，象徵他與瑪麗亞・畢蘇斯卡之間的婚姻實質解除了。在瑪麗亞的餘生，兩人將一直維持分居的狀態。同時，畢蘇斯基可以自由跟長期的情婦亞麗桑德拉・謝爾賓斯卡發展關係；亞麗桑德拉在一九一六年的年底出獄後，也定居在華沙。四十九歲的畢蘇斯基和三十四歲的亞麗桑德拉都沒有小孩，因此他們開始試著受孕。由於瑪麗亞拒絕跟畢蘇斯基離婚，約瑟夫和亞麗桑德拉深知兩人將會是未婚生子，但是因為彼此都有了年紀，他們不能再等了。

在同一時間的華沙，畢蘇斯基對臨時國家委員會所做的提名在十二月三十一日正式生效。[48] 委員會的開幕典禮於一九一七年一月十四日在皇家城堡舉行。除了德國和奧地利的委員，委員會還有六名來自中央國家委員會成員、九名保守團體人士以及十名無黨籍代表。畢蘇斯基被選為臨時國家委員會軍事部門的首長。委員會的主席是大地主瓦克瓦夫・涅莫尤夫斯基（Wacław Niemojowski），他在典禮開場時宣布：「除了建立波蘭國家，組成擁有自己色彩、準備服務國家的國民軍隊也是我們的任務。」[49]

一九一七年三月初，畢蘇斯基接受記者瓦迪斯瓦夫・巴拉諾夫斯基（Władysław Baranowski）的訪問。畢蘇斯基說：「我跟德國人一起對抗俄羅斯，只是因為這能協助我達成目的。」[50] 接著，畢蘇斯基給記者看他準備呈交給臨時國家委員會的一系列指示。第一，波蘭必須要有由波蘭武裝力量組成的獨立存在，以重建和鞏固國家。第二，波蘭必須在同盟國的協助下在波蘭領土成立軍隊，前提是軍隊必須要維持其民族特性；新成立的波蘭軍隊**只能**用來對抗俄羅斯。第三，波蘭會協助帝俄境內被囚禁的人民實現共同的民主目標。畢蘇斯基強調的第四點是，波蘭真正的歷史盟友不是同盟國，而是西方民主國家：「獨立的波蘭未來不能跟西方國家對立，而是要永遠跟他們維持友好的關係。」[51] 畢蘇斯基表達得非常清楚：波蘭人跟同盟國在俄羅斯有共同的敵人，但是在西方，情況恰恰相反，波蘭人認為同盟國發動戰爭要攻打的法國和英國是親近的朋友與盟友。因此，波蘭士兵的血只能灑在東邊戰線。畢蘇斯基為他所認定的民族利益劃定了絕對不可跨過的底線。

✳

一九一七年三月十六日，畢蘇斯基接受訪問的十三天後，統治俄羅斯長達三百年的羅曼諾夫王朝突然劃下句點。沙皇尼古拉二世宣布退位，指名弟弟為繼承人，但是後者隔天婉拒了，將權力讓給杜馬。尼古拉二世在六天後返回聖彼得堡時，新成立的臨時政府將他和他的家人軟禁在家。俄羅斯史上第一次有政府首腦宣布建立民主制。正如畢蘇斯基所預測的，沙皇統治瓦解後，會帶來對波蘭有利的決定性轉變。新的臨時政府跟沙皇體制完全切割，贊成建立自由獨立的波蘭。聖彼得堡的臨時政府全體一致通過決定，在一九一七年三月三十日發布以下聲明：「甩開專制束縛的俄羅斯人民認可志同道合的波蘭人民，同樣完全有權按照自己的心願來決定命運。」新的民主俄羅斯「認為，在大多數人口由波蘭人組成的所有地區建立一個獨立的波蘭國家，絕對可以保障未來經過重塑的歐洲，會存在永久的和平。」[52]臨時政府對波蘭的支持，是第一次世界大戰波蘭問題的分水嶺。沙皇下台後，協約國對波蘭的主要限制解除了，帶來對波蘭有利的全新國際氛圍。

一九一七年三月沙皇退位後，使波蘭和德國團結起來的唯一因子也不見了。身為臨時國家委員會軍事部門的首長，畢蘇斯基在一九一七年一月十六日就已經將波蘭軍事組織的一萬一千兩百名戰士置在委員會的管轄下。[53]這是對臨時國家委員會示好的舉動，同時也告訴畢思樂，畢蘇斯基的士兵只會聽命於波蘭的權威。因此，不意外地，畢蘇斯基和畢斯樂之間的緊張關係在一九一七年的前半年逐漸升溫。畢蘇斯基盡一切努力確保未來波蘭軍隊的自主性，而畢思樂則奮力阻止。在一九一七年一月二十二日的一場軍事部會議上，一名德國官員強調畢思樂會是波蘭軍隊的首領，畢蘇斯基完全不接受這個看法。[54]

畢蘇斯基對於臨時國家委員會堅守波蘭利益的能力表示擔憂。他在一九一七年的二月一日寫信給瓦西萊夫斯基：「國家委員會在所有的事務上都非常躊躇，害怕採取任何堅定的決定。」在一九一七年二月的一次臨時國家委員會大會上，畢蘇斯基說他對德國的波蘭軍隊計畫有不好的預感：「關於波蘭軍隊所有事務的協商都在我們背後偷偷進行，一切都是祕密。」波蘭軍隊「必須帶有民族特性，必須跟民族保持密切關係，才不會在它和人民之間產生隔閡。」[55]

畢蘇斯基對同盟國的疑心在這個時期提高了。在一九一七年三月十五日寫給亞捷隆大學一位教授的信件中，他表示問題大多來自同盟國對整體波蘭人極深的不信任。從他們為波蘭政策的每一步設定的條件，就能明顯看出這樣的不信任。畢蘇斯基評論：「同盟國從來不曾尊重民族文化的自治，或是波蘭民族的榮譽和自尊心。因此，這總是令人覺得同盟國一方面試圖建立一樣事物，另一方面卻又有系統地摧毀它。」他補充道：

這是這個問題的其中一個層面。但是，我們波蘭人還得應付一種所受教育導致的現象，那就是在被囚禁的狀況下、在跟一切人事物妥協的體制中，失去榮譽與尊嚴，從事任何重大計畫都會感到害怕。這便是為何，過去這幾年的每一個時刻或舉動總是帶有這獨特的波蘭特質——比賽誰比較糟，爭取讓我們變得更糟，而不是更好。[56]

簡單來說，在《二皇宣言》之後，波蘭王國的人民所過的生活跟奧屬加里西亞的波蘭人沒有什麼不同。畢蘇斯基對臨時國家委員會的內政部門表示：「我們有建立這支軍隊的自由；我們得要有建立這支軍隊的欲望；我們必須培養一種心態，當建立這樣一支軍隊的時刻到來時，可以讓我們不會對自己失望，而是建立起足夠強大、讓波蘭政府最終可以仰賴的兵力。」[57]

一九一七年三月二十五日，畢蘇斯基對德國人的目的抱持的疑慮終於有了證明。臨時國家委員會在畢蘇斯基的施壓下，要求跟德國與奧地利總督在波蘭王國會面，商討成立波蘭軍隊的政策。畢思樂回覆，沒必要開這場會，同盟國在這件事情上沒有義務配合臨時國家委員會。[58]

這樣的駁斥使畢蘇斯基對同盟國完全失去了信心。臨時國家委員會在收到畢思樂回應後召開的第一次會議上，畢蘇斯基宣布軍事部門暫停一切活動，因為畢思樂的立場讓這個部門的存在目的變得徹底不明。畢蘇斯基提議軍事部門開始準備祕密成立一支國民軍。[59]

一九一七年的四月十日，奧匈帝國的皇帝卡爾一世（Charles I）將波蘭附屬軍的掌控權移交給德國，任命畢思樂為波蘭軍隊的總司令。臨時國家委員會對這項決定表達明確的不滿，說這證明了委員會無權過問未來的波蘭軍隊。[60]中央國家委員會在一九一七年四月十六日發表的聲明中也表達類似的保留看法：「這個不把波蘭軍團直接歸在臨時國家委員會控制下的決定，在我們的社會中引發合理的憤慨，也讓成立國民軍隊的議題更加複雜。今天……擁有我們自己的軍隊——國民軍隊——對我們而言是不可或缺的。」此外，畢蘇斯基不能被撇在一旁，因為「他不但象徵、還保障了我們的自由」。只有畢蘇斯基才能擔起「創造出得以造就強大善戰的國民軍的條件」這項任務。[61]

在一九一七年五月到六月間，畢蘇斯基再三提議要臨時國家委員會自行解散，以示抗議。在七月二日的委員會會議上，畢蘇斯基宣布辭職。軍事部所有的職員也跟進。他在演說中表示，臨時國家委員會已不再擁有民眾的信任。畢蘇斯基是以軍人、而非政治人物的身分請辭，因為他不再相信德國有意允許他們成立一支自主的波蘭軍隊。[62]畢蘇斯基對一群在他之後隨即跟著辭職的資深軍團軍官表明這一點：「我們所有的利益現在跟德國的利益起了衝突。德國努力擊敗協約國，我們則希望協約國擊敗德國。」[63]

畢蘇斯基辭職的舉動引發後來所謂的「宣誓危機」（Oath Crisis）。德國當局害怕畢蘇斯基下一步的動作，因此一九一七年七月九日命令所有波蘭士兵對德國和奧匈帝國的軍隊宣誓效忠。在畢蘇斯基的敦促下，波蘭軍團第一旅和第三旅的旅長拒絕了。波蘭軍事組織指揮總部的大多數成員及大部分的地區指揮官也跟進。結果，來自波蘭王國的軍團士兵預估有百分之七十四拒絕宣誓，因此遭到軍事拘留。七月十四日，德國當局逮捕波蘭軍事組織的九十名成員，包括斯瓦韋克和瓦克瓦夫．延傑耶維奇等領導階層。[64]在被逮捕的軍團士兵中，有些人在轉送拘留營途中設法傳出一份非法通告，上面寫道：「我們因為忠誠遵守原則而被送到了拘留營。」內容還寫著：「在一群普魯士的奴才和叛徒面前，站著一個偉大的民族，他們手拿武器為祖國的獨立而戰。」這下，德國被視為敵人了。[65]

在克拉科夫觀察事件發展的雅沃爾斯基早在一九一七年的二月就對畢蘇斯基的謀反活動表示不安。他認為從臨時國家委員會辭職的決定太過火了。雅沃爾斯基在一九一七年七月八日的日記中寫道：「自從辭去臨時國家委員會的職務後，畢蘇斯基便背著德國率領革命運動。」[66]另一位批評者——知名女性主義作家和戰時政治社運人士伊莎．莫什琴斯卡（Iza Moszczeńska）——則公開表達自己的擔憂，在七月十一月散發一封寫給畢蘇斯基的公開信，警告他激進的顛覆行為可能毀掉所有的成果。一九一七年的一月，莫什琴斯卡就有寫信給雅沃爾斯基，說「畢蘇斯基的行為像個獨裁者，這些做法給人不好的觀感。」[67]

畢思樂為了化解宣誓危機，在七月二十日破釜沉舟，召喚畢蘇斯基到他位於華沙美景宮的辦公室。畢思樂提議讓畢蘇斯基指揮波蘭軍隊。據說畢思樂表示，這樣的安排對他們兩個都好。可是，這項提議來得太晚了。聽說畢蘇斯基的回答是：「您誤會了，您這樣做或許會博得一個波蘭人，我卻會輸掉整個波蘭民族。」[68]畢蘇斯基看見可能得到波蘭控制權的機會，便寫了一封信給畢思樂，列出一份清單，上面寫著任何相關協議必須滿足的條件。[69]然而，信件尚未寄到這位總督手中，畢思樂就下定決心，認為放任畢蘇斯基逍遙在外風險太大。一九一七年七月二十二日，他下令逮捕畢蘇斯基和他的參謀長索斯科夫斯基。

那天晚上，畢蘇斯基跟斯利溫斯基在索科尼斯基的公寓喝茶。索科尼斯基憶道：「當時氣氛很糟，要輕鬆看待這個局勢是不可能的。」因為很焦慮會發生什麼事，「畢蘇斯基跟以往遇到這種緊張狀況時一樣，思緒被大大占據，比平常更關在自己的內心世界，沉默寡言但極為和善。」[70]斯利溫斯基記得畢蘇斯基說他很快就會被逮捕。同一個晚上，德國當局闖進索科尼斯基的家，拘捕了畢蘇斯基。暫時被羈押在某個機構之後，他在一九一七年的八月二十二日移送到位於柏林西邊一百五十六公里的德國馬德堡（Magdeburg）軍事監獄。在第一次世界大戰剩餘的十三個月裡，畢蘇斯基都被關在那裡。

監禁

這次被捕深刻影響了畢蘇斯基的未來，在國內外大大地加強了他身為民族領袖與象徵的形象。他的支持者雖然很氣憤，臨時國家委員會也提出正式抗議，但其他傾向與同盟國保持友好的人則認為，逮捕畢蘇斯基或許是件好事。雅沃爾斯基在一九一七年七月二十四日的日記中寫道：「畢蘇斯基被捕的消息令我鬆了口氣。沒錯，人們會很忿忿不平，但我覺得事情會平息下來，變得讓人安心。」[71]

《紐約時報》的特派員在七月二十九日報導華沙出現大型的街頭示威，抗議畢蘇斯基被捕。報導寫道：「畢蘇斯基將軍的追隨者比德國報導給人的印象還要多上許多。」並補充說明：「不是只有少數的波蘭軍團士兵拒絕宣誓，而是整個旅都是。」[72]在發放非法傳單譴責逮捕事件後，《波士頓環球報》(*Boston Daily Globe*)警告：「除非畢蘇斯基將軍立即獲釋，否則可能會發生嚴重的後果。」《泰晤士報》則報導，華沙市議會的全體成員起立抗議，高喊「畢蘇斯基萬歲！」[73]這家報社接著提到，連德國也出現了反對聲浪，一位知名教授奧托．赫齊（Otto Hoetzsch）認為，畢蘇斯基被捕證實德國和奧匈帝國的政策破產了。這位教授說，跟同盟國有關的波蘭王國獨立計畫「沒考量到波蘭人堅決不想從同盟國手中得到這個【波蘭】王國；他們希望王國能夠以國際保障為基礎，可以絕對自由地決定未來的關係和政策的走向，並保留他們對於加里西亞和俄羅斯波蘭地區的心願。」[74]

一九一七年八月二十五日，宣誓危機達到高峰，臨時國家委員會自行解散，以示抗議。德國匆忙想要脫離這荒唐的鬧劇，便在九月十二日將波蘭王國的最高權力轉移到一個三人組成的攝政委員會。[75]在皇家城堡舉行的典禮中，備受尊重的華沙市長盧博米爾斯基親王（Prince Lubomirski）被任命為這個新機關的首長。

攝政委員會沒有受到群眾的支持，普遍被認為只是用來實現同盟國的利益。但，同盟國履行了自己的承諾，將組建政府的任務交給由波蘭人運作的攝政委員會，只是在德奧占領期間，這個政府不允許簽訂任何國際協議。[76]一九一七年十一月，同盟國批准攝政委員會起草的憲法，也同意由歷史學家揚・庫哈澤夫斯基（Jan Kucharzewski）出任總理。一九一七年十二月七日，庫哈澤夫斯基和他的內閣宣誓就職。同盟國的軍隊仍可指揮波蘭部隊，德國和奧地利政府也能修改或否決新波蘭政府提出的任何法案。當時出現了一份非法傳單，形容攝政委員會是一場騙局，並提醒讀者還有數千名波蘭士兵被關在拘留營。「我們要求釋放他們的領袖畢蘇斯基！唯有那時才有可能組成一支獨立的波蘭軍隊。」[77]

人們越來越關注被關在德國軍事監獄的畢蘇斯基。某位奧地利政府官員在一九一七年七月三十日私下做出的評論，透露被囚禁的畢蘇斯基有著強大的影響力：「畢蘇斯基因烈士的形象越來越受到歡迎……戰後，他將成為波蘭的英雄、烈士和最受歡迎的人物。」[78]《紐約時報》在一九一七年的九月七日報導：「德奧巨頭竟敢向那個全波蘭民族引以為傲的男人出手，他在某種程度上是波蘭獨立與自由活生生的象徵。」[79]德國當局的逮捕行動無疑大大提升了畢蘇斯基作為民族領袖的名聲。他為了民族尊嚴犧牲自己的人身自由，贏得許多對手的心，使他變成真正的民族英雄。歷史學家黛莉亞和托馬斯・納文茨（Daria and Tomasz Nałęcz）認為，德國囚禁畢蘇斯基所帶來的重大意義是，這平息了懷疑畢蘇斯基是德國和奧地利戰時特務的指控；歷史學家安傑伊・赫瓦爾巴則認為，畢蘇斯基被捕「直接強化人們對這位將軍的崇拜」。[80]

⁂

同盟國在一九一七年的秋冬兩季逐步建立波蘭的國家機構時，畢蘇斯基並沒有被遺忘。一九一七年十二月，有四個以華沙為根據地的政黨連署請願，表示建立波蘭政府、內閣和憲法雖然是好的發展，但是只要畢蘇斯基還在獄中，這些在民眾的眼裡都是不合法的。[81] 一九一八年二月，華沙出現一份傳單，聲稱畢蘇斯基持續受到監禁「會為波蘭社會帶來長期的煩惱與不安。這位屹立不搖的領袖遭到囚禁的事情已經成為一個夢魘般的象徵，籠罩在民族生活上方，毒害了其氛圍。」[82]

同一時間，人在馬德堡的畢蘇斯基被關在一座兩層樓高的木造堡壘。他形容那裡的生活環境「非常舒適」，二樓整層都是他的，有臥室、飯廳和另一個房間，「看起來好像是要讓我用來接待客人的，但基於我的處境，這個念頭很可笑。」他可以在外面的花園自由散步，只是那裡總是有一位駐守的武裝警衛。畢蘇斯基說道：「我被賦予許多令人舒適的東西和不尋常的自由，這是我所能想像得到最自由的監獄生活。」[83] 雖然他因為自己的軍階備受尊重，卻是完全與世隔絕的。這十二個月以來，他唯一看過的人就是堡壘外頭的那位武裝警衛。德國當局拒絕所有的訪客要求，使孤立感變成了一種心理折磨。一九一七年十二月五日那天，畢蘇斯基在自己的思緒陪伴下度過五十歲生日。他的孤立狀態在一九一八年八月結束，因為索斯科夫斯基被跟他關在一起，兩人一起度過戰爭剩餘的那幾個月。

同一時間，亞麗桑德拉於一九一八年二月七日在華沙生下了畢蘇斯基的第一個孩子汪妲。德國當局不但拒絕亞麗桑德拉一再要求探視的權利，還沒收她通知畢蘇斯基，汪妲出生了的信件五個星期。畢蘇斯基在被逮捕前，肯定知道亞麗桑德拉懷孕了。在收到孩子出生的消息之前，他就寫信給亞麗桑德拉，要求孩子若是女嬰，就取名為汪妲。[84] 收到孩子出生的通知後，畢蘇斯基在一九一八年三月十八日的信件中透露出極大的歡喜；他只是很難過自己無法將孩子抱在懷中，凝視她的雙眼。一個月後，他寫信給亞麗桑德拉：「寫信告訴我更多孩子的事，就算只是最微不足道的細節，我也很感恩。由於我沒辦法見到她，這些細節可以讓我想像我們全部都在一起。」[85] 最後他終於收到一張照片，他後來在信裡萬分感謝亞麗桑德拉。

命運帶來可怕的轉折。汪妲出世後不久，家裡便傳來悲劇。一九一八年五月十七日，畢蘇斯基的哥哥布羅尼斯瓦夫被人發現陳屍在巴黎的塞納河。布羅尼斯瓦夫在神祕的狀況下溺斃，看起來似乎是自殺。[86] 汪妲誕生、布羅尼斯瓦夫離世，再加上軍事監獄絕對的孤立狀態，使畢蘇斯基心中百感交集。畢蘇斯基不讓自己一直想著哥哥自殺的可怕消息的其中一個方式，就是寫作。在獄中，他寫下一份手稿，記錄第一次世界大戰期間第一旅的軍事歷史。雖然畢蘇斯基獲釋後，那數百頁的手稿仍留在馬德堡，但是戰後德國當局便歸還了整份稿件。畢蘇斯基後來在一九二五年出版了自己的戰時研究《我的第一次戰爭經驗》（*Moje Pierwsze Boje*）。

伍德羅・威爾遜的波蘭觀點

在大西洋的對岸，美國第一次在戰爭期間公開支持波蘭獨立。美國總統伍德羅・威爾遜的立場是受到他最親近的顧問愛德華・豪斯上校（Edward House）所影響。豪斯是在跟享譽國際的鋼琴家和民族主義者伊格納齊・帕德雷夫斯基（他在一九一五年的四月搬到美國，是波蘭救濟組織的領袖）見過面後，才在一九一五年的十一月開始擁護波蘭的理念。一九一六年十一月六日，也就是同盟國頒布《二皇宣言》，宣布成立獨立波蘭王國的隔天，帕德雷夫斯基受邀到威爾遜總統位於紐澤西州林蔭草地（Shadow Lawn）的鄉村莊園會面。帕德雷夫斯基和威爾遜都相當了解這份宣言的意涵。他們不但很有可能各自聽過相關消息的報告，《紐約時報》和《華盛頓郵報》的頭版也充斥著這則新聞。

兩人見面後，威爾遜首先詢問帕德雷夫斯基對這份宣言有什麼看法。帕德雷夫斯基表示，他認為這只是同盟國為了徵召波蘭士兵所使用的伎倆。威爾遜顯然回答說他完全認同這個評估。[87]第一夫人伊迪絲・威爾遜（Edith Wilson）當時也在場，後來說道：「帕德雷夫斯基先生站在那裡替自己的國家陳情時臉上的表情，我永遠不會忘記，那是如此純粹、悲戚和真摯。」[88]威爾遜在那年的十一月連任總統，因此帕德雷夫斯基繼續利用豪斯來影響總統。豪斯坦承：「完全都是因為帕德雷夫斯基，我才會對波蘭的理念那麼有興趣，不斷向總統傳達【帕德雷夫斯基的看法】。」[89]

威爾遜會支持波蘭不是為了拿到波蘭裔美國人的選票，而是出於自己的意識形態。一九一七年一月二十二日，他在對參議院演講時明確提及波蘭。這是威爾遜連任後發表的第一場重大外交政策演說，通常被稱作「不求勝利的和平」。他宣布：

政府是因為被統治者的同意才得到所有合理的權力，且任何地方都不存在把一個民族當成財產般從一個主權交到另一個主權手上的權利。假如無法體認和接受這個原則，沒有和平能夠延續，或應該延續。例如，如果我可以試著舉一個例子的話，我認為各國的政治人物都同意，這世上應該存在一個統一、獨立、自治的波蘭。[90]

威爾遜的演說不僅在波蘭世界引起共鳴，也在歐洲各國首都引起迴響，將美國定位為民族自決權利的擁護者。

在華沙，臨時國家委員會發表聲明讚揚威爾遜的致詞。由於這場演說被全體一致接受，所以我們知道畢蘇斯基也贊同。聲明表示：「在這場戰爭中，第一次有一個強大中立國的元首……正式宣布，根據他的信念，波蘭獨立是波蘭問題唯一公正的解決方式，而且是實現持久公正的和平不可逾越的條件。」[91]

畢蘇斯基在華沙跟一名記者討論到協約國時，曾經評論威爾遜劃時代的演說。畢蘇斯基在一九一七年的三月初說道：「至於協約國，尤其是法國，我懷疑現在法國因為整個波蘭王國的占領，而對俄羅斯關注的事物這麼敏感時，恐怕沒辦法或甚至不想要追隨威爾遜的腳步。」然而，畢蘇斯基補充說，法國和英國最終都會必須支持威爾遜。畢蘇斯基說：「作為一個擁有民主傳統和抱負的民族，我們期盼民主大國帶來威爾遜的演說賦予我們的鼓勵與希望。」[92]

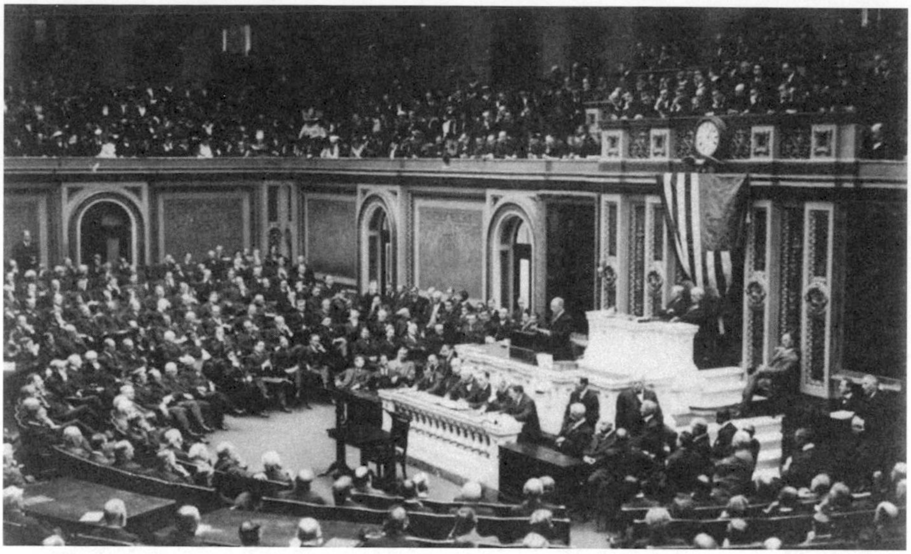

美國總統威爾遜對參議院進行演說，宣稱戰後會支持「統一、獨立、自治的波蘭」。攝於一九一七年一月二十二日。

沙皇三月時下台，部分促成了美國參戰的決定。一九一七年四月二日，威爾遜要求國會向德國宣戰。威爾遜在演講中說道：「我們必須為民主創造一個安全的世界，世界和平必須建立在政治自由這個試驗過的基礎上。」[93]四天後，國會批准威爾遜的請求，美國正式加入第一次世界大戰（美國在一九一七年的十二月七日向奧匈帝國宣戰）。美國參戰後，大大增加美國支持波蘭獨立的分量和重要性。美國是唯一一個在參戰前就支持波蘭獨立的強國。

國際舞台上的波蘭

從一九一七年七月畢蘇斯基被關，到一九一八年十一月十一日戰爭結束之間，國際事務發生重大的變化。第一個變化是，西歐和美國組成的協約國認可單一的波蘭領導機關。一九一七年的八月，波蘭政壇的中心從臨時國家委員會的總部華沙，轉移到親協約國的波蘭國家委員會（八月十五日在瑞士洛桑成立）的總部巴黎。羅曼·德莫夫斯基是這個波蘭流亡組織的主席，組織成員主要是他的民粹政黨民族民主黨的追隨者。一九一七年八月二十二日，波蘭國家委員會邀請帕德雷夫斯基擔任組織在華盛頓的代表。雖然帕德雷夫斯基接受了這個邀請，但他警告「【波蘭國家委員會】有些成員非常不受歡迎。」並直指德莫夫斯基，說他明顯的反猶偏見讓他成為特別不恰當的主席人選。帕德雷夫斯基試著說服波蘭國家委員會，如果想要真正代表波蘭，應該納入社會主義者、猶太人和波蘭農民黨的黨員。[94]

德莫夫斯基自從一八九〇年代就公開表達反猶觀點，他的立場無庸置疑。儘管出現要他言辭和緩一點的壓力，他仍持續發表反猶看法。他在一九一七年的七月十八日寫道：「我們跟俄羅斯的問題在跟德國的問題面前一比，實在相形見絀。然而，我們跟德國的問題又比跟猶太人的問題還要容易解決。」德莫夫斯基在一九一七年五月十五日也曾經寫道：「在協約國和中立國，波蘭問題最有害的成分就是共濟會和猶太人。」[95]

到最後，德莫夫斯基還是拒絕聽從帕德雷夫斯基的建議，讓波蘭國家委員會變得更能代表波蘭地區。但另一方面，德莫夫斯基確實促進了波蘭的民族理念。一九一七年的十月，法國批准他的選擇，讓約瑟夫·哈勒爾將軍（Józef Haller）指揮法國的一支新波蘭軍隊，後來這支軍隊在戰爭結束時成長到有五萬七千三百人之多。到了一九一七年的秋天，西方協約國承認巴黎的波蘭國家委員會為波蘭的官方代表機構，法國的波蘭軍隊則是協約國的共同參戰方。正式承認波蘭國家委員會為波蘭代表的國家有法國（九月二十日）、英國（十月十五日）、義大利（十月三十日）和美國（十一月十日）。[96]先前，德莫夫斯基曾表示他全心全意相信美國和英國會支持一個臨海的獨立波蘭。德莫夫斯基在一九一七年五月寫道：「在今天的和平協議過程中，最重要的角色會由盎格魯–撒克遜人扮演，也就是英國和美國。這件事也適用於波蘭問題。解決波蘭問題時，上述兩國將扮演決定性的角色。」[97]

一九一七年的秋天帶給俄羅斯災難性的轉變。十一月七日到九日，列寧與布爾什維克在聖彼得堡取得權力。臨時政府的垮台為戰爭發展帶來了重大的後果。新的布爾什維克政府誓言退出戰爭，與德國進行個別和談，使整個國際秩序陷入混亂。一九一七年十一月十五日，這個新的反帝制俄羅斯政府針對非俄羅斯民族的命運頒布了《俄羅斯各民族權利宣言》（Declaration of the Rights of the Peoples of Russia），其中包括一項重大的聲明，支持「俄羅斯各民族自由自決，甚至可以脫離俄羅斯，建立獨立的國家。」

在外交政策方面，俄羅斯革命徹底改變了戰爭的發展。一九一七年的十二月二十二日，布爾什維克的主要談判者列夫．托洛斯基到布雷斯特－里托夫斯克跟德國協議，中止雙方的戰爭。基於各種實際的原因，俄羅斯脫離了戰爭。和談之前，華沙的波蘭總理庫哈澤夫斯基正式要求派代表到布雷斯特－里托夫斯克，但是遭到德國拒絕，導致波蘭人完全無法參與和談。[98] 最後簽署了兩份和約。第一份和約由同盟國和烏克蘭在一九一八年的二月九日簽署，德國和奧匈帝國正式承認烏克蘭國家。協議的細節洩露出來之後，波蘭人表示憤怒，因為德國和奧匈帝國將屬於波蘭王國的海烏姆割給烏克蘭人民共和國（Ukrainian People's Republic），使未來的波蘭只剩下一條狹窄的族群邊界。[99] 此外，還有人謠傳奧匈帝國已偷偷把東加里西亞送給烏克蘭作為單獨的官地，這讓華沙出現了一波波的罷工浪潮。一九一八年的二月十七日，庫哈澤夫斯基政府請辭以示抗議，攝政委員會接著跟進，憤慨地譴責他們所謂的「新式瓜分」。[100]

在布雷斯特－里托夫斯克簽署的第二份和約於一九一八年的三月三日簽訂，正式讓俄羅斯脫離第一次世界大戰。《布雷斯特－里托夫斯克和約》（Treaty of Brest–Litovsk）影響深遠，一位歷史學家稱之為「去殖民化的和平」。[101] 俄羅斯釋出芬蘭、烏克蘭、白羅斯、波羅的海諸國和波蘭，使帝俄西部邊緣的非俄羅斯人口獲得解放，估計共有五千萬人。

同一時間，畢蘇斯基被監禁期間的第三項重大發展在華盛頓發生。一九一八年一月八日，威爾遜在國會的一場共同會議上發表演說，說明他為戰後和平擬訂的藍圖，大膽替波蘭理念發聲：「應建立一個獨立的波蘭國家，這個國家應包含毫無爭議由波蘭人所居住的地區、應獲得保證可自由安全進出的海洋、應取得國際公約保障的政經獨立和領土完整。」新波蘭將會「獲得國際公約保障」是威爾遜第十四點，也就是最後一點的基礎。威爾遜主張，新波蘭唯有透過一個國際安全架構才能永久存續：「各個民族必須根據特定公約組成一個全體的聯盟，以達到大大小小的國家都能互相保障政治獨立與領土完整的目的。」[102]

威爾遜擁護波蘭的舉動是一個里程碑。他堅持波蘭獨立得納入協約國的戰爭目標之一，對協約國產生了必須跟進的壓力。在一九一七年的一月，英國和法國還在跟俄羅斯並肩對抗同盟國、美國仍屬中立國時，這兩個國家不敢逼迫俄羅斯讓波蘭獨立，因為他們害怕破壞自己跟俄羅斯的盟友關係。然而，在一九一七年的一連串戲劇化事件——沙皇退位、美國參戰及布爾什維克革命——過後，西方民主國家所受到的外交限制逐漸消散。俄羅斯退出戰局，再加上德莫夫斯基在巴黎的外交活動，使法國、英國和義大利接受了美國對波蘭的立場。

一九一八年六月三日，這個新目標具體成形，法國、英國和義大利發表聯合宣言，支持波蘭復國並擁有出海口。[103] 歐洲戰事平息時，局勢演變得非常完美，而畢蘇斯基就在此時獲釋。一九一八年十一月十一日上午十一點，德國和奧匈帝國在協約國制定的休戰協議上簽名。經過四年三個月又十一天的殘酷血腥戰爭，歐洲的槍砲聲終於止歇。

Chapter 12

波蘭國父

柯斯丘什科復仇成功了。一個種族為了重獲自由和恢復曾經光榮的命運，做出有史以來最啟發人心和戲劇化的鬥爭，現在在維斯杜拉河盆地迎接快樂的結局。

——一九一八年十一月十六日的《紐約論壇報》（*New York Tribune*）

在一九一八年十一月八日的冷冽早晨，有兩名德國軍官到馬德堡造訪獄中的畢蘇斯基和索斯科夫斯基。德國軍官告訴他們，戰爭要結束了，他們也自由了。兩人欣喜不已，收拾好帶得走的物品，準備離開。畢蘇斯基沒有普通人的服裝，所以走出馬德堡的大門時，穿的是波蘭軍團的制服。[1]他們被護送上了一台軍事車輛，接著快速往柏林的方向前進。他們被帶到歐陸飯店（Hotel Continental），等待進一步的指示。時隔超過一年的時間，這兩個人第一次以自由之身度過那一夜。隔天早上，他們被街上傳來的騷動聲吵醒，發現飯店外頭人潮眾多。服務生告訴他們驚人的消息，德意志帝國皇帝威廉二世已經退位，新的共和國成立了。由於後來發生一片混亂，通往華沙的日間火車取消了。他們必須等候夜班車。

德國外交部的一名代表來到飯店，邀請兩位前囚犯共進午餐。這位德國官員認為畢蘇斯基很可能是未來波蘭獨立後的領袖，因此對他不失禮數。亞麗桑德拉．畢蘇斯卡回憶，在同一時間的華沙，「整座城市滿溢興奮之情」。[2]前一天，畢蘇斯基即將抵達的謠言已經傳開。因此，打從十一月八日晚上，就開始有群眾聚集在華沙的中央車站，想要一睹傳奇領袖的風采。到了十一月九日晚間，因為不確定謠言是否屬實，人群已經消散。

回到柏林，德國當局在十一月九日將畢蘇斯基和索斯科夫斯基送上通往華沙的夜班車。他們啟程後，德國當局發電報給華沙攝政委員會的盧博米爾斯基親王，確認畢蘇斯基將在隔天十一月十日早上七點抵達華沙。[3] 盧博米爾斯基搭乘政府專車抵達華沙的中央車站時，波蘭軍事組織的司令亞當・寇奇（Adam Koc）和他的幾名下屬站在月台上迎接他。這兩位波蘭領袖一個是德國當局所任命，一個隸屬於地下組織，雙方從來沒有見過面。寇奇走向盧博米爾斯基，介紹自己是第一旅的老兵和波蘭軍事組織的總司令。寇奇憶道：「盧博米爾斯基攝政看起來非常激動，不斷地說：『拜託上帝讓他平安抵達，拜託上帝。』」[4]

火車進站時，這一刻令畢蘇斯基感慨萬千。他不僅即將在人生中第一次踏上自由的波蘭土地，還會第一次見到九個月大的女兒汪妲。畢蘇斯基走下火車，受到盧博米爾斯基和寇奇迎接。寇奇觀察：「他看起來很蒼白，當然也很疲倦，但他的力氣沒有減損。」[5] 寇奇以波蘭軍事組織及其司令之名歡迎畢蘇斯基來到華沙。盧博米爾斯基親王伸出手，熱情歡迎畢蘇斯基回到祖國。親王請畢蘇斯基和寇奇坐上他的車，邀請他們到他家喝茶吃早餐。[6] 在坐車前往盧博米爾斯基的宅邸途中，有人看見畢蘇斯基。畢蘇斯基回來的消息傳遍整座城市，人潮聚集在街道上。車子緩緩穿越仰慕的人群，最後終於抵達目的地。

吃過早餐後，盧博米爾斯基邀請畢蘇斯基到書房私下談話，接著寇奇帶畢蘇斯基來到為他在莫紐什科街（Moniuszko Street）二號找好的公寓。[7] 公寓前面聚集一群人，高喊：「我們的司令、民族領袖萬歲！」疲憊不堪的畢蘇斯基現身陽台，說了幾句話：「親愛的同胞請放心，我會奉獻所有的力氣和自己，服務我們的國家。我打從內心深處感謝你們如此真誠熱情地歡迎我。」[8] 隔天，全波蘭的居民醒來後，都看見畢蘇斯基在被囚禁十六個月之後回到家鄉的頭條新聞。

畢蘇斯基的第一個行程，就是悄悄前往華沙郊區，來到亞麗桑德拉和汪妲的住處。準備出門前，瓦克瓦夫・延傑耶維奇前來拜訪畢蘇斯基，寇奇請他送來含有一些基本用品的關懷包。延傑耶維奇憶道：「他看起來很不好，臉色灰白，人非常疲累。」[9]

訪客離開後，畢蘇斯基隨即出發到亞麗桑德拉的住處。消息意外傳出，人們開始聚集在她家前面。亞麗桑德拉憶道：「他們聚在我住的房子外的街道兩旁，在雨中站著，耐心等待好幾個小時。當他的車子總算靠近門口時，他們幾乎把他整個圍住。」亞麗桑德拉想要避開眾人的目光，因此在樓上等候，請友人開門。畢蘇斯基上了二樓，緊緊擁抱亞麗桑德拉，同時第一次看見他們的第一個孩子。亞麗桑德拉溫柔地記錄了那一刻：「我本來很擔心汪妲會怕生，沒有友善地迎接他，但是他們才相見幾秒鐘，她顯然就決定要好好愛自己的父親。她嚴肅地端詳他，頭有點歪向一邊，接著露出燦笑，朝他伸出雙臂。」[10]

⁂

十一月十日畢蘇斯基抵達那天，盧博米爾斯基親王便宣布他要跟德國當局切割。他在一封公開信表示：「德國占領時期已經結束，畢蘇斯基司令現在已經回到華沙。我們呼籲所有政黨的代表前來華沙成立國民政府。」[11]跟畢蘇斯基見過面後，盧博米爾斯基看見人群舉著紅色旗幟走上華沙街頭。群眾高喊畢蘇斯基的名字，要求解散攝政委員會。口號變得越來越大聲，盧博米爾斯基才發現人群正朝他位於鄉村街（Wiejska Street）的宅邸移動。盧博米爾斯基憶道：「我驚訝地發現武裝警衛在我家等我，為了保護我駐守在那裡。我認為這些在華沙街頭的遊行會威脅到公共秩序，可能導致嚴重混亂，甚至帶來革命。」[12]

在華沙的大街小巷，盧博米爾斯基聽到每個人都在談論畢蘇斯基回來的事。歷史學家彼得・羅貝爾（Piotr Wróbel）如此描述：「畢蘇斯基來到華沙的消息如野火般傳遍整座城市，幾乎每個人都對他們眼中的救世主抱有極大的希望。」[13]另一方面，有些保守人士對畢蘇斯基的到來感到不確定與害怕。一九一八年十一月十日，最高國家委員會的前主席瓦迪斯瓦夫・雅沃爾斯基在日記中寫下：「我聽說畢蘇斯基來到華沙。他跟攝政委員會見過面，攝政委員會將要解散，畢蘇斯基則會掌權，成為獨裁者。」[14]

盧博米爾斯基曾短暫思考要不要使用武力平息街頭的騷動。他召喚軍事顧問亨里克．明凱維茨（Henryk Minkiewicz）來討論恢復秩序的事宜。明凱維茨強力建議不要強制驅散人群，說自己手上可用的士兵真的太少了。[15] 盧博米爾斯基這下才明白，他除了跟畢蘇斯基分享權力別無選擇。

畢蘇斯基十一月十日整晚都跟亞麗桑德拉和汪妲待在一起，清晨才回到休息的地方。他那天晚上只有辦法睡一下下覺。亞麗桑德拉描述了那天的重要意涵：「這對他來說的確是非常喜悅的時刻。【畢蘇斯基】再度回到華沙，來到他自從童年時期就努力爭取的自由波蘭，並知道自己終於獲得人民的信心。但，我認為在那勝利的一天，沒有任何一刻比汪妲用雙臂抱著他的脖子時的感受還要甜美。」[16]

波蘭人歡喜迎接戰爭結束的消息。德軍即將撤退，法律和秩序必須維持住。在這不確定的時刻，波蘭人的目光都轉向一個人——約瑟夫．畢蘇斯基。十一月十日晚上，畢蘇斯基在還沒得到任何正式職位前，便跟德國軍事委員會（German Military Council）達成協議，要有秩序地撤出波蘭王國境內約八萬名德國士兵。隔天早上，畢蘇斯基向德國士兵致詞，說他對他們沒有惡意；他們光榮地為自己的國家服務，所以會確保他們安全撤退，只要他們遵守入境德國前交出武器的命令。[17]

停戰的重大消息在一九一八年的十一月十一日下午傳到波蘭後，攝政委員會找來畢蘇斯基進行高層談話。大家都很清楚這一刻有多麼嚴肅。大約下午五點，這個三人委員會宣布將軍隊的控制權交到畢蘇斯基手中，賦予他總司令的頭銜，同時也把成立國民統一政府的任務交給了畢蘇斯基。這個政府成功建立後，攝政委員會就會自行解散。最後，委員會正式宣布波蘭獨立。盧博米爾斯基親王後來說道：「由於畢蘇斯基的權威越來越大，從極右到極左的所有政黨都要求我們把統治權交給畢蘇斯基。我肯定這項決定會對士氣帶來非常正面的影響。」[18]

在波蘭宣布獨立、軍隊交由畢蘇斯基掌控的那天，媒體沉浸在當下那一刻的歡樂之中。華沙的激進派日報表示：「司令回來了！這個令人開心的消息從昨天早上便在華沙傳開。」[19]另一家報社在一篇文章〈民族領袖〉中寫道：「今天無疑是畢蘇斯基司令的重大時刻，人民在他身後形成一道信任的牆。確實，我們還沒召開選舉，但是他已經當選了，因為他是國家的第一代表。這個頭銜很適合司令，讓他成為共和國的最高權威。他沒有必要獲取權力【因為權力已經被交到他的手中】。」[20]

波蘭雖然正式獨立了，國內外仍存在彼此敵對的權力中心。法國的波蘭國家委員會被協約國承認是波蘭的官方代表；在德國占領下的波蘭前首都華沙，統治機關為攝政委員會；在先前被奧地利控制的地區，克拉科夫和盧布令都有出現波蘭政體；在德國所控制的波茲南也有另一個統治機關。奧匈帝國解體後，一九一八年十月二十八日在克拉科夫成立的波蘭清算委員會（Polish Liquidation Committee）宣布自己是西加里西亞的臨時政府，在克拉科夫和勒沃夫都有中心，由溫森蒂．維托斯擔任領袖。

同時，在一九一八年十一月六日的盧布令，有人宣布成立臨時波蘭人民共和國（Tymczasowy Rząd Ludowy Republiki Polskiej），由伊格納齊．達申斯基擔任總理、愛德華．雷茲－希米格維擔任軍事司令。盧布令政府是波蘭軍事組織——強大的親畢蘇斯基軍事組織——所支持的左翼政黨代表「組織委員會A」（Konwent Organizacji A）成立的。十一月七日，雷茲－希米格維說自己是「畢蘇斯基的代理司令」，同時這個自行成立的政府也發表《盧布令宣言》（Lublin Manifesto）。這個機關呼籲建立共和國形式的政府和強健的社會立法機構。[21]波蘭獨立那天，波茲南出現第五個波蘭統治機構。在一九一八年十一月十一日，由當時的德國國會代表沃伊切赫．科爾凡蒂（Wojciech Korfanty）所率領的波蘭民族主義者利用德國權威瓦解的機會，組織了最高人民委員會（Naczelna Rada Ludowa），要求召開議會選舉，並宣布自己是波茲南地區的新臨時政府。

畢蘇斯基能夠將這五個不同的政體統一在華沙的控制下，使他成為建立國家的過程中最重要的人物。他是民族統一的強大象徵。十一月十一日，達申斯基通知畢蘇斯基，盧布令政府現在任由他處置。波蘭宣布獨

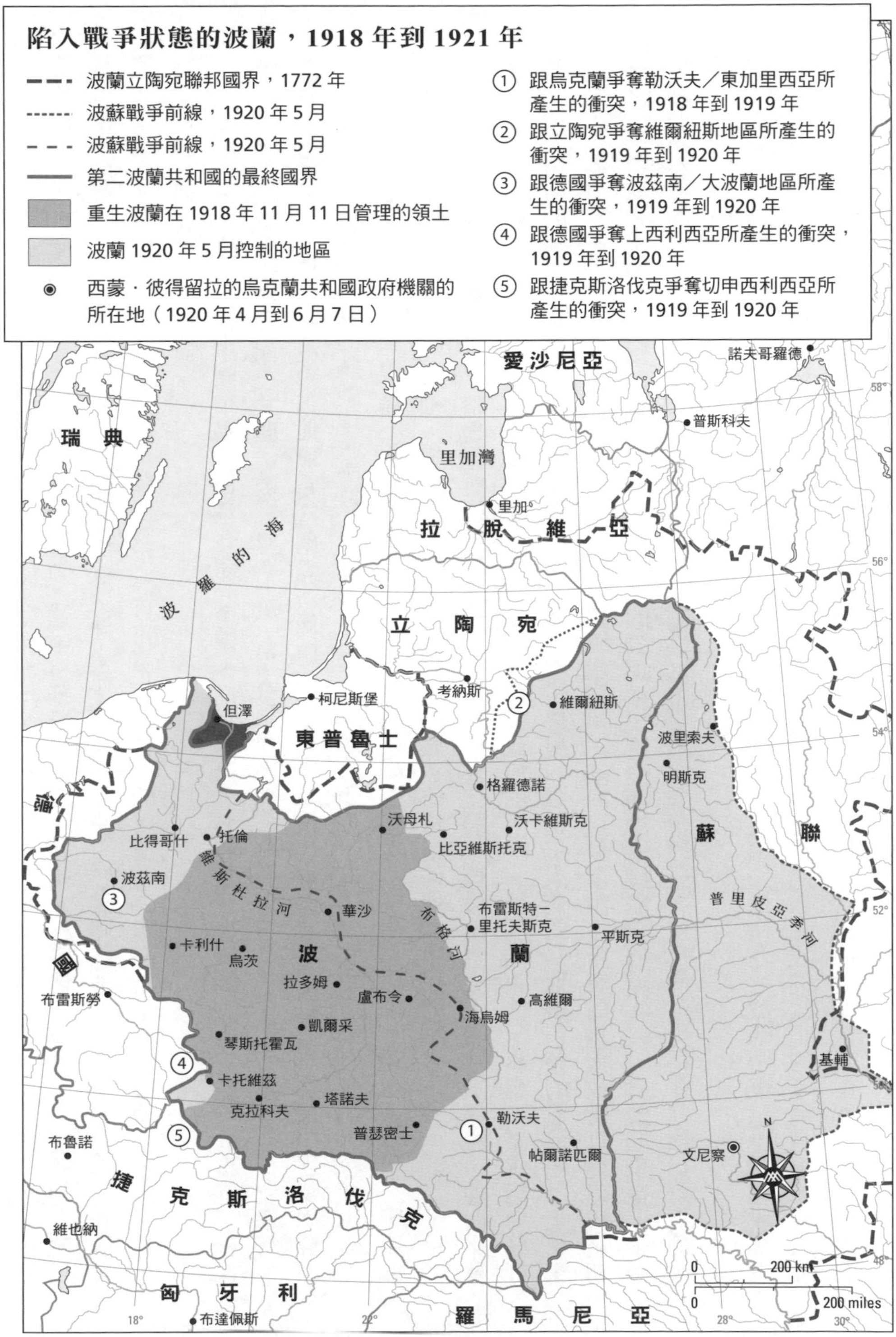
陷入戰爭狀態的波蘭，1918 年到 1921 年
波蘭立陶宛聯邦國界，1772 年
波蘇戰爭前線，1920 年 5 月
波蘇戰爭前線，1920 年 5 月
第二波蘭共和國的最終國界
重生波蘭在 1918 年 11 月 11 日管理的領土
波蘭 1920 年 5 月控制的地區
西蒙．彼得留拉的烏克蘭共和國政府機關的所在地（1920 年 4 月到 6 月 7 日）
① 跟烏克蘭爭奪勒沃夫／東加里西亞所產生的衝突，1918 年到 1919 年
② 跟立陶宛爭奪維爾紐斯地區所產生的衝突，1919 年到 1920 年
③ 跟德國爭奪波茲南／大波蘭地區所產生的衝突，1919 年到 1920 年
④ 跟德國爭奪上西利西亞所產生的衝突，1919 年到 1920 年
⑤ 跟捷克斯洛伐克爭奪切申西利西亞所產生的衝突，1919 年到 1920 年
愛沙尼亞
諾夫哥羅德
普斯科夫
瑞典
里加灣
里加
拉脫維亞
波羅的海
立陶宛
考納斯
維爾紐斯
柯尼斯堡
但澤
東普魯士
波里索夫
明斯克
格羅德諾
德國
沃母札
沃卡維斯克
比得哥什
托倫
比亞維斯托克
蘇聯
波茲南
維斯杜拉河
華沙
布格河
布雷斯特－里托夫斯克
平斯克
普里皮亞季河
卡利什
烏茨
波蘭
拉多姆
盧布令
高維爾
布雷斯勞
凱爾采
海烏姆
琴斯托霍瓦
基輔
卡托維茲
克拉科夫
塔諾夫
勒沃夫
普瑟密士
布魯諾
帖爾諾匹爾
文尼察
捷克斯洛伐克
維也納
匈牙利
布達佩斯
羅馬尼亞
0
200 km
200 miles
N
58°
56°
54°
52°
48°
18°
22°
28°
30°

立的那天晚上，畢蘇斯基和達申斯基互通電話。達申斯基憶起自己在談話過程中情緒激動：「在電話上聽見畢蘇斯基的聲音……使我的內心對於司令出獄這件事充滿喜悅，也對於整個波蘭現在可以統一感到滿懷希望。」達申斯基搭火車到華沙拜訪畢蘇斯基，看見獄中生活帶來的影響：「畢蘇斯基因為被關了十六個月，臉色泛黃，看起來不太健康。」[22]

隔天早上，達申斯基出席了畢蘇斯基召開的會議，商討透過主要政黨代表來創立國民政府的事宜。根據媒體報導，從下午兩點到深夜共開了數場會。[23]第一場會議在華沙的克倫伯格宮（Kronenberg Palace）舉行。據說，畢蘇斯基告訴政黨領袖他最希望創立一個統一政府、一個代表所有人的聯盟（包括少數族群在內）。[24]因此，在第二輪的談話中，畢蘇斯基邀請了猶太政黨的領袖。大部分受邀者都有參加，包括民俗黨（Folkist Party）、錫安主義黨（Zionist Party）、勞工錫安黨（Labor Zionist Party）和正統猶太聯盟黨（Orthodox Agudas party）的領袖。猶太工人崩得沒有派人出席，改以信件傳達自己的訴求。[25]

錫安主義的領袖伊扎克・格魯恩鮑姆（Yizhak Gruenbaum）代表全體波蘭猶太人發言。據說，他對畢蘇斯基說：「畢蘇斯基司令，整個波蘭都認為你是被選來成立政府的人。」談話結束前，畢蘇斯基承諾會好好考量提交給他的議題。[26]畢蘇斯基邀請猶太領袖對談的這件事，強化了人們認為他很仁慈的看法。歷史學家西蒙・魯德尼基（Szymon Rudnicki）評論這場會議時說道：「基於這個理由，所有的猶太政黨打從建國之初就支持畢蘇斯基，因為他傾向賦予少數民族完整的公民權，將波蘭建構成聯邦國家。」[27]會談結束後，畢蘇斯基發布公報告知人民，他在首都進行各項討論後的結果，尤其是攝政委員會要求由他建立國民政府的事情。[28]

在軍事事務上，畢蘇斯基在十一月十二日以總司令的身分發布了第一道命令。命令中表示：「在我接下軍隊指揮的這一刻，每位波蘭人的心都強而有力的跳動著，自由的光芒照耀在我們故土的子民身上。我跟你們一樣，正在經歷這歷史時刻的感動。我發誓會用我的生命、鮮血和奉獻促進祖國及人民的福祉。」他發誓會捍衛所有「公民」、而非所有「波蘭人」的權利，顯示畢蘇斯基承諾將實現所有居民人人平等的理念，無論他們出身的民族或信仰的宗教。身為軍事司令的他呼籲士兵「努力消弭軍隊中的差異與摩擦、派系之爭和地方主義，以便快速創造促進團結合作的同袍氛圍。」[29]

一九一八年十一月十二日，華沙市議會一致通過決議，將畢蘇斯基視為民族英雄。[30]他之所以如此受歡迎，有一部分跟華沙盛行的親美國精神有關。例如，保守派的日報《華沙信使報》（*Kurier Warszawski*）便在一九一八年十一月十四日刊登一篇社論，提議在華沙豎立一座威爾遜紀念碑，並報導人們對華沙某棟建築所懸掛的美國國旗做出十分熱烈的反應。一群高中生製作的傳單寫道：「整個民族的眼睛都看向畢蘇斯基，因為他是唯一一個能夠在民主的旗幟下統一波蘭的人……【支持畢蘇斯基，】我們就是在創造自由平等的家園，進而散播民主的信條。」[31]

同時，攝政委員會的合法性越來越受到檢視。一九一八年的十一月十三日，華沙的一家自由派日報呼籲委員會自行解散。《新公報》（*Nowa Gazeta*）寫道：「攝政委員會今天就只剩下一個影子，最後理所當然會受到遺忘。」[32]相形之下，媒體將畢蘇斯基捧為真正的領袖：「在過去幾週肆虐波蘭的一片混亂之中，『畢蘇斯基』的名字總能帶來希望與信念。從他受歡迎的程度和眾人對他的信任來看，感覺只有他可以讓波蘭免於更深的內部動盪。」[33]

畢蘇斯基身上背負的驚人責任和他在國內受歡迎的程度，讓越來越多人一致相信攝政委員會必須離開。一九一八年十一月十四日，委員會自行解散，宣布畢蘇斯基自此以後成為總司令兼國家元首。攝政委員會的成員卡考斯基總主教（Archbishop Kakowski）表示：「畢蘇斯基是此刻唯一能夠領頭改組波蘭的人。」[34]

對某些人而言，權力突然轉移到單一個人身上是一件令人不安的事情。攝政委員會解散的消息傳出後，知名小說家瑪麗亞·達布羅夫斯卡（Maria Dąbrowska）在日記裡寫下她的反應。她在一九一八年十一月十四日寫道：「今天，攝政委員會把權力交到畢蘇斯基手中，他現在成了實質的獨裁者……目前為止，畢蘇斯基的作為和訴求都極為睿智、非常溫和、能夠挺身處理當今所有的議題。上帝啊，希望他到頭來不會只是全國盲目崇拜的對象，還是一位真正的舵手。」[35]

畢蘇斯基預料到有人會擔心他濫用權力，因此在被任命為國家元首的那天，宣布了他的總理人選。在當天晚上印製在報紙上的聲明中，他宣布提名由他長期的夥伴和波蘭社會民主黨的黨主席達申斯基組成國民政府。這份聲明表示：「我堅信唯有自由選出的眾議院【國會】有權力通過立法，因此已經下令在最短的時間內召開選舉。」[36]畢蘇斯基宣稱自己無黨派立場，並且已經收到來自各個政黨的廣大意見，有助形塑未來的政府。

⁂

對畢蘇斯基來說，這是一個非凡的時刻。五十歲的他經歷了謀反、窮苦、囚禁與流放的日子，現在帶頭重建波蘭。無論在當時或今天，許多人都把這個分水嶺時刻跟畢蘇斯基在十一月十日返國的事情連結在一起。他的出現不但是一九一八年十一月十一日宣布獨立的因子之一，重生波蘭的當局還在三天內自願把權力交給畢蘇斯基，相信他能扛起統治與安全的責任。歷史學家格熱戈日·諾維克（Grzegorz Nowik）寫道：「從一九一八年的十一月十四日開始，攝政委員會便將建立國民政府的責任交到約瑟夫·畢蘇斯基手中……並在眾議院選出來之前，正式賦予他不受限制的獨裁權力。」[37]沒錯，在九十八天後的一九一九年二月二十日，自由選出的眾議院在第一次召開之前，畢蘇斯基握有絕對的權力。

一九一八年的十一月，「獨裁者」一詞開始跟畢蘇斯基的名字連在一起。他本人也很訝異自己這麼快就得到如此多的權力。在一九二三年的一場演說中，他說（用第三人稱自稱）：

在短短幾天內，這個男人沒有做出任何努力、沒有動用任何暴力、沒有進行任何賄賂、沒有表示任何讓步……沒有採取任何所謂的「法律」途徑，卻有一件極不尋常的事發生了。這個人變成一個獨裁者。在準備今天的演說時，我思索了「獨裁者」這個詞。我不希望使用任何牽強的詞彙或為自己創造任何特別的頭銜；我只希望以歷史學家的角度定義這個無法用其他方式描述的現象。[38]

攝政委員會解散之後，畢蘇斯基開始盡全力履行組建國民統一政府的承諾。雖然畢蘇斯基否認自己跟任何政黨有所牽連（即使他曾是波蘭社會黨的創始人和領袖之一），但他選擇社會主義者達申斯基為總理，仍引起了疑慮。攝政委員會解散隔天，盧博米爾斯基親王問到這件事，據說畢蘇斯基是這麼回答：「這是我欠我朋友的。」[39]選擇達申斯基有其邏輯，畢竟畢蘇斯基已經認識這位長年的夥伴將近二十年，他也曾在奧地利國會服務許多年。但，很多保守派人士無法接受達申斯基，特別是民族民主黨。知名歷史學家、同時也是民族民主黨黨員的瓦迪斯瓦夫・克諾普中斯基（Władysław Konopczyński）在一九一八年十一月十五日的日記中寫道：「一天之內，畢蘇斯基提名了達申斯基為總理。這是非常不好的消息。」[40]另一位保守派人士瓦迪斯瓦夫・雅沃爾斯基則說：「畢蘇斯基沒辦法選別人，因為他有必須選擇社會主義者和非猶太人的壓力。」他補充說：「畢蘇斯基和達申斯基只能照著民間叫他們做的去做。」[41]

波蘭農民黨皮雅斯特派（Polskie Stronnictwo Ludowe–"Piast"，PSL–Piast）中間偏右的強大領袖溫森蒂・維托斯也對這件事感到不自在，表明自己反對達申斯基。十一月十七日早上，民族民主黨在華沙組織大型示威遊行，要求成立「真正的國民政府」，而非社會主義政府。[42]達申斯基無法獲得民族民主黨組建聯合政府的支持，因此在十一月十七日下台。畢蘇斯基接受他的決定，讚揚達申斯基為國家做出的貢獻與服務。達申斯基解散了盧布令政府，指示十二位部長支持畢蘇斯基。[43]

畢蘇斯基改任命四十八歲的延傑伊・莫拉切夫斯基（Jędrzej Moraczewski）。莫拉切夫斯基是一位溫和的加里西亞社會主義者，自一八九〇年代就活躍於加里西亞波蘭社會民主黨，本身是機械工程師。一九〇七年到一九一八年，他曾在維也納的奧地利國會代表自己的黨，並在第一次世界大戰期間加入波蘭軍團第一旅。右翼的民族民主黨和中間偏右的黨派都接受莫拉切夫斯基，因此他便和畢蘇斯基一起成立了內閣，從主要政黨的領袖之中選出部長。在成立聯合政府的協商中，畢蘇斯基曾與維托斯見面討論。維托斯告訴畢蘇斯基：「由波蘭瓜分前的三個地區的代表，共同組成政府是絕對必要的，不只因為波蘭社會這樣要求，也是因為這樣對國家好。」[44]

一九一八年十一月十八日，重生波蘭的第一個政府正式誕生。由於消息是在凌晨兩點在臨時召開的記者會上宣布的，其中一家報社《波蘭信使報》（*Kurier Polski*）得以在十一月十八日

波蘭獨立後的第一個政府在一九一八年十一月十八日齊聚一堂，包括（從坐在最前排最左邊的人開始）：內政部長史塔尼斯瓦夫・圖古特（Stanisław Thugutt）、總理莫拉切夫斯基、戰爭部長兼國家元首畢蘇斯基、司法部長蘇平斯基（Leon Supiński）和外交部長列昂・瓦西萊夫斯基。

的早報頭版刊登這則頭條新聞。畢蘇斯基在一份共同聲明中公布了二十一名部長的名字，其中九位是從已經解散的盧布令政府選出。畢蘇斯基被任命為戰爭部長。內閣包含六位社會主義者、五位農民黨黨員、兩位激進知識分子的政黨黨員和兩位無黨籍人士。此外，還有兩個名額保留給來自西普魯士波茲南的民族民主黨黨員。[45]

有一些重要職位給了畢蘇斯基長期的夥伴，像是列昂．瓦西萊夫斯基（外交部長）和克薩韋里．普勞斯（教育部長）。[46] 儘管納入中間偏右和右翼的政黨代表，維托斯等人仍抱怨莫拉切夫斯基把絕大部分的內閣職位交給了社會主義者。[47] 曾任最高國家委員會主席的雅沃爾斯基等克拉科夫保守派人士並不看好新政府：「天啊，多悲傷的輕歌劇！莫拉切夫斯基扮演了無趣的狂熱者，是個膚淺、有些苛刻、沒受過教育的歷史學家。」[48]

對部分人來說，新政府的社會主義傾向給人的不自在感跟國家元首有直接的關聯。十一月十九日，華沙出現一份傳單，將新政府形容成一群在國家上空升起紅色旗幟的激進分子。傳單警告祖國有危險了：「沙皇體制的敵人畢蘇斯基仿效沙皇的榜樣進行統治，就像列寧一樣。畢蘇斯基想在這裡建立俄羅斯地獄。畢蘇斯基是誰？是波蘭人！難道我們要讓波蘭屈服在投機者和偽證者的權威底下嗎？」[49]

儘管如此，成立臨時國民政府對畢蘇斯基來說是一個重要的成就。外交部長瓦西萊夫斯基在十一月十八日的尾聲前去拜訪他，發現他神智清醒，但身體疲累不堪，累到無法下床。瓦西萊夫斯基在日記裡寫道：「畢蘇斯基精疲力盡，因為過去這幾天他只睡了短短一個半小時。」[50]

接下來幾天，在國內相對少人知道的莫拉切夫斯基發布宣言，宣布他的政府希望達到的目標。他強調新政府是臨時成立的，目的是要在選出一個有立法權的眾議院（國會）之前管理國家。選舉後，所有的權力都會交給被選出來的政府。他接著說，眾議院是以直接普選為基礎，所有二十一歲或以上的公民無論性別、民族或宗教，都有投票權。莫拉切夫斯基表示，重生後的波蘭會繼承多族群暨多宗教國家豐富悠久的寬容傳統。莫拉切夫斯基宣稱：「在平等公民權的領域中，波蘭將繼承古代波蘭立陶宛聯邦最光榮的傳統——宗教寬容。」他補充道：「有了我們手邊所有的辦法，我們將消除昔日瓜分強權政體殘存下來、針對社會上所有人的權利所施加的法律限制。」[51]

莫拉切夫斯基發布宣言後，畢蘇斯基也列出自己的權力，以實現公開透明。他的權力包括：「第一條：身為臨時的國家元首，我具有波蘭共和國最高權威的責任，直到召開眾議院為止；第二條：波蘭共和國的政府是由我指派，需要對我負責，直到選舉出來的眾議院見過總理為止。」[52]畢蘇斯基通告的語氣讓某些人感到不安，克拉科夫的社會主義大報《前進報》便為一九一八年十一月二十三日的頭版報導下了這樣的標題：「畢蘇斯基的獨裁政權」。不過，畢蘇斯基開始籌備全國大選後，這些恐懼感便煙消雲散。

畢蘇斯基政府在一九一八年十一月二十三日制定了第一條法規，規定一天的工時為八小時。[53]十一月二十八日又制定了歷史性的選舉法，將眾議院選舉訂在一九一九年一月二十六日。[54]在畢蘇斯基的堅持下，這個重大的選舉法賦予女性投票權，使波蘭成為一九一八年全世界有這麼做的唯四國家之一，另外三國分別是加拿大（五月二十四日）、德國（十一月三十日）和奧地利（十二月十八日）。美國（一九二〇年）、英國（一九二八年）和法國（一九四四年）都是後來才跟進。雖然畢蘇斯基自己的進步派圈子擔心，絕大多數的女性只會投給保守的天主教政黨和民粹主義的民族民主黨，畢蘇斯基仍毫不猶豫地賦予女性選舉權。他說，曾有數以千計的女性跟他的妻子瑪麗亞和未來的妻子亞麗桑德拉一樣參與獨立運動，並在波蘭軍團跟男性一起並肩作戰。亞麗桑德拉後來寫道：「他【畢蘇斯基】說，戰爭期間在軍團、波蘭軍事組織等單位服務的女性所完成的工作，就跟男性完成的工作一樣重要。因為她們在解放國家時經歷了同等的危險，她們有權利在統治國家這件事情上擁有同等的聲音。」[55]

畢蘇斯基的下一個待辦事項是外交政策。十一月十六日，他第一次主動發起外交提議，希望協約國承認波蘭，同時提供軍事協助。畢蘇斯基向美國、英國、法國、義大利、日本和德國政府正式宣布自己的國家獨立。他寫給這六個國家：「身為波蘭軍隊的總司令，容我通知政府和人民……由統一波蘭的所有地區組成的獨立波蘭國家已經誕生。」他接著說：「多虧了協約國軍隊偉大的勝利所帶來的轉變，波蘭才有辦法重拾獨立和主權。」[56]

畢蘇斯基對美國總統給予特別待遇，親自發電報給威爾遜：「波蘭視您為她的第一個擁護者，將您的支持看作同情波蘭理念的證據。」另外，畢蘇斯基請求身為法國元帥和協約國總司令的斐迪南·福煦將軍（Ferdinand Foch）讓約瑟夫·哈勒爾將軍的波蘭軍隊可以卸下職務，轉移到波蘭。[57]當時，哈勒爾的兵力有五萬七千三百人。畢蘇斯基希望與西方民主國家建立強大情誼、建立民主規範的舉動，獲得很好的迴響。例如，《紐約論壇報》評論：

【波蘭的】獨立與復國已經得到保障。她不但有權得到加里西亞，還有波森（Posen）和大部分的西普魯士，因此無疑會在和談期間拿回這些地方。同一時間，她也堅持自己的權利。柯斯丘什科復仇成功了。[58]

確立疆界

畢蘇斯基之所以強調要建立一支堅實的國民軍隊（把哈勒爾將軍位於法國的波蘭軍隊帶回來就是其中一環），跟邊疆遭遇的問題有關。當時，華沙只控制了波蘭王國和西加里西亞，是這個國家昔日領土的一小部分。在接下來的兩年間，畢蘇斯基朝四面八方擴張邊界，跟烏克蘭、德國、俄羅斯、立陶宛和捷克都起了武裝衝突，其中有兩次武裝衝突就發生在一九一八年十一月波蘭復國之際。畢蘇斯基派遣軍官到西普魯士的波茲南（波森），這或許是他當上總司令後的第一個行動。結果，波茲南的德國當局在一九一八年十一月十六日投降。[59]兩星期內，畢蘇斯基的軍隊拿下大部分的波茲南省，大體上沒有流血。在接下來的幾個月，波蘭軍隊從德國手中奪下這個地區的控制權。

在第一次世界大戰終結和波蘭復國之際，正值一場全球傳染病的高峰期——西班牙流感。一九一八年十到十一月，西班牙流感在波蘭達到高峰。到了十月，光是克拉科夫就估計有兩萬人受到感染。根據勒沃夫媒體的報導，當地的西班牙流感病例多到難以埋葬所有的死者。[60]在東歐，傳染病剛好跟烏克蘭人和波蘭人在東加里西亞新爆發的戰爭撞在一起。一九一八年十一月一日，畢蘇斯基還被關在馬德堡時，勒沃夫最後一任哈布斯堡總督把這座城市的掌控權交給了烏克蘭人。烏克蘭國家委員會（Ukrainian National Council）趁機宣布獨立，西烏克蘭民族共和國（West Ukrainian National Republic）就此誕生，首都設在勒沃夫。在城裡約有一千三百五十到一千五百名戰士的烏克蘭軍隊，在市政府升起國旗，攻下勒沃夫大部分的地區，包括猶太區。烏克蘭人占據政府建築、主要車站、電話與電報部門，還有郵局。烏克蘭軍隊拿下了普瑟密士，因此烏克蘭國家委員會宣稱東加里西亞是烏克蘭的領土；當時，普瑟密士有百分之四十五點六的人口是波蘭人、百分之三十八點三是猶太人、百分之十五點六是烏克蘭人。[61]

當時，勒沃夫的十九萬七千四百名居民之中有百分之五十一點五是羅馬天主教徒（波蘭人）、百分之二十九點四是猶太教徒、百分之十七點五是希臘天主教徒（烏克蘭人）。[62]因此，不意外地，在這座城市占多數的波蘭人決定要發動武裝起義。五天後，勒沃夫的波蘭叛變者已增加到一千四百二十八名配備武器和彈藥的戰士，其中包括二十八把機關槍。[63]第一次世界大戰在十一月十一日結束前，烏波戰爭已經全面爆發。畢蘇斯基在一九一八年十一月十一日當上總司令之後，他最早下達的命令之一，就是派軍隊到勒沃夫支援波蘭叛變者。他在巴黎的政治對手波蘭國家委員會也全力支持他，在十一月十三日告訴美國駐法大使，東加里西亞應該被當成波蘭領土來捍衛。[64]

一九一八年十一月十六日，畢蘇斯基命令西加里西亞的波蘭軍隊指揮官博萊斯瓦夫·羅亞將軍（Bolesław Roja）率領四個步兵團到勒沃夫。羅亞的軍隊在十一月十九日抵達勒沃夫，烏克蘭現在面對的波蘭士兵總共有六千零二十二人。[65]在接下來三天，激烈的戰鬥吞沒了這座城市。一九一八年十一月二十二日凌晨，烏克蘭軍隊逃跑了，波蘭士兵在市政府升起國旗。羅亞宣布勒沃夫獲得解放，誓言維護法律與秩序。他派軍官率領巡邏兵，只要遇到任何人做出搶劫或任何暴力行為，不管是平民或士兵，都「使用槍枝無情」對付。波蘭人為勝利付出很高的代價，共有兩百一十名士兵喪命、七百六十二人受傷。[66]

對勒沃夫的許多居民而言，羅亞希望維持法律的呼籲一點用也沒有。在估計有三百四十名死傷的平民當中，有不少受害者是烏克蘭人。一九三四年發表的一份烏克蘭研究將攻克勒沃夫的行動稱作「波蘭的殖民戰爭」。瓦西里．庫恰布斯基（Vasyl Kuchabsky）寫道：「【一九一八年的】十一月二十二日早晨，在波蘭居民歡欣鼓舞的氣氛中，波蘭軍隊占領了城市裡烏克蘭軍隊撤出的地區。就像在普瑟密士一樣，烏克蘭人馬上遭到拘留，所有的烏克蘭民族機構都被洗劫……勒沃夫被奪走，開啟了剛成立的波蘭國家與西烏克蘭之間的戰爭。西烏克蘭的人民現在才明白在勒沃夫所發生的事情，真正的意涵是什麼，跟整個波蘭發生戰爭後才迫使他們投入精力創立國家和軍事組織。」[67]在同一時間的紐約，美國烏克蘭聯盟（Ukrainian Federation of the United States）發表措辭強硬的抗議：「波蘭企圖強行將烏克蘭地區據為己有，違反了威爾遜總統制定的民族自決原則。」[68]

反猶暴力行為爆發

烏克蘭人出現傷亡，大體上被視為烏波軍事衝突的連帶後果，平民不是目標對象，卻遭到戰火波及。然而，擁有五萬七千人的猶太社群所遭遇的事件可不是這麼一回事。波蘭拿下勒沃夫之後，緊接著發生持續兩天的反猶暴力行為，這引起的爭議遠遠超出波蘭國界。根據當時的文獻，勒沃夫的猶太社群在衝突期間表示中立。但據稱在圍城期間，有人從猶太區對著波蘭士兵開槍。因此，當波蘭軍隊拿下猶太區之後，猶太人原本站在烏克蘭人那邊的謠言在一九一八年十一月二十二日造成全面大屠殺。波蘭士兵劫掠這座城市的猶太區，搶劫店家；住家和猶太會堂遭到縱火；士兵攻擊猶太人。兩天後實施戒嚴，暴力驟然而止。等到塵埃落定、可以評估人員和財物損失時，當地的猶太救援委員會統計有七十三名猶太人死亡，四百三十七人受傷。[69]猶太救援委員會還算出有兩座猶太會堂被搗毀、超過五百個猶太商家被摧毀、兩千名猶太人無家可歸、七十個猶太兒童失去雙親。[70]

勒沃夫屠殺事件只是波蘭重生後，在一九一八年十一月爆發的其中一起反猶暴力事件。第一起發生在波蘭宣布獨立的那一天，也就是十一月十一日。在凱爾采這座自一九一五年以來就受到奧匈帝國統治、毫無疑問屬於波蘭地區的城鎮，猶太政黨的代表和他們的支持者聚集在一間戲院，討論他們的未來。這場估計有三百人到場的會議結束時，外頭聚集了許多人。一些激進分子闖入戲院，把猶太人趕到街上。暴民拿著棍棒和刺刀攻擊猶太人，導致四死多傷。[71]在場的政黨領袖中有猶太社會主義者。他們被指控支持布爾什維克，因此觸發了暴力事件。如同歷史學家威廉・哈根（William Hagen）所寫到，凱爾采「是華沙波蘭人形塑戰後屠殺浪潮相關民意的焦點所在，其中最有影響力的因素是反布爾什維克主義，而非針對猶太人是否忠心所形成的偏執，或是認為猶太人進行經濟剝削（這充斥在加里西亞屠殺事件的論述）而產生的復仇心理。」[72]

跟勒沃夫那些指控猶太人在與烏克蘭發生軍事衝突期間對波蘭不忠的人相比，凱爾采的屠殺者把目標放在他們聲稱的「猶太布爾什維克主義者」。右翼的華沙日報《華沙信使報》將凱爾采屠殺說成是面對「猶太布爾什維克主義者」所表現的愛國情操。這份報紙堅稱凱爾采的「布爾什維克間諜和猶太人」被人聽見高喊「白鷹滅亡，波蘭滅亡！托洛斯基萬歲！」，因此主張可以理解當地波蘭人會在波蘭宣布獨立那天起身捍衛國家尊嚴。報紙接著說：「這類猶太人在波蘭愛國情操達到高峰的時候所做出的行為，結果便是造成凱爾采居民的騷動。如果說凱爾采有很多猶太人受害，那都要怪煽動布爾什維克主義的猶太人。」[73]

屠殺不只有發生在凱爾采和勒沃夫。在波蘭宣布獨立的十一月十一日到一九一八年十一月底的這十九天之間，波蘭控制的地區有超過一百處爆發反猶暴力事件，幾乎全部都在西加里西亞。在一九一八年十一月的西加里西亞（不算勒沃夫和凱爾采的屠殺事件）遭到殺害的猶太人至少有五十九人，很可能還更多。[74]在獨立後的十九天內就有這麼多猶太平民死在波蘭掌控的地區，讓一位來自加里西亞的波蘭猶太人說：「波蘭的誕生伴隨著猶太人的血流成河。」他這麼說並沒有錯。[75]

波蘭的形象在她重生的那一刻，就因為反猶暴力頻傳而遭到玷汙。勒沃夫的一名德國特派員發表一篇報導，被好幾家美國報社引用。《柏林日報》（*Berliner Tageblatt*）報導，勒沃夫有一千一百名猶太人被殺，雖然這個數字後來經證實是過度誇大，但是從紐約到舊金山的多家美國報社都跟著轉載。從柏林發出的新聞稿包含以下內容：「那些波蘭人一進到這座城市，就開始洗劫焚燒猶太區。街上到處都是慘遭殺害的猶太人焦黑屍體，他們很多人在絕望之際，從燃燒的建築物中跳出來，發現四周都被波蘭士兵包圍。波蘭當局漠不關心，拒絕採取行動阻止這場屠殺。」[76]

畢蘇斯基為了處理這場危機，在一九一八年十一月二十五日和二十九日接見兩組猶太代表團。媒體詳細報導了第一場會面，參與者有凱爾采猶太社群的代表諾亞·布勞恩（Noah Braun）及華沙的格魯恩鮑姆和拉法爾·謝列佐夫斯基（Rafał Szereszowski）。[77]布勞恩在呈交一份關於凱爾采屠殺的備忘錄之後，要求畢蘇斯基派遣調查小組到凱爾采逮捕犯罪者，同時了解當地的軍事和市政領導階層在屠殺期間所扮演的角色。布勞恩在交給畢蘇斯基的備忘錄裡寫道：「波蘭猶太人很歡迎當局成立自由、統一和獨立的波蘭，在此聲明我們建立波蘭國家的意願，表示我們隨時準備為了這個國家犧牲鮮血。」與此同時，波蘭猶太人「期望政府認真嚴肅地看待凱爾采屠殺事件，以免讓人們認為怎麼對待猶太人都是被允許的，對猶太人做出犯罪行為也不會受到懲罰。」[78]

根據媒體的報導，畢蘇斯基回答將在一九一九年二月召開民選國會後，立刻全面處理整個反猶暴動的問題。他強調，自己很清楚反猶暴力行為的嚴重性，並把原因歸咎於戰後法律與秩序的瓦解。他說，華沙政府還沒有辦法阻止每一起事件。兩天後，一份華沙日報描述了這場對話：

伊扎克．格魯恩鮑姆律師對畢蘇斯基說：「凱爾采的屠殺者跟西加里西亞的屠殺者一樣，反對您的政府和畢蘇斯基總司令您本人。」畢蘇斯基回答：「對，【他們】反對我，我很清楚。」此外，畢蘇斯基總司令也說，全國各地都傳來了跟猶太人之間關係緊張的消息。他強調，政府尚未擁有適當的能力做出回應，因為軍隊還在組建中。總司令接著聲明，身為一個受壓迫民族的子民，他絕不會允許任何個人或團體遭到迫害。最後，畢蘇斯基表示軍事及行政當局已經展開相關調查。[79]

在一九一八年十一月二十九日第二次會見猶太領袖時，畢蘇斯基接見了來自克拉科夫的代表團。代表團由錫安主義領袖奧西亞斯．亞伯拉罕．托恩（Ozjasz Abraham Thon）率領，還包含格魯恩鮑姆與馬克斯．雷瑟（Max Lesser）。跟前一場會面一樣，代表團交給畢蘇斯基一份備忘錄，詳細說明西加里西亞和勒沃夫發生的反猶暴力事件規模。意第緒語和波蘭語媒體寫到，畢蘇斯基仔細聆聽，誓言會支持調查軍方和市政當局在屠殺期間所扮演的角色。備忘錄要求波蘭政府補償猶太受害者、照顧寡婦孤兒、協助無家可歸者。最後，他們要求畢蘇斯基發表聲明譴責反猶太人的行為。畢蘇斯基回答，他已經下令軍隊代替猶太人進行干涉，也確定各指揮官已經將命令傳達給下屬。[80]

托恩要求畢蘇斯基公開這道命令，因為沒有人知道這件事。畢蘇斯基的回答令猶太代表團挑起眉毛，引起雙方的緊張。據傳，畢蘇斯基說道：「我不是一個獨裁的人，除非政府要求，否則無法發布政治性質的聲明。猶太問題非常棘手。猶太人擁有同等的權利，在日後的眾議院中將有適當的平台可以參與和提出訴求。眾議院召開前沒辦法解決這些問題。」[81]格魯恩鮑姆認為畢蘇斯基的回答一點也不恰當。格魯恩鮑姆回覆：「阻止反猶屠殺這種事沒辦法等到國會召開！」[82]倫敦的猶太社會主義勞工聯盟（Jewish Socialist Labor

Confederation）——勞工錫安黨成立的組織——在當時針對屠殺做了一份報導，十分不滿畢蘇斯基拒絕發表公開聲明，說道：「所以，基於民主之名，議會召開前不能阻止屠殺！」[83]

托恩九年後回顧這場會面時，說：「我們以代表團的身分告知畢蘇斯基在勒沃夫發生的可怕事件，這有觸動到他嗎？不管是當時或現在，我的感覺是一定有。可是，他所表達的言詞頗為嚴厲，並不是無視濺血慘劇那樣的無情，只是他是以軍人的方式處理這場悲劇。」[84]在一九一九年的一月選進波蘭第一個國會的托恩，又進一步反思他對波蘭國家元首的印象：

> 第一次會面馬上讓我了解畢蘇斯基跟波蘭猶太問題之間的關係：他完全沒有在空閒時間思考這件事。猶太人確實沒有理由相信這個人會對他們造成任何傷害，因為畢蘇斯基不是個會做錯事的人。但是同一時間，猶太人沒有任何可能或合理的希望，可以指望他能為自己帶來什麼利益。[85]

畢蘇斯基的性格和敏銳才智讓托恩印象深刻，說他能「仔細聆聽、完美回應，沒有一個字、一個動作逃過他的法眼。」[86]托恩在一九二七年的十二月寫下這段文字，表示如果在這書寫的當下，畢蘇斯基認為積極解決波蘭的猶太問題是波蘭建國的頭等大事，兩人在一九一八年十一月二十九日第一次見面時，他肯定沒有這麼想。

從畢蘇斯基跟猶太領袖的對話可以判斷，反猶暴力事件會擴散顯然完全在他的意料之外。一九一九年一月二十三日，他跟英國錫安主義者伊斯雷爾．科亨（Israel Cohen）見面，科亨當時說道：「畢蘇斯基將軍直言不諱地對我說，波蘭人不喜歡猶太人，他能給予的唯一希望就是目前的反猶敵意不會繼續下去。」[87]無論畢蘇斯基是如何理解反猶暴力行為突然在波蘭出現且快速擴散的問題，可以確定的是，這在國際上帶來了果決立即的影響。在華盛頓特區，波蘭國家委員會的美國代表帕德雷夫斯基在報紙上讀到了一篇又一篇有關屠殺事件的報導。一九一八年十一月二十日，他建議美國國務院派遣由美國猶太人和波蘭裔美國人領袖組成的真相調查團到波蘭，評估暴力事件的規模，並將調查結果公諸於世。[88]

同一時間，情況更加惡化了，導致美國和英國的猶太人請求協約國干涉。倫敦的《猶太紀事報》（*Jewish Chronicle*）在一九一八年十一月二十九日表示：「我們對新波蘭的態度再友善不過……但這個復興中的國家會發現，因為自己持續惡意對待猶太居民，很難獲得國際的同情。」報紙接著寫道：「有相當急迫的干預必要，我們相信協約國或許有辦法共同施加一些立即的壓力。但更好的情況會是，那些受過啟蒙的波蘭領袖自己可以終止這些造成猶太人痛苦、有損波蘭好名聲的事件。」這份英國猶太日報點名畢蘇斯基為這一刻最重要的人物，提到他們最近很開心收到巴黎的波蘭代表傳來的電報，說「波蘭軍事領袖畢蘇斯基正採取行動阻止進一步的混亂。畢蘇斯基看來有些辦法，在友善的自由派政黨協助下，希望很快就能重建對生命與秩序的尊重。」[89]

儘管畢蘇斯基聲明他會努力從上層遏止暴力行為，反猶動亂仍舊持續下去。因此，一九一八年十二月十一日約有八千人在紐約市的麥迪遜廣場花園發起抗議，要求「為波蘭的猶太受害者伸張正義」。[90] 主辦人朗讀宣言，要求在即將展開的巴黎和會上保障波蘭猶太人的安全。《泰晤士報》說，反猶暴力只是這個新國家面臨的數個問題之一，包括重建、失業、猶太人和布爾什維克的威脅。這份報紙表示：「在這些問題之中，猶太問題已經因為蘭伯格（Lemberg）和其他地方發生的屠殺事件而引起外國注意。」倫敦的《猶太紀事報》也表示：「蘭伯格只是一個象徵，代表整個懸在波蘭未來上的猶太問題。」[91]

屠殺事件並未影響畢蘇斯基在國際媒體之間越來越正面的形象。起初對他握有的絕對權力表示擔憂後，外國媒體自己的觀點開始軟化。《紐約時報》在一九一八年十二月十七日寫道：「畢蘇斯基將軍不僅是政府的軍事首腦，還簽署所有的政令，同時也被認為是人民的元首。」華沙特派員說，這位波蘭領袖「體型瘦小，性格緊張，因健康狀況不佳而駝背，但總在崗位上工作很長的時間。他的眼睛是藍色的，眉毛濃密。」

這份報紙認為，畢蘇斯基的動機並不是獨裁，而是穩定有秩序地過渡到民主議會統治。

畢蘇斯基在一九一八年十二月十七日發表的同一次訪談中告訴特派員，目前的局勢是短暫的：「我們現在的任務是要一邊等待選舉，一邊維持和平與秩序。」他將波蘭的主權歸功於協約國。他不但感謝協約國在戰勝後使波蘭有可能獨立，自己也跟他們一樣認同民主理念。畢蘇斯基告訴《紐約時報》：「首先我想說，我很高興波蘭統一了。我們能獨立完全是因為協約國，否則那永遠只會是幻想。」他補充道：「我非常仰慕美國。我很幸運能在一九〇四年拜訪那裡，雖然我只在橫跨美洲大陸時待了幾天。」[92]

外國媒體認為，畢蘇斯基因為禮貌和寬容的作風，平息了跟猶太人和其他少數族群有關的議題。但是，沒有人否認波蘭獨立後的那十九天非常粗暴。除了東加里西亞和西普魯士的激戰，全國各地還爆發了無法完全鎮壓的反猶暴力事件，因此畢蘇斯基馬上就明白前方有多少困難的挑戰。

Chapter 13

政治家與外交官

今天，經過一百五十年時常需要流血犧牲的奮鬥後，我們勝利了。一百五十年讓波蘭自由的夢想，終於實現了。

——約瑟夫．畢蘇斯基在波蘭第一個民選國會上發表的開幕致詞，於一九一九年二月十日的華沙

一九一八年的十一月二十九日，畢蘇斯基搬出位於莫科托夫斯卡街（Mokotowska Street）五十號的尋常公寓，搬進華沙十九世紀建成的美景宮。這棟新古典建築曾是德國前任總督漢斯．畢思樂的官邸，在他之前則住著帝俄官員。畢蘇斯基成為第一個進駐富麗堂皇的美景宮的波蘭元首，具有相當重要的象徵意涵。

在一九一八年十一月十八日組成波蘭獨立後的第一個政府，並且將眾議院選舉訂在一九一九年一月二十六日之後，畢蘇斯基把焦點轉移到外交事務上。前面曾說過，大戰結束前，協約國承認巴黎的波蘭國家委員會是波蘭的官方代表。這個局面在戰爭結束後依舊沒有改變，巴黎的波蘭人公開反對由社會主義者率領的華沙政府。畢蘇斯基很快就發現，想跟法國、英國、美國和義大利建立外交關係，必須先跟波蘭國家委員會進行協商。

畢蘇斯基從兩方面下手。他知道在中歐以外的地區沒有人知道他是誰，所以他利用國際媒體把自己介紹給西歐和美國的民眾。在一九一八年到一九一九年間的冬天，美國、英國、法國和義大利的讀者漸漸認識了波蘭獨立後的神祕統治者。畢蘇斯基強調，他渴望跟協約國建立密切聯繫，他明確支持立憲議會

政府、法治國家和少數族群的權益。當被問到過去身為社會主義者的經歷時，畢蘇斯基告訴美聯社：「我不是社會主義者，也不是布爾什維克，而是民主主義者。」[1]

畢蘇斯基的第二個手法，就是讓國外那些一開始從巴黎的政治對手的角度來看待自己的外交官，知道他的觀點。這些外交官很在意畢蘇斯基戰時跟同盟國合作，以及過去參加社會主義政黨的經歷。畢蘇斯基的權力是由同盟國戰時創立的攝政委員會賦予的，這件事本身就讓他在西方人的眼裡出現程度不一的汙點。哈羅德・費雪（Harold H. Fisher）在一九二八年說道：「畢蘇斯基曾服務於奧匈帝國的軍隊，並短暫跟德國組織的國家委員會合作，*這些事協約國還沒有忘記。此刻，對畢蘇斯基在西方的地位傷害最大的，是他的社會主義思想和長時間的革命生涯。」[2]費雪強調，人們對布爾什維克主義的恐懼正達到高峰，那已經取代德國成為西方的新敵人。因此，畢蘇斯基的任務之一就是說服協約國，自己絕對致力於保護波蘭的東部疆界，不讓共產主義擴張。

畢蘇斯基在美國外交圈大體上不為人知。他不會講英文，跟美國也沒有個人連結，只有一九〇四年六月前往日本的途中經過美國。英國作家羅伯特・麥奇雷在一九三二年的研究中，提到畢蘇斯基企圖跟協約國建立關係時所遭遇的困難：

協約國對畢蘇斯基所知甚少，知道的部分並不喜歡；他們記得他的軍團曾經替奧地利打仗，他也曾經在德國組織的國家委員會合作；他們對他從該機構辭退的理由和之後囚禁在馬德堡的經歷，沒有給予適當的評

*編注：應指一九一六年德國和奧地利在華沙成立的臨時國家委員會。

價；他們不清楚他在波蘭為了組織國家和遏止布爾什維克浪潮所做出的努力……有好幾個月，法國外交部支持德莫夫斯基，反對畢蘇斯基。有一段時間，波蘭政府好像有兩個，一個在華沙，一個在巴黎。[3]

畢蘇斯基採取行動創立議會民主、表達堅決反對布爾什維克的立場，並努力跟西方協約國建立密切關係，使得他在國外的形象漸漸改善。西方外交官越來越注意畢蘇斯基的公開發言，像是他在一九一八年十二月十五日便說，波蘭在歐洲扮演的角色是「保證抵禦布爾什維克的邊界」。他補充道：「除非我們能夠設立屏障抵抗俄羅斯的影響，否則我認

羅曼・德莫夫斯基（坐在中間）與巴黎的波蘭國家委員會成員合影。委員會成員包括莫里斯・扎莫伊斯基伯爵（Maurycy Zamoyski，坐在左邊）、埃拉茲姆・皮爾茨（Erazm Piltz，坐在右邊）和馬利安・塞達（Marian Seyda，站在右邊數來第二位）等人。在第一次世界大戰結束後的三個月，法國、英國和美國都承認波蘭國家委員會是波蘭的官方代表。

為波蘭很快就會受到布爾什維克威脅。」畢蘇斯基宣稱，協約國應該盡快協助波蘭鞏固那道屏障。他說：「我們的政府必須受到協約國的承認，但是目前遇到某些困難。巴黎波蘭委員會所代表的黨派跟這裡的其他黨派不相符，但是這個內部問題已經在協調中。」[4]

畢蘇斯基指的是從一九一八年十二月展開的對談。波蘭國家委員會在十一月十六日決定派代表到華沙跟畢蘇斯基見面後，便推動了這些談話。巴黎的委員會選擇由史塔尼斯瓦夫・格拉布斯基率領這個代表團。格拉布斯基在一八九二年參與了波蘭社會黨的創始大會，在該黨活躍至一九〇一年，後來開始親近民族主義的陣營。一九〇七年，他轉而效忠並加入德莫夫斯基的民族民主黨。由於格拉布斯基跟畢蘇斯基認識很久了，因此被認為是最好的人選。十一月十六日在巴黎舉行的會議上，他主張應該跟畢蘇斯基面對面談話，並認為畢蘇斯基是當時政局的關鍵。其他人也同意跟畢蘇斯基建立連結對委員會最好，像是保守派的記者和公關皮爾茨；法國波蘭軍隊的指揮官約瑟夫・哈勒爾則建議派他手下一名軍官陪同格拉布斯基到波蘭。[5]

兩天後，波蘭宣布成立由總理莫拉切夫斯基領導的第一個政府，導致波蘭國家委員會的立場變得強硬。這個位於巴黎的委員會召開緊急會議，表達極大的擔憂。委員會是由保守地主和隸屬於民族民主黨的民族主義者所組成，其中一人「認為，他們必須要求推翻這個左翼政府，同時繼續讓畢蘇斯基掌權。馬上派出我們的代表團跟畢蘇斯基見面，這是非常迫切且必要的。」波蘭國家委員會的副主席扎莫伊斯基伯爵更進一步地主張，委員會應進行抹黑行動，以「逼迫社會主義政府下台」。[6]

第一輪對談

在哈勒爾軍隊裡的一名軍官塔德烏什・馬里諾夫斯基（Tadeusz Malinowski）的陪同下，格拉布斯基於一九一八年的十二月五日抵達華沙。格拉布斯基在同一天跟畢蘇斯基進行第一次會談，將巴黎的指令呈交給他，也就是成立一個代表波蘭所有政治思潮的國民統一政府，但是很大一部分要留給民族民主黨。[7]

這兩人找出了雙方的共通點。第一，雙方都同意在即將召開的巴黎和會上，波蘭只派出單一代表團；第二，他們同意哈勒爾的軍隊應該轉移到波蘭，但是格拉布斯基強調這必須等到成立國民統一政府之後。結束第一天的會談後，格拉布斯基感覺自己占了上風。格拉布斯基那天晚上對一位朋友說：「畢蘇斯基已經在我的股掌之間。」[8] 在一九一八年十二月七日第二次會面時，格拉布斯基告訴畢蘇斯基，莫拉切夫斯基政府已經威脅到民族的統一，而統一在此時此刻是絕對必要的。[9] 畢蘇斯基回答，他不是基於意識形態的理由才建立社會主義政府，而是為了削弱布爾什維克浪潮的影響力。波蘭外交部長瓦西萊夫斯基當時也在場，他在日記中寫到這場會面十分緊張棘手。[10]

畢蘇斯基發覺他當下無法達成協議。他提議擴編巴黎的波蘭國家委員會，納入華沙政府的代表，但格拉布斯基拒絕了。格拉布斯基表示，即使成立了國民統一政府，波蘭國家委員會仍要維持獨立。這個沒有受到華沙支持的獨立機構將在巴黎和會上代表波蘭進行協商。[11] 德莫夫斯基打算不跟華沙商量，就自行實施外交政策，在畢蘇斯基看來是個非常無理的要求。

雙方會談在一九一八年十二月十日結束，沒有達成任何協議。格拉布斯基的任務失敗了。人在巴黎的扎莫伊斯基伯爵向法國保證，儘管遇到瓶頸，聯合政府最終還是會在華沙成立。[12] 歷史學家凱・倫德格林－尼爾森（Kay Lundgreen-Nielsen）認為，格拉布斯基「來波蘭是為了廢除莫拉切夫斯基政府、任命民族聯合政府，讓民族民主黨獲得最重要的職務。他的任務在十二月沒有成功，但他在協商期間展現的優勢是他有辦法指出一個事實，那就是協約國的協助只能由巴黎的波蘭國家委員會安排。」[13]

華沙會談破局，在巴黎引起很大的反應。在一九一八年十一月十一日的波蘭國家委員會會議上，一名委員會成員提議發起政變：「整個波蘭社會越來越反對政黨色彩強烈的莫拉切夫斯基政府，甚至是畢蘇斯基……這帶來的傷害大到我們不能再等下去，必須盡快積極干預，為政府帶來改變。」[14] 同一個發言人聲稱，布爾什維克正寄送大筆金錢到波蘭散發宣傳品。

格拉布斯基試圖略過畢蘇斯基，向民眾提出訴求。他於十二月二十日在華沙的布里斯托飯店（Hotel Bristol）召開記者會，提議以國民統一政府取代莫拉切夫斯基內閣，並提供媒體二十四位部長的人選清單，由畢蘇斯基擔任國家元首和戰爭部長。格拉布斯基說：「今天，我們是跟勝利的協約國同盟的國家。唯有**國民政府**才能享有國家命運的所有權力與責任，跟一八三〇年和一八六三年的時候一樣。目前，只存在國家元首和內閣，卻沒有國會，無法實現波蘭的利益。」[15]

華沙會談沒有成果，也令協約國感到擔憂，因為他們希望波蘭有個親協約國的穩定政府。法國參謀部的美國聯絡官朱利安．柯立芝少校（Julian L. Coolidge）在一九一八年十二月十一日表示：「剛從德國監獄釋放出來的畢蘇斯基將軍建立了實質上的政府，但是這個政府並不穩定。此外，布爾什維克的威脅非常嚴峻。列寧政府花了很多錢在波蘭宣傳布爾什維克主義。」[16]

柯立芝強調，波蘭需要一支強健的軍隊來捍衛自己和歐洲，免受布爾什維克威脅。然而，把哈勒爾的軍隊送到波蘭卻充滿了政治難題，因為協約國政府認為巴黎的波蘭國家委員會「是組成未來波蘭國家的基礎」。柯立芝總結，如果巴黎和華沙的波蘭人無法達成協議，「和會將認為波蘭無法自組政府，也就不會想要協助波蘭理念。但，在理論上認同統一比在現實中加以實踐還容易……只能希望很快就會出現解決辦法，否則波蘭肯定會變成布爾什維克革命的發生地。」[17]

畢蘇斯基也有強調強大軍隊的重要性。在一九一八年十二月九日寫給威爾遜總統的信件中，他要求波蘭裔美國志願兵不應派到法國加入哈勒爾的軍隊，而是要直接送到華沙，為重生波蘭的軍隊服務。自一九一七年的夏天起，已經有約一萬六千名波蘭裔美國人橫跨大西洋，加入哈勒爾位於法國的波蘭軍隊。[18]

畢蘇斯基派代表團到巴黎

格拉布斯基任務失敗後，畢蘇斯基派代表團到巴黎，在一九一八年十二月十七日代表他進行協商。畢蘇斯基直接跟協約國對談，希望可以讓波蘭國家委員會感到足夠的壓力，逼迫他們就範。他選擇曾在巴黎讀完醫學院的醫生卡齊米日．德武斯基（Kazimierz Dłuski）率領四人代表團到巴黎。其餘三人為米哈爾．索科尼斯基、博萊斯瓦夫．維涅瓦－德武戈舍夫斯基（Bolesław Wieniawa-Długoszowski）和安東尼．蘇伊科夫斯基（Antoni Sujkowski）。除了跟波蘭國家委員會對話，畢蘇斯基也吩咐德武斯基跟西方外交官建立直接聯繫。[19]

他們出發之前，畢蘇斯基請代表團親手轉交兩封信。第一封是寫給法國與協約國的軍隊總司令福煦元帥，畢蘇斯基由衷感謝福煦在協助波蘭擺脫三個侵略國時所扮演的角色。他寫給這位元帥：「我的國家能夠自由，都得感謝您的軍隊，為此我將永遠感恩。」第二封是寫給德莫夫斯基，希望傳遞友好的訊息。畢蘇斯基認為，為了國家好，應該將往日的歧見放在一邊：「為了跟巴黎的波蘭國家委員會達成協議，我已派遣一個代表團到巴黎……我謙遜地請求您能願意盡一切力量促成雙方的協商。當我說我非常希望不要同時有兩個代表波蘭跟協約國交涉的機構時，請相信我是真心的：唯有共同的單一代表能夠讓我們的訴求被聽見。」他最後說：「我們的交情這麼久了，我希望在現在這個關鍵的時刻，至少能有部分人——如果不是所有的波蘭人的話——可以超越政黨、派系和團體的利益。」[20]

畢蘇斯基的代表團沒料到法國對他們的態度竟然十分冷淡，因為他們在一九一八年十一月十三日就正式承認波蘭國家委員會為波蘭政府。[21]法國的駐美大使讓．儒勒．朱瑟洪（Jean Jules Jusserand）十一月二十六日代表政府發電報給美國國務卿羅伯特．藍辛（Robert Lansing），力促美國政府也正式承認巴黎的波蘭國家委員會為波蘭實質上的政府。這位大使強調，這個舉動不僅正當，也迫切需要完成，因為布爾什維克主義正在東方迅速散播。[22]

畢蘇斯基知道，要獲得西方協約國認可的先決條件是與巴黎的波蘭代表達成協議，因此他把希望放在跟協約國同時進行會談的德武斯基代表團。畢蘇斯基在一九一八年十二月二十六日提到法國總理，說：「我可以跟【喬治・】克里蒙梭（George Clemenceau）談話，不需要波蘭國家委員會在場。」[23]畢蘇斯基決定陪同德武斯基代表團的成員到克拉科夫；他們前往巴黎的途中會在那裡停留。索科尼斯基也有跟他一起去，提到克拉科夫火車站有「歡迎活動和大批群眾」迎接畢蘇斯基以國家元首的身分第一次訪問當地。[24]克拉科夫勞工委員會大張旗鼓地發表聲明，歡迎國家元首：「克拉科夫的勞工們！波蘭共和國元首及其軍隊總司令約瑟夫・畢蘇斯基來到了克拉科夫。工人族群熱情歡迎他，為他的事蹟、他的奮鬥、他在牢獄度過的那些年，以及他為求勝利不屈不撓的意志，表達由衷的尊敬與感謝。波蘭的自由、獨立與統一萬歲！」[25]

克拉科夫的社會主義日報《前進報》印製了特刊，熱情迎接畢蘇斯基。報紙寫道：「致共和國的元首，我們只有一個要求，希望您協助共和國把國土擴張到波蘭人居住的每一個角落，通往實現人類權利的自由國度。」這份報紙最後喜悅地說：

> 畢蘇斯基，克拉科夫帶著比銅鈴響得還大聲的心之鈴歡迎你；克拉科夫帶著比轟隆隆的交響樂團還卓越的自由詩歌歡迎你；克拉科夫在第一批波蘭士兵展開傳奇行軍的那道門檻歡迎你；克拉科夫用你在一九一四年八月六日那場可怕的戰役展開前，祝福手下英雄的那句話歡迎你：「自由的波蘭萬歲！」[26]

相形之下，保守派的克拉科夫日報《時報》則對畢蘇斯基的到來抱持高度的懷疑心理，指控他的目標是將社會主義強加在波蘭這個國家身上。這份報紙在一九一八年十二月二十日表示：「今天，我們對畢蘇斯基在這個國家最重要的議題上提出的政策感到不滿。」隔天，報社又警告讀者不要把畢蘇斯基的話當真：「國家元首畢蘇斯基在言論中把握每一個機會表達對『國民』內閣的支持，但是卻做出支持社會主義政府的行為。」[27]

同一時間，德武斯基代表團出發前往巴黎，畢蘇斯基則返回華沙。在十二月二十六日，他接受記者瓦迪斯瓦夫．巴拉諾夫斯基的訪談。巴拉諾夫斯基評論：「畢蘇斯基總司令非常友善地接待我，甚至可以說是熱情。」[28]巴拉諾夫斯基問畢蘇斯基有關外交政策的事。畢蘇斯基回答，第一要務就是跟勝利的協約國建立外交關係。畢蘇斯基說：「我們現在仰賴協約國的程度比任何時候——包括戰時——都還要高。身為勝利者的他們現在掌管一切。波蘭的國界將依靠他們。我們必須……考慮到他們的權威，尤其是法國的聲望。」畢蘇斯基強調，應該處理的問題是避免巴黎和會上出現兩個個別波蘭代表團的情況。他說：「我們不能引人側目，我不允許這種事發生。」[29]

巴拉諾夫斯基接著提起一個尷尬的話題。總司令有沒有考慮保留自己的獨裁權力，不召開國會選舉？這個問題本身就讓畢蘇斯基上了火氣，他提高音量說：「我不想要、也沒辦法用任何手段迫使波蘭變成獨裁國家。這不但有違我的信念和自由的觀念，還會創造一個無法持久的非法局面，傷害波蘭在國際上的名聲。」畢蘇斯基說，波蘭必須要朝完全相反的方向前進，經歷「合法化」的過程，組成議會政府、獲得協約國認可。畢蘇斯基補充道：「無論發生了什麼事，當國內外的民眾發覺布爾什維克主義在我們的門前被擋下，就會比較順著波蘭了。」[30]

威爾遜在一九一八年十二月二十六日抵達英國時，收到倫敦的波蘭資訊委員會（Polish Information Committee）和英國波蘭社群委員會（Council of the Polish Community）共同發表的感謝聲明：「我們無法忘記——沒有一個波蘭人會忘記——當歐洲前景一片迷茫、波蘭理念被疑慮和困難籠罩時，您在一九一七年的一月二十二日對參議院清楚明確、毫不動搖地宣布，『統一、獨立、自治的波蘭』是必要的。這為每一個波蘭人帶來希望，即使在德國入侵的恐懼之中，仍在華沙的美國領事館前面引起極大的激昂。」這則訊息力促威爾遜支持華沙的畢蘇斯基政府：

我們非常高興波蘭現在擁有一個由國內最穩定進步的人士所組成的政府，並且由軍人英雄畢蘇斯基將軍領頭。我們很有信心，在您睿智的引導下，這個政府可以很快就受到協約國的認可，我們國家的社會和民族生活的重建工作便可以開始進行，不再耽擱。[31]

加拿大人威廉・羅斯（William J. Rose）也是畢蘇斯基的支持者之一，他在戰爭那幾年待在切申（Cieszyń）附近的西利西亞波蘭地區。羅斯擔心波蘭國家委員會正在惡意曲解畢蘇斯基的觀點，因此在一份倫敦期刊上發表文章支持華沙政府及其領袖。羅斯在一九一八年十一月來到巴黎，發現波蘭國家委員會對畢蘇斯基政府的態度非常不友善。他在一九一八年十二月倫敦的《波蘭評論》（*Polish Review*）上寫到，令人丟臉的是，「兩週前，華沙派波蘭代表團到巴黎向協約國報告整件事情，但是不知為何，他們在瑞士受到耽擱……某個地方的某些人似乎在害怕某件事。」[32] 羅斯接著說，自從波蘭在戰後出現一個政府後，波蘭國家委員會就一直暗地告訴西方外交官錯誤的訊息，說畢蘇斯基要把波蘭變成一個布爾什維克的國家。羅斯表示，這些誤導人的訊息已經出現在西方媒體，將華沙政府形容成激進社會主義甚或是布爾什維克的政府。《泰晤士報》於一九一八年十二月三十一日刊登的文章證實羅斯的觀察沒有錯，文中描述莫拉切夫斯基總理「看到紅旗就心生歡喜，儘管旗子被稀釋成粉紅色。」[33]

羅斯支持畢蘇斯基的另一個例子，出現在一九一八年十二月英國的一份外交政策評論週刊上；這份刊物向來贊同威爾遜針對各斯拉夫人民所提出的民族自決原則。在這篇文章，羅斯要讀者不可憑藉刻板印象將波蘭領袖想成社會主義者。羅斯在這份週刊《新歐洲》（*New Europe*）上寫道：「他繼承了加里波底和馬志尼時代的歐洲精神，並受到兩群人的傳統深深影響——為自由奮鬥而加入拿破崙軍團的波蘭戰士，以及一八三

○年和一八六三年發動叛變的波蘭民主主義者。」[34]羅斯強調，在戰爭期間，畢蘇斯基只是為了愛國目標利用同盟國，寧可被關進監獄，也不願發誓效忠德國。羅斯說：「畢蘇斯基是波蘭最堅定的反德領袖。畢蘇斯基卓越的軍人特質不應該奪去他治國才能的光彩，他那帶有拿破崙色彩的性格現在已經創造了一個拿破崙式的傳奇。我們只需要等著看這是否足以控制住飢餓的民眾、渴望土地的農民，以及無可救藥的反動人士。」[35]

畢蘇斯基雖然在英國和美國越來越受到民眾支持，但是他很清楚，要跟協約國建交就必須跟巴黎的波蘭人達成協議。一九一八年十二月二十四日，德武斯基代表團離開克拉科夫前往巴黎，卻在瑞士的伯恩受到耽擱，等待法國簽證。但，這出乎意料的耽誤最後竟帶來好的結果。

在伯恩時，德武斯基代表團遇到一些協約國的代表。首先，他們碰見前往波蘭的英國代表團團長理查・基門斯（Richard Kimens）與羅蘭德・肯尼（Rowland Kenny）；再來，他們遇見職業外交官赫拉斯・倫博德爵士（Horace Rumbold），他當時在伯恩擔任英國大使，後來在同一年成為英國駐波蘭的大使。德武斯基說他們跟英國外交官之間的對話「相當平順」，對方對畢蘇斯基代表團遭遇的困境深表同情。[36]

德武斯基代表團也會見了美國在伯恩的外交官，包括美國的柯立芝代表團的團長阿奇博・柯立芝（Archibald C. Coolidge，這個職務是美國國務卿藍辛所指派）。跟柯立芝見面讓德武斯基有機會修正美國的許多錯誤觀念，包括布爾什維克主義在波蘭十分猖獗的主張。德武斯基說：「我們試圖導正美國的錯誤觀點，證明莫拉切夫斯基的內閣儘管有其缺點，卻是……最好的安全防護來防範如此接近我們邊界的布爾什維克主義威脅。」[37]

這些在一九一九年一月一日到二日跟英美外交人員面對面的交流很快就有了回報。一月三日，德武斯基代表團站在伯恩的月台上等待前往巴黎的火車時，一名信使出現了，交給德武斯基一則電報。電報上寫道：「英國代表團到華沙的目的是要跟波蘭政府建立**實質**的關係。陛下的政府將傾注全力幫助波蘭復國。」電報最後說，他們已經請當時在伯恩波蘭領事館代表畢蘇斯基政府的奧古斯特・扎勒斯基（August Zaleski）將電報轉到華沙。[38]

代表團坐上前往巴黎的火車，心中滿懷希望。然而，他們的心裡同時也猶疑不定，對於要跟長久以來的政治對手進行協商感到尷尬。畢竟對方不認同他們為所有公民打造自由社會的核心原則，他們也相信對方透過族群中心主義和反猶主義在人民之間播下了恨意的種子。在伯恩時，索科尼斯基在一九一九年一月一日寫下了那天的重要發展。索科尼斯基知道畢蘇斯基希望在波蘭國家委員會添加自己的代表，讓這個組織隸屬於華沙政府，因此他不禁思索，跟德莫夫斯基這樣的人待在同一個組織會是什麼感覺。索科尼斯基在一九一九年一月一日寫道：「加入【波蘭國家】委員會，我們將受到猶太人的厭惡，使歐洲國家的左翼分子不信任我們。」[39]

同一時間，畢蘇斯基跟之前一樣在華沙基層仍非常受歡迎。一九一八年十二月二十九日，二十五歲的瓦克瓦夫・延傑耶維奇出席了畢蘇斯基在波蘭軍事組織的會議上所發表的演說。畢蘇斯基花了很多時間講述戰爭期間的波蘭士兵之後，說道：「我的朋友，最後請讓我用一句話總結。為了實現這句話，我的祖父母和父母願意犧牲生命，波蘭人也因此濺了許多鮮血，這句話就是：波蘭萬歲！」[40]延傑耶維奇記得畢蘇斯基的演說在他內心激起的情感：「關於那番話給我們這些被徵召進入波蘭軍隊的年輕軍官留下的印象，旁人只能靠憑空想像。」[41]畢蘇斯基在這段期間的演說很多都是對他的士兵發表的。在一九一九年一月一日新年這天，畢蘇斯基對士兵說了下面這番話：「讓每一位士兵──從層級最高的指揮官到最新加入的新兵──記住一件事，那就是他做事的意念和付出的努力取決於我們能否得到所有的民族都有權得到的東西，即在主權家園中獨立且完全自由地管理我們自己的事務。」[42]莫拉切夫斯基總理評論畢蘇斯基對士兵發揮的影響力，在一九一九年說道：「身為領袖的畢蘇斯基能夠擄獲他所指揮的士兵的心，使他們盲目相信他的能力，相信他打的每一場仗都會獲勝。」[43]

從志願兵發放的一份傳單，可看出畢蘇斯基全身環繞著傳奇與無敵的光環。傳單上寫道：「今天，有數千名波蘭年輕人加入軍隊對抗布爾什維克主義。幾乎所有的人都認為波蘭軍隊總司令兼國家元首畢蘇斯基【是】完全值得信任的人，一心一意為自己國家和人民的福祉著想。他的一生完全奉獻給國家。待過監獄和地牢之後，他也從未失去信念，今天仍努力為波蘭人做事。在這些艱難的時刻，我們應該向國家元首展現感激之情，並提供協助。」[44]

同一時間，巴黎的德武斯基代表團察覺法國對他們有所保留。代表團在一九一九年的一月四日抵達巴黎時，迎接他們的數十人之中沒有一個波蘭國家委員會的成員。德武斯基代表團抵達後所做的第一件事，就是邀請羅斯到他們下榻的盧滕西亞飯店（Hôtel Lutetia）。[45] 羅斯公開支持畢蘇斯基政府，又跟英美外交圈有往來，因此引起了代表團的注意。一如預期，羅斯答應了，並安排索科尼斯基跟英國外交部的情報副主管詹姆斯・黑德勒姆－莫雷（James Headlam–Morley）會面。後者同意羅斯的請求，但條件是這只能視為一場非官方的會面。羅斯憶道：「我謝謝他，並指出如果最有資格說明波蘭情況的人躲在幕後，不能見到最需要自己手上資訊的圈子，那就太可惜了。他同意了，很快就發揮成效。」[46]

媒體闡述了畢蘇斯基代表團的目的。《泰晤士報》在一月五日報導：「他們的任務是與法國政府建交……代表團聲明，他們來這裡特別重要的目的，是希望法國承認由畢蘇斯基將軍擔任元首的波蘭是個國家，並得到波蘭迫切需要的軍事協助和糧食供應。」[47] 德武斯基代表團和協約國官員之間第一次會面後，帶來了正面的印象。隔天，黑德勒姆－莫雷告知羅斯，參加巴黎和會的英國代表團有兩位成員埃斯米・霍華德爵士（Esmé Howard）和瓦倫丁・奇羅爵士（Valentine Chirol）要求跟索科尼斯基見面。羅斯回憶：「我們抵達後，黑德勒姆－莫雷親自迎接我們。索科尼斯基用簡單直白的法文說明了波蘭的整個狀況。他花了將近一個小時講完，之後對方便開始發問。現場氣氛非常熱絡，讓人感覺不管這場會面是不是『官方』的，雙方都已破冰。」[48] 跟英國外交官聚會一天之後，索科尼斯基說：「會面期間，我清楚感覺到特定英國圈子，傾向將我們從單方面的法國影響力中解放出來，把我們的代表團跟【波蘭】國家委員會做比較。例如，有人提議讓我們的代表團覲見人在倫敦的喬治國王。」[49]

最後，德武斯基代表團終於在一月六日開始跟波蘭國家委員會面談，在一月十一日結束。華沙代表團認為德莫夫斯基的態度十分無禮、不願妥協。他要求得到只有他一個人可以負責跟協約國協商的保證，索科尼斯基回答波蘭國家委員會必須承認畢蘇斯基政府才行。[50] 雖然德莫夫斯基表示他會考慮，但是他在私底下卻跟同僚說了不一樣的話。德莫夫斯基在一九一九年一月六日的波蘭國家委員會會議上說：「出席巴黎和會的波蘭代表團不可以仰賴可能瓦解或挑戰我們會議指示的政府。」會議紀錄顯示，有些人不但同意德莫夫斯基，還主張只要畢蘇斯基在位就不能跟華沙政府達成任何協議。[51] 很清楚的是，德莫夫斯基跟華沙代表團見面時，完全沒有掩飾他對畢蘇斯基的厭惡。索科尼斯基於會面當天在日記中寫道：「德莫夫斯基一開始就攻擊畢蘇斯基，說他是個軟弱猶豫的人，屈服於周遭的人的觀點，終結畢蘇斯基獨裁統治的時候到了。」[52]

駐法的美國官員聽說了德莫夫斯基的立場。美國國務卿在巴黎的特別代表布利斯將軍（T. Bliss）一月七日跟德莫夫斯基見面。德莫夫斯基立場很明確，告訴布利斯他無法接受華沙政府的提議。布利斯寫到，德莫夫斯基願意承認畢蘇斯基為國家元首，條件是要滿足波蘭國家委員會的所有要求，包括汰換目前的內閣，並全權控制巴黎和會的代表。布利斯對他產生的明顯負面印象，徹底躍然紙上：「德莫夫斯基似乎是個很明顯的反動人士。」他除了這麼說，還提到德莫夫斯基驚人的言論，認為德國如果變成自由民主國家會是「一大危險」。布利斯憶道：「我問他這怎麼會對歐洲造成危險，他卻靜靜地瞪著我，表情很驚訝。」[53] 一名記者在一九一九年一月十三日問到畢蘇斯基對德莫夫斯基和民族民主黨的看法時，他毫不遮攔地說他們是「反動分子、反猶主義者，人們大體上無法接受他們。」[54]

有幾位在一九一九年一月第一次見到畢蘇斯基的外國外交官記錄了他們的印象。前往波蘭的美國代表團成員之一佛斯特（R. C. Foster）在一九一九年一月十四日第一次見到波蘭國家元首那天，寫了一份報告。他說：「我對畢蘇斯基的整體印象是，他在替波蘭做事，說話時帶有一股力量和堅定，我完全沒有料到有人能給我這種印象。」[55] 其他見到畢蘇斯基的美國官員還有美國救濟管理局（American Relief Administration）波蘭團的威廉・格羅夫（William R. Grove）與弗農・凱洛格（Vernon Kellogg）。他們在一九一九年一月四日抵達波蘭那天，跟畢蘇斯基見了面，同一天格羅夫便寫下自己的印象：「我們發現他是一個非常和善的人，帶有一些幽默感。這場談話不是正式的，在這次和之後的會面中，他的穿著都非常樸素，沒有任何浮誇或亂七八糟的裝飾。」[56]

跟勝利的協約國建交並獲得急迫需要的協助有多麼重要，很快就有了答案。一九一九年的一月五日，紅軍進入維爾紐斯，趕走在那之前短暫占領這座城市的臨時波蘭軍隊。紅軍輕而易舉拿

美國救濟管理局的局長赫伯特・胡佛（Herbert Hoover，坐在中間）及他左手邊的畢蘇斯基、右手邊的波蘭總理伊格納齊・帕德雷夫斯基和後方的內政部長史塔尼斯瓦夫・沃伊切霍夫斯基。攝於一九一九年八月十五日的華沙。

下維爾紐斯，突顯了波蘭的軍事弱點。《波士頓環球報》在一九一九年一月十日報導：「波蘭軍隊沒有大砲，每支步槍只有幾發子彈。」羽翼未豐的波蘭軍隊無力阻止布爾什維克進犯維爾紐斯，強烈提醒人們波蘭需要一支堅實的現代軍隊，才能作為防止共產主義擴散的屏障。然而，波蘭若要得到迫切需要的軍事與糧食援助，巴黎和華沙的波蘭人就必須達成政治協議。《紐約時報》在一九一九年的一月十日報導：「協約國非常明白地告訴畢蘇斯基將軍和其他領袖，他們只會在波蘭內部統一後才會給予協助。」

保守派的法國日報《巴黎回聲報》（*L'Écho de Paris*）也同意：「達成統一前，我們無法承認在我們眼中不代表整個國家的內閣。我們要求波蘭政府不應把目標放在維持中立的表象，而是要採取明確支持協約國的態度。」[57]畢蘇斯基覺得這個宣言令人困惑，因為他一直都反覆聲明支持協約國。

國外不斷施加汰換莫拉切夫斯基內閣的壓力，這在國內也感受得到。一九一九年一月八日的一份軍事情報備忘錄表示，民眾希望能夠盡快成立聯合政府。[58]西方特派員訪問畢蘇斯基後，從華沙發出好幾則快報。一名英國特派員便報導了宣布聯合內閣的迫切需要。特派員在一九一九年一月十一日寫道：「因此，所有波蘭政治人物——無論黨派——的第一要務看來就是聚在一起成立聯合政府，讓協約國可以直接對談。」這份報紙認為，等選舉到來不是好的選項：「目前的狀況從兩個角度來看都是無法容忍的。第一個是波蘭的角度，因為布爾什維克不斷侵擾邊界、圍攻城市，波蘭卻又無法得到協約國的協助；第二個是協約國的角度，他們沒辦法把波蘭變成對抗俄羅斯混亂狀態的強大屏障，促進自己當然的利益，全都是因為有幾個人在華沙緊抱著自己的官位不放三個星期。」

這位特派員進一步說，畢蘇斯基將軍說「一旦波蘭穩固了，他會像狗一樣服侍它。從這個用詞就能看出他的性格。」這份報紙鼓勵畢蘇斯基放下與巴黎波蘭國家委員會的歧見，組成新政府：「這三個星期對波蘭來說非常重要，因為布爾什維克不斷進犯。在這段期間，跟協約國保持極度密切的關係至關重要，但是很遺憾地，現況不是這樣子，儘管各國迫切地想要建立起這些關係，需求比從前都要急迫。」[59]

布爾什維克拿下了維爾紐斯，令帕德雷夫斯基相當擔憂。帕德雷夫斯基在一九一九年一月十二日寫信給威爾遜的首席顧問豪斯上校，說：「波蘭沒辦法保衛自己。我們沒有食物、制服、武器和彈藥。」除此之外，帕德雷夫斯基強調，政治局面也很嚴峻：「目前的政府軟弱危險，幾乎完全由激進社會主義者組成。有人要我成立新內閣，但是我光有國人的精神支持，沒有協約國和美國的物質援助，能夠做什麼？」[60]

威爾遜的發言人貝克（R. S. Baker）表示他對畢蘇斯基越來越有信心。他聲稱這位波蘭領袖正能幹地治理國家、建立軍隊，並推出一系列的民主改革。此外，貝克強調畢蘇斯基的外交政策綱領完全符合威爾遜總統的想法。[61]一份法國外交部的備忘錄表示支持折衷，而不支持波蘭國家委員會：「我們可以承認畢蘇斯基將軍為國家元首，只要他透過聯合內閣進行治理，讓德莫夫斯基、帕德雷夫斯基和他們的同僚參與其中。」[62]跟法國不同，美國和英國政府開始將波蘭國家委員會視為一個政黨，而非代表機構。羅斯在戰爭結束後來到巴黎，觀察到這個現象。他寫道：「我知道對協約國──特別是對法國──來說，『波蘭』指的是巴黎的【波蘭】國家委員會，主要由民族民主黨組成，領袖是鼎鼎大名的羅曼・德莫夫斯基。」[63]

波蘭國家委員會在一月六日跟德武斯基代表團第一次會面之後，討論了畢蘇斯基十二月二十一日寫給德莫夫斯基的信，以及畢蘇斯基的目標聲明。德莫夫斯基將畢蘇斯基的信件解讀為要他們臣屬在華沙底下。那天晚上，他私下這樣評論畢蘇斯基的信件：「他寫信給我的口吻就像國王一樣，我要靠他的恩賜才能得到大臣的官位。」[64]

畢蘇斯基跟帕德雷夫斯基會談

德武斯基代表團和波蘭國家委員會在巴黎的協商拖得很久，始終沒有結果，最後是帕德雷夫斯基出面挽救一切。這位享譽國際的鋼琴家兼政治家戰時住在美國，跟美國外交官關係密切，還跟威爾遜有私交。帕德雷夫斯基會說流利的英文和法文，因此協約國、波蘭國家委員會和畢蘇斯基都能接受他。他在一九一九年一月一日抵達華沙時，街道兩旁都有景仰的民眾迎接他。隔天，帕德雷夫斯基乘坐馬車前往雅緻的布里斯托飯店。一名目擊者回憶當時的情景，說四周的街道「擠滿數以萬計的人。公寓的窗戶擠了數百名圍觀者，某棟建築的陽台還因為聚集的人太多而倒塌。歡呼聲與喊叫聲不絕於耳。」[65]

帕德雷夫斯基來到一個因為戰爭摧殘而充斥政治、社會與經濟問題的國家。不過幾天前，畢蘇斯基就派他的副官史塔尼斯瓦夫．亨普爾（Stanisław Hempel）到巴黎，要讓協約國知道他們有多麼急需援助。亨普爾在法國首都召開記者會，說他們迫切需要糧食援助，且波蘭軍隊極度缺少砲彈、衣物和軍靴，嚴重削弱了對抗紅軍進犯的防線。

亨普爾在世界各地的外交官紛紛抵達巴黎，參加即將召開的和會時傳達他的訊息，因此發揮了作用。一名《紐約時報》特派員在一九一八年十二月二十九日發出這則報導：

根據波蘭政府軍事領導人約瑟夫．畢蘇斯基將軍的副官史塔尼斯瓦夫．亨普爾上尉所說，波蘭若沒有立即得到協約國的糧食支援和衣物，飢腸轆轆的當地人民很有可能會加入布爾什維克運動，進而威脅新政府的穩定性。亨普爾上尉幾天前帶著外交使命從波蘭抵達巴黎，透過報紙迫切懇求美國政府盡快送食物到他的國家。他宣告，他的國家只剩兩三個星期的糧食，雖然人民目前為止始終堅決不接受布爾什維克主義，但是若沒有得到維持生活的必需品，仍有可能叛變。[66]

亨普爾召開記者會的時間點，就在布爾什維克於一九一八年十二月十二日拿下明斯克、正朝著維爾紐斯前進的消息傳開來之後。一九一九年一月一日，布爾什維克宣布明斯克為白羅斯蘇維埃社會主義共和國（Belarusian Soviet Socialist Republic）的首都，使亨普爾的請求在協約國之間獲得更強大的迴響。《泰晤士報》警告，紅軍正在逼近「跟西歐最直接相關的地區，也就是鄰近前俄屬和奧屬波蘭的地區。」[67]

畢蘇斯基的副官強調，協助波蘭對協約國有利。關於親共產主義示威活動的報導，讓亨普爾的警告顯得更加清楚明白。一名華沙特派員在一九一八年十二月二十九日發出第一手的報導，描述波蘭首都有三千五百人發起示威活動，「高舉紅色旗幟，上面印有『社會革命萬歲！』、『無產階級獨裁政權萬歲！』等字樣。我看著他們經過，他們……大喊：『政府下台！』、『畢蘇斯基下台！』」這名記者跟擔憂的圍觀者談話，聽到人們說他們需要協約國的幫助，「並且應該盡快把哈勒爾將軍有紀律的波蘭軍隊從法國送過來。」[68] 波蘭的祕密情報局在當時證實了布爾什維克的煽動活動確實有增加的情形，且跟一九一八年十二月十六日在華沙成立的波蘭共產黨（Komunistyczna Partia Polski，KPP）有關，造成華沙有近一千名共產黨支持者被捕。[69]

這些有關共產黨在波蘭進行煽動的報導，向協約國清楚表明帕德雷夫斯基和畢蘇斯基的談話有多重要。兩人從一九一九年一月四日開始協商，帕德雷夫斯基提出跟格拉布斯基相仿的條件，畢蘇斯基拒絕了。帕德雷夫斯基的回應方式，就是在同一天突然離開華沙，前往克拉科夫。那天晚上，一群保守分子企圖推翻畢蘇斯基。在軍事指揮官馬利安・熱戈塔－亞努薩伊蒂斯上校（Marian Żegota-Januszajtis）和保守派政治人物歐斯塔黑・沙皮哈親王（Eustachy Sapieha）的率領下，這場行動先是逮捕總理莫拉切夫斯基、外交部長瓦西萊夫斯基、內政部長圖古特以及華沙駐軍的指揮官。接著，謀反者帶著左輪手槍和手榴彈進入美景宮，要找到畢蘇斯基。[70]

這些叛變者不是宮殿警衛的對手，他們可是國家元首的私人保衛小組和負責警備任務的第七槍騎兵（7th Lancers），一下子就將入侵者壓制在地，把他們繳械。據說，兵團的指揮官告訴畢蘇斯基：「總司令，現在發生了一場政變，但是那比較算是一齣鬧劇，不是政變。」接著，指揮官呼叫援軍，告訴畢蘇斯基他的安全仍有疑慮。據說，畢蘇斯基一如往常展現冷靜和自信，不以為意地揮了揮手說：「別擔心，他們沒辦法做什麼。」[71] 儘管如此，他仍採取行動，命令參謀長史塔尼斯瓦夫・謝普提茨基將軍（Stanisław Szeptycki）

加強首都兵力。這場策畫不佳的計謀短短幾個小時就瓦解了，莫拉切夫斯基、瓦西萊夫斯基和圖古特隔天早上就被釋放。

這場失敗的政變馬上加強人們對畢蘇斯基的信心。《泰晤士報》在政變隔天的一九一九年一月六日報導：「整體而言，昨天的事件不是沒有好處，因為這證實了……這支軍隊雖然才剛成立，卻不認為自己是政治工具，而是服從紀律的軍事組織，希望促進國家穩定。」這位華沙特派員接著說：「畢蘇斯基將軍因為發生了這起事件而變得更強大，如果帕德雷夫斯基先生明天回來後，可以跟他在重組內閣的議題上達成共識，那麼波蘭將總算按照他的方向前進。」波蘭小說家瑪麗亞·達布羅夫斯卡也同意這個觀點，政變隔天在日記上寫道：「這無疑強化了代理政府的地位。」[72]

這場失敗的政變也讓解決政治問題的需求顯得再清楚不過。一月五日，畢蘇斯基派謝普提茨基將軍到克拉科夫把帕德雷夫斯基請回首都，以重啟會談。一九一九年一月七日，他們在華沙見面，畢蘇斯基請帕德雷夫斯基成立新政府，擔任總理一職。美國官員格羅夫與凱洛格在帕德雷夫斯基同意成立政府的那天跟他碰面，得知他當時對畢蘇斯基的看法。格羅夫回報：「帕德雷夫斯基認為畢蘇斯基是個好人，但是他只代表一個政黨，而非整個波蘭。」儘管如此，格羅夫相當樂觀，認為帕德雷夫斯基和畢蘇斯基似乎都願意成立一個協約國可以接受的聯合政府。[73]在接下來的七天，兩人敲定了所有的細節。同一時間，華沙街頭出現一份傳單，鼓勵人們支持雙方的協議。傳單上寫著：「無論何時何地，都請大聲支持國民政府，支持讓約瑟夫·畢蘇斯基擔任波蘭軍隊總司令。政府、軍隊和畢蘇斯基總司令萬歲！」[74]

協商持續在華沙進行，畢蘇斯基想等到一月二十六日的國會選舉，但這顯然已不再是可行的選項。一月七日，畢蘇斯基告訴凱洛格他打算會見社會主義領袖，說明為什麼有必要順從帕德雷夫斯基。凱洛格回報：「【畢蘇斯基】花了今天一整天的時間跟社會主義者開會，努力讓他們接受這個新局面，並給予真心的支持。他告訴他們，這是得到協約國的幫助和美國的認可與協助的唯一希望，波蘭一旦成立穩定的代表政府，受到協約國和美國的承認，波蘭所需要的一切——軍隊物資、貸款、食物和原物料的供應等——很快就會來到。」[75]凱洛格表示，英國官員也已告訴畢蘇斯基，只要仍由目前的社會主義內閣掌權，他們就不會給予軍事援助。凱洛格認為這是個正面的發展，顯示畢蘇斯基現在完全接受美國的立場，正努力把支持者導往同一個方向。

要畢蘇斯基達成協議的壓力越來越大，使他開始感到緊迫。他在一九一九年的一月十三日告訴記者：「沒有人明白我的處境或整體的局勢。這跟左派或右派無關，不要再說這種話了！我是為了所有人行動。這跟還在成形中的軍隊有關。我所做的一切都是為了軍隊，那是我最關注的事物。因此，這也跟哈勒爾軍隊和熱利戈夫斯基將軍有關，是福煦元帥必須解決的事情。」畢蘇斯基強調，帕德雷夫斯基是領導統一政府的最佳人選，因為「他跟協約國有共同的語言。總之，我真的很仰賴帕德雷夫斯基。我們在幾乎所有的主要議題上都有共識。他比我還大力推廣『聯邦主義』，可以削弱德莫夫斯基的觀點。你說帕德雷夫斯基朝四面八方鞠躬；我說，就讓他鞠躬，給我他需要的任何東西。」畢蘇斯基最後說：「等到我有軍隊了，一切就盡在我的掌握之中。」[76]

讓在巴黎努力起草協議的兩個代表團大感驚訝的是，僵局竟在華沙打破了。一月十四日，帕德雷夫斯基告知德莫夫斯基，他已經跟畢蘇斯基達成聯合政府的協議。德莫夫斯基是在跟德武斯基代表團開會時收到電報。索科尼斯基說，德莫夫斯基對這則消息感到震驚。[77]這項協議表示帕德雷夫斯基將以總理的身分組成政府，畢蘇斯基則依舊是國家元首和總司令。巴黎的波蘭國家委員會將新增十名由畢蘇斯基挑選的代表，包括德武斯基、索科尼斯基、赫曼·戴蒙（Herman Diamond）、圖古特和瓦西萊夫斯基。從此之後，波蘭國家委員會不再只是民族民主黨的代言人。另外，由德莫夫斯基、帕德雷夫斯基和瓦西萊夫斯基組成的三人代表團將在巴黎和會上代表波蘭。[78]

德莫夫斯基雖然很失望，但是他決定把國家放在政黨之上。一九一九年一月十五日，他發電報給帕德雷夫斯基，說波蘭國家委員會接受這項協議。一九一九年一月二十一日，波蘭國家委員會正式承認華沙政府，這項歷史協議正式生效。波蘭國家委員會的下一場會議在一九一九年一月三十日召開，歡迎三名新成員：德武斯基、索科尼斯基與蘇伊科夫斯基。[79]這些發展不只是畢蘇斯基的重大勝利，也是屬於整個波蘭，因為達成協議後協約國才開始給予他們迫切需要的援助。英國外交官霍華德爵士憶道：「一月十五日那天，我在巴黎寫下一篇日記，說波蘭得救了。這一點也沒錯。儘管他們在觀點、性格、教育、舉止——幾乎所有構成友誼的元素——都有極大的差異，帕德雷夫斯基明顯的真誠仍然成功讓畢蘇斯基願意發揮在當時必要的合作精神。」[80]這項協議對畢蘇斯基和他的說服能力來說是一場勝利，因為他實現自己的主要目標，將左翼的政治人物納入波蘭國家委員會，並且把委員會歸在華沙的控制下。

同一時間，華沙開始一步一步實行畢蘇斯基與帕德雷夫斯基的協議。一九一九年一月十六日，莫拉切夫斯基總理請辭，希望新的帕德雷夫斯基內閣能夠解決導致內閣解散的難題。[81]畢蘇斯基接著任命帕德雷夫斯基為總理，列出十名內閣成員的名字。帕德雷夫斯基將同時出任總理和外交部長，畢蘇斯基則維持臨時國家元首和總司令的身分。莫拉切夫斯基時期的三名內閣成員留了下來，分別是司法部長（蘇平斯基）、勞工與社會福利部長（耶日·伊萬諾夫斯基〔Jerzy Iwanowski〕）和物資供應部長（安東尼·明凱維奇〔Antoni Mińkiewicz〕）。畢蘇斯基指派他長久以來的夥伴沃伊切霍夫斯基擔任內政部長。剩餘的職位由傾向中間偏右的無黨籍專家擔任，其中有四人來自加里西亞、兩人來自波茲南省、其餘來自以前的波蘭王國。[82]《泰晤士報》的華沙特派員在一九一九年一月十六日報導：「消息快速傳遍整座城市，相關職責的人得知後全都非常開心。」這是波蘭重生初期歷史的一項重大發展，解除同時存在兩個波蘭政府的狀況。

畢蘇斯基向巴黎的代表團解釋，會達成這項協議有三個原因：一、從協約國那裡獲得軍事、經濟和糧食援助；二、在眾議院選舉前平息國內動亂；三、鞏固邊疆。[83]畢蘇斯基強調，德軍匆忙撤出立陶宛和白羅斯所造成的權力真空地帶是其中一個關鍵因素；他原本預期這會晚三個月發生。布爾什維克在德軍撤出後馬上進犯，「導致獲得協約國援助的問題變得更緊迫。我認為只有在成立帕德雷夫斯基政府後才有可能獲得援助。」[84]畢蘇斯基強調，布爾什維克要經由波蘭才能觸及中歐和西歐，在一九一九年一月初拿下維爾紐斯就開始了這個過程。然而，達成這項協議還有另一個原因。畢蘇斯基補充，得到協約國的承認雖然很關鍵，「但這項轉變為士氣帶來的好處是，帕德雷夫斯基從我手上取得權力的同時，也承認我是國家元首。」[85]因此，成立帕德雷夫斯基政府實質上是跟協約國達成協議。

毫不意外，帕德雷夫斯基與畢蘇斯基之間的協議讓波蘭在外交方面有所突破。豪斯上校一聽說這項協議，就建議威爾遜總統正式承認波蘭。豪斯在一九一九年一月二十一日寫道：「現在帕德雷夫斯基在波蘭成立了一個顯然受到畢蘇斯基與其他較為著名的領袖所支持的政府，我建議您立即代表美國承認這個政府為事實上的政府。我認為我們在這件事情上應該領先各國。」[86]巴黎英國代表團當中的東歐專家黑德勒姆－莫雷也支持自己的國家承認華沙。一九一九年一月二十二日，他回報自己在巴黎跟畢蘇斯基的一位熱忱支持者見了面。黑德勒姆－莫雷複述這位紳士的話：「支持畢蘇斯基是十分必要的，他是唯一一個可以凝聚一切的人。要是他垮台，革命馬上就會爆發。這個人不斷用極為欽佩的口吻說，畢蘇斯基是民族英雄。」[87]黑德勒姆－莫雷還寫信給當時在英國外交部的政治情報部門任職的路易斯·納米爾（Lewis Namier）。納米爾擔心帕德雷夫斯基政府跟德莫夫斯基太親近，黑德勒姆－莫雷回覆他，說帕德雷夫斯基是個不錯的替代人選，受到協約國喜愛，而且沒有已知的反猶傾向。黑德勒姆－莫雷表示：「不過，當然了，我同意你所說的，我們不能只因為支持帕德雷夫斯基而支持這個政府，也要因為畢蘇斯基比從前更占有一席之地才行。」[88]

帕德雷夫斯基內閣的成立，讓協約國政府重新評估自己的波蘭政策。他們也意識到人們越來越支持這個初生的新國家。在一九一九年一月二十六日華盛頓的一場造勢活動上，包括政府官員和社群領袖在內，估計有八千人呼籲美國承認華沙的新政府。[89]華盛頓的這場遊行恰好跟波蘭的一起重大事件發生在同一天。

眾議院選舉和國家元首復職

一九一九年的一月二十六日，召開了眾議院選舉，是形成民主國家很重要的一步。由於東加里西亞和波茲那尼亞（Poznania）仍有軍事衝突，東北部省分則有布爾什維克，選舉只能局限在波蘭王國和西加里西亞。除了被選出的兩百九十六名代表，國會還加入四十四名未選舉的席次，留給先前在波茲南或西普魯士的德國國會，或是東加里西亞的奧地利國會服務過的波蘭人。[90]

選舉前，畢蘇斯基很擔心國會分裂。他在大選之日前夕寫道：「國家事務的重責大任將落在因為得到多數票而將權力掌握在手中的那些人身上。另一方面，我認為最糟的結果就是眾議院不會出現明確的多數。」[91]在選舉結果公開前，一位義大利記者問畢蘇斯基他會不會遵守諾言放棄權力，畢蘇斯基回答：「我是人民的僕人，無論議會組成如何，我都會將權力交給他們。」他補充道：「我將眾議院視為人民自由表達的結果，我將會向祖國奉獻我所有的軍人生涯。」[92]

大選之日當天，由揚・延傑耶維奇（Jan Jędrzejewicz）出版的一份期刊發表了一篇社論〈親畢蘇斯基派〉。文中寫到，光是畢蘇斯基的生平就是愛國和犧牲的典範。文章問道：「誰屬於親畢蘇斯基派？沒辦法過著私密生活的人，需要在生活中服務自己的工作與信念的人。」在大戰前與大戰期間，他們的領袖畢蘇斯基就已經證明他有能力實現自己的目標。「國家命運的重責大任必須交給配得上這份責任的人。多個世代以來，人們在服務國家理念的標誌下成長。一九一四年八月六日是他們性靈誕生的日子，這至關重要的一天將永遠照耀我們的靈魂。」[93]這裡指的是畢蘇斯基率領部隊進入帝俄、波蘭加入第一次世界大戰的那一天。

波蘭重生後第一個選舉出來的議會共有三百四十名代表，分成不同的派系，右翼分子占據了百分之三十四點二的席次，中間派百分之三十點八，左翼分子則是百分之三十點五。依地區來看，民族民主黨在原先的波蘭王國得到百分之四十五的選票（波蘭社會黨得到百分之二十二），在從德國手中奪走的地區則占大多數。少數民族得到百分之三點五的席次，猶太政黨保有十一席，德意志人民黨（German People's Party）則是兩席。[94]

選舉為波蘭的國際地位帶來立即的影響。一月三十日，美國成為跟波蘭建立正式外交關係的第一個協約國國家。《紐約時報》在一九一九年的一月三十一日表示：「美國正式承認新的波蘭政府……顯示我們的政府——連帶其他協約國的政府——對這個新政權有信心。」這份報紙表達了樂觀的言論，在一九一九年的一月三十日說：「波蘭人在政治上真的很團結，全力支持現在的帕德雷夫斯基和畢蘇斯基臨時政府。剛選出代表的制憲議會將在二月九日有條不紊地展開建立新國家的工作。」其他協約國國家也陸續承認這個新國家，包括法國（二月二十三日）、英國（二月二十五日）和義大利（二月二十七日）。

⁂

波蘭第一個選舉出來的立法機關在一九一九年二月十日召開。亞麗桑德拉生動地回憶華沙的歡慶氛圍，寫道：「旗幟飄揚、樂團演奏，人群在街道上遊行，開懷大笑、唱著愛國歌曲，因為一陣熱血而興奮不已。他們知道各國終於不會再指責波蘭。我們再次變回擁有自己國會的自由人民。」[95]跟畢蘇斯基育有一個一歲大的女兒的亞麗桑德拉耐心地等待活動展開。她描述了那股殷殷期盼的戲劇化時刻：

儀式開始前好幾個小時，旁聽席就擠滿了人，有數百人爭著入場。內閣部長和成員坐在中間的長椅，面對一個鋪著國旗的平台。就在鐘聲響起前，所有人安靜下來，我還記得我當時心想，不知道我身邊的這些人是否跟我一樣，感覺到所有為了給予我們這場勝利而活著、奮鬥、濺血的前人無形的存在……接著，我聽見外面的人群傳來一陣歡呼，過了一會兒，約瑟夫·畢蘇斯基站上講台，召開議會。他身穿軍團的簡樸藍色制服，後面有四位副官。[96]

具有強大影響力的農民黨（皮雅斯特派）領袖溫森蒂·維托斯是在場的代表之一。他憶道：「一大早就已經有數千人包圍國會大樓。大樓頂端國旗飄揚，前方站著一群榮譽士兵。九點整的鐘聲一響，國會代表開始入場，接著是他們的賓客。國會廳的每一個座位都坐滿了。」維托斯接著說：「人們殷切等待國家元首抵達，他將負責召開獨立波蘭的第一個眾議院這個歷史性的舉動。」[97]美國外交官格羅夫是出席的外國顯要之一。格羅夫坐在露臺上，在日記裡寫下這段話：「國家元首畢蘇斯基進場時，大會正式請眾人集中注意力；他在朗讀演說內容時，所有人都站著；演說是用波蘭語進行，但是聽說講得很棒。」[98]

在新選出來的眾議院議員、貴賓、媒體，以及美國、法國、英國和義大利的外國顯要人物面前，畢蘇

畢蘇斯基與帕德雷夫斯基總理前往波蘭第一個國會開幕儀式的途中，攝於一九一九年二月十日的華沙。

斯基開始他那歷史性的致詞：

今天，經過一百五十年時常需要流血犧牲的奮鬥後，我們勝利了。一百五十年讓波蘭自由的夢想，終於實現了。在經歷漫長痛苦的折磨之後，這個國家今天要慶祝一個偉大開心的事件。此時此刻，所有波蘭人的心都跳得很快，我很高興自己有榮幸召開波蘭眾議院——我們國家唯一的主人和統治者。[99]

接著，他把話題轉向外交事務：

我們的外交關係有一絲希望，那就是強化我們跟協約國團結起來的友誼紐帶。波蘭跟歐洲和美國的民主社會長久以來都有非常密切的認同感，他們不會透過征服或壓迫其他民族來得到榮耀，而是把權利和正義的原則作為政策的基礎。自從協約國的軍隊成功將波蘭從奴役中解放，瓦解迫害者最後一絲力量，這份認同感更為增強。[100]

這場演說激勵了群眾。畢蘇斯基提到美國時，與會民眾爆發掌聲，同時高喊：「威爾遜萬歲！」[101]最後，畢蘇斯基語氣變得嚴肅，警告眾人國家的邊界尚未穩定下來。東南西北的軍事衝突正在解決當中。他說：「鄰國可惡的思潮正威脅我們的邊疆。」這個國家的士兵必須拿起武器捍衛波蘭的邊界，以確保國家能夠自由發展。畢蘇斯基說：「我們不會放棄任何一寸波蘭領土，不會允許我們有權擁有的邊界以任何方式、形式或形態受到減損。」觀眾熱烈鼓掌。[102]

在場人士有好幾位記錄了他們對畢蘇斯基演說的反應。維托斯回憶：「畢蘇斯基多次被越來越響亮的掌聲給打斷，特別是當他說到軍隊和跟協約國結盟——尤其是法國——的事情時。」格羅夫也在同一天的日記寫到，畢蘇斯基提到協約國提供的援助時，「群眾熱情感性地歡呼」。[103]國際媒體也注意到，畢蘇斯基呼籲跟協約國建立密切關係時，與會者給予熱情回應。《紐約時報》在一九一九年的二月十二日報導：「畢蘇斯基將軍提到他的國家與協約國之間的密切關係，眾人為這番話歡呼。」

各代表在二月十四日選出議長，波茲南的民族民主黨人沃伊切赫·特隆普欽斯基（Wojciech Trampczyński）以一百五十五票險勝維托斯的一百四十九票。[104]畢蘇斯基在二月十九日告訴一家法國報社：「我很開心這個國家的政治體制以這麼快的速度發展組織。」畢蘇斯基接著說：「儘管困難重重，選舉並沒有發生任何意外，召開眾議院的過程十分順利。要解釋這個奇蹟，只能說是民眾的水準提高了，強烈的民族勝利感超越了我們永恆的敵人。如果說光著腳、肚子餓的失業勞工有辦法開開心心行使投票權，那是因為他心中有一個想法超越其他所有的念頭：『波蘭死而復生了！』這句口號現在比飢餓和寒冷還強大，充滿在所有波蘭人的心。」[105]畢蘇斯基於二月十八日為外賓在美景宮舉辦一場晚宴，敬酒時他說道：「波蘭人是你們最忠心的盟友，你們贏得了我們的感謝和喜愛。」[106]

畢蘇斯基的政治生涯最重要也最具象徵性的舉動之一，就發生在一九一九年二月二十日眾議院的第三次召開。他正式辭去了臨時國家元首的職務，把權力交給議長，說：「我的角色已經告一段落。我很開心我遵守自己的軍人誓言和信念，把在這之前我行使的所有權力交由眾議院處置。我在此宣布，我要將國家元首的職位交到議長手中。」[107]接著，畢蘇斯基走出去，國會成員則開始商討兩件事。第一，國會通過管理政府兩個分支權力的相關法規，堅決限制國家元首的權威。

這些法規後來被稱作「小憲法」（Little Constitution），內容不到三百字：

眾議院一九一九年二月二十日的決議

I. 眾議院接受約瑟夫·畢蘇斯基將國家元首一職交付給眾議院的宣言，並對他為祖國辛勤付出的服務表達感謝。

II. 在法律通過憲法、確立管理波蘭最高權威之組織的法規之前，眾議院將根據以下原則把國家元首的職位交付給約瑟夫．畢蘇斯基：

1. 波蘭的主權與立法權威是眾議院；眾議院議長在總理和相關內閣成員的同意下，負責頒布法律。
2. 國家元首為國家之代表以及眾議院在文武事務上通過之決議的執行者。
3. 國家元首在跟眾議院達成共識後指派政府。
4. 國家元首要連同政府對眾議院負起行使其職位的責任。
5. 國家元首的每一個行動都需要相關部長簽名。

議長W．特隆普欽斯基和總理I．J．帕德雷夫斯基簽署[108]

議會的第二個舉動，就是全體一致通過讓畢蘇斯基恢復國家元首一職。畢蘇斯基回到議院，左翼代表大喊「畢蘇斯基萬歲！」來歡迎他，並送上花束。議長特隆普欽斯基說：「約瑟夫．畢蘇斯基總司令！眾議院今天一致決定恢復您國家元首的職位。根據這項決議，您交到我手中的國家最高權威現在再次交付給您，讓您為了人民與國家的福祉行使這項權力。」[109]

畢蘇斯基轉身向與會人士，謝謝代表們，接著說他覺得自己因為擁有「立陶宛人的固執」，性情太過獨斷，無法履行這個需要政治家妥協特質的職位應該盡到的責任。他說：「但是，身為一個軍人，我會順從地接受你們的決議，因為這是代表整個國家的議會做出的決議。希望你們對我的信任會減輕我肩上的負擔。」[110]

畢蘇斯基自願放棄權力的舉動證實了他為人可信的名聲，顯示他致力於建立民主政府、對協約國忠誠。外國記者盛讚這合法的權力轉移過程。美聯社表示，透過一九一九年二月二十日的事件，「歐洲最新成立的國會……正式由約瑟夫・畢蘇斯基將軍轉移獨裁的權力，接著又在議會通過後將權力歸還給他。」報導接著說：「在場的有穿著民族服裝的農民，也有教士和拉比，顯示議會不是由有產貴族的小集團所統治。」[111]

✳

在這個時期見到畢蘇斯基的西方外交官對他有著正面的印象。格羅夫說：「我們美國人一定要認識畢蘇斯基，他是波蘭的民族領袖，但是在休戰時期的中歐以外地區鮮為人知。這導致我們對他真正的性格缺乏了解。然而，幾個星期、幾個月過去了，我們聽到許多關於他的事，看見他成就的事物，使得我們越來越尊敬他的管理與軍事才能。」[112]

在一九一九年二月二十日召開眾議院後，畢蘇斯基如果回顧大戰結束之後那三個月又九天的時光，應該會對於各項成就感到目眩神迷。他在建立國家、政府和軍隊時所扮演的角色，使得他在歷史上獲得永垂不朽的地位。身為波蘭重生之後的第一任國家元首和總司令，歷史給他冠上現代波蘭國父的稱號。彼得・萬迪茲認為：「帕德雷夫斯基內閣的任命、巴黎的國家委員會與華沙政權之間的和解、確認了畢蘇斯基國家元首地位的眾議院選舉，還有協約國對波蘭的承認……使波蘭這個國家有了實體。西方定位的獨立共和國自行成立了，沒有發生任何布爾什維克革命。」[113]

然而，聯合政府的內政部長沃伊切霍夫斯基觀察入微，看出小憲法的內容種下了畢蘇斯基和眾議院未來產生衝突的種子。但因為帕德雷夫斯基內閣的確立、畢蘇斯基重回國家元首職位，以及獲得協約國的承認而帶來的興奮之情，掩飾了這一點。沃伊切霍夫斯基表示，根據小憲法的意思是「國家元首現在已經喪失自行任命政府的權利……他跟部長在施行法律時都要對眾議院負責，因為法律自此之後都是由議長、而非國家元首發布。」[114]然而，當時由於極端的困境、邊界發生戰爭及需要協約國援助等因素，一切都以妥協為重。

Chapter 14

建構國家

我不希望看見波蘭控制廣大的疆域，上面卻住著不友善的人民。但，為鄰國帶來自由將是我身為政治人物和軍人一輩子的驕傲。

——約瑟夫．畢蘇斯基，一九二〇年二月十二日

一九一九年對畢蘇斯基、波蘭和整個歐洲來說，都是非常重要的一年。畢蘇斯基為了建立議會政府、跟巴黎的波蘭國家委員會達成協議、獲得協約國的承認所做的努力，都在這一年有了成果。一月和二月實現這些重大成就時，巴黎和會也正好在一九一九年的一月十九日展開。帕德雷夫斯基被任命為總理、眾議院選舉順利召開、眾議院決定恢復畢蘇斯基的國家元首職位——這一連串事件使畢蘇斯基的領導權在國內外都獲得合法地位。雖然政府的新體制是仿效法國第三共和國，因此各部長須對眾議院負責，國家元首的權力也受到嚴格限制，但是畢蘇斯基身為波蘭軍隊總司令的影響力仍完好無缺。

穩定了政治體系並獲得強國的認可後，畢蘇斯基把目光轉向邊疆的穩固上。他知道，跟德國接壤的西部邊界基本上會由巴黎和會制定，大部分對波蘭有利，但是東部邊界則得仰賴波蘭軍隊的英勇程度。因此，畢蘇斯基提出兩道策略穩固波蘭的邊疆，第一道是在外交上對西方協約國施壓，第二道則是針對東方、複雜許多的多層次政策——擴張波蘭的東部疆界，將俄羅斯軍隊往東推得遠遠的，然後創造一個獨立的邊界國地帶，可以跟波蘭組成鬆散的聯邦，或是獨立建國。這個具有爭議的聯邦概念雖然在當時獲得認同，但是最後卻在一九二一年完全失敗。將在這個時期透過軍事衝突確立波蘭的東部邊界。

跟協約國和美國正式建交最重要的具體成果，就是獲得大規模的紓困援助。這在一九一九年二月十七日美國第一批援助物資抵達但澤時就已經可以看出來。到了二月底，美國已經送了一萬四千噸糧食到波蘭。[1]同一時間的巴黎，由主要大國（美國、英國、法國、義大利和日本）的代表組成的最高委員會在一九一九年的一月二十九日接見一個波蘭代表團，聆聽羅曼·德莫夫斯基報告波蘭情況。接著，最高委員會派遣一個由美國、英國、法國和義大利代表所組成的波蘭協約國使節團去評估波蘭的情勢和需求。[2]

一九一九年二月十二日，波蘭協約國使節團抵達華沙。其中一位英國代表是五十五歲的埃斯米·霍華德爵士，他後來回憶當時西方外交官對波蘭的了解有多麼少：「至少我這個年紀的英國人，在成長期間大部分都完全不認識跟波蘭有關的一切，所以在巴黎和會上處理波蘭問題之前，有必要上一堂這個主題的入門課……波蘭就像一本被闔起來就遭到遺忘的書，放在最上層的書架上。」[3]

畢蘇斯基於一九一九年二月十四日在美景宮接見協約國使節團。霍華德在當天的日記中寫道：「他的性格奇特迷人，穿著則非常簡單，只有一件灰色的軍事束腰外衣和黑色長褲。他身材瘦小，有滄桑削瘦的小臉、非常深邃的眼睛和連在一起的黑色眉毛，還有幾乎遮住整張嘴的鬍子，以及有稜有角的鼻子和下巴。他偶爾會露出燦爛的笑容。」霍華德接著說，畢蘇斯基「是狂熱的波蘭人和愛國者」。[4]

在二月十八日為協約國使節團舉行的晚宴上，霍華德坐在畢蘇斯基旁邊。他記得自己跟這位波蘭國家元首有過這段對話：

他問我，我來自英國的哪個地方，我對那裡有沒有任何情感。我告訴他我對昆布蘭非常忠誠，除了那裡，任何地方都不曾真正給我家的感覺。他說：「噢，那你一定明白我對立陶宛維爾紐斯附近、那個我成長的地區有什麼感覺。除了在那裡，我從不曾真正快樂過。這種感覺如此強大，乃至於我被俄羅斯警方放逐流亡時，我仍無法不見我的家鄉超過一年的時間，雖然他們一直在找我，所以被抓到的風險當然是很高的。」

那時，我開始明白這個人為什麼永遠無法同意讓維爾紐斯脫離波蘭……在那場對話後，我感覺畢蘇斯基是個真實的人類，我可以理解他，因此我對他產生真誠的同伴情感。[5]

協約國使節團的另一個英國成員卡頓・魏亞特將軍（Carton de Wiart）則在這些聚會後，感覺畢蘇斯基在政治家之中特別突出。魏亞特後來回想：「自從那幾天，命運讓我遇見世界上許多偉大的人物，但是畢蘇斯基在他們當中排得很前面──事實上，在政治領域來說他幾乎位於最頂尖的那一層。」他接著說，畢蘇斯基的外表「某種程度十分引人注目，擁有陰謀家的氣質。他有洞察探究的深邃雙眼、濃密的眉毛和下垂的鬍子，非常具有特色。」[6]美國官員亞瑟・古德哈特（Arthur Goodhart）在華沙見到這位神祕的領袖也充滿好奇。古德哈特在一九一九年七月十四日評論：「對人民而言，他象徵波蘭百年來對自由的渴望。他擁有從不說謊的名聲，這項特質在這裡顯然相當不同凡響，因為光是今天晚上就有三個人對我提及這件事。」[7]

跟協約國使節團頭幾次見面時，畢蘇斯基正在指揮於東加里西亞對抗烏克蘭人的軍事行動。在立陶宛與白羅斯，跟紅軍的交戰早已開始。一名義大利記者在一九一九年的二月一日訪問畢蘇斯基，討論各地的軍事衝突。畢蘇斯基告訴他：

戰爭在歐洲結束了，但是現在才剛開始籠罩我們國家的邊界。烏克蘭人威脅勒沃夫；布爾什維克已經攻下維爾紐斯，逼近布熱希奇和格羅德諾，一邊前進一邊說他們的目標是華沙和整個波蘭；捷克人入侵波蘭的切申地區以及波蘭的史皮茲和奧拉瓦縣；德國人在波茲南反抗我們。我們四面八方都是敵人，與世隔絕。[8]

畢蘇斯基接著說，波茲南的處境「特別艱辛痛苦」。部分地區仍受到德國控制，等候巴黎和會裁決。他警告，如果和會不盡快宣布最終的德波邊界，戰鬥隨時會爆發。在一場引起協約國注意的訪談中，他清楚表達了自己對但澤（格但斯克）的看法：「但澤是維斯杜拉河的門戶，是我們通往波羅的海的一座具有歷史和地理意義的港口，對於我們的貿易和民族生活是絕對必要的。因此，我們才要求明確承認但澤為波蘭所有。」[9]

畢蘇斯基也說明了東加里西亞的問題。他說：「我無法預測我們跟烏克蘭人之間未來的邊界是什麼，但是我們這裡強烈支持納入整個東加里西亞，這樣我們跟羅馬尼亞就有共同的疆界。那條邊界會提供波蘭通往黑海的門路，從經濟角度來看十分有利。」畢蘇斯基認為，跟烏克蘭人的衝突注定會自行解套：「我認同烏克蘭民族運動，我們有很多可以達成共識的點。」[10] 他告訴華沙的法國部長，東加里西亞很重要的第二個理由：波蘭跟羅馬尼亞擁有共同的疆界，這樣德國邊界如果在軍事衝突中被斷絕，波蘭跟協約國仍有聯繫。[11] 在一九一九年二月七日的另一場訪問中，他表達了自己對整個波蘭情勢的整體感受。他直白地說：「此刻的波蘭其實沒有邊界。我們能透過西部邊界得到的一切都要仰賴協約國，看他們願意從德國擠出多少領土。我們的東部邊界則截然不同，那裡的門戶開開關關，要看是誰開的，開的力道又有多大。」[12]

一九一九年的二月中，波蘭與布爾什維克之間爆發衝突，其導火線為：德國在一九一九年二月的第一個星期從波蘭邊界以東的地方撤退，路線經由一條從白羅斯的瓦夫卡維斯克（Volkovisk）到比亞維斯托克和瓦佩（Lapy）的鐵路，長一百一十五公里。德國軍隊一離開這個區域，波蘭和布爾什維克的軍隊就從兩邊填補這個空白。第一場衝突發生在一九一九年二月十四日的白羅斯村莊貝雷薩卡爾圖斯卡。[13] 波蘭兵力在謝普提茨基將軍的率領下建立了一條立陶宛－白羅斯戰線，於二月九日攻取高維爾（Kowel）、布熱希奇（布雷斯特－里托夫斯克）以及沃里尼亞（Volhynia）的部分地區。接著，他們往北行進一百五十五公里，在二月十九日拿下比亞維斯托克。[14]

波蘭在一九一九年的春天持續取得軍事勝利，首先在三月五日攻破平斯克、四月十五日奪下格羅德諾，持續往北朝利達（Lida）和維爾紐斯的方向挺進。畢蘇斯基在一九一九年的四月二十九日返回華沙時，哈勒爾將軍在華沙中央車站等他，兩人備受矚目地握手交談。一九一九年六月一日造訪格羅德諾時，畢蘇斯基說：「身為這片土地的孩子，我很清楚你們在這裡必須忍受的一切悽慘。進入這片土地時，我夢想給予你們最缺乏的東西，也就是自行決定命運的自由。」[15]另一方面，畢蘇斯基於一九一九年三月六日在華沙會見軍官，讓他們了解軍事行動的概況。從凱爾采地區的指揮總部過來的博古斯瓦夫·米津斯基還記得，畢蘇斯基表示他很擔憂軍隊極度缺乏物資：「我沒有彈藥、沒有砲彈，財庫也是空的。」[16]畢蘇斯基強調他們迫切需要將哈勒爾位於法國的波蘭軍隊轉調過來，這支軍隊「也能帶測試過、隨時可以使用的武器、彈藥和大砲到波蘭。」畢蘇斯基接著說，軍事援助的輸入完全仰賴法國和福煦將軍的支持，因此獲得法軍協助是最急迫的第一要務。隔天，畢蘇斯基傳電報給法國總理喬治·克里蒙梭，謝謝他正式承認波蘭。[17]

在一九一九年三月十九日的訪談中，畢蘇斯基對法國民眾表達了他的觀點，內容後來刊登在受歡迎的巴黎報紙《小巴黎人》（*Le Petit Parisien*）的頭版。訪談一開始便問到畢蘇斯基是否隸屬任何政黨，他明確回答自己沒有任何黨派關係。報社又問，畢蘇斯基在第一次世界大戰期間不是有對抗俄羅斯，進而削弱協約國嗎？他回答：「我對俄羅斯懷抱深刻的恨意，這個國家用極可怕的方式折磨我的國家，法國人很難理解。」當被問到有沒有可能跟俄羅斯達成和平協議時，畢蘇斯基表現出內心潛藏對俄羅斯官員深切的不信任感。他說：「可是我們無法相信俄羅斯承諾的任何事情，因為俄羅斯在被逼迫時會做出承諾，但是一恢復力氣就會違背誓言。」[18]

畢蘇斯基對俄羅斯根深蒂固的不信任感，影響了他對波蘭東部邊界的想法。畢蘇斯基告訴法國讀者，不用懷疑，蘇聯根本不想要和平，只想要戰爭和併吞。他告訴《小巴黎人》：「我深信俄羅斯人會企圖攻擊波蘭。」畢蘇斯基預測，俄羅斯內戰會持續很長一段時間。「無論統治者是誰，俄羅斯都會是兇猛的帝國主義國家。你甚至可以說，這是俄羅斯政治性格的根本特性。我們曾經在沙皇的統治下經歷帝國主義；現在，我們看到共產主義者也在實施帝國主義。波蘭是阻擋斯拉夫帝國主義的屏障，不管是沙皇或布爾什維克形態的帝國主義。」在畢蘇斯基看來，讓烏克蘭擺脫俄羅斯——無論是白軍還是布爾什維克——的控制，是保衛波蘭和整個歐洲的關鍵：「他們是否攻擊波蘭，首先取決於烏克蘭問題，除了物質的考量，更重要的是飢荒會影響蘇聯政策。他們必須從農業富庶的烏克蘭獲得補給。這便是為何，假如烏克蘭落入他們手中，他們緊接著就會對波蘭下手。」[19]

畢蘇斯基在一九一九年的四月繼續拓展他的觀點。他寫信給三月六日到巴黎跟波蘭代表團一起參加巴黎和會的列昂・瓦西萊夫斯基：「你知道我對立陶宛和白羅斯的看法，那是以我不想成為帝國主義者、也不想成為聯邦主義者的原則為基礎。」但是他接著補充說，跟協約國的官員見過面、談到根據美國理念建立各族與各國的友愛情誼之後，他越來越接受聯邦主義的原則。畢蘇斯基說，總之主要目標是讓波蘭邊界擺脫布爾什維克。[20]

當畢蘇斯基公開及私下談論他對外交事務的觀點時，他仍然持續進行在立陶宛和白羅斯邊疆地區的軍事行動。謝普提茨基將軍在四月十七日、十八日和十九日分別攻下利達、新格魯代克（Nowogródek）和巴拉諾維策（Baranowicze）。畢蘇斯基親自指揮行動，下令突襲維爾紐斯，運用了瓦迪斯瓦夫・貝林納－普拉茲莫夫斯基中校（Władysław Belina-Prażmowski）率領的第一騎兵旅（1st Cavalry Brigade，八百四十名士兵、九艇機關槍、兩座野戰砲）以及雷茲－希米格維將軍率領的第二軍團步兵師（兩千兩百七十名士兵和兩個野戰砲組）。[21]這批人馬在四月十九日進入維爾紐斯，透過激烈戰鬥驅逐了紅軍，紅軍隔天便逃離這座城市。儘管謝普提茨基建議畢蘇斯基跟前線保持安全距離，他仍親自指揮維爾紐斯行動，承擔相當大的風險，同時也證明了他的鋼鐵意志和對自己的直覺所抱持的信心。

在預計突襲維爾紐斯的前三天，畢蘇斯基派遣在維爾紐斯土生土長的立陶宛波蘭人米哈爾・羅莫（Michał Romer）前往考納斯，在一九一九年的四月十六日和十七日跟立陶宛政府進行祕密協商。然而，由於立陶宛政府堅持成立兩個國家，導致協商失敗，畢蘇斯基便下令拿下維爾紐斯。他在四月六日告訴羅莫：

「假如【協商】因為立陶宛而失敗，我們便別無他法，只能採取帝國主義的軍事結果，瓜分立陶宛，將維爾紐斯與波蘭合併。」[22]

考納斯協商失敗後，畢蘇斯基採取果斷的行動。一九一九年四月二十一日，他以勝利之姿進入童年居住的維爾紐斯，非常自豪自己將俄羅斯軍隊趕出祖國。在〈致前立陶宛大公國居民之宣言〉中，畢蘇斯基宣布他打算允許當地居民自行決定自己的命運，促成建立單一波蘭立陶宛聯邦國家的目標。他說：「我會允許你們照自己認為合適的方式處理內部民族與宗教事宜，波蘭不會進行任何逼迫或施壓。這便是為何，儘管槍聲持續響起、鮮血仍在流淌，我要成立的不是軍政，而是民政，而我也會任用當地人——這片土地的子民。」[23]畢蘇斯基的宣言傳到巴黎之後，協約國的官員正面看待，剛在華沙住下的第一任美國駐波蘭大使休・吉布森（Hugh Gibson）也是。外國媒體也正向地報導這份宣言。《泰晤士報》在一九一九年五月二日表示：「畢蘇斯基將軍向立陶宛人發布了宣言，宣布他不是要併吞這個地方、政府的形態會是民政，並將舉行公投表明人民想要隸屬於波蘭或立陶宛。」

可是，波蘭和立陶宛民族主義者葬送了畢蘇斯基建立單一聯邦國家的夢想，阻止他重建十八世紀的波蘭立陶宛聯邦（如果這樣做，維爾紐斯就能成為立陶宛的一部分）。在華沙，畢蘇斯基的政治對手——右翼的民族民主黨——無法接受不把維爾紐斯當作波蘭的一部分；另一方面，考納斯的立陶宛政府則認為這份宣言只是在掩飾波蘭的併吞計畫。

對畢蘇斯基而言，攻下維爾紐斯具有很深的情感意涵。他在一九二三年八月發表一篇演說時，回憶當年攻下維爾紐斯的事蹟，說：「維爾紐斯問題對我來說一直都是最重要的，比其他議題更占據我的心思，我的心投入在那裡最多。」[24]使用武力奪下維爾紐斯是出於戰略性的決定，有兩個考量，一是情報顯示立陶宛軍隊正計畫要前往維爾紐斯，二是維爾紐斯行動必須在巴黎和會決定這座城市的最終歸屬之前執行。

維爾紐斯行動展開前，在立陶宛、白羅斯及東加里西亞作戰的波蘭軍隊人數加起來總共有十二萬七千一百一十七人。[25]波蘭的突襲令列寧相當憤怒，他下令反擊，要奪回維爾紐斯。在一九一九年四月二十六日到三十日之間，波蘭軍隊非常成功地驅逐反擊的俄羅斯，因此在五月初之前，紅軍已移動到維爾紐斯東方七十二公里的位置。來到之前的德國在一戰時挖的壕溝線時，畢蘇斯基下令停止攻擊行動，把注意力轉向擊敗東加里西亞的烏克蘭人。

很幸運地，在一九一九年四月二十一日波蘭軍隊拿下維爾紐斯的那天，畢蘇斯基收到哈勒爾將軍的電報，得知他等了很久的法國波蘭軍隊已經抵達波蘭，人數約五萬五千人。畢蘇斯基傳電報給哈勒爾，說：「請代替我告訴各位軍官與士兵，我很開心他們抵達祖國，並有信心他們會像每一位正直的波蘭士兵一樣，成功捍衛我們受到威脅的邊界。」[26]

畢蘇斯基沉迷於勝利的滋味只有一下子的時間，接著便要趕著處理其他地區的衝突。一九一九年三月，烏克蘭人便開始攻擊東加里西亞，要奪回勒沃夫；在另一邊，德國人則重新開始攻擊波茲南地區的波蘭防禦措施。畢蘇斯基先前承諾協約國會把哈勒爾的軍隊用來對抗布爾什維克俄軍，此時卻違背承諾，派哈勒爾的軍隊到烏克蘭前線。一九一九年五月二十一日，法國總理克里蒙梭在四巨頭的要求下傳電報給畢蘇斯基，提醒他哈勒爾的軍隊不能用來對付烏克蘭人。[27]波蘭軍隊前進得夠遠，已經與羅馬尼亞接壤，接著在畢蘇斯基於一九一九年六月二十二日抵達該地區，坐陣指揮新一波的攻擊行動後穩住了東加里西亞。在七月十七日到達茲布魯奇河（Zbrucz River）之後，東加里西亞的戰爭結束了。協約國最高委員會要求畢蘇斯基退到協約國認可的分界線。畢蘇斯基不但拒絕，還揚言如果他們要是強迫他照辦，就要辭職。[28]

征服東加里西亞時，駐紮在國外的各個波蘭軍隊紛紛抵達波蘭，包括哈勒爾將軍的波蘭軍隊。盧茨揚·熱利戈夫斯基將軍（Lucjan Żeligowski）的第四波蘭步兵師（4th Polish Rifle Division）在一九一九年六月從奧德薩回國；一九一九年五月，波茲南的波蘭武裝部隊指揮官正式將軍隊的控制權交給畢蘇斯基。[29]哈勒爾和熱利戈夫斯基的十個步兵師參與了東加里西亞戰爭的最後階段，證實他們加入波蘭軍隊的意義有多麼重大。

一九二〇年七月，卡齊米日．魯姆薩將軍（Kazimierz Rumsza）指揮的第五波蘭步兵師（5th Polish Rifle Division）回到波蘭，完成了各部隊的整合。第五波蘭步兵師在一九一八年成立，是隸屬於哈勒爾部隊的西伯利亞軍團，任務是要對抗布爾什維克。在畢蘇斯基的命令下，第五波蘭步兵師在一九一九年十一月正式納入波蘭軍隊，後來在一九二〇年一月遭布爾什維克擊敗。大約一千名軍官與士兵被迫往東逃跑，藉此躲避被俘虜的命運，最後經由日本和中國，在悽慘的長途跋涉後回到波蘭。[30]

邊疆地區的屠殺事件

在一個新生的國家裡，最敏感的議題莫過於軍隊被指控做錯事。因此，畢蘇斯基一開始對反猶暴力事件的反應會不一致，有時小心謹慎、有時自我防

波蘭士兵在一九一九年的七月六日拿下維爾紐斯後擺姿勢拍照，身後掛著在一七九四年率領波蘭叛軍的塔德烏什．柯斯丘什科將軍以及他們的司令官畢蘇斯基將軍的畫像。

衛、有時譴責非難，並不叫人意外。然而，身為國家元首和總司令的他選擇不對這個議題發表任何公開聲明，具有相當重大的意涵。

波蘭在戰場上取得勝利後，屠殺事件爆發，震撼整個猶太社群，也引起國際關注。其中兩次屠殺事件在蘇聯撤軍之後馬上發生，地點是平斯克和維爾紐斯，起因是猶太人被控與敵軍共謀。最嚴重的一次屠殺發生在平斯克，這座城鎮於一九一三年有三萬八千六百八十六人，其中有兩萬八千零六十三人——也就是百分之七十二點二——是猶太人。一九一九年四月五日，總部位於平斯克的波蘭軍隊的地區指揮官亞歷山大．盧欽斯基少校（Aleksander Łuczyński）帶領十五位士兵到猶太人的社區中心，那裡有一百名左右的猶太人正聚在一起討論如何分配由美國糧食委員會（American Food Commission）提供的逾越節物資。他們所有人都被帶出建築物、趕到市場，以懷疑親布爾什維克的罪名逮捕。三十分鐘後，被逮捕的人之中有三十五名「布爾什維克」遭到行刑隊排成一排處決，其中不乏婦女和小孩。[31]

盧欽斯基少校兩天後宣稱，整座城鎮的猶太人都表現出親共產主義的傾向，對波蘭當局「不知感恩，非常厚顏無恥」。[32]起初，媒體報導只說受害者是「布爾什維克」，如四月九日的《紐約時報》和《華盛頓郵報》。國內外的主要報社開始報導實際發生的事之後，布爾什維克叛國賊的故事變成了波蘭軍隊屠殺無辜猶太平民的故事。有一名英國記者在屠殺事件前兩週造訪平斯克，訪問了指揮官盧欽斯基少校，他說每一個猶太家庭都有間諜。該名記者表示：「【平斯克的】每一個波蘭軍官認為所有的猶太人都是布爾什維克。」[33]

處決猶太平民這個令人震驚的消息傳開之後，波蘭－布爾什維克前線又發生更多反猶暴力事件。最過分的一起事件發生在維爾紐斯：一九一九年四月十九日波蘭軍隊進入這座城市那天，有五十四到六十五名猶太平民慘遭殺害。[34]媒體報導如雨後春筍般出現，讓西方人對新成立的波蘭懷有敵意。美國國務院在一九一九年六月根據美國官員參訪維爾紐斯後所提交的報告表示，維爾紐斯的猶太人都很恐懼，希望屠殺期間遭到毀損的財物可以獲得補償，並且十分擔憂自己的人身安全。不過，他們在屠殺事件後仍對畢蘇斯基抱持正面的態度。[35]英國記者布雷斯福德（H. N. Brailsford）當時跟畢蘇斯基見面後也產生類似的看法：「秉持人本自由精神的畢蘇斯基不夠強大，無法阻止猶太人遭到迫害，甚至是屠殺。」[36]

關於畢蘇斯基對反猶暴力行為的反應，媒體報導的內容並不一致，還時有互相矛盾的情況，有的說他批評猶太人的態度，有的說他呼籲制裁兇手。在一九一九年三月，畢蘇斯基在華沙接見一個猶太代表團，說波蘭猶太人對波蘭「懷有惡意」。「被問到這件事有沒有證據時，畢蘇斯基回答沒有，但這是普遍的看法。」[37]在一九一九年三月七日的倫敦《猶太紀事報》中，畢蘇斯基解釋自己說過的話，並離題表示波蘭猶太人將全世界的注意轉向屠殺事件。在一九一九年三月十四日的下一期內容中，《猶太紀事報》表示畢蘇斯基的評語「一點也不令人放心。我們在此聲明……猶太人對新波蘭沒有任何一絲惡意。反之，他們由衷希望復甦的波蘭一切都好。」當英國錫安主義者伊斯雷爾．科亨要求波蘭國家元首公開譴責反猶暴力行為時，畢蘇斯基回答這樣的聲明沒有必要。據說畢蘇斯基這麼說：「大家都明白政府不認同針對任何人的屠殺或任何形式的暴力行為。」[38]

現在，畢蘇斯基誓言盡全力遏止反猶暴力的浪潮。一九一九年五月九日，他接見波蘭國會的猶太成員諾亞．普里盧茨基（Noah Prylucki），承諾會好好思考猶太人的擔憂，並仔細閱讀呈交的請願書。[39]畢蘇斯基對美國駐波蘭大使吉布森表明自己的立場。吉布森在一九一九年五月三十一日回報：「我針對猶太人的整體處境跟國家元首進行了漫長坦白的對話。畢蘇斯基將軍顯然非常驚愕和憤慨。他說，【迫害】猶太人丟了波蘭的臉，只會傷害這個國家。」畢蘇斯基接著又說：「政府和所有的好波蘭人都強烈反對任何迫害，因為我們知道我們的人民之中若有出現任何不和諧的情形，國家就無法和平發展。為了國家著想，政府決心使用鐵腕手段鎮壓任何反猶活動。」[40]美國國務院認為吉布森的電報非常重要，因此在一九一九年六月三日發表了官方聲明。聲明表示，畢蘇斯基「不僅反對迫害猶太人，還下達嚴厲的指示要維持秩序和保護猶太人。」[41]

儘管畢蘇斯基做了保證，反猶暴力行為仍在波蘭軍事行動過後持續發生。反猶暴力事件接連不斷，促使美國總統威爾遜在一九一九年五月同意設立美國委員會來調查這件事。委員會由猶太裔美國人亨利・摩根韜爵士（Henry Morgenthau）率領，成員有波蘭裔美國人埃德加・賈德溫准將（Edgar Jadwin）和霍馬・強森先生（Homer H. Johnson）。摩根韜委員會在一九一九年的七月十三日抵達波蘭，經過兩個月的真相調查任務後，於九月十三日離開波蘭，十月完成最終報告。[42]

畢蘇斯基一開始不悅地迎接摩根韜委員會，清楚表明他認為這個代表團很唐突，並且可能會造成傷害。然而，委員會的任務快到尾聲時，畢蘇斯基對其目的表達更多理解。摩根韜憶道：「他說波蘭人和猶太人必須共同生活，雙方的關係永遠不可能完美，但是政府真的會盡力避免摩擦……他不反對私下調查，並坦承我們的代表團已經開始帶來良好的成效。他希望我們的報告可以讓全世界滿意，終結這樣的調查，因為他真的覺得外國插手干預會對本國政府帶來不好的聲譽。」[43]

《凡爾賽條約》

同一時間，和會與會者在巴黎頒布了《凡爾賽條約》。德國邊界在一九一九年的六月二十八日確立，對波蘭而言是一場外交勝利。三月時，巴黎和會便成立波蘭事務委員會處理德波邊界的問題，建議將但澤、一部分的西普魯士、大部分的波茲南和上西利西亞等波蘭人占人口大多數的地區分配給波蘭。英國首相勞合・喬治反對這些條款，不願意太過逼迫德國。結果，《凡爾賽條約》將波茲南和大部分的西普魯士分配給波蘭，並允許通往波羅的海（雖然出入口很小）。基於強國各有不同的立場，尤其是英國，條約只有折衷滿足畢蘇斯基針對但澤所提出的要求——將但澤從德國切割出來，在國際聯盟的支持下成為一座自由市，位於波蘭關稅領域內。關於上西利西亞和東普魯士南部這些有爭議的地區，將由公投決定最後的結果。在一九二〇年七月的比利時由國際聯盟的最高委員會所舉行的斯帕會議（Spa Conference）上，波蘭外交部長瓦迪斯瓦夫·格拉布斯基（Władysław Grabski）與捷克斯洛伐克的外交部長愛德華·貝奈許（Edvard Beneš）同意將具有爭議的切申地區分成波蘭區和捷克斯洛伐克區。[44]然而，大使會議（Conference of Ambassadors）確立最終的細節後，卻讓十三萬九千名波蘭人受到捷克斯洛伐克的統治。斯帕會議不但沒有改善波蘭和捷克斯洛伐克之間棘手的關係，反而加深了雙方的敵意。

《凡爾賽條約》也通過了決議，確立猶太人和其他少數民族的地位。由於剛納入波蘭控制之下的邊疆地區不斷爆發反猶暴力行為，特別是在平斯克和維爾紐斯，四巨頭（美國、英國、法國和義大利）便說服波蘭簽署協議，保護波蘭的猶太人和其他少數族群。在制定《凡爾賽條約》的期間，波蘭勉強接受了《波蘭少數族群條約》（Polish Minorities Treaty）。波蘭在一九一九年八月八日攻下明斯克之後，更加鞏固這個條約的必要性。波蘭奪得明斯克後，反猶暴力事件隨之爆發，造成三十一名猶太人慘遭屠殺。[45]摩根韜委員會的報告是在明斯克屠殺過後的一九一九年十月發表，估計從一九一八年十一月到一九一九年八月之間，共有兩百八十名猶太人在波蘭控制的區域遭到殺害。[46]

波蘭和布爾什維克之間的衝突加深

對畢蘇斯基和波蘭來說，一九一九年的夏天令人非常樂觀。美國有許多的波蘭裔美國人支持畢蘇斯基，帶有左翼傾向的波蘭國家國防委員會（Polish National Defense Committee）在波士頓舉行的三天大會就是證據。這個組織聚在一起「頌揚畢蘇斯基的領導」、募款，並鼓勵美國支持波蘭的領袖。[47]確立波蘭西部邊界的《凡爾賽條約》簽訂之後，波蘭在一九一九年七月擊敗了東加里西亞的烏克蘭人。這讓畢蘇斯基可以專心驅逐白羅斯和立陶宛邊疆地區的布爾什維克軍隊。他在一九二四年的一份研究解釋了自己的處境：

早在一九一八年沒有外界援助的時候，我就針對我們的反蘇聯戰爭的背後日的下了明確的結論。除了其他目標，我決定盡一切努力讓新的民族生活正在萌芽和成形的地區，盡量遠離任何可能想要再次強加外族生活方式——那不是我們自己安排的生活——在我們身上的企圖或是陷阱。一九一九年，我達成了這項任務。[48]

他想出來的偉大計畫是創造一個從波羅的海延伸到黑海的獨立國家地帶，其中包含烏克蘭主權國家。畢蘇斯基在這個時期制定的其中一項重要外交政策，就是拒絕捲入紅軍和白軍之間的俄羅斯內戰；白軍是由社會民主派和極端的右翼君主派等反共產勢力組成。這個充滿野心的計畫使得他跟協約國理念不合，因為協約國公開支持俄羅斯內戰的白軍。即使受到了西方協約國要求協助白軍的壓力，畢蘇斯基仍堅持保持中立。

一九一九年的夏天，血腥的俄羅斯內戰有了重大的新發展。白軍南部戰線的司令官安東·基尼肯將軍（Anton Denikin）在一九一九年的八月拿下基輔、十月十四日攻下距離莫斯科三百三十公里的奧廖爾（Orel）。白軍開始占上風，基尼肯的英國軍事顧問來到華沙，請畢蘇斯基一起加入攻打布爾什維克的行動。畢蘇斯基斷然拒絕，說基尼肯不會成功奪取莫斯科，很快就會撤退到黑海。協約國使節團的一位英國成員魏亞特將軍人在華沙，參與了那場對話，後來在回憶錄生動憶起當時的場面。魏亞特將軍寫道：「以基尼肯迅猛的進攻來看，他的預測似乎很荒唐，但畢蘇斯基的判斷鮮少失準，我對他很有信心，所以立刻把這件事回報給陸軍部。」魏亞特接著說，畢蘇斯基「從來不曾出錯，短短幾個星期畢蘇斯基就證實自己是個厲害的先知，因為基尼肯確實退回到黑海。」[49] 局勢逆轉的速度快得驚人，布爾什維克在一九一九年十二月重新奪回基輔。歷史學家亞當·烏拉姆（Adam Ulam）貼切地描述：「白軍在一九一九年達到勝利的高峰時，波蘭軍隊依舊堅守立場，不跟蘇聯宣戰，完全沒有向科扎克（Kolczak）或基尼肯提供任何一絲協助。」[50] 畢蘇斯基誓言不干預俄羅斯內戰，導致基尼肯尖銳地控訴他是在「拯救布爾什維克」。[51] 這個指控似乎沒有對畢蘇斯基帶來什麼影響。畢蘇斯基說：「波蘭跟舊俄羅斯的復辟沒有任何關係，完全沒有，就連布爾什維克主義也是。」他遺憾地補充道：「沒有第三種俄羅斯存在。第三種俄羅斯在哪裡？我們也渴望有它、在尋找它。」[52]

儘管如此，畢蘇斯基仍繼續驅趕邊疆地區的布爾什維克軍隊。一九一九年的八月八日，波蘭軍隊攻下明斯克。畢蘇斯基在九月十九日造訪這座城市時，發表了一份宣言，聲明：「我跟你們一樣是這片土地的子民，因此我能明白這裡經歷的貧苦與不滿。」他說，波蘭正在實行民主理念和制度。「波蘭帶著自由的口號前進到每個地方；波蘭前進的目的不是要透過士兵野蠻的靴子進行壓迫，也不是要強迫任何人遵守它的法律。」[53] 一九一九年十月，畢蘇斯基前往維爾紐斯，到新開放的斯特凡巴托里大學（Stefan Batory University）演講。這間學校有深遠的歷史意義，因為它是波蘭十九世紀的詩人尤利烏什．斯沃瓦茨基和亞當．密茨凱維奇的母校。畢蘇斯基說：「這幾面牆的命運跟這個邊疆地區的命運如出一轍。」他還補充說，這裡可以再次變成一所波蘭大學完全是奇蹟。[54]

由於莫斯科受到白軍威脅，布爾什維克提出慷慨的和平協議，在一九一九年的八月到九月割讓跟愛沙尼亞、芬蘭、拉脫維亞和立陶宛接壤的西部邊界。他們於一九一九年十月十一日在米卡舍維奇（Mikaszewicze）主動跟波蘭展開和談。和談揭露出兩方無法調和的差異。畢蘇斯基透過代表表達自己的立場：一、波蘭軍隊不會超越目前守住的這條線；二、蘇聯政府要撤離目前跟波蘭對立的陣線，創造一條十公里寬的中立地帶；三、蘇聯要把杜納堡（Dunaburg）割讓給拉脫維亞；四、蘇聯要停止在波蘭軍隊內部煽動共產主義；五、布爾什維克要停止攻擊西蒙．彼得留拉（Symon Petliura）所指揮的烏克蘭軍隊。[55] 蘇聯針對每一點都提出替代方案，畢蘇斯基不接受任何一項。和談在一九一九年十二月十五日結束，沒有達成協議。蘇聯的協商者很有可能是故意要拖延任何阻止他們西進的協議。蘇聯協商者不知道的是，波蘭代表握有偷偷攔截蘇聯軍事情報所得到的資訊，證實蘇聯計畫在達成協議前讓紅軍繼續往西挺進。[56]

另一方面，畢蘇斯基高估了蘇聯的弱點，從他不願意妥協任何一點立場就能看出來。他在一九一九年十月十六日刊登在《泰晤士報》的訪問中便說：「我不怕波蘭跟布爾什維克打仗，波蘭軍隊在士氣和訓練上都比較優越……我無法想像有任何他們會占上風的情況。」《泰晤士報》在一九二〇年二月十四日刊登的訪談中問畢蘇斯基會不會害怕紅軍，畢蘇斯基回答：「不會，他們是很差的士兵。波蘭士兵強勁多了，我們總是能擊敗他們，我為什麼要怕他們？」

同一時間，畢蘇斯基必須回應國內的一場政治危機。巴黎的最高委員會在一九一九年十一月二十一日裁定，波蘭對東加里西亞的統治只有二十五年，屆時將舉辦公投決定這個地區最後的命運。大部分波蘭領袖都不接受這項判決，並導致帕德雷夫斯基在十一月二十七日請辭。畢蘇斯基請他成立新的內閣，但是帕德雷夫斯基的努力沒有成功。[57] 於是，畢蘇斯基請眾議院代表利奧波德・斯庫爾斯基（Leopold Skulski）成立內閣，斯庫爾斯基在十二月十三日辦到了。波蘭的新外交部長史塔尼斯瓦夫・帕特克（Stanislaw Patek）得到法國大力的支持，因此十二月二十二日成功說服最高委員會撤回關於東加里西亞的命令，承認這個地區永久屬於波蘭。[58]

畢蘇斯基新任的外交部長在東加里西亞取得外交勝利的同時，巴黎最高委員會根據英國外交大臣寇松侯爵（Lord Curzon）的建議提出波蘭的臨時東部邊界。這項提議將布雷斯特－里托夫斯克和布格河作為波蘭與俄羅斯的國界，從拉瓦羅斯卡（Rawa Ruska）以西的喀爾巴阡山脈延伸到東普魯士。英國的提議對畢蘇斯基來說是一個打擊，因為他原本堅持絕對有必要保持一個跟俄羅斯之間的緩衝區。畢蘇斯基相信，遏止波蘭軍隊只會導致俄羅斯入侵，妨礙烏克蘭獨立建國。關於立陶宛和波蘭的分界線，法國的福煦將軍在一九一九年七月二十六日提出建議。這項提議被稱作福煦線（Foch Line），把比亞維斯托克地區給了波蘭，蘇瓦烏基省的北部則割讓給立陶宛。[59]

波蘭和布爾什維克和談失敗，在東部邊疆地區演變成衝突。協約國會支持波蘭東部領土要求的希望越來越渺茫，因此畢蘇斯基認為，把俄羅斯推回更靠近其族群界線的唯一希望，就是跟烏克蘭的軍事領袖結盟，企圖建立一個獨立國家地帶，好將俄羅斯推回與從前的波蘭立陶宛聯邦相對應的界線。然而，這個偉大的計畫沒有成功。一九一九年八月畢蘇斯基沒有成功將聯邦計畫推銷給立陶宛時，就能看出這個結果。立陶宛表示沒興趣跟波蘭組成聯邦後，畢蘇斯基於一九一九年八月二十八日在考納斯——立陶宛政府的所在地——安排一場計畫不周的政變。他想安插一個支持畢蘇斯基的立陶宛政府，因此打算把波蘭裔立陶宛人史塔尼斯瓦夫·納魯托維奇（Stanisław Narutowicz）捧為領袖。然而，畢蘇斯基的命令沒有傳到所有參與的人員耳裡，因此計畫展開後，考納斯只有發生零星的破壞行動。在這場失敗的政變中，立陶宛當局逮捕了一百五十名聲稱參與事件的波蘭人。[60]不意外地，這場失敗的政變讓立陶宛不再相信波蘭之後釋出的任何善意。

在跟布爾什維克政權和談失敗、政變也失敗之後，畢蘇斯基變得更加孤立。關於他的獨立烏克蘭計畫，對戰爭厭倦的眾議院成員（如波蘭社會黨的領袖）傾向和平協商，民族民主黨則懷有敵意。除此之外，畢蘇斯基無法獲得英國的支持。儘管如此，他仍繼續往前邁進，在一九一九年十二月九日跟時任烏克蘭人民共和國督政府首腦兼軍隊司令的彼得留拉在華沙會談。同時，畢蘇斯基清楚地告訴協約國（一部分是透過外國媒體的訪談），波蘭正在阻止布爾什維克入侵歐洲的前線上，他們的政策需要更多支持。[61]

在跟彼得留拉組成軍事同盟的過程中，認為自己現在有更多優勢的畢蘇斯基再次接洽蘇聯領袖。一九二〇年三月，他提議跟布爾什維克一筆勾銷，交換條件是他可以自行處置邊疆地區，包括建立獨立的烏克蘭和白羅斯。蘇聯拒絕了。對畢蘇斯基來說，第二次跟布爾什維克談判失敗，證明了他只能用武力強行驅離待在烏克蘭的俄羅斯軍隊。發現一份有關蘇聯對付波蘭策略的祕密報告，也是迫使畢蘇斯基決定採取軍事手段的原因。這份報告由紅軍的行動長官在一九二〇年一月二十七日呈交給托洛斯基，呼籲他在一九二〇年五月猛烈果斷攻擊波蘭，以奪取白羅斯西部和烏克蘭。[62]

這份祕密報告加強了畢蘇斯基認為俄羅斯想要對波蘭做些什麼的預感。因此，不意外地，他在一九二〇年四月二十一日跟彼得留拉達成最終的政治協議，承認烏克蘭獨立，接著在四月二十四日又簽訂軍事協議。彼得留拉做出重要的妥協，那就是交出東加里西亞和沃里尼亞西部，以換取波蘭對自由烏克蘭提供的軍事協助。不用說，西烏克蘭的領袖非常不滿放棄東加里西亞的決定。[63]

波蘭與烏克蘭簽訂協議——稱作《華沙條約》（Treaty of Warsaw）——之後，軍事行動便立刻展開。一九二〇年的四月二十五日，畢蘇斯基下令在烏克蘭發動進攻，他的軍隊跟彼得留拉的軍隊一起往東前進。畢蘇斯基滿腔熱血，在一九二〇年四月二十六日寫信給波蘭總理斯庫爾斯基時表示：「軍隊的士氣非常棒。」[64]

畢蘇斯基預期協約國會大肆批評，因此在軍隊跨越前線的隔天對烏克蘭人民發表一份宣言。這份由侵略軍發布的呼籲非比尋常，幾乎像是拿破崙會說的話。宣言的核心思想是，波蘭軍隊意圖將自由帶到歐洲一塊受到俄羅斯威脅的地區，沒有任何帝國主義的目標。宣言聲明：「波蘭軍隊只會在烏克蘭待到統治權轉移給合法的烏克蘭政府為止。當烏克蘭共和國的國民政府建立起權威，當烏克蘭人的軍隊控制住邊疆、能夠保護國家抵擋新的侵略，當自由的民族能夠決定自己的命運，波蘭軍隊就會撤退。」在那之前，波蘭軍隊將不論民族或宗教，保障烏克蘭人的安全與權利。[65]

其中一名波蘭士兵為十九歲志願服役的華沙大學學生卡齊米日・索科沃夫斯基（Kazimierz Sokołowski）。一九二〇年四月二十八日，他寫下自己對於波蘭軍隊往基輔方向移動的感想：「由畢蘇斯基總司令親自率領的波蘭軍隊已突破布爾什維克的陣線，昨天早上攻下日托米爾（Żytomir），抓走許多戰俘，現在正朝基輔前進。」索科沃夫斯基認為畢蘇斯基傳達給烏克蘭人的訊息非常重要，寫道：「畢蘇斯基對烏克蘭人提出的訴求在士氣上具有非常重大的意義。波蘭民主的口號從他口中說出來：『跟自由的人一起自由，跟平等的人一起平等。』那是古代哈佳奇聯盟（Union of Hadiach）的法令。」他指的是十七世紀提議讓烏克蘭成為波蘭立陶宛聯邦第三個組成國的法令。索科洛夫斯基最後說：「波蘭想要自由的烏克蘭，因為它很清楚，沒有自由的烏克蘭，俄羅斯就在它的門前。」[66]《愛爾蘭時報》（*The Irish Times*）在一九二〇年五月一日報導：「倫敦從華沙收到的訊息宣布，波蘭人已發表聲明承認烏克蘭獨立。」美國駐華沙的武官埃爾伯特．法曼中校（Elbert Farman）認為，畢蘇斯基在用盡一切努力反駁西方外交官對他做出的帝國主義指控。[67]

在另一份宣言中，彼得留拉對烏克蘭同胞聲明畢蘇斯基的軍隊不是征服者，而是盟友。跟俄羅斯的戰爭一結束，他們就會撤退。[68]有些人懷疑畢蘇斯基做出未來會撤軍的承諾是否真心。然而，他過去無論是公開或私下，在這方面的言論都很一致。一名外國特派員在一九二〇年二月問畢蘇斯基他對立陶宛、烏克蘭和白羅斯的政策是什麼，他回答自己的目標不是征服，而是散播自由，因為歷史教會他，征服從長遠來看絕對不會有好結果。他說：「我不希望看見波蘭控制廣大的疆域，上面卻住著不友善的人民。」但是「為鄰國帶來自由將是我身為政治人物和軍人一輩子的驕傲。」[69]從畢蘇斯基在一九二〇年所說的另一番話，也可看出他認為波蘭擁有把西方民主制擴張到東方的使命：「我認為烏克蘭的使命跟波蘭的歷史傳承一樣，就是傳播西方文化。」[70]

紐約和倫敦的一些媒體正面報導了波蘭軍隊的動向，引述畢蘇斯基的宣言，證明這些行動的目的不是要實踐帝國抱負、而是要解放烏克蘭。波蘭外交部做出了額外的聲明：「波蘭政府在此證實烏克蘭有權利作為獨立國家存在。」同時，外交部也重中政府承認彼得留拉是烏克蘭共和國的領袖。[71]

波蘭軍隊快速往東移動，布爾什維克軍隊則開始撤退。一九二〇年五月六日發給彼得留拉的電報顯示，畢蘇斯基認為促進烏克蘭獨立是波蘭使命的一部分。「在波蘭軍隊跟勇敢的烏克蘭軍隊打著古老的波蘭口號——『為了我們和你們的自由』——並肩對抗共同敵人的這個時候，烏克蘭共和國與波蘭這場成功共同的奮鬥將為兩個民族帶來永久的繁榮。」[72]

基輔行動

一九二〇年五月七日，畢蘇斯基的騎兵部隊進入基輔，接著波蘭和烏克蘭的步兵也跟進。在烏克蘭行動達到巔峰的這個時候，畢蘇斯基發布命令給他最高階的指揮官，顯示他私底下說的話跟他的公開言論是一致的。他寫道：「盡快將我們的軍隊撤出被占領的烏克蘭領土，有利於波蘭，可以跟新的烏克蘭國家建立友好的鄰國關係……波蘭占領烏克蘭的時間必須只有幾個月，而不是幾年。」[73]畢蘇斯基的目標是讓烏克蘭脫離俄羅斯，所以他現在努力把聶伯河納入獨立的烏克蘭，跟波蘭形成政治和軍事上的盟友。在寫給總理的信件中，他提到當地人的情緒。走過整條前線後，他回報猶太人似乎並不樂見波蘭軍隊，害怕遭受暴力對待。[74]基輔陷落後，據說烏克蘭軍隊拿下了奧德薩。《泰晤士報》的一名特派員在一九二〇年五月十三日觀察到，這些發展在烏克蘭受到正面的迴響，因為人們鄙視布爾什維克。波蘭人民得知基輔落入波蘭軍隊的掌控後非常興奮。索科沃夫斯基在一九二〇年五月九日的日記寫下：「基輔終於被攻下了！波蘭萬歲，畢蘇斯基總司令和我們軍隊的勝利萬歲！」[75]

畢蘇斯基公開侮辱紅軍，說他們弱小又沒有組織，並在五月十六日接受英國《每日郵報》（*Daily Mail*）的訪問時預估總共扣留了三萬名俄羅斯戰俘。他注意到自己所率領的行動已經為烏克蘭人帶來了新的可能。五月十七日，畢蘇斯基在烏克蘭共和國政府機關的所在地、位於華沙東邊七百公里的文尼察跟彼得留拉見面，發表了致詞，可以看出他當時的心態。他說，波蘭和烏克蘭都曾忍受長久的俘虜和迫害。只要波蘭和俄羅斯交界地區的人民沒有獲得自由，波蘭就不可能維持自己的主權。「成功獲得自由這個偉大寶藏的波蘭，決定抵制所有威脅它的事物，讓那些東西離波蘭邊界越遠越好。」因此，他支持「在自由的烏克蘭成立自由的國會。」[76]畢蘇斯基隔天回到華沙後，眾議院聚在一起，稱讚畢蘇斯基是英雄。眾議院議長特隆普欽斯基

畢蘇斯基和烏克蘭的彼得留拉。攝於一九二〇年五月十七日進攻基輔行動期間的烏克蘭文尼察。

表示：「我們的軍隊為長久遭到踐踏的民族帶來自由，為善良的人帶來和平。在您身上……我們看見自己摯愛軍隊的象徵，這支軍隊比我們更光榮的時期所擁有的軍隊還要強大。」[77]

另一方面，波蘭國內批評畢蘇斯基的人持續表達擔憂，警告基輔行動有些魯莽過頭。民族民主黨外國事務委員會的主席史塔尼斯瓦夫．格拉布斯基寫到，對抗蘇俄的戰爭「應該以建立波俄國界為目標，我們不應該管烏克蘭。」他警告：「要永久持有基輔，就必須跨越聶伯河更加深入，但這樣的行軍可能會【讓波蘭】碰到像拿破崙在一八一二年所遭遇的慘敗。」[78]另一方面，對一位駐華沙的美國大使而言，畢蘇斯基似乎是削弱布爾什維克對歐洲控制的唯一希望。一名美國官員在一九二〇年五月二十九日的華沙寫道：「我待在這裡越久，就越堅信畢蘇斯基是我們目前可以寄望打倒布爾什維克的唯一人選。」[79]協約國就沒有這麼熱中畢蘇斯基的基輔行動了。英國首相勞合·喬治公開批評警告，認為畢蘇斯基的軍事活動會威脅歐洲的和平。

蘇聯西北陣線的指揮官米哈伊爾·圖哈切夫斯基（Mikhail Tukhachevsky）在五月十四日展開反攻，比預期的還早。面對這場全面反攻，畢蘇斯基把應對任務交給戰爭部副部長索斯科夫斯基將軍。隨著紅軍的進攻速度加快，畢蘇斯基更密切地監督波蘭的行動，以守住陣地。他在六月三日造訪了由謝普提茨基將軍指揮、總部位於莫洛德奇內（Molodeczne）的第四軍，隔天又到維爾紐斯造訪索斯科夫斯基的預備軍總部，成功協助驅逐圖哈切夫斯基的兩個師。[80]

畢蘇斯基協助穩固北部戰線時，俄羅斯人則從戰場另一頭的南邊發動攻擊。謝苗·布瓊尼將軍（Semion Budenny）的第一騎兵軍（1st Cavalry Army）在六月五日攻擊山霍羅多克（Samhorodok，位於基輔西南邊一百三十公里）的波蘭軍隊，突破了波蘭防線，衝進波蘭後方。布瓊尼的軍隊未往東圍困基輔的波蘭第三軍，而是往西朝日托米爾的方向前進。六月八日，畢蘇斯基下令波蘭軍隊撤離當時被雷茲－希米格維將軍的第三波蘭軍所控制的基輔，退到日托米爾，希望能擋下布瓊尼的軍隊。然而，雷茲－希米格維將軍沒有及時收到指令，因此在六月十日和十一日撤離基輔，但是沒有退到日托米爾。畢蘇斯基圍困和摧毀布瓊尼第一騎兵軍的計畫失敗了。一九二〇年六月十三日，最後一批波蘭士兵撤退，基輔落入蘇聯手中。[81]

在同一時間的華沙，基輔的撤退行動引發內閣危機。右翼議員砲轟畢蘇斯基讓國家陷入不必要的風險，因此斯庫爾斯基總理和整個內閣集體請辭。六月二十三日，危機解除，民族民主黨的格拉布斯基被任命為總理，外交部長一職則給了尤斯塔奇·沙皮哈。[82]同一時間，英國《每日郵報》的記者在一九二〇年六月十五日刊出的訪談中詢問畢蘇斯基，波蘭是否有些人對烏克蘭懷有帝國主義的目的。他回答：「那有違我們的本性，說這種話的人不了解波蘭。」同一時間，來自南部戰線的布瓊尼騎兵部隊，以及來自北部戰線的圖哈切夫斯基部隊進展快速，導致波蘭和烏克蘭的軍隊迅速敗退，到了一九二〇年的七月初，所有波蘭兵力都被趕出烏克蘭。

一九二〇年七月四日破曉時分，圖哈切夫斯基帶著二十個步兵師和三個騎兵師展開第二波攻勢。在前一天七月三日，他對西部戰線所有的俄羅斯士兵發表了宣言。他寫到，紅軍會擊敗畢蘇斯基的「萬惡政府」：「在西方，世界革命的命運正在接受判決……我們將透過刺刀為辛勞的人類帶來幸福與和平。攻擊的時刻已經來臨！往西方去！前往維爾紐斯、明斯克和華沙，前進吧！」[83]謝普提茨基的十三個步兵師無法阻擋俄軍前進，迫使他們在七月八日撤退到位於明斯克東南方一百二十二公里的柏雷及諾河（Berezino River）。在接下來的兩個星期裡，圖哈切夫斯基的兵力依序攻進明斯克（七月十一日）、維爾紐斯（七月十四日）、格羅德諾（七月十九日）和平斯克。

同一時間，華沙成立了一個國防委員會（Rada Obrony Państwa，ROP）。主席是畢蘇斯基，成員則有十九名內閣和軍官，被賦予至高的權力保衛國家。畢蘇斯基以委員會的名義發表聲明，寫道：「致共和國的公民！你們的家園需要你們。」他呼籲志願兵入伍，協助保衛國家。「在前線流血的波蘭士兵必須發自內心知道整個國家都在身後挺他，隨時準備提供協助。」[84]

波蘭軍隊持續撤退，畢蘇斯基遭到媒體大肆抨擊。心灰意冷的他於七月十九日在國防委員會的會議上提議辭職。據傳畢蘇斯基說道：「我受到各式各樣的指控砲轟，我對於這樣對待自己最高代表的國家感到羞恥。」[85]但是，委員會不接受他的請辭。美國駐華沙公使館的一名成員在一九二〇年七月二十日說：「現在事情變得很糟，波蘭人就這樣針對畢蘇斯基，忘了他為他們所做的一切，讓我很生氣。」[86]隨著紅軍越來越靠近波蘭領土，畢蘇斯基在一九二〇年七月二十四日成立國民統一政府，任命溫森蒂・維托斯為總理、伊格納齊・達中斯基為副總理、索斯科夫斯基為戰爭部長。[87]

協約國使節團在一九二〇年七月來到華沙，可見局勢有多嚴峻。使節團的成員包括時任協約國戰爭委員會主席的法國將軍馬克西姆・魏剛（Maxime Weygand）以及英國駐柏林大使達伯農子爵。二十九歲的夏爾・

戴高樂（Charles de Gaulle）是當時在魏剛手下服務的法國參謀之一，他是波蘭軍隊的步兵指導員。畢蘇斯基在美景宮歡迎協約國官員。魏剛憶道：「畢蘇斯基令我印象深刻，他心智敏銳，在戰略方面直覺準確，了解調度和行動所扮演的角色。」[88]

達伯農也記下了他對畢蘇斯基的第一印象。他在一九二〇年六月二十八日的日記中寫道：「這裡的支配人物無疑是擔任國家元首與軍隊總司令的畢蘇斯基元帥……他是一個熱忱的愛國者，擁有龐大的勇氣和堅強的個性。」畢蘇斯基「外表非凡到幾乎誇張的地步。沒有任何文明對話常有的客套，卻有嚴肅天才的所有要素……理論上應該要提供他建議的波蘭部長們，實際上沒有什麼真正的影響力或權力。」[89]在一九二〇年六月二十八日的第一份報告中，這個由英法兩國組成的使節團要求立即送來軍需品、部署數百名英法軍官。[90]到最後，只有法國提供軍事援助，在八月的第二個星期之前估計有六百名法國軍官抵達華沙，加入法國使節團。[91]

紅軍在一九二〇年七月二十八日攻下比亞維斯托克、八月一日攻下布雷斯特－里托夫斯克，使得情況更加危急。蘇聯口中的和平及對鄰國主權的尊重，現在變成公開呼籲散播革命。比亞維斯托克出現一個臨時波蘭革命委員會，要在畢蘇斯基預期的垮台之後到華沙奪權。委員會由波蘭共產主義領袖尤利安・馬爾赫萊夫斯基和費利克斯・捷爾任斯基（Feliks Dzierżyński）率領，他們在聲明中宣告，波蘭只有在共產統治下才有可能得到和平。[92]在推翻「畢蘇斯基的中產階級地主政府」之後，他們會成立波蘭蘇維埃共和國。華沙的各個外國代表團命令非必要的人員要在八月一日撤離。[93]在同一時間的倫敦，勞合・喬治和寇松侯爵在八月四日試圖居中調解，想達成停戰協議，結果以失敗收場。

在這個波蘭面臨存亡危機的緊要關頭，畢蘇斯基籌備了保衛華沙的大計畫。肩上扛著國家——以及整個歐洲——重擔的他離開了華沙，獨自思索軍事計畫。在三天後的八月五日，畢蘇斯基回到華沙，跟他的三名首席軍事顧問見面：戰爭部長索斯科夫斯基、參謀長塔德烏什・羅茲瓦多夫斯基將軍（Tadeusz

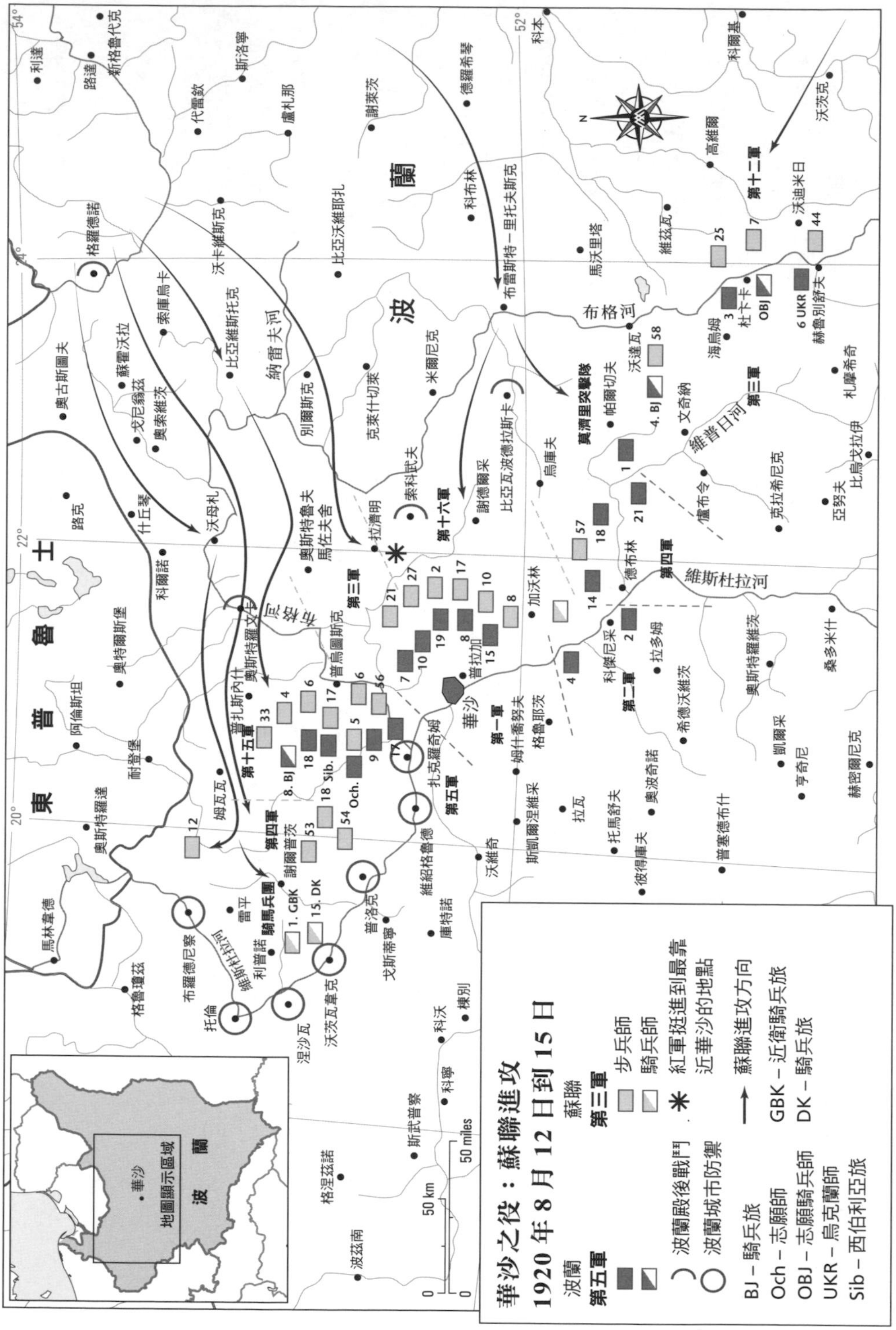

華沙之役：蘇聯進攻
1920年8月12日到15日
波蘭
第五軍
蘇聯
第三軍
步兵師
騎兵師
波蘭殿後戰鬥
波蘭城市防禦
紅軍挺進到最靠近華沙的地點
蘇聯進攻方向
BJ－騎兵旅
Och－志願師
OBJ－志願騎兵師
UKR－烏克蘭師
Sib－西伯利亞旅
GBK－近衛騎兵旅
DK－騎兵旅
波蘭
華沙
地圖顯示區域

Rozwadowski）和魏剛將軍。畢蘇斯基最偏好羅茲瓦多夫斯基的建議，因此請他布署作戰序列。雖然畢蘇斯基認同整體的作戰計畫，但他仍堅持有多處要修改，兩人花了好幾個小時完成更動。在一天後的一九二〇年八月六日，更改過的草案完成了，羅茲瓦多夫斯基發布一份對抗紅軍的完整反攻計畫。[94]魏剛在同一天發電報給巴黎的福煦元帥，告訴他自己已經完全批准畢蘇斯基的行動。[95]

在畢蘇斯基擬定的計畫中，波蘭要從南部戰線的維普日河（Wieprz River）——維斯杜拉河的支流，位於華沙南邊約八十公里——發動決定性的反攻。這波攻擊將會嚴重削弱圖哈切夫斯基的西部戰線。同一時間，圖哈切夫斯基北部的軍隊會被西科爾斯基將軍的第五軍所癱瘓。此外，弗朗西謝克・拉提尼克將軍（Franciszek Latinik）的第一軍會在華沙外面保護首都。畢蘇斯基自己會指揮所謂的打擊小隊，猛烈攻擊俄軍，使其失去方向感。波蘭攻勢將在一九二〇年八月十六日展開。八月十二日，畢蘇斯基跟維托斯總理、達中斯基副總理和內政部長見面。維托斯回憶畢蘇斯基「心事重重、非常嚴肅，我感覺他也很抑鬱。他給人不確定、猶豫和相當焦慮的感覺。跟我們談話時，他極為謹慎，對當下的局勢感到非常悲觀。他說自己賭上了最後一張牌，而且不確定會不會贏。」[96]那天晚上，總司令離開首都準備作戰。

前往普瓦維（Pulawy，位於華沙東南方一百一十三公里維普日河附近）的總部途中，畢蘇斯基探望了亞麗桑德拉、兩歲的汪妲和他五個月大的二女兒雅德維加。亞麗桑德拉憶道：「他向孩子道別，好像他要赴死似的。他也對我很沒有耐心，因為我不願意承認這次進攻可能會為波蘭帶來災難。」[97]抵達普瓦維之後，他在八月十五日檢閱了屬於波蘭第四軍的打擊小隊。魏剛當時在場，後來描述了這戲劇化的一刻：「他激勵了打擊小隊。他把自己靈魂深處的自信和克服一切阻礙的意志，灌注到每一位戰士的靈魂中。」[98]

一九二〇年的八月十四日，紅軍來到距離華沙十公里的地方。當地居民看著外國的外交人員疏散，不禁驚慌起來，因為他們不知道這是畢蘇斯基高風險戰略的一部分，目的是要引誘蘇聯軍隊前來，再從後方突襲反攻。國防委員會在情急之下向外國政府求援的聲明中表示：「如果波蘭沒了自由，明天你們的自由也會受到威脅。布爾什維克在維斯杜拉河取得的勝利會威脅整個西歐。」[99] 畢蘇斯基在基輔的慘敗現在被認為可能導致布爾什維克攻取華沙，因此公眾對他的批評非常顯而易見且尖酸刻薄。人們對畢蘇斯基的信心減弱，德莫夫斯基在國防委員會上提出動議，要求區分軍隊最高指揮官和參謀長的權力（兩者都在畢蘇斯基手中）。這項動議沒有獲得足夠的票數。[100]

「維斯杜拉河的奇蹟」

在一九二〇年八月十六日破曉時分，俄軍已經來到華沙城門，畢蘇斯基展開大型反攻。他的打擊小隊是由南部戰線最精英的單位所組成，並有波蘭第三和第四軍的增援，他們快速從南方推進，分散到廣大的地區，朝明斯克馬佐夫舍（Mińsk Mazowiecki）、布雷斯特－里托夫斯克和謝德爾采的方向移動。在華沙南邊一百三十公里的科茨克（Kock）附近擊退蘇聯軍隊之後，畢蘇斯基指示軍隊前往圖哈切夫斯基軍隊的後方，攻擊他認為是蘇聯陣線弱點的地方。同一時間，畢蘇斯基指示波蘭第一軍固守華沙，波蘭第二軍則守住華沙的南方，而西科爾斯基將軍駐紮在華沙北邊四十八公里的第五軍則要阻擋蘇聯第十五軍前進。同時，畢蘇斯基的步兵拿下了加沃林（Garwolin），發現自己在嘗試跨越維斯杜拉河的蘇聯第十六軍左側。由於波蘭軍隊來到蘇聯第十六軍的後方，圖哈切夫斯基的軍隊隔天就陷入困境。一九二〇年八月十七日，波蘭軍隊攻下華沙東邊九十公里的謝德爾采，接著又拿下比亞瓦波德拉斯卡（Biała Podlaski），讓波蘭軍隊更深入蘇聯第十軍後方。

波蘭軍隊從四面八方發動攻擊，蘇聯攻勢遭到逆轉。短短兩天內，波蘭軍隊成功阻止蘇聯攻取華沙。八月十八日，兩天前還站在華沙城門口的蘇聯第十六軍已經撤退。畢蘇斯基同一天回到華沙，指揮反攻行動。畢蘇斯基表示，布爾什維克政府「派遣野蠻大軍到華沙，錯誤地以為可以征服我們」，但是現在他們已經全

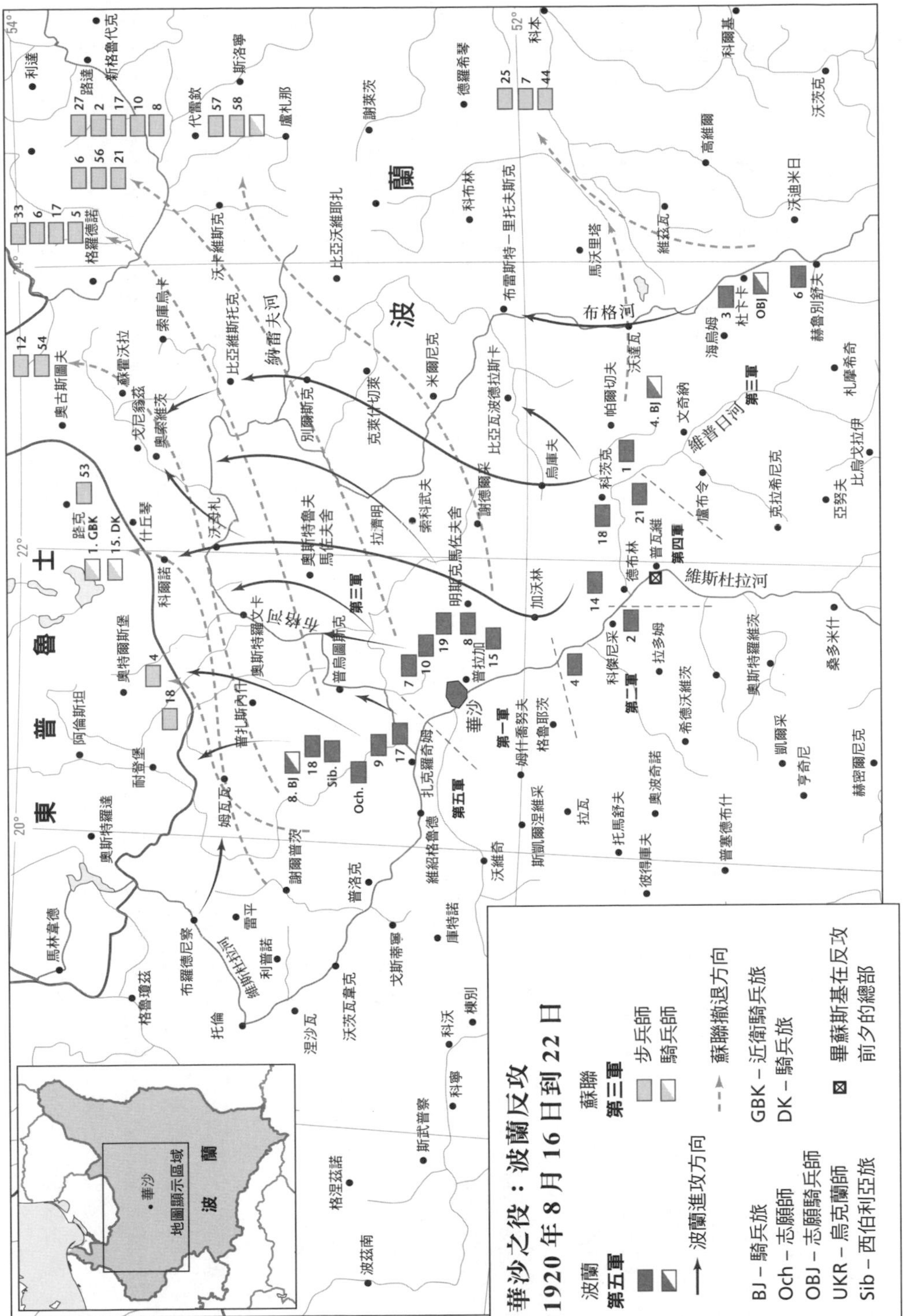
華沙之役：波蘭反攻
1920年8月16日到22日
波蘭
第五軍
蘇聯
第三軍
步兵師
騎兵師
波蘭進攻方向
蘇聯撤退方向
BJ－騎兵旅
Och－志願師
OBJ－志願騎兵師
UKR－烏克蘭師
Sib－西伯利亞旅
GBK－近衛騎兵旅
DK－騎兵旅
畢蘇斯基在反攻前夕的總部
地圖顯示區域
華沙
波蘭
東普魯士
維斯杜拉河
布格河
納雷夫河
維普日河
維斯杜拉河

面撤退。[101]畢蘇斯基在八月十八日抵達華沙之時，被擁立為軍事計畫天才無比的英雄。[102]一天後，蘇聯軍隊已經被趕到距離首都四十公里以外。《紐約時報》在一九二〇年八月二十日宣布：「華沙得救了。」國外的其他報紙（如《波士頓環球報》）也驚嘆勝利的規模，認為畢蘇斯基的行軍氣勢無人可擋。同一時間，對於紅軍撤退感到鬆了一口氣的心情，轉變成波蘭可能像基輔那次一樣挺進東方的恐懼。為了安撫協約國，維托斯總理發布聲明，表示波蘭政府仍願意進行和談，並重申：「我們不希望併吞外國領土。」[103]確實，波蘭同意重新進行正式和談，並於八月二十一日在明斯克展開。

在一九二〇年八月二十五日，華沙戰役結束。畢蘇斯基來到東普魯士邊疆，把蘇聯最後一師趕出波蘭。[104]不僅波蘭，整個西方世界都集體鬆了一口氣。波蘭這邊總共有四千五百人死亡、兩萬兩千人受傷、一萬人在作戰時失蹤。蘇聯軍隊共損失兩萬五千人，另有五萬人成為階下囚。[105]儘管宣布停戰，衝突依舊持續。圖哈切夫斯基一九二〇年九月在尼曼河（Niemen River）開闢新戰線時，畢蘇斯基恢復波蘭的攻勢。經過五天的戰鬥後，波蘭軍隊於九月二十六日拿下格羅德諾。同一時間，在西白羅斯的另一場戰役中，波蘭軍隊再度攻下平斯克。在正式的和平協議簽署前，發生了一連串為了劃分國界的混亂行動，波蘭持續與蘇聯軍隊戰鬥。

蘇聯政府在華沙戰役中戰敗之後，於八月二十六日很聰明地選擇把維爾紐斯讓給了獨立的立陶宛，使那裡的局勢變得格外複雜。畢蘇斯基不能允許讓蘇聯決定維爾紐斯的命運。安傑伊．蓋利斯基寫道：「雖然這無疑影響了他的行為，但是這不只是因為他個人的情感觀點，也是基於政治因素。如果他想繼續擔任領袖，他就不能讓民眾看見基輔的失敗在維爾紐斯重蹈覆轍，就像他的對手在政治媒體所做的比較那樣。」[106]但，畢蘇斯基也不能占領這座被鄰國自稱為首都的城市，會被人看成是在分割鄰國。立陶宛出生的熱利戈夫斯基是畢蘇斯基的朋友和軍官，他發起一場頗為超現實的「叛變」，在十月九日率軍進入維爾紐斯，輕輕鬆鬆從立陶宛軍隊那裡奪下這座城市。熱利戈夫斯基宣布他不會跟波蘭合併，而是要建立一個獨立的中立陶宛

（Middle Lithuania）。

一九二〇年十月十二日，熱利戈夫斯基發布敕令，任命自己為中立陶宛軍隊的最高指揮官，並成立臨時治理委員會來管理這個新生國家的事務。一九二一年十二月一日，這個國家為即將在一九二二年一月八日舉行的選舉頒布一道法令。中立陶宛第一個選舉出來的國會在一九二二年二月八日召開，不久後以九十六張同意票和六張棄權票的結果決定跟波蘭合併。三月二日，維爾紐斯派遣代表團到華沙。一九二二年四月六日，國會投票同意正式將中立陶宛併入波蘭。[107]從立陶宛的觀點來看，這整件事奪走了約五分之一他們認為屬於立陶宛的土地。然而，歷史學家西奧多．威克斯（Theodore Weeks）指出，立陶宛領袖完全沒有考慮到波蘭文化在維爾紐斯占有主導地位的事實，以及這座城市跟波蘭的歷史連結。[108]

將維爾紐斯併入波蘭是非常具有爭議的事件，法國、英國和義大利駐華沙的大使甚至召開會議，向波蘭官員表達他們的看法，認為吞併維爾紐斯會造成很大的問題。但，畢蘇斯基拒絕讓步，在一九二二年四月十八日造訪維爾紐斯，宣布中立陶宛共和國解散，跟波蘭統一。他發表一場動人悠長的演說，表達維爾紐斯對他本人和波蘭的意義。他說，維爾紐斯的傳統跟波蘭有著緊密的連結。他非常友善地看待首都位於考夫諾的立陶宛，希望雙方建立起和平的關係。[109]

與此同時，蘇聯和波蘭的和談從明斯克移到里加。一九二〇年十月十二日，波蘭和蘇聯代表簽署了初步的協議。十月十八日停戰生效後，畢蘇斯基命令軍隊解除戒備。[110]到了隔年春天才達成最終的協議。一九二一年三月十八日簽訂的《里加條約》（Treaty of Riga）正式結束了波蘇戰爭。協議的其中一項條款是，蘇聯承認了波蘭對維爾紐斯地區和東加里西亞，以及介於兩國之間的白羅斯西部和沃里尼亞西部的主權。波蘭則承認蘇聯對白羅斯東部和烏克蘭邊疆地區的掌控。《里加條約》粉碎了兩個偉大的抱負，分別是畢蘇斯基的聯邦構想和列寧在中歐和西歐發動共產革命的心願。歷史學家耶日．波澤茨基（Jerzy Borzęcki）表示，雙方都實現了自己最重要的要求，波蘭得到東邊波蘭族群的領土，蘇聯保住大部分的烏克蘭和白羅斯。[111]里加協議中止了雙方互相衝突的野心，為這個地區帶來相對的穩定。

將猶太士兵監禁在雅布沃那

在波蘭猶太人的集體記憶中，一九二〇年的波蘇戰爭跟某起有關波蘭軍隊裡的猶太士兵的事件脫不了關係。一九二〇年八月十六日，也就是畢蘇斯基展開反攻那天，戰爭部長索斯科夫斯基下達了一道惡名昭彰的命令，將猶太士兵、軍官和志願兵監禁在雅布沃那（Jabłonna）的拘留營（位於華沙北邊二十二公里）。這道命令要除去軍官和編隊裡的猶太人，因為「不斷有案例證實猶太成員在進行有害的活動」。[112]

波蘭戰爭部長下達的這道命令是一種尖銳的指責，被已故的耶日．托馬謝夫斯基（Jerzy Tomaszewski）形容成是「意義重大的醜聞」。[113]猶太國會團體在一九二〇年八月十六日寫給索斯科夫斯基的信件中表達憤慨的情緒：「我們無法理解軍中的猶太人為何會受到這樣的對待，還被指控缺乏愛國心、不願犧牲鮮血保衛國家。」監禁猶太士兵的命令「證實軍方不希望猶太人從軍，而是寧願透過各種違反權利平等原則的方式將猶太人移出軍事編隊，迫使他們面臨比基督徒士兵還糟的處境。」這道命令「使猶太人當下的處境極為艱困，強化並助長了反猶太氛圍，可能導致無法預期的後果。」[114]八月十九日，猶太國會團體又寄了一封信給索斯科夫斯基將軍，主張「這樣的命令會讓人們更加堅信猶太人是國家的敵人。」[115]雖然副總理達申斯基表達了抗議，委員會仍決定不撤回雅布沃那拘留營的命令。

雖然沒有證據證實是畢蘇斯基下達這道命令的，但也沒有他反對這道命令的紀錄。從一九二〇年八月二十六日的《晨間信使報》（*Kurier Poranny*）的訪談中，可以察覺他對此事的看法。記者問到波蘭軍隊的猶太士兵時，畢蘇斯基一如往常表達了微妙的觀點，大致上的意思是說，猶太士兵的行為並不一致：「不是每個地方的猶太士兵都做出不好的行為。在沃母札（Łomża）和馬佐夫舍（Mazovia）這兩個省，他們英勇地阻擋布爾什維克進犯。馬佐夫舍有很多猶太人陣亡。但是另一方面，在不遠的烏庫夫（Łuków）、謝德爾采、卡武申（Kałuszno）、比亞維斯托克和更遠的沃多瓦（Włodowa），則有猶太人叛國的情事發生，有時甚至規模很大。」[116]

第一份媒體報導出現在一九二〇年的九月一日，一家波蘭報社刊登了在八月二十九日造訪拘留營的記者的一手記述。在〈雅布沃那的謎團〉這篇文章中，該記者預估約有三千名猶太人被關在裡面。這些猶太士兵「有很多是志願兵，是來自軍中各個軍種的知識分子和學者。沒有人知道發生了什麼事。」記者說，這些被監禁的人沒被指控任何罪名，但卻跟犯人沒兩樣。作者為了支持自己的論點，描述了他回到華沙後，拜訪四名從雅布沃那

在一九二〇年的波蘇戰爭攻下德布林之後，畢蘇斯基接受德布林猶太社群贈予的麵包和鹽。這張著名的照片後來成為畢蘇斯基在猶太人之間備受喜愛形象的標誌性象徵。攝於一九二〇年八月的德布林。

拘留營出來的猶太士兵的故事；這四個人需要接受治療，但是那跟監禁一事無關。他報導：「他們被當成犯人對待。」[117]這些猶太人被關了二十四天，最後於九月九日從雅布沃那釋放，據說拘留營總共關了一萬七千六百八十名猶太士兵。[118]

在波蘭國會上，伊扎克．格魯恩鮑姆要求戰爭部長索斯科夫斯基做出解釋。根據國會的會議紀錄，索斯科夫斯基回答：「我是在敵人來到首都城門、布拉加（Praga）熊熊燃燒時下達雅布沃那的命令。」索斯科夫斯基將軍繼續說，之所以會監禁猶太士兵，是因為有人回報東部戰線有猶太士兵逃亡，然後加入了紅軍。格魯恩鮑姆插嘴，要求將軍說出任何一個犯下叛國罪的猶太士兵名字，但是索斯科夫斯基答不出來。[119]

畢蘇斯基在雅布沃那事件中扮演的角色從未被證實，但戰爭部長在華沙戰役期間下令監禁猶太背景的波蘭士兵，極不可能沒有獲得他的批准。雖然無法確切判定畢蘇斯基的角色，雅布沃那拘留營仍在整個戰間期影響了波蘭人和猶太人之間的關係。

華沙戰役的重要意涵

對許多人而言，畢蘇斯基最重要的影響在於他在一九二〇年阻止布爾什維克征服歐洲。英國政治家達伯農子爵是最誇大傳達這個想法的人，說一九二〇年的波蘇戰爭屬於世界文明最具決定性的十八場戰役之一。達伯農子爵在一九三〇年華沙戰役滿十週年的訪談中表示：「一九二〇年的華沙戰役是當代文明史上最重要的事件。」他接著說：

波蘭不曾做出這麼巨大的貢獻，危機不曾那麼急迫。一九二〇年的事件這麼值得我們注意，還有另一個原因：能夠取得勝利，全都多虧了僅僅一人的天才戰略能力，多虧他成功執行那危險到除了天才、還需要勇

猶太士兵從雅布沃那拘留營被釋放出來的那天；雅布沃那是波蘇戰爭期間，波蘭軍隊裡被控支持布爾什維克的猶太士兵遭到監禁的地方。攝於一九二〇年九月八日的雅布沃那。

氣才能完成的計畫……政治作家應該告訴歐洲人，波蘭在一九二〇年拯救了歐洲，因此我們有必要讓波蘭保持強大，並跟西歐文明維持和諧關係。[120]

歷史學家諾曼・戴維斯在評價一九二〇年波蘭的勝利時，說道：「假如畢蘇斯基和魏剛沒有在華沙戰役中阻止蘇聯軍隊意氣風發地推進，不僅基督教世界會遭遇危險的翻轉，西方文明的存在也會受到危及。」[121]在軍事史的領域中，畢蘇斯基和羅茲瓦多夫斯基為華沙戰役擬定的計畫，被認為是世界史上最具「作戰戰略天才」的二十五場戰役之一。[122]另一方面，畢蘇斯基的政治對手和法國軍事圈提出一個論點，認為作戰計畫不是畢蘇斯基和羅茲瓦多夫斯基將軍想出來的，而是完全由魏剛將軍所構想。可是，魏剛本人從來沒有這樣說，還公開把勝利歸功於波蘭的軍事策略和執行能力。在一九二〇年八月二十一日的一場訪談中，一名法國記者請魏剛針對法國媒體給予他的稱號「華沙救世主」來點評論，魏剛這樣回答：「我麻煩您針對這個重點修正法國人的看法。這完全是屬於波蘭人的勝利。初步的行動是根據波蘭人的計畫、由波蘭將軍執行。」魏剛在他的回憶錄又重申這個觀點，強調波蘭在一九二〇年華沙戰役中的勝利要歸功於「羅茲瓦多夫斯基的軍事才能和他跟總司令【畢蘇斯基】持續一致的配合。」[123]

Chapter 15

從頭幾年的和平到一九二六年的政變

波蘭知道自己在東歐肩負散播和平與文明的使命，就像法國在西方擁有的使命一樣。

——畢蘇斯基，一九二一年二月的巴黎

一九二一年是波蘭第二共和國誕生的一年，在這段非凡的時期裡，波蘭簽署了國際條約、跟布爾什維克主義的俄羅斯解決了邊界衝突，並制定了獨立後的憲法。此外，波蘭在歐洲的地位也開始正常化，這個過程最重要的象徵，就是畢蘇斯基首次在承平時期正式出訪外國，進行了一趟引人注目的法國之行。畢蘇斯基不僅以國家元首的身分抵達巴黎，還帶著第一元帥這個在一九二〇年三月十九日賦予他的頭銜。[1] 畢蘇斯基出訪法國時，協約國對他的看法介於有好有壞到糟糕之間，對他在東部邊疆地區的軍事活動感到很不自在。

現在，時間來到一九二一年的年初，協約國對畢蘇斯基最大的顧慮就是他在去年十月從立陶宛手中奪走了維爾紐斯。他決定從立陶宛那裡搶走維爾紐斯，使協約國一直十分困擾。立陶宛對維爾紐斯被奪走一事始終懷恨在心，到畢蘇斯基於一九三八年去世前都堅持兩國之間存在正式的戰爭狀態。不過，跟俄羅斯走向和平倒是正面的發展。波蘭與蘇聯在一九二〇年十月十二日簽訂的里加協議終結了持續將近兩年的戰事。

在一九二〇年的最後一天，畢蘇斯基對士兵發表了新年致詞。他說：「這是波蘭獨立以來第一次沒有在戰爭中度過新年。」但，他也警告不可太安逸，因為「波蘭四周都是敵人」，他們「靜靜等著我們暴露任何弱點」，尋找機會破壞波蘭的獨立。他要給士兵的主要訊息是：「士兵越可靠、越有效率、越能幹，祖國的自由就越能受到保護，要在長期戰爭所留下的傷疤上恢復和平就越容易。」[2]

他在新年致詞也宣布了承平時期軍隊實施的新規範。現在軍事衝突結束了，畢蘇斯基便在一九二一年一月七日頒布一道命令，重組這個國家的軍隊。現在，主導的軍事機構分成兩個分支，第一個是由主席所率領的顧問機構戰爭委員會，第二個是由戰爭時期擔任總司令的將軍所率領的內部戰爭委員會（Ścisła Rada Wojenna）。後者要負責保衛國家，其決策對戰爭部長有約束力，因此是個不分黨派的獨立機構。[3]畢蘇斯基實施新規範的目的是要讓軍隊不受政府的政治起伏所影響。會頒布這道軍事命令，顯示他有顧及到波蘭的第一部憲法，預期憲法會讓戰爭委員會歸屬於戰爭部長底下。

接著，畢蘇斯基把注意力轉移到外交事務。首先，他要跟法國結盟，因為這兩國的

畢蘇斯基（中間靠左）與法國總統亞歷山大・米勒蘭（中間靠右），攝於一九一九年二月的巴黎。

友情目前為止帶來了很大的好處。前面提過，身為歐陸軍事強權的法國是在一九二〇年波蘇戰爭，唯一提供經驗豐富的軍官及軍事援助給波蘭的國家。因此，法國總理邀請畢蘇斯基進行國是訪問時，畢蘇斯基十分開心。一九二一年二月一日，畢蘇斯基離開華沙、前往巴黎，偕同外交部長沙皮哈和戰爭部長索斯科夫斯基一起到法國。[4]二月三日，畢蘇斯基和兩位部長抵達巴黎，法國的總理阿里斯蒂德・白里安、戰爭部長路易斯・巴爾都以及包括馬克西姆・魏剛在內的一群將軍都到火車站迎接他們。[5]

畢蘇斯基在法國待了三天，行程很滿，跟法國總統和其他官員共進大大小小的午餐和晚宴，氣氛非常良好友善。他用法語發表了許多致詞，說明波蘭的遠景以及法國和波蘭建立強大連結的重要性。畢蘇斯基說，他跟法國總統亞歷山大・米勒蘭最是相談甚歡，對方明白波蘭立場的詳情。[6]在二月三日的午餐會，畢蘇斯基談到波蘭在東歐扮演的角色：「波蘭知道自己在東歐肩負散播和平與文明的使命，就像法國在西方擁有的使命一樣。波蘭會堅持不懈地完成使命，跟法國保持越來越親近的關係，忠於讓協約國取得勝利的偉大原則。」[7]

他這番話的意涵不應受到輕忽。根據這個觀點，波蘭是在東歐散播民主理念，也就是協約國之所以參與大戰希望去守護的信條。畢蘇斯基相信，獨立的波蘭是西方民主在東歐的前哨站。他希望法國明白自己在華沙有一個絕對忠誠的盟友。在市政府舉行的歡迎會上，畢蘇斯基告訴巴黎市長，他會永遠銘記這趟法國首都之旅。[8]

在二月五日為了畢蘇斯基舉辦的道別午宴上，兩國討論了政軍協議的基礎。畢蘇斯基離開法國後，沙皮哈和索斯科夫斯基則繼續留在法國敲定細節。二月十九日，法國和波蘭簽署了協議。對法國而言，這項協議具有強烈的反德成分；對波蘭而言，這項協議帶有強烈的反蘇聯色彩。二月二十一日，索斯科夫斯基跟福煦將軍簽訂了祕密軍事協定。這兩項協議是戰間期波蘭外交政策中最重要的一環。[9]

出訪巴黎時，畢蘇斯基也趁機向協助過他的國家的人致上敬意。二月五日，他贈予波蘭軍事美德勳章給福煦將軍，感謝他為波蘭的付出。離開巴黎後，他在凡爾登停留，貝當元帥帶他參觀了著名的戰場。畢蘇斯基也趁機在凡爾登贈予軍事美德勳章給他。[10]畢蘇斯基的第一次外交訪問非常成功。回國後，他跟羅馬尼亞鞏固關係，一九二一年三月三日簽署了政治軍事協定。

波蘭在這個時期達到了一個里程碑。一九二一年三月十七日，畢蘇斯基出席眾議院召開的會議，眾議院當場通過波蘭第一部憲法。為了這起事件舉行的典禮充滿象徵意涵：畢蘇斯基、眾議院議長和眾議院代表前往大教堂，在史塔尼斯瓦夫·馬瓦霍夫斯基（Stanisław Małachowski）的雕像上擺放了花圈，他是以前的眾議院元帥，曾在一七九一年的五月三日通過憲法。[11]對畢蘇斯基來說，這是苦樂參半的一刻。一方面，他已經等這一刻等了一輩子，但是另一方面，這份仿效法國第三共和國憲法的文件大大限制了總統的權力。起草憲法的是眾議院在一九一九年選出的九人委員會。委員會主席是勒沃夫大學的教授愛德華·杜巴諾維奇（Edward Dubanowicz），他是一名憲法律師，跟民族民主黨關係密切，因此確保了憲法上將會有個弱小的總統和萬能的眾議院。[12]畢蘇斯基和他的支持者從不曾接受這樣的安排，不是因為這限制了行政權——畢蘇斯基完全支持這件事，而是因為這會讓這個職位變得無能為力。

畢蘇斯基和他的支持者知道，德莫夫斯基率領的民族民主黨只是在利用憲法限制畢蘇斯基的權力，而非設計一套對國家好的憲政體制。憲法表明：「共和國總統要透過對眾議院負責的部長及隸屬在部長之下的官員行使行政權。」[13]因此，總統的權力隸屬於四百四十四人組成的眾議院，國會每五年選出特定比例的代表。憲法賦予任期七年的總統額外的總司令頭銜，但在那個角色也施加嚴苛的限制。首先，總統必須獲得國會首肯才能宣戰或求和（第三節第五十條）；第二，總統「在戰爭期間可能不得行使軍隊的最高指揮」（第三節第四十六條）。農民黨領袖溫森蒂·維托斯強調了用這些條款限制畢蘇斯基採取軍事行動的重要性。[14]因此，總統是官方的國家元首，但是他的權力被限縮到只局限在官方義務上。民族民主黨苛刻地批評畢蘇斯基在基輔的慘敗、差點害波蘭滅國，並把波蘭勝過紅軍的事蹟歸功於法國，進一步侮辱他。事實上諷刺的是，波蘇戰爭後來被稱作「維斯杜拉河的奇蹟」，是當時一名民族民主黨的支持者為了把勝利歸功於天意、而非畢蘇斯基才取的名字。但是，只要畢蘇斯基還是總司令，他就能成功保留一九二一年一月頒布的軍事命令，防止憲法採取新的條款限制他對軍隊的掌控。

憲法通過幾天後，上西利西亞的命運確定了。一九二一年三月二十日舉行等了很久的公投。結果在四月二十三日公布，七十萬七千六百零五位居民投票支持併入德國，四十七萬九千三百五十九人支持納入波蘭。[15]這讓波蘭人很不高興，他們認為投給德國的票數很多都是不合法的，並在五月三日柯斯丘什科紀念日那天發動起義。一支德國志願自由軍和德國自衛組織抵達現場鎮壓叛變，造成更大的混亂，後來在五月二十一日平息起義。協約國軍隊迫使停火生效，奪回公投地區的掌控。但，就連協約國的軍隊也出現傷亡，畢蘇斯基甚至為了傷亡的義大利士兵，親自向義大利國王表達哀悼。[16]最後，國際聯盟分割上西利西亞，波蘭得到百分之四十六的人口和上西利西亞大部分的工業地帶。

一九二一年的四月底，畢蘇斯基發表兩場令人難忘的公開演說。第一場演說是在克拉科夫舉行，因為亞捷隆大學的法學院賦予他榮譽博士學位。在波蘭最古老也最卓越的大學，畢蘇斯基先是驚嘆自己人生的旅程。小時候，他在毫無法紀的帝俄長大，後來他成為一名軍人，蠻力和軍事紀律就是軍中的法律。能掌管一個靠法治運作的國家，他很驕傲。他說：「我【身為國家元首】的第一個決定就是建立法律，在整個社會強化【支持法律的】觀念。」[17]他明白推廣尊重法治的價值是一個漫長漸進的過程。

畢蘇斯基發表的第二場公開演講，是在一九二一年四月二十九日拿破崙逝世一百週年的那一天。在一篇日報的訪談，畢蘇斯基形容這位法國將軍是「有史以來最偉大的軍人」，在運用自己的天才服務普世自由的同時，也促成了波蘭的自由。「士兵們！在拿破崙的指揮下，我們那些將他當作最高指揮官崇敬的祖父和曾祖父曾經參與戰鬥，高舉旗幟向他致意。」[18]

畢蘇斯基保留了年輕時期對軍事史的濃厚興趣，以及對拿破崙無盡的佩服。他位於美景宮的辦公室掛了一幅雅克－路易・大衛（Jacques–Louis David）的畫作《翻越阿爾卑斯山的拿破崙》（Napoleon Crossing the Alps），他有時也會把拿破崙的書信帶在身邊，在旅行途中反覆閱讀。一九二一年五月五日週年紀念儀式展開時，華沙國家博物館舉辦一個拿破崙展，從巴黎借了文物展出。不意外地，畢蘇斯基參加了開幕儀式。[19]他認為拿破崙是一個軍事天才，利用軍隊解放鄰近的人民（像是波蘭），替他們帶來自由。

這段時期，畢蘇斯基的私人生活發生重大的變化。一九二一年八月十七日，瑪麗亞・畢蘇斯卡在克拉科夫過世。瑪麗亞從來沒有跟畢蘇斯基離婚。她被埋在維爾紐斯的羅沙墓園（Rossa Cemetery），跟女兒汪妲・尤什凱維奇的墳墓葬在一起。畢蘇斯基沒有參加葬禮，而是派了弟弟揚出席。

瑪麗亞的死完全改變了畢蘇斯基的私生活。亞麗桑德拉之前在華沙郊外的蘇萊約維克買了一棟房子，位於松樹林裡一個幽靜的地方。她在一九二一年的夏天跟女兒住在那裡，畢蘇斯基可以的話就會去探望她們。在一九二一年的十月二十五日，亞麗桑德拉和畢蘇斯基在華沙的瓦津基宮（Łazienki Palace）禮拜堂成婚。亞麗桑德拉和兩個女兒——分別是三歲和一歲——終於可以搬進美景宮，住在西廂。歷經多年的躲藏和尷尬後，畢蘇斯基的私生活終於恢復正常，亞麗桑德拉可以坦然當上第一夫人，一家人也可以住在一起。

同一時間，畢蘇斯基訪視了波蘭西部，在波美拉尼亞地區的托倫停留，發表一場演說，使用優美的文字談論歷史和地理。德軍一直到一九二〇年一月才因為《凡爾賽條約》的規定撤出托倫。畢蘇斯基說，所有的民族都有標誌歷史事件的歷史紀念碑，「波蘭有很多這樣的歷史建物，但對我來說，沒有什麼建物比曾經分割我們國家的界線還要雄偉。」接著，他談到像托倫這種邊疆城鎮的意義，最後說：「不久前，這些邊疆據點傳遞給我們的訊息是『遺忘』，如今則是『記得』。」[20]

造訪托倫後不久，內閣發生重大的變化。一九二一年六月十一日，畢蘇斯基任命波蘭駐羅馬大使康斯坦提・斯基蒙特（Konstanty Skirmunt）為外交部長。斯基蒙特是一個政治傾向中間靠右的職業外交官，接下這個工作後希望改善波蘭在外國的形象。他在一九二一年八月的外交公告中列出幾點原則，希望駁斥西方外交圈認為波蘭帶有帝國主義和侵略傾向，以及畢蘇斯基難以捉摸的觀點。公告強調會尊重國際條約、跟鄰近小國合作，並跟德國和蘇聯建立正常的關係。斯基蒙特表示，波蘭這個新國家要發展，最需要的就是和平。這意味著支持現有的國界和跟西方民主國家建立穩固的關係。

第二份由部長委員會在一九二二年一月發布的文件跟國安角度的外交政策有關。這份文件採取的立場成為戰間期外交政策的標準原則，聲明波蘭的首要外交政策目標是和平與維持現狀。波蘭只會在被攻擊或要援助盟友（如法國或波羅的海諸國）對抗德國或蘇俄侵犯時，才會動用軍隊。波蘭的安全跟與法國的強大盟友關係密不可分。[21]

斯基蒙特發布公告後不久便出現一場內閣危機。一九二一年九月初，自從一九二〇年七月就擔任總理的維托斯宣布辭職。畢蘇斯基反對維托斯的決定，但他別無選擇，只能任命新政府。一九二一年九月十九日，他指定華沙學院的教授安東尼·波尼科夫斯基（Antoni Ponikowski）來領導新內閣。波尼科夫斯基留下外交部長斯基蒙特和戰爭部長索斯科夫斯基，畢蘇斯基隔天同意了內閣人選。[22]

在六天後的九月二十五日，畢蘇斯基到勒沃夫參加為他舉行的筵席。他離開市政府前往戲院的途中，一名烏克蘭民族主義者企圖暗殺他，近距離開了三槍。槍手差一點就打中，畢蘇斯基毫髮無傷，但陪同他的勒沃夫地區長官卡齊米日·格拉博夫斯基（Kazimierz Grabowski）腿部中槍。根據一家媒體的報導，畢蘇斯基「吩咐司機開去醫院，確認格拉博夫斯基的傷口並不嚴重之後，堅持按照原定計畫前往戲院。他出現時，觀眾熱烈喝采。」[23] 勒沃夫的暗殺計謀透露出許多烏克蘭人都認為波蘭控制東加里西亞是不合法的。

華沙政府又經歷一次內閣危機，這次跟德國和蘇聯在一九二二年四月十六日簽訂的《拉帕洛條約》（Treaty of Rapallo）有關。條約點出波蘭的鄰國彼此關係強化所帶來的威脅，他們雖然在戰時被削弱，但那只是短暫的。之所以會促成這個合約，是因為一九二二年四月十日歐洲大國召開的熱那亞經濟金融會議（Genoa Economic and Financial Conference）。波蘭外交部長斯基蒙特為了抗議《拉帕洛條約》，中途離開熱那亞會議。畢蘇斯基批評波蘭代表團的舉動，波尼科夫斯基總理在一九二二年四月十六日請辭。

接下來便發生長達兩個月的政治危機。國會不知道要選誰當總理，畢蘇斯基質疑眾議院對行政權的限制。一九二二年六月，眾議院投票通過擴充他自行選擇總理的權利。[24]六月，新內閣還是沒有決定，另一名總理人選又沒能成功組成內閣，導致危機繼續下去。終於，畢蘇斯基在一九二二年六月二十四日任命阿圖爾．斯利溫斯基為總理。新內閣任用加布列爾．納魯托維奇取代斯基蒙特成為外交部長。然而，這個政府壽命很短，由於國會投給內閣的同意票差了四張，因此七月七日又瓦解了。[25]

畢蘇斯基放棄自主成立新政府的權利，於是國會的主要委員會推薦沃伊切赫．科爾凡蒂擔任總理。但這只是延長了內閣危機。眾議院以些微差距通過對科爾凡蒂的支持，可是畢蘇斯基卻完全不願意支持這位右翼波蘭基督教民主黨（Polish Christian Democratic Party）的領袖。他在一九二二年七月十四日寫給眾議院議長的信件中說明自己的立場，表示如果由科爾凡蒂主持新內閣，他就會辭職。[26]畢蘇斯基回到眾議院，以書面形式要求國會解釋小憲法第三條的內容：國家元首有權利「在跟眾議院達成共識後」組成政府。眾議院以書面形式回應，證實國家元首有權指派總理，但是如果他沒有提名人選，或者眾議院投票反對他的提名，那麼眾議院在獲得多數票之後就可以指派新的總理。[27]

在畢蘇斯基揚言辭職、造成國會騷動後，民族民主黨在華沙不同的地點召開了數場反畢蘇斯基的會議。一九二二年七月二十六日，民族民主黨提出開除畢蘇斯基國家元首職務的決議。投票結果沒有通過，兩百零五人反對、一百八十七人同意，另有四張廢票。[28]在這件事情上，維托斯的農民黨（皮雅斯特派）是站在畢蘇斯基這邊。另一方面，民族民主黨憤恨地聲稱是國會的猶太和德國成員所投的票讓這項動議沒有通過。[29]

最後，眾議院修改對小憲法的詮釋，在七月二十九日請畢蘇斯基任命總理，漫長的危機才結束。他選擇亞捷隆大學的校長尤里安．諾瓦克（Julian Nowak），他不隸屬任何黨派。在左翼和中間黨派的支持下，眾議院以兩百四十對一百六十四票通過由諾瓦克擔任總理。[30]僵局打破了，政局算是恢復穩定，因為由前一個內

畢蘇斯基元帥在一九二二年九月訪問布加勒斯特（Bucharest），
與羅馬尼亞國王斐迪南一世（Ferdinand I）合影。

閣大部分成員組成的諾瓦克政府，一直存續到十二月。由於新任總理沒有黨派背景，這是一場人格方面的鬥爭，與國會的原則和綱領無關。身為國家元首的畢蘇斯基堅持針對內閣領袖（總理）的人選擁有否決權。

內閣危機和與眾議院的爭執令畢蘇斯基很不滿。因此，波蘭軍團士兵聯盟（Union of Polish Legionnaires）於一九二二年夏天在克拉科夫召開第一次大會，形成一群新的畢蘇斯基支持者時，就有十分重大的意義。大會在一九二二年的八月五日到七日舉行，出席者約兩千五百人，組成跟任何政黨都沒有關係的強大支持者團體。[31]畢蘇斯基在這場聚會上發表的演講刺激了眾人。他意氣風發地提到軍團加入第一次世界大戰的關鍵時刻。他說道：「我在【一九一四年】八月六日做出的決定讓波蘭有了士兵，創造了波蘭先前未曾擁有過的事物——力量，或許還有新一類的人。同志們，我可以感到驕傲，因為在八月六日那天，我在波蘭地區展開了一個精采未知的生涯……我通過了我的人生考驗。」[32]

同一時間，畢蘇斯基接受羅馬尼亞國王斐迪南的邀請，進行一趟國是訪問。在幾名官員和外交部長納魯托維奇的陪同下，一行人在一九二二年的九月十二日出發，展開三天的訪問。他們跟羅馬尼亞王后瑪麗亞和國王斐迪南相處融洽，兩國根據一九二一年三月的協議所建立的關係也變得更緊密。從畢蘇斯基跟羅馬尼亞報社進行的訪談，以及他向國王斐迪南和王后瑪麗亞發表的致詞可看出，他是真心感念雙方的情誼，強調彼此透過波蘭與東加里西亞的合併而擁有共同的國界，這件事情多麼重要。離開羅馬尼亞之前，畢蘇斯基跟在場的一名波蘭官員瓦迪斯瓦夫．巴拉諾夫斯基談話，顯示與國會的衝突有多麼影響他的心情。畢蘇斯基對巴拉諾夫斯基說：「無論是跟布爾什維克之間的戰爭，抑或是其他各種挑戰，都比不上在極其惡毒刺人的氛圍中跟眾議院爭執對我造成的影響。」畢蘇斯基接著說，基於這個原因，出訪羅馬尼亞令他感到放鬆，可以遠離華沙，不再「像一隻人人都可以欺負的籠中野獸」。[33]

國會和總統選舉

從在羅馬尼亞進行的訪談中，可以看出波蘭政治變得多麼紛亂，而不穩定的政府也讓人對波蘭國會制度漸漸喪失信心。內閣危機解除，再加上諾瓦克總理七月時成功通過了新的選舉法，才讓人們燃起希望，認為一九二二年十一月的國會選舉將穩固政府，使一切恢復平靜。然而，一九二二年十一月到十二月發生的事件最後卻讓畢蘇斯基的希望破滅了。儘管如此，這仍是第二共和國史上重要的一刻，因為這是立憲後舉辦的第一次國會選舉。這個代表選民集體意志的新機構將扛起指定波蘭第一任總統的任務。

有一點應該再次提起，那就是在國會選舉前夕，占了百分之六十眾議院席次的中間黨派享有絕對多數的地位，比各自約占百分之十八的右翼和左翼還具優勢。然而，一九二二年十一月的選舉卻讓眾議院組成出現重大的變化。中間黨派喪失了百分之二十四的席次，這些主要是被少數民族的黨派所占據——他們獲得百分之二十一點六的席次。左翼黨派增加百分之五點五的席次，但右翼黨派增加更多，多了百分之十二。因此，選舉結果強化了右翼、左翼和少數民族，削弱了中間黨派。到最後，民族民主黨和他們的相關夥伴共同組成最強大的團體，獲得百分之三十點一的票數，而左翼黨派獲得百分之二十五點二、中間黨派百分之二十一，包含少數民族陣營（National Minorities Bloc）在內的少數民族黨派則得到百分之二十一點六的席次，將近眾議院的五分之一。[34]

少數民族代表在眾議院獲得的比例並不令人意外。少數民族的表現在一九一九年的選舉中大幅提升，是一九一八年到一九二〇年的戰爭在東方進行領土擴張的結果；那些地區的人口多數屬於波蘭的少數民族。一九二一年十一月進行的第一次完整普查顯示，少數民族占了人口的百分之三十點八，包括烏克蘭人（百分之十四點三）、猶太人（百分之七點八）、德意志人（百分之三點九）和白羅斯人（百分之三點九）。[35]

在一九二二年十一月二十八日波蘭新國會的開幕式上，畢蘇斯基向與會人士致詞。不同於他在一九一九年二月第一次向眾議院致詞，這次國會是在承平時期召開。畢蘇斯基提到這重大的一刻時語氣樂觀：「我們在一個立憲共和國主持第一次眾議院，是這個脫離過渡期的國家在生命歷程上的轉捩點——這個國家現在走上了正常發展的道路。」然而，民主政治文化仍舊薄弱，畢蘇斯基也警告政府內部很少人願意妥協。「各位紳士，我呼籲你們為每個人立下榜樣，讓他們看見在我們的國家裡，人民、黨派和國家機關有可能忠誠合作。」[36]

當選出波蘭第一任總統的時刻到來，畢蘇斯基竟在一九二二年的十二月四日宣布他要退選，令全國大吃一驚。他在部長委員會開會時解釋，總統必須由不同性情的人擔任，必須是一個「腳步堅定但手腕輕柔」的妥協者。根據憲法的規定，總統擁有「太多形式上的義務，卻沒有實質的權力」。[37] 在畢蘇斯基決定退選之前，大家都認為他會參選，而這分裂了新國會的右翼聯盟。維托斯的農民黨皮雅斯特派代表跟民族民主黨決裂，選擇支持畢蘇斯基當總統。這表示，畢蘇斯基不僅得到了波蘭社會黨、波蘭農民黨解放派（Polish Peasant Party–Liberation）和波蘭勞工黨等傳統左翼黨派的支持，農民黨皮雅斯特派和強大的少數民族陣營也支持他。畢蘇斯基若參選，必定會獲勝。

畢蘇斯基在當時對未來的外交部長奧古斯特．扎勒斯基清楚表達了他對憲法所規定的總統職務的立場。扎勒斯基在未出版的回憶錄中寫道：「畢蘇斯基拒絕參選，因為他認為新憲法沒有給予總統任何政治權力。事實上，波蘭總統的職位仿效的是英國國王，他只能在負責的部長建議下做出行動。畢蘇斯基認為，立法機關的這種態度適用於世襲君主制，但對民選出來的國家元首沒有必要。」扎勒斯基進一步總結畢蘇斯基的立場，說：「如果非得選一個無足輕重的人當傀儡，倒不如擁有一個君主或許還更好，王位依然能為國家元首從某些人身上獲得威望。在這方面，元帥堅定傾向美國、而非法國的共和立憲模式。」[38]

悲劇降臨

一九二二年十二月九日，波蘭舉行總統大選。五位候選人包含社會主義者和右翼的民族民主黨黨員。最後由畢蘇斯基挑選、五十七歲的加布列爾．納魯托維奇以兩百八十九票對兩百二十七票勝出。[39]那天晚上，亞麗桑德拉．畢蘇斯卡拜訪了這位勝選的總統。她回憶：「來到他跟姪女一起住的簡單小房子後，我發現他健康狀況不佳，並陷入深沉的憂鬱情緒，無法擺脫。他偷偷告訴我，有一個奇怪的預感警告他不要接受總統這個職位。」[40]

宣誓就職典禮在十二月十一日舉行，納魯托維奇準備遷入美景宮。有人引用他說的話：「我不會使用元帥的書房，我會把那裡維持得跟他離開的時候一樣，這樣我就能時時想起他的榜樣。」[41]畢蘇斯基後來提起這件事，認為納魯托維奇很尊重人。[42]

維托斯的皮雅斯特派黨員因為支持納魯托維奇，在國會外面遭到大喊「叛徒！」的暴民騷擾。國會外也可以聽到有人高喊「猶太總統下台！」、「猶太人滾蛋！」的聲音。[43]波蘭的右翼黨派會尖聲抗議並不令人意外。選舉前，民族民主黨提出所謂的波蘭多數民族信條，主張總統人選應該要反映波蘭族裔的意願，而且只能是波蘭族裔出身。但，少數民族黨派的支持讓納魯托維奇勝選，導致煽動性的批評如風暴般席捲而來，民族民主黨和他們的盟友甚至誇張地認為，納魯托維奇是被一場猶太人的陰謀給捧上台，猶太人的目的是要統治波蘭。右翼報紙的頭條標題便寫道：「猶太總統納魯托維奇。」[44]

選舉過後頭幾天，民族民主黨聲稱這個總統是非法的，因為納魯托維奇不是波蘭人選出來的，而是被少數民族、尤其是猶太人選出。這場無情的運動目的是要讓納魯托維奇顯得不合法。這進而創造了令人不愉快的氣氛。選舉隔天，基督教民族統一同盟（Christian Alliance of National Unity）宣告他們不會支持「外族——

猶太人、德意志人和烏克蘭人——強行選出的總統所組成的政府」。[45]眾議院的一位民族民主黨代表也警告猶太人，說他們太過頭了：「猶太人怎麼膽敢強行選出自己的總統？」[46]

在畢蘇斯基看來，民族民主黨和他們的同夥針對納魯托維奇所發起的煽動很可惡。一九二二年十二月十一日，他告訴新任的眾議院議長馬切伊・拉塔伊（Maciej Rataj）：「現在有一群混混在擾亂和平，侮辱總統，政府卻什麼也沒做，我沒辦法交出權力。給我權力，我就會讓街頭安靜下來；如果不給，我就自己來——我不能向這種情況屈服。」[47]同一時間，畢蘇斯基在十二月十三日從美景宮搬到一間私人公寓，隔天到宮中出席一場典禮，歡迎新選出的總統入住新家。這是象徵權力合法轉移的一刻。

可是，畢蘇斯基無法鎮壓人們針對納魯托維奇做出的惡意活動。一九二二年十二月十六日，也就是納魯托維奇宣誓就職的五天後，他到華沙的國家美術館看展覽。英國駐波蘭大使威廉・馬克斯－米勒爵士（William Max-Miller）恭賀他勝

畢蘇斯基與總統當選人加布列爾・納魯托維奇，攝於一九二二年十二月十四日，納魯托維奇被暗殺的兩天前。

選，但是納魯托維奇卻幽幽地回答：「你應該要向我表示哀悼才對。」[48]這場對話結束沒多久，一個支持民族民主黨的五十三歲畫家埃利尤什・涅維亞多姆斯基（Eligiusz Niewiadomski）身上藏著武器偷溜進來，近距離射死了納魯托維奇。波蘭獨立後選出的第一任總統就職不過五天，就遭到波蘭同胞謀殺。

一九二二年的十二月三十日，殺手接受審判，他有罪的事實從未受到質疑。涅維亞多姆斯基不但自豪地承認是他殺了納魯托維奇，還說自己是早有預謀、小心計畫，但是完全沒有表現出悔意。主任檢察官卡齊米日・魯德尼基（Kazimierz Rudnicki）問他最早是從什麼時候開始計畫殺害總統，涅維亞多姆斯基回答他在十二月六日早上得知畢蘇斯基退選時就決定好了。涅維亞多姆斯基投下震撼彈，說他原本打算暗殺畢蘇斯基，甚至準備要在十二月六日元帥預定出席的一場華沙藝術展覽的開幕式殺了他。被問到為什麼要這麼做時，涅維亞多姆斯基回答畢蘇斯基是打造「猶太波蘭」的元兇。[49]畢蘇斯基決定退出總統大選——儘管他極有可能勝選——讓涅維亞多姆斯基陷入絕望的狀態，使他決定取消暗殺畢蘇斯基的計畫。

回答完檢察官的問題後，涅維亞多姆斯基獲准對法庭發言。他唸出事先準備好的聲明，在這篇感覺沒完沒了的演說中，再三表示畢蘇斯基跟某個猶太人欲統治波蘭的陰謀有關。涅維亞多姆斯基認為，納魯托維奇因為是從猶太選民那裡得到支持，所以選舉結果無效。因此，暗殺納魯托維奇事件是「為民族奮鬥、為波蘭的波蘭性奮鬥的篇章之一。所以，我的行為本身就能替自己辯護、替自己說話。」他補充說：

> 我認為身為一個人類、一個教授、一個丈夫、一個父親，納魯托維奇是個善良、高貴、令人欽佩的人……對我來說，他不是以人的身分存在，而是特定政治局勢的象徵……羞恥的象徵。我的子彈把這個羞恥的標誌從波蘭的額頭上抹除了。我的行為不是源自特定黨派的憤怒，而是源自民族的良知及其受到侵犯的尊嚴。[50]

聽完兇手的聲明之後，法院在同一天做出裁決：涅維亞多姆斯基有罪，被判死刑，以槍決的形式執行。從畢蘇斯基在隔天一九二二年十二月三十一日所接受的訪問，可看出他當時的想法。涅維亞多姆斯基承認自己原本的目標是畢蘇斯基時，是十分戲劇化的一刻。畢蘇斯基對這個行為表示憤怒，同時很愧疚納魯托維奇替他承受了這一槍。他對那些反對納魯托維奇當選總統的煽動感到憤恨，認為民族民主黨是罪魁禍首。他說：「我不得不注意到這裡的政治思維基礎有多幼稚。」在大部分的國家，總統大選是很和平地進行，公民是真的想要選擇符合資格的候選人，然後也會接受以民主方式選出來的總統。他補充道：「波蘭卻是完全相反，這裡的人留意政治人物的謊言，把他們的政策建立在這些謊言上。」[51]

同樣令畢蘇斯基震驚的是，民族民主黨和右翼媒體對審判的態度出現了一百八十度的轉變。在暗殺到舉行審判這段期間，右翼的政黨領袖說涅維亞多姆斯基是瘋子，但是在民族民主黨的報紙刊登殺手的法庭聲明完整逐字稿後，他們卻根據殺手表明的立場重新進行了評估。兇手的形象接著便從孤僻瘋狂的槍手，轉變為民族英雄。在審判後的那幾週，民族民主黨的報紙公開讚美殺手的觀點。[52]例如，一位知名作家在一九二三年一月六日的民族民主黨週刊上提出一個論點，認為兇手的「為犧牲展現的力量和能耐，只會引起人們的敬佩」。涅維亞多姆斯基在審判所說的言論就像「一個擁有偉大性格……高貴靈魂的人的紀念碑！」這位作家稱讚兇手釐清了問題只出在猶太人身上，跟其他少數民族無關。「這跟某一個少數民族有關，他們是人類之中的惡魔、是唯一反基督的少數派人、是被稱作猶太人的疾病、是歐洲和全世界正在拼死抗爭的惡魔。」[53]

在一九二三年一月三十一日的清晨六點半，涅維亞多姆斯基被帶到華沙堡壘大門外的處決地點。涅維亞多姆斯基直到嚥下最後一口氣之前都很戲劇化，手裡拿著一枝玫瑰花，並獲准不戴眼罩。六人槍決小組舉起步槍時，兇手據說大喊：「射我的頭和心吧！我是為了被畢蘇斯基摧毀的波蘭而死。」[54]華沙的民族民主黨日報在報導行刑事件時寫道：「他的犧牲見證了這個民族的理念。」[55]二月六日在華沙舉行的葬禮上，前來哀悼的估計有一萬人，他們獻上的鮮花和花圈堆得很高，遠遠就看得到。[56]

在涅維亞多姆斯基被處決之後的一個月，波茲南的警方紀錄顯示，有些人開始認為這名殺手不是恥辱，而是民族烈士。公開支持涅維亞多姆斯基的事件多到波蘭國會在一九二三年的二月十六日通過決議，禁止人們公開讚美兇手。[57]波茲南警方出自一九二三年二月的檔案包含了違反新規定的調查報告。例如，在二月二十一日這天，波茲南地方法院展開控告一名書店老闆的訴訟程序，原因是他在商店櫥窗展示了涅維亞多姆斯基的圖片。另一份警方報告則顯示，波茲南市中心有一間教堂在二月十三日為涅維亞多姆斯基舉辦彌撒。[58]還有其他警方紀錄則寫到，在一九二三年二月的波茲南，有些人在自家窗戶設置祭壇，城市的街道上常常可以看到涅維亞多姆斯基的照片。[59]

波蘭的第一任總統遭暗殺一事以及民眾對這起罪行的反應，為整個國家帶來一大打擊，特別是對畢蘇斯基來說。威廉・雷德維在一九三九年的傳記中便寫道：「這起罪行比任何一個命運的轉折更令元帥憤恨。然而，暗殺事件最嚴重的後果可能是對畢蘇斯基的內心造成的影響。」[60]曾經在畢蘇斯基的政府任職、跟他有私交的瓦克瓦夫・延傑耶維奇更說：「這場國家悲劇對畢蘇斯基而言也是一場深沉的個人悲劇，他從來沒有釋懷。納魯托維奇的死改變了他的性格。在他後半段的人生，對波蘭政黨局勢（即這起死亡呈現的情況）深切的憤慨與不屑，將成為元帥典型的特質。」[61]美國歷史學家理查・瓦特（Richard M. Watt）也認為：「在畢蘇斯基看來，右翼支持他的友人被殺，要是被殺的是他，他們也會鼓掌喝采。元帥親近的夥伴現在察覺到，他對波蘭人和他們的未來所抱持的觀點出現了細微但明確的變化。畢蘇斯基開始想：這些人怎麼會有這種心態？」[62]

同一時間，拉塔伊提名瓦迪斯瓦夫・西科爾斯基率領所謂的「綏靖內閣」。西科爾斯基的內閣得到中間偏左和中間偏右黨派的支持。參謀長一職由畢蘇斯基擔任。一九二二年十二月二十日，眾議院召開並選出總統。最早開始跟畢蘇斯基共事的其中一人、此時已加入波蘭農民黨皮雅斯特派的史塔尼斯瓦夫・沃伊切霍夫斯基以兩百九十八票當選。畢蘇斯基和民族民主黨之間的嫌隙已無法修補；維托斯的農民黨皮雅斯特派依然沒有跟右翼政黨結盟，促成了中間偏左的內閣。

在納魯托維奇暗殺事件以及之前殘暴的右翼運動帶來的陰影下，一九二三年來臨了。一九二三年一月十九日，西科爾斯基總理呼籲讓波蘭政壇恢復正常。在左翼和中間政黨的支持下，他試圖放鬆波蘭政壇緬緊的神經。平靜的時刻很快就出現新的挑戰。農民黨皮雅斯特派中間偏左的傾向突然轉向，維托斯和右翼政黨在三月十七日的華沙簽署了協定。雖然有十七位農民黨代表放棄支持以示抗議，右翼靠中的聯盟仍組成國會多數。一九二三年五月二十六日，西科爾斯基辭職，維托斯成立新的中間偏右政府，有些職位給了民族民主黨黨員，有些給了右翼政黨黨員。[63]六個月前才抹黑納魯托維奇的右翼政黨代表現在竟擔任內閣職位，令畢蘇斯基很憤怒。他再也無法忍受華沙的政治生活，便離開官邸，跟家人一起搬進蘇萊約維克的家。這是他完全退出政府和軍隊的開端。

退出政壇

對畢蘇斯基來說，從公眾生活轉到幕後只能夠發生在國際事務和平穩定的時期。在這方面最重大的就是以協約國名義召開的大使會議所做出的決議。這項協議在一九二三年三月十五日的巴黎簽署，正式承認波蘭與立陶宛的疆界及劃分波蘭與蘇聯國界的《里加條約》。[64]國際承認波蘭的東部界線，終於結束波蘭四年來為了爭取疆界所經歷的一番波折。協約國總算承認波蘭國界的這個關鍵時刻，影響了畢蘇斯基退出公職（特別是退出軍隊）的決定，因為現在國家已經安全了。

從一九二三年的七月到一九二六年的五月，畢蘇斯基都跟家人一起住在蘇萊約維克。他的妻子說這幾年「是我們所度過最快樂的時光」。所有的文獻都顯示，畢蘇斯基相當喜愛這個家，部分原因在於他得到這個房子的方式——第一次世界大戰後軍方偷偷募款，買下這棟房子送給這家人。這是一棟有著紅屋頂的白色宅邸，座落在花園之中，擺在門口兩旁的桌子寫了「重生波蘭的士兵將這棟房子獻給他們的總司令」等字樣。亞麗桑德拉表示，這棟房子「似乎汲取了建造過程的溫暖和友好，變成我們的家。經過所有的狂風暴雨之後，這就像一處避風港，是第一個讓我們過著一直夢寐以求的簡單家庭生活的地方。」[65]

一九二三年六月九日，畢蘇斯基辭去參謀長的職務。他在六月十三日的宣告中說道：「服務國家的榮耀就像士兵赴死時拿著的那面軍旗。」[66]一名記者問他有什麼計畫，畢蘇斯基回答：「這個嘛，我要好好休息。」[67]他進一步離開了政府公職。七月二日，他交給沃伊切霍夫斯基總統兩封辭職信，第一封辭的是內部戰爭委員會的主席，第二封辭的是在全面戰爭委員會的職位。畢蘇斯基唯一保留的官方職位是軍事美德勳章大臣，但這不是政治職務。這不僅是個榮譽職位，還讓畢蘇斯基有藉口擴大在軍中的人脈，因為他知道自己在不久的將來有可能會需要。

一九二三年的七月三日是第一次世界大戰結束以來，畢蘇斯基成為自由公民、不受官方職務纏身的第一天。他在華沙的布里斯托飯店發表了一場演說。在景仰他的夥伴陪同下，畢蘇斯基發表這場卓越的致詞，第一次公開表達他對納魯托維奇遭暗殺一事的憤恨之情。他把尖銳的情緒導向民族民主黨，說：「這幫質疑我名譽的人只想要鮮血。我們的總統在跟街頭鬧事沒兩樣的情境之下遭到殺害，兇手就是曾經對【我、第一任國家元首】展現相同卑鄙憎恨的同一群人……他們犯了罪。謀殺罪會受到法律制裁。」[68]

在布里斯托飯店發表演說後不久，畢蘇斯基撰寫了一篇有關納魯托維奇遺愛的紀念文章。這是一篇向波蘭第一任總統致意的動人文章，文中首先提到納魯托維奇的家族跟畢蘇斯基同樣來自立陶宛地區，也具備有地仕紳的社會背景。[69]畢蘇斯基回憶兩人在納魯托維奇當選後的某次會面。納魯托維奇做的第一件事就是給畢蘇斯基看一把槍，說他之後不管到哪裡都要帶著。畢蘇斯基回想納魯托維奇的絕望之情，那是源自右翼代表和他們的媒體在納魯托維奇當選後所做出的歇斯底里反應。畢蘇斯基引用納魯托維奇的話：「這不是歐洲。那些人比較喜歡被人踩著脖子摑掌。」畢蘇斯基接著描述納魯托維奇「給我看一堆充斥著惡言、汙穢和

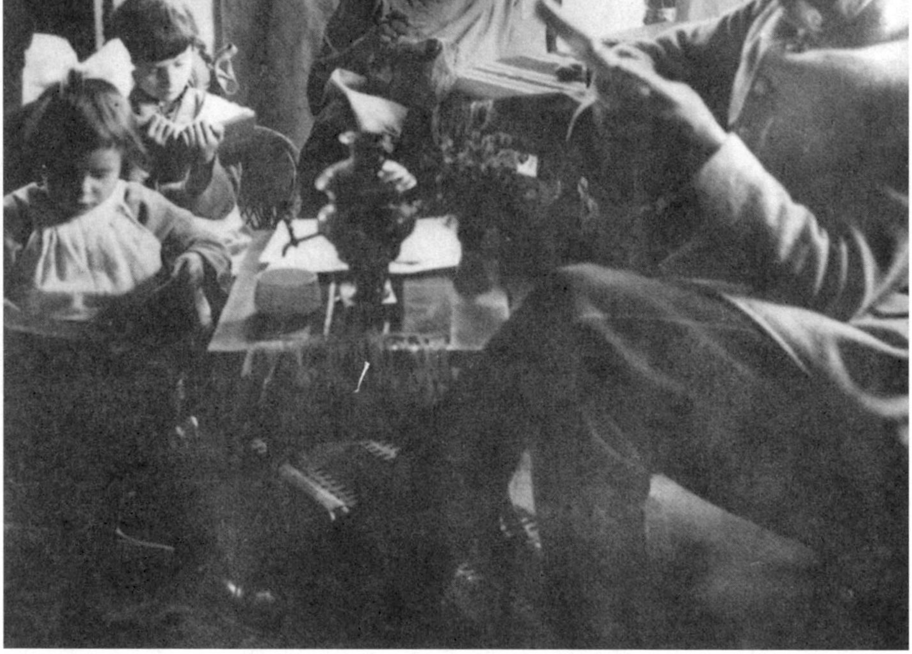

畢蘇斯基跟妻子亞麗桑德拉及女兒汪妲和雅德維加，攝於一九二四年的蘇萊約維克。

威脅的匿名信件。」納魯托維奇是一個文化素養和教育水準很高、舉止優雅的人，直到最後「都是我的政府裡一位極其忠誠的部長」。畢蘇斯基說，納魯托維奇在外交事務上最關注的焦點就是改善波蘭在西歐的地位。當選後，納魯托維奇對於反對他的運動感到很震驚。畢蘇斯基表示：「他深沉的失望中帶有忿忿不平。」他最後這樣說：「您死於子彈……死在您帶著愛和勤奮的福音來努力服務的同胞手中。」[70]

同一時間，整個國家因失控的通膨和接踵而來的社會不安，而出現緊張氣氛。波蘭馬克不斷貶值，維托斯總理開始鎮壓罷工，派軍隊平息一九二三年十月的鐵路罷工事件。[71] 社會主義者組織的大罷工在一九二三年十一月癱瘓整個國家。波蘭馬克持續貶值，到了一九二三年十二月已沒有任何價值。五月時，五萬兩千馬克可以換一美元，現在則是四百三十萬馬克才能換一美元。[72] 瓦迪斯瓦夫．格拉布斯基推行的貨幣改革完全失敗。維托斯的政黨因為一項土地改革法案而分裂，有一些黨員擔心維托斯太願意做出妥協。罷工和誇張的通膨使維托斯政府越來越不受歡迎，失去了國會多數。一九二三年十二月十四日，維托斯請辭。十二月十九日，格拉布斯基被任命為新總理。曾任財政部長的他率領了無黨派的政府，統治到一九二五年的十一月，是這段時期服務最久的內閣。有鑑於波蘭貨幣劇烈的波動，格拉布斯基政府試圖改革國家的金融體系；一九二四年四月，政府成立新的中央銀行——波蘭銀行。

對畢蘇斯基而言，一九二四年是退出政壇和寫作產量絕佳的一年。首先是他的寫作生涯。他在這個時候出版了兩本重要著作，分別關於一八六三年的起義歷史和一九二〇年波蘇戰爭的研究。歷史學家安傑伊．蓋利斯基指出，一九二四年就有人開始推動紀念畢蘇斯基所帶來影響的活動。首先，軍團士兵協會決定在五月十九日發起全國的畢蘇斯基命名日慶祝活動，之後每年都有舉辦。畢蘇斯基於一九二四年在蘇萊約維克對一名訪客說：「這些日子是我這麼多年來第一次放鬆。我暫時離開政府、離開政治。我呼吸到乾淨的空氣。」他接著說：「我很喜歡贈予給我的這一小座花園，我很享受我的農地。雖然我必須為了自己和孩子工作，但我並不覺得累，工作感覺非常輕鬆。」[73]

一九二四年一月二十日，畢蘇斯基針對一八六三年這個主題發表了一系列的演說。前面說過，他在一九一二年就已經公開演講過這個主題，那些演講後來在一九二九年出版。一九二四年的演說涵蓋了這場起義的主要面向和重要意義，同一年出版成一本五十二頁的小書。畢蘇斯基在討論一八六二年中央民族委員會的成立時，把故事說得有些個人化。畢蘇斯基在西伯利亞流放期間結識的布羅尼斯瓦夫．斯瓦采是委員會的成員之一，後來成為他重要的良師益友和靈感來源。

畢蘇斯基也強調了一八六三年的國民政府在波蘭人集體記憶中代表的重大象徵。跟先前的研究一樣，畢蘇斯基強調叛變的精神不只存在於波蘭人之間，也延伸到猶太人的社群。畢蘇斯基對這點感到很驕傲，他強調了猶太人參與一八六三年波蘭起義的重大意涵。「且讓我從【有關起義的】記憶中挑選出或許是最為獨創、看似不可思議、證實……國民政府強大力量的一件事——我指的是猶太人大規模參與起義的事情。」他在演講的最後提出這個問題：「當我問：『我該如何稱呼偉大？』我得到的答案是：『我們民族的偉大來自一八六三年這個值得紀念的時代。』」[74]

然而，畢蘇斯基最為人所知的作品是一九二〇年波蘇戰爭史。這會是他篇幅最長的出版物，一九二四年問世時共有兩百二十五頁。撰寫這部著作背後的動力來自圖哈切夫斯基將軍在一九二三年二月的演說。圖哈切夫斯基認為，紅軍戰敗的根本原因不是畢蘇斯基的反攻計畫，而是指揮官缺少針對自己職責的訓練及技術資料，這些情況是沒有經驗的軍官無法克服的。圖哈切夫斯基對歐洲發出警告，說要是紅軍真的拿下了華沙，革命運動「不會止於波蘭的國界，而是會擴及整個西歐。」[75]

畢蘇斯基在著作開頭聲明，他感覺自己必須回應圖哈切夫斯基的演說。接著，他有條不紊地探討戰略和作戰計畫，包括當時身陷極度險境的狀況，需要構思出一套計畫讓華沙免於遭到攻陷。他也討論了小心計算思考的策略，字裡行間不乏對自己的讚美：「我試圖……為我指揮的軍隊和捍衛的國家取得勝利。」畢蘇斯基接著說：

我必須很滿意地說，在這兩年的戰爭中，我贏得一場又一場的勝利。每一次我都把事件的發展方向掌握在手中，我贏得戰爭史上非常重大的勝利。這些都是策略方面的勝利，不單是戰術比較優秀的關係。我迫使敵人改變策略部署，想辦法重組戰爭機器，因為我的勝利代表他們先前的籌備在實際的戰場上派不上用場。[76]

畢蘇斯基從中得到的結論是，他相信一九二〇年波蘭的勝利對歐洲和全世界具有重大意義：「我只能說這影響了整個文明世界的命運。」[77]

透過演說和出版一九二〇年波蘇戰爭這件事，畢蘇斯基是在延續撰寫軍事史的模式。不過，這是他第一次撰寫與自己參加過的戰役相關的歷史。跟他同年代的人回憶，他在一九二四年也寫了其他演講稿還有序言。[78]其中一篇序言是為了塔德烏什・庫切巴上校（Tadeusz Kutrzeba）的著作所寫，談到了總司令這個職位獨立於戰爭部長和參謀長的重要性。畢蘇斯基寫到，總司令在戰爭時期會加入政府，他還精湛地分析了拿破崙到第一次世界大戰期間的各個總司令。畢蘇斯基認為，戰爭的經歷會塑造一個民族。他說：「戰爭向來是人類力量、精力和勇氣很好的韁繩，靈魂的各種情感和運作在這些【戰爭】時期會更強烈鮮明地表現出來，並不令人意外。」[79]

在一九二四年畢蘇斯基發表的演講中，有一篇透露了他對自己的形象認知。在〈民主與軍隊〉中，畢蘇斯基承認保障公民權的開放民主社會與軍隊的榮譽和服從原則是有衝突的。他寫道：「榮譽心是軍隊的神，會帶來服從，其力量大到可能造成死亡。」他在文章的最後說，他這一輩子都跟爭取自由的鬥士在一起，同時一邊領導軍隊。「我們努力在對權力與力量的愛，以及對自由的愛之間取得平衡。我至今仍未辦到。」他補充說：「榮譽是一股很強大的力量。」他也談起自己對於為什麼有這麼多官員給他這麼多權力這件事的理解：「上帝賦予我力量和指揮能力，能夠帶來服從。祂給了我熱愛權力和力量的雛形與感覺。」[80]

畢蘇斯基非常喜歡紀念歷史事件的週年。波蘭軍團創立十週年對他個人具有特別深刻的意義。為了紀念這件事，畢蘇斯基在一九二四年八月十日出版了三十一頁的週年文章。他提醒讀者，在一九一四年前夕，波蘭人對戰爭並沒有興趣，因為他們不是欽佩亞當・密茨凱維奇民族重生訴求的那個世代。這便是為何提供另一個榜樣的波蘭軍團出現後，對散播民族驕傲這件事來說如此重要。軍團給了波蘭人新的憧憬和新的可能。[81] 波蘭總領事從芝加哥寄了一封信給畢蘇斯基，附上一張十五美元的支票，是週年紀念委員會為了紀念軍團週年所募得的款項。[82] 委員會為了這起事件發行傳單，紀念畢蘇斯基一九一四年八月下令從奧地利跨過邊境進入俄屬波蘭王國。「畢蘇斯基衡量自己意圖的力量，再次發起在一七九四年、一八三一年和一八六三年都擊敗我們前人的武裝鬥爭……讓我們向約瑟夫・畢蘇斯基致敬。讓我們向波蘭士兵致敬！波蘭萬歲！」[83]

一九二四年是相對平靜穩定的一年。格拉布斯基總理的政府統治未遭中斷，使得這成為一九一九年到一九二六年之間的自由議會民主時期，唯一沒有更換政府的一年。然而，不穩定和不確定在一九二五年和一九二六年的上半年重新浮現，國際事務的新局勢和超級通膨又再次嚴重突顯了波蘭的弱點。德國變得更強大、更果斷，是局勢惡化的開端。一九二五年的夏天，德波關稅戰爭（德國提高波蘭煤礦進口的關稅）導致波蘭茲羅提貶值，由於波蘭依賴德國市場，經濟受到嚴重傷害。同一時間，在國際事務方面，《羅加諾公約》（Treaty of Locarno）對波蘭造成傷害，嚴重破壞波蘭的安全。協議中包含一個德國跟法國和比利時簽訂的條約，承諾無條件保障各自的疆界，但是德國拒絕承認其與波蘭和捷克斯洛伐克的國界。德國外交部長古斯塔夫・施特雷澤曼（Gustav Stresemann）清楚表明他的三大外交政策目標：「重新調整東部疆界；收復波蘭走廊的但澤；修正上西利西亞的疆界。」[84]

這項協議繼續讓德國的東部國界懸而未決，令捷克斯洛伐克和波蘭很震驚，特別是畢蘇斯基。法國試圖安撫波蘭，在一九二五年的十月十八日簽署《法波條約》（Franco–Polish Treaty），保證波蘭跟德國發生衝突時會提供軍事援助。但，法波之間的協議無法真正改變《羅加諾公約》的事實。[85]波蘭外交部長亞歷山大・斯克任斯基（Alexander Skrzyński）從羅加諾回來後告訴法國駐華沙大使，羅加諾是「在兩國同盟的背後捅一刀」。[86]這讓波蘭和捷克斯洛伐克感覺，西方協約國現在認為德波和德捷邊界是可以討論的。畢蘇斯基認為，羅加諾象徵他從一九二三年退休後，波蘭在這段時期推行的錯誤外交政策。聽說畢蘇斯基這麼說：「每個像樣的波蘭人聽到【羅加諾】這個詞就吐口水。」[87]蘇聯和德國在一九二六年四月二十四日簽署的《柏林條約》中誓言會在其中一方攻擊第三方時保持中立，進一步證實這樣的發展。德蘇協議令畢蘇斯基非常震驚，他立刻明白了這當中會帶來的危險。他說：「我們的軍隊裝備很差。我們因為【政治】危機浪費許多時間，而德國從羅加諾之後，已經自《拉帕洛條約》以來第二次接洽俄羅斯……他們的大螯已經開始夾緊。」[88]

在德蘇協議之前，波蘭就已經出現政治不穩定的情況。一九二五年十一月，波蘭經濟歷經貨幣兌換危機，部分原因來自德波關稅戰爭。已經貶值的茲羅提又貶得更嚴重。格拉布斯基總理要求波蘭銀行干預，但是銀行拒絕了。一九二五年的十一月十四日，格拉布斯基請辭。這場危機讓畢蘇斯基重出江湖。格拉布斯基辭職那天，畢蘇斯基到華沙見沃伊切霍夫斯基總統，送出照會要求西科爾斯基和謝普提茨基都不能被任命為新內閣的戰爭部長。[89]照會被洩露給媒體，充斥隔天的日報頭版。畢蘇斯基感覺自己必須告訴這個國家的總統應該或不應該任命誰為戰爭部長的這則消息，被看成是他決定重新介入政府事務的徵兆。一名蘇聯高級外交官寫到，戰爭部長還沒有人選，但是畢蘇斯基的追隨者完全相信他的名字會出現在名單最上面。[90]

回到蘇萊約維克後，畢蘇斯基在一九二五年的十一月十五日起床發現，他家外面聚集了一群士兵和將軍，要求由他好好監督軍隊。蘇聯駐華沙的外交人員彼得・沃伊科夫（Pyotr Voykov）估計有二十名將軍和大約一千名士兵在場。這位蘇聯官員表示，畢蘇斯基的影響力無庸置疑。[91]奧爾利茨・德雷塞爾將軍（General Orlicz–Dreszer）請求畢蘇斯基恢復秩序，重返司令職位。這位將軍提醒畢蘇斯基，他在一九一八年十一月十日從馬德堡回來後，「您恢復了波蘭久被遺忘的榮耀；您為我們的旗幟戴上勝利的冠冕。今天，我們再度陷入疑慮和麻煩。我們請求您不要在危機之中拋下我們，因為您這樣拋棄的不只有我們、您忠誠的士兵，還有波蘭。」[92]

顯然，戰爭部長的人選只要沒有得到畢蘇斯基明確的認可，就沒有正當性。在一九二五年的十一月二十日，波蘭外交部長斯克任斯基被要求成立新政府。斯克任斯基保留原本的外交部長職位，同時也是總理。他的統一內閣由主要政黨組成，職位給了民族民主黨、基督教民主黨、農民黨皮雅斯特派、國家勞工黨（National Labor）和波蘭社會黨的黨員。然而，這最後證實是一個特別沒有效率的內閣，在金融危機時期由財政和經濟政策大相逕庭的政黨所組成。

一九二五年十一月三十日，斯克任斯基總理任命長久以來親畢蘇斯基的盧茨揚·熱利戈夫斯基將軍擔任戰爭部長。總理知道畢蘇斯基和他的支持者可以接受這個人選。影響這項決定的不只有那次示威。左翼的波蘭農民黨解放派等團體也對政府施壓，希望由畢蘇斯基（或親畢蘇斯基的人選）控制軍隊。農民黨解放派甚至公開主張國家需要一個強而有力的司令：「那個司令就是約瑟夫·畢蘇斯基——建立波蘭並捍衛這個國家的男人。」[93]

同一時間，在建立內閣時，民族民主黨堅持指派他們的黨員擔任財政部長。總理讓步了，指派耶日·茲傑霍夫斯基（Jerzy Zdziechowski）；他在另外一場貨幣危機發生的那一刻就職。一九二五年的十一月二十日到十二月中之間，波蘭茲羅提的幣值從一美元兌六點五跌到十點五。接著，茲羅提在一九二六年的三月和四月開始快速下跌，跌到一美元兌十七點五。人們開始恐慌，把存款領出來，導致許多銀行倒閉。其中一個後果就是，失業率升到非常可怕的程度，在一九二六年四月時達到三分之一的工業勞工都失去工作。[94]財政部長茲傑霍夫斯基的舉動使社會動盪加劇。他把退休金減少百分之三十五，並解雇兩萬五千名鐵路員工。接著，他縮減病殘人士的補助金，同時提高稅金，以補貼政府越來越少的收入。這項嚴苛的通貨緊縮政策變得極為不受歡迎。

一九二六年的年初，英國駐波蘭公使館的馬克斯．繆勒（Max Muller）回到華沙時，可以感覺到緊張的氛圍。他在一九二六年一月二十日寫道：「我在兩個星期前回到華沙之後，周遭便充斥著有關畢蘇斯基元帥政治活動的謠言。」繆勒認為，無論畢蘇斯基做出什麼選擇，「他絕不會做出對國家不利的革命舉動。」[95]這是相當不同凡響的信心。在繆勒說出這段評論的同時，波蘭貨幣持續貶值，瓦斯、電力、鹽巴和酒精等基本物資的價格以驚人的速度飆升。在一九二六年的四月二十日，財政部長宣布政府員工的薪水將一路調降到一九二七年的年初，內閣的社會主義成員辭職以示抗議。內閣危機導致斯克任斯基總理在一九二六年五月五日請辭。[96]

政變

匆忙急著重組政府幾天之後，沃伊切霍夫斯基總統做了一個攸關命運的決定，請維托斯成立新政府。一九二六年五月十日，維托斯宣布中間偏右的內閣名單，成員有民族民主黨、基督民主黨、基督教民族黨、國家勞工黨和農民黨皮雅斯特派的黨員。[97]畢蘇斯基認為維托斯率領的中間偏右內閣是一種極端的挑釁，尤其是因為他選了元帥的死對頭尤利烏什．馬爾切夫斯基將軍（Juliusz Malczewski）為戰爭部長。

新的維托斯內閣遭到尖銳公開的批評。在一九二六年五月十一日——維托斯宣誓就職那天——某份華沙日報早上所刊登的爆炸性訪談中，畢蘇斯基以嗆辣的語言公然攻擊新政府。畢蘇斯基說：「我早就知道這樣的政府會為了政黨和私人利益出現內部貪腐和權力濫用的情形。」他進一步聲稱，在前一個維托斯內閣的統治下，他住在蘇萊約維克時身邊都圍繞著領錢的密探。最後還說自己懷疑軍中沒有任何人會願意為了這個政府犧牲性命。[98]維托斯下令沒收這份報紙，但是仍無法阻止其中幾份偷偷流通出去。

一九二六年五月十二日的隔天早上九點半，畢蘇斯基從蘇萊約維克出發前往倫貝托夫（Rembertów）的軍營——效忠他的軍隊在那裡駐守。下午兩點半，畢蘇斯基和手下來到通往華沙市中心的布拉加橋頭。他們過了橋，沒有遭遇任何抵抗。畢蘇斯基後來解釋，他認為展示武力就能達到自己的目標，從來沒想過會發生任何暴力。批評畢蘇斯基的人則沒那麼肯定。[99] 他在橋梁的另一頭與政府官員（包括波蘭總統）交涉，要求成立新政府，但是沃伊切霍夫斯基總統卻堅守立場，意外拒絕了。這是因為畢蘇斯基才在同一個月向總統保證他沒有在籌畫政變。總統甚至告訴斯克任斯基，畢蘇斯基有給他承諾。[100] 畢蘇斯基現在必須決定是要服從或者動用武力。他選擇後者。

在接下來兩天，效忠畢蘇斯基和效忠政府的士兵雙方發生激戰。畢蘇斯基底下約兩千名戰士和三隊砲兵對上了毫無準備的七百人政府軍。[101] 戰鬥的重大轉捩點發生在五月十四日，波蘭社會黨宣布支持畢蘇斯基，呼籲全面大罷工。鐵路工

畢蘇斯基在一九二六年五月十二日政變那天帶著手下士兵進入華沙。

人聯盟（Railway Workers' Union）響應罷工，讓交通運輸戛然而止，阻止親政府的兵力抵達華沙。[102] 畢蘇斯基的軍隊在一九二六年五月十四日奪得美景宮之後，維托斯總理和沃伊切霍夫斯基總統在晚間七點辭職。基於個人原則，沃伊切霍夫斯基拒絕繼續任職。華沙的街頭在這三天的內戰中濺了血。傷亡慘重，共有兩百一十五名戰士（二十五位軍官和一百七十三名士兵）和一百六十四個平民死亡，超過九百人受傷。[103]

在政變期間，畢蘇斯基的妻子亞麗桑德拉和孩子們待在蘇萊約維克。她後來回憶，那兩天兩夜是「我這輩子最焦慮的日子」。在五月十四日或十五日的晚上，她離開蘇萊約維克去看畢蘇斯基，結果看見的景象令她非常擔憂：「他的轉變令我驚愕。短短三天的時間，他老了十歲。他的血肉似乎脫落了，臉龐很蒼白，皮膚呈現一種怪異的透明感，幾乎像是從裡面發出光芒。他的雙眼疲憊空洞。我只有在另一個情況看他病成這樣，那就是他去世前幾個小時。」

亞麗桑德拉認為，這場政變永遠改變了畢蘇斯基。「三天內戰在他身上留下痕跡，餘生不曾消退。他不再像從前那樣冷靜，那樣完全掌握自我。從那之後，他總是背著沉重的負擔。」[104] 對一九二六年政變很有研究的已故美國專家約瑟夫．羅斯柴爾德（Joseph Rothschild）說：「身為波蘭的復國者、波蘭軍隊之父、總統權威的提倡者的他，竟然得率領叛變反抗政府當局、破壞軍隊團結、推翻憲政總統制（因為沃伊切霍夫斯基拒絕繼續任職，使政變合理化），這件事將在畢蘇斯基剩餘的九年人生中不斷糾纏著他。」[105]

這場政變震撼了整個國家。畢蘇斯基使用最不民主的方式強行推翻了政府。現在的問題是，畢蘇斯基會不會成為一名獨裁者。但，他選了另一條道路，成立執政政府，恢復國會實質的權力平衡。畢蘇斯基暫時請眾議院議長拉塔伊擔任總統。[106] 拉塔伊指派一位自學的鎖匠、後來在勒沃夫理工大學擔任數學教授的卡齊米日．巴爾泰爾（Kazimierz Bartel）組成政府。畢蘇斯基被任命為戰爭部長，內閣其他的成員包括四位無黨派專家和五位資深公僕。巴爾泰爾的內閣沒有政治傾向，只從一九二六年的五月維持到九月三十日。波蘭現在處於畢蘇斯基的掌控之下。

Chapter

16

邁向威權統治

我們的目標是完全一勞永逸消滅約瑟夫．畢蘇斯基的獨裁政體。

——中間左翼聯盟（Centrolew）在一九三〇年九月十一日的聲明

畢蘇斯基於一九二六年五月發動的政變重創了波蘭。波蘭的復國領袖不僅透過武力推翻合法組建的政府，人民還目睹兩支波蘭軍隊在首都互相激戰三天。傷亡人數很多，導致全國上下彌漫著恐懼和不確定感。就像在一九一八年十一月得到絕對權力時那樣，畢蘇斯基在一九二六年五月仍選擇不當一個獨裁者。反之，他決定改革波蘭的國會體制，讓行政機關更強大、眾議院更順從，內閣也更穩定，能夠長時間服務國家、對他忠心、真的把事情做好。

政變結束後，畢蘇斯基馬上組成一個受人尊敬的內閣，宣布在一九二六年的五月三十一日舉辦總統大選。社會主義者要求解散眾議院，舉行新的國會選舉。畢蘇斯基不接受這個想法，以免左翼政黨復甦。[1]諷刺的是，這很合右翼代表的意。卡齊米日．巴爾泰爾總理率領的內閣一開始運作得很順利。除了戰爭部長，沒有其他職位適合畢蘇斯基，他將擔任這個職位到一九三五年去世為止。

從外國外交官和國際媒體的反應，可以看出國外是如何看待這場政變。在一九二六年的五月二十一日，一位英國外交部駐華沙的官員談到他剛跟一位知名波蘭社會主義者有過對話。根據這位沒有點出姓名的人士，絕大多數的公民都支持畢蘇斯基的行為。這名外交官回報：「他說，儘管為了破壞現有體制所使用的手段令人遺憾，波蘭人大體上認為是時候終結不斷更換政府的狀況了……至少有八成的民眾歡迎畢蘇斯基為了給國內的行政狀態——尤其是財政方面——帶來秩序所做出的努力。」[2]

同一時間，畢蘇斯基以戰爭部長的身分對士兵發布了第一道命令。這在一九二六年的五月二十二日頒布，吸引了外國媒體的注意，被完整翻譯後刊登在六月三十日的《紐約時報》。他寫道：「士兵們！我又再次成為了你們的司令。你們都認識我。我總是不顧自己的福祉，在你們最艱難的時刻跟你們站在一起。你們都認識我，但就算不是每個人都喜歡我，也必須尊重我，因為我是帶領你們取得許多勝利的人。」[3]在五月二十五日刊登於某份法國報紙的訪談中，記者請畢蘇斯基談談他的外交政策綱領。畢蘇斯基說：「我們的國家被戰爭和內部紛亂搞得精疲力盡，非常需要和平。我們不想要更多領土，因為我們想和平生活，並鞏固和平。如果有人要攻擊我們，我們懂得捍衛自己。那是我本性的一部分，也是波蘭人民本性的一部分。」[4]

畢蘇斯基也在同一個訪問中提到統治擁有不同法律和行政傳統的多元地區所帶來的挑戰。他說：「我們活在混亂的法律之中。我們的國家繼承了三個國家的法律和法規。接著，新的法律和法規又加諸在這些舊法律之上。」接著他討論對波蘭較有利的政府模式：「這必須透過把權力交給總統來簡化。我們這裡說的不是模仿美國那種各州都有很大的自治權【總統也有很大的權力】的制度。那裡的主要特性是中央當局有很大的權力，總統是很重要的人物。」[5]

法國記者對於畢蘇斯基如今在政變後享有的權力表達出擔憂。畢蘇斯基這樣安撫他：「不！我並不支持波蘭出現獨裁者。我對國家元首的想像不是那樣的，我認為他必須有權利在跟國家利益有關的事物上快速做出決定。國會的騷擾只會耽誤最不可或缺的解決辦法。」他接著提及一九一八年十一月十四日自己被任命為國家元首的那天：「我在大戰接近尾聲時從馬德堡返國，手裡握有絕對的權力。我大可濫用之，但是我明白波蘭應該要謹慎。波蘭還很年輕困苦，我們必須避開風險很高的實驗。」[6]在一九二六年五月二十二日發布的命令中，畢蘇斯基表示最重要的東西，就是在瓜分和戰爭期間社會經歷「去道德化」之後的「公眾生活的道德」。[7]一個星期後被問到政變的事情時，他回答：「我不會討論五月發生的事。我根據自己的良知做出決定，不覺得有必要多加解釋。」[8]從那之後，畢蘇斯基的統治陣營被稱作「薩納齊亞」（Sanacja），字面的意思是「治癒」，表示畢蘇斯基要從政治體制中消除那些於政變之前就存在的負面特性。

大西洋另一頭的《時代》雜誌也刊登了幾篇關於波蘭事件的文章。在政變後發表的第一篇文章裡，這份美國週刊將畢蘇斯基描繪得頗為正面，說維托斯總理選了「畢蘇斯基的死敵馬爾切夫斯基侯爵」為戰爭部長。文章表示，元帥發動政變的另一個原因是，他擔心「這個民族主義的內閣會像過去一樣迫害猶太人和少數種族，但畢蘇斯基和社會主義者希望讓整個國家融合成一個緊密的個體。」一九二六年六月七日，畢蘇斯基出現在《時代》的封面，那一期有一篇文章將這位波蘭領袖描述成「激勵人心的在世傳奇英雄」。[9]

眾議院在一九二六年五月三十一日舉行總統大選。左翼政黨提名畢蘇斯基，民族民主黨領頭的右翼政黨則提名阿道夫．布寧斯基（Adolf Bniński）。畢蘇斯基對這個職位的負面觀感自從一九二一年立憲後就沒有改變。然而，這一次他允許自己的名字被放在候選人之中。他告訴一名記者，總統應該由在國外能輕鬆結交朋友、為波蘭創造好名聲的人擔任。他自己寧可成為總統的指導和顧問。

在一九二六年的五月三十一日投票選總統時，顯然受到喜愛的畢蘇斯基獲得左翼、部分中間黨派和少數民族的支持。[10]最後的投票結果（由眾議院和參議院共同選出）是畢蘇斯基得到兩百九十二票（百分之六十點二），布寧斯基得到一百九十三票（百分之三十九點八）。令許多人訝異的是，畢蘇斯基禮貌地婉拒這個職位，表示除非在修憲後恢復政府不同分支之間的適當權力平衡，否則他不想當總統。儘管如此，他壓倒性的勝利所具備的意涵一點也不誇張。波蘭國會的兩個議院都給予畢蘇斯基高度的認可。他認為，國會投下的票實際上把政變合法化了。這就是他想要的，總統則應該給別人做。

畢蘇斯基的決定讓許多投給他的人很失望。在那之後，第二輪選舉展開了。畢蘇斯基提名認識已久的前社會主義同志伊格納齊．莫希奇茨基，當時他是一個化學教授，沒有黨派立場。莫希奇茨基除了跟畢蘇斯基遇到同一個保守派對手，還得跟波蘭社會黨的另一位候選人競爭。國民議會在一九二六年六月一日投票，結果莫希奇茨基勝選。畢蘇斯基的陣營明顯取得勝利，受到投給畢蘇斯基的同一批政黨支持，包括猶太人和德意志人等少數民族的代表。[11] 畢蘇斯基在介紹莫希奇茨基給一般民眾的文章中稱讚了這位新總統。在大選隔天刊登於親政府的《晨間信使報》的版面上，他憶起自己跟新上任的總統之間長久的友誼，回溯到他早年待在倫敦的日子。他讚美這位教授的學識和慎重的判斷，寫道：「這位總統擁有獨立思考的能力，他的思想絕對不會落入教條的框架。」[12]

政變發生後，有許多批評畢蘇斯基的公開信在流傳。〈致約瑟夫．畢蘇斯基的公開信〉在一九二六年五月二十九日便問：「前任的軍旅司令官，您的雙手乾淨嗎？在有些情況中並不乾淨，而在其他狀況中更是非常骯髒。它們因為沾到了剛在華沙街頭潑濺的同胞鮮血而骯髒。」信中接著說，這些鮮血將在畢蘇斯基身後留下永久的汙點，「永遠洗不乾淨」。另一封由曾在美景宮擔任副官的人所寫的公開信〈前畢蘇斯基支持者致畢蘇斯基元帥〉則批評畢蘇斯基目無法紀。[13]

這段時期還有許多出版品支持或反對這個新政權。其中一本小冊子便在一九二六年政變發生後隨即印出，內容攻擊畢蘇斯基和他的支持者。共產黨黨員也在政變後誹謗畢蘇斯基，說他是「法西斯獨裁者」。[14] 另一方面，他熱忱的支持者則撰寫大量內容讚美他們的領袖。在新政權的推崇者當中，最知名的就是安東尼．雅努什（Antoni Anusz）。在一九二七年成為眾議院一員的他出版了一本宣傳性質的冊子《波蘭第一元帥約瑟夫．畢蘇斯基：波蘭國家的建造者和復甦者》（*First Marshal of Poland, Jozef Pilsudski: Builder and Resurrector of the Polish State*），提醒讀者畢蘇斯基在促成波蘭獨立時所扮演的關鍵角色。這本冊子認為畢蘇斯基在一九二六年奪權，是為了恢復波蘭很需要的秩序與安穩，將控制權從「把黨派利益看得比整個國家的利益更重要」的「為惡者」手中奪回來。[15]

組建新政府和選出新總統的過程是政變後為國家帶來安穩的關鍵。畢蘇斯基沒有實行新的政治或經濟計畫，也沒有提到新的政治體系。他提到了新政府意圖「淨化」體制，消除貪汙腐敗。畢蘇斯基在這個時期提起憲法改革的議題。畢蘇斯基在一九二六年五月告訴他所信任的顧問卡齊米日．希維塔爾斯基（Kazimierz Świtalski）：「當初在立憲時，就有考量到對我的厭惡。」但是他強調，他不是議會政府的仇人。他說：「我不想成為墨索里尼，也不想拿著鞭子統治……我覺得要重寫整部憲法時間不夠，眾議院會對此滔滔不絕地辯論，這會無限期延長議案的通過。」畢蘇斯基沒有重新起草新的憲法，而是跟內閣一起提出憲法修正案。畢蘇斯基在一九二六年六月告訴巴拉諾夫斯基，憲法改革「需要謹慎思考」，「這與憲法文件無關，而是跟道德有關。」[16]

憲法修正案在一九二六年的八月二日呈交給眾議院，以兩百四十六張贊成票比九十五張反對票壓倒性地通過。[17]諷刺的是，右翼政黨竟支持這項議案，因為他們擔心舉行新的國會選舉（左翼政黨的要求）會產生對他們不好的結果。修憲內容重組了政府行政與立法的權力平衡，在重大的面向強化了總統的職權。總統可以解散眾議院，透過法律的力量下達命令來進行統治，直到召開新的眾議院；屆時，命令必須得到眾議院的允許。[18]如果眾議院無法通過新的預算，政府的支出就不能超過前一年的預算。投票前，外國媒體就猜測畢蘇斯基會創造一個強大的總統職位和非常弱小的國會，「尤其是在面對一個很可能回頭要求更進一步縮減國民議會功能的獨裁者時」。越來越多國外報社開始說畢蘇斯基是獨裁者。《紐約時報》在一九二六年六月二十四日寫道：「獨裁暴力證實人人都得遵守畢蘇斯基元帥的政策。」

憲法修正案也讓莫希奇茨基總統能夠設立軍隊監察總長的職位。不久，他便指派畢蘇斯基擔任這個職位，因此後者現在身兼戰爭部長和軍隊監察總長兩職。畢蘇斯基在一九二六年八月二十六日被問到憲法修正案的問題時，他回答：「美國或許是我們憲法應仿效的對象。」[19]

靠攏保守派

畢蘇斯基在一九二六年雖然是透過左翼的支持才得到權力，但是他後來決定只有獲得保守派的支持才能穩定國家。因此，他接洽了來自東部邊疆地區的一群有地貴族。他的其中一個目標是讓他們不要接近民族民主黨。一九二六年十月二日，在一場預算危機導致巴爾泰爾下台後，畢蘇斯基當上總理。畢蘇斯基選擇隸屬於波蘭社會黨的前總理延傑伊・莫拉切夫斯基擔任公共工程部長，接著又提名跟他同一陣營的兩位中間偏左成員卡齊米日・莫將諾夫斯基（Kazimierz Młodzianowski）和安東尼・蘇伊科夫斯基分別擔任內政部長和宗教與公共教育部長。[20] 外交部長的位子交給了非常能幹的奧古斯特・扎勒斯基，他是倫敦經濟學院的校友和職業外交官，曾在瑞士、希臘和義大利任職。他也曾經在一九一八年到一九一九年的伯恩波蘭領事館代表畢蘇斯基政府，並擔任國際聯盟使節。

指派兩位保守派人士削弱了民族民主黨的影響力，將部分保守派的支持轉到畢蘇斯基身上。莫拉切夫斯基出現在保守派的內閣，引起了社會主義圈的側目。波蘭社會黨對於自己的黨員在保守派內閣任職感到不自在，因此發表聲明，表示莫拉切夫斯基只代表他個人，不代表黨。事實上，波蘭社會黨在幾週後暫停莫拉切夫斯基的黨員身分，後來甚至直接將他開除黨籍。

將重要的內閣職務分配給保守派人士，對畢蘇斯基來說代表了全新的階段。想跟保守派人士建立關係的心願在一九二六年十月二十五日實現。那一天，他造訪了涅斯維日（Nieśwież）的拉齊維烏城堡（Radziwiłł Castle），這座城堡位於華沙東方，接近波蘇邊界。耶日・波托茨基（Jerzy Potocki）描述為了畢蘇斯基舉辦的午餐會所呈現的氣氛。波托茨基寫到，畢蘇斯基似乎真的很高興能夠出席，「整個午餐會元帥心情都很好。」畢蘇斯基向拉齊維烏家族敬酒，「祝福他們跟涅斯維日的古老城牆一樣永存。」[21] 這次拜訪促成了他跟這個保守團體的結盟，成員包括阿圖爾・波托茨基（Artur Potocki）、尤斯塔奇・沙皮哈、阿布雷希特・拉齊維烏（Albrecht Radziwiłł）和他們的領袖亞努斯・拉齊維烏（Janusz Radziwiłł）。為此，波蘭社會黨益發批評新政府。為了表明左翼對畢蘇斯基越來越失望，波蘭社會黨的領導階層便在一九二六年十一月十日發布聲明，反對新內閣之中的「君主主義和反動主義元素」。[22]

畢蘇斯基在一九二六年的十一月十一日為了紀念獨立八週年，暫時放下嚴重分歧的政治環境，在家製作了一次關於孩童的廣播致詞。他說：「我旁邊坐著兩個女孩，美麗的女孩，要我跟她們一起玩遊戲。秋天的陽光會變得暖和，吹在臉上的風會十分輕柔，然後我們就能找到重生的靈魂，因為擁有偉大重生的靈魂而露出幸福的笑容。」[23]

畢蘇斯基接著找時間向士兵致詞。為了紀念一九一四年八月六日畢蘇斯基的軍隊從奧地利跨越邊界到俄羅斯的事件，他不只提到一九一四年八月的事蹟，還談到他在一九一八年十一月十日從馬德堡回國的時刻。他說：「那個時候，我開始著手打造波蘭國家，擔任它的領袖。我很難形容我從馬德堡出獄後遭遇到的狂亂——那些法庭和政治團體的瘋狂亂象幾乎是不可能解決的難題。這些歧異是如此之深、如此龐大，我覺得我能帶領你們脫離混亂、走上另一條道路，簡直是奇蹟。」[24]

一九二七年的六月二十七日，畢蘇斯基發表另一場跟他很重視的主題有關的致詞，這個主題就是尤利烏什・斯沃瓦茨基這位流亡詩人死於巴黎七十八年後，遺骨總算回到波蘭。畢蘇斯基主動要求將斯沃瓦茨基的遺骨從巴黎帶到克拉科夫的瓦維爾城堡，跟波蘭王室葬在一起。波蘭十九世紀三大詩聖其中一人（畢蘇斯基非常喜愛他的詩詞）的骨骸被安葬在主權獨立的波蘭，是非常具有象徵意義的一刻。在他最著名的其中一場演說，畢蘇斯基稱斯沃瓦茨基「跟列王相等」。在充滿意義的一段話裡，他說：「有些人和他們的作品強大到，對他們而言不存在無法攻破的死亡之門，他們繼續活下去，存在於我們之間。」畢蘇斯基說，斯沃瓦茨基「見證了波蘭靈魂」。[25] 外國記者也注意到這起事件的象徵意涵，巴黎的《時報》、《紐約時報》、《蘇格蘭人報》(*Scotsman*)等報紙都有刊登相關報導。

一九二七年也是慶祝獨立節(十一月十一日)這個國定假日的第二年。慶祝活動現在包括閱兵(終點是畢蘇斯基的官邸)、演說和愛國音樂演奏。這些紀念活動的目的是要培養公民的愛國情操,將這具有歷史意義的日子刻劃在集體記憶之中。畢蘇斯基是這一切的中心,顯示他在國民生活中的地位越來越崇高。[26]

政變過後的少數民族

由於畢蘇斯基的政府積極努力改善與少數民族之間的關係,他們對於政權的改變大體上抱持著正面的態度,畢竟這些透過政變取得權力的領袖和內閣,比他們所取代的中間偏右政府更善待少數民族。跟大多數的波蘭人可能的情況一樣,少數民族非常喜歡畢蘇斯基,同時也普遍希望終結嚴重分裂、不穩固的政府體系和不穩定的經濟。波蘭的德意志人總數約有七十四萬人,他們很歡迎政變,主要是因為這讓民族民主黨的勢力變小了。波蘭的德意志公民普遍認為政變會帶來更寬容的少數民族政策,進而改善自己的處境。[27]

猶太人也是如此,他們在一九三一年的時候占了人口的百分之九點八,也就是三百一十萬人。總錫安主義委員會(Chief Zionist Council)在一九二六年五月十六日召開全會時,代表一面倒投票支持畢蘇斯基。[28]從猶太國會成員發表的宣言,也能看出他們果斷支持畢蘇斯基。猶太國會團體在政變後第一次召開的會議上完全支持畢蘇斯基。[29]身為國會猶太成員之一的少數民族陣營領袖伊扎克·格魯恩鮑姆在一九二六年的六月十九日寫道:「從我們的觀點來看,我覺得目前這個政府跟我們在這之前有過的所有政府相比,是最好的一個。」[30]西蒙·魯德尼基撰寫了一部兩次世界大戰之間波蘭國會內部猶太問題的歷史著作,提到大多數的猶太人都歡迎政變。魯德尼基評論:「有些人完全認為這場政變雖然違憲,卻拯救了波蘭。對猶太人而言,畢蘇斯基的政變終結了極端的民族主義權威——令人厭惡的民族主義陣營的黨綱核心思想就是要鬥倒猶太人。」[31]

政變後，波蘭國會裡的知名猶太成員阿波利納里・哈特格拉斯（Apolinary Hartglas）曾跟畢蘇斯基很親近的一名顧問說過話。當他問這名顧問新政府對猶太人的政策是什麼時，對方據說這樣回答：「畢蘇斯基認為猶太人平等不應只是空口說白話，而是要確實實踐。」[32]哈特格拉斯本人對於畢蘇斯基重新掌權感到鬆了一口氣。哈特格拉斯認為，籠罩全國的一片混亂需要畢蘇斯基回來掌權才能恢復秩序和穩定。哈特格拉斯在一九二八年二月表示，絕大多數的波蘭猶太人都認為，畢蘇斯基政府的垮台會帶來受到右翼民族民主黨強烈影響的反猶太政權。[33]

海外的猶太組織也注意到畢蘇斯基重新掌權後，波蘭猶太人集體鬆了一口氣。例如，美國猶太代表大會（American Jewish Congress）公開表示畢蘇斯基的政府跟先前的政府不同，確切終結了對猶太人懷有敵意的氛圍。美國猶太代表大會在一九二七年的二月表示：「畢蘇斯基元帥上台後，政府的態度變得比較友善。」[34]

猶太人認為畢蘇斯基政府統治下的環境比較安全友善，這種感受相當普遍。在政變九天後的五月二十四日，新任內政部長莫將諾夫斯基宣布：「政府意圖在少數民族的事務和利益上遵循真誠開放的政策。」[35]六月，對少數民族出了名地寬容的列昂・瓦西萊夫斯基，被任命為東部省分與少數民族專家委員會（Committee of Experts on the Eastern Provinces and the National Minorities）這個新機關的主席。在一九二六年八月十八日的內閣會議上，政府針對少數民族的政策受到詳細地討論，最後頒布一項決議，不會將民族同化作為國家的少數民族政策。決議寫道：「跟少數民族有關的政治目標是人民與國家同化。要達成這個目標，只能透過替人民創造友善的生活條件，進而將人民跟國家連結在一起來實現。」決議接著寫道：「以強迫的手段達成國家和民族同化是不可能的；波蘭文化的影響力只有在【跟少數民族的】和諧關係中才能發揮效果。」[36]

政府拒絕進行民族同化，而是選擇「國家同化」，也就是要人民效忠國家、而非把自己波蘭化，顯示政府希望改善跟少數民族的關係。巴爾泰爾總理明白地承諾會做到猶太人平等，並透過改善跟猶太社群和其他少數民族之間的關係鞏固這個新的重點。[37]在通過少數民族的決議後，政府採取一系列的行動改善猶太人的地位。新任的宗教派系與教育部長古斯塔夫・多布魯茨基（Gustaw Dobrucki）在一九二七年一月二十日堅決反對入學名額限制，重新頒布一九二五年的公告，禁止在高等教育機構實施。他在向眾議院的猶太成員致詞時也重申這個立場，說：「畢蘇斯基元帥的政府堅決反對入學名額限制。」[38]在一九二六年十月二日取代莫將諾夫斯基成為內政部長的費利西安・斯瓦沃伊・斯克瓦德科夫斯基在一九二七年二月一日頒布一道法令，表示從今以後，保障在公共場所說意第緒語的權利。[39]最重大的或許是一九二七年十一月頒布的那道法令，畢蘇斯基指示內政部長斯克瓦德科夫斯基一次解決由於出生地當時隸屬於蘇聯，而無法獲得波蘭公民身分的那些猶太人的問題。畢蘇斯基指示斯克瓦德科夫斯基：「給他們波蘭護照，波蘭境內不能有厭惡這個國家的二等公民。」[40]斯克瓦德科夫斯基大筆一揮，就讓在俄羅斯革命和內戰期間從東邊移民到波蘭、將近三萬三千名猶太人獲得了公民權。[41]

給予猶太難民公民的身分，是政變過後第一段統治時期所頒布的法令之一。畢蘇斯基政府也解決了一些猶太人長久以來所受的委屈。畢蘇斯基選巴爾泰爾為總理，是讓猶太人對政府產生信心的原因之一。猶太社群大體上認為巴爾泰爾是個友善的人物，在猶太人之間聲譽良好。哈特格拉斯表示：「他這個人擁有非常開明的信念，沒有反猶思想。」[42]對猶太人和其他少數民族而言，巴爾泰爾的上任顯示畢蘇斯基支持較為開放寬容的環境。

德意志人也很高興看見畢蘇斯基掌權。畢蘇斯基坦承，德意志人對波蘭幾乎沒有或完全沒有忠誠心。但他也認為，他們「在自己的歷史中證實他們很容易同化，對國家擁有與生俱來的忠誠傾向。要善用這個族群、實現政治同化是有可能的，而且可能性很高。政府對待德意志人應該公正但強硬。」[43]畢蘇斯基的樂觀立場反映了一九二〇年代後半國際間的和平環境、滿滿的希望和經濟的繁榮。

畢蘇斯基試圖改善與少數民族的關係時，波蘭和立陶宛的緊張關係升溫了。跟鄰國持續不斷的衝突，影響了波蘭與國內立陶宛人的關係，這個少數族群到了一九三一年共有八萬三千人左右。一九二六年的年底，畢蘇斯基接受訪問，可以明顯看出他對立陶宛政府的不滿。這是因為，立陶宛是唯一一個認為自己與波蘭處於戰爭狀態的鄰國。畢蘇斯基強調，立陶宛跟波蘭的關係是歐洲的特例，因為立陶宛不承認兩國接壤的疆界，儘管西方協約國在一九二三年三月簽署的國際條約已確立這件事。畢蘇斯基說，立陶宛是「一個躁動不安的鄰居，總是輕鬆說出『戰爭』，卻很難講出『和平』。」[44]在跟內政部長和希維塔爾斯基等人開會時，他大肆抱怨立陶宛固執的立場。希維塔爾斯基在一九二六年十二月十八日的日記中寫道：「畢蘇斯基的目標是對立陶宛施加外交壓力，迫使他們不要再聲稱自己跟波蘭『處於戰爭狀態』。」[45]

跟國會衝突增加

同一時間，在國內的部分，畢蘇斯基跟國會的衝突主導了一九二八年到一九三〇年的政壇。第一個極端爭鋒相對的時期延續到一九二九年夏天，同時也是經濟成長和收入提高的時期，因此給了畢蘇斯基的執政政府不少激勵。工業生產在一九二七年提高百分之二十點八、一九二八年提高百分之十二點七、一九二九年提高百分之二點三。[46]然而，一九二九年秋天開始出現的經濟大蕭條使政治危機逐漸惡化，對手做出更尖銳的批評。

為了準備一九二八年三月要舉行的國會選舉，畢蘇斯基想出一個點子，成立由各個政黨和個人代表所組成的不分黨派、親政府的陣營。他認為，這個多元的代表團體才可能獲得國會多數，避免出現導致政府快速更迭的極端分裂與不穩的國會體制。假如這個計畫成功，他也可以削弱右翼民族黨的影響力，進而創造穩定的政府。他把這項計畫交給長久以來的親信瓦萊雷・斯瓦韋克，斯瓦韋克因此成立「不分黨派親政府陣營」（Bezpartyjny Blok Współpracy z Rządem，BBWR）。不分黨派親政府陣營是一個組成混雜的團體，沒有統一的黨綱，只有兩個指導原則，那就是服務波蘭和效忠畢蘇斯基。選舉前夕，各式各樣的團體都出來競選，其中包括支持畢蘇斯基聯盟的教會高層人士。亞努斯・拉齊維烏告訴畢蘇斯基，大多數的保守派也會支持他。同一時間，不分黨派親政府陣營奮力到基層拉票，傳達投票給他們就是投票給畢蘇斯基的訊息。47

政變過後的第一次國會選舉在一九二八年三月四日舉行，投票率高達百分之七十八點三。不分黨派親政府陣營獲得最多票，得到百分之二十七點六的席次，勝過右翼的百分之八點六、中間黨派的百分之十和所有左翼政黨合計的百分之二十六點三。少數民族政黨加起來總共得到百分之二十一點三的席次。48 一九二八年的選舉顯然強化了畢蘇斯基的地位，並大大

這張波蘭語和意第緒語的雙語海報呼籲猶太人在一九二八年的國會選舉中把票投給畢蘇斯基的聯盟。攝於一九二八年十一月的史坦尼斯瓦沃夫（Stanisławów）。

削弱他的對手。中間偏右的政黨總共分得的席次，從一九二二年國會選舉的百分之五十七點九，減少到一九二八年的將近百分之二十。左翼得到的支持從一九二二年的百分之二十二點一，增加到一九二八年的百分之二十六點三，而少數民族所有的票數則從百分之二十增加到百分之二十一點六。[49] 參議院的結果對畢蘇斯基比較有利，他的親政府陣營在那裡得到總票數的百分之四十一點五。

雖然人們一開始樂觀地認為，不分黨派親政府陣營和非共產主義的左翼政黨——兩者加起來占了眾議院代表總數的一半以上——能夠互相合作，但是事情並沒有好的開端。畢蘇斯基提名巴爾泰爾擔任眾議院議長。他似乎預期眾議院會未經討論就直接接受他提出的候選人，以表示善意。很多人沒辦法接受這點，因此波蘭社會黨在三月二十三日提名自己的候選人伊格納齊．達申斯基。希維塔爾斯基隔天在日記中寫道：「總司令會把達申斯基的提名視為極度的挑釁。」[50]

一九二八年的三月二十七日，眾議院舉行議長選舉，有兩百六十票投給達申斯基，一百四十一票投給巴爾泰爾。親政府的媒體表示憤怒，說達申斯基當選是一種挑釁。三月底，剛選出的眾議院召開第一次會議。畢蘇斯基向會眾致詞時，穿著他的藍色元帥軍服、配戴軍刀。[51] 他開始說話時，波蘭共產黨的三個代表打斷他，大喊：「畢蘇斯基的法西斯政府下台！」[52] 他們不願安靜下來，因此達申斯基議長把他們請出去，讓畢蘇斯基繼續演說。他提到自己在一九一九年二月第一次對眾議院致詞時，波蘭國界仍依靠戰場上的士兵決定，但是一九二八年的國界則已經穩定，獲得國際承認。他最後說，國安的關鍵來自跟法國和羅馬尼亞的盟友關係。

畢蘇斯基再度把注意力轉向憲法改革。他雖然大力批評波蘭的國會體制，但他依然堅決捍衛民主政府。跟政府官員開會時，他否認自己支持一黨獨大的極權體制，說義大利和蘇聯是他徹底排斥的那種政府類型。畢蘇斯基似乎認為美國和英國是最好的穩定政府模範。[53] 但是他認為很多國會體制都有不夠完善和沒效率的缺點。

一九二八年的政治漫畫〈右派如何看待畢蘇斯基元帥的政府〉將畢蘇斯基描繪成一個正統派猶太人，正在一邊享用辮子麵包和猶太魚餅，一邊藉著猶太教燭臺的燈光閱讀意第緒語報紙。

畢蘇斯基的憲法改革倡議因為他的健康狀況出問題而耽擱，那次事件嚇壞了政府、震驚了全國。一九二八年的四月十七日，畢蘇斯基突然中風，右手有幾天的時間喪失部分功能。民眾得到錯誤的資訊，以為他因為一隻手疼痛而住院幾天。一九二八年的五月二日，有消息傳出六十歲的畢蘇斯基在醫生的囑咐下將暫時放下政府事務，等待身體復原。虛弱的感覺持續不斷，讓畢蘇斯基在一九二八年六月二十五日辭去了總理一職。副總理巴爾泰爾接替他的位子。巴爾泰爾內閣保留扎勒斯基的外交部長和斯克瓦德科夫斯基的內政部長職位，同時任命希維塔爾斯基為教育部長。[54]巴爾泰爾內閣受到經濟成長的加持，延續了十個月。

辭職前不久，畢蘇斯基再次表達改革憲法的強烈希望，要求不分黨派親政府陣營的領袖準備好決議，要在秋天進行投票。[55]辭去總理身分後不到一週，一家華沙日報便來訪問畢蘇斯基有關辭職的事。畢蘇斯基嚴厲斥責眾議院，在國會圈引起騷動，加深了他跟反對派之間的隔閡。他抱怨總統的權力太少，政府的重擔全部落在總理身上，而總理實際上若沒有得到眾議院的同意，幾乎什麼事也做不了。要得到眾議院的同意非常難，因此真正完成的事情很少。畢蘇斯基說：「憲法規定的總理職責讓我內心鄙視不已。」他接著說，除了總理的無能為力，眾議院代表還有權利大聲叫罵、羞辱他人、印製誹謗文章。他因為再也無法忍受這種局面，所以決定辭職。同時，總統只是憲法規定的傀儡，「連任命自己幕僚的權利都沒有」。讓畢蘇斯基和眾議院之間的緊張關係惡化的最主要因素，就是他說自己真的很想揍那些擁有他痛恨特質的眾議院代表：「要是我沒有克制自己的衝動，我一定會不停又揍又踢那些議員，因為他們做事的方法一點效率和生產力都沒有。」[56]他說，自己簡直要被逼瘋了。

這場訪談帶來了立即且迅速的餘波。波蘭社會黨通過一項抗議聲明。朝威權主義邁進的政府警告該黨不可發布這項聲明。波蘭社會黨違逆政府的警告，把抗議聲明刊登在黨報《工人》。政府將那一期沒收。為了符合政府的審查標準，這一期最後在一九二八年七月三日出刊，但是頭版最上方原本要刊登聲明的地方是空白的。審查員在沒有解釋的情況下保留了文章的篇名，讓讀者明確知道是什麼內容遭到移除。[57]政府審查了報紙，違反受憲法保護的新聞自由。

在一九二八年剩下的時間，畢蘇斯基安排了許多演講和露面的行程。他重申自己對巴爾泰爾有絕對的信心。教育部長希維塔爾斯基在一九二八年七月十七日的日記中表示，畢蘇斯基「認為巴爾泰爾非常忠心。這便是為何總司令希望我們不要搞砸巴爾泰爾的工作。」在同一場會議中，畢蘇斯基把話題轉到年輕人和教育的主題，提到有需要改善初等和中等學校，還有高等的教育機構。他提出一項教育改革法案。[58]

一九二八年的八月十二日，畢蘇斯基在維爾紐斯的軍團士兵大會上演說。就像他在演講時經常會做的那樣，提到了自己在一九一八年十一月回到華沙的時刻。他回憶自己在首都創建國家時，一直思念著自己成長的城市。畢蘇斯基此時開始思考死亡，於是利用這個機會宣布，希望在他死後把自己的心臟埋在維爾紐斯的羅沙墓園，跟母親葬在一起。[59]造訪維爾紐斯後不久，畢蘇斯基到羅馬尼亞度假六週，讓身體休息復原。他在一九二八年十月三日回家，似乎十分強建，隔天就恢復全職工作。

戰間期的波蘭有一項重要的指標，那就是一九二八年十一月十一日獨立十週年的日子。慶祝活動比前一年還要盛大。閱兵活動是這天的重點，畢蘇斯基和莫希奇茨基總統在華沙檢閱了三萬兩千名左右的士兵，觀眾約有五萬人。[60]一位駐華沙的美國官員這樣形容人們對畢蘇斯基的反應：「畢蘇斯基元帥站在閱兵台，各個階級的男女老少排成沒有盡頭的隊伍經過他的身邊，平民、士兵和飽受戰爭摧殘的老兵給他熱烈的歡呼。這絕對值得獻上的愛與忠誠讓人久久難以忘懷。」[61]

波蘭裔美國籍的學者比斯庫普斯基（M. Biskupski）指出：「畢蘇斯基總是出現在演講和宣告中，他在一九二〇年擊敗布爾什維克和在一九一八年成為英雄的雙重角色是常見的主題。」[62]眾議院議長達申斯基呼籲公民不要忘了畢蘇斯基在一九一八年十一月十日回到波蘭的那天，也就是共和國誕生的日子。華沙市議會宣布，華沙的薩克森廣場要重新命名為約瑟夫・畢蘇斯基廣場。[63]慶祝活動上代表法國出席的是法軍參謀部副司令路易・莫涵（Louis Maurin），他送給畢蘇斯基一份意義非凡的禮物——拿破崙以前送給最勇敢士兵的鍍金軍刀。[64]

雖然有很多波蘭猶太人參加慶祝活動，但是這個國家的其他少數民族對獨立節的慶典卻做出很不一樣的反應。德意志人、白羅斯人和烏克蘭人的國會團體十分冷淡，從未正式承認這個節日或參與任何活動。波蘭國會在十一月十一日召開特殊會議以紀念建國週年，德意志人、烏克蘭人和白羅斯人的代表卻缺席。[65]另一方面，猶太國會團體公開呼籲猶太社群參與慶祝活動。的確，猶太社群公開表達自己的愛國心。大約有一萬名猶太學童和大學生走到華沙的無名士兵之墓擺放花圈，接著又走到美景宮。根據媒體的報導，畢蘇斯基和莫希奇茨基熱情地迎接他們。[66]

政治衝突升溫

一九二九年，畢蘇斯基跟眾議院反對派之間的衝突顯著升溫。中間偏左的政黨因為受不了畢蘇斯基，成立了新的組織要跟不分黨派親政府陣營抗衡。在一九二八年的秋天，三個左翼政黨和三個中間政黨共同成立中間左翼聯盟，由波蘭社會黨、農民黨解放派、農民黨皮雅斯特派、基督教民主黨和國家勞工黨的代表組成。中間左翼聯盟和畢蘇斯基的衝突逐漸惡化，特別是針對所謂的切霍維茨事件。一九二九年二月，眾議院投票通過，成立了由社會主義者赫爾曼·列貝爾曼率領的特殊委員會，要調查被指控花的錢比前一年分配的預算多上許多的財政部長加布列爾·切霍維茨（Gabriel Czechowicz）。這起事件導致切霍維茨在一九二九年三月八日請辭。但是這對反對派來說還不夠。三月二十日，眾議院通過一項措施，將切霍維茨帶到國家法庭進行調查。

眾議院的舉動令畢蘇斯基非常憤怒。他在一九二九年四月五日一份親政府日報的版面上提醒讀者，這是波蘭重生後有史以來第一次有內閣成員被送上國家法庭。畢蘇斯基用尖酸刻薄的口吻和罵人的詞彙描述眾議院的某些成員，指控他們做事只帶有黨派動機，行為舉止就像「猩猩」。他反覆地說，該對預算負責的人是一九二八年擔任總理的他，不是被告。切霍維茨只是聽命行事而已，所以若要說有誰做錯事，那只有他本人。畢蘇斯基接著說，控訴切霍維茨的人「身上覆滿自己的排泄物」。[67]不用說，很多人都對畢蘇斯基的用字遣詞和尖銳攻擊感到震驚。

畢蘇斯基告訴一位親信，他認為國家法庭是政變之前，那個眾議院勢力很大的時期遺留下來的產物，現在已不合時宜。[68]同一時間，反對派試圖阻止政府所有的倡議，導致事情陷入僵局，巴爾泰爾總理在一九二九年的四月十四日辭職。希維塔爾斯基接任總理，這個新政府成為畢蘇斯基的第一個「上校內閣」，由跟他很親近的前軍團追隨者率領。新政府的十四位內閣成員中有六位是高層軍官。這個關係親近的同僚所組成的團體，之後的成員都差不多，由斯瓦韋克、亞歷山大・普日斯托（Alexander Przystor）、約瑟夫・貝克、博萊斯瓦夫・維涅瓦–德武戈舍夫斯基（Bolesław Wieniawa–Długoszowski）、希維塔爾斯基、博古斯瓦夫・米津斯基和雅努什・延傑耶維奇等人組成。[69]

國家法庭在一九二九年六月二十六日開始審判切霍維茨。第一天，畢蘇斯基呈交一份宣言，說他要為前財政部長的行為負起全責。「在切霍維茨的審判中，我不得不說我看見有人想假造歷史紀錄、讓我感到丟臉並羞辱我。」另一方面，他已經習慣這種詭計了。他寫道：「我承認對自己的成就感到自豪，認為限制眾議院的行政權有很大的好處。」他繼續用尖銳的文字說：「這是一場儀式殺人的審判，針對一個為了自己沒有犯下的行為而負責的人。我必須說這是一個可恥可鄙的體系。」[70]到頭來，審判一下就結束了。審判程序才開始四天，國家法庭就判定眾議院沒有額外調查犯罪動機，法庭無法進一步討論。最後，眾議院從未去調查動機，切霍維茨事件就這樣結束了。但，事件留下的苦澀揮之不去。

一九二九年的六月二十四日，眾議院議長達申斯基到美景宮拜訪畢蘇斯基，希望促成政府和眾議院之間的合作。儘管他付出了努力，親政府和反政府的兩方人馬依舊毫不退讓。[71]觀察到這場僵局、發現反對派決心妨害政府的畢蘇斯基，針對漸漸形成的政治危機寫了一篇辛辣的文章。在一份親政府的報紙上，他明白寫出自己對反對派的厭惡，批評反對派拒絕跟內閣合作。這篇文章輕蔑地提及達申斯基和眾議院反對派，語氣深深冒犯了許多代表。[72]

畢蘇斯基公開對眾議院發表尖銳的攻擊言論，讓衝突進入新的階段。他毫不避諱的用詞激得反對派質疑他的權力是否正當，並要求他和總統下台。農民黨的國會團體在一九二九年十月一日決議：「馬上辭掉整個內閣、清除整個薩納齊亞政權的時機已經成熟了。」[73]農民黨的報紙刊登這項決議後，政府把那一期沒收，認為這構成了暴力煽動。[74]波蘭社會黨對過去的創始者和領袖畢蘇斯基也表達了類似的嚴峻失望。波蘭社會黨黨報的總編輯、中間左翼聯盟的共同創始人米齊斯瓦夫・涅喬爾科夫斯基（Mieczysław Niedziałkowski）在一九二九年十月一日的黨報上寫道：「一九〇五年、一九一四年、一九一八年和一九二〇年的畢蘇斯基將名留青史；一九二六年到一九二九年的畢蘇斯基，則是漸漸消失的舊波蘭世界——即貴族社會的波蘭——的領袖。」[75]

畢蘇斯基和眾議院的衝突在一九二九年十月三十一日出現戲劇化的一幕。眾議院正一如往常要召開會議，但是議長達申斯基卻被告知希維塔爾斯基總理身體微恙，因此派畢蘇斯基代替他發言。擔任戰爭部長的畢蘇斯基來到會場，預期會向眾議院致詞。畢蘇斯基即將抵達的消息傳開之後，軍官聚集在眾議院開放給一般民眾的大廳。這個意料之外的發展嚇到了達申斯基，他認為支持畢蘇斯基的軍官（約一百人）全副武裝出現在會場非常不洽當，因此將眾議院的會議延期。[76]這個決定令畢蘇斯基很困惑，他走進眾議院的議長辦公室，生氣地問達申斯基在做什麼。達申斯基回答：「在刺刀、步槍和長劍的亮相下，我不會打開議事會場。」[77]畢蘇斯基表示抗議，說他可以輕輕鬆鬆叫他們離開，只要跟他說就好。接著，他在表達明顯不滿後離開眾議院大樓。反對派把這件事解讀成畢蘇斯基是想透過展示武力進行威嚇。

在政府逐漸出現危機的時刻，畢蘇斯基還能找時間撰寫文章紀念歷史事件，可見他有多麼重視紀念日。

這次，他紀念的是一九〇四年十一月在格日博夫斯基廣場舉行示威抗議的二十五週年。當時，波蘭社會黨的戰鬥組織第一次跟俄羅斯警方進行武裝鬥爭。畢蘇斯基說，這起事件「對波蘭命運的影響比當時的人以為的還要大」。[78]

眾議院延期召開，卻造成更多混亂。主要的社會主義政黨很憤怒，通過決議宣稱眾議院延期是為了阻止國會控制政府的政策。許多城市都有發生示威活動，抗議政府與眾議院的交涉。在勒沃夫，據說有抗議者高喊「畢蘇斯基下台」，而武裝車隊則試著驅散群眾。克拉科夫、烏茨和其他許多城鎮也有反政府抗議活動，抗議者跟警方屢屢發生衝突。[79]眾議院在一九二九年十二月五日重新召開時，波蘭社會黨的代表對希維塔爾斯基內閣發起不信任投票，有兩百四十三票同意、一百一十九票反對。被迫辭職的希維塔爾斯基由巴爾泰爾取代。十二月十七日國會團體開會時，親政府的國會陣營（不分黨派親政府陣營）提出新憲法的計畫，但是中間左翼聯盟拒絕參與任何跟修憲有關的倡議。一九二九年十二月二十九日，巴爾泰爾成立了新內閣，保留前一個政府大部分的部長。[80]

政府與眾議院之間的衝突又進一步惡化。一九三〇年二月二日，波蘭社會黨的中央委員會通過決議，刊登在黨報的頭版。決議內容可以被解讀成政變計畫，呼籲「瓦解隱藏的獨裁政權，讓民主變成波蘭共和國的根基」。[81]這項決議指控畢蘇斯基刻意使用尖銳的言語，可能像一九二六年那樣再次引發暴力。

另一次內閣危機緊接著發生。一九三〇年的三月十五日，中間左翼聯盟強迫巴爾泰爾下台。令不希望上校內閣回歸的反對派失望的是，總理一職由畢蘇斯基長久以來的忠誠夥伴斯瓦韋克擔任，他在一九三〇年三月二十九日組成新政府。同一時間，眾議院在中間左翼聯盟反對派的要求下（他們抱怨國會遭到噤聲），排定於五月二十三日召開。可是，在召開眾議院那天，莫希奇茨基總統宣布延期三十天，提高政府和國會反對派之間的緊張局勢。一九三〇年五月二十八日，波蘭社會黨的中央委員會發布一則不祥的公告給各地分部，聲明「我們正進入一個新的政治鬥爭時期，無法靠眾議院解決。」[82]

國會持續受到阻滯。眾議院在六月二十日特別召開時，莫希奇茨基總統又將會議延後三十天。刻意壓制國會的召開權利，讓衝突爆發。中間左翼聯盟召開其底下在眾議院和參議院所有代表的會議，頒布了目標宣言，大力批評波蘭總統阻礙國會。中間左翼聯盟要求「約瑟夫．畢蘇斯基獨裁政府【下台】，恢復國會統治。」[83]

在似乎別無選擇的狀況下，中間左翼聯盟發起群眾示威活動。一九三〇年的六月二十九日，他們在克拉科夫召開大規模的大會，共有一千五百位左右的代表出席，還有約三萬名支持者參加。[84]中間左翼聯盟六個組成政黨的代表起草一份決議，明白呼籲推翻政府，終結他們口中所說的畢蘇斯基獨裁政權。決議在開頭的地方寫道：「過去四年來，波蘭一直活在約瑟夫．畢蘇斯基實質獨裁政體的權威底下。這位獨裁者透過更換政府來實現自己的意志。共和國的總統也臣服於畢蘇斯基的意志。」決議聲稱，在一九二六年透過法外手段取得權力的領袖已不能再繼續合法掌權，並說因為這個獨裁政府，眾議院龐大的反對派聯盟在國內外的政策上無法發聲。[85]

決議內容真正傷感情的是下面這段話：「我們宣布，不廢除獨裁政體，就不可能控制經濟蕭條或解決龐大的國內問題，而波蘭為了自己的未來，一定要解決這些問題。」聯盟決議：

我們所有人將共同努力廢除約瑟夫．畢蘇斯基的獨裁政體，直到勝利為止；唯有相信眾議院和這個國家的政府會受到我們堅決的支持和所有力量的協助；任何嘗試發動政變的行動都將受到最堅定的反抗；國人對於透過政變取得權力的政府不會有任何責任，共和國也不會承認非法政府對外國的義務……我們進一步宣布，共和國總統伊格納齊．莫希奇茨基漠視自己的誓言，違背國家意願，公開站在【畢蘇斯基的】獨裁政權那邊……因此應該下台。[86]

決議在會場朗誦出來，激勵了參與者。但是在政府眼裡，這看起來就像推翻政府的公開陰謀。六月二十九日同一天稍晚，克萊帕爾斯基市場（Kleparski Market）舉行群眾會議，政黨激進人士譴責政府阻礙國會。波蘭社會黨的領袖力促聚集的人群：「大家都走上前，跟獨裁政權進行自由之戰！」[87]溫森蒂．維托斯記錄了朝克拉科夫主市場廣場（Main Market Square）的亞當．密茨凱維奇雕像前進的一場示威抗議活動。人們高喊「送畢蘇斯基上斷頭台！」和「莫希奇茨基傀儡總統下台！」[88]政府下令沒收決議文章，成功禁止媒體刊登。但，副本已經事先交給外國媒體。《紐約時報》在一九三〇年六月三十日的版面上刊登一篇文章〈兩萬人投票反畢蘇斯基政權，六個政黨於克拉科夫開會要求莫希奇茨基總統下台〉，長篇幅引用決議內容。

這項決議是反對派為了取得權力所跨出最大的一步。維托斯表示，不少中間左翼聯盟的領袖認為莫希奇茨基會辭職。維托斯則反駁他們，認為武力以外的手段都沒辦法推翻畢蘇斯基。[89]確實，政府一點也不害怕，反而迅速做出行動。一九三〇年六月三十日，斯瓦韋克總理和內政部長斯克瓦德科夫斯基到畢蘇斯基鄉下的家拜訪他。畢蘇斯基吩咐他們展開對付中間左翼聯盟領袖階層的法律程序。[90]斯瓦韋克和斯克瓦德科夫斯基回到華沙後，便著手準備起訴書，要控告三十三位組織克拉科夫大會的中間左翼聯盟領袖。前眾議院議長馬切伊．拉塔伊（他是農民黨皮雅斯特派的黨員）說他很高興這起案件被帶上法庭，表示由於眾議院似乎永久關閉了，司法審判「將成為一個平台，讓我們向全國人民和全世界解釋我們為什麼要召開克拉科夫大會，抗議憲法權利和國家法律遭到壓迫。」[91]但在七月十一日，檢察官宣布證據不足，審判無法繼續。

中間左翼聯盟的左翼政黨似乎下定決心，要揭露和挑戰國會程序遭阻撓的事實。波蘭社會黨的黨報《工人》表示，農民和工人擁有永不言退的意志，「渴望推翻受人厭惡的獨裁政體」。[92]一九三〇年八月二十二日，畢蘇斯基告知內閣，他有意解散眾議院，逮捕中間左翼聯盟的成員。隔天，斯瓦韋克總理請辭，畢蘇斯基在八月二十五日取代他成為總理。[93]畢蘇斯基在兩天後的訪談中，公開羞辱眾議院的成員、譴責國會反對派的行徑，並表達重新立憲的強烈渴望。他埋怨跟眾議院共事的情況，說「目前為止所有的努力最後都變成鬧劇。今天，波蘭議員是一個可恥的現象，因為他們允許自身行為羞辱自己……眾議院做的每一件事都發臭，汙染了各地的空氣。」他接著說了以下這番話，被人認為那是一種威脅：「每一個職位的代表都應該被請出門外；如果人們對他們做了什麼，那就這樣吧。」[94]

畢蘇斯基已經連續好幾年對波蘭的國會體制表達深刻的失望。早在一九二六年的六月被問到眾議院的事情時，他就說：「首先，你必須逼那些政治人物住嘴，要不然就只好粉碎、打斷、摧毀他們，無論是右翼或左翼分子。」[95]現在，他對國會的不滿已經大到讓他的一些追隨者做出暴力行為。一九三〇年八月二十九日，一個不知姓名的軍官在光天化日之下猛烈攻擊和痛毆農民黨及中間左翼聯盟的領袖揚．鄧布斯基（Jan Dębski）。[96]

布熱希奇事件

反對派遭到雙重打擊。鄧布斯基被襲擊的同一天，莫希奇茨基總統解散眾議院，宣布要分別在十一月十六日和十一月二十三日舉行眾議院和參議院的選舉。畢蘇斯基決心利用推翻政府的謀反罪名除去中間左翼聯盟的領袖。眾議院遭到解散，國會豁免權不再適用。反對派明確提及接管政府的計畫，更是對他們沒有幫助。九月一日，斯克瓦德科夫斯基把一份代表名單交給畢蘇斯基，讓畢蘇斯基標出有哪些是他想逮捕的人。[97]

總統宣布十一月舉行選舉後，中間左翼聯盟成立了新的選舉陣營。一九三〇年九月九日，他們宣布成立捍衛法律與人民自由聯盟（League for the Defense of Law and People's Freedom）。聯盟在一九三〇年的九月十一日聲明：「我們的目標是完全一勞永逸消滅約瑟夫．畢蘇斯基的獨裁政體。」[98]在一九三〇年九月九日晚上和九月十日凌晨，畢蘇斯基下令逮捕十四名眾議院反對派成員，其中有十一人屬於中間左翼聯盟，包括三次出任總理的維托斯，還有波蘭社會黨的亞當．喬烏科甚和列貝爾曼等組成中間左翼聯盟的六個政黨的領袖。[99]中間左翼聯盟裡國家勞工黨的領袖卡羅爾．帕皮爾（Karol Papiel）在九月九日的晚上從自家被拖出來。目擊者表示：「其中一名憲兵抓住他的頭，另一人抓住他的雙腿，接著他被摔到椅凳上，一塊濕布被丟到十字架上，帕皮爾被鐵棍打了三十下左右，最後昏倒了。」一陣痛打後，負責監視逮捕行動的軍官據說這麼說：「你要感激只有這樣而已，下次畢蘇斯基元帥會下令在你頭上開一槍。」[100]

在一九三〇年九月十三日刊登的訪談中，畢蘇斯基不理會批評，對逮捕事件的政治性質輕描淡寫。他解釋，之所以逮捕國會成員是因為他們濫用豁免權作為打破法律的掩護。[101]

畢蘇斯基史無前例逮捕眾議院成員的同一時間，東加里西亞出現嚴重危機。在一九二九年年初成立的烏克蘭民族主義組織（Organization of Ukrainian Nationalists，OUN）開始對波蘭官員展開暴力行動。在一九三〇年的夏秋兩季，烏克蘭人發起一系列的行動，攻擊波蘭官員，並毀壞波蘭人的房子、穀倉、磨坊等建築物。[102]這場衝突導致人們比較同情政府，也較容易譴責中間左翼聯盟不但不忠，還站在對波蘭懷有敵意的勢力那邊。

一九三〇年九月十六日，波蘭政府發起鎮壓烏克蘭民族主義者的計畫。波蘭士兵進入烏克蘭的村莊逮捕已知的社運人士，但是卻有很多平民遭到警方欺凌。大規模的逮捕行動逮捕了三十名眾議院現任和前任的烏克蘭成員，加上將近一百名烏克蘭政治人物。綏靖行動在一九三〇年十一月結束，大大深化了烏克蘭人和波蘭人之間的衝突。

同一時間，國家準備在一九三〇年十一月舉行選舉。這不是一般的選舉，因為逮捕行動在整個選舉期間仍持續著。到了十月中，估計有幾千人遭到拘留，包括八十四名眾議院與參議院代表。大部分都關在布熱希奇的軍事監獄。[103]這些政治犯不得與外界聯繫。例如，波蘭社會黨社運人士喬烏科甚的妻子回憶，她雖然有寄包裹和信件過去，但是在丈夫出獄前，她從未收到回覆，也從未獲准探視。[104] 一九三〇年九月二十五日，一九二三年曾擔任副總理的沃伊切赫．科爾凡蒂遭到逮捕，轉送到布熱希奇監獄。這些逮捕行動是內政部長斯克瓦德科夫斯基下令執行，並沒有得到法庭判令，違反了正當的法律程序。[105]

眾議院選舉就在這種威嚇的環境和政府逮捕反對派的行動中舉行。由於政府的干預對不分黨派親政府陣營較為有利，再加上反對派受到嚴重削弱，選舉結果使政府陣營大大勝出。[106] 投票率達到百分之七十四點八，讓畢蘇斯基得到一直想要的國會多數結果：不分黨派親政府陣營獲得百分之五十五點六的票數，在四百四十四名代表中占了兩百四十七名。相較之下，德莫夫斯基的民族黨占了百分之十四，中間政黨（基督教民主黨、農民黨皮雅斯特派和國家勞工黨）占了百分之九，左翼政黨（波蘭社會黨、農民黨解放派和農民黨）占了百分之十二點九，少數民族政黨占了百分之七點四。政府陣營在參議院得到的票數更多（百分之六十七點六），進而控制了國會的兩個議院。一九三〇年十二月九日，畢蘇斯基的忠誠擁護者希維塔爾斯基被提名為眾議院議長，拉茨凱維奇（W. Raczkiewicz）則是參議院議長，兩人都是不分黨派親政府陣營的成員。畢蘇斯基自己暫時接受了總理一職，但在十二月四日請辭，由斯瓦韋克取代他。不過，畢蘇斯基仍繼續擔任戰爭部長。

選舉結束、新政府就定位後，畢蘇斯基需要長時間休養，這是醫生在他幾次生病和過勞之後的建議。他到葡萄牙的馬德拉島（Madeira）度假三個月。波蘭局勢穩定了，使他內心平靜下來，於是他在剛滿六十三歲後的一九三〇年十二月十五日啟程。兩名醫生陪同他一起去。[107] 有人猜測畢蘇斯基在葡萄牙時跟其中一位醫生——三十四歲的葉芙根妮亞．列維卡（Eugenia Lewicka）——發生外遇，此事在一九三一年三月二十九日他回到波蘭後不久，引起他的妻子亞麗桑德拉的注意。列維卡回國後沒辦法再見到畢蘇斯基（聽說她曾到畢蘇斯基華沙的家敲門，但亞麗桑德拉叫她離開），後來在一九三一年六月二十七日被人在工作地點發現意識不清，兩天後死亡，死因是吃了有毒的化學物質。[108]

在馬德拉的時候，親政府陣營在眾議院和參議院都屬於多數，穩穩控制著權力，這件事應該為畢蘇斯基帶來了慰藉。然而，一九二六年五月的政變和逮捕政治對手這兩個先例，仍給人不祥的預感。

畢蘇斯基的外交政策

畢蘇斯基雖然在政府擔任戰爭部長，卻能決定波蘭外交政策的優先順序和任務，縱使外交部長扎勒斯基擁有一定程度的彈性空間。在一九二六年到一九三〇年間，波蘭外交政策一直受到一九二五年十月的《羅加諾公約》和一九二六年四月的《柏林條約》所影響。自一九二六年以來，畢蘇斯基為了因應這兩個條約，一直試著彌補國安漏洞。其中一個方法就是減輕各國認為畢蘇斯基對鄰國仍有軍事意圖的恐懼感。政變過後，畢蘇斯基馬上就清楚表明他想跟所有的鄰國建立和平關係，並強調不會再宣示任何領土。波蘭外交部長扎勒斯基也試著減輕西方對畢蘇斯基可能恢復軍事活動的擔憂。就像彼得·萬迪茲主張的那樣，波蘭在一九二〇年代後半期主要擔憂的是協約國可能會過早撤離萊茵蘭（Rhineland）。[109]

《羅加諾公約》之後，德國承認自己跟法國和比利時的邊界，卻沒有解決跟波蘭和捷克斯洛伐克的疆界問題，但是德國外交部長施特雷澤曼仍主張，協約國的軍隊不再需要占領萊茵蘭或任何德國領土。畢蘇斯基和扎勒斯基面臨的問題是要如何針對德法之間的對話來調整波蘭的外交政策，同時又不會破壞法波同盟帶來的安全優勢。[110]波蘭的主要目標是跟德國達成互不侵犯條約，外交部長扎勒斯基提議簽署法德波三方的安全協定。他利用了波蘭願意接受協約國提早撤離萊茵蘭的這一點，但是德國斷然拒絕這樣的交換條件，說波蘭在這件事情上沒有決定權。有一件事情越來越清楚，那就是法國開始認為自己跟波蘭結盟會阻礙跟德國之間的關係。扎勒斯基意識到這個趨勢，強調應該跟德國妥協。

一九二七年的夏天，巴黎向華盛頓提議強化安全體系。結果是，美國國務卿法蘭克·凱洛格（Frank

Kellogg）和法國外交部長阿里斯蒂德・白里安在一九二七年的八月二十七日簽署了《凱洛格－白里安條約》（Kellogg–Briand Pact）。[111]這項協議（波蘭和德國是最初三十三個簽約國當中的兩個）譴責把戰爭當作國家政策的工具，要求簽約國以和平的外交手段解決糾紛。由於《凱洛格－白里安條約》沒有提出什麼強制手段，畢蘇斯基認為它根本沒什麼價值。然而，法國駐波蘭大使儒勒・拉侯許（Jules Laroche）告訴外交部長扎勒斯基這個條約是一個重要的發展。他說，因為法國的努力，《凱洛格－白里安條約》給了波蘭等同於跟德國互不侵犯的協議，德國現在已明確拒絕使用戰爭解決德波邊界的衝突。[112]

扎勒斯基對這位法國大使的詮釋不以為然，向巴黎施壓，要他們不能夠在萊茵蘭議題上跟柏林達成新的妥協。接著，扎勒斯基訴諸輿論，公開反對協約國提早撤出萊茵蘭，在德國和法國引起轟動。扎勒斯基表示，德國拒絕承認其與波蘭和捷克斯洛伐克的邊界，會威脅這個地區的和平。扎勒斯基告訴一家德國報社：「我們認為占領【萊茵蘭】是安全的保障。」[113]德國媒體的社論做出回應，認為波蘭沒有立場插手這件事。德國駐法國大使利奧波德・赫施（Leopold von Hoesch）針對扎勒斯基的聲明做出回應，說他的政府不會跟華沙討論這個議題，也不會承認德波邊界。法國外交部長白里安在一九二八年的六月二十八日私下向赫施保證，他不打算讓波蘭參與協商。[114]

畢蘇斯基有注意到波蘭始終沒有跟立陶宛建交，會有損他向西方國家表示波蘭邊界穩定、與鄰國保持和平的說法。他決定要重新開啟這個話題。國際聯盟委員會在日內瓦開會時，畢蘇斯基前去跟立陶宛總理見面，試圖在一群世界領袖的面前打破僵局。一九二九年的十二月九日，畢蘇斯基出席除了法國的白里安、德國的施特雷澤曼，以及英國和義大利的領袖之外，立陶宛總理奧古斯丁納斯・沃德馬拉斯（Augustinas Voldemaras）也有參加的一場會議。委員會親眼目睹一個難得的時刻——波蘭和立陶宛的領袖針對戰爭與和平展開直接對談。

德國外交部長施特雷澤曼記得他跟畢蘇斯基的對話。施特雷澤曼說：「畢蘇斯基給人擁有忠厚軍人特質的印象。他對德國人有一定程度的友好，也很有理由想要跟我們溝通。」[115]但是，畢蘇斯基對立陶宛領袖卻不太友善。在畢蘇斯基和西歐大國領袖的面前，立陶宛總理沃德馬拉斯發表了開場白。根據一份紀錄，畢蘇斯基接著轉向沃德馬拉斯，「一掌擊在桌子上，大力到連水壺都晃動了。他對這名立陶宛人大罵：『沃德馬拉斯先生，我大老遠從華沙來到日內瓦，可不是為了聽你冗長的演說。』」白里安顯然試著讓他冷靜下來，但畢蘇斯基繼續說道：「我只想知道你想要戰爭還是和平。」沃德馬拉斯受到驚嚇，又有壓力必須以不違背委員會心意的方式回應，因此據說回答了「和平」。畢蘇斯基聽到後，宣布事情解決。[116]

各國外交官希望這場對話表示立陶宛和波蘭之間的關係可能打破僵局，於是把握機會起草一項決議。委員會在晚間再次召開，聆聽荷蘭代表呈交宣言草案，聲明立陶宛和波蘭之間已不存在戰爭狀態。兩國領袖同意，他們未來會在各自的國家參加有關開辦領事館和外交辦事處的對談。此外，委員會也注意到畢蘇斯基承認立陶宛獨立和領土完整的聲明。委員會排定在一九二八年三月三十日於柯尼斯堡舉行立陶宛和波蘭之間的直接對談。這項決議受到華沙和巴黎的採納和擁護，後者認為這是白里安的成就。大家都認為波蘭和立陶宛的糾紛很快就會解決，消除歐洲一大緊張局勢。[117]

然而，沃德馬拉斯一回到立陶宛，就屈服於國內的批評聲浪，不再支持決議。一九二八年三月的會議即將到來，沃德馬拉斯堅持要波蘭做出妥協，重新開啟最近剛關閉的立陶宛語學校，並重新接受遭到驅逐、擁有波蘭公民身分的立陶宛人。他也提起一九二三年大使會議針對維爾紐斯所做出的決議。法國媒體批評這位立陶宛總理蓄意妨礙，說他是「永遠威脅歐洲和平的因子」。[118]白里安說沃德馬拉斯是一個「不穩定的危險分子」，扎勒斯基則說他「口氣不好」。[119]施特雷澤曼對立陶宛總理的評價也有些負面。

因此，柯尼斯堡會議沒有任何成果並不令人意外。第二輪會議排定在一九二八年的六月召開，但同樣沒有什麼結果。就在第二輪對談即將在六月召開之前，沃德馬拉斯在一次訪問中表明了自己的立場。他在一九二八年六月十四日告訴《泰晤士報》，只要維爾紐斯還在波蘭人手裡，他就不打算達成協議。沃德馬拉斯說：「我們的立場很清楚，因為維爾紐斯不在我們手中，而在他們手中。扎勒斯基先生說波蘭並不存在維爾紐斯問題，可以看出很難從進一步的協商中得到什麼好的結果。」[120]不用說，第二輪對談也是無疾而終。這兩個國家沒有交換大使，也始終沒有開放共同的邊界，這樣的狀態一直到畢蘇斯基死後都沒有改變。畢蘇斯基在餘生中一直對於自己無法跟祖先的國家建交感到非常失望。這也象徵他的聯邦計畫完全失敗，因為立陶宛斷然拒絕。

畢蘇斯基也很想跟蘇聯簽訂互不侵犯條約。一九二八年十二月二十九日，把《凱洛格－白里安條約》適用在蘇聯及其西方鄰國的機會來了，因為蘇聯代表馬克西姆．李維諾夫（Maxim Litvinov）向波蘭提議兩國簽署一項協議，並將波羅的海諸國和東歐國家都納進來。但，德國外交部長施特雷澤曼拒絕參加，說這就好比東方的《羅加諾公約》。[121]畢蘇斯基派代表出席會議，蘇聯、波蘭、愛沙尼亞、拉脫維亞和羅馬尼亞便在一九二九年二月九日的莫斯科，簽署了所謂的《李維諾夫議定書》（Litvinov Protocol）。簽約國現在承諾「將捨棄把戰爭當作國家政策的工具」。[122]

《李維諾夫議定書》雖然是一個正面的發展，但是跟一九三〇年六月發生的事件相比，顯得微不足道。六月時，在德國沒有保證會尊重波蘭和捷克斯洛伐克領土完整的狀況下，協約國便提早下令撤出萊茵蘭。協約國撤軍前，畢蘇斯基跟兩名英國官員談到與德國的關係。由於《凡爾賽條約》毫無說服力的條款，畢蘇斯基不認為德國會造成立即的威脅。他反而很在意跟俄羅斯之間的邊界。跟一九三二年數量達到十萬人的德軍相比，波蘭軍隊有二十六萬五千九百八十名，法軍則有四十萬零兩千兩百五十五名現役士兵。在一九二九年十二月二十日跟英國駐波蘭大使見面時，畢蘇斯基談的主要是對俄羅斯的擔憂。但是他說，長期來看，德國會帶來更大的威脅。波蘭參謀部知道畢蘇斯基的立場。一九三〇年四月，英國駐華沙武官馬丁上校在回報倫敦時，說波蘭參謀部認為「在目前的情況下，德國不會對波蘭造成直接的威脅」，但是「長久來看，德國仍是破壞波蘭完整與安全的最大危險。」[123]

Chapter

17

世界不斷變遷之下的波蘭

波蘭相信，德國的非正規軍幾乎隨時都有可能入侵波蘭領土。假如真的發生這種事，整個波蘭軍隊將立刻動員、進軍德國，以便一勞永逸解決這件事。他們絕對不會受到國際聯盟或其他人的任何行動所影響。

——約瑟夫．畢蘇斯基在一九三一年十月二十二日寫給美國總統赫伯特．胡佛的信

逮捕執政政府政治對手的布熱希奇事件，無疑使畢蘇斯基政權剩餘的歲月蒙上了陰影。這起事件讓反對派可以輕易對畢蘇斯基做出「獨裁者」或「法西斯主義者」等尖銳的指控。在跟國家領袖有關的議題上，很少有波蘭人保持中立。結果，波蘭國民在對畢蘇斯基忠誠、往往狂熱的追隨者以及痛恨他的人這兩種極端之間，變得高度分化。希望畢蘇斯基回歸私生活的那些人認為他威脅到民主政府，支持民族和宗教少數族群的權利、以自我為中心、渴求權力、故意無視法律程序和規定。畢蘇斯基的對手表示，他相信只有自己能夠守護國家的民族利益。歷史學家伊娃．普拉赫（Eva Plach）總結他對手的觀點：他是「波蘭的內患和反派。」[1]

畢蘇斯基的對手也認為，布熱希奇事件不是政府真的受到存亡威脅的產物，而是畢蘇斯基的威權統治作風必然出現的結果。這些反對者有社會主義者，也有民族主義者，都非常直言不諱。一名左翼分子便在一九三〇年出版一本尖酸刻薄的小冊子《獨裁者約瑟夫．畢蘇斯基與「親畢蘇斯基派」》（*The Dictator Jozef Pilsudski and 'Pilsudskiites'*）。馬利安．波爾恰克（Marian Porczak）

寫到，自從畢蘇斯基在一九一八年掌權之後，他就「明確表示自己」反對民主政府。這位作家對畢蘇斯基政治理念的成見跟他描繪的極度自大傲慢的性格有關。[2] 波爾恰克認為，有史以來的第一個「親畢蘇斯基分子」就是畢蘇斯基自己。他寫道：「畢蘇斯基自認是上帝派來的……站在所有權利和整個國家之上。」畢蘇斯基「非常欽佩自己，常常提到自己卓越的軍事長才、自己的偉大、自己的名聲。」這本小冊子的作者最後說，畢蘇斯基「摧毀共和國的政治體系，沒有用任何新穎或更好的東西取而代之。」[3]

在布熱希奇事件之後，畢蘇斯基在國外的地位也下降了。最能證實這點的，莫過於左翼英國記者布雷斯福德。他在一九一九年第一次訪問畢蘇斯基時，認為波蘭的國家元首「秉持人本自由精神」。[4] 但，在十一年後的一九三〇年十月，同一位記者卻控訴畢蘇斯基正將波蘭導向法西斯主義。[5]《曼徹斯特衛報》（*Manchester Guardian*）把逮捕反對派領袖的事件稱作是「畢蘇斯基的恐怖主義活動」。在一九三〇年的九月十一日，也就是逮捕潮開始的兩天後，同一家報紙的華沙特派員報導：「今天發生在波蘭的事，應該足以摧毀認為波蘭是民主國家，或畢蘇斯基元帥除了暴力之外還有其他終極手段的幻想。」這份報紙主張，逮捕這些人背後唯一的原因，就是畢蘇斯基害怕在一九三〇年十一月預定舉行的國會選舉中敗選。值得注意的是，報紙並沒有提到中間左翼聯盟要求使用武力解散畢蘇斯基政府的決議。

另外還有其他幾家西方報社在報導逮捕事件時，也得到相似的結論。例如，《紐約時報》在一九三〇年十一月四日報導，畢蘇斯基的政權算是獨裁體制，但屬於比較溫和的，並指出六十四位被逮捕的政治人物中，只有一位被允許在獄中參選即將舉行的國會選舉。在布熱希奇事件過後的那段時間，外國媒體提到畢蘇斯基的名字時幾乎都會冠上「波蘭獨裁者」這個詞。就連對畢蘇斯基很忠心的羅曼・德比茨基（Roman Debicki）在這件事情上也不得不退讓；德比茨基是一位職業外交官，曾在畢蘇斯基底下擔任外交部官員，一九四五年之後在美國的喬治城大學教授國際關係。在一九六二年，德比茨基出版了有關波蘭戰間期外交政策的經典研究，在書中主張布熱希奇事件——據說，反對派成員在事件期間遭到嚴厲對待——對波蘭在國外

畢蘇斯基與兩個女兒汪妲和雅德維加，攝於一九二六年的蘇萊約維克。

的形象產生不良的影響。逮捕事件「讓指控畢蘇斯基政權是強人獨裁的不友善說法帶有幾分真實，這些指控也影響了外國的觀感。」[6]

外國媒體雖然對畢蘇斯基鎮壓對手一事感到不自在，卻也總是受到他的魅力吸引。這在一九三〇年十一月他勝選後發生的事情就能看出來。《華盛頓郵報》所刊登的〈十一歲的女兒是波蘭獨裁者的老大〉，便將這位波蘭統治者描繪成全心為女兒付出的好爸爸。記者說，畢蘇斯基比較年輕的時候很喜歡跟兩個女兒玩，對女兒在學校發生的事瞭若指掌。有一個特別的小故事顯示了他跟孩子之間的親密關係：

新學年在秋天展開時，元帥正跟幾名內閣部長開會討論關於即將舉行的國會選舉重要事項。突然間，兩個小女孩衝進會議室。看樣子，她們學期第一天放學後沒有直接回家，而是非得馬上告訴爸爸她們對新老師和新同學的第一印象。元帥在內閣部長面前說他得先離席一下，接著便中斷會議，跟女兒聊天聊了半小時。[7]

外國媒體持續報導這個慈父的形象。畢蘇斯基從葡萄牙度假回來後，一份報紙描述了以下的場景：畢蘇斯基「今天回來了……但是官方的接風活動卻因為兩名小女孩奔向父親的懷抱而受到拖延。禮砲聲不絕於耳，斯瓦韋克總理在政府官員的陪同下站在一旁，看著汪妲和雅德維加對畢蘇斯基元帥又親又抱。」8

⁂

一九三〇年十一月的選舉完全改變了波蘭的政治版圖。畢蘇斯基的陣營成為國會多數，現在可以舒舒服服地進行統治，政局也開始穩定。政府穩定了五年之後，畢蘇斯基總算覺得自己可以把國內事務交給他所信任的內閣。現在，他可以幾乎完全把焦點放在他的兩大興趣上：外交政策和軍隊。從一九三一年到一九三五年五月他去世前的這段期間，也就是畢蘇斯基統治的最後一個時期，政府和國會的劇烈衝突和緩許多。但，國際上發生的事件即將從根本上改變波蘭的情勢。

全球經濟蕭條持續影響著波蘭，因此這是一段經濟急遽衰退的時期。在整個歐洲，工業產值在一九二九年到一九三二年之間掉了百分之二十七。波蘭經濟受到的影響更大，工業產值在同一時間掉了百分之三十七。經濟大蕭條期間，農產品價格跌了一半，給身為農業國家的波蘭帶來慘重的損失。9

納粹黨在選舉中取得巨大的勝利後，波蘭邊界之外的情勢出現巨大的變化。在一九三〇年九月的德國國會選舉中，納粹黨的票數從一九二八年的八十一萬票（百分之二點六）激增到六百四十萬票（百分之十八點三），成為威瑪德國第二大的政黨。在一九三二年七月的選舉中，納粹黨得到的票數幾乎翻倍，獲得一千三百一十萬票（百分之三十七點四），使它成為德國國會中的最大黨。德國總統保羅・興登堡（Paul von Hindenburg）被迫在一九三三年的一月三十日任命阿道夫・希特勒為德國總理。國際和國內事務的局面變化得如此快速，也難怪畢蘇斯基會聚精會神在外交事務上。

納粹黨在意料之外驟然崛起，導致歐洲的權力平衡出現變化，因此畢蘇斯基開始重新思考自己的角色。改變角色的第一個證據來自莫希奇茨基總統，莫希奇茨基在畢蘇斯基出國度假很長一段時間回到波蘭後，跟他有過一段對話。在一九三一年三月三十一日，也就是畢蘇斯基從葡萄牙的馬德拉回到波蘭那天，他討論了這件事。他告訴莫希奇茨基總統，自己的身體已經沒辦法扛下這麼多責任，因此他現在只要監管軍隊和外交政策就好。[10] 畢蘇斯基在一九三一年四月二十九日的一場會議上把這項決定傳達給最親近的夥伴——希維塔爾斯基、斯瓦韋克、普里斯托、貝克和莫希奇茨基。希維塔爾斯基在會議當天的日記中寫到，媒體報導因為布熱希奇事件而將畢蘇斯基形容成民主體制的威脅，令畢蘇斯基心煩意亂。畢蘇斯基感覺有必要解釋自己的行為，說自己總是選擇「公理，而非強權」，並強調一九二六年的政變已經因為立法機關的投票合法化。[11]

儘管國內的政治版圖已經穩定下來，政府人事仍有所異動。一九三一年五月二十七日，斯瓦韋克上校請辭，總統指派亞歷山大．普里斯托組成政府。在即將解散的內閣之中，只有替換兩個新部長，其中一人被認為是靠裙帶關係入閣：畢蘇斯基的弟弟揚．畢蘇斯基原本在維爾紐斯當法官，結果被選為擔任財政部長。[12]《紐約時報》在一九三一年的五月二十八日報導，揚的任命「似乎保證了元帥在那個領域的意願將會被徹底執行」。《泰晤士報》則在一九三一年的五月二十八日猜測，更令人擔憂的是，新的財政部長並沒有經濟背景，「被選上這個職位似乎只是為了讓畢蘇斯基元帥可以參與經濟政策的決策。」波蘭社會黨黨報《工人》也在五月二十八日批評這件事，印出政黨會議的決議，把政府形容成「畢蘇斯基的獨裁政權」，並說明這就是為什麼中間左翼聯盟是一個必要的存在，可以在「面對獨裁政權時自我防衛」。[13]

《工人》指的是有越來越多人認為，內閣重新洗牌已經不會影響政壇，不管坐在政府職位上的人是誰，內閣依舊維持著親畢蘇斯基的傾向。這個現象讓畢蘇斯基知道自己就算離開國家事務，仍會有他信任的領導階層接手管理。

波蘭政壇漸漸穩定的情勢被一起撼動全國的暗殺事件給粗暴中斷。一九三一年的八月二十九日，眾議院副議長兼不分黨派親政府陣營領袖的塔德烏什．霍武夫科（Tadeusz Hołówko）在造訪東加里西亞時遭到暗殺。[14] 兇嫌是祕密烏克蘭組織的成員，讓令人傷腦筋的烏克蘭問題重新浮上檯面。暗殺事件讓畢蘇斯基很煩躁，因為他在政壇上失去一位在眾議院堅定支持他、跟他認識已久的盟友。霍武夫科曾是波蘭社會黨的成員和波蘭軍事組織的活躍分子，並在一九二〇年的波蘇戰爭中受過重傷。[15] 因此，這對畢蘇斯基來說也是他個人非常沉痛的失去。畢蘇斯基在寫給霍武夫科家人的哀悼信中寫道：「波蘭失去了它最優秀的子民之一——一位熱忱的愛國者、獨立鬥士，以及在日常繁重的和平工作中孜孜不倦的工作者。全國上下都因為這巨大沉重的失去而哀慟，希望知道這一點能減輕你們的痛苦。」[16]

健康狀況每況愈下

畢蘇斯基每況愈下的健康狀況持續帶來影響。斯瓦沃伊．斯克瓦德科夫斯基在日記中記下一九三一年十月九日畢蘇斯基跟顧問開會的情形，說：「總司令看起來不太好，他的雙頰漲紅，還說自己很虛弱。」[17] 由於虛弱疲憊的感覺持續不散，畢蘇斯基便在一九三一年十月十一日出發前往較溫暖的地方休養。他在一位醫生的陪同下，抵達位於羅馬尼亞黑海沿岸的療養勝地卡門席爾瓦（Carmen Sylva），已經在那裡預定好了一間別墅。然而，大雨、寒冷和強風使畢蘇斯基病得很重，得到了肺炎和高燒。[18] 陪伴畢蘇斯基一起去的其中一人羅曼．米哈洛夫斯基上校（Roman Michałowski）在日記中寫到元帥病得很重。[19] 十月二十九日，元帥回到華沙。他回國後第一次出席公開活動是在一九三一年的十一月二十九日，目的是為了紀念一八三〇年十一月波蘭起義的一百零一週年。[20]

畢蘇斯基在羅馬尼亞生了一場大病，嚇到他自己。這讓他相信自己的人生已經走到盡頭，並開始思索自己會在身後留下什麼遺緒。回國後一個星期，也就是一九三一年的十一月四日，他找來長久以來的夥伴和曾擔任總理的阿圖爾・斯利溫斯基，請他撰寫一部官方傳記。畢蘇斯基提議兩人進行幾次對話，並願意回答任何有關他這一生的問題。斯利溫斯基同意了，並在一九三一年十一月訪問畢蘇斯基四次，但是他從來沒有完成那部傳記。畢蘇斯基死後，斯利溫斯基出版這些訪談的完整逐字稿，加上他對畢蘇斯基的表情、心情和語氣的注解。

在第一次訪談，畢蘇斯基談到自己最早的兒時記憶。他在一九三一年十一月九日說：「從我有記憶以來，我就想過要為波蘭服務。我夢想偉大的事物。」斯利溫斯基說，很多小男孩都有這樣的夢想。畢蘇斯基回答，他跟別人不一樣的地方是，「我從來沒有放下那些念頭，我兒時的信念被保留了下來。」[21]

討論完跟家庭背景、成長過程和政治理念有關的各種話題後，斯利溫斯基請畢蘇斯基談談當時最迫切的議題——兩個星期前的一九三一年十月二十六日在華沙召開的布熱希奇審判。在審判中被控意圖推翻政府的人包括溫森蒂・維托斯和沃伊切赫・科爾凡蒂等重要政治人物。他對斯利溫斯基說：「我對我自己的事沒什麼好隱瞞的。」接著補充道：「我不覺得自己有做任何丟臉的事，我願意談論傳記作家認為有關聯的所有事情。」畢蘇斯基說，逮捕這些謀反者是他非常懼怕但認為有必要的事。畢蘇斯基哽咽地說：「波蘭發生危險。我必須訴諸非常嚴厲的手段，即使是像布熱希奇事件那樣。」他在每一句話之間都有停頓。[22]在訪談逐字稿中，斯利溫斯基表示談論布熱希奇的話題讓畢蘇斯基非常疲累。

雖然畢蘇斯基離開了國家事務，他仍可以確定國會多數黨能阻止波蘭的右翼政黨通過違反民主的措施。在這樣的脈絡下，畢蘇斯基政府堅決反對右翼反對派提出的反猶太議案。這在一九三二年的三月四日就可以清楚看出來。那天，右翼的民粹主義代表在眾議院面前提出一個議案，要限制就讀波蘭大學的猶太人數量，結果議案以很大的差距沒有通過。眾議院教育委員會的成員約瑟夫・斯蒂平斯基（Józef Stypiński）表明，這個議案違反了憲法第九十六和一百一十一條。[23]

外交政策的執行

經濟大蕭條在一九三〇年代初期重創歐洲經濟，德國和波蘭受到的打擊特別大，導致德國的政治版圖經歷巨大的轉折，朝極右的方向靠近。德國在一九三〇年開創新局面的選舉中讓納粹黨變成國會第二大黨，畢蘇斯基感覺有必要做出回應。一九三〇年的十二月，他任命活力十足的約瑟夫·貝克上校擔任外交部的副部長。[24]貝克比外交部長扎勒斯基更強硬、更不會妥協，現在成為制定波蘭外交政策時更為核心的人物。

同一時間，畢蘇斯基採取更激進的步驟來實行外交事務方面的均勢政策。這個原則的目標是跟德國和蘇聯達成和平協議。他首先把焦點放在跟蘇聯達成協議。他認為，這樣的協議可以強化波蘭跟德國交涉的籌碼。畢蘇斯基清楚看出，西方外交圈當時正漸漸支持德國對波蘭領土做出的修正主義主張。在發給美國國務卿的電報中，美國駐波蘭大使亨利·史汀生（Henry L. Stimson）提到，波蘭外交部長很擔心各國越來越支持德國對波蘭走廊（波蘭西部通往波羅的海的那塊地區）的領土宣示，並說這項趨勢對波蘭輿論帶來不穩的影響。[25]法國總理皮耶·拉瓦爾（Pierre Laval）的觀點證實了畢蘇斯基的擔憂，西方國家確實支持德國的修正主義思想。美國國務卿於一九三一年七月二十四日在倫敦跟拉瓦爾碰面時，驚訝地發現這位法國總理在波蘭走廊問題上比較支持德國。史汀生表示：「我們先是談論了法德之間的處境。他……告訴我，他跟【德國總理】布呂寧之間的對話。波蘭走廊的問題是可以解決其他所有問題的潛在關鍵。如果可以解決那個問題，法國跟德國之間就沒有真正的問題。」[26]

法國總理的觀點在波蘭引起嚴重的擔憂。當拉瓦爾總理預定在一九三一年十月底造訪華盛頓的消息傳到華沙之後，畢蘇斯基命令駐美大使提圖斯·菲力普維奇中斷度假行程，立刻回到華盛頓，在拉瓦爾抵達前安排與美國總統胡佛會面。[27]美國總統在一九三一年的十月二十一日接見菲力普維奇。美國國務次卿也有出席會議，他在隔天彙整了這場會議的官方備忘錄，提供寶貴的資料讓我們一窺畢蘇斯基當時的想法。報告上面寫道：「畢蘇斯基元帥吩咐大使，除了維持現狀之外，波蘭不會考慮其他任何跟波蘭走廊有關的協議。波蘭絕對不會跟任何中立國討論這個話題的任何事情。」然後畢蘇斯基所下指示的總結為：

> 波蘭相信，德國的非正規軍幾乎隨時都有可能入侵波蘭領土。假如真的發生這種事，整個波蘭軍隊將立刻動員、進軍德國，以便一勞永逸解決這件事。他們絕對不會受到國際聯盟或其他人的任何行動所影響。另一方面，波蘭的意圖完全是出自和平。波蘭非常希望跟德國友好共存、在經濟和政治方面跟德國互助合作，但是德國的暴力和反波蘭宣傳已經到了為維繫和平必須加以阻止的地步。[28]

畢蘇斯基的公報透露了他外交政策的大要。不管西方支不支持，波蘭都會毫不動搖地捍衛領土的完整性。美國在波蘭的代辦約翰·威利在一九三一年的十二月二日報告，畢蘇斯基「或許認為，警告美國政府可能爆發戰爭，美國政府就會出於擔心德國安全局勢的理由，採取有效手段終結美國對波蘭走廊議題的討論。」威利不確定畢蘇斯基明不明白政府不能遏止新聞自由：「畢蘇斯基元帥無疑沒有完全理解，美國的政治人物和新聞媒體擁有不受政府施壓影響言論的自由。」威利警告：「假如未來發生了像畢蘇斯基元帥的訊息所預測的那種情況，波蘭會立刻攻擊德國的威脅很可能不是說說而已；至少，只要元帥還在主持波蘭事務，那就不會是空口說白話。」[29]

畢蘇斯基向胡佛總統傳達的訊息顯示，波蘭越來越擔心德國修正主義會漸漸受到歡迎。然而，從軍事的角度來看，畢蘇斯基也知道德國帶來的威脅還很遙遠，因為德國目前是一個去軍事化的國家。但另一方面，他非常清楚威瑪政府最高層的官員傾向修正邊界。

一九三〇年八月，德國內閣的一位保守派成員戈特弗里德·崔維拉努斯（Gottfried Treviranus）在國會中大聲哀嘆德國喪失的領土。《曼徹斯特衛報》在一九三〇年八月十二日的報導上引述了崔維拉努斯的話：「除非德國和波蘭沒有因為不公平的國界一直處在騷動的狀態中，我們鄰居波蘭的未來……才能夠獲得保障。」西方有越來越多人擁護這個觀點，認為調整波德邊界長期下來可以穩定這個動盪不安的歐洲地區。例如，在華盛頓，美國參議院外交委員會的主席威廉·博拉（William E. Borah）在一九三一年十月表示他支持將波蘭走廊還給德國，同時恢復匈牙利戰前的國界。[30]胡佛對這具有挑釁意味的聲明感到憤怒，下令白宮發表澄清聲明：「說總統提議修正波蘭走廊的媒體聲明，是完全沒有根據的。總統沒有做出任何這樣的建議。」[31]因此，擔心西方外交圈越來越支持德國的畢蘇斯基，顯然覺得有需要讓美國政府知道，波蘭在邊界問題上完全不願意低頭曲膝。

胡佛總統雖然澄清了美國的立場，卻沒有使畢蘇斯基放心。這點從畢蘇斯基在一九三一年十月對一位年輕助手表現出激動的一面就可看出來。「畢蘇斯基再也冷靜不了，大喊：『你知不知道波蘭面對何等嚴重的內憂外患？我走了以後會發生什麼事？誰有辦法看清事實？要是所有的波蘭人都明白我在說什麼，他們會動起來捍衛民族的利益。要是他們不明白……波蘭十年內就會消失。』接著，元帥把卡片丟到桌上，伸長雙臂摀著臉，似乎在哭泣。」[32]

支持修正主義原則的不只大西洋對岸，還有英吉利海峽對岸。波蘭外交部長扎勒斯基在一九三一年十二月出訪英國期間，這件事變得非常清楚明白。十二月十日和十一日，扎勒斯基跟英國外交大臣約翰·西蒙爵士（John Simon）見面，討論盟友體系以及波蘭和其他新興國家的安全問題。扎勒斯基強調，英國以陸軍和海軍保障德波邊界是非常必要的。但令扎勒斯基驚訝的是，西蒙竟然動搖了，詢問波蘭在這個問題上是否有妥協的空間。[33]他將這段令人不安的對話回報給畢蘇斯基，使畢蘇斯基漸漸發覺波蘭就連要維持現狀，也不能指望英國會有積極的支持。

因為對西方民主國家捍衛波蘭邊界的承諾失去信心，才讓畢蘇斯基想出均勢政策，希望波蘭跟德國和蘇聯之間的關係能夠正常化。畢蘇斯基選擇由約瑟夫．貝克實行這項政策，特別是在一九三二年之後。這是畢蘇斯基最早在一九二六年政變之後就想出的策略。已逝的彼得．萬迪茲說這項政策分成兩個部分：「第一，在德國和俄羅斯之間保持絕對中立，這樣兩國都能百分之百確定，波蘭不會在另一方的幫助下對抗自己；第二，跟法國和羅馬尼亞結盟，以保障和平。」[34]

畢蘇斯基跟蘇聯協議簽署互不侵犯條約，以實行第一階段的外交政策。為了得到德國的第一手近況，他於一九三二年六月七日召喚自己在柏林的特使阿爾弗雷德．維索茨基（Alfred Wysocki）來華沙。維索茨基報告，德國被國內的政治問題弄得焦頭爛額，沒有辦法侵略波蘭。維索茨基的回報讓畢蘇斯基更加認定，蘇聯比去軍事化的德國更可能是短期內的軍事威脅。儘管如此，他還是密切注意德國政治，一九三二年五月三十一日由法蘭茲．巴本（Franz von Papen）組成的德國內閣讓他感到警覺。畢蘇斯基特別擔憂的是，巴本選擇將軍庫爾特．施萊謝爾（Kurt von Schleicher）擔任新的國防部長。施萊謝爾對波蘭懷有敵意是眾所皆知的事。[35]

在一次針對波蘭使用但澤作為海軍港口的權利所引發的糾紛中，讓雙方的關係變得緊張。畢蘇斯基下令波蘭驅逐艦「狂風」號（Wicher，他前一年便是搭乘這艘船艦從葡萄牙返國）在一九三二年六月十四日駛入但澤港。表面上，波蘭海軍是以東道主的身分迎接來訪的英國皇家海軍船隊。兩艘船的官員完成正式訪問後，波蘭驅逐艦在但澤自由市參議院的強烈抗議下於六月十五日下午回到格丁尼亞（Gdynia）。[36]萬迪茲評論：「這是典型的畢蘇斯基之舉，要讓強國知道華沙不會容忍自己的權利和利益受到一點點的損失，也不害怕動武。」[37]「狂風」號事件展現了畢蘇斯基利用在德國邊界進行軍事演習來威嚇的策略。

一九三二年的七月二十五日，外交協商有了突破，波蘭駐莫斯科大使史塔尼斯瓦夫．帕特克跟蘇聯簽訂了期盼已久的互不侵犯條約。俄羅斯承認波蘭的東部疆界，兩國誓言維持三年的友好關係。協議規定簽約國「不可單獨或跟其他國家聯手，對另一方採取任何侵犯行動或入侵另一方的領土。」[38]這對波蘭外交來說是

畢蘇斯基接見美國的麥克阿瑟將軍，攝於一九三二年九月的華沙。

完全的勝利，保障東部疆界、獲得更多經濟合作的機會，同時強化波蘭在德國關係上的優勢。

同一時間，軍團士兵大會在格丁尼亞召開。畢蘇斯基以往都會盡可能在這些聚會上現身演說，但這次只有寄書面講稿讓大會唸出來。他為自己的追隨者撰寫了動人的致詞。致詞開頭說到，在他小時候成長的時期，一八六三年的鬥士因為給國家帶來災難而遭到唾棄。但是，他們是出於愛國情懷犧牲性命，他不希望集體記憶忘了這一點：「至於我，我在那段時期曾多次說過，我很擔心後代因為前人的愚蠢、因為他們為波蘭濺血，而在他們的墳墓上吐口水。為了消除波蘭人的憤恨，我奉獻了許多，我盡了最大的努力，並在過程中失去了健康，但是我不認為我的所作所為是徒勞的。」[39]

在一九三二年的秋天，美軍參謀長道格拉斯・麥克阿瑟將軍（Douglas MacArthur）造訪了歐洲主要的國家。一九三二年九月十日，他來到華沙，在美景宮會見畢蘇斯基。麥克阿瑟後來憶道：「在波蘭時，我看見十萬名以五十年前的標準來說算是優秀的騎兵，也看見該國領袖約瑟夫．畢蘇斯基元帥絞盡腦汁試圖找到辦法避開災難，因為他在地理上被困在德國和俄羅斯之間。」[40]

希特勒掌權

一九三二年七月三十一日，德國兩年來舉行的第一次國會選舉讓納粹黨獲得排山倒海的支持。納粹在國會的代表多了一倍，從六百四十萬票增加到一千三百一十萬票，成為擁有兩百三十個席次的最大黨。在納粹黨史上最成功的這一次選舉中，他們得到了百分之三十七點四的選票。[41]在一九三二年剩餘的五個月裡，畢蘇斯基強化了波蘭的外交部。外交部長扎勒斯基已經任職六年。一九三二年十一月二日，畢蘇斯基指派約瑟夫．貝克為新任外交部長。汰換扎勒斯基的舉動顯示畢蘇斯基決定在越來越不友善的國際舞台上調整波蘭的外交政策。

在一九三三年一月三十日這攸關命運的日子，德國總統興登堡不情願地任命希特勒為德國總理。在一九三三年二月十二日跟倫敦的《星期日快報》（*Sunday Express*）進行訪談時，希特勒被問到他對《凡爾賽條約》的看法。他回答，這個條約對德國非常不好，並補充道：「還有一個對德國很不公平的事情，當然就是波蘭走廊。所有德國人都痛恨目前的情況……波蘭走廊一定要還給我們才行。」[42]希特勒掌權不到兩個星期就發表這樣的公開宣言，令波蘭非常緊張。在眾議院影響力很大的博古斯瓦夫．米津斯基（他也是半官方的政府日報《波蘭公報》〔*Gazeta Polska*〕的編輯）說了一句話，呼應政府的立場：「如果希特勒想要波蘭走廊，就來試試看。」在國會說了這番話後，他又在一篇社論上把以下訊息傳達給希特勒，由一九三三年十一月三日的《紐約時報》引述：「我們對德國所有的領土宣示都將用槍來回應。」希特勒在《星期日快報》的聲明似乎也讓但澤自由市的德意志人大膽了起來。一九三三年的二月十五日，但澤參議院撤銷了一九二三年允許一支波蘭掌控的港務警察小組協助看守儲備物資的協議。但澤在一九三三年三月告知波蘭當局，他們將以自己的警力取代波蘭的警察。

畢蘇斯基馬上果斷做出反應。一九三三年三月六日，他下令波蘭海軍運輸艦進入西盤半島（Westerplatte）外海的但澤港，一百二十名波蘭士兵下船補充駐軍的兵力。[43]德國強烈的抗議在日內瓦也引起迴響，國際聯盟的官員說波蘭使詐，使這件事馬上變成一起國際事件。有些人——包括一些德國報紙——表示，說畢蘇斯基企圖靠一百二十人併吞但澤，是荒謬的誇大其辭。

結果希特勒選擇退讓，不以軍事行動回應，因此代表畢蘇斯基的武力展示成功了。但澤參議院同意恢復波蘭港務警察後，波蘭船艦及其一百二十名士兵在一九三三年三月十六日撤退。[44]為了釋出善意，但澤自由市派出兩名代表到華沙會見畢蘇斯基。據說畢蘇斯基告訴他們：「我非常高興你們選擇了對我們彼此的關係來說唯一明智的方式。」聽說畢蘇斯基表示，假如但澤參議院的投票結果不是這樣，事情會有很糟的結果，「比你們所能想像的還要糟上許多。」[45]

雖然畢蘇斯基的行動達到了他想要的目標，但是這卻違反了一九二三年規範但澤地位的協議條款。因此，西方強權正式譴責這個行為。畢蘇斯基大膽的行為其實是一種威懾舉動，目的是要傳遞一個訊息，那就是如果預期波蘭將受到威脅的話，他願意對德國先發制人。

《四國公約》（Four Powers Pact）的簽署，證實了跟德國之間的衝突其實與西歐在一九一八年之後對東歐各繼承國的態度這個更大的問題有關。這個公約在一九三三年三月十八日的羅馬簽訂，雖然從未受到正式認可。在場的外國大使包括英國首相拉姆齊·麥克唐納（Ramsey MacDonald）和外交大臣西蒙爵士，墨索里尼將《四國公約》的草案正式呈交給他們。[46]這個公約是為了義大利、法國、英國和德國所簽訂，並允許為了避免軍事衝突而進行內容上的修改。波蘭震驚地發現，墨索里尼擬定的條款之一承認德國有同等的軍備權。《四國公約》的草案一公開馬上被視為是對領土修正主義的讓步。波蘭人驚訝地發現，《四國公約》甚至有一條規定是透過併吞波蘭走廊的方式，將東普魯士跟德國連結在一起。草案聲明：「基於目前的狀況可能導致國與國之間的衝突，四國重申……和約修正的原則。」[47]雖然法國和英國後來的確刪掉了這個條款，但是墨索里尼私底下向德國外交部長紐賴特男爵（Baron von Neurath）保證，他會支持德國消除波蘭走廊的訴求。德國外交部長在一九三三年三月十四日的備忘錄回報：「墨索里尼已經授權大使聲明，他完全認可且支持德國透過消除分裂的走廊讓東普魯士再次跟帝國相連的宣言。」風聲傳出去之後，墨索里尼修飾了他的聲明，說「積極實現修正政策的時機還沒到，因為德國目前還敵不過波蘭軍隊。」[48]

《四國公約》讓畢蘇斯基更加懷疑法國盟友的可靠度。在波蘭，墨索里尼的草案宛如一記轟雷。波蘭媒體無論是站在社會主義還是民族主義的立場，都一致譴責《四國公約》的草案，控訴起草者危害了歐洲新國家的安穩與主權。跟執政政府有關聯的華沙日報《波蘭公報》發布了強而有力的反駁：「假如他們打算和平修改《凡爾賽條約》，這個計畫的起草者就是犯下了嚴重的錯誤，以為波蘭會同意任何他們提出的修正邊界方式。」[49]德國駐華沙大使親眼目睹波蘭激烈的反應，回報給德國外交部長。他在一九三三年四月二十七日寫道：「法國越來越不願意為了波蘭走廊發動戰爭，在這裡引起很大的憤慨和焦慮。」[50]

對抗納粹德國的「預防性戰爭」？

在一九六二年，英國歷史學家艾倫．帕爾默（Alan Palmer）說畢蘇斯基是「最早察覺納粹德國會對歐洲造成威脅的人之一」。[51]帕爾默是寫了很多東歐的著作、十分受到歡迎的歷史學家，他指的是聽說畢蘇斯基在希特勒掌權後，馬上向法國提議發動預防性戰爭對抗納粹德國的這件事。然而，在帕爾默提出這個主張超過半世紀後，學界對於畢蘇斯基是否真的有提出這樣的計畫仍無法達成共識。但，毫無爭議的是，畢蘇斯基確實比其他政治家更早看清希特勒帶來的威脅。曾經在一九三三年的英國外交部擔任常務次長的羅伯特．范西塔特爵士（Robert Vansittart）便說，大部分的國家元首都太晚發現歐洲獨裁者真正的意圖。然而，畢蘇斯基是個特例。范西塔特在自傳中寫道：「畢蘇斯基打從一開始就看出他們的意圖，幾乎只有他這樣想。可惜的是，元帥在西方默默無名，只有受到誹謗的名聲。」這位英國外交官接著說：「希特勒才剛萌芽，還沒有時間生根……畢蘇斯基便能看出這個失衡的小人物可能會燒毀整個世界，因此他開始試探有沒有人願意一起輕鬆將之斬草除根。」[52]

一九三三年三月，畢蘇斯基透過非官方的管道接洽法國官員，想評估他們有沒有意願嚇阻德國的侵略。接下來發生的事猶如一團迷霧，學者和外交人士分成兩派，一派聲稱他曾對法國做出祕密提議，另一派則主張從來沒有這件事。[53]根據可以取得的文獻，我們知道德國政府在一九三三年的三月和四月得到畢蘇斯基正在計畫預防性戰爭的報告。假設真如畢蘇斯基忠誠的追隨者所說的那樣，畢蘇斯基的密使有把這樣的計畫呈交給法國軍方或政府，那麼目前尚未有人發現法國軍隊和外交檔案中有可以證實這場對話的文件（雖然有文獻提及法國對這項提議做了答覆）。根據外交部長貝克的說法，畢蘇斯基在一九三三年的春天和秋天曾經兩度仔細檢視預防性戰爭的優缺點。然而，貝克沒有提到最後有向法國做出任何提議。[54]

對畢蘇斯基而言，西盤半島事件只是為了測試德國對波蘭軍事威脅的反應。秀出波蘭的軍事實力後，畢蘇斯基在一九三三年的四月初決定對德國施加外交壓力，要他們公開放棄領土修正主義。一九三三年四月四日，畢蘇斯基吩咐他在柏林的特使維索茨基安排希特勒跟波蘭外交副部長揚．桑貝克（Jan Szembek）祕密會面。[55]桑貝克將要求希特勒公開承認波蘭對但澤的權利。如果這個要求被拒絕，畢蘇斯基願意使出最極端的手段。

維索茨基回覆希特勒拒絕跟位階較低的外交官見面，因此畢蘇斯基提議讓他跟維索茨基會面。一九三三年的四月十八日，維索茨基收到更新後的指示：「請告訴德國總理，有些人認為他無論是以帝國總理或黨主席的身分，都要為插手但澤內部事務、違反波蘭的其他權利和法律利益負起責任。」維索茨基接著應該要求希特勒「公開放棄這樣的行為，進而消除波蘭的疑心。」維索茨基必須清楚表明，希特勒若不順從可能導致軍事行動，並告訴希特勒「現在的情況如果繼續下去，我們認為將產生不必要的困境，逼使我們做出迫切的決定。」維索茨基得要求希特勒在德國和波蘭媒體上發表公報，「聲明德國總理反對任何違反波蘭在但澤自由市的權利和法律利益的行動。」指示中還說：「元帥認為這場對話極為重要，因為我們在很大的程度上得靠這場對話的結果才能確立對但澤的政策。」[56]希特勒同意在一九三三年五月二日接見維索茨基。

同一時間，畢蘇斯基擬定了軍事選項的備案，以免外交手段失敗。一九三三年四月十八日，他提交一份萬一跟德國打起來的軍事行動計畫。這份手寫的祕密計畫交給了畢蘇斯基的副官萊佩奇上尉（Lepecki），內容囑咐如果跟德國發生戰爭，就要成立國家統一暨防禦政府。原始的提案上面有莫希奇茨基總統的簽名和手寫文字，表示他批准這個計畫，但是卻從未公開過。萊佩奇記得他問畢蘇斯基是否認為德國計畫攻擊但澤，據說畢蘇斯基的回答是：「就算我們攻擊德國，也是為了防禦。」[57]雖然有些人質疑這份文件是否真的存在，但是最近的研究已經證實其真實性。[58]其中一項證據是內閣成員先前的某次開會紀錄，當時（根據同一天所寫的會議紀要）畢蘇斯基提出了同一份計畫的大綱，要在德國進犯的情況下成立戰時政府。[59]

畢蘇斯基在一九三三年四月十八日完成戰時內閣的計畫，顯示他有認真考慮對德國發起預防性戰爭，甚至還擬好了計畫。雖然尚未有證據顯示波蘭曾向法國提議共同發起軍事行動，但是畢蘇斯基顯然希望德國人和西歐官員相信波蘭即將發動攻擊。我們從當時的外交對話就能知道這點。例如，當時的英國外交部常務次長赫拉斯・倫博爾德爵士便在一九三三年四月七日的柏林表示：「我們知道，在法國的負責人員正在談論一場預防性戰爭……波蘭現在無疑受到法國牽制，但會在預防性戰爭的情況下入侵德國。我很懷疑有任何法國政府會想承擔再次帶領國家走向戰爭的責任。無論如何，德國政府是下定決心要避免衝突。」[60]

從當時的德國外交紀錄可看出，德國外交部也有聽說波蘭預防性戰爭計畫的謠言。這些謠言似乎發揮了畢蘇斯基希望達到的效果。在一九三三年四月七日的柏林帝國總理府所舉行的部長會議中，德國外交部長紐賴特男爵明確提到，畢蘇斯基據說向法國提議要對德國發起預防性戰爭。紐賴特在一九三三年的四月七日說道：「聽說波蘭因為我們的領土要求，正在考慮發動預防性戰爭。」但，紐賴特在同一場會議上談到德波關係時所說的話，只是證實了畢蘇斯基對德國之目標的評估。紐賴特表示：「跟波蘭達成共識是不可能也不理想的……因為這樣一來，世界各國對於修正德波邊界的關注才不會消退。」[61]

這份文件證實了德國政府在一九三三年四月的第一個星期，真的相信波蘭向法國提議共同對德國發起軍事行動。然而，在華沙的德國官員對於波蘭政府事務有最新的資訊，四十八歲的德國駐波蘭大使漢斯・毛奇（Hans von Moltke）便對這些傳言表示懷疑。在他看來，「沒有理由相信波蘭正在籌備進攻計畫」，儘管他也承認，還在調查波蘭入侵東普魯士的可能性。[62]無庸置疑的是，確實有很多德國官員在討論波蘭「預防性戰爭」計畫的謠言。在一九三三年四月二十三日從華沙發出的電報中，毛奇明確提及這些傳聞，寫道：「在討論預防性戰爭的事情時，常常有人指出——我認為這是正確的——波蘭並沒有可以把其中涉及的風險給合理化的明確戰爭目標。這裡確實有些人夢想征服東普魯士和上西利西亞，但就算波蘭成功了……他們也一定知道自己無法永遠擁有這個戰利品。」毛奇認為，畢蘇斯基的主要目標是要警告修正主義的支持者。另一方面，毛奇坦承他完全無法摸清畢蘇斯基在盤算什麼。元帥的意圖難以看透。他回報，畢蘇斯基通常被認為反對跟德國起衝突，「可是沒有人知道他在想什麼或他想做什麼。他的計畫被無法穿透的濃霧所籠罩。」[63]

有關波蘭主動發起預防性戰爭計畫的傳言，在當時真實存在且具有影響力的另一個證據，就是曾在一九三〇年到一九三二年五月擔任德國總理的海因里希・布呂寧（Heinrich Brüning）所回憶的內容。有人在一九四七年問他記不記得一九三三年關於預防性戰爭的傳聞，他回答：「希特勒一掌權，畢蘇斯基元帥就向法國提出聯合預防性軍事行動，顯示我們的恐懼是很有根據的。」[64]進一步思索後，他又說：「根據我們的外交和軍事機關得到的情報，畢蘇斯基有採取行動了解法國是否準備好跟波蘭一起對德國施加軍事壓力。我被強烈要求……竭盡所能積極地告知希特勒這當中涉及的危險程度有多大。」[65]

另一份寶貴的證據是巴黎波蘭大使館的公使參事阿納托爾・穆斯坦因（Anatol Muhlstein）在一九三三年四月十七日寫的一封信。他回報，巴黎「一些非常重要的政治圈」正在流傳波蘭預防性戰爭計畫的謠言。[66] 比利時駐巴黎大使蓋菲葉・迪斯托瓦（Gaiffier d'Hestroy）也注意到，法國政府官員有在討論畢蘇斯基預防性戰爭計畫的謠言。[67] 儘管如此，並沒有任何法國官方紀錄提到這樣的提議。歷史學家帕威・杜伯（Paweł Duber）根據現有的證據合理地認為，畢蘇斯基是利用預防性戰爭的威脅強迫希特勒讓步，但是很有可能從來沒有真正對法國提出這項計畫。[68]

這些證據顯示，畢蘇斯基曾經數度探聽法國願不願意在德國侵犯波蘭時做出軍事回應。他得到的答案再清楚不過：不管在任何情況下，法國都不會使用武力援助波蘭。畢蘇斯基是從許多管道一點一滴得知這件事，而最早的消息來源是他在一九三三年一月派到巴黎的特使——前副官耶日・波托茨基。波托茨基為了祕密任務在巴黎待了兩個月，親自會見法國總理朱瑟夫・保羅－彭固爾（Joseph Paul-Boncour）。波托茨基的任務連波蘭駐法國大使都不知情，目標是要評估法國有沒有意願遏止德國越來越盛行的激進主義。[69] 畢蘇斯基派去巴黎的第二位特使是博萊斯瓦夫・維涅瓦－德武戈舍夫斯基上校，他在一九三三年三月前往法國，要確認對方有沒有可能聯合動員對抗德國。但是，維涅瓦－德武戈舍夫斯基沒有成功跟任何高層軍官見到面。然而，兩次任務帶回的消息都讓畢蘇斯基知道，法國不願意以軍事行動阻止德國重整軍備。

英國也察覺到法國這段時期不情願的態度。例如，一九三三年三月十三日，英國首相麥克唐納和英國外交大臣西蒙爵士詢問法國總理，是否願意透過軍事威脅阻止德國重整軍備。同一天完成的會議紀錄寫道：「保羅－彭固爾先生認為不管做了什麼，現在都不可能阻止德國重新武裝了。」[70] 法國駐波蘭大使儒勒・拉侯許跟總理保羅－彭固爾看法一致。拉侯許於一九三三年二月二十二日跟德國駐波蘭大使在華沙見面時，「預測走廊體系只會造成波蘭與德國新的磨擦和永久的敵意。」拉侯許還告訴德國大使毛奇：「跟德國建立友好關係對波蘭有利，他明白沒有消除波蘭走廊的話，這是不可能實現的。」被問到有沒有將這些想法傳達給波蘭官員時，據說拉侯許回答，他刻意不想在波蘭人面前表達這種看法。[71]

畢蘇斯基非常清楚，這位法國大使的觀點代表了西方外交圈的主流。從畢蘇斯基跟軍官卡齊米日・格拉比什中校（Kazimierz Glabisz）之間的一場對話，就能看出他當時的想法。根據格拉比什於一九三三年四月十八日所寫的報告，畢蘇斯基說：「德國夢想跟俄羅斯合作，就像在俾斯麥的時期那樣。他們如果合作會毀了我們，我們不能讓這種事發生。」雖然納粹德國和蘇聯不太可能結成盟友，但是畢蘇斯基據說表示：「這世上還有更奇怪的盟友關係。」他思索著該如何防止這種事發生，說：「由於西方強權意志癱瘓、目光短淺，再加上我的聯邦計畫沒有成功，這會相當困難。」[72]換句話說，畢蘇斯基似乎認為，沒有成功建立獨立的烏克蘭，在波蘭和俄羅斯之間提供緩衝，會讓波蘭無法在德俄聯手侵略的情況下保衛自己。

同一時間，畢蘇斯基在一九三三年的四月二十日離開首都，前往維爾紐斯，參加重新占領這座城市十四週年的慶祝活動。為了四月二十一日所舉行的活動，官員召集大約三萬五千名士兵，在畢蘇斯基面前排成完整的作戰隊形讓他閱兵。外國人士密切觀察畢蘇斯基這個再次對外展現軍事力量的行動。有些人把這視為公開展示武力的行為，就像全面動員的總彩排。《紐約時報》在一九三三年四月二十六日報導：「全國各地收到意外的命令，所有軍人、坦克和戰鬥裝備都匆匆來到維爾紐斯。據說，這場閱兵讓畢蘇斯基元帥和各部長十分滿意波蘭軍隊的戰爭準備程度。」這次閱兵不僅有坦克，還有裝甲車和數個飛行中隊。

柏林也密切觀察維爾紐斯的大型閱兵活動，「其代表的意涵無疑受到了激烈辯論，畢竟波蘭即將對德國發動『預防性戰爭』的傳言廣為人知。聽說畢蘇斯基向法國提出共同加入這場戰爭的計畫，但後來發現法國感覺自己不夠強大，於是決定波蘭應該自己進行。」[73]德國副總理巴本在一九三三年的四月二十七日告訴《泰晤士報》的聲明反映了柏林的氣氛。他說，對抗德國的預防性戰爭的謠言「是一種罪，不只危及德國和它所肩負的歐洲使命，也危害到西方文明的存亡。德國政府將採取所有必要的手段告知全世界，這種危害世界和平的可惡計畫背後的來源與動機，並使用最激烈的方式杜絕讓外國勢力有機會實現這黑暗計謀的可能性。」[74]

畢蘇斯基利用軍事力量進行威脅，是為了得到理想的協商結果。一九三三年五月二日，畢蘇斯基在柏林的特使維索茨基跟希特勒終於展開等待已久的會面。維索茨基對希特勒說：「我趁這個機會告訴德國總理，波蘭對於所有有關出海口和《凡爾賽條約》所獲得的但澤權利的議題，都會隨時保持警覺。」維索茨基以畢蘇斯基政府的名義請希特勒頒布聲明，表示「他或帝國政府都不想侵犯波蘭在但澤自由市的權利和利益。」[75]

維索茨基非常滿意希特勒的回答。希特勒轉向外交部長紐賴特，吩咐他起草這麼一封信。隔天，德國政府通訊社發表一份聲明，說：「總理強調，德國政府堅決打算讓自己的態度和行動嚴格維持在現有條約的限制內。」[76]雖然這份聲明跟希特勒在一九三三年二月的《星期天快報》上做出的評論完全相反，但仍舊在升高的緊張關係和預防性戰爭的謠言中，讓雙方得以暫時喘口氣。最明智清楚的評估或許來自《泰晤士報》的柏林特派員，他在一九三三年五月五日寫到，如果認為這則公報代表波德關係將進入新時代，實在是太樂觀了：「最大的成果似乎就只是回歸到正確的關係，並且驅散很有可能或不可避免提早發生戰爭的危險氛圍。」相較之下，《紐約時報》的柏林特派員在五月五日則語氣樂觀，認為這項協議象徵「德波關係決定性的改善」。

公報發布兩週後，希特勒對國會的致詞也帶有妥協的意味。希特勒聲明他的政府希望不靠軍事手段和平地解決與鄰國之間的任何衝突，並說政府尊重「波蘭合理的訴求」，這安撫了他掌權後逐漸升溫的緊張感。[77]親政府的《波蘭公報》在一九三三年五月五日表示，這場在柏林的會議「具有緩和波德關係的效果」。

在同一時間的華沙，畢蘇斯基跟德國駐波蘭武官將軍馬克斯・辛德勒（Max Schindler）見面。辛德勒第一次見到波蘭六十五歲的統治者，形容畢蘇斯基看起來比實際年齡老至少十歲，說「【他】拖著腳，步態疲累，呈現佝僂的姿勢。」他接著說：「他濃密的眉毛和嘴唇下方往後梳的稀疏白鬍鬚，乍看之下給人有點嚴肅的感覺，可能是刻意營造的。」元帥嚴肅的性情在對話展開後就變了，「他整個人散發一種魅力。」辛德勒注意到：「他的口吻帶有明顯的善意。」[78]這位德國武官總結他的印象：「畢蘇斯基確實散發出某種啟發的力量，這說明了他的追隨者為何如此狂熱地依賴他。他的偉大成就無疑讓他越來越意識到自己性格的價值。碰到這麼驚人的性格不可能不留下印象。」[79]

在同一時間的柏林，新政權在整個一九三三年的夏天不斷發表妥協的言論。畢蘇斯基知道，德國外交政策的新方向很可能是他軍事行動和威嚇所帶來的直接結果，他吩咐維索茨基安排跟希特勒第二次會面。這場會議剛好發生在波蘭大使館出現人事變動的時候。畢蘇斯基將維索茨基派駐羅馬，並在一九三三年的七月二日任命三十九歲的約瑟夫・利普斯基（Józef Lipski）擔任新的德國大使。一九三三年七月十三日跟德國總理舉行辭行會議時，維索茨基回報希特勒說話時「語氣和平友善」，並說「他的政黨和政府……只要有他領頭，就不可能對任何國家有任何侵略計畫，當然也不會對波蘭如此。」維索茨基接著說，除此之外，「德國總理也告訴我，他已經下令但澤要避免跟波蘭起爭執，他相信在那裡創造的氛圍會帶來最好的結果。」[80]

一九三三年六月，畢蘇斯基離開華沙，到維爾紐斯北邊的一座十八世紀農莊皮凱利斯基（Pikieliszki）待上七個星期。他要維索茨基在去羅馬之前來找他，維索茨基便在七月二十一日跟貝克一起來到皮凱利斯基。維索茨基憶道：「我馬上就注意到他精神不好。他的制服沒有扣上，也沒有束帶，耳朵一如往常有殘留的刮鬍皂。他默不吭聲地跟我們握手。」[81]從維索茨基的紀錄，我們得知畢蘇斯基詳細說明了波蘭外交政策的重要元素，希望這位新任的義大利大使能夠到國外表態。首先，他告訴兩位大使，波蘭外交政策的基礎就是這個國家的安全仰賴現有條約的維護，特別是跟國界有關的條約。在東歐，波蘭希望跟蘇聯維持穩定的關係，並明確支持波羅的海諸國的領土完整。自波蘭第二共和國誕生以來，因為波蘭跟蘇聯和納粹德國簽訂的兩個條約，畢蘇斯基第一次可以鬆一口氣——至少暫時可以。同一時間，他重申跟法國結盟是他民族政策的基礎。[82]

畢蘇斯基無法出席於一九三三年八月六日在華沙舉行的第十二屆軍團士兵年度大會，因此寄了一份手寫聲明，這也是他最後一次向這個年度大會發表致詞。他在皮凱利斯基寫道：「當我坐在維爾紐斯附近一座美麗的湖泊旁，聆聽輕輕落下的水波發出的柔和呢喃時，我想起了自己充滿混亂、冒險犯難的過去。」[83]接著，他摘錄尤利烏什・斯沃瓦茨基的史詩〈貝尼奧夫斯基〉（Beniowski）在一八四九年這位詩人死後出版的段落，詩中描述了巴爾聯盟時期（Confederation of Bar，一七六八年到一七七二年）對抗俄羅斯人期間的一位年輕英雄的故事：

當我劃過波蘭積滿灰塵的遺物，
接著用純淨的手碰觸豎琴的弦，
鬼魂從墳墓現身，甜美而宏偉！
透明而光亮！活生生、有血肉，
使我無法流露真心為他們落淚。[84]

獨自坐在平靜祥和的鄉村環境，似乎令畢蘇斯基受到很大的啟發。「當內心因為疼痛和疲憊而破碎，當額頭被汗水、也時常被鮮血浸濕的時候，我必須喚起自己的堅忍。」他繼續說：「在湛藍的湖水中，我可以看見自己的雙眼⋯⋯那是孩童的眼睛，充滿愉悅和好奇。我將永遠相信像我這樣子活著——我的人生具有價值——那些痛苦和折磨都是值得的。」[85]

同一時間，畢蘇斯基的外交策略在德國似乎發揮他想要的功效。希特勒在一九三三年五月十七日對國會發表的演說，等於讓德國公開表示會承認既有的條約。以前的德國總理從來沒有做出類似的聲明。帝國總理府的前國務卿奧托・邁斯納（Otto Meissner）後來說，希特勒在一九三三年三月聽說畢蘇斯基向法國提議發起預防性戰爭。他擔心法國會接受，因此決定在演說中強調要跟波蘭維持和平關係。[86]布呂寧猜測，希特勒對國會發表妥協的演說，誓言尊重所有現有的國際條約，就是這則消息帶來的結果。布呂寧認為希特勒的妥協訊息講得太過頭了，因為如同他在一九三三年五月中所寫的：「我們從巴黎得到的情報顯示，法國遲遲沒有接受畢蘇斯基的提議。」[87]波德關係顯著改善，使畢蘇斯基暫且擱置軍事選項。然而，希特勒在一九三三年的十月十四日讓德國退出國際聯盟和裁軍談判會議，使畢蘇斯基疑心再起。

德國宣布這個消息，令全歐洲大吃一驚。西方媒體非常擔心。《紐約時報》在一九三三年十月十五日的頭版文章中警告：「【希特勒的】軍事力量有任何提升都會對法國及其盟友的安全造成危險。可以確定，今天的歐洲政局是世界大戰結束以來，舊世界目睹過最糟的時刻。」

畢蘇斯基認為德國的聲明極度令人擔憂。他快速果決做出行動，跟外交部長貝克和副部長桑貝克開會。畢蘇斯基說，他們迫切需要得到德國軍備狀態的最新資訊，這就表示他們必須跟掌握最新數據的法國情報單位接觸。畢蘇斯基吩咐貝克和桑貝克提出六天內予以答覆的要求。也就是說，他指示外交部長和副部長前去接洽法國政府與軍方官員。畢蘇斯基說，他們要嚴厲地告訴法國人這些對話必須絕對保密。畢蘇斯基不希望驚動記者。[88]

為了保密，畢蘇斯基決定在官方外交管道之外展開對話。他選擇曾在第一旅擔任軍官、在一九一九年到一九二〇年擔任波蘭最高指揮部對法國參謀部之聯絡官的路德維希・莫斯汀上尉（Ludwig Morstin）。莫斯汀在巴黎時跟馬克西姆・魏剛將軍關係非常好，因此畢蘇斯基希望加以利用。於是，他派莫斯汀到巴黎，指示他請魏剛用波蘭的名義對法國政府提出兩個問題：如果德國攻擊波蘭，法國是否會下令動員軍隊？如果德國侵犯波蘭，法國是否會將軍隊移動到德國邊界？魏剛最後同意了這個請求。

莫斯汀在一九三三年十月二十一日出發前往巴黎。魏剛和妻子熱情迎接他，並堅持要他住在自己家。魏剛成功動用了必要的關係。幾天後，他把畢蘇斯基的問題呈交給法國外交部長保羅－彭固爾，後者接著跟法國總統阿爾貝・勒布瀚（Albert Lebrun）見面商討這件事。幾天後，保羅－彭固爾給了魏剛法國政府的答覆：兩個問題的答案都是否定的。法國只能承諾給予波蘭人員、裝備和彈藥方面的軍事援助。在十月底到十一月初的某個時候，莫斯汀回到華沙，親口告知畢蘇斯基法國的回覆。[89]

畢蘇斯基別無選擇，只能認為法國與波蘭的盟友關係實際上並不包含用軍事行動保障波蘭邊界。「在根據法國的立場決定與德國協商之前」，他在一九三三年的秋天再次思忖預防性戰爭這個點子。[90] 十一月五日，畢蘇斯基在華沙跟駐德國大使利普斯基（畢蘇斯基把他從柏林召回）與外交部長貝克開會。聽完利普斯基詳細評論德國的情況後，畢蘇斯基轉向貝克，表示是時候跟德國達成協議了。在波蘭大使和德國總理安排好的會面上，利普斯基要呈交畢蘇斯基提出的一系列擔憂事項。首先，他要表明波蘭的安全有一部分是以歐洲各國遵守國際聯盟保障的現有條約為基礎。然而，德國退出國際聯盟，同時也消除了這部分的安全保障。因此，德國總理必須解開波蘭的疑慮。利普斯基憶道：「畢蘇斯基特別強調一句話：『【希特勒】必須採取行動加強安全……**一定要告訴他這點**。』」畢蘇斯基進一步指示利普斯基，德國不只必須保障現在、還得保障未來的安全。利普斯基寫道：「畢蘇斯基當時非常嚴肅，他的內心顯然有一個沉重的決定。」[91] 那天晚上，利普斯基在透露自己跟畢蘇斯基會面的內容後出發前往柏林。《曼徹斯特衛報》等日報在一九三三年十一月十日報導他即將跟希特勒召開會議。

一九三三年十一月十五日，利普斯基和希特勒召開這場備受矚目的會議。在德國外交部長紐賴特的面前，利普斯基對希特勒傳達畢蘇斯基的問候和透過直接協商建立和平關係的心願。接著，他明確以畢蘇斯基之名，傳達希望德國採取具體行動確保波蘭安全的訴求。利普斯基問：「德國可向波蘭做出什麼保證？」利普斯基說，希特勒的回答是「他沒有打算透過戰爭做出任何改變。德國總理很想跟波蘭保持友好關係和友善氛圍，好讓兩國的公眾生活能夠走上正常的道路。」此外，據說希特勒還說：「波蘭是對抗亞洲的前哨站。

波蘭如果滅亡，對於因此會跟亞洲比鄰的國家來說是一大不幸。」[92] 利普斯基表示，希特勒在會議期間完全沒有提到「邊疆」或「走廊」等字眼。

一九三三年十一月十六日，德國、波蘭和國際媒體發表一份德國官方公報。這份文件表示，德國總理希特勒與波蘭駐柏林大使「拒絕在雙方的關係中動用到武力，以強化歐洲和平。」[93] 這份公報無疑緩和了歐洲和國際間的緊張氛圍。半官方的政府日報《波蘭公報》呼應了畢蘇斯基的想法，認為這項協議對波蘭的外交事務具有根本上的重要性。《波蘭公報》在一九三三年十一月十六日報導：「羅加諾協議讓德國和法國承諾彼此互不侵犯，而昨天的宣言則讓德國和波蘭達成相同的協定。從這方面來看，可以毫不遲疑地說在昨天填補了羅加諾的一大漏洞。」

《曼徹斯特衛報》的倫敦特派員在一九三三年十一月十七日的文章深入探討這件事的核心，認為這個議題的關鍵「取決於波蘭走廊的問題。那是過去十年……德國修正主義宣傳主要關注的事情。」這篇報導意味深長地補充道：「但是第三帝國似乎不認為這很重要。」畢蘇斯基和他的外交部長強調希特勒來自奧地利，把這點跟在他之前的普魯士政治家做對比。他們相信，奧地利的背景讓希特勒更願意在波蘭走廊的議題上做出妥協。例如，利普斯基在一九三三年的十一月五日跟畢蘇斯基會面時，便注意到畢蘇斯基非常強調普魯士對過去的德國領袖造成的影響。德國政府快速著手進行正式互不侵犯條約的簽署。一九三三年十一月二十四日，德國外交部長紐賴特告知人在華沙的毛奇，希特勒已批准德波宣言的草案。希特勒要求毛奇以帝國總理的名義親自將草案呈交給畢蘇斯基元帥。[94]

畢蘇斯基在一九三三年的十一月二十七日歡迎毛奇來到美景宮。在波蘭外交部長貝克的陪同下，毛奇大聲唸出德文草案。毛奇寫到，畢蘇斯基「表示他很希望德波關係具有友善的基礎，但是也用我在波蘭政治人物身上不曾聽過的直白語氣強調，波蘭人千年來對德國抱持的反感會導致這項政策在實行時遇到很大的困難。」[95] 毛奇寫道：「元帥……給人的印象是智識清楚，但生理上比實際年齡還老邁，幾乎弱不禁風。」[96]

同一天稍晚，畢蘇斯基離開華沙，到維爾紐斯住了很長一段時間。拿到德文草案之後，他花時間慢慢檢視內容，並做了幾處更動。在將修改後的草案呈交給德國之前，畢蘇斯基在一九三三年的十二月十一日接見了但澤參議院的兩位德國代表赫爾曼・勞施寧（Hermann Rauschning）和阿圖爾・葛萊瑟（Arthur Greiser），雙方釋出善意，進一步舒緩德波之間的緊張關係。又過了一個月，畢蘇斯基把修改過的波蘭版本宣言用電報發給利普斯基大使。一九三四年一月九日，利普斯基把畢蘇斯基的修訂版交給德國外交部長，所有的更動都被接受。[97] 畢蘇斯基在一九三四年一月十五日回到華沙。

⁂

一九三四年一月二十六日，《波德宣言》（Polish–German Declaration）——媒體稱作互不侵犯條約——的簽署儀式在柏林召開。這份宣言由德國外交部長紐賴特男爵與波蘭駐德國大使利普斯基簽訂，期限十年，要求兩國政府「直接解決所有無論何種性質、跟雙方和平關係有關的問題」，「在任何情況下……都不動用武力……兩國政府行動準則要建立在維持和保障彼此永久和平是全歐洲和平的必要條件這一個事實上。」[98] 在兩國國會和總統都批准這項條約之後，協定在一九三四年二月二十四日生效，毛奇與貝克都有出席華沙的典禮。

畢蘇斯基將這個重大的協議視為一項重要的成就。這是一九三二年到一九三四年這段時期慢慢從依賴法國，轉移到與波蘭的兩個強大鄰國維持均勢政策的成果。然而，在獲得外交成功的喜悅外表下，畢蘇斯基對於長久和平的前景非常悲觀。亞麗桑德拉・畢蘇斯卡回憶她跟丈夫在《波德宣言》簽署後第一次談話的內容。她寫道：「這是一場外交勝利，但卻沒有騙過我的丈夫。他事後告訴我：『這讓我們有更多時間準備防禦……但這只是延遲邪惡到來的日子而已。只要德國看著走廊、俄羅斯盯著西方，我們就不可能永遠安全。』」[99]

畢蘇斯基在美景宮跟現任和前任的總理召開一場特別會議時，表達了他對安全前景的擔憂。與會人士有總統莫希奇茨基、外交部長貝克、總理亞歷山大・普里斯托、教育部長揚・延傑耶維奇、眾議院議長卡齊米日・希維塔爾斯基，以及所有的前任總理。據說，畢蘇斯基回顧了前兩年的波蘭外交政策，然後說了下面這番話，被希維塔爾斯基記錄在一九三四年三月七日的日記中：「總司令不認為波蘭與兩個鄰國之間的和平關係會持久，預估波蘭與德國的友好關係只會維持四年。」[100]

歡欣鼓舞和鬆一口氣是波德協定所引起最立即的反應。斯德哥爾摩宣布，畢蘇斯基因為「替世界和平付出最多心力」，已經被提名諾貝爾和平獎。[101]有些人說這是外交奇蹟，畢竟這兩個國家九個月前差點爆發戰爭。倫敦的《觀察家報》在一九三四年的一月二十八日報導：「這個非同小可的條約為歐洲外交界的狀況帶來根本上的改變……希特勒先生和畢蘇斯基元帥都應該受到恭賀，但是希特勒先生更是如此。」《紐約時報》在一月二十七日的報導，更進一步地稱這項協議是「極為重要的國際政治舉動，象徵波蘭為了獲得和平，以及緩和歐洲政治緊張局勢所付出的努力。」

條約簽訂那天，外交部長貝克對國外的各波蘭大使館發布公報，形容這個協議是「非常重要的政治之舉」。[102]《泰晤士報》的華沙特派員在一九三四年一月十九日大讚波蘭領袖，形容「德波互不侵犯條約進一步證實畢蘇斯基元帥的政治技巧和遠見。」這家報社的柏林特派員在同一天的報紙中表示，威瑪共和國以往的總理其實也有辦法跟波蘭達成同樣的協議。這位特派員說：「然而，他們如果這麼做，會被當成叛國賊。」

希特勒在一九三四年一月三十日掌權一週年對國會致詞時，再次強調了條約的精神。希特勒說，德國政府「在第一年就努力跟波蘭建立起更好的新關係」。他接著說，德國「很高興波蘭實際的領袖畢蘇斯基元帥也懷有同樣寬宏的想法，能夠在條約中將這個概念固定下來。這不僅有利於德國和波蘭人民，也能夠大大促成整體和平的維繫。」[103]畢蘇斯基非常明白希特勒的話就只是空話，但是至少這個協議為波蘭爭取到更多時間。

在同一時間的西歐，有些西方外交官認為這個條約是在公然破壞法國的盟友體系。波德協議祕密進行，讓人產生懷疑和不信任感。法國駐德國大使安德烈・弗朗索瓦－龐賽（André François-Poncet）憤怒不已。《波德宣言》宣布前兩天，他才跟波蘭駐德國大使利普斯基見面，但是對方完全沒有提及即將舉行的簽約儀式。弗朗索瓦－龐賽說：「信任感從那時候開始就消失了。我們再也無法把他當成盟友。」[104]

例如，有人猜測波蘭同意不再反對德國針對奧地利和捷克斯洛伐克的修正主義目標。為了減輕這些擔憂，畢蘇斯基在一九三四年的一月二十九日跟法國駐波蘭大使拉侯許見面，向他保證傳言沒有依據。拉侯許在那天完成的報告裡引用畢蘇斯基說的話：「不要把這個宣言解讀成字面以外的意思。」[105]

巴黎極具影響力的報紙《時報》在主要文章中花了很多篇幅報導這個主題，社論的語調活潑正面。《時報》對德波互不侵犯條約（這份報紙使用的詞彙）的評價很有意義：「認為希特勒統治的德國已經放棄對東方的泛德意志企圖，無疑會有很大的風險。然而，無論柏林真正的想法是什麼，德波衝突可以暫停十年，對歐洲局勢來說仍是非常重要的發展。我們確定這能促進和平的理念。」[106]這份報紙補充說，跟德國的協議絕對不會讓波蘭跟法國、羅馬尼亞和蘇聯既有的條約失效。一九三四年一月二十九日，《泰晤士報》則發表比較謹慎的看法，認為波蘭會脫離西方的盟友體系，有一部分要怪法國：「我們希望這個條約可以讓法國得到教訓。波蘭……現在脫離了西歐的體系，要獨自和平地走自己的路。」

蘇聯對這個新的外交安排表達了最為嚴峻的擔憂。蘇聯當局在一九三四年一月三十日針對這個議題發表第一則公報，譴責這項協議只對德國有利。蘇聯的官方新聞社表示：「如果德國承認了跟波蘭之間的邊界，這不是表示希特勒政府在外交政策上完全投降，就是代表這是某種優秀的政治手腕。」[107]法國和蘇聯顯然誤解了畢蘇斯基的均勢政策，因為法國駐波蘭武官夏爾・達博諾（Charles d'Arbonneau）稱之為「神聖利己」

政策，而史達林則稱之為「迂迴政策」。如同歷史學家馬雷克・科爾納特（Marek Kornat）的主張，英國和法國在一九二五年到一九三三年這段時期選擇姑息德國，使畢蘇斯基別無選擇，只能試著跟兩大鄰國建立友好關係。[108]希特勒在自己的國家仍然處在去軍事化的狀態下想要避免軍事衝突，因此認真看待預防性戰爭的謠言。希特勒知道在重整軍備的時候有必要跟波蘭保持友好。畢蘇斯基很清楚，跟納粹德國和蘇聯維持的友好關係是很脆弱的。他在一九三四年的四月告訴外交副部長，跟納粹德國和蘇聯保持關係的這場外交遊戲就好比「同時坐在兩張凳子上，沒辦法持久。我們必須知道要何時先從哪一張凳子下來。」[109]

前面提過，現任與前任總理曾在一九三四年的三月七日在美景宮開會。當時，畢蘇斯基反思了德波協定。畢蘇斯基說，促使他跟柏林達成共識的導火線是德國在一九三三年十月退出國際聯盟的舉動。希維塔爾斯基表示：「總司令解釋，他利用德國退出國際聯盟的時機，這樣提出這個議題：由於德國已經不再受到國際聯盟的限制，他們必須給予波蘭一些安全保證。在沒有得到德國默許的情況下，總司令打算明確針對德國擬定一個軍事防禦系統。然而，出人意料的是，希特勒馬上就答應協議的條件了。」希維塔爾斯基總結畢蘇斯基的話：「在這樣的轉折中，希特勒勇敢地反抗普魯士人，開始承認波蘭是一個國家。」[110]

在下一段的談話內容中，畢蘇斯基討論了他對德波關係正往前邁進的看法。希維塔爾斯基在一九三四年三月七日的日記中寫道：「總司令不怎麼看好雙方簽訂的協議，而是比較強調希特勒的態度正在改變德國人看待波蘭的心理。這帶來的結果是，即使普魯士人再度掌權，這對波蘭固然很糟，但是德國人的心理變化會阻礙他們回到先前反波蘭的政治理念。」[111]三月七日跟波蘭第二共和國的最高層人士召開的會議，透露了畢蘇斯基在德波宣言之後對外交關係的想法。歷史學家彼得・萬迪茲認為，三月七日的會議紀錄「絕對是個最重要的文件，能夠窺探畢蘇斯基在《波德宣言》後的邏輯和概念。」[112]

Chapter 18

畢蘇斯基的最後一年

據說，畢蘇斯基元帥去世時，華沙沒有發生任何搶劫事件；就連犯罪圈也感受到這一刻的嚴肅。

——伊蓮娜．普羅塔謝維奇

在生命中的最後一年，畢蘇斯基把焦點放在強化波蘭的安全，以因應劇烈變化的國際舞台。雖然他認為跟兩大鄰國簽署互不侵犯條約的成果非常重要，但畢蘇斯基也一直相信與法國的盟友關係是國安的關鍵之一。這方面有一項重要發展，那就是法國政府發生對波蘭有利的人事變動。一九三四年的一月二十七日，法國外交部長約瑟夫．保羅－彭固爾的任期到了。二月九日，新上任的總理加斯東．杜梅格（Gaston Doumergue）指派七十一歲的路易斯．巴爾都擔任外交部長。巴爾都跟前任部長不同，反對《四國公約》，因此波蘭政府非常喜歡他。

外交部長巴爾都決定在一九三四年四月二十二日到華沙進行國是訪問，顯示了這個態度的轉變。這趟旅程非常具有象徵意涵，是法國外交部長首次正式出訪重生後的波蘭。大家都預期法國新任的外交部長跟畢蘇斯基會很親近。這兩個人在一九二一年巴爾都參與波法協定的簽署時就已經結識。現在，事隔十三年，巴爾都跟畢蘇斯基在華沙相聚，試圖在《波德宣言》之後恢復這段情誼。

這場兩個小時的會議在四月二十三日於美景宮舉行，與會者有波蘭外交部長貝克、外交部副部長揚．桑貝克和法國駐波蘭大使儒勒．拉侯許。會議一開始，巴爾都便向畢蘇斯基保證，身為法國新任的外交部長，他必定會在德國議題上堅守立場。巴爾都告訴畢蘇斯基，他將堅定不移反對德國修正主義。畢蘇斯基贊同地點點頭，接著提出他所說的波蘭外交政策三支柱：改善與兩大鄰國之間的關係；跟法國和羅馬尼亞維持盟友關係；加強波蘭與國際聯盟的關係。[1]

在當時為這場會議撰寫的報告中，拉侯許提到巴爾都和畢蘇斯基自然的友好關係及現場友善的氣氛。拉侯許寫道：「畢蘇斯基元帥非常友善地歡迎巴爾都先生。我注意到，這讓巴爾都先生臉都亮了起來。」他接著說：「貝克先生告訴我們，元帥從不曾對外賓展現這麼熱情的友誼。」[2] 討論到外交政策時，拉侯許描述了一場對談，期間「畢蘇斯基元帥強力表明波蘭政府致力維繫跟法國的盟友關係。」另一方面，畢蘇斯基強調自己的政策受到兩大鄰國——德國與蘇聯——的現實所主導。根據拉侯許的紀錄，畢蘇斯基說跟這兩個國家簽訂的互不侵犯條約「讓我完全自由了」。[3]

接著，巴爾都再次向畢蘇斯基保證，法國的新內閣堅決反對德國恢復軍備。畢蘇斯基的回答肯定令他十分驚訝，尤其是他說妥協是法國人的民族特性這點。畢蘇斯基對巴爾都部長說：「在我看來，你一定會屈服。」根據桑貝克的紀錄，巴爾都部長對這番話感到相當錯愕，說：「元帥，您這麼說太嚴厲了。請讓我向您保證，現在這個法國政府的決定是極度堅定、絕對不會更改的。」接著，畢蘇斯基提起法國政府更迭迅速、導致政策不斷更動的問題，並重提他在一九二一年拜訪法國時跟巴爾都之間的某次對話。他和巴爾都在凡爾登跟貝當元帥一起散步時，巴爾都絆到石頭，差點跌倒。畢蘇斯基跟巴爾都說，當時後者表示：「沒事的，我習慣跌倒了，我當部長當了十三次。」畢蘇斯基接著說：「或許您自己並不想屈服，但是你不是會退出內閣，就是會落選。」[4] 法國外交部長和畢蘇斯基在華沙的會面持續了兩個小時，「氣氛溫暖友好，畢蘇斯基元帥不斷愉快地回憶他在一九二一年的巴黎跟巴爾都度過的時光。」[5]

畢蘇斯基保證德波互不侵犯條約不會破壞法波同盟，確認了巴爾都的立場。巴爾都在一場記者會上說道：「法波同盟完好如初，牢不可破。」[6]《紐約時報》的華沙特派員在一九三四年四月二十五日寫道：

法國外交部長巴爾都（中間）跟畢蘇斯基（左二）見面，與會者還有法國大使拉侯許（左一）、波蘭外交部長貝克（右二）及波蘭外交副部長桑貝克（右一），攝於一九三四年四月二十二日的華沙。

「巴爾都先生兩天的拜訪證實了雙方的盟友關係依然健全。」同一時間，波蘭政府宣布：「法國外交部長昨日在美景宮跟畢蘇斯基元帥進行的漫長談話，【證實】波蘭和法國的盟友基礎依然是不動如山，這段關係對歐洲政治相當有益。」[7]親政府的日報《波蘭公報》也針對這起事件做出詳盡正面的報導。[8]

巴黎的《時報》形容這場華沙會議讓歐洲安全往前邁進了一步，表示巴爾都跟畢蘇斯基的對話顯示波法同盟「穩如泰山」。這份報紙接著說，法國一直都希望德波關係能夠緩解，並說德波互不侵犯條約絕不會減低法波同盟的重要性。報紙上引用了外交部長貝克的話，說法波同盟是以和平為目標的波蘭外交政策當中一個長久必要的元素。巴爾都在華沙致詞時說道：「在複雜混亂的歐洲問題之中，法國與波蘭之間的友情帶來了和平、穩定、秩序與安全。」《時報》稱讚畢蘇斯基大幅改善了波蘭在歐洲的地位，說自從法國和波蘭在一九二一年結盟之後，「波蘭已經變得更強，不再感覺自己被困在懷有敵意的俄羅斯和除了威脅恫嚇之外不知道其他手段的德國之間。」[9]

巴爾都在沒有提及《羅加諾公約》（一九二五年）和《四國公約》（一九三三年）的情況下承諾，法國日後在簽訂會影響波蘭安全的國際協議之前，一定會事先諮詢波蘭。[10]畢蘇斯基非常明白法國在外交政策上的優先順序。畢蘇斯基知道跟德國達成協議，會讓波蘭在跟法國協商時有更多優勢。波蘭的親政府日報在報導巴爾都和畢蘇斯基的談話時，稱法波同盟「是永久不會動搖的」。[11]

《時報》訪問了蘇聯官員，也有報導俄羅斯的觀點，對方說他們正在密切觀察，希望畢蘇斯基會毫不含糊地靠攏法國，因為就像一名蘇聯官員所說：「基於波蘭的地理位置，它可以作為德國和蘇聯之間的緩衝，或攻擊德國時的前線。」[12]畢蘇斯基對法波同盟的看法，也有受到對法國力量相對悲觀的認知所影響。一九三四年六月被問到與法國之間的關係時，畢蘇斯基據說這麼回答：「我很擔心法國跟德國打仗時會帶來什麼命運；法國一定不會贏。」[13]

外交前線帶來的更多好消息鞏固了巴爾都和畢蘇斯基的會面所帶來的樂觀。巴爾都跟畢蘇斯基見面那天，莫斯科宣布他們已經開始跟波蘭官員協商，打算將蘇波互不侵犯條約再延十年。

一九三四年的五月五日，波蘇協議的傳聞成真，兩國在莫斯科簽了幾份議定書。協議聲明，強化並重申一九三二年的《蘇波互不侵犯條約》（Soviet–Polish Non–Aggression Pact），是為了「再次證明兩國開開心心建立的和平友好關係，其本質並沒有改變且更加團結。」兩國宣布一九三二年的協定延長十年到一九四五年十二月三十一日。在第二份議定書中，波蘭和蘇聯重申兩個國家目前都沒有簽訂任何可能危害兩國和平的協議，未來也不會。雙方進一步放棄對彼此領土的所有意圖。[14]《紐約先驅論壇報》（*New York Herald Tribune*）在一九三四年的五月六日寫道：「蘇波兩國對領土意圖的重申具有特殊意義，因為據稱德意志國家社會主義黨擬定了領土調整計畫，要將所謂的波蘭走廊或其他波蘭領土歸還德國，而波蘭也會得到部分或全部的蘇聯烏克蘭作為補償。」

另一份報紙表示，第二份議定書「解決了德國和波蘭是否簽訂某種可能危害蘇聯的祕密協議的問題。」《紐約時報》的莫斯科特派員在一九三四年五月六日報導，這份議定書的簽署「在這裡被看成是德波之間沒有祕密協議的證明。根據波蘭和蘇聯之間簽訂的和約……兩國都放棄對對方不利的領土宣示。」

緊接著巴爾都訪問華沙之後，波蘭與蘇聯之間的協定獲得強化，很大程度上標誌了畢蘇斯基外交目標的高峰。他實現了國際上的平靜與安全，確保波蘭的安全暫時不會有遭受危害。另外，畢蘇斯基提高了波蘭在西方民主國家眼中的地位，傳達一個強而有力的訊息，那就是邊界如果遲遲無法獲得保障，波蘭會為了自身的安全做出任何必要的行動。

外交突破

儘管畢蘇斯基在實行均勢政策方面獲得非凡的成就，跟納粹德國之間的條約無疑也帶來了一些尷尬的合照。其中，最出名的就是納粹宣傳部長約瑟夫．戈培爾訪問華沙那一次。

戈培爾在一九三四年六月十三日抵達，受到一個波蘭組織的邀請到華沙大學演講。波蘭政府擔心自己在國外的形象，因此強調這是私下而非正式的訪問。[15]雖然屬於私下訪問，波蘭新任總理列昂．科茲沃夫斯基（Leon Kozłowski）還是有出席。畢蘇斯基選擇不出席，透過這個方式明確表達他對戈培爾來到華沙產生的不自在感。戈培爾發表的演講〈國家社會主義的意識形態及其在第三帝國的成就〉沒有受到很好的迴響。據說約有一千人出席，他們「很有禮貌，但是掌聲非常不熱烈」。[16]

畢蘇斯基在戈培爾抵達的隔天才同意接見他，顯示元帥感到多麼地不舒服。但他最後還是決定這麼做，一九三四年六月十四日下午在美景宮招待戈培爾，限時三十分鐘。所有的文獻都顯示，這是一場友好的會面，但是顯然沒有討論到政治。[17] 畢蘇斯基跟戈培爾在美景宮的合照顯示畢蘇斯基面無笑容，站得離戈培爾遠遠的。倫敦的《猶太紀事報》在一九三四年六月二十二日報導：「他來到波蘭的怪異方式、迎接他的無數場反納粹示威活動、他發表的演講，還有畢蘇斯基元帥讓他等了二十四個小時才同意見他的種種事實，讓這位納粹部長第一次造訪波蘭首都成了非常令人失望的事件。」

同一時間，納粹德國的宣傳部長來到波蘭，得到波蘭小小的偏法西斯政黨熱烈的回應。一九三四年四月成立的民族激進陣營發布了公然對民主政府展現敵意的原則聲明，並表達對猶太人的憎恨。民族激進陣營的創立黨綱聲明：「猶太人不能成為波蘭公民。只要猶太人住在波蘭的土地上，他們的財產就會被認為屬於波蘭政府。」黨綱還進一步規定：「將波蘭各大城鎮去猶太化是國家健全發展的必要條件。」黨綱強調，後者是希望促成猶太人大規模移民，離開波蘭。[18]

因此，民族激進陣營在戈培爾來到華沙後加強宣傳反政府和反猶太的觀點，並不令人意外。波蘭政府對於民族激進陣營黨報《接力賽》（*Sztafeta*）在戈培爾於華沙發表演講的一九三四年六月十三日那天所刊登的宣傳文章，感到非常驚愕，派特務闖入報社辦公室拿走印刷機，並下令查禁這份報紙，表示該報紙對公眾安全造成了威脅。媒體報導，是波蘭內政部長博萊斯瓦夫．皮耶拉茨基（Bolesław Pieracki）下達這個對付民族激進陣營的行動。[19] 在隔天的六月十四日星期四，民族激進陣營的組織委員會主席揚．莫斯多夫（Jan Mosdorf）打電話到內政部長的辦公室，要求跟皮耶拉茨基部長通話。對方告知莫斯多夫，內政部長要到星期一才會回辦公室，莫斯多夫據說回答：「那會為時已晚。」[20]

隔天，皮耶拉茨基跟同僚一起在華沙的社交俱樂部吃午餐。他走出建築物到街上時，兩名男子近距離射中他，使他當場身亡。皮耶拉茨基當時正準備要在國家廣播上宣布民族激進陣營為非法組織的決定。政府對暗殺事件感到非常憤慨，很可能是在畢蘇斯基的指示下，宣布將民族激進陣營判為非法組織，並逮捕了數百名黨員。[21] 世界各地的猶太刊物都讚揚波蘭政府。倫敦的《猶太紀事報》在一九三四年六月二十二日表示，雖然還沒抓到兇手，但是「政府已經開始採取嚴厲的行動，對付【民族激進陣營的】領袖。很多人都已遭逮捕，包括其主要領袖揚．莫斯多夫。徹底搜查房屋之後，民族激進陣營在華沙的十七個會所都被關閉。」這份報紙接著說：「總理科茲沃夫斯基先生在葬禮上表示，政府決心採取嚴厲的手段阻止犯罪暴力。」其他報紙也稱讚科茲沃夫斯基總理誓言無情鎮壓民族激進陣營的決定。在華沙火車站，已逝的內政部長皮耶拉茨基的棺木準備運送到葬禮地點時，科茲沃夫斯基發表演說，表示他要跟崇尚暴力的極端團體「宣戰」。他說：「每一個懷抱恐怖主義手段的政治團體都要為這個罪行負起道德責任。」[22]

同一時間，暗殺事件發生不到一小時，科茲沃夫斯基總理便跟畢蘇斯基會面。畢蘇斯基的副官萊佩奇上尉也在場，後來描述了波蘭兩位高層領袖充滿戲劇化的對談。據說，科茲沃夫斯基尖銳地提議要成立一個「隔離營」，專門拘禁威脅公共安全的極端暴力激進分子。畢蘇斯基同意了，條件是這個拘留營只能是暫時的，不能超過一年。[23]他們決定把拘留營設在波蘭東部靠近蘇聯邊界的貝雷薩卡爾圖斯卡，這裡雖然孤立，但是可以從華沙坐火車直達。這場會議造成的結果是，科茲沃夫斯基總理拿到總統和部長內閣的簽名——包括畢蘇斯基的——之後，於六月十七日發布了部長命令，授權設立一個拘留營專門關押認為會造成公共秩序與安全危害的人士。同一時間，眾議院議長卡齊米日．希維塔爾斯基於一九三四年七月二日跟科茲沃夫斯基總理和外交部長貝克等人開會，提到他們討論了貝雷薩卡爾圖斯卡的細節。[24]

不久後，在一九三四年七月六日到七日的晚間和凌晨，民族激進陣營和右翼民族黨青年派的高層領袖都被逮捕，成為貝雷薩卡爾圖斯卡拘留營的第一批囚犯。一九三四年七月十日，波蘭政府宣布解散民族激進陣營，判定為非法組織，聲明這個組織構成公安威脅。[25]到了一九三四年的七月十二日，政府的半官方報紙報導，貝雷薩卡爾圖斯卡拘留營關了兩百一十人。這時之所以有超過兩百名囚犯被關在那裡，是因為七月初發現暗殺內政部長皮耶拉茨基的組織根本不是民族激進陣營，而是烏克蘭民族主義組織。[26]烏克蘭人被發現牽扯其中之後，跟該組織有關的上百名烏克蘭人遭到逮捕，全數帶到貝雷薩卡爾圖斯卡。[27]公然支持對波蘭官員採取暴力行動的恐怖組織烏克蘭民族主義組織先前就被當作目標，其領袖斯捷潘・班傑拉（Stepan Bandera）和另外二十名黨員於六月十四日在勒沃夫被逮。到了一九三四年六月底，估計有八百名烏克蘭民族主義組織成員被關在波蘭監獄。扣下扳機射中內政部長後腦勺的二十一歲男子赫里霍里・馬賽科（Hryhorii Matseiko）從華沙逃到盧布令，接著又逃到勒沃夫，跟烏克蘭民族主義組織的成員待在一起。馬賽科攜帶武器和烏克蘭民族主義組織所提供的金錢，在一九三四年八月五日進入捷克斯洛伐克，餘生都以彼得・克尼斯（Petr Knysz）的假名過著流亡生活，最後在一九六六年以自然原因死亡。[28]

※

在對抗內憂的同時，畢蘇斯基著手成立一個祕密的情報單位，要監控納粹德國和蘇聯的內部事務。這個想法在一九三四年五月開始成形，當時畢蘇斯基召來戰爭部副部長將軍卡齊米日・法布里西（Kazimierz Fabrycy），請他掌管一個極為重要的情報網絡，負責派遣特務監視波蘭兩大鄰國。[29]完成詳細的計畫後，畢蘇斯基在一九三四年的六月告訴法布里西。這個祕密情報單位將由法布里西率領，成員有外交部副部長桑貝克、波蘭駐蘇俄大使尤利烏什・武卡謝維奇（Juliusz Łukasiewicz）以及波蘭駐德國大使約瑟夫・利普斯基。卡齊米日・格拉比什中校之後也會加入法布里西的幕僚。畢蘇斯基提醒法布里西，一個國家很可能侵略鄰國最重要的判斷方式是就是評估其內部局勢。畢蘇斯基說：「沒有任何政府或獨裁者會在國內一片混亂時發動戰爭。那個政府或獨裁者必須先握有強大的權力，在這方面感到自信。因此，你的單位必須要仔細研究俄羅斯和德國在政治和經濟領域的局勢發展，這是最基本的。」[30]

這個祕密情報單位強調仔細研究德國和蘇聯內部事務的必要性，後來暱稱為「實驗室」。[31]法布里西總結了畢蘇斯基告訴他的話：「波蘭夾在俄羅斯和德國這兩個如此強大又懷有敵意的鄰國之間，事先得知很可能先跟哪一國發生衝突、哪一國最危險，是極為重要的。」到了一九三四年十一月，實驗室已經開始全面運作，第一份每月彙報已經放在畢蘇斯基的書桌上。[32]

同一時間，外交事務方面在一九三四年的秋天發生兩起重要的事件。第一起事件是在畢蘇斯基達成均勢政策後，波蘭新的獨立外交政策帶來的結果。在一九三四年九月十三日於日內瓦召開的國際聯盟會議上，外交部長貝克宣布，波蘭將正式退出一九一九年在巴黎簽訂的《少數族群條約》。發表演說前，貝克跟畢蘇斯基通過電話，聽說元帥毫不猶豫地贊成。外交部長貝克說，退出條約「象徵了我們在國際關係上的基本態度」。[33]在波蘭宣布自己的獨立性之後，貝克和畢蘇斯基都聲稱自己沒有打算破壞波蘭少數族群的法律地位。貝克公開向猶太人保證，他和他的政府做出這個決定並沒有什麼不好的意圖。在日內瓦，貝克透過九月十六日跟《猶太電訊社》（*Jewish Telegraph Agency*）的訪談提出自己的立場。他說，波蘭絕對不會允許任何公民——無論宗教、族群或母語——的權利受到侵害，畢竟波蘭憲法有保障少數族群的權益。

沒有任何一個猶太領袖相信貝克。英國猶太人代表委員會（Board of Deputies of British Jews）的內維爾・拉斯基（Neville Laski）以及猶太代表團委員會（Committee of Jewish Delegations）的納烏姆・戈德曼（Nahum Goldmann）都跟貝克見了面，表達自己的不滿。[34]美國、法國和義大利的政府官員也跟著公開譴責。國際聯盟也對這個消息表達「震驚」。[35]貝克宣布消息後的隔天，一家報社說波蘭外交部長的聲明「普遍被解讀為有意跟德國建立更親近的關係，是畢蘇斯基元帥和希特勒先生之間的德波協議造成的第一個重大結果。」[36]

但，波蘭猶太人似乎沒那麼擔心。猶太國會團體的主席，同時也是一位拉比的奧西亞斯・托恩（Dr. Ozjasz Thon）提醒讀者，在畢蘇斯基的統治下，沒有一個猶太人向國際聯盟請願。托恩在克拉科夫猶太日報上寫道：「我不希望在這件事情上過度提起猶太議題。目前為止，這份宣言並沒有傷害我們，因為我們沒有從《少數族群條約》得到好處，這件事對我們來說是無關緊要的。」[37]

隔一個月發生的驚人事件更加戲劇化。一九三四年十月九日，法國外交部長巴爾都在法國馬賽接見了前來進行國是訪問的南斯拉夫國王亞歷山大一世（Alexander I）。巴爾都親自迎接從遠洋船隻下船的國王，陪同他到車隊，接著兩人驅車前往富麗堂皇的飯店。他們不知道的是，在街道兩旁的人群之中有一個保加利亞民族主義者。車輛靠近時，他跑上前將亞歷山大一世射死。在開槍後發生的打鬥之中，巴爾都遭到法國警方對著兇手開槍的流彈擊中身亡。這個消息震驚全世界。[38] 七十二歲的巴爾都被形容成法國當時還活著的最偉大政治人物之一，四十年前就開始在政府服務。巴爾都死後，創建《東方公約》（Eastern Pact）、團結所有東歐人一起遏止德國勢力的任務也隨之瓦解。[39] 巴圖都的死讓畢蘇斯基悲慟不已。

在一九三四年的秋天和一九三四年到一九三五年的冬天之間，畢蘇斯基的健康狀況每況愈下，特別是在一九三五年的年初。跟畢蘇斯基最親近的人都證實他依然頭腦清楚。此外，畢蘇斯基的姐姐佐菲亞於一九三五年二月三日在華沙去世，也讓他感到深沉的哀傷。

二月六日，佐菲亞的遺體被送到維爾紐斯，畢蘇斯基跟家人和政府官員一同參加了葬禮。出席葬禮的其中一名官員表示：「我們被總司令悽慘衰弱的外表嚇壞了。他的臉龐簡直布滿了痛苦和折磨。」[40]

※

雖然畢蘇斯基身體變差之後就越來越不管國內事務，但是憲法改革是他從一九二〇年代早期就為波蘭設想的遠大計畫的一環。改革後的憲法在一九三五年四月二十三日頒布，由總統和部長內閣簽字批准，是畢蘇斯基死前簽署的最後一份政府文件。新憲法是將合乎法律的國會程序進行狹隘的詮釋，好讓立法機關得以在沒有反對派出席的情況下舉行投票之後，才順利通過。有鑑於畢蘇斯基的身體急遽虛弱，政府領導階層（薩納齊亞）成功在元帥去世前通過了新憲法。

政府權力平衡經過大幅修正，行政權變得很強大，導致一些外國人士認為新憲法象徵議會民主制在波蘭的終結。根據新憲法的內容，總統的職位被定義為「國家唯一不可分割的權威」（第二條第四項）。新法律淘汰制約與平衡原則，宣布國會、參議院、軍隊和法庭都是「隸屬於總統之下的國家機關」（第三條第一項）。總統負責指派總理、提名部長職位的候選人（第十二條）。總統若認為適當，也能夠解散立法機關。

假如總統在七年任期結束之後選擇不再參選或辭職，他有權提名兩位候選人當中的一位來競選繼任總統（第十三條）。總統可以選擇自己的繼任者，確保了目前的政府能繼續掌權。一九三五年的憲法還規定總統本人要指派三分之一的參議院成員，進一步剝奪立法機關的權力（第四十七條）。

另一方面，新法律沒有更改公民與宗教自由的保障，也保留了反對黨及其媒體的權利。憲法表示：「國家確保公民發展個人能力的可能，以及思想、言論和集會自由。」（第五條第二項）這些公民權「不得受到出身、宗教、性別或民族的限制」（第七條第二項）。關於宗教自由，一九三五年的憲法寫得很明白：「所有公民都應獲得思想與宗教自由的保障，不允許任何公民的權利因為其宗教信仰而受到限制。」（第一百一十一條第一項）除此之外，憲法規定波蘭政府不得鼓勵或支持使多數族群跟少數族群對立的政策：「國家要團結所有的公民，為了公共福祉協助他們和諧合作。」（第九條）憲法也保障自由、匿名、平等、直接和比例制的選舉方式，但是整體而言，憲法的設計目的是要廢除「眾議院統治」（Sejmocracy），也就是一九二一年憲法的特徵。

在憲法宣布前似乎沒有諮詢畢蘇斯基，他對這份文件受到批准的過程感到不太自在。一九三四年一月他看見為了通過憲法提案所使用的程序伎倆時，便告訴斯瓦韋克和希維塔爾斯基，他反對的不是議案內容本身，而是「透過耍詐或玩笑的方式通過憲法是不健康的」。[41] 歷史學家安東尼．波隆斯基表示，畢蘇斯基認為唯有經過國會詳細討論後，才會讓憲法最後的結果是合法的。確實，參議院到一九三五年一月十六日、眾議院到一九三五年三月二十三日才會通過新憲法，也就是畢蘇斯基告誡不可快速通過憲法議案的一年之後。波隆斯基說：「新憲法希望賦予永久實體的那些政府原則，是畢蘇斯基爭取已久的。他認為自從政變以來，自己就一直有在實行。」[42]

※

憲法在一九三五年四月二十三日通過那天，一名從維也納找來的醫生到華沙拜訪畢蘇斯基，評估他的健康狀況。大家都不認為有好消息。畢蘇斯基的妻子憶道：「【一九三五年】整個三月，一點點體能活動就讓他受不了。」[43]儘管如此，醫生的診斷仍帶來打擊。醫生說，畢蘇斯基罹患肝癌，已到末期，無法醫治。即使聽到這可怕的消息，畢蘇斯基別無選擇，還是得履行軍事和外交方面的義務，因為在一九三五年的三月十六日，希特勒開始實施全民徵兵制並下達飭令，宣布《凡爾賽條約》的去軍事化條款從這一刻起不再有效，因為德國打算將兵力擴充到十二軍、三十六師，總共四十八萬人。畢蘇斯基的第一個反應，就是命令格拉比什上校針對這件事彙整一份報告。[44]

畢蘇斯基在華沙的美景宮招待的最後一批重要外賓是英國外交大臣安東尼・艾登（Anthony Eden）和英國首相約翰・西蒙爵士。這次會面在一九三五年四月二日展開，波蘭外交部長貝克也有出席。畢蘇斯基坐車前往美景宮，由副官亞歷山大・赫林凱維奇（Aleksander Hrynkiewicz）迎接。赫林凱維奇在那天的日記中寫道：「總司令緩慢艱難地走下車。」他陪同畢蘇斯基到建築物入口，注意到他「走路緩慢，鞋底拖過地面。」畢蘇斯基的臉看起來「非常蒼白。他的氣色很差，像個生病的人。」赫林凱維奇上次見到他不過是幾天前，但在這段期間「他顯然體重減輕了，這馬上就能看得出來，因為領子周圍的空隙變寬了。」[45]

畢蘇斯基跟英國高層官員進行了一場非常友好的會面。畢蘇斯基告訴艾登，一九一八年以前，他認為英國的情報組織是全世界最優秀的。然而，畢蘇斯基接著說，這在俄羅斯內戰期間改變了，因為英國情治單位錯判白軍的潛力，不理會畢蘇斯基認為白軍會被擊敗的評估，因此浪費很多資源在支持會戰敗的那一方。畢蘇斯基也趁機說他不喜歡勞合·喬治，他曾經擔任英國首相，公開反對畢蘇斯基的政策。畢蘇斯基告訴艾登先生：「我向來都會回信，但我從勞合·喬治那裡收到一封冗長的政治信件，卻沒有回覆。我之所以不回信，是因為回信的內容一定會冒犯到他，而我不想要不尊敬【首相】。」[46]

艾登在回憶錄裡花了一些篇幅描述這場會面。回憶起那天，艾登說：「元帥普遍受到敬重，也理應如此，因為他在俄羅斯革命後靠著卓越的軍事能力解放了波蘭。他的意見──或人們認為是他意見的言論（因為他現在很少出現在公開場合）──總是被極為忠誠且尊敬地接受。」接著，艾登談到了那場會面：「訪談跟我預期的很不一樣。我跟貝克一起走進房間，他非常希望討好畢蘇斯基，讓這場會面成功。元帥的心智開始衰退，但是他的權威絲毫未減。沒有人警告我他病得有多重，我想是因為沒有人知道誰可能告訴我。這是一個被緊守的祕密。」[47]

隔天，艾登用電報將報告發給倫敦，寫得更加詳細。艾登在一九三五年四月三日寫道：「對話進行得不太順利，因為元帥說的話有很大一部分──他全部都用法語說──我自己跟另外兩位在場的部長都聽不清楚。」他接著寫道：「我感覺這個人現在身體非常虛弱……完全活在過去。」外交部長艾登總結說：「在現在的情況下，他似乎認為自己的國家必須緊抓著跟兩大鄰國之間的條約，堅持拒絕離開現在的位置，或面對任何可能迫使它修改目前態度的事件。」[48]會面在四十五分鐘後結束時，兩位政治家握手道別。

英國使節離開房間後，畢蘇斯基馬上走到臥室躺下。萊佩奇在日記中寫道：「我焦慮地看著他。他給人非常疲憊虛弱的感覺。我無助地站在床邊，不知道該做些什麼。儘管如此，我仍試著找話題，說：『這次訪問真是好。』畢蘇斯基回答：『是啊，沒錯，一個國家一定要得到英國的支持才行。』」[49]

外國的一名華沙特派員針對這次會面進行報導，說：「英國低估了畢蘇斯基元帥的韌性和精明。元帥完全理解波蘭在歐洲局勢中占有關鍵位置，要得到足夠的保證來確保波蘭不會遭到入侵，或可能還要得到適當的『補償』，才會放棄這個位置。」[50]

一九三五年的春天正式來臨後，畢蘇斯基病重到無法出遠門。原本預定要在他位於蘇萊約維克的鄉村宅邸舉行的復活節儀式必須取消。他讀了很多書，思索希特勒公開宣布恢復軍備對波蘭安全及國際關係帶來的意義。亞麗桑德拉．畢蘇斯卡回憶一九三五年的三月和四月，說：「他會坐在書桌前焦慮地研究地圖。」[51]他認為，這世上沒有一個繼承者擁有跟自己同等的能力，能守護國家的安全，因此更加深了他的恐懼感。畢蘇斯基曾透露，他很害怕自己死後波蘭會發生什麼事。希維塔爾斯基記下他在一九三四年三月七日說的話：波蘭的均勢政策「將非常難以維繫」，「因為這個國家的總司令必須要有在必要時運用創意來拖延或改變現狀的天賦。」[52]

哀悼的波蘭、失序的世界

由於刻意向一般大眾隱瞞元帥生病的消息，因此畢蘇斯基的死訊在一九三五年的五月十二日公布時，引起社會震驚。雖然他擁有將近絕對的權力，但大家都知道畢蘇斯基從來不曾利用自己的職位滿足私人物質需求。因此，聽說畢蘇斯基死前一年拒絕接受波蘭國會通過的加薪提案，且多年來都將自己身為戰爭部長領到所有的薪水，捐給孤兒院和慈善機構，很多人都不意外。[53]這對一般大眾來說是個耳熟能詳的故事。如同波隆斯基所說的：「政府越來越疏離一般大眾的想法，但是畢蘇斯基卻一直普遍受到尊重，認為他是個誠實、有遠見且高貴的人。」[54]

元帥去世的消息傳開來後，整個國家集體哀悼。他的死訊也出現在世界各地的外國媒體版面，因為各國都知道畢蘇斯基是波蘭外交政策的幕後推手。他突如其來的消失，讓蘇聯和英國等國十分擔憂後續可能出現的狀況。儘管人們時常說他是「獨裁者」，世界各地的人仍對他讚譽有加。在他逝世當晚，法國外交部長皮耶．拉瓦爾在廣播致詞中表達了深切的遺憾，哀嘆這個世界失去「這位傑出的軍人，同時也是波蘭民族勇氣、榮譽和愛國精神的化身。」[55]在他死後的隔天，《泰晤士報》表示畢蘇斯基的死「讓歐洲失去最浪漫、最卓越的人物之一。他是壓迫、戰爭與革命時期的產物，後來成為一個現代國家的建造者。」接著，這篇社論描述了畢蘇斯基在波蘭民族生活中的地位：「畢蘇斯基……對於什麼可以實行有非常敏銳的直覺，並且專心致志地服務國家。他是一位偉大的軍人和能幹的治國大師，喜歡讓自己位居幕後，透過別人來做出行動；但，在這個國家多變的現代歷程中只要出現危急時刻，國民都會把目光轉向他。」[56]《泰晤士報》的第二篇社論則說畢蘇斯基「結合了先見之明和快速決策的天賦」，他的才智「使他能夠獲取戰爭理論的知識，而且還是個天生的領袖。」這篇社論接著說，畢蘇斯基「生前就名列於波蘭出生的偉大統帥之中，恢復了軍隊的傳統。」[57]

有一些波蘭軍團的老兵寫信給當地的報社，其中一人所寫的信在一九三五年五月十五日的《哈特福德新聞》（*Hartford Courant*）上刊登：「我認識畢蘇斯基。我曾經以波蘭軍團成員的身分在他的指揮下打仗。他完全不是紙上談兵的將軍。不，先生，畢蘇斯基不是那種人。這個男人在俄羅斯嚴寒的冬天受凍、在乾旱的夏天忍受酷熱，還跟士兵一起蹲在前線的壕溝裡，恐怕是這類將軍的末代了。」

在華沙，莫希奇茨基總統在畢蘇斯基過世當晚發表了一場動人的演說：「他用盡一生的努力建立起一個國家的力量；他發揮天才的頭腦、耗盡所有的意志，創建了一個國家……這個在我們整個悠久的歷史中最偉大的男人，從過去的扉頁深處汲取他的精神力量，並藉由超乎常人的腦袋找出通往未來的道路。」[58]

一九三五年五月十五日，畢蘇斯基的遺體在莊嚴的送葬隊伍中，從美景宮移到五公里外的聖約翰主教座堂（St. John's Cathedral），估計有五十萬人站在街道兩旁向他致意。[59]接著，遺體被放置在火車開放車廂的砲架上，在前往克拉科夫舉行正式葬禮途中供人觀看。這趟旅程花了十四個小時以上，在每一座小村子都有停留，好讓居民可以向領袖致意。到了克拉科夫，送葬隊伍將棺材帶到瓦維爾城堡，由波蘭軍隊的將軍抬進教堂地下室，跟雅德維加女王（Queen Jadwiga）、史塔尼斯瓦夫·波尼亞托夫斯基國王（Stanisław

Poniatowski）、揚·索別斯基國王（Jan Sobieski）、塔德烏什·柯斯丘什科將軍和波蘭偉大詩人的墳墓葬在一起。葬禮發射一百零一發禮炮，以示敬意，接著全國舉行一分鐘的默哀。[60] 一九三五年的五月二十二日，立陶宛答應波蘭的要求，將畢蘇斯基的母親瑪麗亞·畢蘇斯卡的遺體挖出來，遷至維爾紐斯的墓園，跟畢蘇斯基的心臟合葬。[61] 送葬隊伍中有人拿著銀盤，上面放著從畢蘇斯基母親的墳墓取出的泥土。畢蘇斯基的心臟將在六月時放在母親遺體的腳邊。

同一時間在大西洋對岸，美國國會聆聽了一場向畢蘇斯基的一生致敬的演說。一九三五年五月二十四日，華盛頓波蘭團體一位名叫薩多夫斯基（Sadowski）的人發表了長篇的演說〈約瑟夫·畢蘇斯基：波蘭共和國之父〉，被收錄在官方紀錄裡。薩多夫斯基在開頭說道：「畢蘇斯基元帥對波蘭來說，就像喬治·華盛頓之於我們的國家一樣。他是真正的波蘭之父。」他補充道：

> 【畢蘇斯基】是一個握有龐大權力卻從來不會加以濫用的政治家。他不是暴君，他不是征服者，他不是為了征服無情打仗的戰士；他就像華盛頓將軍一樣愛他的國家和他的人民，勇敢地為自由而戰。雖然任何國家的誕生都不該被視為單獨一人的成就，但是約瑟夫·畢蘇斯基元帥的性格是如此強大，其個人特色不僅烙印在波蘭共和國的創立過程，也烙印在波蘭的國內外政策之中。[62]

接著，薩多夫斯基停下來，朗誦華盛頓天主教大學的約翰·羅爾比爾茨基牧師（John J. Rolbiercki）最近發表的悼詞：「從某方面來說，畢蘇斯基的人生可以視為波蘭爭取自由的象徵。」他補充說：「新波蘭是他真正的紀念碑。波蘭會統一、會有明確的國家目標和強大的國家精神，都是畢蘇斯基的頭腦和靈魂具體實在的展現。」[63]

畢蘇斯基也受到這個國家龐大猶太社群的由衷讚美。信奉天主教的波蘭人針對元帥留下的影響有嚴重的分歧，但是歐洲最大、世界上第二大的猶太社群卻幾乎全體都對畢蘇斯基有正面的看法。倫敦的《猶太紀事報》在一九三五年五月二十四日報導：「波蘭猶太人這星期在深深哀悼畢蘇斯基元帥的情緒中度過。」波隆斯基表示，「波蘭為數眾多的猶太人口深深哀悼」畢蘇斯基的死。[64] 許多波蘭猶太人都證實，這位威權人物阻止了反猶暴力。畢蘇斯基——猶太人的保護者和「祖父」——去世後，反猶暴力的威脅又出現了。一名來自波蘭東部格羅德諾的猶太人回憶，有好幾個波蘭年輕人在畢蘇斯基死後數天接近他。伊利亞・卡本科（Ilya Karpenko）說道：「格羅德諾當地的一些波蘭人毫不遲疑地對我們說：『你們的「祖父」已經死了，現在我們可以給你們點顏色瞧瞧。』」[65]

除此之外，在第二次世界大戰後波蘭猶太社群出版的數百本紀念書籍中，我們也可以發現經常提及畢蘇斯基，形象十分正面。例如，在凱爾采猶太人的紀念著作中，有一段話寫道：「畢蘇斯基活著的時候，波蘭的反猶主義者就不敢公開攻擊我們。」[66] 在洞布羅瓦塔爾努夫（Dąbrowa Tarnowa）猶太人的作品也可以發現類似的感受，其中一段話表示：「畢蘇斯基在一九三五年去世時，波蘭猶太人失去了一個譴責反猶主義的好朋友。」[67] 一九一〇年出生的山姆・庫德維茨（Sam Kudewitz）在南加州大學的猶太大屠殺基金會檔案館（Shoah Foundation Archive）發表演說時，憶起故鄉波蘭在第二次大戰前夕對猶太人來說變得很不安穩，因為反猶暴力行為增加、大學環境變得不友善，政府還公然呼籲猶太人移民到其他地方。然而，對庫德維茨而言，畢蘇斯基統治下的波蘭是一個截然不同的地方。他說：「但是畢蘇斯基仍在世時，那裡對當時的猶太人來說是非常好的地方。」庫德維茨在一九三〇年左右結婚時，有人問他是否考慮跟妻子一起移民美國，因為他們在那裡也有家人。他回答：「只要畢蘇斯基還活著，我們不需要美國。我們在波蘭過得很好，我有一間很棒的店鋪，我們有一個很棒的家。」[68]

另一個在猶太大屠殺基金會發表演說的波蘭猶太人，被直接問到她對畢蘇斯基的想法。一九二六年，史黛拉・法伊克（Stella Faiek）只有十二歲。高中畢業後，她在雅努什・科扎克（Janusz Korczak）開辦的孤兒院工作，想起畢蘇斯基和他的家人前來拜訪的情景。史黛拉說：「畢蘇斯基人很好，對猶太人非常好。我見過他幾次。大家都喜歡他。他跟其他波蘭人不一樣。」[69]猶太大屠殺基金會訪問的另一名波蘭猶太大屠殺生還者也有類似的看法，說他一向認為畢蘇斯基是猶太人的保護者。[70]

※

自從畢蘇斯基去世後，人們對他的看法經歷了許多轉折。在波蘭第二共和國（一九三五年到一九三九年）剩下的那幾年，法西斯主義和威權統治散布到許多歐洲國家，畢蘇斯基的後繼者無法遏止納粹德國和蘇聯。隨著波蘭的兩大鄰國在第二次世界大戰之前的幾年間變得越來越具威脅，畢蘇斯基的形象也越來越正面。

在波蘭實行共產統治的前二十年（一九四八年到一九六八年），政府大力抨擊畢蘇斯基的遺緒，將他從歷史記憶中抹除。在一九七〇和一九八〇年代，波蘭最重要的畢蘇斯基傳記作家安傑伊．蓋利斯基對他大肆批評。然而，蓋利斯基同時也承認畢蘇斯基在波蘭歷史上扮演了關鍵角色。在他嚴謹的傳記（一九八八年以單冊出版）結尾，蓋利斯基說：「他走了很長一段路，從孩童時期的祖武夫到西伯利亞流放時期、社會主義運動、軍團、馬德堡、美景宮、蘇萊約維克，再回到美景宮，最後來到瓦維爾城堡的王室墳塚。他是一個不同凡響的人物，為幾十年的波蘭歷史留下了自己的印記。他還活著時便成為傳奇，象徵波蘭的重生。」[71]

畢蘇斯基留下的政治遺緒在他死後沒有為波蘭帶來好處，因為就像歷史學家比斯庫普斯基充滿洞見的描述所形容的那樣，他創造了一個「幾乎無法定義的民主實踐和威權統治混合體」。[72]雖然政府在一九三〇年到一九三五年運作順利，但那完全是因為領頭的人是畢蘇斯基。他的死帶來混亂和不穩，沒有可以取代他的能幹統治者。這場政府危機造成的其中一個後果，就是反猶暴力行為導致法律和秩序瓦解，儘管這段時期對

畢蘇斯基的送葬隊伍，攝於一九三五年五月十七日的華沙。

波蘭而言還算和平，邊界沒有受到任何立即的威脅。

畢蘇斯基在承平時期進行統治時，是絕對不會被容忍過度的反猶行徑，但是在他死後卻出現一波屠殺浪潮，他的繼承者不是沒辦法、就是不願意遏止。第一起屠殺事件發生在一九三五年六月七日的格羅德諾，元帥過世未滿一個月。在短短一天的時間內，就有四十名猶太人受傷，其中兩人後來死亡。[73]反猶動亂擴及其他城鎮，六月十二日之前就估計有八十名猶太人受傷。[74]前面提過，根據格羅德諾一名受害者的證詞，畢蘇斯基的死跟反猶暴力的爆發直接相關。兩名波蘭青年走近這名受害者時，其中一人說道：「你們的『祖父』已經死了，現在我們可以給你們點顏色瞧瞧。」[75]

反猶暴力行徑一直持續到一九三六年和一九三七年，估計發生一百起事件，造成十七人死亡、兩千人重傷。[76]除此之外，畢蘇斯基的後繼者把政治越來越往他的敵人——右翼民族民主黨——的方向推，包括實施壓迫少數族群的措施。這些措施的是要限制他們的權利、逼迫猶太人移民，並且允許在波蘭大學實施所謂的猶太座位制度。

從畢蘇斯基死後到第二次世界大戰爆發期間，外交部長約瑟夫·貝克讓國家在外交事務方面走上錯誤的方向，沒有畢蘇斯基的引導，他無法有技巧地應付越來越危險的國際舞台。貝克也沒辦法洞察希特勒的終極意圖，保護國家不被徹底毀滅。畢蘇斯基死後的九個月，貝克還有遵循波蘭在兩個大國之間的均勢政策。但是在那之後，貝克便將國家導往親德的方向。畢蘇斯基死後，貝克在一九三五年七月三日第一次出訪外國，選擇以柏林為目的地，所有人都看出這代表了什麼。在那之前，貝克在畢蘇斯基去世三個星期後發表的外交政策演說上提出新的願景。畢蘇斯基曾說他認為跟德國的協定不會延續超過四年，但貝克卻認為一九三四年一月的《德波互不侵犯條約》為兩國長久、甚至可能永久的和平奠定了基礎。[77]

從畢蘇斯基的均勢政策到親德傾向的轉變逐漸成形。一九三六年三月七日，德國軍隊在一九一八年之後第一次進入去軍事化的萊茵蘭，貝克卻沒有公開表示什麼。貝克認定法國只會公開譴責，不會採取軍事行動，便玩起雙面人的遊戲，一邊告訴法國波蘭會提供任何協助，一邊告訴德國他不會反對他們的行動。不像堅決反對德國在萊茵蘭重整軍備的畢蘇斯基，貝克似乎認為德國這麼做對波蘭並不會造成真正的危險。[78]從貝克對待捷克斯洛伐克的態度，就能看出他會繼續在外交事務上給第三帝國開綠燈，只要波蘭的邊界沒有危險就好。貝克在一九三五年六月私下對副部長說，他不會反對德國進犯捷克斯洛伐克。[79]在一九三八年三月德國併吞奧地利的幾天前，貝克到羅馬進行國是訪問。義大利外交部長加萊阿佐・齊亞諾（Galeazzo Ciano）問貝克對希特勒可能用武力攻下維也納的看法。齊亞諾在一九三八年三月七日的日記中寫道：「關於德奧合併（Anschluss）的事，【貝克】假裝沒有興趣，彷彿這個問題對波蘭一點都不重要。」[80]

因此，不意外地，研究戰間期歐洲的歷史學家都對貝克抱持相當負面的觀點。已故的歷史學家扎拉・施泰納（Zara Steiner）評論道：「倫敦和巴黎都不喜歡也不信任貝克。」美國歷史學家格哈特・溫伯格（Gerhard L. Weinberg）也說：「【貝克】太過自以為是，似乎沒察覺到自己在英國和法國政府官員之間很不受歡迎。」[81]美國記者兼作家的路易・費歇爾（Louis Fischer）於一九三六年造訪華沙時，成功訪問到了外交部長貝克。費歇爾憶道：「他在外交部接見我。他講不到五分鐘的話，我就聯想到鰻魚；要把他困住是不可能的，當我以為他被困住了，他又逃離我的問題，針對某個抽象概念發表長篇大論。我知道我永遠不可能知道他講完後到底講了什麼。」[82]

瓦克瓦夫・延傑耶維奇於一九三〇年代初期曾在畢蘇斯基的內閣中擔任部長，他在一九三〇年代晚期越來越驚訝於貝克帶領國家走上的方向。延傑耶維奇在回憶錄中提到，德國併吞奧地利、分割捷克斯洛伐克的一年後，貝克還在一九三九年一月的華沙舉辦筵席，慶祝《德波互不侵犯條約》簽署滿五年。德國外交部長約阿希姆・里賓特洛甫（Joachim von Ribbentrop）出席了這場宴會，怪異的場面讓延傑耶維奇印象深刻。他說，貝克似乎以為德國會繼續履行互不侵犯條約。[83]貝克對德國在其他地方的侵犯視若無睹，讓波蘭處在暴露在越來越危險的局勢之中。

還有其他幾位外交官記錄了自己的擔憂。英國外交大臣艾登在一九三七年七月表示：「我們當然有盡力處理貝克上校，但恐怕沒什麼成效。他是個很難共事的傢伙，善變到會傷害自己的國家。」[84]貝克在結束上面提到出訪羅馬的外交活動後，義大利外交部長齊亞諾在日記中寫下自己的感受：「貝克似乎沒有特別強大或聰明絕頂。最重要的是，他的表達很不清楚：他的論點沒有清楚表達他的概念，也沒有條理。他很沒有系統，會越來越離題，談到毫不重要且不精確的事情。」[85]

畢蘇斯基在去世前不久，便非常擔心自己死後波蘭會發生什麼事。一九三一年十月，沉重的絕望感讓他崩潰了。他雙手掩面悲痛地說：「我走了以後會發生什麼事？誰有辦法看清事實？」[86]畢蘇斯基的預言很快就成真了。

後記

約瑟夫・畢蘇斯基的一生從十九世紀的最後三分之一，延續到二十世紀的前三分之一，跟同時代的政治人物相比非常不凡。在他死後，他所留下的遺緒——在他生前就已經受到討論——曾在不同的時期顯得重要。一位外國觀察家在一九三一年說道：「畢蘇斯基總是謙遜超然，鮮少出席公共場合，已是個傳奇人物。」[1]他在一九三五年六十七歲時去世的時機很不湊巧，正是納粹德國竄起、史達林在蘇聯的統治變強的時刻，讓整個國家陷入混亂。國外的觀察家注意到，各地都有感受到畢蘇斯基不在了的事實。例如，義大利外交部長加萊阿佐・齊亞諾一九三九年二月拜訪華沙時，便發現畢蘇斯基已經不在這件事情充斥整個政界：「在波蘭，唯一說話有份量的人是一個死人——畢蘇斯基。有太多人想要成為真正保存他智慧的那個人。」[2]

美國旅遊作家羅伯特・麥克布賴德（Robert McBride）在一九三七年到波蘭旅行時也感受到這位元帥不在了的事實。他寫道：「從十六世紀晚期到二十世紀初期，波蘭歷史出了三個著名的人物。」前兩位分別是十六世紀的國王斯特凡・巴托里（Stephen Batory）和十八世紀的塔德烏什・柯斯丘什科將軍，「最後一位則是約瑟夫・畢蘇斯基，他從童年時期就是一個革命分子，後來不但創造了這個現代國家、在一九二〇年從華沙城門趕走入侵的俄羅斯人，還為國家確立比《凡爾賽條約》制定者所給予的邊界更廣闊的疆域。」[3]

在畢蘇斯基死後，殘酷的命運降臨在這個國家，使波蘭的故事成為現代史上最悲劇的篇章。在第二次世界大戰被納粹和蘇聯入侵者摧殘過後，波蘭遭到共產主義者統治了兩個世代。波蘭在無法自己作主的情況下被迫落入鐵幕後方，然後銷聲匿跡。雖然畢蘇斯基在建立獨立波蘭時扮演了歷史性的角色，但是在共產主義的波蘭，畢蘇斯基卻成為禁忌話題，一直在一九八九年為止。然而，共產政權無法完全壓抑人們對獨立波蘭之父的記憶。因此，畢蘇斯基不時會出現在共產主義的波蘭，是反抗與民主理念強而有力的象徵。

冷戰期間，畢蘇斯基在波蘭集體記憶中的地位受到強化。一九七八年，反共產主義作家卡齊米日・布朗迪斯（Kazimierz Brandys）說，畢蘇斯基被視為「至高的權威。他自帶偉大。」[4]美國訪客達努莎・高斯卡（Danusha Goska）於一九八八年造訪波蘭時，馬上就看出畢蘇斯基的記憶對人們的影響力有多強。她在克拉科夫當國際交換學生時，看見城市的街道上畫有畢蘇斯基的塗鴉。「早上走路去上課時看見這個，讓我滿心雀躍。下午走路回家時，我卻看到不同的景象。元帥輪廓分明的英俊剪影被白色油漆塗過。油漆也把『團結』兩個字給蓋過去。」[5]

一九八〇年代，很多人都跟高斯卡一樣發現畢蘇斯基很受歡迎。共產當局在一九八一年十一月十一日第一次允許民眾慶祝獨立紀念日時，想要試著抹去畢蘇斯基在那段歷史的地位，卻沒有成功。自從一九三九年以來，廣播上第一次播放第一旅——畢蘇斯基在戰時率領的部隊——的歌曲。《紐約時報》華沙分社的社長在一九八一年的十一月十一日寫道：「對數百萬計的波蘭人而言，他幾乎是民族精神的神祕象徵。現在，崇敬畢蘇斯基元帥成了全國人民的熱忱。格但斯克造船廠的工人今天宣布他們要把自己的工廠重新命名為約瑟夫・畢蘇斯基造船廠。許多人家都在壁爐上懸掛他的照片，從那下垂的海象鬍子就能立刻認出來。今天的遊行者會把照片當成明信片大小的徽章配戴在身上。」[6]

在一九八九年共產主義瓦解的前夕，華沙另一名外國特派員說：「約瑟夫・畢蘇斯基……因為大力捍衛波蘭獨立，已經成為受人崇拜的對象。」[7]共產主義瓦解後，畢蘇斯基馬上大受歡迎。在後共產主義時代的波蘭於一九九〇年十一月第一次舉行總統大選那天，《紐約時報》的記者斯特凡・恩格伯格（Stephen Engelberg）對於波蘭充斥著畢蘇斯基的意象感到驚嘆。他觀察到：「長著鬍子的畢蘇斯基元帥在各種微妙的喬裝下，現身總統大選的造勢活動中。團結工聯的主席萊赫・華勒沙也有鬍子，他在海報上的照片被刻意用某個角度拍攝，讓人聯想到元帥過去的照片。」[8]恩格伯格跟一位在蘇萊約維克投票所排隊等候的年輕工人攀談，對方表示他很欽佩畢蘇斯基反對反猶主義的事蹟。他說：「在畢蘇斯基的時代，我們有很多猶太人，那時候的生活比較好。」這名記者順著這句話做出以下的評論：「歷史學家一致同意，畢蘇斯基元帥在大蕭條前幾年對抗波蘭反猶主義的浪潮，希望波蘭成為猶太人和其他少數族群可以跟波蘭同胞共同生活的地方。」[9]前團結工聯領袖亞當・米奇尼克把畢蘇斯基跟柯斯丘什科和諾貝爾獎得主切斯瓦夫・米沃什（Czesław Miłosz）相提並論，說他是「波蘭民族最優秀的人物」之一。[10]

在二〇一八年慶祝波蘭獨立一百週年的活動上，一份開明天主教週刊強調了畢蘇斯基好壞參半的遺緒，提出從英雄到暴君的各種觀點。克拉科夫的《公眾週刊》（*Tygodnik Powszechny*）寫道：「波蘭獨立的建國之父是卓越的軍人、經驗老到的政治人物、優秀的戰略家和遠見家，但卻也是危險的恐怖分子、黑暗的獨裁者和狂人……痛恨反對派的民主敵人。」[11]同一時間的華沙，歐盟高峰會（European Council）當時的主席唐納・圖斯克（Donald Tusk）談到協助波蘭在一九一八年十一月獨立的各個卓越領袖。他說：「但是，我們也總會想起那一個具有代表性的人物，他不但是波蘭獨立象徵性的國父，實際上也是如此——約瑟夫・畢蘇斯基……畢竟，是約瑟夫・畢蘇斯基說，不尊重自己的過去的民族不值得擁有美好的未來。所以，就讓我們再次明白地強調：我們的獨立英雄和國父是約瑟夫・畢蘇斯基。」[12]

今天，在波蘭以外的地區，大部分的人都不認識畢蘇斯基。然而，對許多源自波蘭這塊土地的人來說，畢蘇斯基仍是強大的象徵，不僅是這個國家的國父，還是嚮往一個寬容且族群多元的聯邦的遠見家。在一九九〇年代初期移民美國、今天擔任美國約瑟夫・畢蘇斯基研究院（Jozef Pilsudski Institute of America）院長的伊沃娜・寇加（Iwona Korga）反思畢蘇斯基的意義。她說：「身為歷史學家，我深深相信畢蘇斯基為波蘭奉獻了自己的生命。他致力於規畫、組織、作戰和統治。最重要的是，他從來不沉溺於奢侈的事物，而是透過謙遜和對家庭及士兵的奉獻來統治。還有一點應該補充，那就是畢蘇斯基建立了一個自由民主的國家，在工業、教育和文化方面進展飛快。」[13]

在畢蘇斯基的想像中，從瓦解的俄羅斯、德意志和奧匈這三個帝國組建起來的新波蘭，會住著多民族、多語言、多宗教的人口。因此，對畢蘇斯基來說，波蘭會在東歐成為自由民主國家的前哨站，把這些理念傳到東方，帶給位於波蘭和俄羅斯之間的鄰近民族。在一九一八年到一九二一年的第一段統治時期，畢蘇斯基為了要實現這個願景，試圖透過擁護烏克蘭——甚至白羅斯——獨立的方式，讓這些國家成為俄羅斯與西方之間的緩衝地帶，把俄羅斯推回族群的疆界。他所構想的烏克蘭國家不只是遏止俄羅斯侵略的防護牆，還是西方自由民主的前哨站。有人引用畢蘇斯基在一九一九年說過的話：「唯有獨立的烏克蘭，才會有獨立的波蘭。」[14]結果被紅軍阻撓，導致計畫沒有成功。他認為無法成功創造烏克蘭國家，實屬歐洲的一大不幸。接著，在明白波蘭與法國的盟友關係純屬政治性質、無法提供邊界保障之後，畢蘇斯基在一九三二年到一九三四年間跟納粹德國和蘇聯簽訂了互不侵犯條約。他並沒有幻想這些為期十年的條約就能保證波蘭的安全，私下曾說跟納粹德國簽訂的協議將不會持續超過四到五年。由於波蘭受到地理位置的詛咒，必須為他相信無法避免的那場戰爭做好準備。

畢蘇斯基最具爭議性的一點就是一九二六年的政變和之後的威權統治。我在前面已經提出論點，主張這個轉變並不是畢蘇斯基在民主制度、少數族群權利、法治、跟西方民主國家建立強大關係等意識形態方面的理念出現變化所造成的。反之，這是一九一八年到一九二六年的經濟和政治混亂帶來的結果；這段時期，波蘭貨幣的幣值劇烈起伏，總共出現十三個短命的政府。因此，畢蘇斯基並沒有對民主理想或民主政府失去信心，而是對出現在他眼前的波蘭失去信心——他不相信波蘭社會有能力以負責任的態度行使新得到的自由、尊重憲法保障所有公民在法律面前人人平等的權利、接受自由選舉的結果（即使結果令人失望）。在一九一八年到一九二二年建立真正的自由民主制度並擔任國家元首的那個男人，並沒有變成他辛苦建立的那些制度的敵人。

一九二二年十二月十六日，加布列爾・納魯托維奇總統在當選幾天後就遭到暗殺，這起事件是永遠改變畢蘇斯基的分水嶺時刻。在這兇殘的謀殺案發生前的那五天，反對畢蘇斯基的右翼政黨對納魯托維奇發動無情惡毒的抹黑運動，不斷說總統當選人是「猶太人的總統納魯托維奇先生」，聲稱納魯托維奇沒有猶太人和少數族群的選票，根本不可能勝選。[15]右翼的政治人物儘管參與起草一九二一年三月通過的憲法，卻顯然不願意遵守憲法所列出民主國家最基本的原則：所有公民的選票都算數，且自由公平的選舉結果應受到尊重，不能訴諸暴力和威嚇。對畢蘇斯基來說，令人震驚的不只暗殺事件本身，還有兇手在遭受審判和處決之後得到的讚美。知名的專欄作家阿道夫・諾瓦辛斯基（Adolf Nowaczyński）於一九二三年一月六日在民族民主黨的週刊上報導這場審判，說這名殺手的「為犧牲展現的力量和能耐，只會引起人們的敬佩」。他最後還說，兇手的審判供詞宛如「一個擁有偉大性格的人的紀念碑」。[16]右翼媒體公開讚揚這名殺手，讓畢蘇斯基更加悲憤，使他從此以後經常說他的政治對手是「混帳、壞蛋和小偷」。[17]瓦迪斯瓦夫・波博格－馬里諾夫斯基在他的三大冊現代波蘭史先驅著作中，談論納魯托維奇暗殺事件所帶來的影響：「右翼人士謀殺納魯托維奇，主要唆使者還完全脫罪，這些都讓畢蘇斯基堅信透過和善勸服的方式，沒辦法在波蘭實現任何事，武力和勒索是唯一的方法，一個人必須強硬冷血才行。」[18]

畢蘇斯基在一九三五年五月去世，讓波蘭失去了領袖。他的繼任者無法有技巧地在外交和安全之間取得平衡，外交部長過度相信德國會守信用，導致波蘭對於一九三九年九月所發生的事情完全沒有準備。已故的歷史學家兼政治科學家約瑟夫・羅斯柴爾德濃縮了畢蘇斯基代表的終極意涵，主張無論一個人如何看待畢蘇斯基的統治作風，說他在一九二六年之後變成威權主義者，但「我們必須承認，今天再也沒有人會說波蘭不是歐洲的一分子，這件事主要得歸功於畢蘇斯基。」[19]

波蘭職業外交官阿納托爾・穆斯坦因在一九三九年出版的傳記中，反思了畢蘇斯基的性格。穆斯坦因寫道：「畢蘇斯基的思想永遠走在時代的前端，他活在未來。可以說，他的頭腦是創造新事物的機器。」這位波蘭外交官總結，身為一個人類，令他如此受歡迎的特質「就是他的無私和簡樸。在金錢至上的時代裡，畢蘇斯基鄙視財富與奢侈。他過著毫不浮華炫富的簡單生活，平民百姓都看得到這之中的美麗。」[20]對波蘭和歐洲而言，畢蘇斯基確實懷有一個獨到的願景——建立一個民主多元的國家，所有公民都有平等的權利，讓自己投下的選票不論性別、宗教或民族，都能夠算數。可是，遇到政治危機時，畢蘇斯基的願景讓他失望了。在最後九年的統治中，畢蘇斯基依靠武力的手段恢復民主的未來，因此留下好壞參半的遺緒。

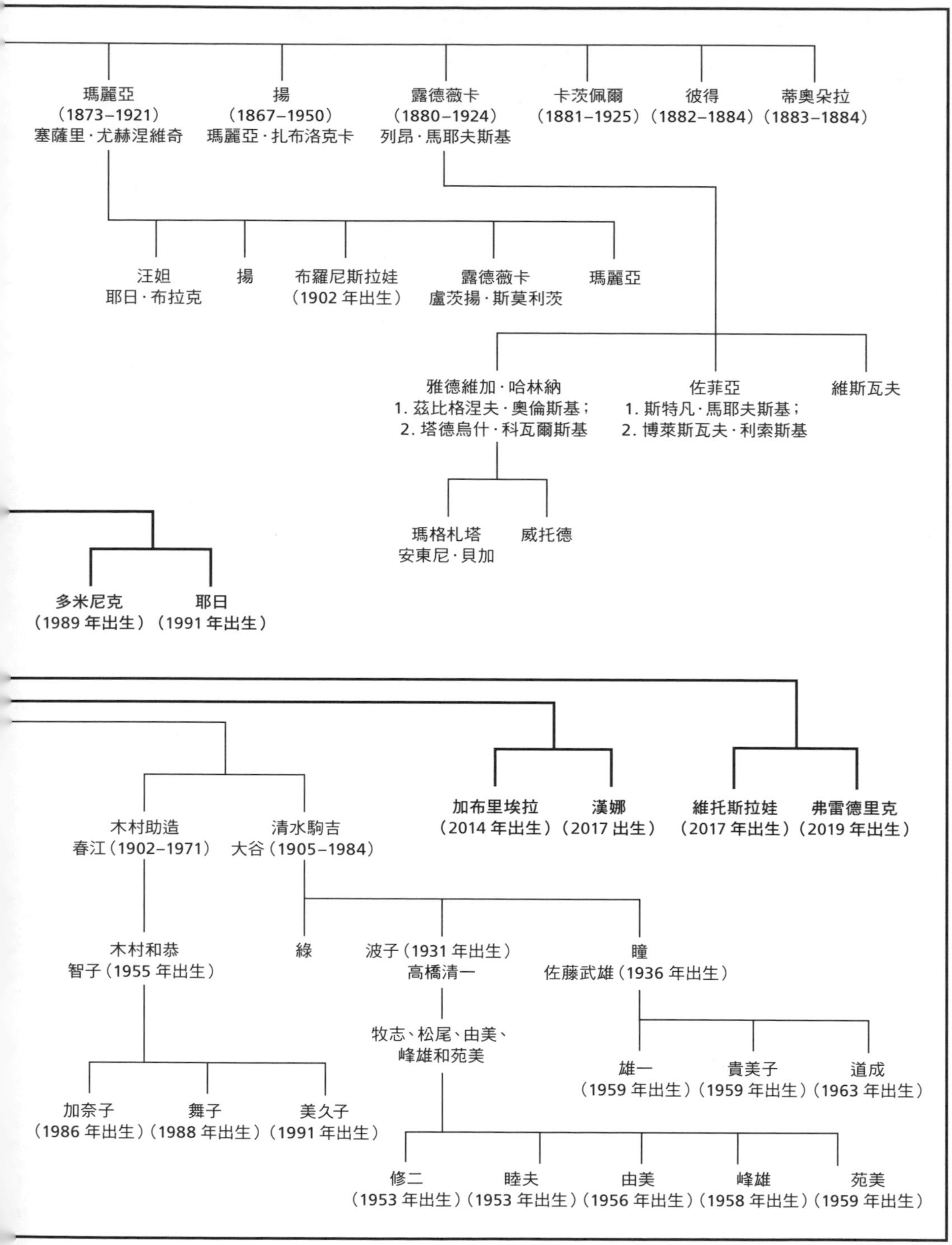
瑪麗亞
（1873–1921）
塞薩里·尤赫涅維奇
揚
（1867–1950）
瑪麗亞·扎布洛克卡
露德薇卡
（1880–1924）
列昂·馬耶夫斯基
卡茨佩爾
（1881–1925）
彼得
（1882–1884）
蒂奧朵拉
（1883–1884）
汪妲
耶日·布拉克
揚
布羅尼斯拉娃
（1902 年出生）
露德薇卡
盧茨揚·斯莫利茨
瑪麗亞
雅德維加·哈林納
1. 茲比格涅夫·奧倫斯基；
2. 塔德烏什·科瓦爾斯基
佐菲亞
1. 斯特凡·馬耶夫斯基；
2. 博萊斯瓦夫·利索斯基
維斯瓦夫
瑪格札塔
安東尼·貝加
威托德
多米尼克
（1989 年出生）
耶日
（1991 年出生）
加布里埃拉
（2014 年出生）
漢娜
（2017 出生）
維托斯拉娃
（2017 年出生）
弗雷德里克
（2019 年出生）
木村助造
春江（1902–1971）
清水駒吉
大谷（1905–1984）
木村和恭
智子（1955 年出生）
綠
波子（1931 年出生）
高橋清一
瞳
佐藤武雄（1936 年出生）
牧志、松尾、由美、
峰雄和苑美
雄一
（1959 年出生）
貴美子
（1959 年出生）
道成
（1963 年出生）
加奈子
（1986 年出生）
舞子
（1988 年出生）
美久子
（1991 年出生）
修二
（1953 年出生）
睦夫
（1953 年出生）
由美
（1956 年出生）
峰雄
（1958 年出生）
苑美
（1959 年出生）

畢蘇斯基家譜

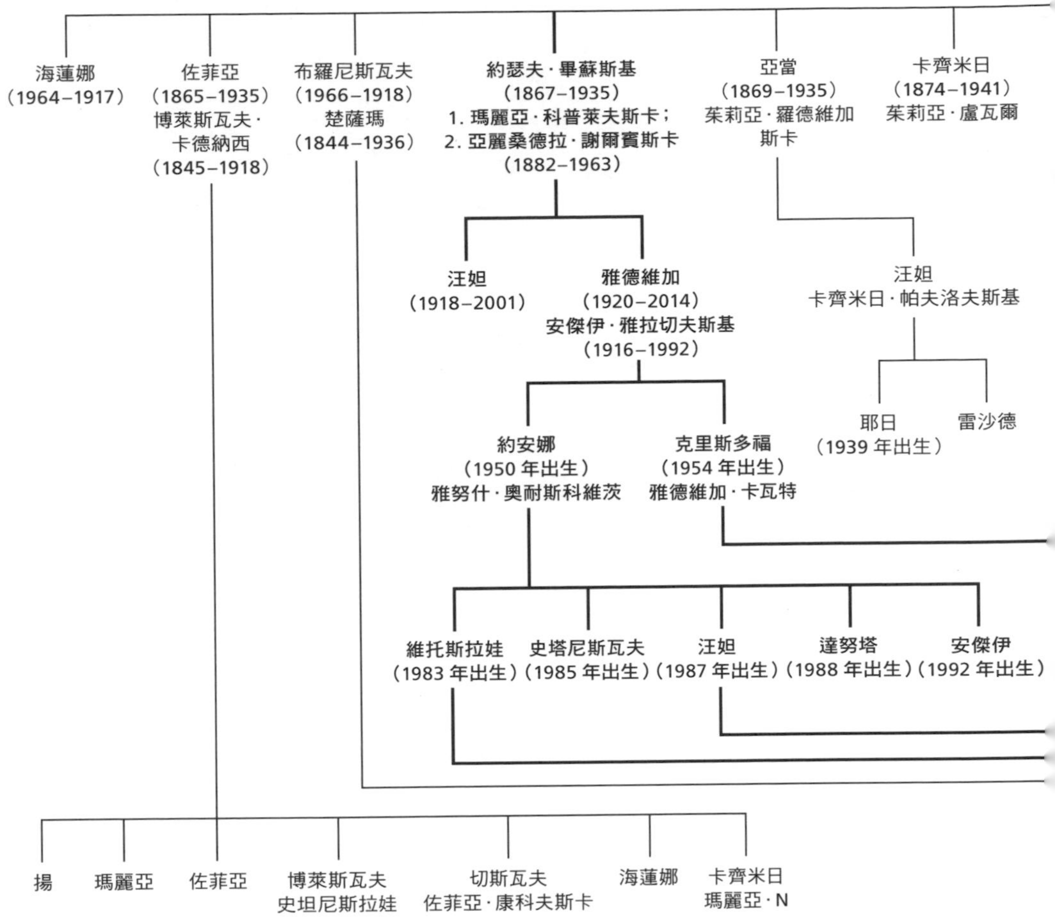
海蓮娜
（1964–1917）
佐菲亞
（1865–1935）
博萊斯瓦夫·
卡德納西
（1845–1918）
布羅尼斯瓦夫
（1966–1918）
楚薩瑪
（1844–1936）
約瑟夫·畢蘇斯基
（1867–1935）
1. 瑪麗亞·科普萊夫斯卡；
2. 亞麗桑德拉·謝爾賓斯卡
（1882–1963）
亞當
（1869–1935）
茱莉亞·羅德維加
斯卡
卡齊米日
（1874–1941）
茱莉亞·盧瓦爾
汪妲
（1918–2001）
雅德維加
（1920–2014）
安傑伊·雅拉切夫斯基
（1916–1992）
汪妲
卡齊米日·帕夫洛夫斯基
耶日
（1939 年出生）
雷沙德
約安娜
（1950 年出生）
雅努什·奧耐斯科維茨
克里斯多福
（1954 年出生）
雅德維加·卡瓦特
維托斯拉娃
（1983 年出生）
史塔尼斯瓦夫
（1985 年出生）
汪妲
（1987 年出生）
達努塔
（1988 年出生）
安傑伊
（1992 年出生）
揚
瑪麗亞
佐菲亞
博萊斯瓦夫
史坦尼斯拉娃
切斯瓦夫
佐菲亞·康科夫斯卡
海蓮娜
卡齊米日
瑪麗亞·N

＊編注：本表部分日文人名漢字為音譯。

卡齊米日·畢蘇斯基（1750–1820）
安娜·比利維奇（1761–1837）
溫森蒂·巴特勒（1843 年逝世）
瑪格札塔·比利維奇（1861 年逝世）
卡茨佩爾·比利維奇
N·柯芙娜卡
沃伊切赫·米哈洛夫斯基
艾爾碧耶塔·巴特勒

彼得·卡齊米日·畢蘇斯基（1795–1851）
蒂奧朵拉·巴特勒（1811–1886）
安東尼·比利維奇（1815–1860）
海蓮娜·米哈沃夫斯卡（1846 年逝世）

約瑟夫·溫森蒂·畢蘇斯基（1883–1903）
瑪麗亞·比利維奇（1842–1884）

約瑟夫·畢蘇斯基（1867–1935）

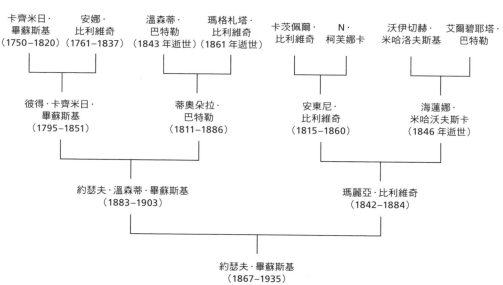

謝辭

在檔案館和圖書館進行了多年的研究、跟許多人討論過畢蘇斯基這個主題之後，我想藉著這個機會表達我的感謝。在我進行研究與書寫的過程中，曾經慷慨回應我的請求的學者、作家和博物館策展人包括：伊萬・伯倫德（Ivan Berend）、溫森・朱（Winson Chu）、安傑伊・赫瓦爾巴（Andrzej Chwalba）、已故的雅努什・奇塞克（Janusz Cisek）、伊莎貝拉・達維昂（Isabella Davioin）、弗雷德里克・德斯伯格（Frédéric Dessberg）、帕威・杜伯、格倫・迪納（Glenn Dynner）、詹姆斯・費拉克（James Felak）、托梅克・弗里德爾（Tomek Frydel）、康斯坦提・傑伯特（Konstanty Gebert）、傑克・雅各斯（Jack Jacobs）、妮可・喬丹（Nicole Jordan）、瑪蒂娜・魯西尼亞克－卡爾瓦特（Martyna Rusiniak–Karwat）、瓦萊麗・德雷克斯勒－凱瑟（Valérié Drechster–Kayser）、馬里奧・凱斯勒（Mario Kessler）、奧黛麗・基切萊夫斯基（Audrey Kichelewski）、馬雷克・科爾納特（Marek Kornat）、羅曼・科羅佩茨基（Roman Koropeckyj）、多明尼克・利芬（Dominic Lieven）、瑪格達蓮娜・麥辛斯卡（Magdalena Macińska）、瑪格麗特・麥克米蘭（Margaret MacMillan）、保羅・羅伯特・毛戈奇（Paul Robert Magocsi）、阿圖爾・馬爾科夫斯基（Artur Markowski）、瑪格扎塔・馬祖雷克（Małgorzata Mazurek）、黛莉亞・納內茨（Daria Nałęcz）、安傑伊・諾瓦克、彼得・諾瓦克（Piotr Nowak）、格熱戈日・諾維克、安傑伊・帕茲科夫斯基（Andrzej Paczkowski）、布萊恩・波特－斯祖克斯（Brian Porter–Szucs）、摩西・羅斯曼（Moshe Rosman）、西蒙・魯德尼基、阿圖爾・塔尼科夫斯基（Artur Tanikowski）、西奧多・威克斯（Theodore Weeks）、馬里烏什・沃臥斯（Mariusz Wołos）和康拉德・傑林斯基（Konrad Zielinski）。我也很感謝安東尼・波隆斯基、彼得・羅貝爾（Piotr Wróbel）、我已故的母親洛琳・齊瑪曼（Lorraine Zimmerman）和我的妻子安娜・葛羅斯（Anna Gross）閱讀書中的某些章節，給予寶貴的評語。

我要特別感謝安傑伊・卡明斯基（Andrzej Kaminski）邀請我參加二〇一八年和二〇二〇年夏天於克拉科夫的亞捷隆大學舉行的草稿工作坊。在克拉科夫和後來的一場線上會議中，有一群專家分析了我的草稿，並提供非常詳盡寶貴的回饋。我要謝謝參加者：揚・亞賽克・布魯斯基（Jan Jacek Bruski）、亞羅斯拉夫・赫利察克（Yaroslav Hrytsak）、亞當・科祖霍夫斯基（Adam Kożuchowski）、黛莉亞・納內茨、安傑伊・諾瓦克和馬雷克・維爾茲比奇（Marek Wierzbicki）。最初促使我參加克拉科夫草稿工作坊的人，是我那位在哈佛大學出版社任職的編輯凱瑟琳・麥德摩（Kathleen McDermott）。在這個計畫從構想到完成的過程中，凱瑟琳全心支持我，同時運用她卓越的文學天分來加強這本傳記的概念並修飾書中的文字。

很多圖書館和檔案館的工作人員都曾協助我找到珍貴的史料，包括：葉史瓦大學（Yeshiva University）圖書館的蘇利・柏柏（Shuli Berber）、海莉・康托爾（Hallie Cantor）、茲維・埃雷尼（Zvi Erenyi）、保羅・葛拉斯曼（Paul Glassman）、舒拉米特・黑斯（Shulamit Hes）、伊迪絲・盧貝茨基（Edith Lubetski）和約翰・莫里爾（John Moryl）；依沃協會（Yivo Institute）圖書館的愛蒂・戈德瓦塞爾（Ettie Goldwasser）、里歐・格林鮑姆（Leo Greenbaum）、馬雷克・韋伯（Marek Web）和維塔爾・扎伊卡（Vital Zajka）；美國約瑟夫・畢蘇斯基研究院院長伊沃娜・寇加；史丹佛大學胡佛研究所檔案館的艾蓮娜・切爾尼喬夫斯卡（Irena Czernichowska）和查德・諾耶斯（Chad E. Noyes）；克拉科夫亞捷隆大學檔案館的約安娜・亞斯科維克（Joanna Jaśkowiec）；克拉科夫國家博物館的照片檔案保管員瑪格達蓮娜・斯維希（Magdalena Święch）和彼得・維科茲（Piotr Wilkosz）；以及哥倫比亞大學圖書館的伊恩・貝林（Ian Beilin）。我也想要謝謝葉史瓦大學的藝術總監艾蜜莉・謝雷・史坦柏格（Emily Scherer Steinberg）慷慨協助我找到書中的一些圖片。其他值得一提的人還有：提供一九二二年納魯托維奇暗殺事件相關檔案文獻的格熱戈日・克熱維茲（Grzegorz Krzywiec）、馬切伊・莫辛斯基（Maciej Moszyński）和伊莎貝拉・華格納（Izabela Wagner），以及讓我借閱他們收藏的團結工聯時期祕密出版物、協助我重建畢蘇斯基族譜的約安娜與雅努什・奧耐斯科維茨（Joanna and Janusz Onyszkiewicz）。

我在閱讀和分析數以千計用外語——大部分是波蘭文——寫成的文獻時，有幾個人曾協助我把一些隻字片語翻譯成英文，包括：布魯斯・阿爾德曼（Bruce Alderman）、尤里安・博斯甘（Julian Bussgang）、傑佛瑞・弗里德曼（Jeffrey Freedman）、伊娜・卡皮列維奇（Inna Kapilevich）、哈達薩・科薩克（Hadassah Kosak）和菲利普・馬祖爾扎克（Filip Mazurczak），我要謝謝他們所有人。

沒有謝謝我的妻子安娜，這份謝辭就不完整。我要謝謝她在我埋頭圖書館、檔案館和國外研討會無數個小時進行研究和寫作時，關懷照料我們的孩子。沒有她的支持，這本書不可能出版。

316. 重製自：Krzysztof Kawalec, *Roman Dmowski, 1864–1939* (Wrocław: Zakład Narodowy imienia Ossolińskich, 2002).
328. 出自：Narodowe Archiwum Cyfrowane (NAC).
339. 重製自：Aleksandra and Andrzej Garlicki, *Józef Piłsudski* (1993).
352. 出自：Archiwum Akt Nowych (Warsaw), sygn. 109, Józef Piłsudski Museum in Belvedere Collection, file 335.
364. 重製自：Aleksandra and Andrzej Garlicki, *Józef Piłsudski* (1993).
375. Yivo Institute for Jewish Research, New York.
377. Yivo Archives and Library Collections, Yivo Institute for Jewish Research, New York, RG 120 / yarg120po685.
380. 重製自：Aleksandra and Andrzej Garlicki, *Józef Piłsudski* (1993).
387. 重製自：*Nieznane rozmowy Józefa Piłsudskiego* (Kraków: Biały Kruk, 2018), 109.
392. 重製自：Aleksandra and Andrzej Garlicki, *Józef Piłsudski* (1993).
398. 出自檔案收藏：Jozef Pilsudski Institute of America, Brooklyn, NY, Record Group 151—photographic collection.
406. 重製自：Aleksandra and Andrzej Garlicki, *Józef Piłsudski* (1993).
419. Yivo Archives and Library Collections, Yivo Institute for Jewish Research, New York, RG 28 / P / 1148.
421. 重製自：Filip Żelewski, *Piłsudczana w zbiorach Muzeum Niepodległości w Warszawie* (2018).
439. 出自檔案收藏：Jozef Pilsudski Institute of America, Brooklyn, NY, Record Group 151—photographic collection.
448. 重製自：Sławomir Drachal, *Józef Piłsudski: Unikatowe zdjęcia: wojna i polityka* (Warsaw: PWN, 2018), II:41.
469. 重製自：*Gazeta Polska* (Warsaw), April 24, 1934, 1.
485. 重製自：Filip Żelewski, *Piłsudczana w zbiorach Muzeum Niepodległości w Warszawie* (2018).

圖片出處

45. 重製自：*Wilno i ziemia wileńska* (Vilna: Wydawnictwo WojewódzkiegoKomitetu Regionalnego, 1930), I:44.
49. 出自檔案收藏：Jozef Pilsudski Institute of America, Brooklyn, NY, Record Group 151—photographic collection.
57. 重製自：Aleksandra and Andrzej Garlicki, *Józef Piłsudski* (Warsaw: Kancelaria Sejmu, 1993).
59. Geneanet .org.
69. 重製自：Aleksandra and Andrzej Garlicki, *Józef Piłsudski* (1993).
75. 重製自：W. Suleja, *Marszałek Piłsudski* (Wrocław: Wydawnictwo Dolnoslaskie, 2001).
77. 重製自：Aleksandra and Andrzej Garlicki, *Józef Piłsudski* (1993).
83. 重製自：Joanna Wieliczka-Szarkowa, *Józef Piłsudski, 1867–1935* (Kraków: Wydawnictwo AA s.c., 2015), 37.
97. Ilustrowany Tygodnik Polski / Wikimedia.
127. 重製自：Aleksandra and Andrzej Garlicki, *Józef Piłsudski* (1993).
155. 重製自：Aleksandra and Andrzej Garlicki, *Józef Piłsudski* (1993).
163. 重製自：S. Svistun, ed., *Sankt-Peterburgskaiapsikhiatricheskaia bol'nitsa sv. Nikolaia Chudotvortsa: k 140-letiiu* (St. Petersburg: IPK Kosta, 2012), I:6.
203. Fundacja Rodziny Józefa Piłsudskiego / Muzeum Józefa Piłsudskiego.
209. 重製自：W. Jędrzejewicz and J. Cisek, *Kalendarium życia Józefa Piłsudskiego, 1867–1935* 3rd ed. (2006), I:89.
213. 重製自：Aleksandra and Andrzej Garlicki, *Józef Piłsudski* (1993).
231. 重製自：Aleksandra and Andrzej Garlicki, *Józef Piłsudski* (1993).
241. 重製自：Jew, Pole, *Legionary, 1914–1920*, ed. Artur Tanikowski (Warsaw: Museum of the History of Polish Jews, 2014), 130.
251. 重製自：Filip Żelewski, *Piłsudczana w zbiorach Muzeum Niepodległości w Warszawie* (Warsaw: Muzeum Niepodległości, 2018).
263. 重製自：*History of the Statute of Kalisz Issued by Boleslaus the Pious in 1264 and Its Illustration by Arthur Szyk in the Years 1926–1928*, ed. M. Fuks (Kraków: Jagiellonian University, 2017), 32.
267. 重製自：*Sztuka Legionów Polskich*, ed. Alina Jurkiewicz-Zejdowska and Piotr Wilkosz (Kraków: National Museum in Kraków, 2017), 8–9. Photograph by Stanisław Starzewski.
268. 重製自：Andrzej Nowak, *Niepodległa, 1864–1924: Jak Polacy odzyskali ojczyznę* (Kraków: Biały Kruk Sp., 2018), 241.
276. 重製自：Filip Żelewski, *Piłsudczana w zbiorach Muzeum Niepodległości w Warszawie* (2018).
288. World History Archive.
302. 重製自：Aleksandra and Andrzej Garlicki, *Józef Piłsudski* (1993).

1981, 1.

7. "East Europeans Break Political Taboos," *Christian Science Monitor*, September 12, 1988, 1.
8. "Polish Strongman Haunts Campaign: Political Ads Dwell Fondly on Pilsudski, a Marshal Who Imposed Order in '20s," *New York Times*, November 26, 1990, 9.
9. Ibid.
10. Adam Michnik, *In Search of Lost Meaning: The New Eastern Europe* (Berkeley: University of California Press, 2011), 43.
11. Mikołaj Mirowski and Jan Rojewski, "Podkulturowe odcienie Piłsudskiego," *Tygodnik Powszechny* no. 9 (2018), reprinted in *Piłsudski [nie] znany: Historia i popkultura*, ed. Mikołaj Mirowski (Warsaw: Muzeum Historii Polski, 2018), 256.
12. "Speech by President Donald Tusk," November 10, 2018, https://www.consilium.europa.eu/en/press/press-releases/2018/11/10/speech-by-president-donald-tusk-november-11-2018-poland-and-europe-two-anniversaries-two-lessons/.
13. Dr. Iwona Korga, New York, August 13, 2020, letter to the author.
14. Quotation from Roman Wolczuk, *Ukraine's Foreign and Security Policy, 1991–2000* (London: Routladge, 2003), 73; Karol Kujawa and Monika Byrska, "Poland and Ukraine," in 2014 *Crisis in Ukraine: Perspectives, Reflections, International Reverberations*, ed. K. Kujawa and V. Morkva (Gliwice, Poland: Aslan, 2015), 4.
15. Piotr Wandycz, "Śmierć prezydenta," *Tygodnik Powszechny* (Kraków), November 4, 1990, 2.
16. Adolf Nowaczyński, "Testament," *Myśl Narodowa*, January 6, 1923, quotation from Paul Brykczynski, *Primed for Violence: Murder, Antisemitism, and Democratic Politics in Interwar Poland* (Madison: University of Wisconsin Press, 2016), 123–124.
17. Quotation in Michnik, *In Search of Lost Meaning*, 43.
18. Władysław Pobóg-Malinowski, *Najnowsza Historia Polityczna Polski, 1864–1945, vol. 2: 1914–1939* (London, 1963; repr., Warsaw: Wydawnictwo Antyk Marcin Dybowski, 2000), 761, quoted in Michnik, *In Search of Lost Meaning*, 43.
19. Joseph Rothschild, *Piłsudski's Coup d'État* (New York: Columbia University Press, 1966), 370–371.
20. Anatol Muhlstein, *Le Maréchal Pilsudski* (Paris : Librairie Plon, 1939), 340.

73. “Pogrom in a Polish Town: One Jew Killed, Many Wounded,” *Manchester Guardian*, June 11, 1935, 9.
74. “Anti-Jewish Riots Spread over Poland; 80 Injured in Week,” *Chicago Daily Tribune*, June 13, 1935, 1.格羅諾德的屠殺最近引起學界的關注，參見： Adrei Zamoiski, “Pogrom w Grodnie 7 czerwca 1935,” in *Pogromy Żydów na ziemiach polskich w XIX i XX wieku*, ed. Kamil Kijek, Artur Markowski, and Konrad Zieliński (Warsaw: Instytut Historii im. Tadeusza Manteuffla Polskej Akadamii Nauk, 2019), 2:371–390; and Jeffrey Koerber, *Borderland Generation: Soviet and Polish Jews under Hitler* (Syracuse, NY: Syracuse University Press, 2020), 85–90.
75. Ilya Karpanko, “Two Grodno Stories,” *Lechaim* (April 2007), https://lechaim.ruK/ARHIV/180/karp.htm. 猶太人往往將畢蘇斯基視為「祖父」。
76. Jolanta Żyndul, *Zajścia antyżydowskie w Polsce w latach 1915–1937* (Warsaw: Fundacja im. K. Kelles-Krauz, 1994), 54–55; Anna Cichopek-Gajraj and Glenn Dynner, “Pogroms in Modern Poland, 1918–1946,” in *Pogroms: A Documentary History*, ed. Eugene Avrutin and Elissa Bemporad (Oxford: Oxford University Press, 2021), 193.
77. Józef Beck, speech to the Polish Ministry of Internal Affairs, Warsaw, June 5, 1935, reprinted in Marek Kornat, “Józef Beck o stosunkach polsko-niemieckich,” *Zeszyty Historyczne* 137 (2001): 121–125.
78. Polonsky, *Politics in Independent Poland*, 473.
79. Report of June 12, 1935, in Szembek, *Diariusz i teki*, 1:316.
80. Diary entry of March 7, 1938, in Galeazzo Ciao, *Diary, 1937–1943* (New York: Enigma, 2002), 67.
81. Zara Steiner, *The Triumph of the Dark: European International History, 1933–1939* (Oxford: Oxford University Press, 2011), 366; Gerhard L. Weinberg, *Hitler's Foreign Policy, 1933–1939* (New York: Enigma, 2005), 444.
82. Louis Fischer, *Men and Politics: Europe Between the Two World Wars* (New York: Harper Colophon Books, 1946), 290.
83. Wacław Jędrzejewicz, *Wspomnienia* (Wrocław: Ossolineum, 1993), 275.
84. Quotation from Weinberg, *Hitler's Foreign Policy*, 444n63.
85. Diary entry of March 7, 1938, in Ciao, *Diary, 1937–1943*, 67.
86. *Kalendarium*, 4:240.

後記

1. Grade Humphrey, *Poland, the Unexplored* (Indianapolis: Bobbs-Merrill, 1931), 217.
2. Galeazzo Ciano, diary entry of February 28, 1939, Warsaw, in *The Ciano Diaries, 1939–1943*, ed. Hugh Gibson (New York: Doubleday, 1946), 35.
3. Robert M. McBride, *Towns and People of Modern Poland* (New York: R.M. McBridge, 1938), 46.
4. Diary entry from November 1978, in Kazimierz Brandys, *A Warsaw Diary, 1978–1981* (New York: Vintage Books, 1983), 24.
5. Danusza Goska, recollections published in *Front Page Magazine*, July 19, 2019, https://www.frontpagemag.com/fpm/2019/07/banned-facebook-mentioning-t--danusha-v-goska/.
6. “Poland Rehabilitates a Date, Celebrating Its 1918 Rebirth,” *New York Times*, November 12,

47. Anthony Eden, *The Memoirs of Anthony Eden, Earl of Avon: Facing the Dictators, 1923–1938* (Boston: Houghton Mifflin, 1962), 187–188.
48. Anthony Eden, April 3, 1935, report enclosed in Sir H. Kennard, Warsaw, to Sir J. Simon, April 3, 1935, in *Documents on British Foreign Policy, 1919–1939* (London: Her Majesty's Stationery Office, 1972), ser. 2, vol. 12, reference C, 799.
49. Diary entry of April 2, 1935, in Lepecki, *Pamiętnik*, 288.
50. *New York Times*, April 4, 1935, 17.
51. Pilsudska, *Pilsudski*, 342.
52. Kazimierz Świtalski, diary entry of March 7, 1934, Warsaw, in Świtalski, *Diariusz*, 661.
53. "Marshal Pilsudski: Increase of Salary Refused," *Times of India* (Mumbai), March 29, 1934, 20.
54. Polonsky, *Politics in Independent Poland*, 389–390.
55. "Le Maréchal Pilsudski et mort," *Le Temps* (Paris), May 14, 1935, 1.
56. "Marshal Pilsudski," *Times* (London), May 13, 1935, 17.
57. "Marshal Jozef Pilsudski, Death Late Last Night, the Maker of Modern Poland," *Times* (London), May 13, 1935, 18.
58. President Mościcki, address to the nation, May 12, 1935, in Eric J. Patterson, *Pilsudski: Marshal of Poland* (London: Arrowsmith, 1935), 139–140. Orig. pub. *Gazeta Polska*, May 13, 1935, 2.
59. "500,000 See Pilsudski's Cortege Move to Cathedral," *Chicago Daily Tribune*, May 16, 1935, 10; *Kalendarium*, 4:426.
60. "A Nation in Mourning," *Observer*, May 19, 1935, 17.
61. "Lithuania to Give Poland Body of Pilsudski's Mother," *Chicago Daily Tribune*, May 23, 1935, 16; "Pilsudski's Heart Goes to Birthplace for Honor," *New York Herald Tribune*, May 31, 1935, 13.
62. Mr. Sadowski, "Joseph Pilsudski: The Father of the Polish Republic," address delivered to the US House of Representatives, May 24, 1935, reprinted in *Congressional Record: Proceedings and Debates of the First Session of the Seventy-Fourth Congress of the United States of America*, vol. 79, pt. 8 (Washington: US Government Printing Office, 1935), 8167.
63. Ibid.
64. Antony Polonsky, *The Jews in Poland and Russia* (Oxford: Littman Library of Jewish Civilization, 2012), 3:79.
65. "Two Grodno Stories," April 2007, *L'chaim* (Minsk), https://lechaim.ru/ARHIV/180/karp.htm.
66. "Book of Kielce: History of the Jewish Community of Kielce," 54, JewishGen, https://www.jewishgen.org/Yizkor/kielce/Kie047.html.
67. Memorial Book of Dąbrowa Tarnowska, JewishGen KehilaLinks, https://kehilalinks.jewishgen.org/dabrowatarnowska/.
68. USC Shoah Foundation, University of Southern California, oral testimony of Sam Kudewitz (b. 1910), July 11, 1991, West Bloomfield, MI.
69. USC Shoah Foundation, University of Southern California, oral testimony of Stella Faiek (b. 1914), March 6, 1997, Chicago.
70. USC Shoah Foundation, University of Southern California, oral testimony of Hershel Binstock (b. 1911), October 27, 1996, Mayfield Heights, Ohio.
71. Garlicki, *Józef Piłsudski*, 704.
72. M. B. Biskupski, *The History of Poland*, 2nd ed. (Santa Barbara, CA: Greenwood Press, 2018), 82.

32. Kazimierz Fabrycy, "Komórka specjalna," *Niepodległość* 5 (1955): 217, 219. 法布里西實驗室及其意義，也參見桑貝克在一九三四年四月十二日的報告：Szembek, *Diariusz i teki*, 1:153–156; Antoni Szymański, *Zły sąsiad: Niemcy 1932–1939 w oświetleniu polskiego attaché wojskowego w Berlinie* (London: Veritas, 1959); Bohdan Urbankowski, *Józef Piłsudski: Marzyciel i strateg* (Poznań: Zysk i S-ka, 2014), 882; Włodzimierz Suleja, *Mundur na nim szary . . . Rzecz o Józefie Piłsudskim* (Warsaw: IPN, 2018), 350; Andrzej Garlicki, *Józef Piłsudski, 1867–1935* (Warsaw: Czytelnik, 1990), 687.
33. Beck, *Final Report*, 77.
34. "Infringements Not Expected, Minister Says," *Jewish Telegraph Agency*, September 17, 1934; "Polish Minorities: M. Beck's Reassurance," *Scotsman*, September 17, 1934, 10.
35. "Poland Repudiates Minorities' Pact; League Is Shocked," *New York Times*, September 14, 1934, 1; "Three Powers Arraign Poland," *Jewish Daily Bulletin* (New York), September 16, 1934, 1. 關於這次談話的英文翻譯，參見："M. Beck's Speech to the League: Uniformity Demanded," *Manchester Guardian*, September 14, 1934, 13.
36. "Another 'Bombshell' at Geneva: Poland and Protection of Minorities," *Scotsman*, September 14, 1934, 9.
37. Dr. J. Thon, "To nie jest afera żydowska, a jednak . . . ," *Nowy Dziennik* (Kraków), September 15, 1934, 1. 隔天（一九三四年九月十六日）紐約的《猶太每日快報》（*Jewish Daily Bulletin*）第十二版摘錄了相當長一段托恩的文章，Shoshan Ronen, *A Prophet of Consolation on the Threshold of Destruction: Yehoshua Ozjasz Thon, an Intellectual Portrait* (Warsaw: Dom Wydawniczy Elipsa, 2015), 249–250.
38. "Le roi Alexandre et M. Barthou assassinés a Marseille," *L'Écho de Paris*, October 10, 1934, 1; "Le roi Alexandre I de Yougoslavie et M. Louis Barthou sont assassinés a Marseille," *Le Temps*, October 11, 1934, 1; "Zamordowanie króla Aleksandra w Marsylji, Minister zabici," *Gazeta Polska*, October 10, 1934, 1; "King Alexander, Barthou Slain," *Washington Post*, October 10, 1934, 1.
39. 巴圖都想促成《東方條約》的計畫，參見：Frédéric Dessberg, *Le triangle impossible: Les relations franco-soviétiques et le facteur polonaise dans les questions de sécurité en Europe, 1924–1935* (Brussels: Peter Lang, 2009), 333–350; Henry Rollet, *La Pologne au XX siecle* (Paris: Éditions A. Pedone, 1984), 281–282.
40. F. Słowoj Składkowski, *Strzępy meldunków* (Warsaw: Instytut Badania Najnowszej Hisotii, 1936), 533–534.
41. Kazimierz Świtalski, diary entry of January 31, 1934, in Świtalski, *Diariusz*, 653.
42. Antony Polonsky, *Politics in Independent Poland, 1921–1939* (Oxford: Oxford University Press, 1972), 387.
43. Pilsudska, *Pilsudski*, 342.
44. K. Glabisz, " 'Laboratorium': Studia polityczno-wojskowe nad Rosją i Niemcami," *Niepodległość* 6 (1958), quoted in *Kalendarium*, 4:394–395. 希特勒向德國陸軍下達的飭令，參見：John W. Wheeler-Bennett, *The Nemesis of Power: The Germany Army in Politics, 1918–1945* (London: Macmillan, 1954), 338; and "Hitler Scraps Versailles Pact, Arms 480,000 Men," *Washington Post*, March 17, 1935, 1.
45. Diary entry, April 2, 1935, in Aleksander Hrynkiewicz, "Dziennik adiutanta Marszałka Józefa Piłsudskiego," *Zeszyty Historyczne* 85 (1988): 104.
46. Beck, *Final Report*, 83–85.

Warszawie," *Kurier Warszawski*, April 23, 1934, 1.

9. "La Visite de M. Barthou a Varsovie," *Le Temps* (Paris), April 24, 1934, 1.
10. "Déclaration de M. Barthou a la presse," *Le Temps* (Paris), January 28, 1934, 1; "Przemówienie min. Barthou," *Kurier Poranny* (Warsaw), April 23, 1934, 3.
11. "Sojusz francusko-polski jest trwały i niezachwiany," *Gazeta Polska* (Warsaw), April 23, 1934, 1.
12. "L'impression en U.R.S.S.," *Le Temps* (Paris), January 28, 1934, 3.
13. Quotation from Małgorzata Gmurczyk-Wrońska, "Józef Piłsudski and the Polish-French Alliance (1926–1935)," *Studia z dziejów Rosji i Europy Środkowo-Wschodniej* 54 (special issue) (2019): 78.
14. "Protocol Renewing the Pact of Non-Aggression of July 25, 1932, of May 5, 1934, with the USSR," in Stephan Horak, *Poland's International Affairs, 1919–1960* (Bloomington: Indiana University Press, 1964), 168. 原始的內容參見："Zadowolenie opinii Z.S.R.R. z przedłużenia paktu nieagresji," *Gazeta Polska* (Warsaw), May 7, 1934, 1.
15. "Minister propagandy Rzeszy Goebbels w Warszawie," *Gazeta Polska*, June 14, 1934, 1.
16. "Goebbels' 'Warm' Welcome: A Fiasco," *Jewish Chronicle* (London), June 22, 1934, 35.
17. 毛奇對這次會面的報告：Hans von Moltke, German minister in Warsaw, to the German foreign minister, Berlin, June 15, 1934, in *Documents on German Foreign Policy, 1918–1945* (Washington, DC: US Government Printing Office, 1957), series C, 4:1226–1227.
18. "Deklaracja programowa Obozu Narodowo-Radykalnego," Warsaw, April 14, 1934, printed the following day in *ABC* (Warsaw), April 15, 1934, 3. 這份黨綱的轉載，參見：*Programy partii i stronnictw politycznych w Poslce w latach 1918–1939*, ed. E. Orlof and A. Pasternak (Rzeszów: Wyższa Szkoła Pedagogiczna w Rzeszowie, 1993), 49–50.
19. "Polish Nazis Are Banned," *New York Times*, June 15, 1934, 5.
20. Quotation from Szymon Rudnicki, *Obóz Narodowo-Radykalny: Geneza I działalność* (Warsaw: Czytelnik, 1985), 252. 波蘭和外國媒體都報導了莫斯多夫與內政部長秘書談話的內容。參見：*New York Times*, June 19, 1934, 7.
21. "Polish Minister Slain," *New York Times*, June 16, 1934, 6; "Zamordowanie ministra spraw wewnętrznych Bronisława Pierackiego," *Gazeta Polska*, June 16, 1934, 1.
22. "Plot against Polish Cabinet," *Irish Times*, June 19, 1934, 8.
23. Mieczysław Lepecki, *Pamiętnik adiutanta Marszałka Piłsudskiego* (Warsaw: Państwowe Wydawnictwo Naukowe, 1987), 218; *Kalendarium*, 4:367–368. 請留意畢蘇斯基在不到一年之後的一九三五年五月去世，但他的後繼者仍維持這個拘留營的運作，直到一九三九年九月二次世界大戰爆發為止。
24. Kazimierz Świtalski, diary entry of July 2, 1934, in Świtalski, *Diariusz 1919–1935* (Warsaw: Czytelnik, 1992), 660–663.
25. Rudnicki, Obóz *Narodowo-Radykalny*, 253; "Rozwiązanie O. N. R.," *Robotnik*, July 11, 1934, 1; "Poland Acts to Smother Drive against Jews," *Chicago Daily Tribune*, July 12, 1934, 10.
26. "Sprawa 16 bojowców ukraińskich," *Gazeta Polska*, July 11, 1934, 6; *Robotnik*, July 11, 1934, l.
27. *Times* (London), July 11, 1934, 13.
28. Grzegorz Rossolinski-Liebe, *Stepan Bandera: The Life and Afterlife of a Ukrainian Nationalist* (Stuttgart: Ibidem-Verlag, 2014), 117, 119.
29. Kazimierz Fabrycy, "Komórka specjalna," *Niepodległość* 5 (1955): 217.
30. Ibid., 218.
31. K. Glabisz, "Laboratorium," *Niepodległość* 6 (1958): 155–156.

102. M. Beck to all Polish diplomatic missions abroad, January 26, 1943, in *Official Documents*, 21.
103. Extracts from Chancellor Hitler's Speech to the Reichstag, January 30, 1934, in *Official Documents*, 22–23.
104. Quotation from Jean-Baptiste Duroselle, *France and the Nazi Threat: The Collapse of French Diplomacy, 1932–1939*, trans. Catherine E. Dop and Robert L. Miller (1979; New York: Enigma Books, 2004), 66.
105. M. Laroche, French ambassador in Warsaw, to the French foreign ministry, Paris, January 29, 1934, in *Documents Diplomatiques Français, 1932–1939*, 1st ser., vol. 5 (Paris: Imprimerie Nationale, 1972), 553–554.
106. "L'Allemagne et la Pologne," *Le Temps* (Paris), January 28, 1934, 3.
107. 蘇聯政府的聲明，引自："Russians Distrust Polish-Reich Pact," *New York Times*, January 30, 1934, 7.
108. Marek Kornat, *Polityka równowagi, 1934–1939: Polska między wschodem a zachodem* (Kraków: Wydawnictwo Arcana, 2007), 213–214.
109. Jan Szembek, report of a conference with Piłsudski, April 12, 1934, in Szembek, *Diariusz i teki*, 1:155, as quoted in Wandycz, *Twilight*, 326.
110. Kazimierz Świtalski, diary entry of March 7, 1934, Warsaw, in Świtalski, *Diariusz*, 659–660.
111. Ibid., 660.
112. Piotr Wandycz, "Wypowiedzi Marszałka Piłsudskiego na konferencji byłych premierów 7 marca 1934 roku," *Niepodległość* 9 (London, 1974): 345. 關於這份文件的近期討論，參見：Małgorzata Gmurczyk-Wrońska, "Jozef Pilsudski and the Polish-French Alliance (1926–1935)," *Studia z dziejów Rosji i Europy Środkowo-Wschodniej* 54 (special issue) (2019): 75–77.

18 畢蘇斯基的最後一年

引言：Irena Protassewicz, *A Polish Woman's Experience in World War II: Conflict, Deportation and Exile* (London: Bloomsbury Academic, 2019), 73.

1. Jan Szembek, Warsaw, report of conversation between Marshal Pilsudski and France's foreign minister, Bartheau, April 23, 1933, in Jan Szembek, *Diariusz i teki Jana Szembeka*, ed. Tytus Komarnicki (London: Orbis, 1964), 1:156–157.
2. M. Laroche, French ambassador in Warsaw, to the French foreign ministry, Paris, April 24, 1934, in *Documents diplomatiques français, 1932–1939*, 1st ser., vol. 6 (Paris: Imprimerie Nationale, 1972), 333–334.
3. Ibid., 324.
4. Jan Szembek, Warsaw, report of conversation between Marshal Pilsudski and France's foreign minister, Bartheau, April 23, 1933, in Szembek, *Diariusz i teki*, 1:157–158; Józef Beck, *Final Report* (New York: Robert Speller and Sons, 1967), 54.
5. Szembek, *Diariusz i teki*, 1:159.
6. "M. Barthou in Warsaw: Talk with Marshal Pilsudski," *Times* (Warsaw), April 24, 1934, 13.
7. Quotation from "Pobyt ministra Ludwika Barthou w Warszawie," *Gazeta Polska*, April 24, 1934, 2.
8. "Minister Barthou o stosunkach polsko-francuskick," *Gazeta Polska* (Warsaw), April 24, 1934, 1–2. 一份更為謹慎但仍正面看待的報告，參見右翼反對媒體的報導："Minister Barthou w

concerning Polish-German and Polish-Soviet Relations, 1933–1939 (New York: Roy, 1940), 11.

76. Communiqué issued by the Wolff Agency on an interview between Chancellor Hitler and M. Wysocki, May 3, 1933, in *Official Documents*, 13.
77. Extracts from Chancellor Hitler's Speech to the Reichstag, May 17, 1933, in *Official Documents*, 13–15; 英譯版本的全文，參見："Hitler's Address in Full," *New York Herald Tribune*, May 18, 1933, 1.
78. Gen. Max Schindler, Warsaw, to the Reichswehr Minister and Foreign Minister, Berlin, May 10, 1933, in *Documents on German Foreign Policy, 1918–1945*, series C, 1:401–402.
79. Ibid., 403.
80. Wysocki, Berlin, to Beck, July 13, 1933, in *Official Documents*, 15–16.
81. A. Wysocki, *Tajemnice dyplomatycznego sejfu* (Warsaw: Książka i Wiedza, 1974), 175.
82. 畢蘇斯基，引述自：*Kalendarium*, 4:324.
83. Pilsudski, Pikieliszki, address to the Legionnaires Convention in Warsaw, August 12, 1933, in *PZ*, 9:330.
84. Juliusz Słowacki, "Beniowski," canto 5, stanzas 50–51, in *Poland's Angry Romantic: Two Poems and a Play by Juliusz Słowacki*, ed. Peter Cochran (Newcastle upon Tyne: Cambridge Scholars, 2009), 298.
85. "List Marszałka Piłsudskiego do Legionistów," Gazeta Polska, August 7, 1933, 1. 這封信也見於：*PZ*, 9:330–331.
86. Otto Meissner memoirs (1950), cited in Karski, *Great Powers and Poland*, 117.
87. Heinrich Brüning, letter to Stanisław Sopicki, November 5, 1949, quotation from Jędrzejewicz, "The Polish Plan," 10.
88. Notes of Minister Szembek on his meeting with Marshal Pilsudski, October 21, 1933, reprinted in *Szembek, Diariusz i teki*, 1:80–81.
89. Jędrzejewicz, "The Polish Plan," 85–86.
90. Beck, *Dernier rapport*, 66, quotation from Wandycz, *Twilight*, 270.
91. Lipski, report on a meeting with Pilsudski, November 5, 1933, in Lipski, *Diplomat in Berlin*, 95–96, 98.
92. Lipski, report on talks with Hitler, November 15, 1933, in *Official Documents*, 17.
93. Communiqué issued by the Wolff Agency on an interview between Chancellor Hitler and M. Lipski, November 15, 1933, in *Official Documents*, 19.
94. German Foreign Minister, Berlin, to the German minister in Poland, Warsaw, November 24, 1933, in Docum*ents on German Foreign Policy, 1918–1945*, series C, 2:148–149.
95. *Documents on German Foreign Policy, 1918–1945*, series C, 2:157.
96. German minister in Poland, Warsaw, to the German Foreign Minister, Berlin, November 27, 1933, in *Documents on German Foreign Policy, 1918–1945*, series C, 2:156.
97. Memorandum by the German Foreign Minister, Baron von Neurath, January 9, 1934, in *Documents on German Foreign Policy, 1918–1945*, series C, 2:312.
98. "Polish-German Declaration on January 26, 1934," in Horak, *Poland's International Affairs*, 166–167. 這份宣言的完整英文譯本，參見：*Documents on German Foreign Policy, 1918–1945*, series C, 2:421–422; 也見於：*Official Documents*, 20–21.
99. Alexandra Pilsudska, *Pilsudski: A Biography by His Wife* (New York: Dodd, Mead, 1941), 341.
100. Kazimierz Świtalski, diary entry of March 7, 1934, Warsaw, in Świtalski, *Diariusz*, 660–661.
101. "Pilsudski and Nobel Peace Prize," *Irish Times*, January 29, 1934, 8.

127; Watt, *Bitter Glory*, 318–319.

56. Józef Beck, Warsaw, instructions to Alfred Wysocki, Berlin, April 18, 1933, reprinted in Józef Lipski, *Diplomat in Berlin, 1933–1939: Papers and Memoirs of Józef Lipski* (New York: Columbia University Press, 1968), 74–75.
57. M. B. Lepecki, diary entry of April 18, 1933, published as "Marszałek Piłsudski i przewidywana w roku 1933 wojna z Niemcami," *Wiadomości* (London), no. 169 (June 26, 1949): 1.
58. Zygmunt Gasiorowski, "Did Pilsudski Attempt to Initiate a Preventive War in 1933?," 151n103.齊格蒙・加西羅夫斯基（Zygmunt Gasiorowski）在這篇文章裡聲稱這份文件是虛構的。但保羅・杜柏則很有說服力地表明這份文件的可信度。參見：Duber, "Czy mógł powstać polski rząd obrony narodowej?," *Wiadomości Historyczne* 4 (2014): 41.
59. Kazimierz Świtalski, diary entry of July 6, 1932, in Świtalski, *Diariusz: Uzupełnienie z lat 1919–1932*, ed. Paweł Duber and Włodzimierz Suleja (Warsaw: Wydawnictwo Sejmowe, 2012), 196.
60. Sir H. Rumbold, Berlin, to Sir J. Simon, April 4, 1933 (received April 24), in *Documents on British Foreign Policy, 1919–1939* (London: Her Majesty's Stationery Office, 1956), 2nd ser., 5:27.
61. Minutes of the Conference of Ministers held at the Reich Chancellery, Berlin, April 7, 1933, in *Documents on German Foreign Policy, 1918–1945*, series C, 1:259.
62. Hans von Moltke, Warsaw, to the German foreign minister, Berlin, April 25, 1933, in *Documents on German Foreign Policy, 1918–1945*, series C,1:342–343.
63. Hans von Moltke, Warsaw, to the German foreign minister, Berlin, April 23, 1933, in *Documents on German Foreign Policy, 1918–1945*, series C, 1:331.
64. Heinrich Brüning, article from July 1947, quotation from Jędrzejewicz, "The Polish Plan," 68.
65. Heinrich Brüning, letter to Stanisław Sopicki, November 5, 1949, in Józef Lipski Papers, PIA, file 3, as quoted in Jędrzejewicz, "The Polish Plan," 9–10.
66. Anatol Muhlstein, Chantilly, to Józef Beck, April 17, 1933, reprinted in Jan Szembek, *Diariusz i teki Jana Szembeka*, ed. Tytus Komarnicki (London: Orbis, 1964), 1:12. 這封信也轉載於：Robert Jarocki, *Żyd Piłsudskiego: Opowieść o Anatolu Muhlsteinie* (Warsaw: ARS Print Production, 1997), 62–64.
67. Paweł Duber, "Józef Piłsudski a zagadnienie tzw Wojny Prewencyjnej w latach 1933–1934," *Niepodległość* 69 (2014): 62.
68. Ibid., 67.
69. Piotr Wandycz, "Jeszcze o misji Jerzego Potockiego w 1933 roku," *Zeszyty Historyczne* 18 (1970): 81–83; Jędrzejewicz, "The Polish Plan," 81.
70. Report of meeting, April 13, 1933, reprinted in Szembek, *Diariusz i teki*, 1:14.
71. Hans von Moltke, Warsaw, to the German foreign minister, Berlin, February 22, 1933, in *Documents on German Foreign Policy, 1918–1945*, series C, 1:73–74.
72. Kazimierz Glabisz, account preserved in PIA, as quoted in Jędrzejewicz, "The Polish Plan," 83.
73. Robert Machray, *The Poland of Pilsudski* (London: George Allen and Unwin, 1936), 324.
74. "German Outlook Abroad: Herr von Papen's Declaration," *Times* (London), April 28, 1933, 14.
75. Wysocki, Berlin, to Foreign Minister Beck, dated May 2, 1933, in *Official Documents*

et orientale de 1919 a 1929 (Vincennes: Centre d'études d'histoire de la défense, Service historique de l'armée de terre, 2001), 189.

35. Wandycz, *Twilight*, 236.
36. "British Naval Visit to Danzig," *Times* (London), June 16, 1832, 13; "Danzig Is Aroused by Polish Warship," *Washington Post*, June 16, 1932, 11.
37. Wandycz, *Twilight*, 237.
38. "Non-Aggression Pact between Poland and the USSR of July 25, 1932," in *Poland's International Affairs, 1919–1960*, ed. Stephan Horak (Bloomington: Indiana University Press, 1964), 163.
39. Pilsudski, Pikieliszki, letter to the convention of legionnaires, Gdynia, August 12, 1932, in *PZ*, 9:330. 感謝菲力普・馬祖爾扎克協助將這段文字翻譯成英文。
40. Douglas MacArthur, *Reminiscences* (Annapolis, MD: Bluejacket Books, 1964), 99.
41. Richard J. Evans, *The Coming of the Third Reich* (New York: Penguin, 2003), 293.
42. *Sunday Express* (London), February 12, 1933, 1.
43. "Polish Troops in Danzig Harbor," *Times* (London), March 9, 1933, 11; Włodzimierz Suleja, Józef Pilsudski (Wrocław: Ossolineum, 2009), 350; Gerhard L. Weinberg, *Hitler's Foreign Policy, 1933–1939* (New York: Enigma, 2005), 50; Richard M. Watt, *Bitter Glory: Poland and Its Fate, 1918–1939* (New York: Simon and Schuster, 1979), 315.
44. Weinberg, *Hitler's Foreign Policy*, 50.
45. Quotation from Martin J. Kozon, "Sanacja's Foreign Policy and the Second Polish Republic, 1926–1935" (MA thesis, University of Wisconsin–Milwaukee, 2015), 100.
46. R. J. B. Bosworth, *Mussolini* (London: Arnold, 2002), 273–276.
47. 一九三三年三月四日擬定的《四國公約》草案：*Documents on German Foreign Policy, 1918–1945* (Washington, DC: US Government Printing Office, 1957), series C, 1:162.
48. Memorandum of the German Foreign Minister, Berlin, March 14, 1933, in *Documents on German Foreign Policy, 1918–1945*, series C, 1:160.
49. *Gazeta Polska* (Warsaw), quoted in "Poland and the Four Powers Pact," *Manchester Guardian*, March 28, 1933, 18.
50. Hans von Moltke, Warsaw, to the German foreign minister, Berlin, April 23, 1933, in *Documents on German Foreign Policy, 1918–1945*, series C, 1:329.
51. Alan Palme, *The Penguin Dictionary of Modern History, 1789–1945* (New York: Penguin, 1962), 257.
52. Robert Vansittart, *The Mist Procession: The Autobiography of Lord Vansittart* (London: Hutchinson, 1958), 468.
53. 近期關於這個主題的討論，參見：Paweł Duber, "Józef Piłsudski a zagadnienie tzw. Wojny Prewencyjnej w latach 1933–1934," *Niepodległość* 69 (2014): 51–68. 較早發表的兩篇有著相反結論的論文，參見：Wacław Jędrzejewicz, "The Polish Plan for a 'Preventive War' against Germany in 1933," *Polish Review* 11, no. 1 (1966): 62–91; and Zygmunt Gasiorowski, "Did Pilsudski Attempt to Initiate a Preventive War in 1933?," *Journal of Modern History* 27, no. 2 (1955): 135–151. 也參見更近期的：Leszek Moczulski, *Wojna prewencyjna: Czy Piłsudski planował najazd na Niemcy?* (Warsaw: Bellona, 2017).
54. Beck, *Dernier rapport: Politique polonaise, 1926–1939* (Neuchâtel [Switzerland]: Éditions de la Baconniere, 1951), 66.
55. Jan Karski, *The Great Powers and Poland* (1985; New York: Rowman and Littlefield, 2014),

16. Pilsudski, Warsaw, letter to Tadeusz Hołówko's mother, September 3, 1931, in *PZ*, 9:323.
17. F. Słowoj Składkowski, *Strzępy meldunków* (Warsaw: Instytut Badania Najnowszej Historii, 1936), 321.
18. "Pilsudski Ill in Rumania," *New York Times*, October 21, 1931, 6.
19. "Relacja płka R. Michałowskiego o pobycie Marszałka Piłsudskiego w Rumunii jesienią 1931 r.," March 20, 1973, Papers of Roman Michałowski, PIA, RG 72 /1.
20. "Pilsudski Attends First Public Event since Illness," *New York Times*, November 30, 1931, 8; *Kalendarium*, 4:239.
21. Artur Śliwiński, interview with Pilsudski on November 9, 1931, in "Marszałek Piłsudski o sobie," *Niepodległość* 43 (1937): 367–368.
22. Artur Śliwiński, interview with Pilsudski on November 3, 1931, in "Marszałek Piłsudski o sobie," *Niepodległość* 47 (January–June 1938): 345–347.
23. "Wniosek o 'numerus clauses' w Komisji Oświatowej sejmu," *Nasz Przegląd*, March 4, 1932, 3; "*Numerus Clausus* w Komisji Oświatowej Sejmu," *Robotnik*, March 4, 1932, 3; "Bans Curb on Jews in Polish Colleges," *New York Times*, March 5, 1932, 4; Szymon Rudnicki, *Żydzi w parlamencie II Rzeczpospolitej*, 2nd ed. (Warsaw: Wydawnictwo Sejmowe, 2015), 429. 眾議院裡針對這個議題的發言紀錄，參見：*Nasz Przegląd*, March 5, 1932, 3–4.
24. "Joseph Beck: Polish Minister of Foreign Affairs," Jozef Beck Papers, PIA, RG 34 / 1.
25. John N. Willys, US Ambassador, Warsaw, to Henry L. Stimson, US Secretary of State, October 15, 1931, in *Papers Relating to the Foreign Relations of the United States, 1931* (Washington, DC: US Government Printing Office, 1946), 1:597.
26. US Secretary of State Henry L. Stimson, London, to President Hoover, Washington, July 24, 1931, in *Papers Relating to the Foreign Relations of the United States, 1931*, 1:549.
27. Neal Pease, *Poland, the United States and the Stabilization of Europe, 1919–1933* (Oxford: Oxford University Press, 1986), 146.
28. Memorandum by the Undersecretary of State, W. R. Castle Jr., of a conversation with the Polish ambassador (Filipowicz), October 22, 1931, in *Papers Relating to the Foreign Relations of the United States, 1931*, 1:600.
29. John Wiley, chargé d'affaires in Poland, Warsaw, to the Secretary of State, Washington, December 2, 1931, in *Papers Relating to the Foreign Relations of the United States, 1931*, 1:603–604.
30. William Borah, press conference of October 22, 1931, quotation from *Herbert Hoover and Poland: A Documentary History of a Friendship*, ed. George J. Lerski, (Stanford, CA: Hoover Institution Press, 1977), 38.
31. White House press release, October 25, 1931, in *Papers Relating to the Foreign Relations of the United States, 1931*, 1:603.
32. Quotation from *Kalendarium*, 4:240.感謝菲力普・馬祖爾扎克協助將這段文字翻譯成英文。
33. "M. Zaleski's Visit to London," *Manchester Guardian*, December 14, 1931, 12; Maria Nowak-Kiełbikowa, "Wizyta Augusta Zaleskiego w Londynie w grudnia 1931 r.," *Dzieje Najnowsze* 6 (1974): 29–30; Piotr Wandycz, *Twilight of French Eastern Alliances, 1926–1936* (Princeton, NJ: Princeton University Press, 1988), 219–220.
34. P. Wandycz, "The Place of the French Alliance in Poland's' Foreign Policy," in *Bâtir une nouvelle sécurité: La coopération militaire entre la France et les états d'Europe centrale*

(Leiden: E. J. Brill, 1966), 197; 關於這次交談，也參見：*Kalendarium*, 4:62–63.
117. Senn, *The Great Powers*, 197–198.
118. *Le Temps*, January 19, 1928, quotation from Senn, *The Great Powers*, 205.
119. Senn, *The Great Powers*, 206–207.
120. "The Polish-Lithuanian Negotiations," *Times* (London), June 14, 1928, 15.
121. Wandycz, *The Twilight*, 122.
122. "Protocol between Estonia, Latvia, Poland, Rumania and the USSR of February 9, 1929," in Stephan Horak, *Poland's International Affairs, 1919–1960* (Bloomington: Indiana University Press, 1964), 158–160.
123. Quotation from Wacław Jędrzejewicz, *Pilsudski: A Life for Poland* (New York: Hippocrene Books, 1982), 281.

17 世界不斷變遷之下的波蘭

引言：Quotation from *Papers Relating to the Foreign Relations of the United States, 1931* (Washington, DC: United States Government Printing Office, 1946), 1:600.

1. Eva Plach, *The Clash of Moral Nations: Cultural Politics in Pilsudski's Poland, 1926–1935* (Athens, OH: Ohio University Press, 2014), 73.
2. Marjan Porczak, *Dyktator Józefa Piłsudskiego i "piłsudczycy"* (Kraków: self-pub., 1930), 14.
3. Ibid., 27, 88. 一年後，普拉赫形容畢蘇斯基是黑手黨老大。參見：Marjan Porczak, *Piatiletka sanacyjna w piątą rocznicę zamachu majowego 1926 r.* (Kraków: Nakładem Tow. Uniwersytetu Robotniczego, 1931), 14, quotation in Plach, *Clash of Moral Nations*,189–190n108.
4. H. N. Brailsford, letter to the editor, *Times* (London), May 23, 1919, 8.
5. H. N. Brailsford, "Pilsudski Turning Poland to Fascism," (Baltimore), October 3, 1930, 13.
6. Roman Debicki, *Foreign Policy of Poland, 1919–1939* (London: Pall Mall Press, 1962), 67.
7. "Daughter, 11, Boss of Polish Dictator: Pilsudski's Attention to Jadwiga and Wanda, 13, Belies Iron Man Role," *Washington Post*, November 23, 1930, A5.
8. "Poland Welcomes Pilsudski at Home: Two Daughters First to Greet Him," *Washington Post*, March 30, 1931, 7.
9. Ivan T. Berend, *Decades of Crisis: Central and Eastern Europe before World War II* (Berkeley: University of California Press, 1998), 253; François Crouzet, *A History of the European Economy, 1000–2000* (Charlottesville: University of Virginia Press, 2001), 179; Wojciech Roszkowski, *Historia Polski, 1914–2015* (Warsaw: PWN, 2017), 73.
10. Ignacy Mościcki, "Autobiografia," *Niepodległość* 14 (1981): 108.
11. Kazimierz Świtalski, diary entry of April 29, 1931, Warsaw, in Kazimierz Świtalski, *Diariusz 1919–1935* (Warsaw: Czytelnik, 1992), 606.
12. "Nowy rząd," *Gazeta Polska* (Warsaw), May 28, 1931, 1; "P. Prystor utworzył nowy rząd," *Robotnik*, May 28, 1931, 1.
13. Resolution of the 22nd Convention of the PPS, in *Robotnik*, May 28, 1931, 3.
14. "Zamordowanie posła Tadeusza Hołówki," *Gazeta Polska*, August 30, 1931, 1; "Polish Deputy Slain; Ukrainian Suspected," *New York Times*, August 30, 1931, 7.
15. Jerzy Holzer, "Tadeusz Ludwik Hołówko (1889–1931)," *Polski Słownik Biograficzny* 9 (1960–1961): 600–602.

88. Witos, *Moje wspomnienia*, 3:181.
89. Ibid., 185.
90. *Kalendarium*, 4:185; Polonsky, *Politics in Independent Poland*, 311.
91. Quoted in "Poland to Prosecute 33 Opposition Members for Cracow Resolution against Dictatorship," *New York Times*, July 4, 1930, 6.
92. *Robotnik* (Warsaw), August 24, 1930, quotation from Polonsky, *Politics in Independent Poland*, 314.
93. "Zmiana rządu," *Gazeta Polska* (Warsaw), August 24, 1930, 1; Słowoj Składkowski, *Strzępy meldunków*, 205–206; *Kalendarium*, 4:185.
94. *Gazeta Polska* (Warsaw), August 27, 1930, in *PZ*, 9:221.
95. Interview with Pilsudski, Warsaw, June 1926, in Baranowski, *Rozmowy*, 111–112.
96. Polonsky, *Politics in Independent Poland*, 314.
97. Słowoj Składkowski, *Strzępy meldunków*, 223.
98. "Do społeczeństwa!," *Robotnik*, September 11, 1930, 1.
99. Marian Leczyk, *Sprawa Brzeska: Dokumenty i materiały* (Warsaw: Książka i Wiedza, 1987), 32–33; "Aresztowani b. posłowie socjalistyczni," *Robotnik*, September 12, 1930, 1.
100. Quotation from Daria Nałęcz and Tomasz Nałęcz, *Józef Piłsudski: Legendy i fakty* (Warsaw: Młodzieżowa Agencja Wydawnicza, 1986), 281.
101. Pilsudski, interview in *Gazeta Polska*, September 13, 1930, in *PZ*, 9:231–233.
102. Roszkowski, *Historia Polski*, 71; Polonsky, *Politics in Independent Poland*, 314–315.
103. Garlicki, *Józef Piłsudski*, 586.
104. Lidia Ciołkosz, *Spojrzenie wstecz: Rozmowy przeprowadził Andrzej Friszke* (Paris: Éditions du Dialogue, 1995), 62.
105. Garlicki, *Józef Piłsudski*, 585–586; Suleja, *Józef Piłsudski* (Wrocław: Ossolineum, 1995), 343.
106. Polonsky, *Politics in Independent Poland*, 320; Garlicki, *Józef Piłsudski*, 585–586; Włodzimierz Suleja, *Józef Piłsudski* (Wrocław: Ossolineum, 1995), 343.
107. *Kalendarium*, 4:215; Bohdan Urbankowski, *Józef Piłsudski: Marzyciel I strateg* (Poznań: Zysk i S-ka, 2014), 425.
108. 關於畢蘇斯基與葉芙根妮亞・列維卡的外遇，參見：Nałęcz and Nałęcz, *Józef Piłsudski*, 284; Ludwik Malinowski, *Miłości Marszałka Piłsudskiego* (Warsaw: Kisiążka i Wiedza, 1997), 132–133; Iwona Kienzler, *Kobiety w życiu marszałka Piłsudskiego* (Warsaw: Bellona, 2012), 288–289; Urbankowski, *Józef Piłsudski*, 425.
109. Piotr Wandycz, "Polish Diplomacy 1914–1945: Aims and Achievements," in *Polish Diplomacy, 1914–1945* (London: Orbis, 1988), 21.
110. Piotr Wandycz, "The Foreign Policy of the Second Republic, 1921–1932," in *Reflections on Polish Foreign Policy*, ed. John Micgiel (New York: Columbia University Press, 2007), 39.
111. Wandycz, *The Twilight, 1926–1936*, 122.
112. Ibid., 135–136.
113. Ibid., 123.
114. Ibid., 123–124.
115. Quotation from W. Jędrzejewicz, "Rozmowa Marszałka Piłsudskiego ze Stresemanem w Genewie w 1927 roku," *Niepodległość* 10 (1976): 142.
116. Paul Schmidt, *Statist auf diplomatischer Bühne* (Bonn: Athenäum-Verlag, 1949), quotation from Alfred Erich Senn, *The Great Powers, Lithuania, and the Vilna Question, 1920–1928*

60. "The New Poland: Celebration of Tenth Anniversary," *Times* (London), November 12, 1928, 15.
61. Paul Super, *Twenty-Five Years with the Poles* (Trenton, NJ: Paul Super Memorial Fund, n.d.), 98, quotation from Biskupski, *Independence Day*, 62–63. 這場活動也即時報導於："Poles Hail Pilsudski," *New York Times*, November 11, 1928, 27.
62. Biskupski, *Independence Day*, 63.
63. Ibid.
64. "The New Poland: Celebration of the Tenth Anniversary (from Our Own Correspondent)," *Times* (London), November 12, 1928, 15; Piotr Wandycz, *The Twilight of French Eastern Alliances, 1926–1936* (Princeton, NJ: Princeton University Press, 1988), 129.
65. *Times* (London), November 12, 1928, 15; Biskupski, *Independence Day*, 66.
66. "Żydzi wobed święto niepodległości," *Ilustrowany Kurier Codzienny*, November 11, 1928, 8, quotation from Biskupski, *Independence Day*, 66; "Poles Hail Pilsudski," *New York Times*, November 11, 1928, 27; "The New Poland: Celebration."
67. Pilsudski, "Dno Oka, czyli wrażenia człowieka chorego z sesji budżetowej w Sejmie," *Głos Prawdy* (Warsaw), April 7, 1929, in *PZ*, 9:145–153, quotation from 153, as quoted in Polonsky, "The Emergence," 171.
68. Diary entry, May 3, 1929, in Świtalski, *Diariusz*, 423.
69. Chojnowski, *Piłsudczycy u władzy*, 96; Garlicki, *Józef Piłsudski*, 541.
70. "Oświadczenie na rozprawie Trybunału Stanu," June 23, 1929, in *PZ*, 9:180–181.
71. W. Pobóg-Malinowski, *Najnowsza historia polityczna Polski* (London: B. Swiderski, 1967), 2:707–708.
72. Pilsudski, "Gasnącemu światu," *Głos Prawdy*, September 22, 1929, in *PZ*, 9:185–192.
73. *Gazeta Chłopska*, October 10, 1929, quotation from Polonsky, *Politics in Independent Poland*, 294.
74. Polonsky, *Politics in Independent Poland*, 294n4.
75. Mieczysław Niedziałkowski, "Nasz stosunek do Józefa Piłsudskiego," *Robotnik* (Warsaw), October 1, 1929, 1.
76. Garlicki, *Józef Piłsudski*, 563.
77. "Rozmowa Marszałka Piłsudskiego z marszałka sejmu," *Gazeta Polska* (Warsaw), November 1, 1929, 1; 這次交談也刊載於：*PZ*, 9:193–1943，以及：Słowoj Składkowski, *Strzępy meldunków*, 153–155.
78. "Wspomnienie o Grzybowskie," November 9, 1929, in *PZ*, 9:206.
79. "Charges Pilsudski Fears to Face Diet," *New York Times*, November 7, 1929, 11.
80. *Robotnik*, December 30, 1929, 1; *Kalendarium*, 4:169.
81. "Uchwały Rady Naczelnej P.P.S.," *Robotnik*, February 4, 1930, 1.整句話都用大寫字母書寫。
82. In A. Czubiński, *Centrolew* (Poznań, 1963), 203, quotation from Polonsky, *Politics in Independent Poland*, 308. 也參見："From Anti-Pilsudski Bloc," *New York Times*, June 21, 1930, 8.
83. Witos, *Moje wspomnienia*, 3:184–185.
84. Garlicki, *Józef Piłsudski*, 579–580.
85. Centrolew resolution, June 29, 1930, reprinted in Witos, *Moje wspomnienia*, 3:181.
86. 中間左翼聯盟在一九三〇年六月二十九日於克拉科夫發表的決議內容，參見：*For Your Freedom and Ours*, ed. Krystyna Olszer (New York: F. Unger, 1981), 218.
87. *Robotnik* (Warsaw), July 1, 1930, quotation from Polonsky, *Politics in Independent Poland*, 311.

37. 巴爾泰爾對於猶太人的態度，參見：Sławomir Kalbarczyk, *Kazimierz Bartel (1882–1941): Uczony w świecie polityki* (Warsaw: Instytut Pamięci Narodowej, 2015), 343; Shoshan Ronen, *A Prophet of Consolation on the Threshold of Destruction: Yehoshua Ozjasz Thon, an Intellectual Portrait* (Warsaw: Dom Wydawniczy Elipsa 2015), 247; Polonsky, *Jews in Poland and Russia*, 3:74.
38. Gustaw Dobrucki, address on October 18, 1927, quotation from Rudnicki, *Równi, ale niezupełnie*, 145; Polonsky, *Jews in Poland and Russia*, 3:73.
39. Rudnicki, *Równi, ale niezupełnie*, 130.
40. Quotation from Felicjan Składkowski, *Kwiatuszki administracyjne i inne* (London: B. Swiderski, 1959), 275.
41. Polonsky, *Jews in Poland and Russia*, 3:74–75.
42. Hartglas, *Na pograniczu dwóch światów*, 229.
43. Quotation from Blanke, *Orphans of Versailles*, 91.
44. Pilsudski, interview with *Głos Prawdy*, December 24, 1926, in *PZ*, 9:64–65.
45. Diary entry, December 18, 1926, in Świtalski, *Diariusz*, 203.
46. Roszkowski, *Historia Polski*, 62.
47. Campaign circular, untitled, March 1928, CBW, DU-48; "Co o rządu marszałka Piłsudskiego mówią najwyżsi dostojnicy kościoła?," ca. February 1928, CBW, DU-827; Andrzej Chojnowski, *Piłsudczycy u władzy: Dzieje Bezpartyjnego Bloku Współpracy z Rządem* (Wrocław: Ossolineum, 1986), 82.
48. Chojnowski, *Piłsudczycy u władzy*, 61–62; Roszkowski, *Historia Polski*, 64.
49. Roszkowski, *Historia Polski*, 64; Chojnowski, *Piłsudczycy u władzy*, 61–62; Antony Polonsky, "The Emergence of an Independent Polish State," in *The History of Poland since 1863*, ed. R. F. Leslie (New York: Cambridge University Press, 1980), tables 7 and 8, at 154, 168.
50. Świtalski, diary entry, March 24, 1928, in Świtalski, *Diariusz*, 347–348.
51. F. Słowoj Składkowski, *Strzępy meldunków* (Warsaw: Instytut Badania Najnowszej Historii, 1936), 77.
52. "Polish Parliament Opened," *Times* (London), March 28, 1928, 15; Składkowski, *Strzępy meldunków*, 78.
53. Summary of Pilsudski comments in a meeting with advisors, diary entry, March 13, 1928, in Świtalski, *Diariusz*, 339–340.
54. Paweł Duber, *Działalność polityczna Kazimierza Bartla w latach 1926–1930* (Warsaw: Wydawnictwo Sejmowe, 2014), 200–201; "Zmiana rządu. Nowy gabinetu prof. Bartla," *Robotnik*, June 28, 1928, 1; "Wobec zmiany gabinetowej," *Kurier Warszawski*, June 28, 1928, 1; "Rekonstrukcja gabinetu," *Rzeczpospolita* (Warsaw), June 28, 1928, 1.
55. Diary entry of June 18, 1928, in Świtalski, *Diariusz*, 352.
56. Pilsudski, "Wywiad z redaktorem 'Głosu Prawdy,' " July 1, 1928, in *PZ*, 9:112–113, 116. 西方媒體對於這次採訪的報導，參見："A Pilsudski Outburst: Candid Views on Parliament," *Times* (London), July 2, 1928, 16.
57. "P.P.S. wobec wywiadu marsz. Piłsudskiego: Uchwały, powzięte na wczorajszym posiedzeniu plenarnym," *Robotnik* (Warsaw), July 3, 1928, 1.
58. Diary entry of July 17, 1928, in Świtalski, *Diariusz*, 354, 357.
59. Piłsudski, address at a convention of Legionaries in Vilna, August 12, 1928, in *PZ*, 9:128.

1916–1931 (1938; repr., Warsaw: Zebra, 1990), 111; diary entry, second half of May 1926, in Kazimierz Świtalski, *Diariusz, 1919–1935* (Warsaw: Czytelnik, 1992), 144.

17. Wojciech Roszkowski, *Historia Polski, 1914–2015* (Warsaw: PWN, 2017), 60.
18. "Ustawa zmieniająca i uzupełniająca Konstytucję Rzeczypospolitej dnia 17 marca 1926 r.," August 2, 1926, in *Źródła do dziejów II Rzeczypospolitej*, ed. J. Piłatowicz, D. Sowińska, and A. Zawadzki (Siedlce: Instytut Historii i Stosunków Międzynarodowych, 2014), 2:254–257. 這個議案的分析，參見：Włodzimierz Suleja, *Józef Piłsudski* (Wrocław: Zakład Narodowy imienia Ossolińskich, 2009), 317–318.
19. W. Baranowski, interview with Pilsudski, Druskienniki (then in northeastern Poland), August 26, 1926, in Baranowski, *Rozmowy*, 116–117.
20. "Rząd marsz. Piłsudskiego," *Chwila* (Lwów), October 3, 1926, 1.
21. Pilsudski, address in Nieśwież, October 25, 1926, in *PZ*, 9:47–48. 畢蘇斯基的引用，參見：Jerzy Potocki, Nieśwież, October 27, 1926, quotation from *Kalendarium*, 3:410.
22. Quotation from Jan Tomicki, *Polska Partia Socjalistyczna, 1892–1948* (Warsaw: Książka i Wiedza, 1983), 290; 亦參見：Hans Roos, *A History of Modern Poland*, trans. from the German by J. R. Foster (1961; New York: Knopf, 1966), 116.
23. Pilsudski, radio address on the 8th anniversary of independence, November 11, 1926, in *PZ*, 9:47–48.
24. Pilsudski, speech at the convention of Legionnaires, Kielce, August 7, 1927, in *PZ*, 9:87–88.
25. Speech of Marshal Pilsudski at Wawel Castle, Kraków, June 27, 1927, in *Monitor Polski* (Warsaw), June 30, 1927, 4, and in *PZ*, 9:72.
26. M. B. Biskupski, *Independence Day: Myth, Symbol and the Creation of Modern Poland* (Oxford: Oxford University Press, 2012), 59–60.
27. Hauser, *Przedstawiciele mniejszości niemieckiej*, 14; Winson Chu, *The German Minority in Interwar Poland* (Cambridge: Cambridge University Press, 2012), 93; Richard Blanke, *Orphans of Versailles: The Germans in Western Prussia, 1918–1939* (Lexington: University Press of Kentucky, 1993), 90. 一九三一年波蘭的民族組成，參見：P. Magocsi, *Historical Atlas of Central Europe* (Seattle: University of Washington Press, 2002), 131.
28. Rudnicki, *Żydzi w parlamencie*, 271.
29. Ibid., 271–272.
30. "Żydzi wobec przedłożeń rządowych," *Nasz Przegląd* (Warsaw), June 19, 1926, quotation from Rudnicki, *Żydzi w parlamencie*, 272.
31. Rudnicki, *Żydzi w parlamencie*,, 269.
32. Quotation from Apolinary Hartglas, *Na pograniczu dwóch światów*, ed. Jolanta Żyndyl (Warsaw: Oficyna Wydawnicza, 1996), 229.
33. Hartglas, interview in *Nasz Przegląd* (Warsaw), February 5, 1928, cited in Szymon Rudnicki, *Równi, ale niezupełnie* (Warsaw: Biblioteka Midrasza, 2008), 145n4.
34. Quotation from Giuseppe Motta, *The Great War against Eastern European Jewry, 1914–1920* (Newcastle upon Tyne, UK: Cambridge Scholars Publishing, 2017), 174.
35. Quotation from Antony Polonsky, *The Jews in Poland and Russia* (Oxford: Littman Library of Jewish Civilization, 2012), 3:73.
36. Resolution on national minorities, session of the Polish cabinet, August 18, 1926, reprinted in Marek Jabłonowski and Dorota Cisowska-Hydzik, eds., *O niepodległą i granice* (Warsaw: Wyd. Uniwersytetu Warszawskiego, 2004), 5:469.

walka o władzę (Warsaw: Bellona, 2014), 53; Witkowski, *Majowy zamach stanu*, 313; Norman Davies, *God's Playground* (New York: Columbia University Press, 2005), 2:422.
103. Witkowski, *Majowy zamach stanu*, 194–200; Garlicki, *Przewrót Majowy*, 269; Włodzimierz Suleja, *Mundur na nim szary . . . Rzecz o Józefie Piłsudskim* (Warsaw: IPN, 2018), 291; Roszkowski, *Historia Polski*, 58–59.
104. Pilsudska, *Pilsudski*, 331.
105. Rothschild, *East Central Europe*, 55.
106. 近期針對這次政變的研究包括：Z. Cieślikowski, *Materiały źródłowe do przewrotu majowego* (Warsaw, 2002); M. Sioma, ed., *Zamach stanu Józefa Piłsudskiego 1926 roku* (Lublin: Wydawn. Uniwersytetu Marii Curie-Skłodowskiej, 2007); *Zamach stanu Józefa Piłsudskiego i jego konsekwencje w interpretacjach polskiej myśli politycznej XX wieku*, ed. Z Karpus et al. (Toruń: Wydawnictwo Naukowe Uniwersytetu Mikołaja Kopernika, 2008).

16 邁向威權統治

引言："Do społeczeństwa!," *Robotnik*, September 11, 1930, 1.
1. Andrzej Garlicki, *Józef Piłsudski, 1867–1935* (Warsaw: Czytelnik, 1990), 366.
2. J. D. Gregory, Warsaw, May 21, 1926, in Peter D. Stachura, *Poland, 1918–1945: An International and Documentary History of the Second Republic* (London: Routledge, 2004), 72.
3. Pilsudski, Minister of War and First Marshall, Order to Soldiers, May 22, 1926, Papers of Gen. Józef Jaklicz, PIA, RG 109 / 115, fol. 297.
4. Pilsudski, interview with *Le Matin* (Paris), May 25, 1926, in *PZ*, 9:21.
5. Ibid., 22.
6. Ibid.
7. Pilsudski, Order-of-the-Day to Soldiers, May 22, 1926, PIA, RG 109 / 115.
8. Pilsudski, May 29, 1926, in *PZ*, 9:31.
9. "Poland: Pilsudski Touted," *Time, June* 7, 1926, 13; "Government Upset," *Time*, May 24, 1926, 15.
10. Przemysław Hauser, *Przedstawiciele mniejszości niemieckiej w parlamencie II Rzeczypospolitej* (Warsaw: Wydawnictwo Sejmowe, 2014), 109; Szymon Rudnicki, *Żydzi w parlamencie II Rzeczypospolitej*, 2nd ed. (Warsaw: Wydawn. Sejmowe, 2015), 272.
11. Rudnicki, *Żydzi w parlamencie*, 272; Hauser, *Przedstawiciele mniejszości niemieckiej*, 109; Garlicki, *Józef Piłsudski*, 386.
12. "Enuncjacja prasowa o prof. Ignacy Mościckim," *Kurier Poranny*, June 2, 1926, in *PZ*, 9:35–36.
13. Bolesław Barczyński, "List otwarty do Józefa Piłsudskiego," Kielce, May 27, 1926, CBW, DU-1771 (2); Stanisław Biernacki, "Były piłsudczyk do Marszałka Piłsudskiego: List Otwarty," June 2, 1926, CBW, DU-1771 (1).
14. [Jerzy Sochacki], *Przeciw dyktatorze Piłsudskiego (przemówienie posła komunistycznego w Sejmie 8 VII 1926* (Lwow, 1926); Jan Młot [Edward Ligocki], *Ryzykanci* (Poznań, 1926).
15. Antoni Anusz, *Pierwszy marszałek Polski, Józef Piłsudski: Budowniczy i wskrzesiciel Państwa Polskiego* (Warsaw: Wojskowy Insytut Naukowo-Wydawniczy, 1927), 18–19.
16. Interview with Pilsudski, Warsaw, June 1926, in W. Baranowski, *Rozmowy z Piłsudskim,*

78. W. Jędrzejewicz, *Wspomnienia* (Wrocław: Ossolińskich, 1993), 117.
79. Preface to T. Kutrzeba (1924), *Naczelni Wodzowie*, in *PZ*, 6:181.
80. Pilsudski, "Demokracja a Wojsko," June 20, 1924, in *PZ*, 8:15–16.
81. Pilsudski, "W dziesiątą rocznicę powstania Legionów," August 10, 1924, in *PZ*, 8:30.
82. J. Wielmożny, Polish Consul General in Chicago, to Marshal Jozef Pilsudski, Sulejówek, October 1, 1924, Jozef and Alexandra Pilsudski Collection, AAN, II / 96, fol. 97.
83. "Odezwa Komitetu Obchodu dnia 6 Sierpnia," [n.d., ca. October 1924], AAN, 232, leaflet collection, Jozef Pilsudski (1918–1937).
84. Gustav Stresemann, *His Diaries, Letters and Papers*, ed. E. Sutton (London: Macmillan, 1937), 2:503.
85. "Treaty of Mutual Guarantee between France and Poland of October 16, 1925," in Horak, *Poland's International Affairs*, 154–155; Polonsky, "The Emergence," 158.
86. Quotation from Piotr Wandycz, *France and Her Eastern Allies, 1919–1925* (Minneapolis: University of Minnesota Press, 1962), 364.
87. Quotation from Jan Karski, *The Great Powers and Poland* (New York: Rowman and Littlefield, 2014), 87.
88. Quotation from Polonsky, *Politics in Independent Poland*, 139.
89. Pilsudski, "Deklaracja złożona prezydentowi Rzeczypospolitej Stanisławowi Wojciechowskiemu," Sulejówek, November 13, 1925, in *PZ*, 8:247–248. 也參見：*Kalendarium*, 3:363–364.
90. Mariusz Wołos, *O Piłsudskim, Dmowskim i zamachu majowym: Dyplomacja sowiecka wobec Polski w okresie kryzysu politycznego, 1925–1926* (Kraków: Wydawnictwo Literackie, 2013), 74.
91. Ibid., 77. 聚集人群的規模，參見：*Kalendarium*, 3:304.
92. Quotation from Pilsudska, *Pilsudski*, 328.
93. "Obywatele!," n.d. (late 1925), leaflet of the PSL-Liberation, CBW, DU-825.
94. Z. Landau and J. Tomaszewski, *Zarys historii gospodarczej Polski, 1918–1939* (Warsaw: Książka i Wiedza, 1971), 98; Wojciech Roszkowski, *Historia Polski, 1914–2015* (Warsaw: PWN, 2017), 56; Czesław Witkowski, *Majowy zamach stanu: Wojskowy rokosz Piłsudskiego* (Warsaw: Bellona, 2016), 101; Joseph Rothschild, *East Central Europe between the Two World Wars* (Seattle: University of Washington Press, 1974), 52.
95. Sir Max Muller, Warsaw, to British Foreign Office, January 20, 1926, in Peter D. Stachura, *Poland, 1918–1945: An International and Documentary History of the Second Republic* (London: Routledge, 2004), 71.
96. Witkowski, *Majowy zamach stanu*, 311.
97. "Rząd większości parlamentarnej," *Kurier Warszawski*, May 11, 1926, 1; Roszkowski, *Historia Polski*, 57.
98. Pilsudski, interview in *Kurier Poranny*, May 11, 1926, quotation from Polonsky, *Politics in Independent Poland*, 157.
99. Garlicki, *Józef Piłsudski*, 357–358; Rafał Ziemkiewicz, *Złowrogi cień Marszałka* (Lublin: Fabryka słów, 2017), 369; Stachura, *Poland, 1918–1945*, 65.
100. Polonsky, *Politics in Independent Poland*, 155.
101. Roszkowski, *Historia Polski*, 56; Andrzej Garlicki, *Przewrót Majowy* (Warsaw: Czytelnik, 1979), 262.
102. Andrzej Skrzypek, *Zamachy stanu w Polsce XX wieku: Działania spiskowców i bezpardonowa*

明的內容，參見："Sprawa E. Niewiadomskiego," *Gazeta Warszawska*, 1 January 1923, 1–3; "Proces Eligiusza Niewiadomskiego," *Kurjer Poznański*, 3 January 1923, 2–5.

53. Adolf Nowaczyński, "Testament," *Myśl Narodowa*, January 6, 1923, quotation from Brykczynski, *Primed for Violence*, 123–124.
54. Quotation from Watt, *Bitter Glory*, 195; and Brykczynski, *Primed for Violence*, 125. 關於殺手的家庭，包括二十二歲的兒子及二十歲的女兒，參見："Niewiadomski Eligiusz," *Polski Słownik Biograficzny* 23 (1978).
55. Zygmunt Wasilewski, "Ś.p. Eligiusz Niewiadomski," *Gazeta Warszawska*, January 30, 1923, quotation from Brykczynski, *Primed for Violence*, 126.
56. "Na grobie ś.p. E. Niewiadomskiego," *Gazeta Warszawska*, February 6, 1923, quotation from Brykczynski, *Primed for Violence*, 127; "Niewiadomski Eligiusz," *Polski Słownik Biograficzny* 23 (1978).
57. "Niewiadomski Eligiusz," *Polski Słownik Biograficzny* 23 (1978).
58. Poznań district court prosecutor, February 21, 1923, motion against bookshop owner; and police report dated February 13, 1923, on church activities in honor of Niewiadomski. 出自馬切伊・莫辛斯基博士的收藏，獲作者授權使用。感謝伊莎貝拉・華格納提供這些文件。
59. Izabela Wagner, *Bauman: A Biography* (Cambridge: Polity Press, 2020), 411n10.
60. W. F. Reddaway, *Marshal Pilsudski* (London: George Routledge and Sons, 1939), 171.
61. Jędrzejewicz, *Pilsudski*, 170.
62. Watt, *Bitter Glory*, 195.
63. Polonsky, *Politics in Independent Poland*, 115–116.
64. "Decision of the Conference of Ambassadors, March 15, 1923," in Horak, *Poland's International Affairs*, 238–240; J. Lukowski and H. Zawadzki, *A Concise History of Poland*, 3rd ed. (Cambridge: Cambridge University Press, 2018), 297.
65. Pilsudska, *Pilsudski*, 318.
66. Pilsudski, address, June 13, 1923, in *PZ*, 6:19.
67. Pilsudski, interview with Romanian paper *Adverul*, mid-June 1923, in *PZ*, 6:21–22.
68. Pilsudski, banquet speech, Bristol Hotel (Warsaw), July 3, 1923, in *PZ*, 6:24–35, 出自英譯版本，參見：Andrzej Garlicki, *Józef Pilsudski 1867–1935*, trans. John Coutouvidis (London: Scolar Press, 1995), 114.
69. Pilsudski, "Wspomnienia o Gabrielu Narutowiczu," July 1923, in *PZ*, 6:36. 納魯托維奇的出身背景，參見：Janusz Pajewski, *Gabriel Narutowicz: Pierwszy prezydent Rzeczypospolitej* (Warsaw: Książka i Wiedza, 1993).
70. Pilsudski, "Wspomnienia o Gabrielu Narutowiczu," July 1923, in *PZ*, 6:51, 56, 59.
71. Lukowski and Zawadzki, *Concise History of Poland*, 304.
72. Polonsky, "The Emergence," 156.
73. S. Baranowski, conversation with Pilsudski, Sulejówek, September 1924, in Baranowski, *Rozmowy*, 98.
74. Pilsudski, *Rok 1863* (Warsaw: Towarzystwo Wydawnicze "Ignis," 1924), in *PZ*, 6:165, 167.
75. M. Tukhachevsky, "The March before the Vistula," lecture to the Moscow Military Academy, February 7, 1923, reprinted in Jozef Pilsudski, *Year 1920 and Its Climax: Battle of Warsaw during the Polish-Soviet War, 1919–1920* (1924; New York: PIA, 1972), 263–264.
76. Pilsudski, *Year 1920*, 220.
77. Ibid., 222.

Sejmowe, 2015), 193.

30. Garlicki, *Józef Piłsudski, 1867–1935* (Warsaw: Czytelnik, 1990), 243–244; *Kalendarium*, 3:119–120.
31. Garlicki, *Józef Piłsudski*, 246–247.
32. Pilsudski, Kraków, speech to the convention of the Union of Polish Legionnaires, August 5, 1922, in *PZ*, 5:273.
33. Pilsudski, September 16, 1922, conversation with W. Baranowski, Ploieşti (Romania), in Baranowski, *Rozmowy*, 89–90.
34. Antony Polonsky, "The Emergence of an Independent Polish State," in *The History of Poland since 1863*, ed. R. F. Leslie (Cambridge: Cambridge University Press, 1980), 150–153; Garlicki, *Józef Piłsudski*, 247.新眾議院裡的猶太成員名單，參見：Rudnicki, *Żydzi w parlamenciej*, 493–495.
35. *Pierwszy Powszechny Spis Rzeczypospolitej Polskiej z dnia 30 września 1921 roku* (Warsaw: Nakładem Głównego Urzędu Statystycznego Skład Główny, 1927).
36. Pilsudski, address to the Sejm, November 28, 1922, in *PZ*, 5:283–284.
37. Pilsudski, address to the Council of Ministers, Warsaw, December 4, 1922, in *PZ*, 5:295–296.
38. August Zaleski unpublished memoirs (n.d.), August Zaleski Papers, box 14, folder 1, pp. 169–170, Hoover Institution Archives, Stanford. 這份回憶錄是用英文寫成，在刪節過的波蘭文版本中並沒有收錄這裡所引的文字。參見：August Zaleski, *Wspomnienia*, trans. Elżbieta Gołeb' iowska (Warsaw: Polski Instytut Spraw Międzynarodowych, 2017).
39. *Kalendarium*, 3:154–155.
40. Pilsudska, *Pilsudski*, 310.
41. Quotation from ibid., 311.
42. Pilsudski, "Wspomnienia o Gabrielu Narutowiczu," July 1923, in *PZ*, 6:58.
43. Rudnicki, *Żydzi w parlamencie*, 193; Stefan Arski, *My pierwsza brygada* (Warsaw: Czytelnik, 1963), 349.
44. 這次媒體的宣傳活動，參見：Paul Brykczynski, *Primed for Violence: Murder, Antisemitism, and Democratic Politics in Interwar Poland* (Madison: University of Wisconsin Press, 2016), 83; Richard M. Watt, *Bitter Glory: Poland and Its Fate, 1918–1939* (New York: Simon and Schuster, 1979), 192; and Piotr Wandycz, "Śmierć prezydenta," *Tygodnik Powszechny*, November 4, 1990, 2.
45. *Gazeta Poranna* (Warsaw), December 10, 1922, quotation from Polonsky, *Politics in Independent Poland*, 105.
46. *Gazeta Warszawska*, December 10, 1922, quotation from Polonsky, *Politics in Independent Poland*, 105. 關於反對納魯托維奇活動中的反猶思想，延伸討論參見：Brykczynski, *Primed for Violence*, 18–28.
47. M. Rataj, *Pamiętniki* (Warsaw: Ludowa Spółdzielnia Wydawnictwa, 1965), quotation from Polonsky, *Politics in Independent Poland*, 111.
48. Quotation from Watt, *Bitter Glory*, 192.
49. Quotation from Brykczynski, *Primed for Violence*, 115.
50. Quotation from ibid., 119.
51. Pilsudski, interview with *Kurier Polski*, December 31, 1922, in *PZ*, 6:7.
52. "Prawda i dykteryjki," *Gazeta Warszawska*, January 4, 1923, quotation from Brykczynski, *Primed for Violence*, 123. 民族民主黨的華沙日報，以及該黨的地方報紙，都刊載了整個聲

International Affairs, 1919–1960, ed. Stephan Horak (Bloomington: Indiana University Press, 1964), 149–150; "Franco-Polish Accord Signed Feb. 19," *New York Times*, February 22, 1921, 13; *Kalendarium*, 3:21–22.

10. 畢蘇斯基在這些典禮上發表的演說，參見：*PZ*, 5:189–190; and "French-Polish Entente," *Times* (London), February 7, 1921, 9.
11. *Kalendarium*, 3:25.
12. Joseph Rothschild, "The Ideological, Political, and Economic Background of Pilsudski's Coup d'État of 1926," *Political Science Quarterly* 78, no. 2 (June 1963): 228; Joseph Rothschild, *Pilsudski's Coup d'État* (New York: Columbia University Press, 1926): 7.
13. *Polish Constitution of 1921*, sec. III, art. 43, http://libr.sejm.gov.pl/tek01/txt/kpol/e1921.html. 全文參見：H. Lee McBain and L. Rogers, *The New Constitutions of Europe* (New York: Doubleday, 1922), 405–425.
14. Wincenty Witos, *Moje wspomnienia* (Paris: Instytut Literacki, 1964), 2:410.
15. *The Treaty of Versailles and After: Annotations of the Text of the Treaty* ed. Denys P. Myers (Washington, D.C.: United States Government Printing Office, 1947), 213. 也參見：Andrzej Nowak, *Niepodległa! 1864–1924: Jak Polacy odzyskali ojczyznę* (Kraków: Biały Kruk Sp., 2018), 326; M. B. Biskupski, *The History of Poland*, 2nd ed. (Santa Barbara, CA: Greenwood Press, 2018), 76n6.
16. "Marshal Pilsudski's Regrets," *Times* (London), May 16, 1921, 8.
17. Pilsudski, speech at the Jagiellonian University, April 29, 1921, in *PZ*, 5:199.
18. J. Pilsudski, Commander in Chief and First Marshall of Poland, address on the occasion of the 100th anniversary of Napoleon's death, April 29, 1921, in *PZ*, 5:207–208.
19. *Kalendarium*, 3:43–44.
20. Pilsudski, speech in Toruń, June 5, 1921, quotation from Alexandra Pilsudska, *Pilsudski: A Biography by His Wife* (New York: Dodd, Mead, 1941), 306.
21. 斯基蒙特外交政策公告，參見：Piotr Wandycz, "The Foreign Policy of the Second Republic, 1921–1932," in *Reflections on Polish Foreign Policy*, ed. John Micgiel (New York: Columbia University Press, 2007), 27–28.
22. Włodzimierz Suleja, *Józef Piłsudski* (Wrocław: Zakład Narodowy im. Ossolińskch, 1995), 255–256; "New Polish Cabinet," *Times* (London), September 22, 1921, 9.
23. "Tries to Assassinate President Pilsudski," *New York Times*, September 27, 1921, 18.
24. "Polish Cabinet Crisis: The Chief of State's Powers Defined," *Times* (London), June 19, 1922, 7.
25. *Kalendarium*, 3:115–116.
26. Pilsudski, Warsaw, to Sejm speaker, July 14, 1922, in *PZ*, 5:258; "Pilsudski Offers Resignation to Diet: Korfanty insists on Forming Polish Government despite President's Stand," *New York Times*, July 16, 1922, 19; "Pilsudski Rejects New Cabinet," *New York Times*, July 21, 1922, 27.
27. *Kalendarium*, 3:114–117; Robert Machray, *Poland, 1914*achray, *Poland, 1914–1931* (London: G. Allen and Unwin, 1932), 158.
28. Stanisław Wojciechowski, *Moje wspomnienia* (1938; repr., Warsaw: Muzeum Historii Polski, 2017), 2:207; *Kalendarium*, 3:115–116; Antony Polonsky, *Politics in Independent Poland, 1921–1939* (Oxford: Oxford University Press, 1972), 105.
29. Szymon Rudnicki, *Żydzi w parlamencie II Rzeczypospolitej*, 2nd ed. (Warsaw: Wydawn.

111. Jerzy Borzęcki, *The Soviet-Polish Peace of 1921 and the Creation of Interwar Europe* (New Haven, CT: Yale University Press, 2008), 277.
112. Gen. Kazimierz Sosnkowski, Order of August 16, 1920. 感謝西蒙・魯德尼基教授提供這道指令的副本。
113. Jerzy Tomaszewski, "Polski formacje zbrojne wobec Żydów," in *Żydzi w obronie Rzeczypospolitej*, ed. Jerzy Tomaszewski (Warsaw: Cyklady, 1996), 106.
114. Jewish Parliamentary Club, August 16, 1920, to the minister of military affairs, reprinted in *Inwazja bolszewicka a Żydzi: Zbiór dokumentów*, vol. 1 (Warsaw: Narodowy Klub Żydowski Posłów Sejmowych, 1921), 131.
115. Jewish Parliamentary Club, August 19, 1920, to the minister of military affairs, in *Inwazja bolszewicka a Żydzi*, 1:132.
116. Pilsudski, interview on August 26, 1920, *Kurier Poranny*, August 29, 1920, in *PZ*, 5:167.
117. "Zagadka Jabłonny," *Naród*, September 1, 1920, 4–5.
118. "W sprawie obozu w Jabłonnie," *Kurier Poranny*, September 10, 1920, 3.
119. Minutes of the 180th session of the Polish parliament, Warsaw, October 29, 1920 ("Sprawozdanie stenograficzne z 180 posiedzenia Sejmu Ustawodawczego z dnia 29 października 1920 r" [Warsaw: Sejm], 18).
120. Lord D'Abernon, interview in *Gazeta Polska* (Warsaw), August 17, 1930, quotation from Robert Machray, *Poland, 1914–1931* (London: G. Allen and Unwin, 1932), 165.
121. Norman Davies, *White Eagle, Red Star: The Polish-Soviet War, 1919–1920* (New York: St Martin's Press, 1972), 265.
122. "Warsaw 1920," in Simon Goodenough, *Tactical Genius in Battle* (Oxford: Phaidon Press, 1979), 61–66.
23. General Weygand, interview in *L'Information* (Paris), August 21, 1920, quotation from Piotr Wandycz, *France and Her Eastern Allies, 1919–1926* (Minneapolis: University of Minnesota Press, 1962), 173. 這次訪談的英譯版本轉載於：*The Illustrated London News*, August 28, 1920, 319; 引用的回憶錄文字出自：Weygand, *Mémoires*, 2:166.

15 從頭幾年的和平到一九二六年的政變

引言：Pilsudski, luncheon address, Paris, February 3, 1921, in *PZ*, 5:186.

1. "Pilsudski pierwszym marszałkiem Polski: Lwów, 19 marca," *Kurier Lwowski*, March 21, 1920, 2; M. B. Biskupski, *Independence Day: Myth, Symbol and the Creation of Modern Poland* (Oxford: Oxford University Press, 2012), 39.
2. *PZ*, 5:180.
3. 這道飭令的內容轉載於："Dekret Wodza Naczelnego o organizacji Naczelnych Władz Wojskowych," January 7, 1921, in *PZ*, vol. 8 supplement, iii–ix.
4. *Kalendarium*, 3:11–12.
5. Ibid., 12; "Marshal Pilsudski in Paris," *Times* (London), February 4, 1921, 9.
6. W. Baranowski, Paris, conversations with Pilsudski, February 3–6, 1921, in Baranowski, *Rozmowy z Pilsudskim, 1916–1931* (1938; repr., Warsaw: Zebra, 1990), 83.
7. Pilsudski, Paris, luncheon address, February 3, 1921, in *PZ*, 5:186.
8. Pilsudski, speech at Paris City Hall, February 5, 1921, in *PZ*, 5:188–189.
9. "Political Agreement between France and Poland on February 19, 1921," in *Poland's*

209.

87. *Kalendarium*, 2:382; Nowak, *Niepodległa!*, 304.

88. Maxime Weygand, *Mémoires*, vol. 2 (Paris: Flammerion, 1952), quotation from *Kalendarium*, 2:383.

89. Diary entry of June 29, 1920, Warsaw, in Vincent D'Abernon, *The Eighteenth Decisive Battle of the World: Warsaw, 1920* (London: Hodder and Stoughton, 1931), 38–39.

90. "Aid for Poland: Anglo-French Mission's Proposals," *Times* (London), July 30, 1920, 12.

91. "Fate of Warsaw in the Balance," *New York Times*, August 10, 1920, 1.來到波蘭的軍官共有六百名的這個數字，確認於一九二〇年八月八日到九日兩日於倫敦召開的英法會議的紀錄，參見：*Documents on British Foreign Policy*, 1st ser., 8:738.

92. Julian Marchlewski, Manifesto to Polish Workers and Peasants, Białystok, July 30, 1920, in *Polonia restituta: O niepodległość i granice, 1914–1912*, ed. Jolanta Niklewska (Warsaw: Muzeum Niepodległości, 2007), 97.

93. "Red Advance on Warsaw," *Times* (London), August 2, 1920, 8.

94. 原始的文件有時候被稱為「維普日進攻計畫」（Wieprz Offensive），參見：Gen. Rozwadowski, Chief of the General Staff, Order no. 8358 / III, August 6, 1920, Papers of Gen. Tadeusz Rozwadowski, PIA, RG 701 / 3 / 3, folder 40, fols. 382–386. 作者身分及與畢蘇斯基在作戰計畫上的合作，參見：Nowak, *Niepodległa!*, 307; and *Kalendarium*, 2:390.

95. Gen. Weygand, Warsaw, to Marshal Foch, Paris, August 6, 1920, quotation from *Kalendarium*, 2:390.

96. Wincentry Witos, *Moje wspomnienia* (Paris: Instytut Literacki, 1964), 2:289.

97. Alexandra Pilsudska, *Pilsudski: A Biography by His Wife* (New York: Dodd, Mead, 1941), 301.

98. Weygand, *Mémoires*, 2:145.

99. Quotation from "Polish Appeal to the World: Nation Prepared to Die for Freedom," *Times* (London), August 11, 1920, 9.

100. "Movement Begun to Oust Pilsudski," *New York Times*, August 16, 1920, 1 (from an August 14 cable).

101. J. Pilsudski, "Ludu Polski!," August 18, 1920, Warsaw, reprinted in *Bitwa warszawska 13–28 VIII 1920: Dokumenty operacyjne*, ed. Marek Tarczyński (Warsaw: Rytm, 1995), 2:77.

102. "Poles Thrust Reds Back from Warsaw: Pilsudski Leads Brilliant and Successful Counter-Offensive," *Boston Daily Globe*, August 18, 1920, 1.

103. Wincenty Witos, statement dated August 25, 1920, quotation from Wandycz, *Soviet-Polish Relations*, 242. 也參見："Poles, Warned by Wilson, Won't Invade," *New York Times*, August 24, 1920, 1; and "American Policy Restrains Poland: Pilsudski to Stop Armies at Russian Boundary," *Boston Daily Globe*, August 24, 1920, 8.

104. Zamoyski, *Warsaw 1920*, 110.

105. Nowak, *Niepodległa!*, 315; Zamoyski, *Warsaw 1920*, 110.

106. Andrzej Garlicki, *Józef Piłsudski* (1990; London: Scolar Press, 1995), 103–104.

107. Theodore R. Weeks, *Vilnius between Nations, 1795–2000* (DeKalb: Northern Illinois University Press, 2016), 97; *Kalendarium*, 3:103.

108. Weeks, *Vilnius between Nations*, 115, 119.

109. Pilsudski, announcement presented in Vilna, April 18, 1922, in *PZ*, 5:236; Pilsudski, address in Vilna, April 20, 1922, in *PZ*, 5:236–240.

110. Jozef Pilsudski, "Rozkaz na Zakończenie Wojny," October 18, 1920, in *PZ*, 5:175–176.

64. Pilsudski, Żytomir, to Prime Minister Skulski, Warsaw, April 26, 1920, *Niepodległość* 7 (1962): 87.
65. Jozef Pilsudski, commander in chief of the Polish Army, proclamation to the inhabitants of Ukraine, April 26, 1920, in *PZ*, 5:156. 這份宣言最初刊載於華沙的政府官方報紙：*Monitor Polski* (Warsaw), April 28, 1920, 2. 英譯本參見：Stephan Horak, *Poland's International Affairs, 1919–1960* (Bloomington: Indiana University Press, 1964), 233–234.
66. Diary entry for April 28, 1920, in Kazimierz Sokołowski, *Dziennik 1920* (Toruń: Wydawnictwo Naukowe Uniwersytetu Mikołaja Kopernika, 2018), 194–196.
67. Lt.-Col. Elbert E. Farman, Warsaw, May 17, 1920, in Janusz Cisek, ed., *American Reports on the Polish-Bolshevik War, 1919–1920* (Warsaw: Wojkowe Centrum Edukacji Obywatelskiej, 2010), 128.
68. Dziewanowski, *Joseph Pilsudski*, 284.
69. Pilsudski, interview in *L'Écho de Paris*, February 12, 1920, quotation from Dziewanowski, *Joseph Pilsudski*, 285. 原始的文字，參見： *PZ*, 5:145–147.
70. Quotation from Janusz Cisek, "Pilsudski's Federalism," in *Wilsonian East Central Europe*, ed. John Micgiel (New York: PIA, 1995), 48.
71. Polish Ministry of Foreign Affairs, April 26, 1920, reprinted in Horak, *Poland's International Affairs*, 234–235.
72. J. Pilsudski, telegram to Petliua, May 6, 1920, in *PZ*, 5:157.
73. Pilsudski, order of May 8, 1920, quotation from Dziewanowski, *Joseph Pilsudski*, 285.
74. Pilsudski to the prime minister, May 1, 1920, *Niepodległość* 7 (1962): 102.
75. Diary entry of May 9, 1920, in Sokołowski, *Dziennik 1920*, 209.
76. Pilsudski, address dated May 17, 1920, in *PZ*, 5:158–159.
77. Wojciech Trąmpczyński, Warsaw, speech at the parliamentary session, May 18, 1920, quotation from W. F. Reddaway, *Marshal Pilsudski* (London: George Routledge, 1939), 131. 原版的引文，參見：Kalendarium, 2:355.
78. *Gazeta Warszawska*, April 27, 1920, quotation from Palij, *Ukrainian-Polish Defensive Alliance*, 77.
79. Jan Moffat, US Legation in Warsaw, to Hugh Gibson, Washington, May 29, 1920, in Cisek, *American Reports*, 143.
80. *Kalendarium*, 2:360–361; "Great Red Drive on Polish Front," *New York Times*, June 4, 1920, 1; "Poles Wipe Out Two Red Divisions," *New York Times*, June 10, 1920, 13.
81. Czubiński, *Walka o granice wschodnie*, 181; *Kalendarium*, 2:362; Lech Wyszczelski, *Wyprawa kijowska Piłsudskiego, 1920* (Warsaw: Bellona, 2015), 213; Adam Zamoyski, *Warsaw 1920: Lenin's Failed Conquest of Europe* (London: Harper Press, 2008), 47; "Kieff Retaken by the Reds, Polish Lines Cut," *Times* (London), June 14, 1920, 14; Serhii Plokhy, *The Gates of Europe: A History of Ukraine* (New York: Basic Books, 2015), 211.
82. *Kalendarium*, 2:368.
83. Quotation from Zamoyski, *Warsaw 1920*, 53.
84. J. Pilsudski, Warsaw, "Obywatele Rzeczypospolitej!," July 3, 1920, CBW, DU-577. 關於國防委員會的成立，參見：Nowak, *Niepodległa!*, 296; *Kalendarium*, 2:374; and "Defense Council Formed in Poland," *New York Times*, July 16, 1920, 12.
85. Quotation from *Kalendarium*, 2:379.
86. Jay Moffat, Warsaw, to Hugh Gibson, Washington, July 20, 1920, in Cisek, *American Reports*,

Peace, 1933), 2:122–125.

45. Hagen, *Anti-Jewish Violence*, 360.
46. "Mission of the United States to Poland: Henry Morgenthau, Sr.'s Report, October 3, 1919," in Morgenthau, *All in a Life-Time*, 415.
47. "Will Outline Plans to Aid Pilsudski, Polish Convention Opens Here Today," *Boston Daily Globe*, July 4, 1919, 8.
48. Jozef Pilsudski, *Year 1920 and Its Climax: Battle of Warsaw during the Polish-Soviet War, 1919–1920* (1924; New York: PIA, 1972), 200–201.
49. Wiart, *Happy Odyssey*, 118–119.
50. Adam Ulam, *Expansion and Coexistence: The History of Soviet Foreign Policy, 1917–1973*, 2nd ed. (New York: Holt, Rinehart and Winston, 1974), 106.
51. Quotation from Andrzej Nowak, *Polska i Trzy Rosje: Studium polityki wschodniej Józefa Pilsudskiego do kwietnia 1920 roku*, 3rd ed. (Kraków: Arcana, 2015), 402.
52. Quotation from Dmitry Merezhkovsky, *Joseph Pilsudski*, trans. Harriet E. Kennedy (London: Sampson Low, 1921), 9–10.
53. Pilsudski, address given in Minsk, September 19, 1919, in *PZ*, 5:107.
54. Pilsudski, speech on the occasion of the opening of Vilna University, Vilna, October 12, 1919, in *PZ*, 5:111–112.
55. Piotr Wandycz, *Soviet-Polish Relations, 1917–1921* (Cambridge, MA: Harvard University Press, 1969), 139–140.
56. 關於這些攔截到的資訊的紀錄，參見：Grzegorz Nowik, *Zanim złamano "Enigmę": Polski radiowywiad podczas wojny z bolszewicką Rosją, 1918–1920*, vol. 1 (Warsaw: Rytm, 2004).
57. *Kalendarium*, 2:286–287.
58. Jędrzejewicz, *Pilsudski*, 94–95.
59. Andrzej Nowak, *Pierwsza zdrada Zachodu: 1920—Zapomniany appeasement* (Kraków: Wydawnictwo Literackie, 2015), 150–151; Nowak, "Reborn Poland or Reconstructed Empire?," 141; Alfred Senn, *The Great Powers, Lithuania, and the Vilna Question, 1920–1928* (Leiden: E.J. Brill, 1966), 20.
60. Piotr Łossowski, "Próba przewrotu polskiego w Kownie w sierpniu 1919 r.," *Najnowsze Dzieje Polski, 1914–1939* 8 (1964): 67; Łossowswki, *Konflikt polsko-litewski, 1918–1920* (Warsaw: Kisążka i Wiedza, 1995), 79; Andrzej Nowak, *Niepodległa! 1864–1924: Jak Polacy odzyskali ojczyznę* (Kraków: Biały Kruk Sp., 2018), 274; Marian M. Drozdowski, ed., *Kronika narodzin II Rzeczypospolitej, 1914–1923* (Warsaw: Bellona, 2018), 511; *Kalendarium*, 2:269–270; Dziewanowski, *Joseph Pilsudski*, 167–168.
61. 參見畢蘇斯基的聲明："Poland Now Fears Bolshevist Invasion," *New York Times*, August 14, 1919, 3.
62. Report by Boris Shaposhnikov, January 27, 1920, to Leon Trotsky, in Nowak, *Polska i Trzy Rosje*, 502–508; Andrzej Nowak, *History of Geopolitics* (Warsaw: Polish Institute of International Affairs, 2008), 163–164; Nowak, "Rok 1920: Pierwszy plan ofensywy sowieckiej przeciw Polsce," *Niepodległość* 49 (1997): 7–19.
63. Magocsi, *A History of Ukraine: The Land and Its Peoples*, 2nd ed. (Toronto: University of Toronto Press, 2010), 534. 關於彼得留拉與畢蘇斯基的代表團之間簽訂的兩份協議全文，參見：Michael Palij, *The Ukrainian-Polish Defensive Alliance, 1919–1921* (Toronto: Canadian Institute of Ukrainian Studies, 1995), 70–75.

27. *Documents on British Foreign Policy*, 1st ser., 3:327n4.
28. Telegram from British commissioner in Warsaw to Mr. Balfour, London, July 25, 1919, in *Documents on British Foreign Policy*, 1st ser., 1:239–249; Czubiński, *Walka o granice wschodnie*, 107; "Polish Army Joins with Rumanian Line," *Boston Daily Globe*, June 4, 1919, 2.
29. Czubiński, *Walka o granice wschodnie*, 107; Andrzej Chwalba, *1919: Pierwszy Rok Wolności* (Wołomiec: Wydawnictwo Czarne, 2019), 272; Andrzej Chwalba, *Przegrane Zwycięstwo. Wojna polsko-bolszewicka 1918–1920* (Wołoniec: Wydawnictwo Czarne, 2020), 38; *Kalendarium*, 2:218, 224.
30. J. Pilsudski, order to the 5th Polish Rifle Division (Siberian), November 19, 1919, in *PZ*, 5:119; Chwalba, *Przegrane Zwycięstwo*, 38; "Kazimierz Rumsza (1886–1870)," *Polski Słownik Biograficzny* 33 (1991–1992): 95–96; *Kalendarium*, 2:285.
31. William W. Hagen, *Anti-Jewish Violence in Poland, 1914–1920* (Cambridge: Cambridge University Press, 2018), 325–326; Antony Polonsky, *The Jews in Poland and Russia* (Oxford: Littman Library of Jewish Civilization, 2012), 3:45; "Jews Massacred, Robbed by Poles," *New York Times*, May 26, 1919, 1.
32. David Engel, "What's in a Pogrom? European Jews in the Age of Violence," in *Anti-Jewish Violence: Rethinking the Pogrom in East European History*, ed. J. Dekel-Chen, D. Gaunt, N. Meir, and I. Bartal (Bloomington: Indiana University Press), 33.
33. H. N. Brailsford, letter to the editor from Pinsk dated May 21, 1919, in *Times* (London), May 23, 1919, 8.
34. Szymon Rudnicki, "The Vilna Pogrom of 19–12 April 1919," *Polin* 33 (2021): 490; Polonsky, *Jews in Poland and Russia*, 3:46.
35. Minister in Poland, Warsaw, to the Acting US Secretary of State, June 17, 1919, in *Papers Relating to the Foreign Relations of the United States, 1919: The Paris Peace Conference* (Washington, DC: US Government Printing Office, 1942) (hereafter cited as *The Paris Peace Conference*), 2:767–768.
36. H. N. Brailsford, letter to the editor, *Times* (London), May 23, 1919, 8.
37. *New York Times*, March 5, 1919, 6.
38. Israel Cohen, diary entry of January 23, 1919, Warsaw, in Israel Cohen, *Travels in Jewry* (New York: Dutton, 1953), 73.
39. "Further Outbreaks in Galicia and Poland," *Jewish Chronicle* (London), May 23, 1919, 8.
40. Hugh Gibson, Warsaw, to Mr. Lansing [US secretary of state], May 31, 1919, in *The Paris Peace Conference, 2:752*. 這封電報也刊載於：*With Firmness in the Right: American Diplomatic Action Affecting Jews, 1840–1945*, ed. Cyrus Adler and Aaron M. Margalith (New York: American Jewish Committee, 1946), 157.
41. "Poland Promises to Protect Jews: American Minister Assured of Strong Measures to Prevent Persecution," *New York Times*, June 4, 1919, 8.
42. Henry Morgenthau, *All in a Life-Time* (New York: Doubleday, Page, 1925), 360; Polonsky, *Jews in Poland and Russia*, 3:47–48.
43. Morgenthau, *All in a Life-Time*, 375–376.
44. "Declaration of the Polish and Czechoslovak Delegates to the Conference of Spa with regard to the Question of Teschen in Silesia," July 10, 1920, and "Resolution of the Spa Conference on July 11, 1920," both reprinted in *Plebiscites since the World War with a Collection of Official Documents*, ed. Sarah Wambaugh (Washington, DC: Carnegie Endowment for International

1. Harold H. Fisher, *America and the New Poland* (New York: Macmillan, 1928), xxiii.
2. Roman Debicki, *Foreign Policy of Poland, 1919–1939* (London: Pall Mall Press, 1962), 19; Edward M. House, *The Intimate Papers of Colonel House*, ed. Charles Seymour (Boston: Houghton Mifflin, 1925), 4:264n1.
3. Esmé Howard, *Theatre of Life: Life Seen from the Stalls, 1905–1936* (London: Hodder and Stoughton, 1936), 312.
4. Esmé Howard, diary entry of February 14, 1919, Warsaw, ibid., 321–322.
5. Ibid., 333.
6. Carton de Wiart, *Happy Odyssey: The Memoirs of Lieutenant-General Sir Adrian Carton de Wiart* (London: Jonathan Cape, 1950), 95.
7. Diary entry of July 14, 1919, Warsaw, in Arthur Goodhart, *Poland and the Minority Races* (London: G. Allen and Unwin, 1920), 19–20.
8. Interview with Pilsudski in *Il Secolo* (The Century), February 1, 1919, in *PZ*, 10:177.
9. Ibid., 179.
10. Ibid., 178.
11. Eugene Pralon, Warsaw, report on conversation with Pilsudski, May 31, 1919, in *Documents on British Foreign Policy, 1919–1936*, 1st ser. (London: H.M. Stationery Office, 1949), 3:342–343.
12. Interview with Pilsudski, Belvedere Palace (Warsaw), February 7, 1919, in W. Baranowski, *Rozmowy z Piłsudskim, 1916–1931* (1938; repr., Warsaw: Zebra, 1990), 64.
13. Jerzy Borzęcki, "Piłsudski's Unorthodox Capture of Wilno in Spring 1919: Risk-Taking, Good Fortune, and Myth-Making," *Journal of Slavic Military Studies* 28 (2015): 138; Antoni Czubiński, *Walka o granice wschodnie polski w latach 1918–1921* (Opole: Instytut Śląski w Opolu, 1993), 81; M. B. Biskupski, *The History of Poland*, 2nd ed. (Santa Barbara, CA: Greenwood Press, 2018), 70.
14. Czubiński, *Walka o granice wschodnie polski*, 81.
15. Pilsudski's address in Grodno, June 1, 1919, in *PZ*, 10:179.
16. Pilsudski's talk to military leaders, March 6, 1919, Warsaw, quotation from Bogusław Miedziński, "Wspomnienia," *Zeszyty Historyczne* (Paris) 36 (1976): 201.
17. Pilsudski, Warsaw, to Prime Minister George Clemenceau, Paris, March 7, 1919, in *PZ*, 5:64–65.
18. "La vie, les prisons, les combats du géneral Pilsudski, president de la République polonaise," *Le Petit Parisien* (Paris), March 23, 1919, 1 (interview dated March 19, 1919).
19. Ibid.
20. Pilsudski, Warsaw, to Leon Wasilewski, Paris, April 8, 1919, in *PZ*, 5:73.
21. Borzęcki, "Piłsudski's Unorthodox Capture of Wilno," 147.
22. Michał Romer, notes on meeting with Pilsudski, April 6, 1919, quotation from Andrzej Nowak, "Reborn Poland or Reconstructed Empire? Questions on the Course and Results of Polish Eastern Policy, 1918–1921," *Lithuanian Historical Studies* 13 (2008): 140.
23. Jozef Pilsudski, Vilna, April 22, 1919, in *PZ*, 5:75–76.
24. Pilsudski, lecture presented at the Stefan Baroty University in Vilna, August 16, 1923, in *PZ*, 6:103, quotation from Borzęcki, "Pilsudski's Unorthodox Capture of Wilno," 137n21.
25. Czubiński, *Walka o granice wschodnie*, 82.
26. Pilsudski, Vilna, to Gen. Józef Haller, Leszno, April 21, 1919, in *PZ*, 5:74.

(Warsaw: Wydawnictwo Sejmowe, 2015), 37; Przemysław Hauser, *Przedstawiciele mniejszości niemieckiej w parlamencie II Rzeczypospolitej* (Warsaw: Wydawnictwo Sejmowe, 2014), 29; Winson Chu, *The German Minority in Interwar Poland* (Cambridge: Cambridge University Press, 2012), 123.

95. Alexandra Pilsudska, *Pilsudski: A Biography by His Wife* (New York: Dodd, Mead, 1941), 282.
96. Ibid.
97. Wincentry Witos, *Moje wspomnienia* (Paris: Instytut Literacki, 1964), 2:242.
98. Diary entry of February 10, 1919, Warsaw, in *Grove, War's Aftermath*, 109.
99. Pilsudski, speech to the Legislative Sejm, February 10, 1919, in *PZ*, 5:55.
100. Ibid., 56–57.
101. 這段喊聲於會議紀錄中留下了紀錄：*Sprawozdanie stenograficzne z 1. posiedzenia Sejmu Ustawodawczego z dnia 10 lutego 1919* (Warsaw: Sejm, 1919): 3.
102. 如雷掌聲註記在這次演講的會議紀錄中：ibid. 也參見：*PZ*, 5:56.
103. Diary entry of February 10, 1919, Warsaw, in Grove, *War's Aftermath*, 109; Witos, *Moje wspomnienia*, 2:243.
104. Witos, *Moje wspomnienia*, 2:244; Wojciechowski, *Moje wspomnienia*, 2:17–18; "The Armistice and Poland," *Times* (London), February 21, 1919, 9 (Warsaw dispatch dated February 14, 1919).
105. *Le Matin* (Paris), February 19, 1919, in *PZ*, 5:58–59.
106. Dinner toast, Belvedere Palace, Warsaw, February 18, 1919, in *PZ*, 5:57–58.
107. Pilsudski's speech to the Legislative Sejm, February 20, 1919, in *PZ*, 5:60–61; minutes of the Legislative Sejm's 3rd session (*Sprawozdanie stenograficzne z 3. posiedzenia Sejmu Ustawodawczego z dnia 20 lutego 1919* [Warsaw: Sejm, 1919], 4). 這個演講刊載於隔天："Deklaracja Piłsudskiego," *Gazeta Warszawska*, February 21, 1919, 4.
108. Resolution of the Legislative Sejm on the reinstatement of Pilsudski to the position of head of state, February 20, 1919, reprinted in *Źródła do dziejów II Rzeczypospolitej*, ed. J. Piłatowicz, D. Sowińska, and A. Zawadzki (Siedlce: Instytut Historii i Stosunków Międzynarodowych, 2014), 1:59; 英譯本參見：Bernadette E. Schmitt, ed., *Poland* (Berkeley: University of California Press, 1945), 91–92. 這段文字也載於：*Gazeta Warszawska*, February 21, 1919, 3–4，以及：official minutes of the 3rd session of the Legislative Sejm for February 20, 1919.
109. *Sprawozdanie stenograficzne z 3. posiedzenia Sejmu9*, 5.
110. Pilsudski, address to the Legislative Sejm, February 20, 1919, in *PZ*, 5:62–63.
111. "Pilsudski Returns Power: But Authority as Chief of State Is Re-conferred on Him by Diet's Assembly," *New York Times*, February 22, 1919, 2.
112. Grove, *War's Aftermath*, 197.
113. Piotr Wandycz, *Polish-Soviet Relations, 1917–1921* (Cambridge, MA: Harvard University Press, 1969), 75.
114. Wojciechowski, *Moje wspomnienia*, 2:19.

14 建構國家

引言：Pilsudski, interview in *L'Écho de Paris*, February 12, 1920, quotation from M. K. Dziewanowski, *Joseph Pilsudski: A European Federalist* (Stanford, CA: Hoover Institution Press, 1969), 285.

76. W. Baranowski, interview with Pilsudski, Belvedere Palace (Warsaw), January 13, 1919, in Baranowski, *Rozmowy*, 58.
77. Sokolnicki, "W służbie Komendanta," 92.
78. Paderewski, Warsaw, telegram to Roman Dmowski, Paris, January 14, 1914, in Jabłonowski and Cisowska-Hydzik, *O niepodległą i granice*, 6:651–652. 關於這封信的討論，參見：Lundgreen-Nielsen, *The Polish Problem*, 117–118.
79. Polish National Committee, Paris, minutes of the 185th session, Paris, January 30, 1919, reprinted in Jabłonowski and Cisowska-Hydzik, *O niepodległą I granice*, 6:661.
80. Esmé Howard, *Theatre of Life: Life Seen from the Stalls* (London: Hodder and Stoughton, 1936), 327.
81. J. Moraczewski, January 17, 1919, Warsaw, reprinted in Moraczewski, *Przewrót w Polsce*, 149–152.
82. 內閣成員的名單，參見：I. Paderewski and J. Pilsudski, January 16, 1919, "Nowy Gabinet," *Dziennik Urządowy Rozporządzeń*, January 17, 1919, 1–2. 關於新的內閣，參見： Stanisław Wojciechowski, *Moje wspomnienia* (1938; repr., Warsaw: Muzeum Historii Polski, 2017), 2:8; Marian Marek Drozdowski, *Józef Piłsudski: Naczelnik Państwa Polskiego 14 XI 1918–14 XII 1922* (Warsaw: Oficyna Wydawnicza Rytm, 2017), 33–34;以及以下的媒體報導："Paderewski Heads New Polish Cabinet," *Boston Daily Globe*, January 18, 1919, 2; "Paderewski Forms New Polish Cabinet, Reaches Agreement with Gen. Pilsudski," *New York Times*, January 18, 1919, 3.
83. Pilsudski, Warsaw, to Kazimierz Dłuski, Paris, January 17, 1919, in *Kwartalnik Historyczny* 65, no. 4 (1958): 1151.
84. Ibid., 1154.
85. Quotation from Titus Komarnicki, *Rebirth of the Polish Republic: A Study in the Diplomatic History of Europe, 1914–1920* (London: William Heinemann, 1957), 262.
86. Edward House, Paris, to President Woodrow Wilson, January 21, 1919, in *Intimate Papers of Colonel House*, 4:264.
87. James Headlam-Morley, Paris, memorandum of interview with Mr. Posner, January 22, 1919, in J. Headlam-Morley, *A Memoir of the Paris Peace Conference 1919*, ed. Agnes Headlam-Morley, Russell Bryant, and Anna Cienciala (London: Methuen and Co., 1972), 11.
88. James Headlam-Morley, Paris, to Lewis Namier, January 24, 1919, in Headlam-Morley, *A Memoir*, 13.
89. "Poles Here Demand Complete Freedom, 8,000 at Meeting Ask for Recognition of Paderewski's Government," *New York Times*, January 27, 1919, 7.
90. "Poles Practically United," *New York Times*, January 30, 1919, 2; *Kalendarium*, 2:168; Wacław Jędrzejewicz, *Pilsudski: A Life for Poland* (New York: Hippocrene Books, 1982), 80.
91. [Pilsudski], Warsaw, undated letter to Roman Dmowski, Paris, written between January 22 and January 26, 1919, reprinted in *Niepodległość* 7 (1962): 12.
92. Pilsudski interview in *Il Secolo* (Genoa), February 1, 1919, in *PZ*, 10:179–177.
93. "Piłsudczycy," *Rząd i Wojsko* (Warsaw), January 26, 1919, 1–2.
94. Table 3 in Antony Polonsky, "The Emergence of an Independent Polish State," in *The History of Poland since 1863*, ed. R. F. Leslie (New York: Cambridge University Press, 1980), 132; Andrzej Nowak, *Niepodległa! 1864–1924: Jak Polacy odzyskali ojczyznę* (Kraków: Biały Kruk Sp., 2018), 253; Szymon Rudnicki, *Żydzi w parlamencie II Rzeczpospolitej*, 2nd ed.

報告，參見：Gen. T. Bliss, Paris, to the US secretary of state, Robert Lansing, January 8, 1919, in *The Paris Peace Conference*, 2:426–427.

54. "Working to Unite Polish Factions," *New York Times*, January 14, 1919, 2. 出自美聯社一九一九年一月十三日的電報。
55. R. C. Foster, Warsaw, to Professor A. C. Coolidge, Paris, January 15, 1919, in *The Paris Peace Conference*, 12:369.
56. Diary entry of January 4, 1919, in William R. Grove, *War's Aftermath: Polish Relief in 1919* (New York: House of Field, 1940), 35.
57. *L'Echo de Paris*, quotation from the *Times* (London), January 6, 1919, 7.
58. Polish Army General Staff, Intelligence Report for the Kraków and Warsaw districts, January 8, 1919, in Marek Jabłonowski, Piotr Stawecki, and Tadeusz Wawrzyński, *O niepodległą i granic: Raporty i komunikaty naczelnych władz wojskowych o sytuacji wewnętrznej Polski, 1919–1920* (Warsaw: Wydział Dziennikarstwa i Nauk Politycznych, 2000), 2:27.
59. "Paderewski and Pilsudski: Need of a Coalition Ministry," *Times* (London), January 11, 1919, 8.
60. Paderewski, Warsaw, to Col. Edward House, January 12, 1919, in *The Intimate Papers of Colonel House* (Boston: Houghton Mifflin, 1925), 4:263.
61. R. S. Blake, memorandum on the present situation in Poland, January 13, 1919, cited in Lundgreen-Nielsen, *The Polish Problem*, 106.
62. "Une méthode d'action en Pologne: Nécessité d'une Pologne forte," December 20, 1918, quotation from Janusz Pajewski, *Wokół sprawy polskiej: Paryż-Lozanna-Londyn, 1914–1918* (Poznań: Wydawnictwo Poznańskie, 1970), 230.
63. Rose, *Polish Memoirs*, 78.
64. Quotation from *Kalendarium*, 2:146. 畢蘇斯基信件的分析，包括手寫原件的複製品，參見：Wacław Jędrzejewicz, "Drogi Panie Romanie!," *Wiadomości* (London), July 22, 1973, 1.
65. Quotation from Marian M. Drozdowski, *O niepodległą i demokratyczną Rzeczpospolitą* (Kraków: Księgarnia Akademicka, 2018), 51.
66. "Urges Immediate Aid for Starving Poles," *New York Times*, December 29, 1918, 4. 也參見："Poland's Need for Concord," *Times* (London), December 30, 1918, 8.
67. "Russia To-Day," *Times* (London), December 28, 1918, 5.
68. "Poland's Plight: Industry Wrecked, Country a Prey to Extremists," *Times* (London), January 2, 1919, 6 (dispatch dated December 29, 1918).
69. Polish Army General Staff, Intelligence Report for the Warsaw, Łódź, and Kielce districts, January 15 and 16, 1919, in Jabłonowski, Stawecki, and Wawrzyński, *O niepodległą i granice*, 2:34–37; "Paderewski Puts Down Bolsheviki," *Boston Daily Globe*, January 23, 1919, 1.
70. "Warsaw Coup," *Times* (London), January 7, 1919, 8.
71. Quotation from *Kalendarium*, 2:157.
72. Diary entry of January 5, 1919, Warsaw, in Maria Dąbrowska, *Dzienniki, 1914–1965 w 13 tomach* (Warsaw: Polska Akademia Nauk, 2009), 1:175.
73. Col. William R. Grove, Warsaw, to Gen. Marlborough Churchill, January 9, 1919, in *The Paris Peace Conference*, 2:427–428.
74. "Polacy!," n.d., Warsaw, CBW, DU-1341.
75. Vernon Kellogg, report dated January 7, 1919, Warsaw, enclosed in a letter to Hubert Hoover, January 9, 1919, reprinted in M. B. Biskupski, "The Origins of the Paderewski Government in 1919: A Reconsideration in Light of New Evidence," *Polish Review* 34, no. 1 (1988): 162.

PIA, RG 75 / 13.

26. "Naczelniku!," *Naprzód* (Kraków), December 20, 1918 (special edition), 2.
27. "O gabinet narodowy," *Czas* (Kraków), December 21, 1918, 1; 以及前一段引文中表達對他的計畫的不滿："Powitanie naczelnika państwa," *Czas* (Kraków), December 20, 1918, 1.
28. Baranowski, interview with Pilsudski, Belvedere Palace (Warsaw), December 26, 1918, in W. Baranowski, *Rozmowy*, 47.
29. Ibid., 49.
30. W. Baranowski, interview with Pilsudski, Belvedere Palace (Warsaw), December 29, 1918, in Baranowski, *Rozmowy*, 52.
31. 聲明的文字引自："Poles' Debt to Mr. Wilson: Message of Gratitude," *Times* (London), December 28, 1918, 5.
32. William J. Rose, "My Mission from Silesia," *Polish Review* (London) 2, no. 3 (December 1918): 222.
33. "Forces in the New Poland," *Times* (London), December 31, 1918, 7.
34. [William Rose], "Joseph Pilsudski," *New Europe* (London), December 12, 1918, 200.
35. Ibid., 202.
36. Dłuski, *Wspomnienia*, 5. 關於德武斯基代表團在伯恩和英國外交官的接觸，參見：Sokolnicki, "W służbie Komendanta," 85–86; "British Mission to Poland," *Times* (London), December 28, 1918, 5.
37. Dłuski, *Wspomnienia*, 4.
38. 原始的法文電報刊載於：Dłuski, *Wspomnienia*, 5.
39. Sokolnicki, "W służbie Komendanta," 85.
40. Pilsudski's address to soldiers, Warsaw, November 29, 1918, in *PZ*, 5:33.
41. Wacław Jędrzejewicz, *Wspomnienia*, ed. Janusz Cisek (Wrocław: Zakład Narodowy im. Ossolińskich, 1993), 71.
42. "Rozkaz noworoczny," January 1, 1919, in *PZ*, 5:47–48.
43. Jędrzej Moraczewski, *Przewrót w Polsce*, ed. Tomasz Nałęcz (1919; repr., Warsaw: Muzeum Historii Polski, 2015), 61.
44. "Nasz Naczelnik!," n.d., n.p., CBW, DU-572.
45. W. J. Rose, *The Polish Memoirs of William John Rose*, ed. Daniel Stone (Toronto: University of Toronto Press, 1975), 85; Sokolnicki, "W służbie Komendanta," 86; Dłuski, *Wspomnienia*, 6. 德武斯基代表團抵達的日期確認於：*Times* (London), January 6, 1919, 7.
46. Rose, *Polish Memoirs*, 85.
47. "Need for Polish Unity: A Mission to Paris," *Times* (London), January 5, 1919, 7.
48. Rose, *Polish Memoirs*, 85.
49. Sokolnicki, Paris, diary entry of January 6, 1919, in Sokolnicki, "W służbie Komendanta," 104.
50. Sokolnicki, Paris, journal entries for January 8–9, 1919, in Sokolnicki, "W służbie Komendanta," 91.
51. Polish National Committee, Paris, minutes of the 173rd session, January 6, 1919, in Jabłonowski and Cisowska-Hydzik, *O niepodległą i granice*, 6:639.
52. Sokolnicki, Paris, journal entries for January 8–9, 1919, in Sokolnicki, "W służbie Komendanta," 90.
53. Bliss diary entries for December 29, 1918, and January 1, 1919, quotation from Lundgreen-Nielsen, *The Polish Problem*, 105–106. 布利斯提供給美國國務卿關於與德莫夫斯基會面的

8. Conversation with Stanisław Stroński, December 5, 1918, quotation from *Kalendarium*, 2:133.
9. Grabski, *Pamiętniki*, 2:90.
10. Diary entry of December 8, 1918, in Leon Wasilewski, *Wspomnienia, 1870–1904, fragment dziennika 1916–1926, diariusz podróży po kresach 1927* (Łomianki: Wydawnictwo LTW, 2014), 303–304.
11. Stanisław Grabski, Warsaw, to Roman Dmowski, Paris, December 11, 1918, in *Komitet Narodowy Polski a Ententa i Stany Zjednoczone, 1917–1919*, ed. Marian Leczyk (Warsaw: Państwowe Wydawn. Naukowe, 1966), 304.
12. Maurycy Zamoyski, Paris, to the French government, December 13, 1918, in *Przegląd Wieczorny* (Warsaw), December 13, 1918.
13. Kay Lundgreen-Nielsen, *The Polish Problem at the Paris Peace Conference* (Odense: Odense University Press, 1979), 102.
14. Polish National Committee, Paris, minutes of the meeting held of December 11, 1918, reprinted in Jabłonowski and Cisowska-Hydzik, *O niepodległą I granice*, 6:623, quotation on 622–623.
15. "Prof. Grabski o swej misji," *Kurier Poranny*, December 21, 1918, 3; "Daremne usiłowania," *Dziennik Powszechny*, December 21, 1918; "Spawozdanie prof. Grabskiego," *Kurier Warszawski*, December 21, 1918, 2–3.
16. Major Julian L. Coolidge, Paris, memorandum dated December 11, 1918, in *Papers Relating to the Foreign Relations of the United States, 1919: The Paris Peace Conference* (hereafter cited as *The Paris Peace Conference*), vol. 2 (Washington, DC: US Government Printing Office, 1942), 414.
17. Ibid., 415.
18. Pilsudski, December 9, 1918, to President Woodrow Wilson, Washington, Michał Mościcki Papers, PIA, RG 75 / 11, fol. 8; 關於哈勒爾部隊裡的波蘭裔美國志願兵，參見：Joseph Hapak, "Recruiting a Polish Army in the United States, 1917–1919" (PhD diss., University of Kansas, 1985), 171, 195.
19. 畢蘇斯基對代表團的吩咐，參見：Pilsudski, Warsaw, to Kazimierz Dłuski, December 19, 1918, in Kazimierz Dłuski, *Wspomnienia z Paryża od 4.I do 10.VII 1919 r.* (Warsaw: Drukarnia "Dziennika Powszechnego," 1920), 3. 關於代表團的組成，參見：Michał Sokolnicki, "W służbie Komendanta," *Kultura* (Paris), 12, no. 4 (1953): 85; *Kalendarium*, 2:140; Jabłonowski and Cisowska-Hydzik, *O niepodległą i granice*, 6:637n9; Lundgreen-Nielsen, *The Polish Problem*, 452n31.
20. Pilsudski, Przemyśl, to Roman Dmowski, Paris, December 21, 1918, in *PZ*, 5:45–46. 畢蘇斯基寫給福煦元帥信件內容的引文，參見：Pilsudski, Warsaw, to Marshal Ferdinand Foch, Paris, December 18, 1918, in *PZ*, 5:39–40.
21. Jan Karski, *The Great Powers and Poland: From Versailles to Yalta* (1985; repr., Lanham, MD: Rowman and Littlefield, 2014), 36n2; Andrzej Nowak, *Polska i Trzy Rosje*, 3rd ed. (Kraków: Arcana, 2015), 93.
22. French ambassador to the United States, Jean Jules Jusserand, to the US secretary of state, Robert Lansing, Washington, DC, November 26, 1918, in *The Paris Peace Conference*, 2:412.
23. Baranowski, interview with Pilsudski, Warsaw, December 26, 1918, in Baranowski, *Rozmowy z Piłsudskim, 1916–1931* (1938; repr., Warsaw: Zebra, 1990), 48.
24. Sokolnicki, "W służbie Komendanta," 85.
25. *Naprzód* (Kraków), December 20, 1918 (special edition), 1, copy in Michał Mościcki Papers,

80. "A delegatsie beym komendant Pilsudski," *Haynt* (Warsaw), November 26, 1918, 3; "Di galitsishe deputatsye bey Pilsudski," *Haynt*, November 27, 1918 (Warsaw), 2; "Di yidishe delegatsie baym komendant Pilsudski un baym premier," *Der moment* (Warsaw), November 27, 1918, 3; "Echa pogromu lwowskiego w Warszawie," *Nowy Dziennik* (Kraków), December 5, 1918, 3; "Wobec zajść w Kielcach: Deputacja żydowska u Piłsudskiego i Moraczewskiego," *Kurier Poranny*, November 27, 1918, 2. 托恩、格魯恩鮑姆和畢蘇斯基三人會面的會議紀錄，參見："Do Pana Naczelnika Państwa Komendanta Józefa Piłsudskiego: Memoriał w sprawie położenia Żydów w Galicji," in Grünbaum, *Materijały*, 1:37–39.
81. Pilsudski, quotation from *Nowy Dziennik*, December 5, 1918, 3; Grünbaum, *Materijały*, 1:40.
82. *Nowy Dziennik*, December 5, 1918, 3; Grünbaum, *Materijały*, 1:40–41.
83. *The Pogroms in Poland and Lithuania* (London: Jewish Socialist Labor Confederation, 1919), 25.
84. Ozjasz Thon, "Z rozmyślań przymusowych wakacyj (wspomnienia i refleksje)," *Nowy Dziennik*, December 7, 1927, 6. 托恩對於畢蘇斯基的看法，參見：Shoshan Ronen, *A Prophet of Consolation*, 228–229.
85. Thon, "Z rozmyślań przymusowych wakacyj," 6.
86. Ibid, 7.
87. Cohen, *A Report on the Pogroms* (1919), 34.
88. Lewin, *A History of Polish Jewry*, 61.
89. "The Polish Outrages," *Jewish Chronicle*, November 29, 1918, 5.
90. "8,000 Here Demand Justice for Jews: Great Meeting Passes Resolution Calling for Action by the Peace Conference," *New York Times*, December 12, 1918, 5.
91. "Polish Problems: Heavy Tasks of New Government: Truth about the Pogroms," *Times* (London), December 23, 1918, 7; "The Polish-Jewish Problem," *Jewish Chronicle*, December 27, 1918, 3.
92. "Gen. Pilsudski Urges Recognition by Allies with Help in the Form of Arms," *New York Times*, December 17, 1918, 13.

13 政治家與外交官

引言：Pilsudski, speech to the Legislative Sejm, February 10, 1919, in *PZ*, 5:55.

1. "Gen. Pilsudski Urges Recognition by Allies with Help in the Form of Arms," *New York Times*, December 17, 1918, 13 (from a December 15 dispatch, Associated Press).
2. Harold H. Fisher, *America and the New Poland* (New York: Macmillan, 1928), 119–120.
3. Robert Machray, *Poland, 1914–1931* (London: G. Allen and Unwin, 1932), 107.
4. "Gen. Pilsudski Urges Recognition."
5. Polish National Committee, Paris, minutes of the 156th session, November 16, 1918, in Marek Jabłonowski and Dorota Cisowska-Hydzik, eds., *O niepodległą I granice*, vol. 6: *Komitet Narodowy Polski: Protokoły posiedzeń, 1917–1921* (Warsaw: Wyd. Uniwersytetu Warszawskiego, 2007), 597–599.
6. Polish National Committee, minutes of the 157th session, Paris, November 22, 1918, in Jabłonowski and Cisowska-Hydzik, *O niepodległą i granice*, 6:604–605.
7. Stanisław Grabski, *Pamiętniki*, ed. Witold Stankiewicz (Warsaw: Czytelnik, 1989), 2:88.

(November 1918—Jänner 1919) (Vienna: M. Hickl-Verlag, 1919), 161. 另外三篇同時代對於波蘭反猶暴力的報告，包括勒沃夫屠殺的細節，參見：Leon Chasanowich, *Die polnischen Judenpogrome im November und Dezember 1918: Tatsachen und Dokumente* (Stockholm: Verlag Judaea A.B., 1919); Israel Cohen, *A Report on the Pogroms in Poland* (London: Central Office of the Zionist Organization, 1919); "Mission of the United States to Poland: Henry Morgenthau, Sr.'s Report," October 3, 1919, *New York Times*, January 19, 1920, 6, reprinted in Henry Morgenthau, *All in a Life-Time* (New York: Doubleday, Page, 1925), 407–420. 針對勒沃夫屠殺在學術上的探討，參見：Hagen, Anti-Jewish Violence, 151–172; Alexander Victor Prusin, *Nationalizing a Borderland: War, Ethnicity, and Anti-Jewish Violence in East Galicia, 1914–1920* (Tuscaloosa: University of Alabama Press, 2005), chap. 5; and Jerzy Tomaszewski, "Lwów, 22 listopada 1918," *Przegląd Historyczny* 75, no. 2 (1984): 279–285.

70. Hagen, *Anti-Jewish Violence*, 156, 163.
71. Chasanowich, *Die polnischen Judenpogrome*, 33–36; "Mission of the United States to Poland."
72. Hagen, *Anti-Jewish Violence*, 189.
73. "W sprawie zajść z żydami," *Kurier Warszawski*, November 26, 1918, 2.
74. Hagen, *Anti-Jewish Violence*, 123–124; Piotr Wróbel, "Foreshadowing the Holocaust: The Wars of 1918–1921 and Anti-Jewish Violence in Central and Eastern Europe," in *Legacies of Violence: Eastern Europe's First World War*, ed. Jochen Bohler et al. (Munich: Oldenbourg, 2014), 197. 後者的數字部分根據：Cohen, *A Report on the Pogroms* (1919), and Cohen, "Pogroms in Poland, 1918–1919," in Israel Cohen, *A Jewish Pilgrimage: The Autobiography of Israel Cohen* (London: Vallentine Mitchell. 1956), 134–148.
75. Joachim Schoenfeld, *Jewish Life in Galicia under the Austro-Hungarian Empire and in Reborn Poland, 1898–1939* (Hoboken, NJ: Ktav, 1985), 201, quoted in Marsha Rozenblit, *Reconstructing a National Identity: The Jews of Habsburg Austria during World War I* (Oxford: Oxford University Press, 2001), 136.
76. Quotation from "German Version of Massacre of Jews by Troops in Lemberg," *New York Times*, November 29, 1918, 20. 這篇報導同時出現在全國各地的報紙上："Poles are Accused of Burning Jews," *St. Louis Post-Dispatch*, November 28, 1918, 13; "Berlin Reports Great Pogrom by Polish Army: Lemberg Ghetto District Sacked and Burned," *New York Tribune*, November 29, 1918, 3; "1100 Jews Slain in Massacre at Lemberg," *San Francisco Chronicle*, November 30, 1918, 1; "The Massacres in Poland," *American Israelite* (Cincinnati), December 5, 1918, 4.
77. Minutes of the meeting between a Jewish delegation and Pilsudski, in I. Grünbaum, ed., *Materijały w sprawie żydowskiej w Polsce* (Warsaw: Biuo Prasowe Organizacji Sjonistycznej w Polsce, 1919), 1:26–33.
78. Dr. Braun, Delegate of the Kielce Jewish Community, memorandum presented to Piłsudski, November 25, 1918, in Grünbaym, *Materijały*, 1:26.
79. "Wobec zajść w Kielcach: Deputacja żydowska u Piłsudskiego i Moraczewskiego," *Kurier Poranny* (Warsaw), November 27, 1918, 2. 同樣的交流刊載於：*Der moment* (Warsaw), November 27, 1918, 3; *Kurier Warszawski*, November 27, 1918, 6; and *Nowy Dziennik* (Kraków), December 1, 1918, 3. 關於這次交流在學術文獻上的討論，參見：Isaac Lewin, *A History of Polish Jewry during the Revival of Poland* (New York: Shengold, 1990), 96n22; Shoshan Ronen, *A Prophet of Consolation on the Threshold of Destruction: Yhoshua Ozjasz Thon, an Intellectual Portrait* (Warsaw: Dom Wydawniczy Elipsa 2015), 228–229.

58. "Poland's Resurrection," *New York Tribune*, November 16, 1918, 10.
59. "Poles Control Posen," *New York Times*, November 17, 1918, 4; "Posen, German City, Captured by the Poles," *New York Tribune*, November 17, 1918, 2; "Poles Seize Most of Posen Province," *New York Tribune*, November 22, 1918, 3.
60. Szymon Słomczyński, " 'There Are Sick People Everywhere—in Cities, Towns, and Villages': The Course of the Spanish Flu Epidemic in Poland," *Roczniki Dziejów Społecznych i Gospodarczych* 72 (2012): 85. 感謝安傑伊・諾瓦克讓我注意到這篇文章。
61. "Ukrainians Take Lemberg," *Washington Post*, November 5, 1918, 1; Michał Klimecki, *Wojna polsko-ukraińska: Lwów i Galicja Wschodnia, 1918–1919* (Warsaw: Bellona, 2014), 120; Jochen Böhler, *Civil War in Central Europe, 1918–1921: The Reconstruction of Poland* (Oxford: Oxford University Press, 2018), 78; Christopher Mick, *Lemberg, Lwów, L'viv, 1914–1947: Violence and Ethnicity in a Contested City* (W. Lafayette, IN: Purdue University Press, 2016), 114; Antoni Czubiński, *Walka o granice wschodnie polski w latach 1918–1921* (Opole: Instytut Śląski w Opolu, 1993), 58; Maciej Dalecki, *Przemyśl w latach 1918–1939 przestrzeń, ludność, gospodarka* (Przemyśl: Archiwum Państwowe w Przemyślu, 1999), 75; Walerian Kramarz, *Ludność Przemyśla w latach 1521–1921* (Przemyśl: Towarzystwo przyjaciół nauk w Przemyślu, 1930), 108; *Encyclopedia of Ukraine* (1993), 3:842.
62. Damian K. Markowski, *Dwa powstania—bitwa of Lwów, 1918–1919* (Kraków: Wydawnictwo Literackie, 2019), 20; Michał Klimecki, "Lwów: W obronie miasta I południowo-wschodniej granicy 1918–1920 i 1939 r.," *Niepodległość i Pamięć* 13, no. 3 (2006): 41; Michał Klimecki, *Lwów, 1918–1919* (Warsaw: Dom Wydawniczy, 2000), 12.
63. Markowski, *Dwa powstania*, 166.
64. Polish National Committee, Paris, to the American Ambassador in France, William Graves Sharp, November 13, 1918, in *Papers Relating to the Foreign Relations of the United States, 1919: The Paris Peace Conference*, 2:411–412.
65. J. Pilsudski, Warsaw, to Gen. Bolesław Roja, Kraków, November 16, 1918, in *PZ*, 5:23–24; Klimecki, *Wojna polsko-ukraińska*, 139–140; Klimecki, *Lwów, 1918–1919*, 129; Czubiński, *Walka o granice wschodnie*, 64.
66. Gen. Roja, Provisional Army Commander for East Galicia, Lwów, order dated November 22, 1918, in Niklewska, *Polonia Restituta*, 82. Markowski, *Dwa powstania*, 350. 關於傷亡人數，參見： Klimecki, "Lwów," 44; Klimecki, *Lwów, 1918–1919*, 129; Marian M. Drozdowski, ed., *Kronika narodzin II Rzeczypospolitej, 1914–1923* (Warsaw: Bellona, 2018), 368; Nowak, *Niepodległa!*, 237.
67. Vasyl Kuchabsky, *Western Ukraine in Conflict with Poland and Bolshevism, 1918–1923* (Edmonton: Canadian Institute of Ukrainian Studies Press, 2009), 50 (orig. pub. German, 1934).
68. 抗議文字引自："Ukrainians in N.Y. Ask to Free Lemberg: Say Capture by Poles Violates Wilson Principles," *Detroit Free Press*, November 28, 1918, 11.
69. *Sprawozdanie Żydowskiego Komitetu dla niesienia pomocy ofiarom rozruchów i rabunków w listop. 1918 we Lwowie* (Lwów: Żydowski Komitet Ratunkowy, 1919), cited in William W. Hagen, *Anti-Jewish Violence in Poland, 1914–1920* (New York: Cambridge University Press, 2018), 156. 勒沃夫屠殺中七十三名遭到殺害的受害者名單，參見：Max Blokzyl, *Poland, Galicia and the Persecution of the Jews at Lemberg* (Amsterdam: n.p., 1919), 58. 按職業分類的受害者圖表，參見：Josef Bendow [Joseph Tenenbaum], *Der Lemberger Judenpogrom*

1918–1922 (Warsaw: Oficyna Wydawnicza Volumen, 2018), 1:253.

38. Pilsudski, speech delivered in Warsaw at the Hotel Bristol on July 3, 1923, in *Joseph Pilsudski: The Memoirs of a Polish Revolutionary and Soldier*, trans. and ed. D. R. Gillie (London: Faber and Faber, 1931), 366–367. 原始的內容參見：*PZ*, 6:24–35.
39. Prince Lubomirski, 1923 account, in Lipiński, "Powrót Józefa Piłsudskiego," 238.
40. Diary entry of November 15, 1918, in Władysław Konopczyński, *Dziennik, 1918–1921* (Warsaw-Kraków: Muzeum Historii Polski, 2016), 1:233.
41. Diary entry of November 15, 1918, in Jaworski, *Diariusz*, 296.
42. Andrzej Nowak, *Niepodległa! 1864–1924: Jak Polacy odzyskali ojczyznę* (Kraków: Biały Kruk Sp., 2018), 233.
43. Pilsudski, Warsaw, to Ignacy Daszyński, November 17, 1918, *Kurier Polski*, November 18, 1918, 2, in *PZ*, 5:25; Antony Polonsky, "The Emergence of an Independent Polish State," in *The History of Poland since 1863*, ed. R. F. Leslie (New York: Cambridge University Press, 1980), 127.
44. Wincenty Witos, *Moje wspomnienia* (Paris: Instytut Literacki, 1964), 2:232.
45. Paweł Skibiński, *Polska 1918* (Warsaw: Muza, 2018), 46; Polonsky, "The Emergence," 127.
46. "Gabinet Moraczewskiego," *Kurier Warszawski*, November 18, 1918, 4.
47. Witos, *Moje wspomnienia*, 2:232.
48. Władysław L. Jaworski, diary entry of November 19, 1918, in Jaworski, *Diariusz*, 296.
49. "Rodacy! Opamiętacie się! Ojczyzna w niebezpieczeństwie," Warsaw, November 19, 1918, AAN, sygn. 56 / 7.
50. Diary entry of November 18, 1918, in Leon Wasilewski, *Wspomnienia 1870–1904, fragment dziennika 1916–1926, diariusz podróży po kresach 1927* (Łomianki: Wydawnictwo LTW, 2014), 298–299.
51. Jędrzej Moraczewski, prime minister, "Odezwa Rządu," *Kurier Polski*, November 20, 1918, 7. 轉載參見：Stawarz, *Pierwsze dni wolności*, 108–110.
52. J. Pilsudski, Warsaw, November 22, 1918, "Dekret o najwyższy władzy reprezentacyjnej Republiki Polskiej," in *Źródła do dziejów II Rzeczypospolitej*, 1:20.
53. J. Pilsudski, Head of State, and J. Moraczewski, Prime Minister, Warsaw, November 23, 1918, "Dekret o 8-godzinnym dniu pracy," *Kurier Warszawski*, November 26, 1918, 3; reprinted in Wróbel, *Listopadowe dni 1918*, 210–211.
54. Electoral Law of November 28, 1918, in *Źródła do dziejów II Rzeczypospolitej*, 1:21–32.
55. Pilsudska, *Pilsudski*, 279. 畢蘇斯基對於婦女投票權的支持，參見：Magdalena Gawin, *Spór o równouprawnienie kobiet, 1864–1919* (Warsaw: Wydawnictwo Neriton, Warszawa, 2015); Małgorzata Fuszara, "Polish Women's Fight for Suffrage," in *The Struggle for Female Suffrage in Europe*, ed. Ruth Rubio-Marn and Blanca Rodriguez-Ruiz (Leiden: Brill, 2012), 150–151.
56. *Monitor Polski* (Warsaw), November 18, 1918, 1; *Kurier Warszawski*, November 18, 1918, 4–5; *PZ*, 5:20–24.
57. J. Piłsudski, Warsaw, to President Wilson, Washington DC, November 16, 1918, in *Papers Relating to the Foreign Relations of the United States, 1919: The Paris Peace Conference*, vol. 2 (Washington, DC: US Government Printing Office, 1942), 410. 關於這通電報的評論，參見：Piotr S. Wandycz, *The United States and Poland* (Cambridge, MA: Harvard University Press, 1980), 126; Pilsudski, Warsaw, to Gen. Ferdinand Foch, Paris, November 16, 1918, *Monitor Polski*, November 18, 1918, 1, in *PZ*, 5:21.

表的波蘭獨立宣言，參見："Rada Regencyjna do narodu polskiego," *Kurier Warszawski* (Warsaw), November 12, 1918, 1; *Kurier Poranny* (Warsaw), November 12, 1918, 3; "Z Warszawy: Rada Regencyjna przekazuje dyktaturę wojskową Piłsudskiemu," *Naprzód* (Kraków), November 13, 1918, 1–2; "Government for Poland," *Times* (London), November 16, 1918, 6. 攝政委員會發表畢蘇斯基擔任軍事指揮官的宣言，參見：Aleksander Kakowski, Józef Ostrowski, Zdzisław Lubomirski, and Jozef Pilsudski, "Rada Regencyjna do Narodu Polskiego," November 11, 1918, AAN, sygn. 1634 / 6, fol. 29; reprinted in *Źródła do dziejów II Rzeczypospolitej*, ed. J. Piłatowicz, D. Sowińska, and A. Zawadzki (Siedlce: Instytut Historii i Stosunków Międzynarodowych, 2014), 1:17.

19. *Kurier Poranny*, November 11, 1918, quotation from Wróbel, *Listopadowe dni 1918*, 86.
20. "Wódz narodu," *Nowa Gazeta*, November 11, 1918, 1, quotation from Wróbel, *Listopadowe dni 1918*, 86.
21. 參見："Manifesto of the Provisional People's Government of the Polish Republic (November 7, 1918)," reprinted in *For Your Freedom and Ours*, ed. Krystyna Olszer (New York: F. Unger, 1981), 193–195; and Dorota Malczewska-Pawelec, "U źródeł niepodległości: Spory wokół Konwentu," *Res Historica* 8 (1999): 222–232. 雷茲－希米格維將軍的引述，參見：Gen. Edward Rydz-Śmigły, Lublin, November 7, 1918, "Żołnierze polscy! Do broni!," AAN, sygn. 2 / 290 / 65, reprinted in *Informator o zasobie Archiwalnym*, ed. Edward Kołodziej (Warsaw: Archiwum Akt Nowych, 2009), 1: between 480 and 481.
22. Ignacy Daszyński, *Pamiętniki* (Kraków: Nakładem Drukarni Ludowej, 1926), 2:327–328.
23. "Przed utworzeniem rządu narodowego," *Kurier Warszawski*, November 13, 1918, 1.
24. Pilsudski, "Uwagi do pamiętników Ignacego Daszyńskiego," in *PZ*, 9:312–313.
25. *Kurier Warszawski*, November 13, 1918, 1; *Kalendarium*, 2:107.
26. "Przed utworzeniem rządu narodowego," *Kurier Warszawski*, November 13, 1918, 1. 格魯恩鮑姆的引文，參見：Szymon Rudnicki, *Żydzi w parlamencie II Rzeczypospolitej*, 2nd ed. (Warsaw: Wydawn. Sejmowe, 2015), 31.
27. Rudnicki, *Żydzi w parlamencie*, 31.
28. *Kurier Warszawski*, November 12, 1918, 2; *PZ*, 5:15.
29. Jozef Pilsudski, "Żołnierze," Warsaw, November 12, 1918, in *Kurier Warszawski*, November 13, 1918, 2; *Nowa Gazeta*, November 13, 1918, 1; *Kurier Poranny*, November 13, 1918, 2. 轉載於： *PZ*, 5:16–17. 原始的文件轉載於：*Polonia restituta: O niepodległość i granice, 1914–1912*, ed. Jolanta Niklewska (Warsaw: Muzeum Niepodległości, 2007), 62.
30. "Z rady miejskiej," *Kurier Warszawski*, November 13, 1918, 4.
31. "Koledzy i Koleżanki!," Warsaw, November 12, 1918, CBW, DU-1334.
32. "Upadek Rady Regencyjnej," *Nowa Gazeta*, November 13, 1918, 1.
33. *Świat* (Warsaw), November 16, 1918, in *Pierwsze dni wolności, Warszawa od 10 do 18 listopada 1918: Wybór materiałów prasowych* ed. Andrzej Stawarz (Warsaw: Muzeum Niepodległości, 2008), 60.
34. Archbishop Aleksander Kakowski, 1923 account, in Lipiński, "Powrót Józefa Piłsudskiego," 241.
35. Diary entry of November 14, 1918, Warsaw, in Maria Dąbrowska, *Dzienniki, 1914–1965 w 13 tomach* (Warsaw: Polska Akademia Nauk, 2009), 1:169.
36. *Kurier Warszawski*, November 14, 1918, 1, in *PZ*, 5:19.
37. Grzegorz Nowik, *Odrodzenie Rzeczpospolitej w myśli politycznej Józefa Piłsudskiego,*

(New York: William Morrow, 1939), 392–402.
100. Quotation from R. F. Leslie, ed., *The History of Poland since 1863* (New York: Cambridge University Press, 1980), 124. 關於庫恰爾澤夫斯基政府的抗議，參見："Germany Faces Crisis in Poland: Treaty of Peace with Ukraine Causes Demonstrations in Lemberg and Cracow—Polish Government Resigns," *Christian Science Monitor*, February 18, 1918, 1.
101. Chernev, *Twilight of Empire*, 215.
102. Woodrow Wilson, "The Program of Peace: Address to Congress, January 8, 1918," in Leonard, *War Addresses of Woodrow Wilson*, 99.
103. "Freedom for Poland Agreed on by Allies," *New York Times*, June 6, 1918, 1; "Allies Demand a Free Poland," *Christian Science Monitor*, June 6, 1918, 2. 也參見：Jerzy Lukowski and Hubert Zawadzki, *A Concise History of Poland*, 3rd ed. (New York: Cambridge University Press, 2019), 284.

12 波蘭國父

1. Alexandra Pilsudska, *Pilsudski: A Biography by His Wife* (New York: Dodd, Mead, 1941), 270.
2. Ibid.
3. Prince Lubomirski, 1923 account, in W. Lipiński, "Powrót Józefa Piłsudskiego z Magdeburga," *Niepodległość* 15 (1937): 238.
4. "Relacja Adama Koca z przyjazdu Józefa Piłsudskiego do Warszawy 10 listopada 1918 roku," in *Listopada 1918 we wspomnieniach i relacjach*, ed. Piotr Łossowski and Piotr Stawecki (Warsaw: Wydawnictwo Ministerstwa Obrony Narodowej, 1988), 98.
5. Adam Koc, "Powrót Józefa Piłsudskiego z Magdeburga i Przewrót listopadowy w r. 1918 według relacji Adama Koca, Ks. Zdzisława Lubomirskiego i Kardynała Aleksandra Kakowskiego," *Niepodległość* 15 (1937): 235.
6. Prince Lubomirski, interview, in Lipiński, "Powrót Józefa Piłsudskiego," 236.
7. Col. Adam Koc, account in Lipiński, "Powrót Józefa Piłsudskiego," 235.
8. "Przed mieszkaniem Piłsudskiego," *Kurier Polski*, November 11, 1918, in *Pierwsze dni wolności: Warszawa od 10 do 18 listopada 1918—Wybór materiałów prasowych*, ed. Andrzej Stawarz (Warsaw: Muzeum Niepodległości, 2008), 9.
9. Wacław Jędrzejewicz, *Wspomnienia*, ed. Janusz Cisek (Wrocław: Zakład Narodowy im. Ossolińskich, 1993), 68.
10. Pilsudska, *Pilsudski*, 271.
11. *Kurier Warszawski*, November 11, 1918, 3.
12. Prince Lubomirski, testimony, in Lipiński, "Powrót Józefa Piłsudskiego," 237.
13. Piotr Wróbel, *Listopadowe dni 1918: Kalendarium narodzin II Rzeczypospolitej* (Warsaw: Instytut Wydawniczy Pax, 2018), 74–75.
14. Diary entry of November 10, 1918, in Władysław L. Jaworski, *Diariusz, 1914–1918*, ed. Michał Czajka (Warsaw: Oficyna Naukowa, 1997), 295.
15. Prince Lubomirski, recollections in Lipiński, "Powrót Józefa Piłsudskiego," 237.
16. Pilsudska, *Pilsudski*, 272.
17. Pilsudski, Warsaw, address to the German Military Council, November 11, 1918, in *PZ*, 5:13–14.
18. Prince Lubomirski, testimony, in Lipiński, "Powrót Józefa Piłsudskiego," 238. 攝政委員會發

始的內容參見：*PZ*, 8:165–171.

84. Pilsudski, Magdeburg, to Alexandra Szczerbińska, Warsaw, February 20, 1918, in *Kalendarium*, 2:87.
85. Pilsudski, Magdeburg, to Alexandra Szczerbińska, Warsaw, April 7, 1918, in Pilsudska, *Pilsudski*, 266. 一九一八年三月這封信的日期見於："Z listów Józefa Pilsudskiego do Aleksandry Szczerbińskiej," *Tygodnik Powszechny*, November 13, 1988.
86. *Kalendarium*, 2:90.
87. Ignacy Paderewski, *Pamiętniki, 1912–1932*, ed. Mary Lawton (Kraków: Polskie Wydawnictwo Muzyczne, 1992), 48; 也參見：M. B. Biskupski, *The United States and the Rebirth of Poland, 1914–1918* (Dordrecht: Republic of Letters, 2012), 234.
88. Edith Wilson, *My Memoir* (New York: Bobbs-Merrill Co., 1939), 113, quotation from Zamoyski, *Paderewski*, 156.
89. Edward House, letter of January 15, 1931, quotation from Biskupski, *United States and the Rebirth of Poland*, 208; and in Louis L. Gerson, *Woodrow Wilson and the Rebirth of Poland, 1914–1920* (New York: Archon Books, 1872), 70. 關於豪斯與威爾遜的關係，參見：Godfrey Hodgson, *Woodrow Wilson's Right Hand: The Life of Colonel Edward M. House* (New Haven, CT: Yale University Press, 2006).
90. Woodrow Wilson, "Address to the Senate of the United States," January 22, 1917, in *War Addresses of Woodrow Wilson*, ed. A. R. Leonard (Boston: Ginn and Co., 1918), 8. 關於這次演說的討論，參見：Jan Karski, *The Great Powers and Poland* (1985; New York: Rowman and Littlefield, 2014), 16.
91. Quotation from "Poles Thank Wilson," *New York Times*, February 1, 1917, 3.
92. Pilsudski, Warsaw, March 3, 1917, interview with Władysław Baranowski, published in Baranowski, *Rozmowy z Piłsudskim*, 39, 41.
93. Woodrow Wilson, "Address to Congress, April 2, 1917," in Leonard, *War Addresses of Woodrow Wilson*, 42; 關於這次演說的討論，參見：Leonhard, *Pandora's Box*, 599–600.
94. Paderewski, late August 1917, to Roman Dmowski and Count Maurycy Zamoyski, Paris, in Biskupski, *United States and the Rebirth of Poland*, 302–303.
95. Report of Dmowski Commitee, May 15, 1917, Papers of Roman Debicki, PIA, RG 40 / 17, fol. 2; Roman Dmowski, July 18, 1917, letter to Zydmunt Wasilewski, cited in Arski, *My pierwsza brygada*, 176. 關於德莫夫斯基在一次大戰期間反猶太的立場，參見：Paul Latawski, "The Dmowski-Namier Feud, 1915–1918," *Polin* 2 (1987): 37–49; and Antony Polonsky, *The Jews in Poland and Russia* (Oxford: Littman Library of Jewish Civilization, 2012), 2:104, 3:27–28.
96. Piotr Wandycz, *The Lands of Partitioned Poland* (Seattle: University of Washington Press, 1974), 360.
97. Report of the Dmowski Commitee, May 15, 1917, Papers of Roman Debicki, PIA, RG 40 / 17, fol. 1.
98. Chernev, *Twilight of Empire*, 73; Oleg S. Pidhaini, *The Ukrainian-Polish Problem in the Dissolution of the Russian Empire, 1914–1917* (Toronto: New Review Books, 1962), 106–107.
99. "Central Powers and the Ukraine Sign Peace," *Atlantic Constitution*, February 10, 1918, 3. 關於條約的全文，參見："Treaty of Peace between Ukraine and the Central Powers, 9 February 1918," in J. W. Wheeler-Bennett, *The Forgotten Peace: Brest-Litovsk, March 1918*

59. Pilsudski's address at the 12th session of the Provisional State Council, Warsaw, March 31, 1917, in *PZ*, 4:143–144.
60. Minutes of the 13th session of the Provisional State Council, Warsaw, April 13, 1917, in *PZ*, 4:154–155; *Kalendarium*, 2:57; *PZ*, 4:154n2; Fisher, *America and the New Poland*, 99–100.
61. CKN, leaflet dated April 16, 1917, Warsaw, CBW, DU-1938.
62. Minutes of the 20th session of the Provisional State Council, Warsaw, July 2, 1917, in *PZ*, 4:201–202.
63. Quotation from Milewska, Nowak, and Zientara, *Legiony Polskie*,229; *Kalendarium*, 2:71.
64. Nałęcz, *Polska Organizacja Wojskowa*, 141; Drozdowski, *Kronika*, 206; Milewska, Nowak, and Zientara, *Legiony Polskie*, 231–232.
65. "Obywatele," Warsaw, July 17, 1917, on board a military transport train, in CBW, DU-630.
66. Władysław L. Jaworski, diary entry of July 8, 1917, in Jaworski, *Diariusz*, 204.
67. Iza Moszczeńska's, letter to Jaworski, cited in Jaworski's diary entry of January 14, 1917, in Jaworski, *Diariusz*, 154. 關於莫什琴斯卡的公開信，參見："List otwarty do Brygadiera Piłsudskiego, byłego członka Rady Stanu," Warsaw, July 11, 1917, CBW, DU-1492.
68. Quotation from Alexandra Pilsudska, *Pilsudski: A Biography by His Wife* (New York: Dodd, Mead, 1941), 261.
69. Pilsudski, Warsaw, to Gen. Von Beseler, July 20 (?), 1917, in Pilsudski,*Korespondencja*, 259–268.
70. Quotation from Michał Sokolnicki, "Przed aresztowaniem Komendanta," in *Za kratami więzień i drutami obozów* (Warsaw: Tow. Wydawn. "Polska Zjednoczona," 1928), 2:10–12.
71. Władysław L. Jaworski, diary entry of July 24, 1917, Krakow, in *Jaworski, Diariusz*, 208.
72. "Poles Balk at Oath of Fidelity to Kaisers—Leaders and Council of State Demand Release of General Pilsudski and Others," *New York Times*, July 30, 1917, 2.
73. "Polish Regiments Refuse to Take Oath," *Boston Daily Globe*, July 30, 1917, 7; and *Times* (London), August 3, 1917, 5. 關於出現的祕密傳單，參見："Józef Piłsudski został przez Niemców aresztowany," July 1917, CBW, DU-1937; and "Rodacy," September 15, 1917, CBW, DU-1521.
74. Quotation from "Through German Eyes," *Times* (London), August 15, 1917, 5.
75. *PZ*, 4:208n1.
76. Borislav Chernev, *Twilight of Empire: The Brest-Litovsk Conference and the Remaking of East-Central Europe, 1917–1918* (Toronto: University of Toronto Press, 2017), 73.
77. "Rado Regencyjna!," n.d., CBW, DU-658.
78. Austrian government report, July 30, 1917, quotation from Stefan Arski, My *pierwsza brygada* (Warsaw: Czytelnik, 1963), 193–194.
79. "Central Powers to Split Poland, Revoking Pledges," *New York Times*, September 7, 1917, 1.
80. Andrzej Chwalba, *Wielka Wojna Polaków, 1914–1918* (Warsaw: PWN, 2018), 294; Daria and Tomasz Nałęcz, *Józef Piłsudski: Legendy i fakty* (Warsaw: Młodzieżowa Agencja Wydawnicza, 1986), 166.
81. " Oświadczenie," n.d. [December 1917?], Warsaw, signed by the Party of National Independence, the Polish Socialist Party, the Polish Peasant Party, and the Union of Democratic Parties, CBW, DU-1343.
82. "Instrukcja No. 1," Warsaw, February 1918, 1, CBW, DU-687.
83. Pilsudski, "Magdeburg, 1917–1918" (1925), in *Joseph Pilsudski: The Memories*, 354, 360. 原

爾扎克協助將部分這段文字的最後一句翻譯成英文。

35. Wacław Jędrzejewicz, *Wspomnienia*, ed. Janusz Cisek (Wrocław: Zakład Narodowy im. Ossolińskich, 1993), 49.
36. Jerzy Pająk, *O rząd i armię Centralny Komitet Narodowy, 1915–1917* (Kielce: Wydawnictwo Akademii Świętokrzyskiej, 2003), 152; *Kalendarium*, 2:19.
37. "Polacy!," Centralny Komitet Narodowy, Warsaw, November 10, 1916, CBW, DU-659. 這份文件轉載於：Artur Śliwiński, "Rozmowa z Beselerem," *Niepodległość* 5 (November 1931–April 1932): 75–76.
38. J. Pilsudski, Kraków, November 6, 1916, to Józef Brudziński, Warsaw, in *PZ*, 4:88.
39. Quotation from Śliwiński, "Rozmowa z Beselerem," 80.
40. 引自畢蘇斯基與畢斯樂之間的交流紀錄，見：Pilsudski, *Korespondencja*, 243n2.
41. Quotation from B. Miedziński, "Wspomnienia (4)," *Zeszyty Historyczne* 36 (1976): 149–150. 感謝瑪格達蓮娜・麥辛斯卡協助將「tokować jak głuszec」這個詞彙翻譯成英文。
42. "Archduke Charles to Govern Poland," *New York Times*, December 14, 1916, 6.
43. Timothy Snyder, *The Red Prince: The Secret Lives of a Habsburg Archduke* (New York: Basic Books, 2008), 27, 59–60.
44. [Pilsudski], Warsaw, to the German Governor-General [Beseler], Warsaw, December 26, 1916, in *PZ*, 4:92.
45. [CKN], Warsaw, n.d., "O armię polska," CBW, DU-1946.
46. Pilsudski, interview appearing on January 6, 1917, in *Tygodnik Ilustrowany* (Warsaw), in *PZ*, 4:105.
47. Wasilewski, *Józef Piłsudski*, 199–200. 關於臨時國家委員會的歷史，參見：Włodzimierz Suleja, *Tymczasowa Rada Stanu* (Warsaw: Wydawn. Sejmowe, 1998).
48. 證明畢蘇斯基是臨時國家委員會一員的官方文件，參見：AAN, sygn. 1634 / 6, fol. 25; 畢蘇斯基對於他所做提名的討論：Ziuk [Pilsudski], Warsaw, to Kazimierz Sosnkowski, January 11, 1917, in Pilsudski, *Korespondencja*, 244.
49. *Kalendarium*, 2:43. 也參見：Marian M. Drozdowski, ed., *Kronika narodzin II Rzeczypospolitej, 1914–1923* (Warsaw: Bellona, 2018), 164; Holzer and Molenda, *Polska*, 196.
50. Interview with Pilsudski, March 3, 1917, in Władysław Baranowski, *Rozmowy z Piłsudskim* (1938; repr., Warsaw: Zebra, 1990), 38.
51. Ibid., 40–41.
52. Quotation from H. H. Fisher, *America and the New Poland* (New York: Macmillan, 1928), 96–97. 關於這份聲明的文字，參見：Stanislas Filasiewicz, *La question polonaise pendant la guerre mondiale* (Paris: Section d'études et de publications politiques de Comité national polonais, 1920), 151, doc. 75.
53. Tomasz Nałęcz, *Polska Organizacja Wojskowa, 1914–1918* (Wrocław: Wydawnictwo Polskiej Akademii Nauk, 1984), 101–102, 114–115.
54. Ibid., 106.
55. Pilsudski, speech to the 5th session of the Provisional State Council, Warsaw, February 1, 1917, in *PZ*, 4:118; Pilsudski, February 19, 1917, in *PZ*, 4:106.
56. "List Józefa Piłsudskiego do Profesora N . . . w Krakowie," March 15, 1917, circular, CBW, DU-723, reprinted in *PZ*, 4:107–108.
57. [Pilsudski], "O armii narodowej," speech delivered on March 16, 1917, in *PZ*, 4:110.
58. 出自畢斯樂回覆的概要，見：*PZ*, 4:143n2.

lipca 1916 r. (Warsaw: Instytut Wydawn. Związków Zawodowych, 1990); also Lesław Dudek, "Polish Military Formations in World War I," in *East Central European Society in World War I, ed. Bela K. Kiraly and N. Dreisziger* (New York: Columbia University Press, 1985), 458.

16. J. Pilsudski, "Rozkaz z powodu bitwy pod Kostiuchnówką," Czeremoszno, July 11, 1916, in *PZ*, 4:54–55; Pilsudski, commander of the First Brigade, report on the Battle of Kostiuchnówka for July 4–6, 1916, in *PZ*, 4:80; Ziuk [Pilsudski], July 13, 1916, to Walery Sławek, in Pilsudski, *Korespondencja*, 183.
17. J. Pilsudski, July 29, 1916, to the Polish Legions command headquarters, Kraków, in Pilsudski, *Korespondencja*, 199–200.
18. J. Pilsudski, July 25, 1916, to Ignacy Daszyński, in Daszyński, *Pamiętniki* (Kraków: Nakładem drukarni ludowej, 1926), 2:231.
19. Władysław L. Jaworski, diary entries of August 28, 1916, in Jaworski, *Diariusz*, 119.
20. J. Pilsudski, July 24, 1916, to Władysław L. Jaworski, Kraków, in Pilsudski, *Korespondencja*, 198. 感謝菲力普・馬祖爾扎克協助將部分這段文字翻譯成英文。
21. J. Pilsudski, Order of August 6, 1916, in *Joseph Pilsudski: The Memoirs of a Polish Revolutionary and Soldier*, trans. and ed. D. R. Gillie (London: Faber and Faber, 1931), 347–348. 原始的內容參見：*PZ*, 4:80–81.
22. "Do Naczelnego Komitetu Narodowego," August 30, 1916, petition of the Council of Colonels, signed by Jozef Pilsudski, Kazimierz Sosnkowski, Józef Haller, and Bolesław Roja, CBW, DU-17.
23. Felicjan Sławoj Składkowski, diary entry of September 2, 1916, in Składkowski, *Moja służba w Brygadzie* (Warsaw: Instytut Badania Najnowszej Historii Polski, 1933), 2:371–372. 亦參見：*Kalendarium*, 1:508.
24. Władysław L. Jaworski, Kraków, to J. Pilsudski, October 5, 1916, in *Dokumenty Naczelnego Komitetu Narodowego*, 299–300.
25. J. Pilsudski, Kraków, to Władysław L. Jaworski, October 6, 1916, in *Joseph Pilsudski: The Memories*, 186–187; 原始的內容，參見：*Dokumenty Naczelnego Komitetu Narodowego*, 301–302; *PZ*, 4:83–84.
26. Centralny Komitet Narodowy, "Komunikat," Warsaw, October 6, 1916, CBW, DU-1948.
27. Jörn Leonhard, *Pandora's Box: A History of the First World War*, trans. Patrick Camiller (Cambridge, MA: Belknap Press of Harvard University Press, 2018), 398, 427–428; Watson, *Ring of Steel*, 300, 324.
28. Watson, *Ring of Steel*, 412; Robert Machray, *Poland, 1914–1931* (London: G. Allen and Unwin, 1932), 74.
29. Quotation from Machray, *Poland, 1914–1931*, 75. 原始的備忘錄，參見：*Dokumenty Naczelnego Komitetu Narodowego*, 317–319.
30. J. Pilsudski, Kraków, November 3, 1916, to the Central National Committee, Warsaw, in Pilsudski, *Korespondencja*, 226–227.
31. Nowak, *Niepodległa! 1864–1924: Jak Polacy odzyskali ojczyznę* (Kraków: Biały Kruk Sp., 2018), 188.
32. Adam Zamoyski, *Paderewski* (London: Collins, 1982), 155.
33. Leon Wasilewski, *Józef Piłsudski jakim go znałem* (Warsaw: Towarzystwo Wydawnicze "Rój," 1935), 198.
34. J. Pilsudski, Kraków, to Col. Rydz-Śmigły, November 5, 1916, in *PZ*, 4:86. 感謝菲力普・馬祖

Gałęzowski, "Spadkobiercy Berka Joselewicza: Żydzi w Legionach Polskich," *Biuletyn IPN* 11 (2010): 25–33.
95. Fuks, *Żydzi w Warszawie*, 269.
96. Krzysztof Kawalec, *Roman Dmowski* (Warszawa: Editions Spotkania, 1996), 155–156.
97. Roman Wapiński, *Roman Wapiński* (Lublin: Wydawnictwo Lubelskie, 1988), 219–220; Nowak, *Niepodległa!* 175–176; Jerzy Lukowski and Hubert Zawadzki, *A Concise History of Poland*, 2nd ed. (New York: Cambridge University Press, 2006), 280–281.

11 孕育中的國家領袖

引言：Władysław L. Jaworski, diary entry of July 8, 1917, in Władysław L. Jaworski, *Diariusz, 1914–1918*, ed. Michał Czajka (Warsaw: Oficyna Naukowa, 1997), 204.

1. Pilsudski, September 1915, a talk with Polish activists in the Kingdom of Poland, in Pilsudski, *Korespondencja, 1914–1917*, 2nd ed., ed. Stanisław Biegański and Andrzej Suchcitz (London: Instytut Józefa Pilsudskiego, 1986), 91–92.
2. Beseler, Warsaw, report from the fall of 1915, quotation from Rober Blobaum, *A Minor Apocalypse: Warsaw during the First World War* (Ithaca, NY: Cornell University Press, 2017), 13.
3. Pilsudski, Otwock, September 1, 1915, to Władysław L. Jaworski, Kraków, in Pilsudski, *Korespondencja*, quotations on 75, 79. 關於畢蘇斯基在這段時間狀況的討論，參見：Michał Sokolnicki, *Rok czternasty* (London: Gryf, 1961), 341.
4. Wacława Milewska, Janusz Nowak, and Maria Zientara, *Legiony Polskie, 1914–1918: Zarys historii militarnej i poitycznej* (Kraków: Księgarnia Akademicka Wydawnictwo Narukowe, 1998), 78; *Kalendarium*, 1:430; Jerzy Holzer and Jan Molenda, *Polska w pierwszej wojnie światowej* (Warsaw: Wiedza Powszechna, 1963), 150.
5. Resolution of the Central National Committee, Warsaw, February 2, 1916, in *Dokumenty Naczelnego Komitetu Narodowego, 1914–1917* (Kraków: Nakładem Naczelnego Komitetu Narodowego, 1917), 210.
6. [J. Pilsudski], May 16, 1916, to Tadeusz Kasprzycki, in Pilsudski, *Korespondencja*, 157.
7. Ziuk [Pilsudski], May 15, 1916, to Walery Sławek, in Pilsudski, *Korespondencja*, 153.
8. Pilsudski, Lwów, March 19, 1916, to Kazimierz Sosnkowski, in Pilsudski, *Korespondencja*, 135.
9. CKN, Warsaw, to the Supreme National Committee, Kraków, March 25, 1916, in *Dokumenty Naczelnego Komitetu Narodowego*, 225–226.
10. Władysław L. Jaworski, diary entries of January 29 and 31 (Krakow) and March 13, 1916, in Jaworski, *Diariusz*, 79, 86.
11. Pilsudski, dinner banquet speech, April 1916, Lublin, in *PZ*, 4:52.
12. Andrzej Garlicki, *Józef Piłsudski, 1867–1935* (Warsaw: Czytelnik, 1990), 187.
13. Pilsudski, dinner banquet speech, March 29, 1916, Kraków, in *PZ*, 4:50.
14. Holger H. Herwig, *The First World War: Germany and Austria-Hungary, 1914–1918*, 2nd ed. (London: Bloomsbury Academic, 2014), 203; Alexander Watson, *Ring of Steel: Germany and Austria-Hungary in World War I* (New York: Basic Books, 2014), 309–310.
15. Andrzej Chwalba, *Legiony Polskie, 1914–1918* (Kraków: Wydawnictwo Literackie, 2018), 90, 214; Michał Klimecki, *Pod rozkazami Piłsudskiego: Bitwa pod Kostiuchnówką, 4–6*

71. Żydzi-Legioniści, "Do młodzieży żydowskiej!" March 1915, Kingdom of Poland，最初轉載於：Tanikowski, *Jews, Poles, Legionary*, 124. 一位與畢蘇斯基有過私交的猶太退伍軍人回憶錄，參見：Henryk Gruber, *Wspomnienia i uwagi* (London: Gryf, 1968). 這份傳單的作者確認於：Marek Gałęzowski, *Na wzór Berka Joselewicza: Żołnierz I oficerowie pochodzenia żydowskiego w Legionach Polskich* (Warsaw: IPMN, 2010), 39, 608; and Rafał Żebrowski, "Jakuba Szackiego żywot paradoksalny," *Kwartalnik Historii Żydów* no. 2 (2002): 174.
72. Diary entry of February 17, 1915, in Jaworski, *Diariusz*, 29.
73. Diary entry of January 28, 1915, in Starzewski, *Dziennik*, 99.
74. Letter of Pilsudski to Sikorski, April 30, 1915, in *Kalendarium*, 1:407; Michał Sokolnicki, Vienna, to Pilsudski, April 22, 1915, in Pilsudski, *Korespondencja*, 54.
75. Ziuk [Pilsudski], to Tytus Filipowicz, Aleksander Dębski, and Marian Malinowski, May 31, 1915, in Pilsudski, *Korespondencja*, 61–62.
76. Pilsudski, May 1915, to Sikorski, in *Kalendarium*, 1:407.
77. I. Boerner, "Z pamiętnika," *Niepodległość* 17 (1938), in *Kalendarium*, 1:408.
78. W. Jaworski, Vienna, to Pilsudski, June 3, 1915, in Pilsudski, *Korespondencja*, 66. 也參見：Starzewski's diary entry of February 24, 1915, quotation from Starzewski, *Dziennik*, 148.
79. Holger H. Herwig, *The First World War: Germany and Austria-Hungary, 1914–1918*, 2nd ed. (London: Bloomsbury Academic, 2014), 147.
80. Pilsudski, June 3, 1915, to the NKN's military department, in *PZ*, 4:36–37.
81. Diary entry of July 25, 1915, in Jaworski, *Diariusz, 1914–1918*, 49–50.
82. Quotation from P. Samuś, *Walery Sławek: Droga do niepodległej Polski* (Płock: Wydawn. Naukowe Novum, 2002), 421.
83. Pilsudski, address to the Legions, August 6, 1915, in *Joseph Pilsudski: The Memories*, 346–347. 原始的內容可見於：*PZ*, 4:40.
84. Jędrzejewicz, *Pilsudski*, 59; *Kalendarium*, 1:426.
85. Herwig, *The First World War*, 147–148.
86. "Polacy!," Warsaw, August 16, 1915, CBW, DU-817.
87. Memoirs of Tadeusz Katelbach, quotation from *Kalendarium*, 1:428.
88. Michał Sokolnicki, Kraków, to Pilsudski, September 18, 1915, in Pilsudski, *Korespondencja*, 97.
89. Diary entry of August 19, 1915, in Jaworski, *Diariusz*, 53.
90. Ziuk [Pilsudski], November 14, 1915, to I. Daszyński, in Pilsudski, *Korespondencja*, 110. 感謝菲力普・馬祖爾扎克協助將這個片語翻譯成英文。
91. Gałęzowski, *Na wzór Berka Joselewicza*, 479–480.
92. 包括曼斯佩爾的作品在內的四十五幅版畫的重製，參見：*History of The Statute of Kalisz Issued by Boleslaus the Pious in 1264 and Its Illustration by Arthur Szyk in the Years 1926–1928*, ed. M. Fuks et al. (Kraków: Jagiellonian University, 2017). 關於這些收藏的討論，參見：Steven Luckert, *The Art and Politics of Arthur Szyk* (Washington, DC: United States Holocaust Memorial Museum, 2002), 16–23.
93. 關於布勞爾和斯特恩舒斯，參見：Gałęzowski, *Na wzór Berka Joselewicza*, 174–176, 600–604; and Tanikowski, *Jews, Poles, Legionary*, 130–131. 這篇訃文刊載於：*Wiadomości Polskie* (Piotrków) on September 15 and 23, 1915, and March 12, 1916.
94. Marian Fuks, *Żydzi w Warszawie: Życie codzienne wydarzenia ludzie* (Poznań: Sorus, 1992), 269; Marian Fuks, "Udział Żydów w orodzieniu się Rzeczypospolitej Polskiej," https://www.jhi.pl/blog/2018-11-13-udzial-zydow-w-odrodzeniu-sie-rzeczypospolitej-polskiej; Marek

niepodległość Polski, 1905–1918 (1935; repr., Warszawa:Volumen, 1990), 59.

52. Holzer and Molenda, *Polska w pierwszej wojnie światowej*, 97; Leslie, *History of Poland*, 112; Nowak, *Niepodległa!*, 158; M. B. Biskupski, *The United States and the Rebirth of Poland, 1914–1918* (Dordrecht: Republic of Letters, 2012), 45n22. 感謝亞捷隆大學的揚・布魯斯基（Jan Bruski）提供關於這些組織的意見。
53. Michał Sokolnicki, Vienna, to Pilsudski, November 24, 1914, in Pilsudski, *Korespondencja*, 27.
54. "Brigadier Piłsudski w Wiedniu," *Wiedeński Kurier Polski* (Vienna), December 18, 1914, 1.
55. Diary entry of December 19, 1914, in Rudolf Starzewski, *Dziennik*, 43–44. 原始的日記藏於：Jagiellonian University Library Archives, Manuscript Division, no. 9801. 感謝亞捷隆大學的約安娜・亞斯科維克讓我注意到這份日記。
56. Władysław L. Jaworski, diary entry of December 19, 1914, in Jaworski, *Diariusz, 1914–1918*, ed. Michał Czajka (Warsaw: Oficyna Naukowa, 1997), 20.
57. "Uczta na cześć Piłsudskiego," *Wiedeński Kurier Polski* (Vienna), December 22, 1914, 4.
58. Jaworski, diary entry of December 21, 1914, Vienna, in Jaworski, *Diariusz*, 21.
59. Jaworski's speech, December 21, 1914, in Jaworski, *Diariusz*, 22–23; Sokolnicki, *Rok czternasty*, 295.
60. *Kalendarium*, 1:383; Pilsudski, "My First War Experience: Limanowa-arcinkowice" (September 1917), in *Joseph Pilsudski: The Memories*, 345.
61. Pilsudski, Vienna, dinner banquet speech of December 21, 1914, quotation from "Bankiet w Wiedniu na cześć Pilsudskiego," *Naprzód* (Kraków), December 23, 1914, 1. Also see *PZ*, 4:21.
62. Diary entry of December 21, 1914, Vienna, in Jaworski, *Diariusz*, 21.
63. Rudolf Starzewski, diary entry of December 24, 1914, in Starzewski, *Dziennik*, 43–44. 媒體對畢蘇斯基演講的報導，參見："Uczta na cześć Piłsudsskiego," *Wiedeński Kurier Polski* (Vienna), December 22, 1914, 4; "Bankiet w Wiedniu na cześć Piłsudskiego," *Naprzód* (Kraków), December 23, 1914, 1; *Wiadomości Polskie*, December 26, 1914. 這次演講隨後刊載於：Konstanty Srokowski, *N.K.N.: Zarys historii Naczelnego Komitetu Narodowego* (Kraków: Nakł. Krakowskiej spółki wydawniczej, 1923); and in *PZ*, 4:21–22.
64. Rudolf Starzewski, diary entry of December 24, 1914, in Starzewski, *Dziennik*, 44–45.
65. Nowak, *Niepodległa!*, 161; Pilsudski, "My First War Experience: Limanowa-Marcinkowice," 345; *Kalendarium*, 1:388; Włodzimierz Suleja, *Józef Pilsudski* (Wrocław: Zakład Narodowy imienia Ossolińskich, 1995), 131.
66. J. Pilsudski, Kraków, to Władysław Jaworski, October 6, 1916, in *Joseph Pilsudski: The Memories*, 186–187. 畢蘇斯基對死傷人數的估算：Pilsudski, "Żołnierze!," January 3, 1915, in *PZ*, 4:24.
67. Wacław Sieroszewski, *Józef Pilsudski* (Piortrków: Nakładem Departmamentu Wojskowego Naczelnego Komitetu Narodowego, 1915), 85–86.
68. Pilsudski, January 10, 1915, to the Army Headquarters, Vienna, in Pilsudski, *Korespondencja*, 31–34.
69. "Już blizko . . . ," Warsaw, March 1915, leaflet, CBW, DU-742.
70. Michał Sokolnicki, Kielce, Commissioner of the Polish Army, September 1, 1914，這整份傳單轉載於：*Jews, Poles, Legionary, 1914–1920*, ed. Artur Tanikowski (Warsaw: Museum of the History of Polish Jews, 2014), 123.

1914, in *Legiony Polskie*, 11–12.

29. Michał Sokolnicki, *Rok czternasty* (London: Gryf, 1961), 206, 244.
30. Ibid., 217–218.
31. Jozef Pilsudski, Chief Commander, and Kazimierz Sosnkowski, Chief of Staff, "Żołnierze!," Kielce, August 22, 1914, in *PZ*, 4:9–10; J. Pilsudski, Chief Commander of the Riflemen, to Lt.-Col. Jan Nowak, August 22, 1914, in *Galicyjska działalność wojskowa Piłsudskiego, 1906–1914: Dokumenty*, ed. Stefan Arski et al. (Warsaw: Państwowe Wydawnictwo Naukowe, 1967), 533; Archduke Friedrich, announcement of August 27, 1914, Vienna, in Arski et al., *Galicyjska działalność*, 671–673.
32. Julisz Leo, W. Jaworski, and W. Sikorski, "Do komend organizacji militarnych," Kraków, August 30, 1914, in *Legiony Polskie*, 19.
33. Pilsudski, September 5, 1914, Kielce, to W. Jaworski, Kraków, in *Komisariaty wojskowe Rząd Narodowego w Królestwie Polskim, 6.VII—5.IX 1914*, ed. Tadeusz Pelczarski (Warsaw: Instytut Józefa Piłsudskiego, 1939), 252.
34. Andrzej Chwalba, *Legiony Polskie, 1914–1918* (Kraków: Wydawnictwo Literackie, 2018), 17–18.
35. Pilsudski, September 6, 1914, to W. Jaworski, in Pelczarski, *Komisariaty wojskowe*, 252.
36. [Pilsudski], November 15, 1914, to W. Jaworski, in Pilsudski, *Korespondencja*, 23.
37. Sokolnicki, *Rok czternasty*, 236.
38. PON, circular, September 5, 1914, quotation from Holzer and Molenda, *Polska w pierwszej wojnie światowej*, 82–83; Nowak, *Niepodległa!*, 154.
39. Garlicki, *Jozef Pilsudski*, 174.
40. Regiment Commander [Pilsudski], Kielce, to Gen. Baczyński, Kraków, September 9, 1914, in *PZ*, 4:11–12.
41. Presidium of the Supreme National Committee, Kraków, September 14, 1914, titled "Komendant Józef Piłsudski: I. pułk Legionów polskich," in *Legiony Polskie*, 8. 關於畢蘇斯基在新科爾琴的行動，參見：Sokolnicki, *Rok czternasty*, 232–233; Nowak, *Niepodległa!*, 154; and *Kalendarium*, 1:366.
42. Tomasz Nałęcz, *Polska Organizacja Wojskowa, 1914–1918* (Wrocław: Wydawnictwo Polskiej Akademii Nauk, 1984), 15, 20; Nowak, *Niepodległa!*, 156.
43. Pilsudski, "My First War Experience: Ulina Mala" (September 1917), in *Joseph Pilsudski: The Memories*, 236–237. 原始的段落，參見：*PZ*, 4:305.
44. Pilsudski, "My First War Experience: Ulina Mala," 261.
45. Ibid., 265.
46. *Joseph Pilsudski: The Memories*, 292–293; 關於他擬的這份報告，參見：Jozef Pilsudski, regiment commander, Report on Ulina Mała, Kraków, November 12, 1914, in *PZ*, 4:15–16.
47. Order of Archduke Friedrich, November 15, 1914, in Arski et al., *Galicyjska działalność wojskowa*, 679.
48. [Pilsudski], Freistadt, to W. Jaworski, Kraków, November 15, 1914, in Pilsudski, *Korespondencja*, 25.
49. Sokolnicki, *Rok czternasty*, 283.
50. Ibid., 260.
51. Chwalba, *Legiony Polskie*, 34; Nowak, *Niepodległa!*, 158; Janusz T. Nowak, *Szlak bojowy Legionów Polskich* (Kraków: Wydawnictwo M, 2014), 87; Wacław Lipiński, *Walka zbrojna o*

5. Andrzej *Garlicki, Józef Piłsudski, 1867–1935* (Warsaw: Czytelnik, 1990), 163–164.
6. Andrzej Chwalba, *Historia Polski, 1795–1918* (Kraków: Wydawnictwo Literackie, 2000), 571; *Kalendarium*, 1:349–350; Garlicki, *Józef Piłsudski*, 165; Andrzej Nowak, *Niepodległa! 1864–1924: Jak Polacy odzyskali ojczyznę* (Kraków: Biały Kruk Sp., 2018), 43–44.
7. Pilsudski, Kraków, speech to the First Cadre Company, August 3, 1914, in *PZ*, 4:7–8.
8. Alexandra Pilsudska, *Pilsudski: A Biography by His Wife* (New York: Dodd, Mead, 1941), 216.
9. 第一份傳單： CBW, DU-1458; 第二份傳單 Jozef Pilsudski, Chief Commander of the Polish Army, Warsaw, August 3, 1914, CBW, DU-1458，強調為原文所加。
10. Alexandra Pilsudska [Szczerbińska], "Odział żeński 'Strzelca' w sierpniu 1914," in *W czterdziestolecie wymarszu Legionów* (London, 1954), cited in *Kalendarium*, 1:350.
11. Tadeusz A. Kasprzycki, "Wymarsz kadrowej," in *W czterdziestolecie wymarszu legionów: Zbiór wspomnień* (London: Pilsudski Institute, 1954), 12.
12. Piotr A. Kalisz, *Oleandry Kolebka niepodległości* (Kraków: Fundacja Centrum Dokumentacji Czynu Niepodległościowego, 2015), 36–37.
13. Quotation from Garlicki, *Józef Piłsudski*, 166.
14. M. Norwid-Neugerbauer, "Wspomnienia z dnia 6-go sierpnia 1914," *Panteon Polski* (Lwów), August 1, 1925, 7–8.
15. J. Pilsudski, Krzeszowice (Austrian Galicia), August 6, 1914, to Capt. Józef Rybak, Kraków, in Pilsudski, *Korespondencja*, 2nd ed., ed. Stanisław Biegański and Andrzej Suchcitz (London: Instytut Józefa Piłsudskiego, 1986), 13–14.
16. Andrzej Chwalba, *Wielka Wojna Polaków, 1914–1918* (Warsaw: PWN, 2018), 162; Garlicki, *Józef Piłsudski*, 166; *Kalendarium*, 1:353.
17. Chief Commander of the Polish Army, Jozef Pilsudski, "Rząd Narodowy do Ogółu Obywaleli Ziemi Kieleckiej," August 10, 1914, in Pilsudski, *Korespondencja*, 13–14.
18. Pilsudski, "My First War Experience: Ulina Mala" (September 1917), in *Joseph Pilsudski: The Memories of a Polish Revolutionary and Soldier*, trans. and ed. D. R. Gillie (London: Faber and Faber, 1931), 234.
19. "Protokoły przesłuchania generała Rybaka," *Dzieje Najnowsze* 24, no. 4 (1992): 106.
20. *Kalendarium*, 1:355–356.
21. "An Appeal to Poles by Grand Duke Nikolai Mikhailovich, Russia's Supreme Commander-in-Chief, August 14, 1914," in *Imperial Russia: A Source Book, 1700–1917*, 3rd ed., ed. Basil Dmytryshyn (Fort Worth, TX: Holt, Rinehart and Winston, 1990), 512.
22. "The Proclamation to Poland," *Times* (London), August 17, 1914, 9.
23. Nowak, *Niepodległa!*, 150; Garlicki, *Jozef Pilsudski*, 171; Jerzy Holzer and Jan Molenda, *Polska w pierwszej wojnie światowej* (Warsaw: Wiedza Powszechna, 1963), 74–75.
24. Alexander Watson, *Ring of Steel: Germany and Austria-Hungary in World War I* (New York: Basic Books, 2014), 96.
25. Polish Parliamentary Circle, Kraków, "Do Narodu Polskiego!," August 16, 1914, in *Legiony Polskie 16 sierpnia 1914–16 sierpnia 1915: Dokumenty* (Piotrków: Nakładem Departamentu Wojskowego Naczelnego Komitetu Narodowego, 1915), 2–6.
26. Resolutions of the Polish Parliamentary Circle, Kraków, August 16, 1914, in *Legiony Polskie*, 8.
27. R. F. Leslie, ed., *The History of Poland since 1863* (Cambridge: Cambridge University Press, 1980), 114; *Kalendarium*, 1:359.
28. W. L. Jaworski, Juliusz Leo, and W. Sikorski, "Do Legionów Polskich!," Kraków, August 21,

75. Chief Commander, Mieczysław [Pilsudski], and Chief of Staff, Józef [Kazimierz Sosnkowski], Order to local heads of the Riflemen's Association, January 12, 1914, Lwów, in *PZU*, 2:391–392.
76. Ziuk [Pilsudski], Geneva, to Walery Sławek, Kraków, February 12, 1914, in *PZU*, 2:396–397.
77. Jerzy Śmigielski, "Wizytacja genewskiego oddziału Związku Strzeleckiego przez Komenanta Głównego w lutymn 1914 roku," *Niepodległość* 17 (January–June 1938): 279, 281–282. 這位作者後來在第一次世界大戰期間加入了畢蘇斯基的第一旅，隨後在一九二〇年代畢蘇斯基政府底下的外交部服務，到了一九三〇年代早期則擔任外交官。
78. "Relacja agenta ochrany o przemówieniu Piłsudskiego w Paryżu 21 lutego 1914 roku," *Niepodległość* 15 (1982): 102–103; *Kalendarium*, 1:324.
79. Pilsudski, "O polskim ruchu strzeleckim," lecture given on February 21, 1914, Paris, in *PZ*, 3:250, 252.
80. Memoirs of Viktor Chernov (1953), cited in *Kalendarium*, 1:327.
81. 這篇悼詞刊載於：*PZ*, 3:255. 一九一八年畢蘇斯基上台後，他在國會推動通過了一項立法，為一八六三年起義的老兵提供固定的養老金，以及健康照護設施的網絡。在一九二〇年這群老兵估計約有四千五百人。一九三三年，華沙的波萬茨基公墓（Powązki Cemetery）為一八六三年、一八四八年及一八三〇年波蘭起義的老兵，設立了獨立的區域。感謝黛莉亞·納內茨與我分享這個資訊。
82. Tadeusz Bogalecki, "Polskie Związki Strzeleckie w latach 1910–1914," *Wojskowy Przegląd Historyczny*, no. 2 (1996): 41; Wiśniewska, *Związek Strzelecki (1910–1939)*, 46; Pobóg-Malinowski, *Józef Piłsudski, 1867–1914*, 392.
83. Quotation from Dabrowski, *Commemorations*, 189.
84. Sokolnicki, *Czternaście lat*, 433–434.
85. Leon Wasilewski, *Józef Piłsudski jakim go znałem* (Warsaw: Towarzystwo Wydawnicze Rój, 1935), 89–90.
86. *Naprzód* (Kraków), November 16, 1904; *Le Temps* (Paris), November 15, 1904; *New York Times*, November 27, 1904.
87. Sokolnicki, *Czternaście lat*, 144–147.
88. Pilsudski, *22 stycznia 1863*.
89. Pilsudski, "Z wojny bałkańskiej," *Strzelec* (Lwów), April–July 1914.

10 波蘭軍團與第一次世界大戰的開端

引言：Rudolf Starzewski, diary entry of December 24, 1914, in Starzewski, *Dziennik: Listopad 1914—Marzec 1915*, ed. Joanna Jaśkowiec (Kraków: Wydawnictwo Uniwersytetu Jagiellońskiego, 2007), 43–44.

1. Frédéric Chopin's "Revolutionary Étude" (Étude op. 10, no. 12, in C minor)，於一八三一年在巴黎作曲，相傳是為了表達一八三〇年波蘭起義遭到俄羅斯鎮壓所產生的悲痛，這首曲子有時候則被稱為："Étude on the Bombardment of Warsaw."
2. Lord Acton, "Nationality," *Home and Foreign Review* (July 1862), quotation from Roma Szporluk, *Communism and Nationalism: Karl Marx versus Friedrich List* (Oxford: Oxford University Press, 1988), 84.
3. Stanisław Wojciechowski, *Moje wspomnienia*, vol. 1 (Lwów: Książnica-Atlas, 1938), 223.
4. "Protokoły przesłuchania generała Rybaka," *Dzieje Najnowsze* 24, no. 4 (1992): 86.

2–3, in *PZ*, 3:160.

57. Resolutions of the Provisional Commission of Confederated Independence Parties, Vienna, November 10, 1912, written in Pilsudski's hand, *PZU*, 2:321–322, quotation on 321; 也參見：Daria Nałęcz and Tomasz Nałęcz, *Józef Piłsudski: Legendy i fakty* (Warsaw: Młodzieżowa Agencja Wydawnicza, 1986), 143; Władysław Pobóg-Malinowski, *Józef Piłsudski, 1867–1914* (1964; repr., Łomianki: Wydawnictwo LTW, 2015), 386–387.
58. *Nowa Reforma* (Kraków), December 2, 1912, quotation from Dabrowski, *Commemorations*, 190. 這場演講是安排在一九一二年十二月八日的勒沃夫，後來刊載於："Mobilizacja powstania," *Przedświt* (Lwów), no. 1, January 1914, 6–7, in *PZ*, 3:161–162.
59. Mieczysław Szumański, "Wspomnienia z zaczątków skautingu we Lwowie z lat 1910–1914," *Niepodległość* 10 (1976): 159.
60. Mieczysław [Pilsudski], Commander, order to heads of the Riflemen, the Riflemen's Association and the Polish Rifle Squads, Lwów, February 12, 1913, in *PZU*, 2:329–330; Andrzej Chwalba, *Legiony Polskie, 1914–1918* (Kraków: Wydawnictwo Literackie, 2018), 11–12.
61. Józef Hłasko, interview with Pilsudski, in *Kurjer Litewski* (Vilna), February 25, 1913, in *PZ*, 3:171. 回顧本書第八章，畢蘇斯基在一九〇五年獲得了兩大卷關於波耳戰爭的歷史研究書籍。
62. Ibid., 172–173.
63. Testimony of Walery Sławek, September 9, 1936, in *PZ*, 3:173n1.
64. Protocols, Meeting of the Provisional Commission of Confederated Independence Parties, Kraków, May 8, 1913, in *PZU*, 2:334–335.
65. Report, Meeting of the Central Council of the Riflemen's Association, June 29, 1913, in *PZU*, 2:356; Pobóg-Malinowski, *Józef Piłsudski, 1867–1914*, 391–392.
66. J. Pilsudski, Lwów, to H. Śliwiński, July 11, 1913, in *PZ*, 3:183; Ziuk [Pilsudski], Lwów, to Walery Sławek, Kraków, July 15, 1913, in *PZU*, 2:354–355; Commander Mieczysław [Pilsudski], Kraków, to the Polish Falcons of America, Pittsburgh, March 15, 1913, in *PZU*, 2:330–331; Garlicki, *Józef Piłsudski*, 153; Pobóg-Malinowski, *Józef Piłsudski, 1867–1914*, 389.
67. Pilsudski, address to officers of the Union of Active Struggle, Kraków, June 1, 1913, in *PZ*, 3:178.
68. *PZU*, 2:356n1.
69. Report, Meeting of the Provisional Commission of Confederated Independence Parties, Kraków, July 21, 1913, in *PZU*, 2:335.
70. Chief Commander, Mieczysław [Pilsudski], and Chief of Staff, Józef [Kazimierz Sosnkowski], Order to the Riflemen's Association, October 31, 1913, Lwów,in *PZ*, 3:188.
71. Chief Commander, Mieczysław [Pilsudski], and Chief of Staff, Józef [Kazimierz Sosnkowski], Order to the Peasant Organization, December 22, 1913, Lwów, in *PZ*, 3:190–191.
72. Pilsudsk, address to a meeting of the Commission of Confederated Independence Parties, Lwów, December 1, 1913, in *PZU*, 2:377–379.
73. J. Pilsudski, *22 stycznia 1863* (Poznań: Wielkopolska Księgarnia Nakładowa Karola Rzepeckiego, 1913), in *PZ*, 3:192–249. 索科尼斯基談到了他在編輯這本著作中提供的協助：Michael Sokolnicki, *Rok czternasty* (London: Gryf, 1961), 94–95.
74. Dabrowski, *Commemorations*, 186, 188–190.

[Pilsudski], "Geografia militarna Królestwa Polskiego," and [Pilsudski], "Reform Armii Rosyjskiegj," both in *PZ*, 3:37–50, 55–64; [Pilsudski], "Bunt więzienny w Irkucku: Ze wspomnień," *Kalendarz Robotniczy* (Kraków), January 1911, in *PZ*, 3:65–74，寫於英文的為："Mutiny in Irkutsk Gaon, 1887," in *Joseph Pilsudski: The Memories*, 17–26.

37. Pilsudski, Nervi, to Stanisław Witkiewicz, March 3, 1911, in *PZ*, 3:74–77.雅努什．齊賽克（Janusz Cisek）出版了現存四封畢蘇斯基在奈爾維寫的信，參見：Cisek, "Niepublikowane listy Józefa Piłsudskiego z roku 1911," *Studia Historyczne* 35, no. 4 (1992): 561–565.
38. [Pilsudski], "Kryzysy bojów," *Życie*, May 20, 1911, in *PZ*, 3:77–78.
39. "W przeddzień rewolucji r. 1905," lecture delivered on February 2, 1912, Kraków, in *PZ*, 3:144, 146.
40. [Pilsudski], "O rewolucji 1905 roku," second part of lecture delivered February 2, 1912, Kraków, in *PZ*, 3:152.
41. Pilsudski, Kraków, to Alexandra Szczerbińska, Lwów, January 1912, quotation from *Kalendarium*, 1:284.
42. J. Pilsudski, Kraków, May 7, 1912, to Stanisław Witkiewicz, in *PZ*, 3:147–148.
43. 這些演講最初於一九二九年刊載在一本六十四頁的小冊子：Jozef Pilsudski, *Zarys Historii Militarnej Powstania Styczniowej: Wykłady wygłoszone w 1912 w Szkole Nauk Społeczno-Politycznych w Krakowie* (Waraw: Wojskowe Biuro Historyczne, 1929). 這份出版物轉載於：Pilsudski, *Rok 1863*, ed. Stefan Kieniewicz (Warsaw: Książka i Wiedza, 1989), 14–74.
44. Pilsudski, "Zarys historii militarnej Powstania Styczniowego," in *PZ*, 3:84.
45. Ibid., 118.
46. Ibid., 141. 感謝安東尼．波隆斯基協助將最後這段文字翻譯成英文。關於這系列的演講，參見：Andrzej Chwalba, *Józef Piłsudski: Historyk wojskowości* (Kraków: Universitas, 1993), 13–35.
47. Patrice Dabrowski, *Commemorations and the Shaping of Modern Poland* (Bloomington: Indiana University Press, 2004), 190.
48. 這份紀錄刊載於奧地利內政部一份一九一二年三月九日的報告上，後來轉載於：*Galicyjska działalność wojskowa Piłsudskiego, 1906–1914*, ed. Stefan Arski et al. (Warsaw: Państwowe Wydawnictwo Naukowe, 1967), 533; and Austrian Minister of Foreign Affairs, Leopold Berchtold, July 31, 1912, to the Russian ambassador, Vienna, reprinted in Arski et al., *Galicyjska działalność wojskowa*, 564.
49. *Kalendarium*, 1:290.
50. Report of the Seventh Party Council of the PPS Revolutionary Fraction, Kraków, May 31, 1912, in *PZU*, 2:292n1.
51. [Pilsudski], "Organizational Plan for an Uprising in the Kingdom of Poland in the Event of a Russo-Austrian War: Report for the Austro-Hungarian Army," Zakopane, August or September 1912, in *PZU*, 2:309–310; 有關雷巴克，參見：311n2.
52. *PZU*, 2:314n1.
53. Jozef Pilsudski, address at the Conference of Polish Irredentists, Zakopane, August 25, 1912, in *PZU*, 2:313.
54. Ibid., 314.
55. W. Studnicki, *Z przeżyć i walk* (Warsaw: Drukarnia W. Łazarskiego, 1928), 310.
56. "Zjazd niemieckiej socjalnej demokracji w Austrii," *Naprzód* (Kraków), November 5, 1912,

Kalendarium, 1:258.

15. Ziuk [Pilsudski], Vienna, to W. Jodko-Narkiewicz, Lwów, February 21, 1909, in *Niepodległość* 19 (1986): 72; Ziuk [Pilsudski], Abbazia, to W. Jodko-Narkiewicz, Lwów, February 27, 1909, in *Niepodległość* 19 (1986): 73.
16. [Pilsudski], "Zadania praktyczne rewolucji w zaborze rosyjskim" (1909), in *PZ*, 3:5–6.
17. Ibid., 14, 17, quotation from 14. 這裡討論的演講初次刊載於一九一〇年三月到九月之間發行的黨報："Nasze zadania rewolucyjne," *Robotnik* (Warsaw), March–September 1910，隨後彙編成一本二十八頁的書：Z. Mieczysław [Pilsudski], *Zadania praktyczne rewolucji w zaborze rosyjskim* (Warsaw: Nakładem wydawnictwa "Życie," 1910).
18. Sławek, "Wspomnienia (1895–1910): Cz. V," 149–150; Józef Rybak, *Pamiętnik Generała Rybaka* (Warsaw: Czytelnik, 1954), 38; "Protokoły przesłuchania generała Rybaka," *Dzieje Najnowsze* 24, no. 4 (1992): 93. 關於這次會面，參見：lso Jerzy Gaul, *Działalność wywiadowczo-informacyjna obozu niepodległościowego w latch 1914–1918* (Warsaw: Agencja Wydawnicza CB, 2001), 55.
19. Rybak, *Pamiętnik Generała Rybaka*, 39.
20. "Protokoły przesłuchania generała Rybaka," 93.
21. Quotations from Małgorzata Wiśniewska, *Związek Strzelecki, 1910–1939* (Warsaw: Wydawnictwo Neriton, 2010), 33; Gaul, *Działalność wywiadowczo-informacyjna*, 58.
22. Urbankowski, *Józef Piłsudski*, 125.
23. Resolution of the Second Party Congress, Vienna, August 28, 1909, in *PZU*, 2:264.
24. Pilsudska, *Pilsudski*, 180.
25. Pilsudski, Zakopane, to Alexandra Szczerbińska, September 7, [1909?], quotation from Pilsudska, *Pilsudski*, 202.
26. Ibid., 203.
27. Sokolnicki, *Czternaście lat*, 360–361, 364. 關於畢蘇斯基和瑪麗亞在一九一〇年搬到斯拉克街，參見：Janusz Cisek, *Józef Piłsudski w Krakowie* (Kraków: Księgarnia Akademicka, 2003), 24.
28. Sokolnicki, *Czternaście lat*, 364.
29. Ibid., 364, 367. 索科尼斯基的書為：K. M-cki [Michał Sokolnicki], *Sprawa armii polskiej* (Kraków: W.L. Anczyc, 1910).
30. Piłsudski, Kraków, to Alexandra Szczerbińska, Lwów, May 1, 1910, quoted in *Kalendarium*, I:271–272.
31. Piłsudski, Kraków, to Alexandra Szczerbińska, Summer 1910, quoted in *Kalendarium*, I:274.
32. Andrzej Garlicki, *Geneza legionów* (Warsaw: Książka i Wiedza, 1964), 29.
33. Wiśniewska, *Związek Strzelecki (1910–1939)*, 30, 36; Wacław Lipiński, *Walka zbrojna o niepodległość Polski w latach 1905–1918* (1931; repr., Warsaw: Oficyna Wydawnicza, 1990), 33.
34. Pilsudska, *Pilsudski*, 201.
35. Central Committee report of the PPS Revolutionary Fraction, July 1910, Kraków, in *PZU*, 2:283.感謝菲力普・馬祖爾扎克協助將部分這段文字翻譯成英文。
36. *Kalendarium*, 1:276. 演講最初發表於一九一〇年七月："Historia Organizacji Bojowej P.P.S."，初次刊載於：[Pilsudski], "Szkic rozwoju historycznego Organizi Borowej P.P.S, 1904–19010," *Przedświt* (Lwów), no. 4, April 1914, 134–144，後來於：*PZ*, 3:23–36，而英譯本則為：*Joseph Pilsudski: The Memories*, 163–175. 其他包括：Z. Mieczysław

82. Kazimierz Sosnkowski, interview in *Gazeta Polska* (Warsaw), September 15, 1935, in Sosnkowski, *Materiały historyczne*, 569–570.
83. Andrzej Chwalba, *Legiony Polskie, 1914–1918* (Kraków: Wydawnictwo Literackie, 2018), 11.
84. Ziuk [Pilsudski], Vilna, to Maria Piłsudska, Kraków, March 1908, in *PZU*, 2:250–251.感謝菲力普・馬祖爾扎克協助將部分這段文字翻譯成英文。
85. Ziuk [Pilsudski], Vilna, to Maria Piłsudska, Kraków, July or early August 1908, in *PZU*, 2:251–252.
86. Ziuk [Pilsudski], Vilna, to Maria Piłsudska, Kraków, September 1908, in *PZU*, 2:256.
87. Daria Nałęcz and Tomasz Nałęcz, *Józef Piłsudski* (Warsaw: Młodzieżowa Agencja Wydawnicza, 1986), 124.
88. Alexandra Piłsudska, London, to Michał Sokolnicki, Ankara (Turkey), July 26, 1962, quoted in Ryszard Świętek, *Ludowa ścian* (Kraków: Platan, 1998), 408n134.
89. Maria Piłsudska, Kraków, undated letter, to Pilsudski, Vilna [?], in *PZU*, 2:257n7.
90. Ibid.
91. Alexandra Piłsudska, London, to Michał Sokolnicki, Ankara (Turkey), July 26, 1962, quotation in Świętek, *Ludowa ściana*, 408n134.
92. Pilsudski, early 1909, to Alexandra Szczerbińska, quotation in Nałęcz and Nałęcz, *Józef Piłsudski*, 122–123; and in *Kalendarium*, 1:262.

9 為了獨立建立軍隊

引言：*Joseph Pilsudski: The Memories of a Polish Revolutionary and Soldier*, trans. and ed. D. R. Gillie (London: Faber and Faber, 1931), 160.

1. Pilsudski, Vilna, to Feliks Perl, September 1908, in *Joseph Pilsudski: The Memoirs*, 160.
2. Ibid., 160–161.
3. Alexandra Pilsudska, *Pilsudski: A Biography by His Wife* (New York: Dodd, Mead, 1941), 191. 一位參與者的第二手記述，參見：Walery Sławek, "Wspomnienia (1895–1910): Cz. V," *Niepodległość* 22 (1989): 137–142.
4. Wacław Jędrzejewicz, *Pilsudski: A Life for Poland* (New York: Hippocrene Books, 1982), 42.
5. Pilsudska, *Pilsudski*, 191.
6. Pobóg-Malinowski, *Józef Piłsudski, 1901–1908* (Warsaw: Nakład Gebethner I Wolff, 1935), 632; Włodzimierz Suleja, *Józef Piłsudski* (Wrocław: Zakład Narodowy imienia Ossolińskich, 1995), 84; Andrzej Garlicki, *Józef Piłsudski, 1867–1935* (Warsaw: Czytelnik, 1990), 130; *Kalendarium*, 1:254; Pilsudska, *Pilsudski*, 183.
7. "Russian Railway Outrage," *Times* (London), September 30, 1908, 5.
8. Bohdan Urbankowski, *Józef Piłsudski: Marzyciel i strateg* (Poznań: Zysk I S-ka, 2014), 105.
9. Pilsudska, *Pilsudski*, 193.
10. Ibid.
11. Michał Sokolnicki, *Czternaście lat* (Warsaw: Instytut Badania Najnowszej Historii Polski, 1936), 330–331. 感謝哈達薩・科薩克教授協助將這段文字翻譯成英文。
12. Piłsudski, Kraków, end of 1908, to Alexandra Szczerbińska, in *Kalendarium*, 1:257.
13. Ziuk [Pilsudski], Kraków, to W. Jodko-Narkiewicz, Lwów, January 12, 1909, in *Niepodległość* 19 (1986): 70–71.
14. Walery Sławek, "Wspomnienia (1895–1910): Cz. V," *Niepodległość* 22 (1989): 147;

63. "Deklaracja delegatów, ustępujących z dziewiątego zjazdu Polskiej Partii Socjalistycznej," November 22, 1906, in *W sprawie Organizacji Bojowej Polskiej Partii Socjalistycznej* (Warsaw: PPS, 1906), 20–22.
64. Sokolnicki, *Czternaście lat*, 235–236.
65. "Program Polskies Partii Socjalistyczney," *Robotnik* (Warsaw), March 22, 1907, 2. 這份黨綱的正文，參見：ibid., 1–2; and Feliks Tych, ed., *Polskie program socjalistyczne, 1878–1918* (Warsaw: Ksiażka i Wiedza, 1975), 458–471.
66. "Referat o taktyce bojowej na X zjeździe Polskiej Partii Socjalistycznej (I zjeździe PPS—Frakcji Rewolucyjnej)," March 9, 1907, Vienna, in *PZU*, 2:240–241.
67. [Pilsudski], resolution of the Combat Organization on tactics, March 11, 1907, in *PZU*, 2:249.
68. Antony Polonsky, *The Jews in Poland and Russia* (London: Littman Library of Jewish Civilisation, 2012), 3:57; Shlomo Lambroza, "The Pogroms of 1903–1906," in *Pogroms: Anti-Jewish Violence in Modern Russian History*, ed. John D. Klier and Shlomo Lambroza (New York: Cambridge University Press, 1992), 228.
69. "Troops Declared That Their Orders Were to Kill Jews," *New York Times*, September 12, 1906, 6.
70. 出自畢蘇斯基一九一〇年針對黨戰鬥組織所寫的出版物：*Joseph Pilsudski: The Memories of a Polish Revolutionary and Soldier*, trans. and ed. D. R. Gillie (London: Faber and Faber, 1931), 172–173.
71. Pobóg-Malinowski, *Józef Piłsudski, 1901–1908*, 532–537; Adam Zamoyski, *Poland: A History* (London: Harper Press, 2009), 288.
72. Kazimiera Iłłakowiczówna, *Ścieżka obok drogi*, 2nd ed. (Warsaw: Towarzystwo Wydawnicze "Rój," 1939), 19–20.
73. Wasilewski, *Józef Piłsudski*, 118.
74. Bogusław Miedziński, "Moje wspomnienia: Pierwsze spotkanie ze Sławkiem," *Zeszyty Historyczne* 34, no. 4 (1974): 164.
75. Bronisław Pilsudski, *Materials for the Study of the Ainu Language and Folklore* (Kraków: Imperial Academy of Sciences, 1912). 也參見：*The Complete Works of Bronisław Pilsudski*, 4 vols. (Berlin: Mouton de Gruyter, 1998–2012). 從一九八五年到二〇一八年之間，克拉科夫已經主辦了四次討論布羅尼斯瓦夫・畢蘇斯基在學術上貢獻的國際會議。
76. Pilsudska, *Pilsudski*, 149, 181.
77. Wasilewski, *Józef Piłsudski*, 118–119.
78. 關於杜馬選舉，參見：Ascher, *The Revolution of 1905: Authority Restored* (Stanford, CA: Stanford University Press, 1992). 亦參見： Geoffrey A. Hosking, *The Russian Constructional Experiment: Government and Duma, 1907–1914* (New York: Cambridge University Press, 1973); Alfred Levin, *The Second Duma: A Study of the Social-Democratic Party and the Russian Constitutional Experiment*, 2nd ed. (Hamden, CT: Archon Books, 1966); D. D. B. Lieven, *Russia's Rulers under the Old Regime* (New Haven, CT: Yale University Press, 1989).
79. [Pilsudski], "Jak mamy się gotować do walki zbrojnej," *Robotnik* (Kraków), February 4, 1908, in *PZ*, 2:293, 295.
80. [Pilsudski], December 1, 1907, Zakopane, to W. Jodko-Narkiewicz, Lwów, in *Niepodległość* (New York) 19 (1986): 66; *PZ*, 2:286; Pilsudska, *Pilsudski*, 184; *PZU*, 2:251n6.
81. [Pilsudski], May 25, 1908, Kraków, to W. Jodko-Narkiewicz, Lwów, in *Niepodległość* (New York) 19 (1986): 69.

27 (1974): 96.

41. Ascher, *The Revolution of 1905: Russia in Disarray*, 218–219; Richard D. Lewis, "The Labor Movement in Russian Poland in the Revolution of 1905–1907" (PhD diss., University of California at Berkeley, 1971), 226.
42. Ziuk [Pilsudski], November 3, 1905, Kraków, to Wojciechowski, London, in *Zeszyty Historyczne* 27 (1974): 94–95.
43. Sokolnicki, *Czternaście lat*, 201–202; Wasilewski, *Józef Piłsudski*, 99–100.
44. Kazimierz Sosnkowski, *Materiały historyczne*, ed. J. Matecki (London: Gryf, 1966), 566–567; *PZU*, 2:210n8; Walery Sławek, "Wspomnienia (1895–1910): Cz. IV," *Niepodległość* 19 (1986): 178; W. Pobóg-Malinowski, *Józef Piłsudski, 1867–1914* (1964; reprint, Łomianki: Wydawnictwo LTW, 2015), 318; *Kalendarium*, 1:225.
45. "VIII Zjazd P.P.S.," *Robotnik* (Warsaw), April 7, 1906, 4; 黨大會的會議紀錄，見：Aleksy Rżewski, *W służbie idei* (Łódź: nakł. Komitetu uczczenia pracy Aleksego Rżewskiego, 1938), 160–162; Sosnkowski, *Materiały historyczne*, 566–567; *PZU*, 2:210n18; Pobóg-Malinowski, *Józef Piłsudski, 1901–1908*, 366.
46. Wasilewski, *Józef Piłsudski*, 102–103.
47. Aleksy Rzewski, *W walce z trójzaborcami o Polskę niepodległą: Wspomnienia* (Łódź: Wydawnictwo Księgarni Łódzkiej "Czytaj," 1931), 22–23.
48. Peter Kenez, *A History of the Soviet Union from the Beginning to Its Legacy*, 3rd ed. (New York: Cambridge University Press, 2016), 9.
49. Pilsudska, *Pilsudski*, 115–116.
50. Ibid., 115–117.
51. "Uchwały Rady Partynej," *Robotnik* (Warsaw), July 3, 1906, 1.
52. Protocols of the First Conference of the Polish Socialist Party's Combat Organization, July 5, 1906, Kraków, in *PZU*, 2:213.
53. *Kalendarium*, 1:230; "Two Generals Killed on a Train in Poland," *New York Times*, July 29, 1906, 1.
54. "The Anarchy in Russian Poland," *Times* (London), August 27, 1906, 3; *New York Times*, August 17, 1906, 1; Janusz Wojtasik, *Idea walki zbrojnej o niepodległość Polski, 1864–1907* (Warsaw: Wydawn. Ministerstwa Obrony Narodowej, 1987), 216; Blobaum, *Rewolucja*, 207; *Kalendarium*, 1:231;
55. Pilsudski, *Poprawki historyczne* (Warsaw: Inst. Badania Najnowszej Historii Polski, 1931), in *PZ*, 9:280.
56. T–z. [Pilsudski], "Polityka walki czynnej," *Trybuna, November* 1, 1906, 18–19.
57. Report of the Lwów police department, beginning of 1905, in *Kalendarium*,1:216.
58. Col. Franz Kanik, Przemyśl, report to the Austro-Hungarian General Staff, Vienna, September 29, 1906, in *Galicyjska działalność wojskowa Piłsudskiego, 1906–1914*, ed. Stefan Arski et al. (Warsaw: Państwowe Wydawnictwo Naukowe, 1967), 443–444.
59. "Tried to Catch a Bomb, Russian Railway Clerk Maimed," *New York Times*, November 10, 1906, 4. 關於搶劫和偷走的現金，參見：Blobaum, *Rewolucja*, 208.
60. 這份決議的正文，參見：*W sprawie Organizacji Bojowej Polskiej Partii Socjalistycznej* (Warsaw: PPS, 1906), 5–15.
61. Protocols, Ninth Party Congress of the PPS, November 21, 1906, Vienna, in *PZU*, 2:224.
62. *Sprawozdanie z IX zjazdu P.P.S.* (Kraków, 1907), 40–41, in Tych, *PPS-Lewica*, 1:145–146.

而當時一個美國工人的平均年薪是四百美元。參見："U.S. Statistics in the Year 1905," Free Republic, http://www.freerepublic.com/focus/f-chat/1425436/posts.

19. Wasilewski, *Józef Piłsudski*, 89–90 (1935 edition).
20. Walery Sławek, "Wspomnienia (1895–1910): Cz. III," *Niepodległość* 18 (1985): 120; Protocols, conference of the Central Committee of the PPS, Kraków, October 17–20, 1904, in *PZU*, 2:189.
21. 參見：Leon Wasilewski, "Kierownictwo P.P.S. zaboru rosyjskiego (1893–1918)," *Niepodległość* 11 (1935): 357; *PZU*, 2:196n1.
22. Jozef Pilsudski, "Wspomnienie o Grzybowie," *Głos Prawdy*, November 9, 1929, in *PZ*, 9:205.
23. Sławek, "Wspomnienia (1895–1910): Cz. III," 121. 這份傳單的重製，參見："Do wszystkich robotników warszawskich," Warsaw Workers' Committee of the Polish Socialist Party, November 11, 1904，翻印於：*Precz caratem! Rok 1905*, ed. Andrzej Stawarz (Warsaw: Muzeum Niepodległości, 2005), 40.
24. "The Russian Reservists," *Times* (London), November 11, 1904, 3.
25. Bronisław Żukowski, "Pamiętniki bojowca," *Niepodległość* 1 (October 1929): 123; Sławek, "Wspomnienia (1895–1910): Cz. III," 122.
26. Robert Blobaum, *Rewolucja: Russian Poland, 1904–1907* (Ithaca, NY: Cornell University Press, 1995), 43; "Warsaw Rioters Slain," *New York Times*, November 14, 1904, 1; "The Disturbances at Warsaw," *Times* (London), November 17, 1904, 3.
27. Alexandra Pilsudska, *Pilsudski: A Biography by His Wife* (New York: Dodd, Mead, 1941), 106.
28. Sławek, "Wspomnienia (1895–1910): Cz. III," 122.
29. "Zbrojna demonstracja P.P.S. w Warszawie," *Naprzód* (Kraków), November 16, 1904, 1; "Desperate Rioting in Russian Poland, Paradors Carried Revolvers," *New York Times*, November 27, 1904, 4. 出自法國的報紙，參見：*Le Temps* (Paris), November 15, 1904.
30. Ziuk [Pilsudski], November 17, 1904, Zakopane, to T. Filipowicz, London, in *Zeszyty Historyczne* 27 (1974): 76–77.
31. Abraham Ascher, *The Revolution of 1905: Russia in Disarray* (Stanford: Stanford University Press, 1988), 88–92.
32. "Nasza deklaracja polityczna," Warsaw Committee of the PPS, January 28, 1905, in *PPS-Lewica, 1906–1918: Materiały i dokumenty*, ed. Feliks Tych (Warsaw: Książka i Wiedza, 1961), 1:3–4.
33. Henry Tobias, *The Jewish Bund in Russia* (Stanford, CA: Stanford University Press, 1972), 299; Ascher, *The Revolution of 1905: Russia in Disarray*, 138.
34. Michał Sokolnicki, *Czternaście lat* (Warsaw: Instytut Badania Najnowszej Historii Polski, 1936), 144–147.
35. "VII zjazd Polskiej Partii Socjalistycznej," *Robotnik*, April 14, 1905, 1–2; *Kalendarium*, 1:218; Wasilewski, "Kierownictwo P.P.S. zaboru rosyjskiego," 357–358.
36. Ziuk [Pilsudski], March 29, 1905, Kraków, to S. Wojciechowski, London, in *Zeszyty Historyczne* 27 (1974): 89–90.
37. Wasilewski, *Józef Pilsudski*, 94–95.
38. Pilsudski, addresses to the Party Council of the Central Committee of the PPS, Józefów, June 16, 1905, in *PZU*, 2:202.
39. Wasilewski, *Józef Piłsudski*, 164.
40. Pilsudski, undated letter from 1905, Kraków, to T. Filipowicz, London, in *Zeszyty Historyczne*

1867–1914 (1964; repr., Łomianki: Wydawnictwo LTW, 2015), 243–244; Andrzej Garlicki, *Józef Piłsudski* (Warsaw: Czytelnik, 1988), 85.

53. Ziuk [Pilsudski], April 24, 1904, Kraków, to Alexander Malinowski, London, in *Niepodległość* (New York) 12 (1979): 37.
54. Ziuk [Pilsudski], April 24, 1904, Kraków, to Alexander Malinowski, London, in *Niepodległość* (New York) 12 (1979): 38.
55. Ibid., 39.
56. Quotation from Wacław Sieroszewski, *Marszałek Józef Piłsudski* (Warsaw: Dom Książki Polskiej, Spółka Akcyjna, 1935), 18.
57. Ziuk [Pilsudski], May 10, 1904, Kraków, to T. Filipowicz, London, in *Zeszyty Historyczne* 27 (1974): 28.

8 從東京之行到積極鬥爭聯盟

引言：*PZU*, 2:213.

1. T. Filipowicz, May 13, 1904, London, to Ziuk [Pilsudski], Kraków, in *Zeszyty Historyczne* 27 (1974): 30; *Kalendarium*, 1:202.
2. Ziuk [Pilsudski], May 26, 1904, to T. Filipowicz and A. Malinowski, London, in *Zeszyty Historyczne* 27 (1974): 32–33.
3. [Pilsudski], June 3, 1904, London, to Bolesław A. Jędrzejowski, Kraków, in *Zeszyty Historyczne* 27 (1974): 34.
4. Hayashi, London, to Foreign Minister Komura, Tokyo, June 9, 1904, in Jerzy Lerski, "A Polish Chapter of the Russo-Japanese War," *Transactions of the Asiatic Society of Japan*, ser. 3, vol. 7 (1959): 76; Pobóg-Malinowski, *Józef Piłsudski, 1901–1908* (Warsaw: Nakład Gebethner i Wolff, 1935), 195.
5. Quotation from *Zeszyty Historyczne* 27 (1974): 38.
6. Ziuk [Pilsudski], June 13, 1904, New York, to A. Malinowski, London, in *Zeszyty Historyczne* 27 (1974): 38.
7. Filipowicz, June 21, 1904, San Francisco, to A. Malinowski, London, in *Zeszyty Historyczne* 27 (1974): 40–41.
8. Ziuk [Pilsudski], enclosed note to Malinowski, London, in ibid., 41.
9. *PZ*, 2:249–250.
10. Ibid., 253（強調為原文所加）, 257.
11. Tytus Filipowicz, Tokyo, diary entry of July 11, 1904, in *Zeszyty Historyczne* 27 (1974): 50.
12. Filipowicz, Tokyo, diary entries of July 15, 1904, in *Zeszyty Historyczne* 27 (1974): 52–53.
13. Roman Dmowski, July 20, 1904, report to the Japanese foreign ministry, in Lerski, "A Polish Chapter," 87–88.
14. Kawakami, July 23, 1904, Tokyo, to Pilsudski, Tokyo, in *Zeszyty Historyczne* 27 (1974): 58.
15. Andrzej Friszke, introduction, in Leon Wasilewski, *Józef Piłsudski jakim go znałem*, ed. A. Friszke (1935; Warsaw: Muzeum Historii Polski, 2013), 26.
16. Ibid.; *Zeszyty Historyczne* 27 (1974): 71–72.
17. *Stanisław Wojciechowski*, *Moje wspomnienia*, vol. 1 (Lwów: Książnica-Atlas, 1938), 164.
18. *Zeszyty Historyczne* 27 (1974): 83–84. 一九〇四年的匯率是四點八七美元對一歐元（參考《紐約時報》一九〇四年六月十五日第十二版），日本的捐款來到了九萬七千四百美元，

30. *Naprzód* (Kraków), August 27, 1903, 1.
31. Ziuk [Pilsudski], September 10, 1903, Rytro, to party comrades, London, in *Niepodległość* (New York) 19 (1986): 41. 關於第一筆稿費，參見：D.C.N. [Pilsudski], "Walka rewolucyjna pod zaborem rosyjskim," *Naprzód* (Kraków), September 8, 1903, 1.
32. Jozef Pilsudski, *Walka rewolucyjna w zaborze rosyjskim* (Kraków: Nakładem Wydawnictwa "Naprzodu," 1903), 136–137; 英文翻譯出自："Bibula—Secret Printing Pressess," in *Joseph Pilsudski: The Memories of a Polish Revolutionary and Soldier*, trans. and ed. D. R. Gillie (London: Faber and Faber, 1931), 90.
33. J. Pilsudski, "Jak stałem się socjalistą," *Promień* (Lwów), September–October 1903, 343–344. 引文來自於英文版本：Pilsudski, "How I Became a Socialist" (1903), in *Joseph Pilsudski: The Memories*, 13. 34. Pilsudski, "How I Became a Socialist" (1903), 15–16.
35. *Promień* (Lwów), September–October 1903, 348. 強調為原文所加。這段原本用波蘭語寫成的文字，未見於刪節過的英譯本。
36. Stanisław Siedlecki, "Założenie 'Promienia,' " *Niepodległość* 4 (1930): 80.
37. Sk. [Roman Dmowski], "Historia szlachetnego socjalisty: Przyczynek do psychologii politycznej społeczeństwa," *Przegląd Wszechpolski* (Kraków), October 1903, 49–50.
38. [Pilsudski], "Wilno, październik 1903," *Walka*, November 1903, in *PZ*, 2:214–216 引文出自第二一六頁。
39. Ibid., 218. 有關這場屠殺，參見：Steven Zipperstein, *Pogrom: Kishinev and the Tilt of History* (New York: Liveright, 2018).
40. [Pilsudski], "Nasze stanowisko na Litwie," *Walka*, November 1903, in *PZ*, 2:223.
41. Ibid., 220.
42. [J. Pilsudski], "Kwestia żydowska na Litwie," *Walka*, November 1903, in *PZ*, 2:226.
43. Ziuk [Pilsudski], February 1904, Tsarist Russia, to party comrades, London, in *Niepodległość* (New York) 15 (1982): 19–21.（這封信寫於日俄戰爭爆發之後）關於這封信的評論，參見：*PZU*, 2:183–186.
44. Ziuk [Pilsudski], February 1904, Warsaw (?), to party comrades, Kraków, in *Niepodległość* (New York) 15 (1982): 22, 24.
45. "Odezwy naszej partii," *Przedświt* (Kraków), no. 3, March 1904, 133–135. 這份宣言也轉載於：*Naprzód* (Kraków), March 15, 1903, 1, signed by the PPS, the Lithuanian Social Democrats, the Belarusian Revolutionary Party, and the Latvian Social-Democratic Party.
46. Witold Jodko-Narkiewicz, Lwów, to His Excellency, Nobuoki Makino, Vienna, February 8, 1904, in *Zeszyty Historyczne* 27 (1974): 5.
47. Witold Jodko-Narkiewicz, Lwów, to His Excellency, Nobuoki Makino, Vienna, March 19, 1904, reprinted in *Zeszyty Historyczne* 27 (1974): 7.
48. Viscount Hayashi, London, telegraph no. 103 to the foreign minister, Jutaro Komura, March 16, 1904, in Jerzy Lerski, "A Polish Chapter of the Russo-Japanese War," *Transactions of the Asiatic Society of Japan*, ser. 3, vol. 7 (1959): 77; Tadasu Hayashi, March 28, 1904, London, to Jodko-Narkiewicz, Lwów, in *Zeszyty Historyczne* 27 (1974): 27.
49. Pilsudski, Warsaw, letter of March 19, 1904, cited in *Kalendarium*, 1:199.
50. Pilsudski, Warsaw (?), undated, in *Zeszyty Historyczne* 27 (1974): 14. 感謝尤里安・博斯甘協助將這段句子翻譯成英文。
51. Cited in *Zeszyty Historyczne* 27 (1974): 18n35.
52. *Zeszyty Historyczne* 27 (1974): 18; Władysław Pobóg-Malinowski, *Józef Piłsudski,*

6. Ibid., 19.
7. Ibid, 20–21.
8. Ibid., 21.
9. Ibid.
10. Ibid., 22.
11. Ibid.
12. [Pilsudski], "O patriotyzmie," *Walka*, October 1902, in *PZ*, 2:24; 引文摘自翻譯的版本：*For Your Freedom and Ours*, ed. Krystyna M. Olszer (New York: Frederick Unger Publishing Co., 1981), 158.
13. [Pilsudski], "O patriotyzmie," *Walka*, October 1902, in *PZ*, 2:25.
14. Ibid., 27. Verse from *Dzieje Juliusza Słowackiego*, vol. 4 (Lwów: Nakładem Księgarni polskiej, 1894), 335. 感謝羅曼・科羅佩茨基（Roman Koropeckyj）協助將這段詩詞翻譯成英文。
15. Ibid., 27.
16. Report of the congress of the Central Workers' Committee of the Polish Socialist Party, November 15, 1902, in *PZU*, 2:149.
17. *Kalendarium*, 1:172; Grace Humphrey, *Pilsudski: Builder of Poland* (New York: Scott and More, 1936), 87.
18. Mieczysław [Pilsudski], December 16, 1902, Riga, to the foreign committee, London, in *Niepodległość* (New York) 15 (1982): 9; Ziuk [Pilsudski], March 27, 1903, Riga, to Bolesław A. Jędrzejowski, London, in *Niepodległość* (New York) 15 (1982): 12.
19. [Pilsudski], "Rusyfikacja," *Kalendarz Robotniczy* (1903), in *PZ*, 2:28–31. 根據俄羅斯帝國在一八九七年的人口普查，俄羅斯人占了這個國家一億兩千五百六十萬人口的百分之四十四點五。Hugh Seton-Watson, *The Decline of Imperial Russia, 1855–1914* (New York: Praeger, 1967), 31.
20. *Niepodległość* (New York) 12 (1979): 11; *Kalendarium*, 1:178. 關於這次會議的協議，參見：Conference of the Central Committee of the PPS, June 4–6, 1903, Vilna, in *PZU*, 2:155.
21. *PZU*, 2:158, 162–163.
22. [Pilsudski], July 26, 1903, Kraków, to the foreign committee of the PPS, London, in *Niepodległość* (New York) 12 (1979): 14–15.
23. Ziuk [Pilsudski], August 6, 1903, Rytro, to the foreign committee of the PPS, London, in *Niepodległość* (New York) 12 (1979): 20, 23; and Ignacy Daszyński, *Pamiętniki* (Kraków: Nakładem Z.R.S.S. "Proletarjat," 1925), 1:214–215.
24. Michał Sokolnicki, *Czternaście lat* (Warsaw: Instytut Badania Najnowszej Historii Polski, 1936), 74.
25. Ziuk [Pilsudski], September 14, 1903, Rytro, to party comrades, London, in *Niepodległość* (New York) 19 (1986): 56.
26. Ibid., 54.
27. Ibid., 55. 關於這個段落，參見安傑伊・諾瓦克在他著作中的分析：*Polska i Trzy Rosje: Studium polityki wschodniej Józefa Pilsudskiego do kwietnia 1920 roku*, 3rd ed. (Kraków: Arcana, 2015), 35.
28. Ziuk [Pilsudski], September 14, 1903, Rytro, to party comrades, London, in *Niepodległość* (New York) 19 (1986): 51–53.
29. Ziuk [Pilsudski], August 15, 1903, to Bolesław A. Jędrzejowski, London, in *Niepodległość* (New York) 12 (1979): 28.

[Pilsudski], April 8, 1902, London, to Stanisław Wojciechowski, Southbourne-on-Sea, in *PZU*, 2:138.

54. Quotation from Antonia Domańska, recollection in *Kalendarium*, 1:171.
55. Ziuk [Pilsudski], April 21, 1902, Lwów, to Bolesław A. Jędrzejowski, London, in *Niepodległość* 13 (1980): 14.
56. W. F. Reddaway, *Marshal Pilsudski* (London: George Routledge and Sons, 1939), 41.
57. Walery Sławek, "Wspomnienia (1895–1910)," *Niepodległość* 17 (1985): 133；參見該書第一三二頁，有斯瓦韋克關於汪妲介紹他和畢蘇斯基認識時扮演的角色。
58. Ziuk [Pilsudski], May 13, 1902, Vilna (?), to the foreign committee of the PPS, London, reprinted in *Niepodległość* (New York) 13 (1980): 18.
59. Ziuk [Pilsudski], May 31, 1902, Vilna (?), to B. A. Jędrzejowski, London, in *Niepodległość* (New York) 14 (1981): 3–4.
60. Sławek, "Wspomnienia (1895–1910)," 133; Wasilewski, "Kierownictwo P.P.S. zaboru rosyjskiego," 355–356. 第六次黨大會的決議首次出版於："VI zjazd PPS," *Przedświt*, no. 8, August 1902, 281–285; and as "Szósty zjazd PPS," *Robotnik*, August 5, 1902, 1–3. 後來轉載於：*PZU*, 2:139–144.
61. Resolutions of the PPS's Sixth Party Congress (June 1902), in *PZU*, 2:142.
62. Ibid., 142–143.
63. Ibid., 143. 最早的出處參見："Szósty zjazd PPS," *Robotnik*, August 5, 1902, 1.「猶太人社會主義運動」這部分的決議作為這次大會第一個決議轉載於《工人》，並刊登在該期的頭版。
64. *Robotnik*, August 5, 1902, 2–3.
65. Quotation from Walery Sławek, "Wspomnienia (1895–1910)," *Niepodległość* 17 (1985): 134–135.
66. 參見：[Pilsudski], July 9, 1902, Brzuchowice, to B. A. Jędrzejowski, London, in *Niepodległość* 14 (1981): 5.
67. Feliks Sachs, Vilna, to the foreign committee of the PPS, London, August 7, 1902, AAN, sygn. 305 / VII / 34, folder 1, fols. 52, 61.
68. Ziuk [Pilsudski], July 28, 1902, Brzuchowice, to foreign committee, London, reprinted in *Niepodległość* (New York) 14 (1981): 7.
69. Ziuk [Pilsudski], May 30, 1902, Vilna (?), to B. A. Jędrzejowski, London, reprinted in *Niepodległość* (New York) 13 (1980): 18. 也參見：*Pilsudski*, 180–181; Grace Humphrey, *Pilsudski: Builder of Poland* (New York: Scott and More, 1936), 87.
70. Ziuk [Pilsudski], July 28, 1902, Brzuchowice, to foreign committee, London, reprinted in *Niepodległość* (New York) 14 (1981): 8.

7　創立政黨綱領

引言：*Walka* (Kraków), October 1902.

1. *PZ*, 2:8.
2. Ibid.
3. Ibid., 9.
4. Leon Wasilewski, introduction, in *PZ*, 2:2.
5. [Pilsudski], "Wilno, we wrześniu 1902 r.," *Walka*, October 1902, in *PZ*, 2:18.

32. Siedlecki, in Zygmuntowicz, *Józef Piłsudski*, 7–9.
33. Ziuk [Pilsudski], July 15, 1901, Lwów, to Bolesław A. Jędrzejowski, London, in *Niepodległość* (New York) 11 (1978): 25–26.
34. Ziuk [Pilsudski], July 25, 1901, Kraków, to Bolesław A. Jędrzejowski, London, in *Niepodległość* (New York) 11 (1978): 28.
35. Lesław Dall, "Józef Piłsudski w Zakopanem," *Wierchy* (Kraków), no. 65 (1999): 63.
36. Ziuk [Pilsudski], August 14, 1901, Zakopane, to Bolesław A. Jędrzejowski, London, in *Niepodległość* (New York) 11 (1978): 32.
37. Ziuk [Pilsudski], September 3, 1901, Zakopane, to Bolesław A. Jędrzejowski, London, in *Niepodległość* (New York) 11 (1978): 33–34.
38. Ziuk [Pilsudski], September 5, 1901, Zakopany, to Bolesław A. Jędrzejowski, London, in *Niepodległość* (New York) 11 (1978): 34. 參見：*Robotnik* (Kiev), August 9, 1901.
39. Leon Wasilewski, *Józef Piłsudski jakim go znałem* (Warsaw: Towarzystwo Wydawnicze "Rój," 1935), 54.
40. Ziuk [Pilsudski], December 19, 1901, Southbourne-on-Sea (England), to Bolesław A. Jędrzejowski, London, in *Niepodległość* (New York) 19 (1986): 23–24; Ziuk [Pilsudski], December 25, 1901, Southbourne-on-Sea (England), to Bolesław A. Jędrzejowski, London, in *Niepodległość* (New York) 19 (1986): 26.
41. Wojciechowski, *Moje wspomnienia*, 1:152–153.
42. *PZU* 2:107n1; Wojciechowski, *Moje wspomnienia*, 1:153.
43. Wasilewski, *Józef Piłsudski*, 65.
44. 關於崩得第四次黨大會及其關於猶太民族的聲明，參見：Jonathan Frankel, *Prophecy and Politics: Socialism, Nationalism, and the Russian Jews, 1862–1917* (New York: Cambridge University Press, 1981), 220; and Joshua D. Zimmerman, *Poles, Jews and the Politics of Nationality: The Bund and the Polish Socialist Party in Late Tsarist Russia, 1892–1914* (Madison: University of Wisconsin Press, 2004), 119–123.
45. Józ[ef] Pilsudski, London, to Władysław Gumplowicz, Zurich, January 16, 1902, in *PZU*, 2:95; Ziuk [Pilsudski], London, to Witold Jodko-Narkiewicz, Lwów, February 12, 1902, in *PZU*, 2:105.
46. 澤特鮑姆是加利西亞波蘭社會黨的一員，他相信應該將猶太人看作有著希伯來信仰的波蘭人。
47. Ziuk [Pilsudski], London, to Kazimierz Kelles-Krauz, Vienna, February 17, 1902, in *Niepodległość* (New York) 13 (1980): 9–10.
48. Jozef Pilsudski, London, to Władysław Gumplowicz, Zurich, February 17, 1902, in *PZU*, 2:108–109.
49. Ziuk [Pilsudski], London, to Central Committee of the Polish Socialist Party, Tsarist Russia, January 27, 1902, in *PZU*, 2:100–101.
50. Ziuk [Pilsudski], February 17, 1902, London, to Stanisław Wojciechowski, Southbourne-on-Sea, in *PZU*, 2:106.
51. Ziuk [Pilsudski], February 20, 1902, London, to Central Workers' Committee, in *PZU*, 2:115.
52. Ziuk [Pilsudski], March 25, 1902, London, to Stanisław Wojciechowski, Southbourne-on-Sea, in *PZU*, 2:121; Ziuk [Pilsudski], April 1, 1902, London, to Stanisław Wojciechowski, Southbourne-on-Sea, in *PZU*, 2:122.
53. Ziuk [Pilsudski], April 5, 1902, London, to W. Jodko-Narkiewicz, Lwów, in *PZU*, 2:123; Ziuk

"Źródła do biografii Józefa Pilsudskiego z lat 1867–1892," *Niepodległość* 19 (January–June 1939): 392; and in *PZU*, 2:85.

11. M. Paszkowska, "Zorganizowanie przewiezienia J. Piłsudskiego z Cytadeli w Warszawie do Petersburga," in *Uwolnienie Piłsudskiego: Wspomnienia organizatorów ucieczki* (Warsaw: Towarzystwo Wydawnicze "Ignis," 1924), 17–18.
12. Alexandra Pilsudska, *Pilsudski: A Biography by His Wife* (New York: Dodd, Mead, 1941), 176–177.
13. Paszkowska, "Zorganizowanie przewiezienia J. Piłsudskiego," 17; Maria Paszkowska, "Dziwny człowiek: Intendent X pawilonu," in *Księga pamiątkowa PPS w trzydziestą rocznicę* (Warsaw: Nakładem Spółki Nakładowo-Wydawniczej "Robotnik," 1923), 102.
14. Paszkowska, "Ucieczka: Mój udział w wykradzeniu Józefa Piłsudskiego," in *Księga pamiątkowa P.P.S.* (Warsaw: Nakł. Spółki nakładowo-wydawniczej "Robotnik," 1923), 105.
15. Paszkowska, "Zorganizowanie przewiezienia J. Piłsudskiego," 22.
16. Mazurkiewicz, "Wyprowadzenie ze szpitala," in *Uwolnienie Piłsudskiego*, 40–41.
17. Ibid., 46.
18. Ibid., 47. 感謝尤里安・博斯甘協助將這段文字翻譯成英文。
19. Ksawery Prauss, "Przyjazd do Kijowa," in *Uwolnienie Piłsudskiego*, 49–51.
20. "Ucieczka tow. Piłsudskiego," *Robotnik* (Kiev), June 26, 1901, 10.
21. J. Miklaszewski, "Przeprowadzenie przez granicę," in *Uwolnienie Piłsudskiego*, 57. 關於今日標誌畢蘇斯基家族首次踏上奧地利土地的紀念碑的一張照片，參見：Joanna Wieliczka-Szarkowa, *Józef Piłsudski, 1867–1935: Wszystko dla niepodległej* (Kraków: Wydawnictwo AA s.c., 2015), 72.
22. *Statystyka miasta Krakowa* (Kraków: Nakładem Gmindy Miasta Krakowa, 1907), pt. 2, vol. 9, p. 18; Nathaniel D. Wood, *Becoming Metropolitan: Urban Self hood and the Making of Modern Cracow* (Dekalb: Northern Illinois University Press, 2010), 36–37; and Andrzej Żbikowski, *Żydzi krakowscy i ich gminy w latach 1869–1919* (Warsaw: Wydawnictwo DiG, 1994), 42.
23. *Statystyka miasta Krakowa*, pt. 2, vol. 9, p. 3.
24. *Encyclopedia of Ukraine* 3 (1993): 223; and Christoph Mick, *Lemberg, Lwów, Lviv, 1914–1947: Violence and Ethnicity in a Contested City* (West Lafayette, Indiana: Purdue University Press, 2016), 5.
25. *Kalendarium*, 1:156.
26. Adam Uziembło, *Niepodległość socjalisty* (Warsaw: Ośrodek Karta, 2008), 34.
27. Uziembło, *Niepodległość socjalisty*, 10.
28. Adam Uziembło, "Pierwszy portret Ziuka," *Kultura* (Paris), no. 3, 1956, 100.
29. Ziuk [Pilsudski], June 20, 1901, Lwów, to Bolesław A. Jędrzejowski, London, in *Niepodległość* (New York) 11 (1978): 24.
30. Helena Tołłoczko, Brzuchowice, letter of November 7, 1933, reprinted in Zygmunt Zygmuntowicz, *Józef Piłsudski we Lwowie* (Lwów: Nakładem Towarzystwa Miłośników Przeszłości Lwowa, 1934), 5–6.

1. Stanisław Siedlecki, letter of October 1933, in Zygmuntowicz, *Józef Piłsudski*, 7. 關於謝德列茨基的背景，參見："Siedlecki Stanisław," *Polski Słownik Biograficzny* 36 (1995–1996). 請留意畢蘇斯基逃亡的消息刊載於克拉科夫的加里西亞波蘭社會民主黨的報紙《前進報》，以及勒沃夫的報紙《勒沃夫信使報》（*Kurier Lwowski*）。

82. [Pilsudski], "Z powodu strejków tegorocznych," *Robotnik*, October 1, 1899, in *PZ*, 1:274–275.
83. Wiktor [Pilsudski], Łódź, to the ZZSP, London, October 8, 1899, reprinted in *Niepodległość* (New York) 17 (1984): 12–13.
84. Wiktor [Pilsudski], Łódź, to Leon Wasilewski, London, November 19, 1899, reprinted in *Niepodległość* (New York) 18 (1985): 11.
85. Ibid., 11–12.
86. Ibid., 14. 強調為原文所加。
87. Wasilewski, *Józef Piłsudski* [1935 edition], 36–46.
88. L. Płochocki [Leon Wasilewski], *We wspólnym jarzmie: O narodowościach przez carat uciskanych* (London: PPS, 1901), 11.
89. [Pilsudski], "Nowy okres," *Robotnik*, December 3, 1899, 1, in *PZ*, 1:276, 279.
90. [Pilsudski], "W rocznicę," *Kurierek Robotnika*, January 24, 1900, 1–2, 4.
91. Wiktor [Pilsudski], Łódź, to the ZZSP, London, January 15, 1900, reprinted in *Niepodległość* 19 (1986): 9.
92. Wiktor [Pilsudski], Łódź, to the ZZSP, London, February 7, 1900, reprinted in *Niepodległość* (New York) 19 (1986): 18.
93. Wiktor [Pilsudski], Łódź, to the ZZSP, London, January 7, 1900, reprinted in *Niepodległość* (New York) 19 (1986): 5.
94. Wiktor [Pilsudski], Łódź, to the ZZSP, London, February 8, 1900, reprinted in *Niepodległość* (New York) 19 (1986): 22.
95. Ziuk [Pilsudski], Tenth Pavilion of the Warsaw Citadel, April 1900, report for party comrades, in *PZU*, 2:81–85.
96. Wasilewski, *Józef Piłsudski* (1935 edition), 47.

6 巧妙脫逃記和奧屬加里西亞的新家

引言：*Robotnik*, August 5, 1902, 2–3.

1. W. Pobóg-Malinowski, *Józef Piłsudski, 1867–1914* (1964; repr., Łomianki: Wydawnictwo LTW, 2015), 175–176n20.
2. *Kalendarium*, 1:148.
3. Wasilewski, "Kierownictwo P.P.S. zaboru rosyjskiego (1893–1918)," *Niepodległość* 11 (1935): 355; "Sachs, Feliks," *Polski Słownik Biograficzny* 34 (1992–1993); "Rożnowski, Kazimierz," *Polski Słownik Biograficzny* 32 (1989–1991), 471; Stanisław Wojciechowski, *Moje wspomnienia*, vol. 1 (Lwów: Książnica-Atlas, 1938), 138. 羅茲諾夫斯基被判處流放到西伯利亞六年，馬利里諾夫斯基則是八年。
4. Wojciechowski, *Moje wspomnienia*, 138; Andrzej Garlicki, *Józef Piłsudski, 1867–1935* (Warsaw: Czytelnik, 1990), 70.
5. Wojciechowski, *Moje wspomnienia*, 139.
6. *Robotnik* (London), April 26, 1900, 1.
7. 出自一篇於一九〇三年轉載的文章：*Joseph Pilsudski: The Memories of a Polish Revolutionary and Soldier*, trans. and ed. D. R. Gillie (London: Faber and Faber, 1931), 127.
8. *Joseph Pilsudski: The Memories*, 127, 134.
9. Pilsudski, Warsaw Citadel prison, April 1900, in *PZU*, 2:81–83.
10. [Pilsudski], June 1, 1900, Warsaw Citadel prison, to Wanda Juszkiewicz, in Adam Borkiewicz,

2:54.

58. Joanna Olczak-Ronikier, *In the Garden of Memory: A Family Memoir* (London: Phoenix, 2005), 57.
59. Wiktor [Pilsudski], Lwów, to the ZZSP, London, August 19, 1898, in *PZU*, 2:59.
60. Wiktor [Pilsudski], Vilna, to the ZZSP, London, September 11, 1898, in *PZU*, 2:61.
61. Wiktor [Pilsudski], Vilna, to Bolesław Antoni Jędrzejowki and Aleksander Malinowski, London, September 22, 1898, in *PZU*, 2:64.
62. Wiktor [Pilsudski] to the ZZSP, London, October 23, 1898, reprinted in *Niepodległość* (London) 11 (1978): 14.
63. Wiktor [Pilsudski] to B. A. Jędrzejowski, London, August 31, 1899, reprinted in *Niepodległość* (New York) 17 (1984): 10.
64. [Pilsudski], "Pomnik kata," *Robotnik*, October 11, 1898, 1, in *PZ*, 1:227. 關於穆拉維約夫的紀念雕像，參見：Theodore R. Weeks, "Monuments and Memory: Immortalizing Count M. N. Muraviev in Vilna, 1898," *Nationality Papers* 27, no. 4 (1999): 551–564.
65. [Pilsudski], "Pomnik kata," *Robotnik*, October 11, 1898, 1. in *PZ*, 1:227. 穆拉維約夫在一八六五年就被解除職務。
66. Ibid., 1:228–229.
67. [Pilsudski], proclamation dated November 1898, [Vilna], in *PZ*, 1:234.
68. Dabrowski, *Commemorations*, 151.
69. [Pilsudski], "Bankructwo Ugody," *Robotnik*, October 11, 1898, in *PZ*, 1:229.
70. [Pilsudski], "Odezwa do robotników w sprawie pomnika Mickiewicza w Warszawie," Warsaw, December 16, 1898, in *PZ*, 1:240–241. 也參見畢蘇斯基另外兩份評論："Od redakcji," *Robotnik*, December 19, 1898, and "Pomnik Murawjewa," *Przedświt*, no. 12, December 1898, both in *PZ*, 1:235–239.
71. Wiktor [Pilsudski], Vilna, to the Conspiratorial Commission of the ZZSP, London, February 2, 1898, in *PZU*, 2:21.
72. Wiktor [Pilsudski] to B. A. Jędrzejowski, London, January 11, 1899, reprinted in *Niepodległość* (New York) 16 (1983): 7.
73. Wiktor [Pilsudski] to B. A. Jędrzejowski, London, January 11, 1899, reprinted in *Niepodległość* (New York) 16 (1983): 7.
74. Stanisław Wojciechowski, *Moje wspomnienia* 1 (Lwów: Książnica-Atlas, 1938), 130–132.
75. Wiktor [Pilsudski], Vilna, to the ZZSP, London, August 1898, quotation from Wojciechowski, *Moje wspomnienia*, 1:126.
76. Jan Pilsudski, recollections preserved in the Pilsudski Institute, London, quotation from *Kalendarium*, 1:127–128.
77. *Kalendarium*, 1:132–133; Garlicki, *Józef Piłsudski*, 63; Włodzimierz Suleja, *Józef Piłsudski* (Wrocław: Zakład Narodowy im. Ossolińskich, 1995), 42.
78. [Pilsudski], "Po manifestacjach," *Robotnik*, June 4, 1899, in *PZ*, 1:257.
79. [Pilsudski], "Pięciolecia '*Robotnik*,' " Robotnik, July 23, 1899, in *PZ*, 1:264.
80. Wiktor [Pilsudski] to B. A. Jędrzejowski, London, May 15, 1899, reprinted in *Niepodległość* (New York) 17 (1984): 15–16.
81. Wiktor [Pilsudski] to B. A. Jędrzejowski, London, May 27, 1899, reprinted in *Niepodległość* (New York) 17 (1984): 17; Wiktor [Pilsudski] to B. A. Jędrzejowski, London, August 31, 1899, reprinted in *Niepodległość* (New York) 17 (1984): 9–10.

no. 2 (June 1972): 340; Sabaliunas, *Lithuanian Social Democracy in Perspective, 1893–1914* (Durham, NC: Duke University Press, 1990), 38.

33. [Pilsudski], "Czwarty zjazd naszej partii," *Robotnik*, February 13, 1898, 1.
34. Ibid., 2.
35. [Pilsudski], "Od redakcji," *Robotnik*, December 12, 1897, 1.
36. 參與者的名單，參見：*PZU*, 2:14n1.
37. [Jozef Pilsudski?], "W kwestyi żydowskiej," *Robotnik*, no. 26, February 13, 1898, 3.
38. Ibid., 4.
39. Wiktor [Pilsudski], Vilna, to the editor of *Przedświt* (Leon Wasilewski), London, February 15, 1898, in *PZU*, 2:26.
40. Ibid., 27. 感謝菲力普・馬祖爾扎克協助將這段文字翻譯成英文。
41. Karl Kautsky, *Niepodległość Polski* (London: Wydawnictwo Polskiej Partyi Socyalitycznej, W drukarni ZZSP, 1896)，隨後出版了意第緒語版本：Karl Kautsky, *Di unobhendgigkeyt fun poyln*, trans. Leon Gottlieb (London: PPS, printed by the ZZSP, 1901).
42. Wiktor [Pilsudski], Vilna, to Bolesław Antoni Jędrzejowski, May 10, 1898, in *PZU*, 2:41.
43. Wiktor [Pilsudski], Vilna, to the ZZSP, London, March 3, 1898, in *PZU*, 2:32.
44. Wiktor [Pilsudski], Vilna, to the ZZSP, June 4, 1898, in *PZU*, 2:43.
45. Woźniak, "Gruziński wielkorządca w Warszawie: Rządy księcia Aleksandra Imereyńskiego w Królestwie Polskim (1897–1900)," *Pro Georgia*, no. 11 (2004): 86; *Kalendarium*, 1:113.
46. Wiktor [Pilsudski], Kraków, to Bolesław A. Jędrzejowski, London, June 22, 1898, in *PZU*, 2:45. 關於這份祕密備忘錄，參見：Woźniak, "Gruziński wielkorządca w Warszawie," 86; and *Kalendarium*, 1:113.
47. *Tajne dokumenty rządu rosyjskiego w sprawach polskich: Memoriał ks. Imeretyńskeigo. Protokóły Komitetu Ministrów. Nota Kancelaryi Komitetu Ministrów* (London: n.p., 1898). 有關於畢蘇斯基導論的轉載，參見："Wstęp do *Memoriału Księcia Imeretyńskiego*," in *PZ*, 1:203–218.
48. [Pilsudski], "Książę Imeretyńsky o sprawie robotniczej," *Robotnik*, July 10, 1898, 1, in *PZ*, 1:222.
49. Woźniak, "Gruziński wielkorządca w Warszawie," 87; Garlicki, *Józef Piłsudski*, 66; Jędrzejewicz, *Pilsudski*, 25.
50. "Secret Official Report on the Condition of Poland," *Times* (London), August 13, 1898, 11.
51. "Le Tsar, La Pologne et Le Prince Imeretinsky," *Le Temps* (Paris), August 17, 1898, 1.
52. Wiktor [Pilsudski], London, to Kazimierz Kelles-Krauz, Paris, July 7, 1898, in *PZU*, 2:45; Wiktor [Pilsudski], London, to Feliks Perl, Lwów, July 7, 1898, in *PZU*, 2:46. 一本三十一頁的冊子後來也在該年出版：Res [Perl], *Adam Mickiewicz* (London: PPS, 1898).
53. [Pilsudski], "Z pola walki," *Robotnik*, July 10, 1898, 3, in *PZ*, 1:222.
54. Patrice M. Dabrowski, *Commemorations and the Shaping of Modern Poland* (Bloomington: Indiana University Press, 2004), 150–153.
55. [Pilsudski], "Jubileusz Mickiewicza," *Robotnik*, July 10, 1898, 11–12. 這篇文章的作者身分確認於：*Kalendarium*, 1:115. 這個紀念委員會後續出版關於紀念雕像的相冊，參見：*Pomnik Mickiewicza w Warszawie, 1897–1898*, ed. Zygmunt Wasilewski (Warsaw: Nakładem Komitetu Budowy Pomnika, 1899).
56. Wasilewski, *Józef Piłsudski*, 120.
57. Wiktor [Pilsudski], London, to Maksymilian Horwitz, Ostend (Belgium), July 26, 1898, in *PZU*,

Historii Polski, 2013), 111.
3. Ibid., 112.
4. [Pilsudski], "W rocznicę," *Robotnik*, January 24, 1897, 1.
5. Ibid.
6. 出自：Zygmunt Krasiński, "Przedświt" (Dawn, 1843), in Monica M. Gardner, *The Anonymous Poet of Poland: Zygmunt Krasinski* (Cambridge: Cambridge University Press, 1919), 234.
7. [Pilsudski], "W rocznicę," *Robotnik*, January 24, 1897, 1.
8. Pilsudski, Vilna, to the ZZSP, London, February 12, 1897, in *PZU*, 1:292.
9. Jan Kancewicz, *Polska Partia Socjalistyczna w latach, 1892–1896* (Warsaw: Państwowe Wydawnictwo Naukowe, 1984), 405.
10. 波蘭十人代表團的名單，參見：*Kalendarium*, 1:87.
11. Aleksander Dębski, London, to Pilsudski, Vilna, no date, quotation from *Kalendarium*, 1:97.
12. [Pilsudski], Vilna, to the ZZSP, London, February 12, 1897, in *PZU*, 1:292.
13. Walentyna Najdus, *Ignacy Daszyński, 1866–1939* (Warsaw: Czytelnik, 1988), 120.
14. Joshua Shanes, *Diaspora Nationalism and Jewish Identity in Habsburg Galicia* (New York: Cambridge University Press, 2012), 104.
15. [Pilsudski], "Po wyborach," *Robotnik*, April 15, 1897, 1.
16. Ignacy Daszyński, *Pamiętniki* (Kraków: Nakładem Z.R.S.S. "Proletarjat," 1925), 1:105.
17. Wiktor [Pilsudski], Vilna, to the ZZSP, London, May 30, 1897, in *PZU*, 1:300.
18. [Pilsudski], "Prawo a urzędnicy," *Robotnik*, June 29, 1897, 4.
19. [Pilsudski], Vilna, to the ZZSP, London, July 24, 1897, in *PZU*, 1:304.
20. Andrejs Plakans, *The Latvians: A Short History* (Stanford, CA: Hoover Institution Press, 1995), 102–103; Andrejs Plakans, *A Concise History of the Baltic States* (Cambridge: Cambridge University Press, 2011), 264.
21. Eriks Jekabsons, "Początek stosunków Łotwy i Polski: Pierwsze kontakty, wiosna-jesień 1919 roku," *Res Historica* (Lublin), no. 42 (2016): 246.
22. [Pilsudski], Vilna, to the ZZSP, London, July 24, 1897, in *PZU*, 1:303.
23. R. F. Leslie, ed., *The History of Poland since 1863* (Cambridge: Cambridge University Press, 1980), 46–47, 55; Piotr Wandycz, *The Lands of Partitioned Poland, 1795–1918* (Seattle: University of Washington Press, 1974), 289.
24. "Czar's Visit to Warsaw," *New York Times*, September 13, 1897, 5.
25. A. Woźniak, "Gruziński wielkorządca w Warszawie: Rządy księcia Aleksandra Imeretyńskiego w Królestwie Polskim (1897–1900)," *Pro Georgia*, no. 11 (2004): 75–78.
26. [Pilsudski], "Towarzysze! Robotnicy!," Central Workers' Committee of the Polish Socialist Party, Warsaw, August 30, 1897, in *PZ*, 1:177.
27. Ibid., 178–179. 關於這份通告的討論，參見：Wacław Jędrzejewicz, *Pilsudski: A Life for Poland* (New York: Hippocrene Books, 1982), 24.
28. [Pilsudski], Vilna, to the ZZSP, London, October 2, 1897, in *PZU*, 1:305.
29. Ibid., 305–306.
30. [Pilsudski], Vilna, to the ZZSP, London, October 18, 1897, in *PZU*, 1:309.
31. John Mill, "Arkadi un der ershter tsuzamenfor," in *Arkadi: zamlbukh tsum ondenk fun grinder fun 'bund' arkadi kremer, 1865–1935* (New York: Unzer tsayt, 1942), 164.
32. Leonas Sabaliunas, "Social Democracy in Tsarist Lithuania, 1893–1904," *Slavic Review* 31,

1:247.
42. Georges Haupt, *La deuxieme intérnationale, 1889–1914* (Paris: Mouton, 1964), 150.
43. "The International Workers' Congress," *Times* (London), July 30, 1896, 11. 更多關於這起事件的內容，參見：*Full Report*, 19.
44. *Full Report*, 32.
45. Wiktor [Jozef Pilsudski], London, to the Central Workers' Committee, August 4, 1896, in *PZU*, 1:253.
46. *Full Report*, 85.
47. Ignacy Mościcki, "Autobiografia," *Niepodległość* 12 (1979): 109.
48. Wiktor [Jozef Pilsudski], Kraków, to the ZZSP, London, August 24, 1896, in *PZU*, 1:263; Wiktor [Jozef Pilsudski], Lwów, to the ZZSP, London, August 29, 1896, in *PZU*, 1:264.
49. Wiktor [Jozef Pilsudski], Lwów, to the ZZSP, London, August 29, 1896, in *PZU*, 1:265; 關於提到的出版文獻，參見：Bronisław Szwarce, ed., *Wydawnictwo materiałów do historii powstania, 1863–1864* (Lwów: Nakładem "Kuriera Lwowskiego," 1894).
50. Wiktor [Jozef Pilsudski], Lwów, to the ZZSP, London, August 29, 1896, in *PZU*, 1:265; Joshua Shanes, *Diaspora Nationalism and Jewish Identity in Habsburg Galicia* (New York: Cambridge University Press, 2012), 103–104.
51. Wiktor [Jozef Pilsudski], Lwów, to the ZZSP, London, September 15, 1896, in *PZU*, 1:267.
52. Ibid., 268.
53. Ibid. 請留意與當時威權的俄羅斯不同，奧匈帝國是個立憲君主國，政黨與出版的運作都公開且合法。
54. Ziuk [Jozef Pilsudski], the Russia partition, to the ZZSP, London, September 16, 1896, in *PZU*, 1:269.
55. Jewish members of the PPS, Warsaw, to the Central Workers' Committee of the PPS, September 1896, in A. Malinowski, ed. *Materiały do history PPS* (Warsaw: Wydawnictwo dzieł społeczno—politycznych, 1907), 1:217–221.
56. Wiktor [Pilsudski], Vilna, to the ZZSP, London, October 6, 1896, in *PZU*, 1:272.
57. Wiktor [Pilsudski], Vilna, to the ZZSP, London, December 12, 1896, in *PZU*, 1:280.
58. Wiktor [Pilsudski], Vilna, to the ZZSP, London, October 24, 1896, in *PZU*, 1:275; 關於債台高築，參見：Wiktor [Pilsudski], Vilna, to the ZZSP, London, October 6, 1896, in *PZU*, 1:272.
59. [Pilsudski], "Z kongresu," *Robotnik*, October 4, 1896, in *PZ*, 1:147–148, 150.
60. "Kler przeciw ludowi," *Robotnik*, November 11, 1896, 2–4; "Podróż z cara," *Robotnik*, October 4, 1896, in *PZ*, 1:151.
61. Wiktor [Pilsudski], Vilna, to the ZZSP, London, December 12, 1896, in *PZU*, 1:281–282.
62. Pilsudski, Vilna, to the ZZSP, London, November 1896, quotation from Stanisław Wojciechowski], *Polska Partya Socyalistyczna w ostatnich pięciu latach* (London: Polish Socialist Party, 1900), 42–43.
63. [Pilsudski], "Niewola," *Robotnik*, December 6, 1896, in *PZ*, 1:156.

5 黨主席職務與逮捕入獄

引言：[Jozef Pilsudski?], "W kwestyi żydowskiej," *Robotnik*, February 13, 1898, 3.
1. Andrzej Garlicki, *Józef Piłsudski, 1867–1935* (Warsaw: Czytelnik, 1990), 61.
2. Leon Wasilewski, *Józef Piłsudski jakim go znałem*, ed. A. Friszke (1935; Warsaw: Muzeum

25. “Wnioski,” reprinted in B. A. Jędrzejowski, London, to Antonio Labriola, Rome, April 28, 1896, in Antonio Labriola, *Korespondencja* (Warsaw: Książka I Wiedza, 1966), 494.
26. Wiktor [Jozef Pilsudski], London, to the Central Workers’ Committee c / o Aleksander Sulkiewicz, May 7, 1896, in *PZU*, 1:182.
27. B. A. Jędrzejowski, London, to Antonio Labriola, Rome, April 28, 1896, in Labriola, *Korespondencja*, 492–493. 一八六六年的大會決議贊成「有必要在社會主義及民主的基礎上重建波蘭，來削減俄羅斯在歐洲的勢力。」參見：*Full Report of the Proceedings of the International Workers’ Congress: London, July and August 1896* (London: LaborLeader, 1896), 4.
28. B. A. Jędrzejowski, “Socialism in Russian Poland,” *Justice* (London), special May Day issue, May 1, 1896, 10–11.
29. [Rosa Luxemburg], “Neue Strömungen in der polnischen sozialistischen Bewegung in Deutchland und Österreich,” *Die Neue Zeit*, April 19 and May 6, 1896; [Rosa Luxemburg], “Neue Der Sozialpatriotismjus in Polen,” *Die Neue Zeit*, July 1, 1896, 459–470. 後者轉載於：*Rosa Luxemburg: Gesammelte Werke* (Berlin: Dietz Verlag, 1972), vol. 1, bk. 1, pp. 14–51.
30. Karl Kautsky, “Finis Poloniae?,” *Die Neue Zeit*, July 1, 1896, 484–491. 關於這兩篇文章的概要，參見：J. P. Nettl, *Rosa Luxemburg* (London: Oxford University Press, 1969), 62–63.
31. Paul Frölich, *Rosa Luxemburg: Her Life and Work* (New York: Monthly Review Press, 1969), 36.
32. Antonio Labriola, Rome, May 3, 1896, to B. A. Jędrzejowski, London, in Labriola, *Korespondencja*, 496; B. A. Jędrzejowski, London, to Antonio Labriola, Rome, May 5, 1896, in Labriola, *Korespondencja*, 500.
33. Wiktor [Jozef Pilsudski], London, to the Central Workers’ Committee, May 13, 1896, in *PZU*, 1:188.
34. Wiktor [Jozef Pilsudski], London, to the Central Workers’ Committee, May 20, 1896, in *PZU*, 1:198.
35. Pilsudski, May 20, 1896, quotation from *Kalendarium*, 1:81.
36. Wiktor [Jozef Pilsudski], London, to the Central Workers’ Committee c / o Aleksander Sulkiewicz, June 9, 1896, in *PZU*, 1:221–222. 這裡引用的是〈義大利波蘭軍團頌歌〉（Song of the Polish Legions in Italy）中的一段歌詞。這個軍團在一七九七年駐紮於義大利，由揚・東布羅夫斯基將軍（Gen. Jan Dąbrowski）指揮。一九二七年的時候，這首歌被採用為波蘭國歌。
37. Wiktor [Jozef Pilsudski], London, to the Central Workers’ Committee c / o Aleksander Sulkiewicz, June 25, 1896, 233.
38. Rosa Luxemburg, “La questone polacca al congresso internazionale di Londra,” *Critica Sociale*, July 16, 1896; 這篇文章的波蘭文版本同時刊登於：“Kwestia polska na Międzynarodowym Kongresie w Londynie,” *Sprawa Robotnicza*, July 1896. 英譯版本參見：Rosa Luxemburg, “The Polish Question at the International Congress in London,” in *The National Question: Selected Writings of Rosa Luxemburg*, ed. Horace B. Davis (New York: Monthly Review Press, 1976), 49–59.
39. Luxemburg, “The Polish Question,” 51–52.
40. Ibid., 57–58.
41. Wiktor [Jozef Pilsudski], London, to the Central Workers’ Committee, July 15, 1896, in *PZU*,

socyalistycznej z pod trzech zaborów (London: Związku Zagranicznego Socjalistów Polskich, 1896), 55.

5. *Robotnik*, July 3, 1896, 16, in *PZ*, 1:147.
6. Jan Kancewicz, *Polska Partia Socjalistyczna w latach, 1892–1896* (Warsaw: Państwowe Wydawnictwo Naukowe, 1984), 427.
7. [Jozef Pilsudski], "Nasze Pismo," in *Pamiątka majowa* (1896), in *PZ*, 1:133.
8. Ibid., 137, 139.
9. *Przedświt* (London), no. 5, May 1896, in *PZ*, 1:145–146. 關於這份波蘭社會黨首次發行的意第緒語傳單，參見：Pinchas Shwartz, "Di ershte yidishe oysgabes fun der PPS (1895–1898)," *Historishe shriftn* (Vilna, 1939), 3:530.
10. "Święto majowe w kraju," *Robotnik*, July 3, 1896, 5.
11. Wiktor [Jozef Pilsudski], London, to the Central Workers' Committee c / o Aleksander Sulkiewicz, June 9, 1896, in *PZU*, 1:222.
12. Bolesław Miklaszewski, New York, to the ZZSP, London, April 5, 1896, in *PZU*, 1:177n1.
13. *Pamiętniki Bolesława Miklaszewskiego* (Warsaw, 1928), 72, unpublished manuscript in PAN archives, sygn. 61.
14. Pilsudski, London, to Bolesław Miklaszewski, New York, April 24, 1896, in *PZU*, 1:176.
15. 參見："Z emigracji z Ameryki," *Przedświt*, no. 5, May 1896, 18. 關於美國的猶太社會主義郵報，參見：Władysław Pobóg-Malinowski, *Józef Piłsudski: W podziemiach konspiracji, 1867–1901: W podziemiach konspiracji* (Warsaw: Gebethner i Wolff, 1935), 297–298.
16. Wiktor [Jozef Pilsudski], London, to the Central Workers' Committee c / o Aleksander Sulkiewicz, May 7, 1896, in *PZU*, 1:181.
17. Wiktor [Jozef Pilsudski], London, to the Central Workers' Committee c / o Aleksander Sulkiewicz, August 4, 1896, in *PZU*, 1:254. 意第緒語冊子見於：Ben N. [Benjamin Feigenbaum], *Dos gan-eydn hatakhton: A vunderlikhe emese mayse, vi men is dergangen dem veg tsum gan-eydn oyf der velt, un vi menschen foren ahin* (Warsaw, 1875). 這本冊子是在一八九六年於紐約出版，只是為了躲避審查而改成「華沙，一八七五年」。
18. Al. Dębski [Jozef Pilsudski], London, to Jewish Post from America to Poland, New York, June 10, 1896, in *PZU*, 1:227–228.
19. Wiktor [Jozef Pilsudski], London, to Bolesław Miklaszewski, New York, June 24, 1896, in *PZU*, 1:231–232. 引文強調為原文所加。「kraju」（country）這個字通常特別用來指俄羅斯瓜分波蘭的地區。參見：Leon Wasilewski, *Józef Piłsudski jakim go znałem*, ed. A. Friszke (1935; Warsaw: Muzeum Historii Polski, 2013), 121.
20. Quotation from Michał Romer, *Litwa: Studium o odrodzeniu narodu litewskiego* (Lwów: Polskie Towarzystwo Nakładowe, 1908), 278.
21. Wiktor [Jozef Pilsudski], London, to the Central Workers' Committee c / o Aleksander Sulkiewicz, June 25, 1896, in *PZU*, 1:233.
22. Wiktor [Jozef Pilsudski], London, to Witold Jodko-Narkiewicz, Berne, May 27, 1896, in *PZU*, 1:201.
23. Wiktor [Jozef Pilsudski], London, to the Central Workers' Committee c / o Aleksander Sulkiewicz, July 6, 1896, in *PZU*, 1:243; Wiktor [Jozef Pilsudski], London, to the Central Workers' Committee c / o Aleksander Sulkiewicz, July 15, 1896, in *PZU*, 1:247.
24. Henry Hyndman, London, to the ZZSP, London, January 31, 1896, in AAN archives, sygn. 305 / II / 15, folder 28.

63. Polish Socialist Party [Pilsudski], "Odezwa na śmierć cara Aleksandra III," Warsaw, November 9, 1894, in *PZ*, 1:73.
64. Z [Pilsudski], London, December 1894, to Aleksander Sulkiewicz, in *PZU*, 1:101.
65. Ignacy Mościcki, "Autobiografia," *Niepodległość* 12 (1979): 108–109.
66. *PZU*, 1:115n4; *Kalendarium*, 1:68.
67. Czarnocki, "Przyczynki do historii P.P.S.," 59.
68. Ziuk [Pilsudski], March or April 1895, Vilna, to the ZZSP, London, in *PZU*, 1:106.
69. [Jozef Pilsudski], "Rosja," *Robotnik* single issue (jednodniówka), April 1895, in *PZ*, 1:79–80.
70. Ibid., 91.
71. Central Workers' Committee of the Polish Socialist Party [Pilsudski], Warsaw, May Day Circular, May 1895, in *PZ*, 1:76–77.
72. Wiktor [Pilsudski], Vilna, April 1895, to the ZZSP, London, in *PZU*, 1:112.
73. Wiktor [Pilsudski], Vilna, June 1895, to the ZZSP, London, in *PZU*, 1:115.
74. Wojciechowski, *Moje wspomnienia*, 1:95.
75. *Robotnik*, June 7, 1895, in *PZ*, 1:91–92.
76. [Jozef Pilsudski], "Na posterunku," *Robotnik*, June 1895, in *PZ*, 1:92–93.
77. Ibid., 95.
78. "Uchwały III-go zjazdu Polskiej Partyi Socyalistycznej," *Robotnik*, August 1895, 6. 第三次大會的決議轉載於：*PZU*, 1:120–123；以及：Malinowski, *Materiały*, 1:144–150. 關於這份決議的重要性：Nowak, *Polska i Trzy Rosje*, 27.
79. 根據俄羅斯帝國一八九七年的人口普查，俄羅斯人占了總人口的百分之四十四點三。參見：H. Seton-Watson, *The Decline of Imperial Russia, 1855–1914* (New York: Praeger, 1967), 31.
80. [Pilsudski], "Rusyfikacja," *Robotnik*, July 3, 1895, 1, in *PZ*, 1 97–98, 100.
81. [Pilsudski], "Nasze Hasło," *Robotnik*, August 15, 1895, in *PZ*, 1:102.
82. [Pilsudski], "Czym jest Polska Partia Socjalistyczna," *Robotnik*, August 15, 1895, in *PZ*, 1:107.
83. [Pilsudski], "W rocznicę," *Robotnik*, February 9, 1896, in *PZ*, 1:121.
84. Wiktor [Pilsudski], Taurogi, September 7, 1895, to the ZZSP, London, in *PZU*, 1:129.
85. Jewish members of the Polish Socialist Party, Warsaw, to the Central Workers' Committee, December 1895, in Malinowski, *Materiały*, 1:161–162.
86. Wiktor [Pilsudski], Taurogi, September 7, 1895, to the ZZSP, London, in *PZU*, 1:129–130.

4 走上國際政壇

引言：Henry Hyndman, London, to the ZZSP, London, January 31, 1896, AAN, sygn. 305 / II / 15, folder 28.

1. "Jędrzejowski Bolesław Antoni," *Polski Słownik Biograficzny* 11 (1964–1965): 239; *Kalendarium*, 1:74; Wacław Jędrzejewicz, *Pilsudski: A Life for Poland* (New York: Hippocrene Books, 1982), 20–21.
2. Wiktor [Pilsudski], London, to Witold Jodko-Narkiewicz, Berne, March 23, 1896, in *PZU*, 1:140.
3. *Robotnik*, July 3, 1896, 16, in *PZ*, 1:146.
4. Antonio Labriola, Rome, April 1, 1896, in *Pamiątka majowa: Wydawn. Polskiej partyi*

1:83–84.

35. [Jozef Pilsudski], "Sprawozdanie z II zjazdu Polskiej Partii Socjalistycznej," in *PZU*, 1:88.
36. Wasilewski, "Kierownictwo P.P.S.," 353; Garlicki, *Józef Piłsudski*, 46–47; Pobóg-Malinowski, *Józef Piłsudski, 1867–1914*, 103.
37. [Jozef Pilsudski], "Sprawozdanie z II zjazdu Polskiej Partii Socjalistycznej," in *PZU*, 1:87.
38. Napoleon Czarnocki, "Przyczynki do historii P.P.S.," in *Księga pamiątkowa PPS w trzydziestą rocznicę* (Warsaw: Nakładem Spółki Nakładowo-Wydawniczej "Robotnik," 1923), 59.
39. Zimmerman, *Poles, Jews and the Politics of Nationality*, 76; 關於畢蘇斯基在提供意第緒語文宣給維爾紐斯集團方面扮演的角色，參見：Frants Kursky, "Di 'tsukunft' in untererdishn rusland," in *Gezamelte shriftn* (New York: Farlag der veker, 1952), 253.
40. Ziuk [Pilsudski], Vilna, to the ZZSP, London, April 29, 1894, in *PZ*, 1:89.
41. Rom [Pilsudski], Vilna, to the ZZSP, London, May 1894, in *PZU*, 1:93.關於加里西亞的《工人》（一八九三年到一八九六年），參見：Jacob Bross, "The Beginnings of the Jewish Labor Movement in Galicia," *Yivo Annual of Jewish Social Science* 5 (1950): 66–82; Walentyna Najdus, *Polska Partia Socjalo-Demokratyczna Galicji i Śląska, 1890–1919* (Warsaw: Państwowe Wydawnictwo Naukowe, 1983), 168; Joshau Shanes, *Diaspora Nationalism and Jewish Identity in Habsburg Galicia* (New York: Cambridge University Press, 2012), 103–104.
42. *25 yor: Zamlbukh* (Warsaw: Di Velt, 1922), 112; Malinowski, *Materiały*,1:91, 101. 參見：Pilsudski, Vilna, to ZZSP, London, July 1894, in *PZU*, 1:97，他在這裡提到來了一台有希伯來語字體的排版機。
43. Czasowy [Pilsudski], "Wilno we wrześniu," *Przedświt* (London), no. 9, September 1894, in *PZ*, 1:61.
44. Ibid., 62.
45. Ibid., 63.
46. Ibid.
47. Ibid., 65–66, 68.
48. Rom [Pilsudski], Vilna, to the ZZSP, London, May 1894, in *PZU*, 1:92–93.
49. Rom [Pilsudski], "Wilno, 18 maja," *Przedświt* (London), no. 5, May 1894, in *PZ*, 1:56–58.
50. [Pilsudski], "Walka z rządem," *Robotnik*, September 24, 1895, in *PZ*, 1:116, 119.
51. 警方報告的摘要見於：*Kalendarium*, 1:57–58.
52. Z. Kormanowa, *Materiały do bibliografii druków socjalistycznych na ziemiach polskich w latach, 1866–1918*, 2nd ed., rev. (Warsaw: Książka i Wiedza, 1949), 67; *Kalendarium*, 1:58.
53. Z [Pilsudski], Vilna, to the ZZSP, London, July 15, 1894, in *PZU*, 1:96.
54. [Pilsudski], "Od Redakcyi," *Robotnik*, July 12, 1894, 1.
55. *Kalendarium*, 1:58–59; Jędrzejewicz, *Pilsudski*, 19.
56. Quotation from Sieroszewski, *Józef Piłsudski*, 21–22.
57. Perl, "Szkice dziejów P.P.S.," 6.
58. 關於畢蘇斯基的報導，參見：Kazimierz Pietkiewicz, "O czasach pepeesowych I przedpepeesowych słów kilka," in *Księga pamiątkowa PPS w trzydziestą rocznicę* (Warsaw: Nakładem Spółki Nakładowo-Wydawniczej "Robotnik," 1923), 35.
59. Wasilewski, "Kierownictwo P.P.S.," 353; Garlicki, *Józef Piłsudski*, 47–49; *PZU*, 1:100n11.
60. Pietkiewicz, "O czasach pepeesowych," 37.
61. Wiktor [Pilsudski], March or April, 1895, Vilna, to the ZZSP, London, in *PZU*, 1:107.
62. [Pilsudski], "U nas i gdzieindziej," *Robotnik*, October 27, 1894, 3.

socjalistyczne, 1878–1918, ed. Feliks Tych (Warsaw: Książka I Wiedza, 1975), 253–254; in translation, "Outline of the Polish Socialist Party (1892)," in *For Your Freedom and Ours*, ed. Krystyna Olszer (New York: F. Unger, 1981), 150–151.

13. Stanisław Wojciechowski, *Moje wspomnienia* (Lwów: Książnica-Atlas, 1938), 1:90.
14. [Mendelson], "Szkic programu Polskiej Partyi Socjalistycznej," 259.
15. [Jozef Pilsudski], "Wilno, 1 lutego," *Przedświt* (London), no. 3, March 1893, in *PZ*, 1:18–21.
16. [Jozef Pilsudski], Vilna, February 15, 1893, to the editors of *Przedświt*, in *PZ*, 1:79.
17. [Jozef Pilsudski], "Wilno, 17 lutego," *Przedświt* (London), no. 3, March 1893, in *PZ*, 1:22–23.
18. Rom [Jozef Pilsudski], "Wilno, 4 marca," *Przedświt* (London), no. 4, April 1893, in *PZ*, 1:25.
19. Joshua D. Zimmerman, *Poles, Jews and the Politics of Nationality: The Bund and the Polish Socialist Party in Late Tsarist Russia, 1892–1914* (Madison: University of Wisconsin Press, 2004), 40–41.
20. Z. Kopelson, "Evreiskoe rabochee dvizhenie kontsa 80-kh i nachala 90-kh godov," in *Revoliutsionnoe dvizhenie sredi evreev, ed. Shimen Dimanshtein* (Moscow: Izd-vo politkatorzhan, 1930), 72–73; Pilsudski, London, to W. Gumplowicz, Zurich, January 16, 1902, in *PZU*, 2:92–93.
21. Rom [Jozef Pilsudski], "Wilno, 4 marca 1893," *Przedświt* (London), no. 4, April 1893, in *PZ*, 1:25–26.
22. Leon Wasilewski, "Kierownictwo P.P.S. zaboru rosyjskiego (1893–1918)," *Niepodległość* 11 (1935): 352; Feliks Perl, "Szkice dziejów P.P.S.," n *Księga pamiątkowa P.P.S. w trzydziestą rocznicę* (Warsaw: Nakładem Spółki Nakładowo-Wydawniczej "Robotnik," 1923), 5; Jędrzejewicz, *Pilsudski*, 17.
23. [Jozef Pilsudski], "Do towarzyszy socjalistów Żydów w polskich zabranych prowincjach," *Przedświt* (London), no. 5, May 1893, in *PZ*, 1:30.
24. Wojciechowski, *Moje wspomnienia*, 1:63.
25. Ibid.
26. Ibid., 66–67.
27. Leon Wasilewski, *Józef Piłsudski jakim go znałem* (Warsaw: Towarzystwo Wydawnicze Rój, 1935), 60–61.
28. [Pilsudski], "Wilno, 8 lipca 1893," *Przedświt* (London), no. 7, July 1893, in *PZ*, 1:40; Rom [Pilsudski], "Wilno, 25 lipca 1893," *Przedświt* (London), no. 7, July 1893, in *PZ*, 1:42.
29. [Jozef Pilsudski], "Stosunek do rewolucjonistów rosyjskich," *Przedświt* (London), no. 8, August 1893, in *PZ*, 1:43.
30. Ibid., 44–45.
31. Andrzej Nowak, *Polska i Trzy Rosje: Studium polityki wschodniej Józefa Piłsudskiego do kwietnia 1920 roku*, 3rd ed. (Kraków: Arcana, 2015), 26.
32. *Kalendarium*, 1:53–54; Jędrzejewicz, *Pilsudski*, 17; Władysław Pobóg-Malinowski, *Józef Piłsudski, 1867–1914* (1964; repr., Łomianki: Wydawnictwo LTW, 2015), 103; Pobóg-Malinowski, *Najnowsza historia polityczna Polski, 1864–1945* (Paris: Gryf, 1953), 1:51; Wasilewski, "Kierownictwo P.P.S.," 353.
33. [Pilsudski], "Wilno, w końcu grudnia," *Przedświt* (London), no. 12, December 1893, 21; 這篇文章的作者身分確認於：*PZ*, 1:51.
34. Ziuk [Jozef Pilsudski], Vilna, December 1893, to Stanisław Wojciechowski, London, in *PZU*,

69. Ibid., 67.
70. Pilsudski, Tunka, March 24, 1891, to Leonarda Lewandowska, Orla, in *PZU*, 1:68.
71. Pilsudski, Tunka, April 8, 1891, to Leonarda Lewandowska, Orla, in *PZU*, 1:70.
72. Pilsudski, Tunka, April 8, 1891, to Leonarda Lewandowska, Orla, in *PZU*, 1:70.
73. Pilsudski, Tunka, January 20, 1891, to Leonarda Lewandowska, Mikołajew, in *PZU*, 1:60.
74. Pilsudski, Tunka, May 20, 1891, to Leonarda Lewandowska, Orla, in *PZU*, 1:74–75.
75. Ibid., 75.
76. Pilsudski, Tunka, June 24, 1891, to Leonarda Lewandowska, Orla, in *PZU*, 1:75.
77. Pilsudski, Tunka, September 16, 1891, to Leonarda Lewandowska, Orla, in *PZU*, 1:76.
78. Ibid.
79. Pilsudski, Tunka, December 11, 1891, to Leonarda Lewandowska, Odessa, in *PZU*, 1:77–78.
80. Władysław Pobóg-Malinowski, *Józef Piłsudski, 1867–1914* (1964; repr., Łomianki: Wydawnictwo LTW, 2015), 82.
81. Garlicki, *Józef Piłsudski*, 21, 31.
82. Łojko, *Ot "Zemli i Voli,"* 92–93.
83. Juszczyński, "Z pobytu w Tunce," 181.
84. "Michał Mancewicz (1860–1930)," *Polski Słownik Biograficzny* 19 (1974).
85. *Joseph Pilsudski: The Memories*, 16.
86. Landy, "Stanisław Landy na Syberji," 107.
87. Garlicki, *Józef Piłsudski*, 24; Bohdan Urbankowski, *Józef Piłsudski: Marzyciel i strateg* (Poznań: Zysk i S-ka, 2014), 68.
88. Jozef Pilsudski, "Rok 1863," in Pilsudski, *Pisma zbiorowe* (Warszawa: Instytut Józefa Piłsudskiego, 1937), 6:158, 162.
89. Pilsudski, "How I Became a Socialist" (1903), in *Joseph Pilsudski: The Memories*, 16.
90. Pilsudski, 1931 interview, in Artur Śliwiński, "Marszałek Piłsudski o sobie," *Niepodległość* 43 (1937): 368.

3 社會主義領袖與謀反者

引言：Wiktor [Pilsudski], Taurogi, September 7, 1895, to the ZZSP, London, in *PZU*, 1:129–130.
1. Zygmunt Nagrodzki, Vilna, to Stefania Lipman, Woroneż, July 3, 1892, in *PZU*, 1:401–402.
2. *Kalendarium*,1:47; Henryk Cepnik, *Józef Piłsudski: Twórca niepodległego państwa polskiego*, 3rd ed. (Warsaw: Instytut Propagandy Państwowo-Twórczej, 1935), 53.
3. PIA, RG 1, folder 73—Pilsudski family tree.
4. Wacław Jędrzejewicz, *Pilsudski: A Life for Poland* (New York: Hippocrene Books, 1982), 16.
5. Bohdan Urbankowski, *Józef Piłsudski: Marzyciel i strateg* (Poznań: Zysk I S-ka, 2014), 74.
6. Włodzimierz Suleja, *Józef Piłsudski* (Wrocław: Zakład Narodowy im. Ossolińskich, 1995), 22.
7. Andrzej Garlicki, *Józef Piłsudski, 1867–1935* (Warsaw: Czytelnik, 1990), 42.
8. Urbankowski, *Józef Piłsudski*, 74; *Kalendarium*, 1:47–48; Jędrzejewicz, *Piłsudski*, 16.
9. Wacław Sieroszewski, *Józef Piłsudski* (Piotrków: Departament Wojskowy Naczelnego Komitetu Narodowego, 1915), 19.
10. Pilsudski, "Jak stałem się socjalistą" (1903), in *PZ*, 2:53. 亦參見： Suleja, *Józef Piłsudski*, 22.
11. *Kalendarium*, 1:47–49; Garlicki, *Józef Piłsudski*, 37.
12. [Stanisław Mendelson], "Szkic programu Polskiej Partyi Socjalistycznej," in *Polskie programy*

32. Pilsudski, Irkutsk, July 21, 1890, to Wincenty Pilsudski, Vilna, in *PZU*, 1:29.
33. Pilsudski, Irkutsk, July 29, 1890, to Celina Bukont, Vilna, in *PZU*, 1:31.
34. Pilsudski, Irkutsk, July 21, 1890, to Wincenty Pilsudski, Vilna, in *PZU*, 1:30.
35. Pilsudski, Irkutsk, July 31, 1890, to Leonarda Lewandowska, in Pilsudski, Vilna, in *PZU*, 1:32.
36. Pilsudski, Irkutsk, August 3, 1890, to Leonarda Lewandowska, Vilna, in *PZU*, 1:33.
37. Lidia Łojko, *Ot 'Zemli i Voli' k VKP, 1877–1928: Vospominanija* (Moscow: Gosudarst. izdat., 1929), 96.
38. Stefan Juszczyński, "Z pobytu w Tunce," *Niepodległość* 4 (1931): 180; "Juszczyński Stefan," *Polski Słownik Biograficzny* 9 (1964–1965): 350.
39. "Mancewicz Michał," *Polski Słownik Biograficzny* 19 (1974–1965): 468.
40. Pilsudski, Tunka, August 13, 1890, to Leonarda Lewandowska c / o Celina Bukont, Vilna, in *PZU*, 1:34.
41. Juszczyński, "Z pobytu w Tunce," 181.
42. Pilsudski, Tunka, October 15, 1890, to Leonarda Lewandowska, Orla, in *PZU*, 1:40; *Kalendarium*, 1:42.
43. Pilsudski, Tunka, August 13, 1890, to Leonarda Lewandowska c / o Celina Bukont, Vilna, in *PZU*, 1:34–35.
44. Alexandra Piłsudska, *Pilsudski: A Biography by His Wife* (New York: Dodd, Mead, 1941), 163.
45. M. K. Dziewanowski, *Joseph Pilsudski: A European Federalist, 1918–1922* (Stanford, CA: Hoover Institution Press, 1969), 30.
46. Pilsudski, Tunka, August 20, 1890, to Leonarda Lewandowska c / o Celina Bukont, Vilna, in *PZU*, 1:36–37.
47. Ibid., 1:36.
48. Ibid., 37.
49. Ibid., 38.
50. *PZU*, 1:30n2.
51. Pilsudski, Tunka, October 15, 1890, to Leonarda Lewandowska, Orla, in *PZU*, 1:39.
52. Ibid., 40. 感謝尤里安・博斯甘協助將這段文字翻譯成英文。
53. Pilsudski, Tunka, October 22, 1890, to Leonarda Lewandowska, Orla, in *PZU*, 1:42.
54. Pilsudski, Tunka, October 29, 1890, to Leonarda Lewandowska, Orla, in *PZU*, 1:43.
55. Pilsudski, Tunka, November 5, 1890, to Leonarda Lewandowska, Orla, in *PZU*, 1:46–47.
56. Ibid., 46.
57. Pilsudski, Tunka, November 26, 1890, to Leonarda Lewandowska, Orla (?), in *PZU*, 1:50.
58. Ibid., 51.
59. Ibid.
60. Ibid., 52–53.
61. Pilsudski, Tunka, December 30, 1890, to Leonarda Lewandowska, Orla (?), in *PZU*, 1:56.
62. Pilsudski, Tunka, January 13, 1891, to Leonarda Lewandowska, Orla (?), in *PZU*, 1:57–58.
63. Pilsudski, Tunka, January 20, 1891, to Leonarda Lewandowska, Mikołajew, in *PZU*, 1:59–60.
64. Ibid., 61.
65. Pilsudski, Tunka, February 16, 1891, to Leonarda Lewandowska, Orla, in *PZU*, 1:62.
66. Pilsudski, Tunka, March 4, 1891, to Leonarda Lewandowska, Orla, in *PZU*, 1:65.
67. Pilsudski, Tunka, March 11, 1891, to Leonarda Lewandowska, Orla, in *PZU*, 66.
68. Ibid., 1:66–67.

3. Ibid., 14.
4. Pilsudski, letter to Stefania Masłowska, Vilna, October 22 to November 30, 1887, in *PZU*, 1:14.
5. Ibid., 15.
6. Pilsudski, "Mutiny in Irkutsk Gaol 1887," in *Joseph Pilsudski: The Memories of a Polish Revolutionary and Soldier*, trans. and ed. D. R. Gillie (London: Faber and Faber, 1931), 22–23.
7. Ibid., 26.
8. *Kalendarium*, 1:34; Mieczysław B. Lepecki, *Józef Piłsudski na Syberji* (Warsaw: Główna Księgarnia Wojskowa, 1936), 75.
9. Pilsudski, Kirensk, to the ministry of the interior, St. Petersburg, October 5, 1888, in *PZU*, 1:16–17.
10. "Landy Stanisław (1855–1915)," *Polski Słownik Biograficzny* 16 (1971): 478; Lucjan Blit, *The Origins of Polish Socialism: The History and Ideas of the First Polish Socialist Party, 1878–1886* (Cambridge: Cambridge University Press, 1971), 35; Maciej Demel, *Aleksander Landy: Życia i dzieło* (Warsaw: Państwowe Wydawnictwo Naukowe, 1982), 21.
11. Felicja Landy, "Stanisław Landy na Syberji," *Kronika Ruchu Rewolucyjnego w Polsce*, no. 2 (1936): 104; Demel, *Aleksander Landy*, 21–23.
12. Andrzej Garlicki, *Józef Piłsudski* (Warsaw: Czytelnik, 1990), 21; Janusz Jędrzejewicz, *Józef Piłsudski* (Warsaw: Nakładem Księgarni "Ogniwo," 1919), 13–14.
13. Landy, "Stanisław Landy na Syberji," 106.
14. "Landy Michał (1844–1961)," *Polski Słownik Biograficzny* 16 (1971): 477.
15. 齊普里安・諾爾維德的詩作〈波蘭猶太人〉的翻譯與討論，參見：Harold B. Segel, *Strangers in Our Midst: Images of the Jew in Polish Literature* (Ithaca, NY: Cornell University Press, 1996), 87–88. 雷瑟畫作的全彩重製，參見：Ezra Mendelsohn, *Painting a People: Maurycy Gottlieb and Jewish Art* (Hanover, NH: University Press of New England, 2002), plate 14. 關於米哈爾・蘭迪，參見：Israel Bartal and Magdalena Opalski, *Poles and Jews: A Failed Brotherhood* (Hanover, NH: University Press of New England, 1992), 43–57.
16. Mendelsohn, *Painting a People*, 211.
17. Pilsudski, Tunka, to Leonarda Lewandowska, April 8–9 ,1891, in *PZU*, 1:70.
18. Pilsudski, Kirensk, to Stanisław Landy, Irkutsk, December 31, 1889, in *PZU*, 1:16.
19. Pilsudski, Tunka, November 29, 1890, to Leonarda Lewandowska, Orla (?), in *PZU*, 1:50; Garlicki, *Józef Piłsudski*, 23.
20. Pilsudski, Kirensk, March 19, 1890, to Stanisław Landy, Irkutsk, in *PZU*, 1:18.
21. Ibid.
22. Pilsudski, Kirensk, March 25, 1890, to Leonarda Lewandowska, Irkutsk, in *PZU*, 1:19. 感謝尤里安・博斯甘協助將這段文字翻譯成英文。
23. Ibid., 20.
24. Pilsudski, Kirensk, April 8, 1890, to Leonarda Lewandowska, Irkutsk, in *PZU*, 1:22.
25. Ibid., 23–24.
26. Pilsudski, Kirensk, April 22, 1890, to Leonarda Lewandowska, Irkutsk, in *PZU*, 1:25.
27. Pilsudski, Kirensk, May 4, 1890, to Leonarda Lewandowska, Irkutsk, in *PZU*, 1:26.
28. Pilsudski, Kirensk, May 19, 1890, to Leonarda Lewandowska, Irkutsk, in *PZU*, 1:27.
29. Ibid.
30. Garlicki, *Józef Piłsudski*, 24.
31. Pilsudski, Irkutsk, July 29, 1890, to Celina Bukont, Vilna, in *PZU*, 1:31.

85. Śliwiński, "Marszałek Piłsudski o sobie," *Niepodległość* 45 (1938), 29–30.
86. University application (July 23, 1885), in Lepecki, *Józef Piłsudski na Syberji*, 199, and in *PZ*, 1:9.
87. Śliwiński, "Marszałek Piłsudski o sobie," *Niepodległość* 47 (1938), 204.
88. *Kalendarium*, 1:26.
89. Pilsudski, Kharkov, to aunt Stefania Lipmanówna, Vilna, March 18, 1886, in *PZU*, 1:12n1; Włodzimierz Suleja, *Józef Piłsudski* (Wrocław: Zakład Narodowy im. Ossolińskch, 1995), 13.
90. Pilsudski, "Jak stałem się socjalistą" (1903), *PZ*, 2:50.
91. Lucjan Blit, *The Origins of Polish Socialism: The History and Ideas of the First Polish Socialist Party, 1878–1886* (Cambridge: Cambridge University Press, 1971), 141; R. F. Leslie, ed., *The History of Poland since 1863* (Cambridge: Cambridge University Press, 1980), 52.
92. 畢蘇斯基在他的回憶錄中回顧了這段時光，以及發現迪克斯坦著作的過程，見於：*Joseph Pilsudski: The Memories*, 15–16. 迪克斯坦的著作為：Jan Młot [Szymon Dickstein], *Kto z czego żyje* (Warsaw: n.p., 1881). 亦參見：Janusz Jędrzejewicz, *Józef Piłsudski* (Warsaw: Nakładem Księgarni "Ogniwo," 1919), 7; Pobóg-Malinowski, *Józef Piłsudski, 1867–1914*, 53.
93. Pilsudski, Kharkov, to aunt Stefania Lipman, Vilna, March 18, 1886, in *PZU*, 1:12.
94. *Kalendarium*, 1:28.
95. Śliwiński, "Marszałek Piłsudski o sobie," *Niepodległość* 47 (1938), 203–204.
96. Pilsudski, Vilna, to the university rector, Kharkov, August 2, 1885, in *PZ*, 1:10.
97. Quotation from Lepecki, *Józef Piłsudski na Syberji*, 209.
98. Pilsudski, Vilna, to the university rector, Kharkov, December 12, 1886, in Lepecki, *Józef Piłsudski na Syberji*, 207.
99. Śliwiński, "Marszałek Piłsudski o sobie," *Niepodległość* 43 (1937), 368.
100. *Joseph Pilsudski: The Memories*, 15.
101. 這些翻譯的小冊子包括：Wilhelm Liebknecht, *W obronie prawdy* (Geneva: Nakł. i staraniem stowarzyszenia "Lud polski," 1882); Karl Marx, *Kapitał: Krytyka ekonomii politycznej*, vol. 1 (Leipzig: E. Kasprowicz, 1884).
102. Garlicki, *Józef Piłsudski*, 15.
103. Pobóg-Malinowski, *Józef Piłsudski, 1867–1914*, 55.
104. Garlicki, *Józef Piłsudski*, 16; Pobóg-Malinowski, *Józef Piłsudski, 1867–1914*, 57.
105. Jędrzejewicz, *Pilsudski*, 9; Pobóg-Malinowski, *Józef Piłsudski, 1867–1914*, 56–57.
106. Pobóg-Malinowski, *Józef Piłsudski, 1867–1914*, 57.
107. *Kalendarium*, 1:30; Jędrzejewicz, *Pilsudski*, 9.
108. Suleja, *Józef Piłsudski*, 14; Garlicki, *Józef Piłsudski*, 16; *Kalendarium*, 1:30–31; Pobóg-Malinowski, *Józef Piłsudski, 1867–1914*, 59–60; Jędrzejewicz, *Pilsudski*, 9–10.

2 流放與初戀

引言：Pilsudski, Tunka, March 4, 1891, to Leonarda Lewandowska, Orla, reprinted in *Piłsudski, Pisma zbiorowe uzupełnienia*, eds. Andrzej Garlicki and Ryszard Świętek (Warsaw: Krajowa Agencja Wydawnicza, 1992), I:66.

1. Pilsudski, Krasnoyarsk, to Stefania Masłowska, Vilna, July 18–19, 1887, in *PZU*, 1:13.
2. Ibid., 13.

Glucksberga, 1874), 49–50.

59. Émile De Saint-Hilaire, *Historya Napoleona*, trans. Leon Rogalski (Warsaw: Nakładem Augusta Emmanuela Glucksberga, 1844), from Saint-Hilaire, *Napoléon du Conseil d'État* (Paris: V. Magen, 1843). 關於畢蘇斯基早年這段期間對拿破崙的仰慕，參見：Sieroszewski, *Józef Piłsudski*, 18; Borkiewicz, "Źródła do biografii Józefa Piłsudskiego," 392; Garlicki, *Józef Piłsudski*, 12; Pobóg-Malinowski, *Józef Piłsudski, 1867–1914*, 33, 40.
60. *Joseph Pilsudski: The Memories*, 12.
61. Artur Śliwiński, interview with Marshall Pilsudski, 1931, in "Marszałek Piłsudski o sobie," *Niepodległość* 45 (1938): 26–27.
62. Wacław Studnicki-Gizbert, "W 50-tą rocznicę 'Spójni,' 1-go kółka uczniowskiego w Wilnie po powstaniu 63 r.," *Kurier Wileński*, May 12, 1932, quotation from Bohdan Urbankowski, *Józef Piłsudski: Marzyciel i strateg* (Poznań: Zysk i S-ka, 2014), 27; Garlicki, *Józef Piłsudski*, 12; Pobóg-Malinowski, *Józef Piłsudski, 1867–1914*, 42; Pobóg-Malinowski, *Józef Piłsudski, 1867–1901*, 45–46, 49; Sieroszewski, *Józef Piłsudski*, 21; *Kalendarium*, 1:20.
63. Pobóg-Malinowski, *Józef Piłsudski, 1867–1901*, 47.
64. Pilsudski, "Jak stałem się socjalistą" (1903), *PZ*, 2:45.
65. Letter of Bronisław Pilsudski to Wacław Sieroszewski, quotation from Sieroszewski, *Józef Piłsudski*, 19–20.
66. Pilsudska, *Pilsudski*, 157.
67. Bolesław Limanowski, *Historja ruchu narodowego od 1861 do 1864 r.*, 2 vols. (Lwów: Księgarnia Polska, 1882); Walery Przyborowski, *Wspomnienia ułana z 1863 roku* (Poznań: Calier, 1878). 關於這些著作的討論，參見：Urbankowski, *Józef Piłsudski*, 29; and Kazimiera Cottoam, *Boleslaw Limanowski* (Boulder, CO: East European Quarterly, 1978), 76–78.
68. Diary of Bronisław Pilsudski, entry of December 4, 1883, PIA, RG 1, folder 13.
69. Adam Bromke, *Poland's Politics: Idealism vs. Realism* (Cambridge, MA: Harvard University Press, 1967), 25.
70. Jozef Pilsudski, *Rok 1863* (Warsaw: "Ignis," 1924), quotation from Bromke, *Poland's Politics*, 25. 畢蘇斯基所有針對一八六三年事件的寫作和演說，見於：Jozef Pilsudski, *Rok 1863*, ed. Stefan Kieniewicz (Warsaw: Książka i Wiedza, 1989).
71. Mieczysław B. Lepecki, *Józef Piłsudski na Syberji* (Warsaw: Główna Księgarnia Wojskowa, 1936), 201; *Kalendarium*, 1:28.
72. *Joseph Pilsudski: The Memories*, 13.
73. Quotation from Lepecki, *Józef Piłsudski na Syberji*, 11.
74. Śliwiński, "Marszałek Piłsudski o sobie," *Niepodległość* 43 (1937), 367.
75. *Joseph Pilsudski: The Memories*, 13.
76. Diary of Bronisław Pilsudski, entry of June 9, 1883, PIA, RG 1, folder 13.
77. Ibid., entry of February 8, 1883.
78. Ibid., entry of March 31, 1883.
79. Ibid., entry of March 12, 1883.
80. Ibid., entry of August 31, 1883.
81. Ibid., entry of October 23, 1883.
82. Śliwiński, "Marszałek Piłsudski o sobie," *Niepodległość* 47 (1938): 349.
83. Quotation from Śliwiński, "Marszałek Piłsudski o sobie," *Niepodległość* 43 (1937), 371.
84. Ibid., 372–373.

Sciences, 1944), 414–415.

37. Zygmunt Krasiński, "Psalms for the Future," reprinted in translation in Monica M. Gardner, *The Anonymous Poet of Poland: Zygmunt Krasinski* (Cambridge: Cambridge University Press, 1919), 276. 瑪麗亞・畢蘇斯基的傳記作家，以及畢蘇斯基和布羅尼斯瓦夫都證實，克拉辛斯基是瑪麗亞最喜愛的詩人。參見：Kern, *Marja Piłsudska*, 138; letter of Bronisław Pilsudski to Wacław Sieroszewski, quotation from Sieroszewski, *Józef Piłsudski*, 9; *Joseph Pilsudski: The Memories*, 11.
38. Zygmunt Krasiński, *Irydion* (1837), in Gardner, *Anonymous Poet of Poland*, 167.
39. Manfred Kridl, *A Survey of Polish Literature and Culture* (The Hague: Mouton, 1967), 301.
40. *Joseph Pilsudski: The Memories*, 11.
41. Jozef Pilsudski, *Walka rewolucyjna w zaborze rosyjskim: Fakty i wrażenia o ostatnich lat dziecięciu* (Kraków: Nakł. wydawn. "Naprzodu," 1903), 1:4, in *PZ*, 2:58.
42. Humphrey, *Pilsudski,* 24.
43. Maria Dernałowicz, *Juliusz Słowacki* (Warsaw: Interpress, 1987), 129. 這首詩完整的內容，參見：Juliusz Słowacki, "Odpowiedź na *Psalmy przyszłości*," in Słowacki, *Wiersze i Poematy* (Warsaw: Państwowy Instytut Wydawniczy, 1983), 1:469–480. 部分英譯的版本，參見：Słowacki, "To the Author of the Three Psalms," in *A Polish Anthology*, ed. T. M. Filip (London: Duckworth, 1944), 355–357.
44. Julian Krzyżanowski, *A History of Polish Literature* (Warsaw: PWN, 1978), 269.
45. *Joseph Pilsudski: The Memories*, 11.
46. Garlicki, *Józef Piłsudski*, 9; Pobóg-Malinowski, *Józef Piłsudski, 1867–1914*, 21; *Kalendarium*, 1:7.
47. Census of the City of Vilna, 1875 and 1897, in Theodore R. Weeks, *Vilnius between Nations, 1795–2000* (DeKalb: Northern Illinois University Press, 2016), 61; Joshua D. Zimmerman, *Poles, Jews and the Politics of Nationality* (Madison: University of Wisconsin Press, 2004), 16; Antony Polonsky, *The Jews in Poland and Russia*, vol. 2 (2010), 205.
48. 文科中學是歐洲的高中，目的是讓學生做好進入大學的準備。
49. *Joseph Pilsudski: The Memories*, 12. 關於畢蘇斯基的學業，參見：Humphrey, *Pilsudski*, 28.
50. Śliwiński, "Marszałek Piłsudski o sobie," *Niepodległość* 43 (1937): 369.
51. Report of the Vilna Gymnasium on Jozef Pilsudski, quotation from Garlicki, *Józef Piłsudski*, 11.
52. Władysław Nowicki, "Wspomnienie," *Kurier Czerwony*, June 1, 1935, in *Kalendarium*, 1:8; quotation from Karol Niezabytowski, "Od szkolnej ławy—z Piłsudskim," *Wiadomości* no. 3 (January 15, 1950): 2.
53. Diary of Bronisław Pilsudski, entry of February 10, 1883, PIA, RG 1, folder 13.
54. Humphrey, *Pilsudski*, 29.
55. Quotation from Sieroszewski, *Józef Piłsudski*, 16.
56. F. K., "13-letnie chłopię—Ziuk Piłsudski: Poetą i redaktorem 'Gołębia Zułowskiego,' " *Kuryer Literacko-Naukowy* (Kraków), August 19, 1935, 1; Pobóg-Malinowski, *Józef Piłsudski, 1867–1914*, 40; Kubalski, *Zułów, 67; Kalendarium*, 1:9.
57. F. K., "13-letnie chłopię," 2.
58. Adam Borkiewicz, "Źródła do biografii Józefa Piłsudskiego z lat 1867–1892," *Niepodległość* 19 (January–June 1939): 392; Pobóg-Malinowski, *Józef Piłsudski, 1867–1914*, 18; *Kalendarium*, 1:9. 例如：畢蘇斯基就從以下這本書抄錄了寓言故事「狐狸與驢子」：*Poezye Józefa Grajnerta: Bajki i przypowiastki* (Warsaw: Główny skład w Księgarni M.

9. Kern, *Marja Piłsudska*, 26; Pobóg-Malinowski, *Józef Piłsudski, 1867–1914*, 19; Garlicki, *Józef Piłsudski*, 7.
10. Kubalski, *Zułów*, 37; Janusz Cisek, “Dziecko płci męskiej stanu szlacheckiego,” *Rzeczpospoita*, February 4, 2009.
11. Adam Zamoyski, *The Polish Way* (New York: Franklin Watts, 1987), 284–285; Piotr Wandycz, *The Lands of Partitioned Poland* (Seattle: University of Washington Press, 1974), 179.
12. Stefan Kieniewicz, *Powstanie Styczniowe* (Warsaw: Państwowe Wydawnictwo Naukowe, 1983), 666.
13. Ibid., 737; Andrzej Chwalba, *Historia Polski, 1795–1918* (Kraków: Wydawnictwo Literackie, 2000), 341; Jerzy J. Lerski, *Historical Dictionary of Poland, 966–1945* (Westport, CT: Greenwood Press, 1996), 224.
14. Archives of the Pilsudski Institute, London, RG 1, folder 2, fol. 5. 海蓮娜生來便有智力障礙，終生未嫁也沒有子女。參見：Krzywicki, *Wspomnienia*, 3:265.
15. Jacque de Carency, *Joseph Pilsudski: Soldat de la Pologne restaurée—Étude biographique* (Paris: La Renaissance du Livre, 1929), 20; Kubalski, *Zułów*, 55.
16. Alexandra Pilsudska, *Pilsudski: A Biography by His Wife* (New York: Dodd, Mead, 1941), 152.
17. Quotation from Krzywicki, *Wspomnienia*, 3:265. 18. Krzywicki, *Wspomnienia*, 3:262.
19. Grace Humphrey, *Pilsudski: Builder of Poland* (New York: Scott and More, 1936), 20.
20. Conversation with Felicjan Sławoj Sławkowski, quoted in Felicjan Sławoj Sławkowski, *Strzępy meldunków* (Warsaw, 1936), 300.
21. Pobóg-Malinowski, *Józef Piłsudski, 1867–1914*, 18; Garlicki, *Józef Piłsudski*, 8; Pilsudska, *Pilsudski*, 152; Humphrey, *Pilsudski*, 25.
22. “Childhood and Education,” in *Joseph Pilsudski: The Memories of a Polish Revolutionary and Soldier*, trans. and ed. D. R. Gillie (London: Faber and Faber, 1931), 11.
23. Letter of Bronisław Pilsudski to Wacław Sieroszewski, cited in Sieroszewski, *Józef Piłsudski*, 6.
24. Cisek, “Dziecko płci męskiej stanu szlacheckiego”; Kubalski, *Zułów*, 26, 28, 41; Henryk Cepnik, *Józef Piłsudski: Twórca niepodległego państwa polskiego*, 3rd ed. (Warsaw: Instytut Propagandy Państwowo-Twórczej, 1935), 24; D. R. Gillie, introduction to chap.1, in *Joseph Pilsudski: The Memories*, 10; letter of Bronisław Pilsudski, quoted in Sieroszewski, *Józef Piłsudski*, 6–7.
25. *Joseph Pilsudski: The Memories*, 11.
26. W. F. Reddaway, *Marshal Pilsudski* (London: George Routledge and Sons, 1939), 8.
27. Letter of Bronisław Pilsudski, quotation from Sieroszewski, *Józef Piłsudski*, 6.
28. Humphrey, *Pilsudski*, 20.
29. Letter of Bronisław Pilsudski to Sieroszewski, quotation from Sieroszewski, *Józef Piłsudski*, 8.
30. Pilsudski, “Jak stałem się socjalistą,” *Promień*, nos. 8–9 (1903)，英譯本參見：*Joseph Pilsudski: The Memories*, 11.
31. Letter of Bronisław Pilsudski, quoted in Sieroszewski, *Józef Piłsudski*, 8–9.
32. Pilsudska, *Pilsudski*, 153–154.
33. Pobóg-Malinowski, *Józef Piłsudski, 1867–1901*, 27.
34. Pilsudska, *Pilsudski*, 153.
35. Roman Koropeckyj, *Adam Mickiewicz: The Life of a Romantic* (Ithaca, NY: Cornell University Press, 2008), 200.
36. *Poems of Adam Mickiewicz*, ed. George R. Noyes (New York: Polish Institute of Arts and

74. Minutes of the first session of the Legislative Sejm, February 10, 1919, in *Sprawozdanie stenograficzne z 1. posiedzenia Sejmu Ustawodawczego z dnia 10 lutego* 1919, 3.
75. Pilsudski, speech to the Legislative Sejm, February 10, 1919, reprinted in *PZ*, 5:56–57.
76. Jules Sauerwein, "Une déclaration du maréchal Pilsudski," *Le Matin* (Paris), May 26, 1926, 1.
77. Ibid.
78. Diary entry, second half of May 1926, in Kazimierz Świtalski, *Diariusz 1919–1935* (Warsaw: Czytelnik, 1992), 144.
79. "P.P.S. wobec wywiadu marsz. Piłsudskiego. Uchwały" ("Our Reaction to Marshal Pilsudski's Interview"), originally appeared in *Robotnik* (Warsaw), July 3, 1928, 1.
80. Piłsudski, "Gasnącemu światu," *Głos Prawdy*, September 22, 1929, in *PZ* 9:185–192; *Gazeta Chłopska*, October 10, 1929, cited in Antony Polonsky, *Politics in Independent Poland, 1921–1939* (Oxford: Oxford University Press, 1972), 294n4.
81. John Wiley, Warsaw, to the secretary of state, Washington, December 2, 1931, in *Papers Relating to the Foreign Relations of the United States, 1931*, vol. I (Washington, D.C.: US Government Printing Office, 1946), 604.
82. M. Laroche, French ambassador in Warsaw, to the French foreign ministry, Paris, April 24, 1934, in *Documents Diplomatiques Français, 1932–1939*, first ser., vol. 6 (Paris: Imprimerie Nationale, 1972), 333–334.
83. "Goebbels' 'Warm' Welcome: a Fiasco," *Jewish Chronicle* (London), June 22, 1934, 35.
84. "Koledzy i Koleżanki!," Warsaw, November 12, 1918, CBW, DU-1334.

1　童年與少年時期

引言："Dziennik Bronisława Piłsudskiego z lat 1882–1885," diary of Bronisław Pilsudski, entry of February 8, 1883, in Pilsudski Institute of America Archives
(PIA), RG 1, folder 13.

1. PIA, RG I, folder 73—Pilsudski family tree; Archives of the Pilsudski Institute, London, RG 1, folder 1, fol. 5; Tadeusz Kubalski, *Zułów: Wczoraj i dzisiaj* (Warsaw: Nakładem Zarządu Głównego Związku Rezerwistów, 1938), 28; Władysław Pobóg-Malinowski, *Józef Piłsudski, 1867–1901: W podziemiach konspiracji* (Warsaw: Nakład Gebethner i Wolff, 1935), 14–15; Andrzej Garlicki, *Józef Piłsudski* (Warsaw: Czytelnik, 1990), 7.
2. Letter of Bronisław Pilsudski to Wacław Sieroszewski, quotation from Wacław Sieroszewski, *Józef Piłsudski* (Chicago: Nakład Centralnego Komitetu Obr. Nar., 1915), 7.
3. Alexandra Piłsudska, *Pilsudski: A Biography by His Wife* (New York: Dodd, Mead, 1941), 152. 畢蘇斯基的第二任妻子亞麗桑德拉從未見過他的父親。這些描述都是在與她的丈夫對話中得知。
4. Ludwik Krzywicki, *Wspomnienia* (Warsaw: Czytelnik, 1959), 3:261.
5. Elga Kern, *Marja Piłsudska: Matka marszałka* (Warsaw: Nakłade Głównego Księgarni Wojskowej, 1935), 20; Kubalski, *Zułów*, 37; Garlicki, *Józef Piłsudski*, 7; Władysław Pobóg-Malinowski, *Józef Piłsudski, 1867–1914* (1964; repr., Łomianki: Wydawnictwo LTW, 2015), 13.
6. Kern, *Marja Piłsudska*, 20; Pobóg-Malinowski, *Józef Piłsudski, 1867–1914,* 15.
7. Kern, *Marja Piłsudska*, 20.
8. Pobóg-Malinowski, *Józef Piłsudski, 1867–1914*, 15.

53. Ibid., 615.
54. O. Halecki, *A History of Poland* (New York: Roy, 1943), 299.
55. G. Missalowa and J. Schoenbrenner, *Historia Polski* (Warsaw, 1953), 226.
56. Ibid., 258.
57. Jędrzej Giertych, *Józef Piłsudski*, 1914–1919, 3 vols. (London: Wydawnictwa Towarzystwa im. Romana Dmowskiego, 1979–1990).
58. 布熱希奇審判相關檔案的唯一出版品，參見：Leczyk, *Sprawa brzeska*.
59. Garlicki, *Józef Piłsudski*, 136.
60. Ibid., 178.
61. Michnik, "Shadows of Forgotten Ancestors," 201–222.
62. Ibid., 213–214.
63. Ibid., 217.
64. Wacław Jędrzejewicz, *Pilsudski: A Life for Poland* (New York: Hippocrene Books, 1982). 一九九五年，蓋利斯基所寫的傳記出了一個經刪節過、沒有注釋的英譯版本，參見：Garlicki, *Józef Piłsudski, 1867–1935*, ed. and trans. John Coutouvidis (London: Scolar Press, 1995).
65. Jędrzejewicz, *Pilsudski*, 370.
66. Ibid., 374.
67. 參見，例如：Daria Nałęcz and Tomasz Nałęcz, *Józef Piłsudski: Legendy i fakty* (Warsaw: Młodzieżowa Agencja Wydawnicza, 1986); Andrzej Chojnowski, *Piłsudczycy u władzy: Dzieje Bezpartyjnego Bloku Współpracy z Rządem* (Wrocław: Zakład Narodowy imienia Ossolińskich, 1986).
68. 參見，例如：Janusz Faryś, *Piłsudski i piłsudczycy: Z dziejów koncepcji polityczno-ustrojowej, 1918–1939* (Szczecin: Uniwersytet Szczciński, 1991); Bohdan Urbankowski, *Józef Piłsudski: Marzyciel i strateg* (Warsaw: Alfa, 1997). 大眾傳記包括：J. Odziemkowski, *Józef Piłsudski: Wódz i polityk* (Warsaw: Ministerstwo Obrony Narodowej Wojkowe Biuo Badań Historiycznych, 2007); Joanna Wieliczka-Szarek, *Józef Piłsudski, 1867–1935: Ulustrowana biografia* (Kraków: Wydawnictwo Ryszard Kuszczyński, 2007); Sławomir Koper, *Józef Piłsudski: Życie prywatne Marszałka* (Warsaw: Bellona, 2010); and Joanna Wieliczka-Szarek, *Józef Piłsudski, 1867–1935: Wszystko dla niepodległej* (Kraków: Wydawnictwo AA, 2015). 面向大眾的畢蘇斯基相冊和精裝本畫冊大量出版。參見：Andrzej Garlicki, *Józef Piłsuski: Życie i legenda* (Warsaw: Kancelaria Sejmu, 1993); M. Całęzowski and A. Przewoźnik, *Gdy wódz odchodził w Wieczność. Uroczystość* (Warsaw: Rada Ochrony Pamięci Walk i Męczeństwa Instytut Józefa Piłsudskiego Poświęcony Badaniu Najnowszej Historii Polski, 2006); and J. Englert and Grzegorz Nowik, *Marszałek Józefa Piłsudski: Komendant—Naczelnik—Państwa—Pierwszy Marshałek Polski* (Warsaw: Muzeum Józefa Piłsudskiego w Sulejówku, 2014).
69. Włodzimierz Suleja, *Józef Piłsudski* (Wrocław: Zakład Narodowy im. Ossolińskch, 1995).
70. Ibid., 6.
71. 參見：例如延傑伊・吉爾蒂赫的兒子出版的著作：Maciej Giertych, *Dmowski czy Piłsudski?* (Wrocław: self-pub., 1995)；或是：Antoni Położyński, *Marszałek Józef Piłsudski odbrązowiony* (Warsaw: self-pub., 1998).
72. 感謝阿格涅斯卡・馬爾契克（Agnieszka Marczyk）和亞當・米奇尼克針對這個段落提供的意見。
73. *New York Times*, December 17, 1918, 13.

24. Irena Bronner, *Cykady nad Wisłą i Jordanem* (Kraków: Wydawnictwo Literackie, 1991), 48.
25. Alexander Blumstein, *A Little House on Mount Carmel* (London: Vallentine Mitchell, 2002), 7.
26. Diary entry of May 13, 1935, Lwów, in Wiktor Chajes, *Semper Fidelis: Pamiętnik Polaka wyznania mojżeszowego z lat 1926–1939* (Kraków: Księgarnia Akademicka, 1997), 177.
27. 參見：Joshua D. Zimmerman, "Feliks Perl on the Jewish Question," *Polin: Studies in Polish Jewry* 27 (2015): 321–334; Zimmerman, "Jozef Pilsudski and the 'Jewish Question,' 1892–1905," *East European Jewish Affairs* 28, no. 1 (1998): 87–107.
28. Neal Ascherson, *The Struggles for Poland* (New York: Random House, 1987), 80.
29. Mendelsohn, *Jews of East Central Europe*, 69.
30. "85th Anniversary of Marshall Józef Piłsudski's Passing," May 12, 2020, POLIN Museum of the History of Polish Jews, https://polin.pl/en/anniversary-pilsudskis-passing.
31. Jan Karski, *Emisariusz własnymi słowami*, ed. Maciej Wierzyński (Warsaw: PWN, 2012), 12.
32. Andrzej Garlicki, *Przewrót majowy* (Warsaw: Spółdzielnia Wydawnicza "Czytelnik," 1979), 387–388.
33. 關於這點，參見：Antony Polonsky, *Politics in Independent Poland, 1921–1939: The Crisis of Constitutional Government* (Oxford: Oxford University Press, 1972), 510.
34. Maria Korzeniewicz, email message to the author, July 26, 2020.
35. 更多關於布熱希奇審判事件的內容，參見：Marian Leczyk, *Sprawa brzeska: Dokumenty i materiały* (Warsaw: Książka i Wiedza, 1987). 其中一位被逮捕的人的第一手描述，參見：Herman Lieberman, *Pamiętniki* (Warsaw: Wydawn. Sejmowe, 1996).
36. 參見：Szymon Rudnicki, *Obóz Narodowo-Radykalny* (Warsaw: Czytelnik, 1985).
37. 關於這份條約在歷史學上的討論，參見：Anna Cienciala, "The Foreign Policy of Józef Pilsudski and Józef Beck, 1926–1939: Misconceptions and Interpretations," *Polish Review*, 61, nos. 1–2 (2011): 115–117.
38. 關於一九三五年的憲法，參見：Polonsky, *Politics in Independent Poland*, 386–390.
39. Wacław Sieroszewski, *Józef Piłsudski* (Kraków: Drukarnia Narodowa, 1915), 85–86.
40. Janusz Jędrzejewicz, *Józef Piłsudski* (Warsaw: Nakładem Księgarni "Ogniwo," 1919), 7.
41. A. Bruce Boswell, *Poland and the Poles* (New York: Dodd, Mead, 1919), 296–297.
42. Huddleston, "Pilsudski and the New Poland," 263–264.
43. Devereaux, *Poland Reborn*, 64–65.
44. Roman Dyboski, *Poland* (New York: Charles Scribner's Sons, 1933), 208.
45. Ibid., 180.
46. Humphrey, *Pilsudski*, 297–298.
47. Robert Machray, *The Poland of Pilsudski* (London: George Allen and Unwin, 1936), 70.
48. W. F. Reddaway, *Marshal Pilsudski* (London: George Routledge, 1939), 171.
49. Władysław Pobóg-Malinowski, *Józef Piłsudski, 1867–1901: W podziemiach konspiracji* (Warsaw: Gebethner i Wolff, 1935); Pobóg-Malinowski, *Józef Piłsudski, 1901–1908: W ogniu rewolucji* (Warsaw: Gebethner i Wolff, 1935).
50. Józef Piłsudski, *Pisma zbiorowe*, 10 vols. (Warsaw: Instytut Jozefa Piłsudskiego, 1937–1938) (PZ).
51. W. F. Reddaway, ed., *The Cambridge History of Poland: From August II to Pilsudski, 1697–1935* (Cambridge: Cambridge University Press, 1941), 2:601.
52. Ibid., 613.

trans.: "Shadows of Forgotten Ancestors (1973)," in Adam Michnik, *Letters from Prison and Other Essays*, trans. Maya Latynski (Berkeley: University of California Press, 1985), 210, 212.

11. Sisley Huddleston, "Pilsudski and the New Poland," *Fortnightly Review*, February 1920, 263; Charles Phillips, *The New Poland* (London: George Allen and Unwin, 1923), 111; Dmitry Merezhkovsky, *Joseph Pilsudski*, trans. Harriet E. Kennedy (London: Sampson Low, 1921), 7–8; E. Alexander Powell, *Embattled Borders: Eastern Europe from the Balkans to the Baltic* (London: Century Co., 1928), 280–281.
12. Vincent D'Abernon, *The Eighteenth Decisive Battle of the World: Warsaw, 1920* (London: Hodder and Stoughton, 1931); Lord D'Abernon, interview in *Gazeta Polska* (Warsaw), August 17, 1930, quotation from Robert Machray, *Poland, 1914–1931* (London: George Allen and Unwin, 1932), 165.
13. Machray, *Poland*, 15.
14. "Marshal Pilsudski," *Times* (London), May 13, 1935, 17; "Pilsudski Showed a Relentless Will," *New York Times*, May 13, 1935, 6; "The Legacy of Pilsudski," *Times* (London), May 18, 1935, 15; Grace Humphrey, *Pilsudski: Builder of Poland* (New York: Scott and More, 1936), 297–298.
15. Roy Devereaux, *Poland Reborn* (London: Chapman and Hall, 1922), 66.
16. Olivier d'Etchegoyen, *The Comedy of Poland*, trans. Nora Bickey (London: George Allen and Unwin, 1927), 118–119 (orig. pub. French 1925).
17. Jan Lipecki [Irena Panenkowa], *Legenda Piłsudskiego*, 2nd ed. (Poznań: Wielopolska Księgarnia Nakładowa Karola Rzepeckiego, 1923), 81.
18. Marjan Porczak, *Dyktator Józef Piłsudski i "piłsudczycy"* (Kraków: self-pub., 1930), 14.
19. Brian Porter-Szucs, *Poland in the Modern World* (Chichester, UK: Wiley-Blackwell, 2014), 101.
20. Quotation from Janusz Cisek, "Pilsudski's Federalism," in *Wilsonian East Central Europe: Current Perspectives*, ed. John S. Micgiel (New York: PIA, 1995), 45.
21. 參見其他作品：*Żydzi w Polsce odrodzonej*, ed. I. Schiper, A. Tartakower, and A. Hafftka (Warsaw: Nakładem Wydawnictwo, 1933), 2:341; L. Dobroszycki and B. Kirshenblatt-Gimblett, *Image before My Eyes* (New York: Schocken, 1977), 141–144; Joseph Marcus, *Social and Political History of the Jews in Poland, 1919–1939* (Berlin: Mouton, 1983), 214, 286, 293, 313; Ezra Mendelsohn, *The Jews of East Central Europe between the Two World Wars* (Bloomington: Indiana University Press, 1983), 69; I. Gutman and S. Krakowski, *Unequal Victims* (New York: Holocaust Library, 1986), 5; I. Gutman et al., *The Jews of Poland between Two World Wars* (Hanover, NH: University Press of New England, 1989), 11, 31, 45; Jerzy Tomaszewski, "Niepodległa Rzeczpospolita," in *Najnowsze dzieje Żydów w Polsce w zarysie*, ed. Józef Adelson (Warsaw: Wydawnictwo Naukowe, PWN, 1993), 224; "Pilsudski, Jozef," *Encyclopaedia Judaica* 16 (2007), 163–164; Natalia Aleksiun, "Regards from My Shtetl: Polish Jews Write to Pilsudski, 1933–1935," *Polish Review* 61, nos. 1–2 (2011): 57–71; *Polin: 1000 Year History of Polish Jews*, ed. B. Kirschenblatt-Gimblet and A. Polonsky (Warsaw: Museum of the History of Polish Jews, 2014), 241; *Jews, Poles, Legions, 1914–1920*, ed. Artur Tanikowski (Warsaw: Museum of the History of Polish Jews, 2014), 170–171; L. Dulik and K. Zieliński, *The Lost World: Polish Jews* (Lublin: Wydawnictwo Boni Libri Leszek Dulik, 2015), 198, 213; Marcek Gałęzowski, *Na wzór Berka Joselewicza: Żołnierz I oficerowie pochodzenia żydowskiego w Legionach Polskich* (Warsaw: IPMN, 2010).
22. Interview in the documentary film *Image before My Eyes* (1980).
23. Rafael F. Scharf, *Poland, What Have I to Do with Thee?* (London: Vallentine Mitchell, 1998), 69.

注釋

以下為經常引用的著作與檔案的縮寫：

AAN	Archiwum Akt Nowych, Warsaw
CBW	Centralna Biblioteka Wojskowa, Warsaw
DU	Druki Ulotne
Kalendarium	Wacław Jędrzejewicz and Janusz Cisek, *Kalendarium życia Józefa Piłsudskiego,* 3rd ed. (Kraków: Instytut Książki, 2006). 4 vols.
PAN	Archives of the Polish Academy of Sciences, Warsaw
PIA	Archives of the Pilsudski Institute of America, Brooklyn
PIL	Archives of the Pilsudski Institute in London
PZ	Jozef Pilsudski, Pisma zbiorowe, vols. 1–10 (Collected Writings)
PZU	Piłsudski, Pisma zbiorowe uzupełnienia, vols. 1–2 (Collected Writings, Supplement)

導論

引言：Adam Michnik, "Shadows of Forgotten Ancestors (1973)," in *Letters from Prison and Other Essays*, trans. Maya Latynski (Berkeley: University of California Press, 1985), 213; Andrzej Garlicki, *Józef Piłsudski, 1867–1935* (Warsaw: Czytelnik, 1988), 164–165.

1. Eva Hoffman, *Exit into History: A Journey through the New Eastern Europe* (New York: Penguin, 1993), 33.
2. Declaration of the Polish parliament, Warsaw, May 12, 1995, quotation from *Polish Review* 61, nos. 1–2 (2011): 8.
3. Konrad T. Naylor, *100 postaci, który miały największy wpływ na dzieje Polski: Ranking* (Warsaw: Plus, 1996), 5.
4. Marcin Święcicki, former mayor of Warsaw, email message to the author, July 29, 2020.
5. "Poland's Disputed Past," *Economist*, November 21, 1998, 7; Święcicki, email to the author, July 29, 2020.
6. 參見：*Polityka* 3 (May 2015), special issue, and the weekend edition of *Gazeta Wyborcza*. May 14–15, 2015，這份報紙收錄了免費的相冊：*Józef Piłsudski: Unikatowe zdjęcia*, 2 vols. (Warsaw: Dom Wydawniczy PWN, 2015).
7. Michael T. Kaufman, New York Times correspondent in Warsaw, quotation from Kaufman, *Mad Dreams, Saving Graces: Poland—A Nation in Conspiracy* (New York: Random House, 1989), 56.
8. Lawrence Weschler, *The Passion of Poland: From Solidarity through the State of War* (New York: Pantheon, 1984), 65, 122.
9. Jan Kubik, *The Power of Symbols against the Symbols of Power: The Rise of Solidarity and the Fall of State Socialism in Poland* (University Park: Pennsylvania State University Press, 1994), 219.
10. Bartłomiej [Adam Michnik], "Cienie zapomnianych przodków," *Kultura* 5 (1975); Engl.

國家圖書館出版品預行編目（CIP）資料

波蘭國父畢蘇斯基：從民主信徒到獨裁領袖，影響二十世紀歐陸政局的關鍵人物／約書亞．齊瑪曼（Joshua D. Zimmerman）著；羅亞琪譯.
—初版. —新北市：臺灣商務印書館股份有限公司, 2023.12
592面；17×23公分（歷史．世界史）
譯自：Jozef Pilsudski : Founding Father of Modern Poland

ISBN 978-957-05-3542-6（平裝）

1.CST: 畢蘇斯基（Pilsudski, Jozef, 1867-1935.）
2.CST: 傳記　3.CST: 元首　4.CST: 波蘭
5.CST: Poland--History--1864-1918.
6.CST: Poland--History--1918-1945.

784.448　112018395

歷史・世界史

波蘭國父畢蘇斯基

從民主信徒到獨裁領袖，影響二十世紀歐陸政局的關鍵人物

Jozef Pilsudski : Founding Father of Modern Poland

作　　者—約書亞・齊瑪曼（Joshua D. Zimmerman）
譯　　者—羅亞琪
發 行 人—王春申
審書顧問—陳建守
總 編 輯—張曉蕊
責任編輯—徐　鉞
版　　權—翁靜如
封面設計—蕭旭芳
版型設計—黃淑華
營　　業—王建棠
資訊行銷—劉艾琳、謝宜華
出版發行—臺灣商務印書館股份有限公司
231023 新北市新店區民權路 108-3 號 5 樓（同門市地址）
電話：（02）8667-3712　傳真：（02）8667-3709
讀者服務專線：0800-056193
郵撥：0000165-1
E-mail：ecptw@cptw.com.tw
網路書店網址：www.cptw.com.tw
Facebook：facebook.com.tw/ecptw

局版北市業字第 993 號
初版一刷：2023 年 12 月
印刷廠：沈氏藝術印刷股份有限公司
定價：新台幣 750 元

法律顧問—何一芃律師事務所